Was ist theologische Ethik?

Was ist theologische Ethik?

Grundbestimmungen und Grundvorstellungen

Herausgegeben von
Michael Roth und Marcus Held

DE GRUYTER

ISBN 978-3-11-056530-0
e-ISBN (PDF) 978-3-11-056598-0
e-ISBN (EPUB) 978-3-11-056604-8

Library of Congress Cataloging-in-Publication Data
Names: Roth, Michael, 1968- editor. | Held, Marcus, 1977- editor.
Title: Was ist theologische Ethik? : Grundbestimmungen und Grundvorstellungen
 / herausgegeben von Michael Roth und Marcus Held.
Description: Boston : De Gruyter, 2018. | Series: De Gruyter Studium | Includes bibliographical
 references and index.
Identifiers: LCCN 2018019753 (print) | LCCN 2018037233 (ebook) | ISBN 9783110565980
 (electronic Portable Document Format (pdf) | ISBN 9783110565300 (alk. paper) |
 ISBN 9783110565980 (e-book pdf) | ISBN 9783110566048 (e-book epub)
Subjects: LCSH: Religious ethics. | Christian ethics.
Classification: LCC BJ1188 (ebook) | LCC BJ1188 .W37 2018 (print) | DDC 241--dc23
LC record available at https://lccn.loc.gov/2018019753

Bibliografische Information der Deutschen Nationalbibliothek
Die Deutsche Nationalbibliothek verzeichnet diese Publikation in der Deutschen
Nationalbibliografie; detaillierte bibliografische Daten sind im Internet über
http://dnb.dnb.de abrufbar.

© 2018 Walter de Gruyter GmbH, Berlin/Boston
Umschlagabbildung: B&M Noskowski / E+ / Getty Images
Druck und Bindung: CPI books GmbH, Leck

www.degruyter.com

Inhalt

Einleitung —— 1

I. Konzepte Theologischer Ethik

Reiner Anselm
Lebensführung aus Freiheit
   Zur Grundlegung einer evangelischen Ethik —— 5

Peter Dabrock
Konkrete Ethik in fundamentaltheologischer Perspektive —— 19

Elisabeth Gräb-Schmidt
Der Wirklichkeits- und Normativitätsanspruch der Ethik
   Überlegungen zu Grundlegungsfragen der Ethik in reformatorischer Sicht —— 41

Marco Hofheinz
„Wahrnehmen – Prüfen – Urteilen"
   Explorative Annäherung an eine „selbstdarstellende" theologische Identitäts- und Gemeindeethik —— 63

Klaas Huizing
Scham und Schuld. Kurzes Plädoyer für eine Präventivethik —— 81

Ulrich H.J. Körtner
Liebe, Freiheit und Verantwortung
   Grundzüge evangelischer Ethik —— 93

Friedrich Lohmann
Die christliche Ethik als Güterethik —— 113

Torsten Meireis
Verheißung und Entsprechung
   Ethik als öffentliche Theologie in praktischer Absicht —— 131

Christian Polke
Was könnte das sein: theologische Ethik?
    Versuch einer thematischen Antwort —— **153**

Cornelia Richter
Ethik der Zwischenphänomene
    Glaubensreflexion in lebensbegleitender Absicht —— **177**

Christoph Seibert
Theologische Ethik als Orientierungswissenschaft —— 197

II. Beiträge zur Theologischen Ethik

Sebastian Grätz
Ethik im Alten Testament – Ethik des Alten Testaments —— 219

Ruben Zimmermann
Was ist eine Theologische Ethik? – aus der Perspektive des Neuen Testaments —— 235

Ulrich Volp
Patristische Perspektiven: Zu den Ursprüngen christlicher Ethik —— 255

Stephan Weyer-Menkhoff
Ethik in praktisch-theologischer Hinsicht —— 269

Volker Küster
Ethik in interkultureller Perspektive —— 289

Gerhard Kruip
Ethik im Kontext von Theologie und Kirche aus katholischer Perspektive —— 303

Peter Fischer
Die Themen der ethischen Systematik aus philosophischer Sicht —— 323

Dorothea Erbele-Küster
Biblische Anthropologie und Ethik —— 339

III. Schluss

Michael Roth
Steckt die Ethik in der Krise?
Abschließende Überlegungen zur Frage, wie die Theologische Ethik relevant werden kann —— 355

Bibelstellenregister —— 373

Personenregister —— 379

Sachregister —— 383

Einleitung

Ethik ist „in". David McNaughton bringt es auf den Punkt: „Die Nachfrage nach Moralexperten steigt. Sie werden gebeten, in Regierungskommissionen zu sitzen und in Ethikausschüssen von Krankenhäusern und ähnlichem. Man hat außerdem das Gefühl, dass jeder Berufstätige sein eigener Amateur-Moraltheoretiker werden sollte; keine Weiterbildungsmaßnahme in einem beliebten Berufsfeld ist ohne einen Kursus in praktischer Ethik und Moraltheorie vollständig"[1]. In der Tat: Jeder gesellschaftliche Bereich hat seine eigene Ethik – sie reicht von Medizinethiken über Wirtschaftsethiken bis hin zu Ingenieurethiken. Es wäre daher auch ein Zerrbild, wenn man annähme, in unserer heutigen Zeit gehöre der Moralexperte zu den verachteten Gruppen der Gesellschaft, der der gesellschaftlichen Verachtung zum Trotz tapfer sein Werk verrichtet. Das Gegenteil ist der Fall: Er ist gern gesehener Redner auf Tagungen und Kongressen, Schmuck so manchen Gesprächsforums und so mancher Diskussionsrunde; die Meinung des Moralexperten ist allseits gefragt.

Gilt dieses Interesse auch für eine Theologische Ethik? Zunächst wird man feststellen können, dass „Moral" und „Ethik" Bereiche sind, in denen der Kirche Kernkompetenzen zugesprochen werden. So formuliert Friedrich Wilhelm Graf: „Das Selbstverständnis beider Großkirchen in der Bundesrepublik ist vom Anspruch geprägt, in besonderem Maße für die öffentliche Sitte und individuelle Moral zuständig zu sein. Beide Kirchen verstehen sich als die zentralen Institutionen für gesellschaftliche Wertbildung und Propagierung moralischer Normen" bzw. als „Institutionen, die Moral predigen"[2]. Von diesem Ansehen profitiert auch die Theologische Ethik. Theologinnen und Theologen werden als Fachleute der Ethik angesehen. Der Theologe/die Theologin ist jemand, der/die sich mit Ethik und Moral auskennt.

Was aber ist eine Theologische Ethik? Hat die Theologische Ethik eine spezielle Moral zum Gegenstand, etwa eine christliche Moral? Oder verfährt die Theologische Ethik in einer besonderen, sich in einer von anderen Ethiken unterscheidenden Weise? An wen wendet sich die Theologische Ethik?

Mit dem Begriff „Theologische Ethik" ist kein feststehendes ethisches Konzept, sondern eine Vielfalt unterschiedlicher, teilweise sogar divergierender Ansätze Theologischer Ethik bezeichnet. Dieses Studienbuch trägt dieser Situation Rechnung: Theologische Ethiker und Ethikerinnen stellen jeweils ihr Verständnis

---

1 McNaughton, *Moralisches Sehen*, 238.
2 Graf, *Der deutsche Protestantismus*, 217 und 218.

von Theologischer Ethik vor. Alle Vertreterinnen und Vertreter der Theologischen Ethik gehören der Systematischen Theologie an. Dies ist auch insofern angemessen, als Ethik (neben Dogmatik und Fundamentaltheologie) zu den Unterdisziplinen der Systematischen Theologie gehört. Allerdings ist auch dem Sachverhalt Rechnung zu tragen, dass die anderen theologischen Disziplinen ebenfalls ethische Themen besitzen. Insofern haben sie auch einen Beitrag zu dem Unternehmen Theologische Ethik zu leisten. In einem zweiten Teil haben daher Vertreterinnen und Vertreter der anderen theologischen Disziplinen ihren Beitrag zur Theologischen Ethik formuliert. Neben Beiträgen aus dem Alten Testament, dem Neuen Testament, der Kirchengeschichte und der Praktischen Theologie findet sich noch ein Beitrag aus der Praktischen Philosophie, die ja ebenfalls die ethische Theoriebildung zur Aufgabe hat und ein Beitrag, der die gender-Perspektive, auf die in der Gegenwart nicht mehr verzichtet werden darf, ins Spiel bringt.

Gedacht ist dieses Studienbuch vor allem als Textgrundlage für theologische Seminare. Die hier versammelten Beiträge geben einen guten Überblick über das, was gegenwärtiger Stand der Theologischen Ethik ist und welche Trends in der Theologischen Ethik gegenwärtig zu finden sind.

Bibliographie

Graf, Friedrich Wilhelm. 1992. „Der deutsche Protestantismus und der zweite Weltkrieg." In: *Der zweite Weltkrieg und die Gesellschaft in Deutschland. 50 Jahre danach. Eine Ringvorlesung der Universität München*, hg.v. Venanz Schubert, 217–167. Wissenschaft und Philosophie 8. Erzabtei St. Ottilien: EOS Verlag.

McNaughton, David. 2003. *Moralisches Sehen. Eine Einführung in die Ethik*. Deutsche Hochschulschriften 1225. Frankfurt a.M. [u. a.]: Hänsel-Hohenhausen.

I. Konzepte Theologischer Ethik

Reiner Anselm
Lebensführung aus Freiheit
Zur Grundlegung einer evangelischen Ethik

1 Der Ausgangspunkt: Zum Ort der Ethik in der Theologie

Als Teildisziplinen der Systematischen Theologie stehen Dogmatik und Ethik in einem komplementären Verhältnis. Beiden gemeinsam ist die Aufgabe, das menschliche Leben im Horizont der christlichen Botschaft von Gott als dem Schöpfer, Versöhner und Erlöser der Welt zu deuten. Dabei ist es die eigenständige Aufgabe der Dogmatik, aus der Vielgestaltigkeit der geschichtlichen Erscheinungsformen christlich-religiöser Praxis das Prinzip herauszuarbeiten, die zentrale Formel, die, wie es Ernst Troeltsch formulierte, „die einheitliche Wurzel und die treibende Kraft des ganzen Zusammenhangs bedeutet"[1]. Der Ethik obliegt es dagegen als eigenständige Aufgabe, ein solches Prinzip im Blick auf die durch die Lebensführung aufgeworfenen Fragen zu entfalten. Beide Teildisziplinen der Systematischen Theologie markieren so unterschiedliche Akzentsetzungen, die aber nicht im Verhältnis Grundlegung und Anwendung zueinander stehen.

Dementsprechend lassen sich auch Dogmatik und Ethik nicht in der Weise unterscheiden, dass die Ethik nur die auf die Lebenswirklichkeit bezogene Anwendungswissenschaft für dogmatische Theoriefiguren und Lehrstücke darstellt. Leider hat Wilfried Härle in seiner 2011 erschienen Ethik erneut diesen Weg eingeschlagen und programmatisch formuliert: „Die Dogmatik rekonstruiert und entfaltet [...] den Inhalt des Glaubens als angemessenes, wahres Verständnis der Wirklichkeit, wie sie ist. Die Ethik zieht aus diesem Wirklichkeitsverständnis die angemessenen, folgerichtigen Konsequenzen für das Handeln"[2]. Demgegenüber hatte schon Trutz Rendtorff 1990 in seiner Ethik darauf hingewiesen, dass „die doctrina nicht mehr zureichend eine solche Weltsicht vermittelt, die der Ethik die nötigen Voraussetzungen und Orientierungen gibt, auf die hin sie sich entfalten kann"[3]. Martin Honecker hat diesen Aspekt noch einmal in seiner Rezension zu Wilfried Härles Ethik unterstrichen. Für ihn ist fraglich, ob ein solches, von der

---
1 Troeltsch, Glaubenslehre, 71.
2 Härle, Ethik, VII.
3 Rendtorff, Ethik, 52f.

Dogmatik entworfenes Verständnis der Wirklichkeit tatsächlich der Vielfältigkeit der Lebenssituationen gerecht wird oder ob hier nicht eine gedankliche Konstruktion von Wirklichkeit zum Ausgangspunkt der Ethik gemacht wird.[4] Daran ist ohne Zweifel richtig, dass die „Wirklichkeit" zu erheben selbst eine komplexe und schwierige Aufgabe darstellt. Hier gilt es nicht nur, die vielfältigen Sachprobleme der Ethik in den Blick zu nehmen und sich die dafür notwendigen Kompetenzen anzueignen – das Fachwissen der Dogmatik hilft hier eben nur bedingt weiter. Ein Zweites kommt hinzu: „Wirklichkeit" stellt immer eine Synthese von Anschauung und Begriff dar. Es genügt also nicht, in der Dogmatik eine Wirklichkeit zu erarbeiten und diese dann auf die Lebenswelt, auf die Empirie zu beziehen.[5] Vielmehr müssen beide, die Wahrnehmung der Lebenswirklichkeit und ihre Interpretation sowie ihre Strukturierung durch eine Theorie gemeinsam in den Blick genommen werden – auch wenn sodann beide Teildisziplinen der Systematischen Theologie unterschiedliche Akzente zur Geltung bringen. Sie bringen gemeinsam zum Ausdruck, was die Aufgabe der Theologie überhaupt darstellt, nämlich die Deutung der menschlichen Lebenswirklichkeit.

Eine solche Deutung nimmt ihren Ausgangspunkt bei den durch die Lebensführung aufgeworfenen Fragen. Zurecht bemerkte Gerhard Ebeling bereits 1960: „Der Mensch, wie er faktisch vorgegeben ist in seinem Gefordertsein und immer schon Gehandelthaben, ist Verstehensbedingung der Glaubensverkündigung"[6]. Diese Fragen nimmt die Dogmatik auf und verdichtet sie im Dialog mit der Tradition des Christentums zu dem schon angesprochenen christlichen Prinzip, zu der Perspektive also, die das Situationserleben des Einzelnen übersteigt und so eine Selbstverortung ermöglicht. Die Ethik liefert dazu nicht nur eine möglichst genaue Beschreibung der entsprechenden Situationen und Problemlagen. Ihre Aufgabe besteht auch darin, die Interpretationsperspektive des evangelischen Glaubens am Ort der Lebensführung zu explizieren und für die Handlungsorientierung fruchtbar zu machen. Gegenläufig zur Dogmatik, die die Vielfalt der Lebenswirklichkeit aufnimmt und zu einem christlichen Prinzip verdichtet, ist die Ethik gehalten, im Horizont dieses Prinzips die Vielgestaltigkeit der Lebensführung in den Blick zu nehmen. Sie legt dieses christliche Prinzip im Blick auf konkrete, durch die Lebensführung aufgeworfene, Problemlagen hin aus, etwa

---

4 Honecker, Ethik, 250.
5 Dietrich Bonhoeffer hat den Begriff der „Wirklichkeit" dagegen in einer sehr viel differenzierteren Form verwendet: Wenn er von Jesus Christus als der „Wirklichkeit" spricht, mit der es der christliche Glaube zu tun hat, dann ist dabei gerade mit im Blick, dass diese Wirklichkeit in der Figur der Zwei-Naturen-Lehre gerade die Komplementarität von Anschauung und Begriff aufnimmt.
6 Ebeling, Evidenz, 327.

auf die Frage der Lebensformen, des Rechts, der Wirtschaft und auch der Bildung und Erziehung. Man kann denselben Sachverhalt auch so formulieren: Während die Dogmatik das Verhältnis des Christen zu Gott in den Blick nimmt, fokussiert die Ethik auf das Handeln des Menschen gegenüber dem Nächsten. Im ersten Fall geht es darum, das Verbindende, Verlässliche und immer Gleiche herauszuarbeiten, im zweiten Falle darum, dieses Verbindende im Blick auf die unterschiedlichen Situationen individueller Biographien auszulegen.

Die gemeinsame Grundlage, das angesprochene christliche Prinzip beider bildet dabei die von den Reformatoren wieder in den Mittelpunkt gerückte Botschaft von der in Gottes gnädiger Zuwendung zur Welt und zu den Menschen begründeten Freiheit des Christenmenschen. Melanchthons berühmte Formel, libertas est christianismus[7], ist dabei von einer ethischen Theologie so zu entfalten, dass ihre orientierende Bedeutung für die Lebensführung deutlich wird. Das Grundgerüst dafür bietet der bereits angesprochene Dreiklang von Schöpfung, Versöhnung und Erlösung. So gilt es mit Blick auf den ersten Glaubensartikel, den Gedanken der Schöpfung so zu explizieren, dass Schöpfung gerade die Freiheit gegenüber der Kausalität und damit gegenüber der Natur zum Ausdruck bringt. Geschaffen zu sein bedeutet in ethischer Perspektive, sich selbst und die Mitmenschen nicht als Produkte des Zufalls, aber auch nicht als Folge von naturgesetzlich und damit zwangsläufig ablaufenden Prozessen zu verstehen. Als Geschöpfe verdanken wir uns jeweils einem freien Entschluss des Schöpfers. Daraus resultiert eine Hochschätzung des Einzelnen und seiner Entwicklungsmöglichkeiten, die ebenso als Orientierungspunkt für die Gestaltung der Lebenswirklichkeit dient, wie die Geschöpflichkeit auch die grundsätzliche Angewiesenheit des Einzelnen auf ein Gegenüber zum Ausdruck bringt. Für die Ethik bedeutet dies, in der natürlichen Ausstattung des Menschen nicht zugleich auch die Maßstäbe für das eigene Handeln zu sehen, sondern auf die Gestaltbarkeit des eigenen Lebens wie der gemeinsamen Kultur zu verweisen.

In ähnlicher Weise gilt es auch den zweiten und den dritten Glaubensartikel für die Orientierung am Ort der Lebensführung fruchtbar zu machen. Versöhnung lässt sich dann – in Aufnahme einer Formel von Karl Barth und in Anknüpfung an das ethische Programm Dietrich Bonhoeffers – verstehen als Freiheit in der Gemeinschaft.[8] In der Perspektive ethischer Theologie bedeutet Versöhnung, die

---

[7] Melanchthon, Loci, 295.
[8] Vgl. zur Formel „Freiheit in der Gemeinschaft" Barth, Kirchliche Dogmatik, § 54. Zu Bonhoeffers seinerseits an Ernst Troeltschs Unterscheidung von Kirche und Sekte orientierte Fassung des am Versöhnungsgedanken ausgerichteten Freiheitsbegriffs, der zwischen einer „Verselbständigung des Gehorsams" und einer „Verselbständigung der Freiheit" vermitteln möchte, vgl. insb. Bonhoeffer, Ethik, 245–299.

konstitutive Sozialität des Menschseins in Einklang zu bringen mit dem Ziel der individuellen Lebensführung und dem Verfolgen eines eigenen Lebensentwurfs. Das beinhaltet die Überwindung des selbstempfundenen Zwangs, das eigene Leben nur an den Idealen der Gemeinschaft auszurichten, ohne dabei die Bedeutung der Gemeinschaft für das eigene Leben zu negieren.

Erlösung schließlich ist als Freiheit von der Geschichte zu interpretieren, als die Möglichkeit, die das individuelle Leben unhintergehbar prägende Abhängigkeit von der Geschichte so zu verstehen, dass die gewordenen Strukturen, in denen sich ein eigener Lebensentwurf verorten muss, nicht als unwandelbar, sondern trotz ihrer das sittliche Leben strukturierenden Funktion als gestaltbar erweisen.

Diese drei Aspekte zusammengenommen, lässt sich die Leitfrage der evangelischen Ethik in die Formel fassen: Ethik beschäftigt sich mit der Frage, wie die Freiheit, die die Dogmatik begründet sieht in Gottes gnädiger Zuwendung zum Menschen in Schöpfung, Versöhnung und Erlösung, in der Lebensführung des Einzelnen praktisch werden kann.

2 Das Grundprinzip: Freiheit als eigene Stellungnahme zu ethischen Gütern

Die Frage, wie Freiheit praktisch werden kann, ist in der Ethik als die eigene Stellungnahme zu ethischen Gütern zu explizieren. Über diesen Zugriff soll dabei gewährleistet werden, dass der seit der Mitte des 19. Jahrhunderts so engagiert, aber letztlich auch so unproduktiv geführte Disput um die Vorrangstellung entweder der inneren oder äußeren Freiheit überwunden wird. Im Blick auf die Frage nach dem Wirklichwerden der Freiheit bedeuten diese beiden Dimensionen zwei unterschiedliche gesellschaftspolitische Programme, die sich bis in die Gegenwart hinein auch mit unterschiedlicher politischer Orientierung verbinden. Während die christlichen, besonders auch die protestantischen Kräfte in idealistischer Manier Wirklichkeit als innere Wirklichkeit verstanden und dementsprechend die Freiheit im Glauben als Inbegriff der Freiheit ansahen und ansehen, setzte und setzt die Sozialdemokratie primär auf die äußerlich erfahrbare Wirklichkeit der Freiheit und dementsprechend auf eine Umgestaltung der gesellschaftlichen und politischen Verhältnisse.

Während bei Hegel selbst in der Figur der Sittlichkeit beides, die innere und die äußere Dimension der Wirklichkeit von Freiheit noch als vermittelt gedacht waren, fallen beide Aspekte in der Nachfolge immer stärker auseinander. Genauer gesagt: Das Bewusstsein, beide Dimensionen mit ihren je eigenen Ansprüchen und Notwendigkeiten zu bedenken und als gleichberechtigte aufeinander zu beziehen, wird von einem Denken abgelöst, das eine der beiden Dimensionen in den Vordergrund stellt und davon ausgeht, dass sich die jeweils andere im Sinne eines funktionalen Ableitungsverhältnisses von selbst einstellen werde. So wird einerseits die Meinung vertreten, dass mit der Erfahrung innerer Freiheit sich letztlich auch eine adäquate Gestaltung der äußeren Verhältnisse einstellen werde, auf der anderen Seite die Überzeugung, dass äußere Freiheit schlussendlich auch ein inneres Freiheitserleben mit sich bringen werde. Die politischen und gesellschaftlichen Verwerfungen des 20. Jahrhunderts legen ein beredtes, wenn nicht sogar ein tragisches Zeugnis davon ab, dass beide Zugangsweisen unzureichend sind. Das gilt zunächst für den dominierenden lutherischen Weg einer Hochschätzung des Gesetzes und Ordnungen als Widerlager gegen die möglicherweise destruktiven Folgen einer nach außen gewendeten inneren Freiheit ebenso wie für die alt- und die neo-liberale Vorstellung, dass sich mit der Gewährung maximaler individueller Freiheiten auch ein Höchstmaß an Gemeinwohl einstellen werde. Es gilt aber auch für die Bemühungen, die innere und die individuelle Freiheit als Folge emanzipativ gestalteter gesellschaftlicher Ordnungen zu verstehen. Die Irrungen des Staatssozialismus, aber auch die neuen Zwänge und Abhängigkeiten moderner Gesellschaften westlichen Typs, die Ulrich Beck mit dem Schlagwort der Risikogesellschaft treffend charakterisiert hat, sind hier als Beispiele zu nennen. Während im einen Fall individuelle Freiheiten zugunsten der Verwirklichung von Freiheit im Kollektiv aufgegeben werden, führen im anderen Fall die erweiterten Entscheidungsmöglichkeiten zu neuen Risiken und Abhängigkeitserfahrungen.

Diese Konstellation vor Augen ist es hilfreich, sich an Schleiermachers Überlegungen zur Ethik zu erinnern und seine Zugangsweise als Ausgangspunkt einer eigenen Konzeption zu wählen. Schleiermacher entwarf die Ethik von der Güterlehre her und wollte damit ein Problem lösen, das Kants Pflichtenethik offengelassen, ja vielleicht sogar in der Schleiermacher vor Augen stehenden Schärfe erst geschaffen hatte: Denn Kant hatte es über die Begründung der Ethik in der Selbstgesetzgebung der Vernunft zwar geschafft, der Ethik ein stabiles Fundament zu geben: Seine moralischen Maximen bedurften nicht mehr einer unsicheren Ableitung aus der Natur des Menschen, die Hume und Hobbes etwa in ganz gegensätzlicher Weise bestimmt hatten. Ebensowenig waren sie auf die kosmologischen Ordnungsvorstellungen angewiesen, mit denen die protestantischen Theologen in Aufnahme antiken Gedankenguts das gesellschaftliche Zusammenleben und das dem Einzelnen gebotene Verhalten über die Drei-Stände-

Lehre[9] strukturierten. Allerdings konnte Kants Ethik keinen Bezug mehr zur positiven Sittlichkeit herstellen, ihm stellte sich letztlich paradigmatisch jenes Problem, das ich eben als Defizit des Liberalismus beschrieben habe. Schleiermacher wollte daher die Ethik von den anzustrebenden Gütern, also von den in der Geschichte immer schon vorgefundenen und darin das Handeln des Einzelnen bestimmenden Zielen her entwickeln. Seine Überlegungen kreisen daher um die Frage, wie sich die individuellen Zwecksetzungen, die das menschliche Leben als historische Fakten immer schon bestimmen, zu einem gemeinsamen Guten zusammenfügen lassen. Die Antwort besteht bekanntlich in dem Postulat, dass sich im Verlauf der Geschichte durch das allmähliche Einwirken der Vernunft auf die Natur alle einzelnen gegebenen sittlichen Güter zu einem Ganzen, zum höchsten Gut zusammenfügen. Schleiermacher gelang damit ohne Zweifel der Bezug auf eine empirische Sittlichkeit, allerdings tendiert sein Entwurf dazu, nicht nur die Schwierigkeiten einer solchen Vereinheitlichung der unterschiedlichen Zwecksetzungen zu unterschätzen, sondern auch die Frage nach der Verwirklichung von Freiheit zu wenig in den Blick zu nehmen. Ernst Troeltsch und dann auch Trutz Rendtorff sind dieser Herangehensweise gefolgt, ohne jedoch die bei Schleiermacher vorliegenden, grundlegenden Schwierigkeiten zu überwinden.[10]

Dennoch: Für die Ethik ist der Zugang über die in der Geschichte immer schon vorgefundenen Güter unverzichtbar. Das Nachdenken über die eigene Lebensführung findet immer schon auf dem Boden gelebter Sittlichkeit statt – die an John Rawls' Figur vom Urzustand[11] anschließende Debatte hat dies nachdrücklich auch für solche Gedankenexperimente gezeigt: Welche Begründungen mir einleuchten, welche Präferenzen ich wähle, welche Vermittlung von Freiheit und Gleichheit ich wähle, all dies ist immer schon durch das Erleben bestimmter Formen von Sittlichkeit strukturiert. Nur durch die Auseinandersetzung mit der gelebten Sittlichkeit kann dabei vermieden werden, dass sich das verbindlich empfundene Handeln letztlich nur an den faktisch geltenden Verhältnissen orientiert und diese so ihre regulierende Kraft ungebrochen ausüben – auch wenn

---

9 Die aus der Antike übernommene Unterscheidung in die Bereiche von Politik, Religion und – im weitesten Sinne – gesellschaftlicher Reproduktion wurde in der europäischen Tradition unter den Begriffen status politicus, status ecclesiasticus und status oeconomicus zum Inbegriff einer harmonischen Gesellschaft, bei der die Harmonie durch Unterscheidung und Ungleichheit erzeugt wurde. Auch die Reformatoren übernahmen diese Lehrbildung, vgl. dazu insbes. Schwarz, Luthers Lehre, 15–34.
10 Zu Schleiermachers Ethik vgl. nach wie vor Birkner, Schleiermacher. Aus der neueren Literatur vgl. besonders die konstruktive Weiterführung bei Scheliha, Ethik.
11 Rawls, Gerechtigkeit, 34ff. und bes. 140ff.

sie für das Ausbilden eines eigenen Lebensentwurfs unverzichtbar bleiben. Etwas anders formuliert: Nur durch die Möglichkeit, sich an den Strukturen gelebter Sittlichkeit zu orientieren und auch sich von ihnen abzusetzen, kann sich eine individuelle, als frei gestaltet und als frei gestaltbar erfahrene Lebensführung entwickeln. Wenn sich das eigene Wollen nicht auf bestimmte, durch die gesellschaftliche Praxis vermittelte Güter bezieht, bleibt es kraftlos: Ihm fehlt entweder die Motivation zum Handeln oder aber es verliert sich in der Dauerreflexion möglicher Handlungsalternativen. Ethik muss daher beide Aspekte in den Blick nehmen: Sie muss sich um die Gestalt der in der Gesellschaft vorliegenden Güter bemühen und sie muss deutlich machen, dass vom Einzelnen gefordert ist, sich in seiner Lebensführung in ein reflektiertes Verhältnis zu diesen Gütern zu setzen. Dieses reflektierte Verhältnis ist es, in dem sich Freiheit verwirklicht. Denn Freiheit ist nicht anders zu bestimmen als durch ihren jeweils aktualen Vollzug im Kontext der konkret-geschichtlichen Lebenswirklichkeit. Sie wird wirklich durch die Realisierung eines eigenen Lebensentwurfs im Verhältnis zu den in der jeweiligen Kultur vorhandenen Gütern – und zwar in Aufnahme und Abgrenzung zu ihnen. In dieser selbstständigen Stellungnahme, genauer: In der Motivation zu einer solchen selbstständigen Stellungnahme ist zudem wirksam, was zuvor als die ethische Form von Schöpfung und Versöhnung skizziert wurde. Das Wissen nämlich, als Geschöpf nicht auf eine bestimmte, naturgesetzlich oder naturrechtlich vorgegebene Form der Lebensführung festgelegt zu sein und das Wissen darum, dass die eigene Identität sich zwar im Kontext von Gemeinschaft entfaltet, darin aber nicht aufgeht.

Am Beispiel der derzeit wieder kontrovers geführten Debatte[12] um die Ethik der Lebensformen lässt sich diese Struktur gut verdeutlichen. Die Wahl der eigenen Lebensform vollzieht sich immer im Horizont gelebter Sittlichkeit. Das ergibt sich nicht nur daraus, dass wir uns immer schon in Familienstrukturen vorfinden, sondern auch daraus, dass wir mit dieser Wahl uns selbst für ein bestimmtes Modell der Lebensführung, für ein bestimmtes Bild von Familie entscheiden. Aus dieser im Grunde trivialen, dann aber doch höchst folgenreichen Tatsache ergibt sich zum einen, dass der eigene Lebensentwurf sich als eigener nur im Gegenüber zu den vorfindlichen Gütern gestalten und bewähren kann. Es bedeutet aber auch, dass der Analyse und der Tradierung solcher Güter eine eigene Bedeutung zukommt. Sie bilden gewissermaßen die Grundlage und den Horizont für die individuelle Lebensführung, die aber als die eigene Lebensführung nur dann Bestand haben kann, wenn sich der Einzelne selbst explizit zu dem Vorgegebenen ins Verhältnis setzt. Eben diese Bedeutung der tradierten gesell-

---

12 Vgl. etwa die Beiträge in: epd-Dokumentation 30/2013.

schaftlichen Güter ist in der Orientierungshilfe der EKD zu Ehe und Familie zu wenig berücksichtigt worden. Man kann das wohlwollend lesen und den Beteuerungen des Ratsvorsitzenden Glauben schenken, es handele sich hier nicht um eine Neuorientierung, sondern nur um eine Aktualisierung der evangelischen Position. In diesem Fall hätte man die Bedeutung des Gutes „Familie" schlicht selbstverständlich vorausgesetzt und nicht weiter reflektiert. Die Bemerkung, Familie sei ein „öffentliches Gut" und eine „gute Gabe Gottes" lässt sich in diese Richtung verstehen. Allerdings lässt es die Orientierungshilfe auch bei dieser Aussage bewenden. Und der unmittelbare auf diese Aussage folgende Satz, zugleich die Formulierung, auf die der Text zuläuft, weist möglicherweise doch in eine andere Richtung, wenn es dort heißt: Politik, Wirtschaft und Zivilgesellschaft hätten „ein neues normatives Familienmodell zu fördern, das der partnerschaftlichen Familie, in der die Rechte und Pflichten jedes Mitgliedes, auch der Kinder, gerecht untereinander geteilt und wechselseitig anerkannt werden."[13] Hier wird der Vorstellungshorizont von Familie gerade seiner vorgegebenen, tradierten Struktur als ein Gut enthoben und nur auf die Grundlage individueller Zustimmung gegründet. Warum aber Einzelne dem zustimmen und gegenseitig Rechte und Pflichten anerkennen sollen und wie dies im Verhältnis zur Wahrnehmung von Freiheit steht, darauf erhält man keine Antwort. Dies wiegt vor allem deswegen schwer, weil gerade strukturelle Asymmetrien, wie sie für Familien konstitutiv sind, nur durch die Beziehung auf ein gemeinsam verfolgtes Gut, nicht aber durch den Verweis auf gegenseitige Rechte und Pflichten, in einen dienlichen Ausgleich gebracht werden können. Kann man sich etwa ernstlich vorstellen, dass der Verzicht auf Freiheitsrechte seitens der Eltern durch eine Selbstverpflichtung der Kinder kompensiert würde? Nur durch die Ausrichtung an dem gemeinsam verfolgten Gut der Familie gewinnen solche Formeln ihren Sinn und ihre handlungsleitende Kraft.

Führt man sich das vor Augen, dann kristallisiert sich die Aufgabe einer theologischen Ethik präziser heraus. Sie besteht darin, die handlungsleitenden Güter in einer Kultur des Christentums zu rekonstruieren und ihr Verhältnis zueinander zu bestimmen und dabei danach zu fragen, in welcher Weise diese Güter ihren Ort im Rahmen einer christlich bestimmten Lebensführung aus Freiheit einnehmen können – oder eben selbst einer kritischen Umgestaltung unterzogen werden müssen. Eine solche Rekonstruktion ist orientierungsstiftend und darin – um eine Formel von Axel Honneth zu gebrauchen – normativ, insofern sich das eigene Handeln immer in Bezug auf vorgegebene Güter als eigenes erweisen muss. Ihre Normativität ist aber gleichzeitig eine durch die historische Reflexion

---

13 Zwischen Autonomie und Angewiesenheit, 131; dort auch die beiden anderen Zitate.

und das Postulat individueller Freiheit elastisch gemachte: Nicht nur handelt es sich bei diesen Gütern um gewordene und damit auch um wandelbare Strukturen, sondern mit der Beschreibung der Güter sind nur der Horizont und der Orientierungsrahmen, nicht aber der individuelle Lebensentwurf oder das konkrete individuelle Handeln vorgeschrieben. Über diese Rekonstruktion ist aber im Rahmen einer theologischen Ethik zugleich auch immer mehr gesagt als nur eine „affirmative Genealogie"[14]. Sie bringt in der beschriebenen Weise die Verbindlichkeit und Evidenz des Vorgegebenen mit einer an der Gewährleistung von Freiheit orientierten kritischen Prüfung des Vorgegebenen in Verbindung. Diesen Zugang versteht sie dabei nicht nur – wie bereits im Anschluss an Dietrich Bonhoeffer skizziert – als ethische Auslegung der Botschaft von der Versöhnung, sondern zugleich als die angemessene Form, das Wirken Gottes in der Welt zu verstehen: Nicht vermittlungslos nur im Gewissen des Einzelnen, sondern gebunden an innerweltliche Strukturen, die zugleich aber immer auch gebrochen sind durch das Bewusstsein, dass es sich nur um vorläufige, unvollkommene Gegebenheiten handelt. Konstruktiv gewendet, wollte wohl Karl Barth über den Gedanken der Analogie, den er besonders in Christengemeinde und Bürgergemeinde[15] in den Vordergrund stellte, eben dies zum Ausdruck bringen, auch wenn die konkrete Ausgestaltung dieser Figur eher seltsam anmute. Dennoch ist diese Figur geleitet von dem Bemühen, die geschichtlich-menschliche Vermittlung des göttlichen Handelns zur Geltung zu bringen, ohne gleichzeitig die Unverfügbarkeit Gottes aufs Spiel zu setzen und die konkret gewachsenen geschichtlichen Ordnungen zum Ort der Offenbarung zu machen. Eine evangelische Ethik der Gegenwart muss an diese Überlegungen anschließen und selbst stets beide Elemente, die Ausrichtung an den vorgegebenen Gütern und deren kritische Überprüfung im Blick auf die Verwirklichung von Freiheit in dem hier entfalteten dreigliedrigen Sinn zum Ausgleich bringen.

Zugleich kehren in einem solchen Zugriff die zuvor geschilderten Leitperspektiven einer evangelischen Ethik wieder: Das Nicht-Festgelegtsein auf normative Vorgaben, die sich aus der Natur ableiten lassen, das Wissen darum, dass sich individuelle Freiheit immer nur im Gegenüber zur Gesellschaft, als Aneignung, aber auch als Distanzierung von den Formen gelebter Sittlichkeit vollzieht, das Bewusstsein, dass geschichtlicher Wandel die Signatur der noch nicht erlösten Welt darstellt und alle historisch gewordenen Strukturen nur vorläufigen, auf stete Verbesserung angelegten Charakter haben können. Gerade für eine an der Güterlehre orientierte Zugangsweise zur Ethik sind diese Leitperspektiven von

---

14 Vgl. Joas, Sakralität, 147–203.
15 Vgl. Barth, Christengemeinde.

großer Bedeutung, weil sie einem Missverständnis entgegentreten, das in der Vergangenheit auch immer wieder zu problematischen Konsequenzen geführt hat. Bei diesen Gütern handelt es sich immer um ein Abbild, um eine Gestaltwerdung des Glaubens, sie dürfen nicht – wie das in der Theologie der Schöpfungsordnungen mitunter geschah – selbst als gottgegebene und damit unveränderbare Strukturen aufgefasst werden. Karl Barth hat – auch wenn er die Ethik stark auf das von Gott empfangene Gebot verengte – mit Recht darauf hingewiesen, dass dem Glaubenden der Wille Gottes immer nur im Modus des Hörens, des Interpretierens, des Aneignens zugänglich ist. Ein Verfügen über Gottes Gebot, gar eine Verwirklichung dieses Gebots in Strukturen, Ordnungen, Institutionen kann es nicht geben.

3 Zum methodischen Proprium der vorgestellten Zugangsweise

Als Ertrag der bisherigen Überlegungen ergibt sich: Die besondere Aufgabe der Ethik besteht nicht darin, als Anwendungsdisziplin der Dogmatik (oder auch der Exegese) die angemessenen Konsequenzen für das Handeln zu formulieren. Ihr obliegt es vielmehr, die evangelische Botschaft von der Freiheit so auf die Lebenswirklichkeit zu beziehen, dass Freiheit praktisch werden kann. Ein solches Praktisch-werden von Freiheit vollzieht sich in der eigenen Stellungnahme zu der gelebten Sittlichkeit. Damit aber ergibt sich für die ethische Arbeit eine dreifache Aufgabenstellung, nämlich die Analyse der gegebenen Güter in einer Kultur des Christentums, der individuellen Lebenswirklichkeit und die Frage der eigenen Stellungnahme. Um der Gefahr einer Essentialisierung und vor allem auch einer Überlegitimation von Gütern entgegenzuwirken, die bei vielen güterethisch ausgerichteten Entwürfen zu beobachten ist, sollen Güter vorrangig als ein Set etablierter, institutionell vermittelter Praktiken verstanden werden, die für das eigene Handeln ebenso motivierende wie regulierende Funktion besitzen, die aber als Praktiken stets historisch bedingten und darin auch wandelbaren Charakter haben und auf die individuelle Konkretisierung angewiesen sind. Damit wird eine Linie weiterverfolgt, die Hans Joas als Alternative zu einer mit dem Problem der Ohnmacht des Sollens behafteten begründungsorientierten Ethik auf der einen und einer die Freiheit des Einzelnen durch die Betonung kultureller Eingebettetheit negierenden Ethik auf der anderen Seite vorgeschlagen hat[16].

---

16 Vgl. dazu neben Joas, Kreativität, bes. auch ders., Sakralität, 132f.

Mit der Orientierung an den in der gegenwärtigen Kultur gegebenen Gütern wird bereits der in der Ethik unbedingt notwendigen Kontextualität der Darstellung Rechnung getragen werden – Fragen der Lebensführung stellen sich immer in konkreten gesellschaftlichen Kontexten und werden durch die Kontexte auch ganz entscheidend geprägt. Während diese Form der kontextuellen Argumentation sich in der evangelischen Ethik etabliert hat – auch wenn dies oft eher implizit geschieht, als es explizit zum Thema gemacht wird –, wird freilich der Tatsache wenig Aufmerksamkeit geschenkt, dass diese Kontextualität nicht nur für die gesellschaftliche Einbettung berücksichtigt werden muss, sondern auch auf der Seite der Handelnden. Gerade aber in der „Entdeckung des konkreten Individuums" liegt die wohl wirkmächtigste gesellschaftliche Veränderung der Nachkriegszeit. Theologie und Kirche insgesamt, aber eben auch die evangelische Ethik haben große Mühe, sich auf diese Veränderung einzustellen. Reflexionen über die konkrete Situation der handelnden Subjekte finden nur am Rande statt, in der Regel herrscht die Argumentation über Kollektivsingulare vor. Damit aber werden ganz elementare und für die Lebensführung wesentliche Differenzierungen unterlassen. Besonders eklatant gilt das für die Differenz von Mann und Frau, es gilt aber auch für die oft überspielte Tatsache, dass sich ethische Fragen nicht in jeder Phase des Lebens auf dieselbe Weise stellen: So wissen wir etwa, um ein Beispiel aus der Medizin zu nehmen, dass sich die Problematik der Patientenverfügungen und der Organspende je nach Lebensalter unterschiedlich darstellt. Gleiches gilt für die Fragen am Beginn des Lebens, es gilt aber auch für die Beurteilung des Wirtschaftslebens. Die Notwendigkeit, aber auch die Möglichkeit, gegenüber der gelebten Sittlichkeit sich in neuer, anderer Weise zu positionieren, ist abhängig von der jeweiligen individuellen Lebenssituation. Nun können diese individuellen Lebenssituationen natürlich in einer monographischen Behandlung der Ethik selbst nur exemplarisch in den Blick genommen werden. Dennoch scheint es mir notwendig, den Gesichtspunkt, dass die eigene Stellungnahme zu den vorgefundenen Strukturen gelebter Sittlichkeit sich in Abhängigkeit der eigenen Lebensphase verändert, mit in die Behandlung der ethischen Konkretionen aufzunehmen.

Neben der Analyse der sittlichen Güter und der – exemplarischen – Analyse individueller Situationen, bildet die Struktur der eigenen Stellungnahme den dritten Aufgabenbereich für die Ethik. Um diese genauer erfassen zu können, ist es notwendig, zunächst die Bedingungen für das Auftreten von ethischen Fragen zu klären: Ethik wird immer dann zum Thema, wenn es dem Einzelnen nicht mehr gelingt, die Grundsätze des eigenen Handelns mit den Formen der ihn umgebenden gesellschaftlichen Sittlichkeit in Einklang zu bringen. Dies kann sowohl im Vorgriff auf als auch im Nachgang zu einzelnen Handlungen bzw. Handlungsketten erfolgen. In dieser Situation gilt es, die eigenen Grundsätze wieder mit der gesellschaftlichen Sittlichkeit in Einklang zu bringen – in Einklang, nicht einfach in Übereinstimmung, denn dies würde ja dem Grundprinzip einer Ethik der Freiheit zuwiderlaufen. Das Ziel, die Grundsätze des eigenen Handelns, die eigenen „starken Wertungen" (Ch. Taylor), also die Überzeugungen vom guten Leben, die uns überhaupt in die ethische Debatte eintreten lassen[17], mit den in der gesellschaftlichen Sittlichkeit vorherrschenden in Einklang zu bringen, kann idealtypisch auf drei Arten erreicht werden: Durch eine Veränderung der eigenen Grundsätze, durch die Modifikation der gesellschaftlichen Sittlichkeit sowie durch das Einnehmen eines Standpunkts aufgeklärter Differenz. Die Aufgabe der ethischen Reflexion ist es nun, Anhaltspunkte dafür zu gewinnen, durch welche Veränderungen die wahrgenommene Dissonanz überwunden werden kann, sei es durch die Revision der eigenen Handlungsentscheidung, sei es durch den Hinweis auf die Notwendigkeit, die sittlichen Güter weiterzuentwickeln, sei es auch durch den Erweis, dass die eigenen Grundsätze zwar eine individuelle Vorstellung des guten Lebens zum Ausdruck bringen, dies aber nicht zur Grundlage eines für alle verbindlichen richtigen Handelns gemacht werden kann. Auf dieser Grundlage trägt sie selbst zur Gestaltwerdung einer Lebensführung aus Freiheit bei, ohne in einen bevormundenden Gestus zu verfallen.

Bibliographie

Barth, Karl. 1946. „Christengemeinde und Bürgergemeinde." *ThSt(B)* 20:3–45.
Barth, Karl. 1951. *Die Lehre von der Schöpfung.* Bd. III/4. KD. Zürich: Theologischer Verlag Zürich.
Birkner, Hans-Joachim. 1964. *Schleiermachers christliche Sittenlehre im Zusammenhang seines philosophisch-theologischen Systems.* Berlin: Töpelmann.
Bonhoeffer, Dietrich. 1992. *Ethik.* Bd. 6, *DBW*. München: Kaiser.
Ebeling, Gerhard. 1960. „Die Evidenz des Ethischen und die Theologie" *ZThK* 57:318–356.
Fischer, Johannes. 2010. „Der epistemische Primat des Guten. Zur Kritik der Regel- und der Tugendethik." In *Sittlichkeit und Rationalität. Zur Kritik der desengagierten Vernunft*, hg. v. Johannes Fischer, 97–119. Stuttgart: Kohlhammer.
Härle, Wilfried. 2011. *Ethik.* DeGruyter Studium. Berlin: De Gruyter.
Honecker, Martin. 2013. „Evangelische Ethik im Wandel." *ThR* 78/2:237–252.
Joas, Hans. 1992. *Die Kreativität des Handelns.* Frankfurt a.M.: Suhrkamp.
Joas, Hans. 2011. *Die Sakralität der Person. Eine neue Genealogie der Menschenrechte.* Berlin: Suhrkamp.
Melanchthon, Philipp. ²1997. *Loci communes 1521. Lateinisch-Deutsch.* Übersetzt und mit kommentierenden Anmerkungen versehen von Horst Georg Pöhlmann. Herausgegeben

---

17 Vgl. dazu ausführlich Fischer, Primat, 97–119.

vom Lutherischen Kirchenamt der Vereinigten Evangelisch-Lutherischen Kirche Deutschlands VELKD Gütersloh: Gütersloher Verlagshaus Gerd Mohn.
Rawls, John. ⁹1996. *Eine Theorie der Gerechtigkeit.* Frankfurt a.M.: Suhrkamp.
Rendtorff, Trutz. ³2011. *Ethik. Grundelemente, Methodologie und Konkretionen einer ethischen Theologie.* Tübingen: Mohr Siebeck.
Schwarz, Reinhard. 1978. „Luthers Lehre von den drei Ständen und die drei Dimensionen der Ethik." *LuJ* 45:15–34.
Scheliha, Arnulf von. 2013. *Protestantische Ethik des Politischen.* Tübingen: Mohr Siebeck.
Troeltsch, Ernst. 1981. *Glaubenslehre: Nach Heidelberger Vorlesungen aus den Jahren 1911 und 1912*, hg. v. Gertrud von Le Fort. Aalen: Scientia-Verlag.
Zwischen Ethik und Exegese: Streit ums EKD-Familienpapier. epd-Dokumentation 30/2013, Frankfurt /Main: Evangelischer Pressedienst.
Zwischen Autonomie und Angewiesenheit. Familie als verlässliche Gemeinschaft stärken. Eine Orientierungshilfe des Rates der Evangelischen Kirche in Deutschland (EKD). Gütersloh: Gütersloher Verlagshaus, 2013.

Peter Dabrock
Konkrete Ethik in fundamentaltheologischer Perspektive

1 Topologie einer modernitätssensiblen theologischen Ethik

Was macht evangelisch-theologische Ethik aus? In einer rein auf den Glauben ausgerichteten Binnenperspektive, die vermutlich jeder Theologe[1] auch hegt, würde ich gerne antworten: Bei der Bestimmung der generellen Aufgabenbeschreibung der Ethik, nämlich der Analyse und orientierenden Deutung von Moral und Ethos angesichts ihrer Strittigkeit, unterscheidet sich theologische Ethik nicht von der philosophischen. Allerdings gewinnt sie ihre Besonderheit durch ihre spezifische Perspektive. Es ist die von gläubigen Menschen. Christlich-theologisch formuliert: Es ist die Perspektive von Menschen, die ihre Identität als Antwort auf den geglaubten Zu- und Anspruch des Gottes Jesu Christi deuten und daher in der Strittigkeit und Endlichkeit des individuellen und sozialen Daseins einen tröstenden Grund außerhalb ihrer selbst zu erhalten glauben. Die typischen Ethikfragen „Was sollen wir tun?" oder „Was wollen wir tun?" werden damit umgriffen von der immer neu gestellten und zu beantwortenden Identitätsfrage „Wer bin ich, wer sind wir, wenn ich mich oder wir uns bei der Identitätssuche getröstet und gefordert zwischen den geglaubten Gott, Mitmenschen und die Umwelt gestellt sehen?". Dass die Bibel bei solcher Identitätsbildung, die immer zwischen Betroffensein, Finden, Erfinden und (schon längst geglaubtem) Gefundensein changiert, eine elementare Rolle spielen kann, gilt insbesondere für evangelische Theologie im Allgemeinen und evangelische Ethik im Besonderen als ausgemacht – nicht aber, wie sie einbezogen werden kann und soll.[2] Wenn

---

[1] Den hier eingegangenen Kompromiss, das generische Maskulinum für alle Geschlechtsvarianten zu benutzen, markiere ich als Problem.
[2] Wenn ich im Folgenden in den Anmerkungen auf weitere Beiträge meinerseits verweise, soll dieses Vorgehen nicht nur der Eitelkeit des Autors zugerechnet werden. Er weiß natürlich, dass viele zu den jeweiligen Punkten Substantielleres beigetragen haben als er selbst. Die Absicht, die eigenen Beiträge zu erwähnen, besteht primär darin, möglicherweise Interessierten die Möglichkeit zu eröffnen, zu schauen und zu prüfen, wo ich versucht habe, den jeweils erwähnten Gedanken ausführlicher zu entfalten. Zum Bibelgebrauch in der theologischen Ethik habe ich mich u. a. mit Bezug auf das Alte Testament und die dort vertretenen Vorstellungen von Ge-

man historisch-kritisch informiert und hermeneutisch sensibilisiert die Glaubensbibliothek der Bibel, in der religionskulturelle Zeugnisse von Menschen über tausend Jahre versammelt sind, für die identitätsethische Perspektivierung sittlich-moralischer Fragen in Anschlag bringen will, wird man näherhin festhalten können: In den biblisch erzählten, reflektierten und bezeugten stories über den geglaubten Gott und seine Partnerschaft mit den Menschen, insbesondere Israel und der Jesus-als-Christus-Glaubensbewegung (Bundesschlüsse, Exodus, Gesetzesgabe, Erfahrungen mit dem Königtum, Reden durch und vor Propheten, Exilerfahrungen, Tempelfrömmigkeit, Weisheitsreden, Jesus als Bringer und Zeuge der Botschaft von der anbrechenden Gottesherrschaft, Rechtfertigung des gottlosen Sünders in einer zerrütteten, auf das Ende wartenden Welt) erweist sich Gott durchgängig als der Treue und Barmherzige. Seiner der menschlichen Untreue immer noch treu begegnenden Gemeinschaftstreue dürfen Menschen, paradigmatisch in Israel und in der jungen Jesus-Glaubensbewegung bezeugt, kollektiv und individuell trauen und diesem Trauen dann in ihrem Sein und Tun entsprechen. Diese Entsprechung erweist sich für sie und vor anderen einerseits als eine tiefe Grundüberzeugung, von allen Zwängen der Welt freigestellt zu sein. Aus diesem Vertrauen heraus darf und soll andererseits aus dem Zusammenspiel von Gerechtigkeit, Nächstenschaft und Barmherzigkeit eine Zielvision einer auf Gottes Lebenswillen antwortenden Gesellschaft resp. Gemeinschaft entwickelt werden. Diese wiederum soll idealiter alle, vorrangig Arme, Unterdrückte und Bedrängte, kurzum: vulnerable Gruppen einschließen. Biblisch orientierte, sprich u.a. evangelische, Theologie und Ethik sind damit a priori inklusionssensibel. Diese Entsprechung zu Gottes großer Inklusionsdynamik zielt nicht auf eine aus sich selbst heraus erreichbare Vervollkommnung, sondern befreit vielmehr sogar von einer solchen Perfektionsanmutung, denn im Spiegel der geglaubten Treue Gottes kann der Mensch auch seine eigene Untreue und Schlechtigkeit gegenüber Gott, den Anderen und sich selbst realistisch und selbstkritisch sehen und angesichts von Gottes umfassender Treue anerkennen und zu bearbeiten lernen. Umkehr und Neuanfang sind angesichts überall bezeugten Scheiterns der Menschen deshalb (fast) jederzeit möglich (weil von Gottes längerem Atem bewegt), aber auch nötig und erhofft. Der geglaubte und in Erzählungen wie im Leben bezeugte Gott vertraut dabei den Menschen, die er nicht nur zu seinem Ebenbilde geschaffen, sondern auch durch die Sünder-Existenz hindurch als Bundespartner gewählt und behalten hat. Christliche Identität kann – wie es in unübertroffener Dichte und Schönheit Luther am Ende des Freiheitstraktates ausgedrückt hat – als ex-

---

rechtigkeit (vgl. Dabrock, Ja lieber gesel) und mit Blick auf die Fragestellung der Öffnung der Ehe für nichtheterosexuelle Partnerschaften geäußert (vgl. Dabrock, Bibel).

zentrische Identität beschrieben werden, die ihr Dasein aus dem Vertrauen in den unendlich treuen Gott und durch die Liebe zu dem und den Nächsten zu gestalten sucht. Eine dieser doppelten Herausforderung entsprechende theologische Ethik kann materialiter deshalb als Ethik responsiv-kommunikativer, sprich: verantwortlicher Freiheit bestimmt werden. Freiheit erfährt ihre Erfüllung nicht in der Absonderung von anderen (als negative Freiheit); vielmehr werden Beziehungshaftigkeit, Angewiesenheit auf andere und Sensibilität für Freiheitsmöglichkeiten anderer als konstitutive Freiheitsgewinne gewürdigt (positive Freiheit) – soweit die binnenreligiöse Selbstvergewisserung.

Über sie hinaus sieht sich der evangelische Ethiker vor diverse sittlich-moralische Problemkonstellationen gestellt, die es aktuell zu beurteilen und in denen es Orientierung zu suchen und – gemäß vielfältigen Fremd- und auch Selbstzuschreibungen – zu geben gilt: Big Data, Systemmedizin, Stammzellforschung, Synthetische Biologie, Genomeditierung, Sterbehilfe, demographischer Wandel, Lebensformen und soziale Ungleichheit – der Lauf der Dinge wollte es, dass mir die ethische Beurteilung solch konkreter Themenstellungen mehr und mehr zugewachsen ist. Er hat auch nicht verhindert, dass ich solche Herausforderungen für Gesellschaft, Gemeinschaften, insbesondere die Kirche, und Einzelne in allerlei interdisziplinär besetzten Beratungsgremien auf der nationalen wie internationalen Ebene mitdiskutieren und dabei auch Leitungsfunktionen übernehmen darf. Wie man sich als Theologe in vermeintlich rein wissenschaftlichen oder gesellschaftspolitischen Fragestellungen der funktional ausdifferenzierten und weltanschaulich pluralen Moderne einbringen kann, begegnet einem in solchen Kontexten als ständige Frage. Diese kann man als Majestätsbeleidigung zurückweisen, als Indiz dafür werten, dass es Theologie und Kirche oft nicht hinreichend gelingt, deutlich zu machen, dass sie religiöse Lebensführungspraxis und -deutung mit Kommunikationsweisen kombinieren muss, die bei – wie es heute im geflügelten Worte so gerne heißt – „religiös Unmusikalischen" nicht als pures Rauschen verbucht wird, sondern zumindest produktive Irritation oder Nachdenklichkeit erzeugt, oder schlicht als Herausforderung ansehen, die eigene, hier beispielsweise am Anfang des Textes recht unvermittelt präsentierte religionskulturelle Deutung von und Orientierung in heutigen Lebensphänomenen und Konfliktkonstellationen allgemein verständlich und auch profilbildend vorzutragen. Kurzum: In solchen Gesprächskonstellationen innerhalb der Zivilgesellschaft zum Zwecke möglicher Gesetzgebungsprozesse, aber auch gesellschaftlicher Selbstverständigungsdebatten ganz genereller Art und wissenschaftlicher Diskurse findet sich theologische Ethik vor. Hier erweist sich die rationale Rechenschaftsfähigkeit theologischer Ethik als ein durchaus komplizierteres Geschäft, als die religiös intrinsische Selbstvergewisserung insinuiert (die, wenn man ehrlich ist, heutzutage auch schon immer die eines in der Moderne lebenden Menschen und damit schon intrinsisch komplex ist).

Um die Verantwortungsbereitschaft einer nicht einfach bekenntnishaften, sondern modernitätssensiblen theologischen Ethik zu leisten, die mir im Sinne von I Petr 3,15 („Seid allezeit bereit zur Verantwortung vor jedermann, der Rechenschaft fordert über die Hoffnung, die in euch ist.") ebenso ein intrinsisches Anliegen ist wie mir bei aller Problematik des Begriffs die Gemeinwohlfrage (diese im Sinne des Wortes, das nach biblischer Tradition der Prophet Jeremia den in die multikulturelle und -religiöse Metropole Verbannten zurief: „Suchet der Stadt Bestes" [Jer 29,2]) nicht auszutreiben ist, kann auf einige etablierte ethische und gesellschaftsdiagnostische Standards zurückgegriffen werden. Sie kann man m. E. ohne allzu große Begründungsarbeit, aber keineswegs reflexionslos[3] bei der

---

3 Sich – wie im Folgenden – für eine erste Begründung von Ethik auf „Es gibt"-, „Wir finden uns schon längst vor"- oder „Wir müssen nicht erfinden"-Sätze zu berufen, kann konservativ, vernunftarm oder im Sinne eines naturalistischen Fehlschlusses fehlgeleitet anmuten. Selbst die postmoderne, ironisch-solidarische Deutung solch schwacher Begründungen, wie sie Richard Rorty paradigmatisch vertritt (vgl. ders., Kontingenz, Ironie und Solidarität), entgeht diesem Vorwurf nicht, wenn sie nicht einige starke moraltheoretische Standards aufrechterhält. Unter solchen unverzichtbaren, starken moraltheoretischen Standards verstehe ich die modernitätstypische Berufung auf die (sich wechselseitig erschließende) Dialektik von Menschenwürde und Menschenrechten, die Prärogative von (dann allerdings näher in ihrem Verständnis zu erläuternder) Freiheit, Demokratie, Rechts- und (in seinem Umfang ebenfalls näher zu begründendem) Sozialstaat. Bei vielen Zeitgenossen würde sicher noch das Plädoyer für Nachhaltigkeit und gerechten Frieden zu den notwendigen starken moraltheoretischen Standards hinzugehören. Von all diesen Standards – was immer man auch dazu zählt – gilt, dass man versuchen kann, sie über tiefgründige Theorien, wie beispielsweise die Kantische, die Apel'sche oder die Habermas'sche Variante des Verallgemeinerungsprinzips oder die Gewirth'sche Theorie der Handlungsfähigkeit, letztzubegründen. Ob dies gelingt oder nicht, wird in der Allgemeinen Ethik dann (im Anschluss an Hans Albert) gerne unter Rückgriff auf das so genannte Münchhausen-Trilemma diskutiert (vgl. Albert, Traktat). Dieses besagt, dass sich eine Letztbegründung in eines von drei insuffizienten Verfahren flüchte: in den unendlichen Regress, den circulus vitiosus oder den dogmatischen Abbruch. Man kann sich mit gewissem intellektuellen Gewinn auf diese Spekulationen einlassen. Aber zwei Überlegungen sollten Zweifel an solchen Debatten schüren: Zum einen verbleiben sie meistens auf der theoretischen Ebene. Die Rückfragen moralischer Begründung enden praktischerweise keineswegs im infiniten Regress, weil in praktisch-pragmatischen Kontexten sehr wohl suffizienterweise ein Kasus hinreichend begründet sein kann, wenn das ursprüngliche Problem gelöst ist (vgl. Willaschek, Bedingtes Vertrauen). Die entscheidende ethische Rückfrage an die erfolgreiche Problemlösung besteht dann im Versuch, nachzuweisen, dass eine bestimmte dabei vertretene Handlung(smaxime) verallgemeinerungsfähig ist – vorsichtiger formuliert: regelmäßig, was durch Dilemmata-Situationen und *hard cases* seine Ausnahmen finden kann (die aber bekanntlich die Regel bestätigen), als verallgemeinerungsfähige Regel dienen kann. Zum anderen gilt es aber auch, sich einzugestehen, dass ein letztes, oft analytisch gewonnenes Moralbegründungsprinzip aus sich heraus kaum je synthetische und konkrete Urteile entlässt. Zu diesem im

Übrigen die meisten moralischen Probleme berührenden Zwecke, konkret-ethische Urteile zu fällen, müssen immer wieder individuelle und/oder kollektiv erworbene Klugheit oder Urteilsfähigkeit herangezogen werden. Moralische Begründung kann sich dann nur auf die rekonstruktive Rechtfertigung unterschiedlicher im Schwange befindlicher moralischer Einstellungen erstrecken. Diese sind dann daraufhin zu überprüfen, ob sie in sich möglichst kohärent, verallgemeinerbar und problemlösungsorientiert sind. So notwendig diese drei Kriterien moralischer Rechtfertigung erscheinen und so sehr sie gerade unter dem letzten Gesichtspunkt gesellschaftlich-geschichtlich gewachsene Standards von Kultur, Religion oder Recht berücksichtigen können, stellen sie dennoch keine hinreichende Moralrechtfertigung dar. Wenn man so will, kommt man – in den Worten Alberts – dann über eine Kombination aus Zirkelschluss und dogmatischem Abbruch nicht hinaus. Weniger aporetisch formuliert: Es muss einem gelingen, analog zum fides-quaerens-intellectum-Gestus auf eine Figur zu verweisen, die (nahezu) jeder als heuristisch einsichtig für die Notwendigkeit von Moral anerkennt und von der man dann in pragmatischer Hinsicht auf die oben erwähnten „Es gibt"-, „Wir finden uns schon längst vor"- oder „Wir müssen nicht erfinden"-Sätze verweisen kann. M. E. hat man mit einer so genannten compassionistischen Rechtfertigung der (sich wechselseitig erschließenden) Dialektik von Menschenwürde und Menschenrechten einen solchen moral-, rechts- und politikbegründenden Ankerpunkt jenseits rein vernunfttheoretischer Letztbegründung und diesseits rein kulturalistischen Relativismus gefunden (vgl. dazu Metz, Compassion.). Die hinter der compassionistischen Rechtfertigung stehenden Motive lauten: „Die spätestens im Zweiten Weltkrieg und in der Shoa ansichtig gewordene Grausamkeit, die Menschen gegenüber Menschen zeigen, darf sich so nicht wiederholen, bzw. wenn sich Ähnliches ereignet, muss es als moralisch, rechtlich und politisch verwerflich klassifiziert werden! So etwas sollen Menschen nicht mit Menschen machen! Es muss einen Bereich unveräußerlicher Rechte geben! Menschen müssen sich daher in ihrem Dasein von allem Anfang bis zu allem Ende als Menschen grundlegend achten, sprich im emphatischen Sinne anerkennen." Gerade in dieser Mehrfachformulierung soll angedeutet sein, dass es nicht auf eine einzige Begründungsform ankommt, sondern dass ein elementares Angesprochen-Sein, dem man sich nicht entziehen kann, eine basale Wahr-Nehmung und ein Verstehen angesprochen wird, das so fundamental ist, dass man es nicht begründen kann, sondern nur von ihm her denken, aber unter dieser Prämisse (wenn man sie teilt) alles anders sieht, als wenn man sie nicht teilt. Im Sinne eines vernunfttheoretischen Ansatzes ist dieses Vorgehen eine schwache Prämisse, weil sie auf eine rationalistische Letztbegründung verzichtet und eher einen Verweis einführt, der m. E. aber insofern stark ist, weil er tiefste Emotionen anspricht wie auch bei Infragestellung vor massive Probleme einer Rechts- und Politikbegründung führt. Dem, der hier protestiert und auf den Zirkel in der Argumentation verweist, wird man mit Heidegger antworten müssen, dass es bei so elementaren Fragen der menschlichen Existenz gar nicht darauf ankommen könne, aus dem Zirkel herauszukommen (weil in solchen existentiellen Selbstbestimmungen ein jeder zirkulär vorgeht), sondern – und dies sei das Entscheidende – „nach der rechten Weise" in ihn hineinzukommen (vgl. Heidegger, Sein und Zeit, 153). Zumindest sich über die Nicht-Negierbarkeit dieses Tuns Rechenschaft abzulegen, sei die erste Aufgabe einer auf Selbstkritik und Transparenz setzenden Ethik. M. E. hat man mit Kohärenz, dem (möglichst weit reichenden) Versuch der Verallgemeinerung von Maximen und Problemlösungsorientierungen auf der Grundlage von compassionistisch eingeführter Dialektik von Menschenwürde und Menschenrechten, ein pragmatisch hinreichendes Fundament der Ethik gefunden. Man muss damit weder gänzlich auf Begründung, die jetzt aber im Sinne rekonstruktiver Rechtfertigung verstanden wird, verzichten, noch geht man damit zu starke Begründungsmuster ein, die keinen Spielraum für die Pluralität nach vorne hin offenen Suche nach dem nicht einfach gegebenen, sondern ständig neu aufgegebenen und neu zu gewinnenden öffentlichen Vernunftgebrauch sowohl von Seiten theologischer Ethik wie auch von Seiten nichttheologischer Ethik voraussetzen:

Zunächst einfach formuliert: Wir finden uns schon längst vor. Wir müssen das Rad nicht neu erfinden, aber schauen, dass wir hier und jetzt damit gut fahren. Nach diesem Motto müssen wir nicht erfinden, dass wir in der Moderne, kurz: in der funktional ausdifferenzierten und weltanschaulich pluralen Gesellschaft leben, die trotz dieser strukturellen und semantischen Differenzierungen zunehmend Hybride produziert bspw. den religiösen Fundamentalismus, der sich strukturell und in seiner breiten Technikaffinität nur als Kind der Moderne begreifen lässt, semantisch aber ein Zurück zur Vormoderne propagiert. Wir müssen nicht neu erfinden, dass die politische und rechtliche Ausgestaltung in dieser bestenfalls reflexiven Moderne als einem demokratischen Rechts- und Sozialstaat mit Gewaltenteilung auf der Grundlage der Anerkennung von Menschenwürde und Menschenrechten recht gut funktioniert, aber dieser liberale und soziale Verfassungsstaat zunehmend seine zeitweilig vorhandene motivationale Strahlkraft („Verfassungspatriotismus") vor dem Hintergrund diverser Gesellschaftskrisen verliert. Wir müssen nicht neu erfinden, dass es Ethik als Reflexionstheorie der Moral gibt, die bestenfalls nicht einfach als Moralverstärkung dient, sondern zunächst einmal durch allerlei Verfahren und Methoden distanznehmend zur Moral danach fragt, ob individuelle Maximen, Entscheidungen und Handlungen, aber auch kollektive Moralensembles möglichst kohärent aufgebaut und verallgemeinerbar sind oder eben nicht. Wir müssen auch nicht neu erfinden, dass es sich bisher recht ordentlich bewährt hat, dass zwischen nur partikular gültigen Vorstellungen des guten Lebens einerseits und etablierten normativen Standards des Rechten und Gerechten andererseits differenziert werden soll, was heißt, dass weder getrennt noch identifiziert werden soll: Gerechtes braucht Gutes als motivationalen und als Deutungsrahmen, umgekehrt müssen sich in der weltanschaulich pluralen Gesellschaft in einem möglichen Konfliktfall Vorstellungen und Lebensformen des Guten, also beispielsweise Religionen, daran messen lassen, ob sie die geschichtlich gewachsenen Standards des zu einer bestimmten Zeit normativ und verallgemeinernd Gültigen bedienen können oder nicht. Haben sie aufgrund ihrer religiösen Sondergruppendeutung gesellschaftlicher Prozesse eine von den gültigen Standards abweichende Position – was nicht nur zu Konflikten führen kann, sondern auch die Gesellschaft wie die rechenschaftsfähigen

---

allgemeiner und auch weltanschaulich unterschiedlich begründeter Ethiken bieten würden. Wie theologische Ethik diesen begründeten Spielraum nutzen kann, wird im Haupttext entfaltet.

Lebensformen des Guten befördern kann –, sollten sie in der Lage sein, die Beweislast dafür zu tragen und die entsprechende Abweichung zum Wohle des Ganzen begründen zu können.

2 Methodologisches: Weites Überlegungsgleichgewicht und Transpartikularisierung

Nach den kurz skizzierten Rahmenbedingungen moralischer Diskurse und ethischer Reflexionen darauf dürfte unstrittig sein, dass konkrete Ethik, die versucht, für die anfangs beispielhaft genannten Herausforderungen Orientierungen anzubieten, ein komplexes Geschäft ist. Das gilt erst recht für die konkrete Ethik in theologischer Perspektive. Nimmt man ihren methodologischen Anspruch ernst, gilt es, zum Zwecke der moralischen Orientierung und ihrer ethischen Reflexion auf eine als moralisch strittig eingestufte Problemkonstellation 1. wohlüberlegte moralische Urteile und Intuitionen, 2. ethische Prinzipien und Kriterien, 3. rechtliche Normvorgaben (die zu berücksichtigen sind, weil auch Moral und Ethik vom Recht als erreichten normativen Standards mitgeprägt sind), 4. (träge, oft kryptonormativ wirkende) Identitätsbilder von Person und Gesellschaft und 5. (ihrerseits wissenschaftstheoretisch und hermeneutisch sensibilisierte) Sachinformiertheit in einem jeweils strittigen Feld möglichst kohärent aufeinander zu beziehen.[4] Konkrete Ethik in theologischer Perspektive wird dabei – je nach Diskurskontext – mal mehr explizit und mal mehr implizit versuchen müssen, Theologumena und Deutungen theologischer Anthropologie so in das skizzierte Überlegungsgleichgewicht einzubringen, dass sie zur Erschließung eines moralisch und ethisch strittigen Sachverhaltes – und zu dieser Erschließung zählt auch die Reflexion auf die Grenzen eines umfassenden Orientierungswissens – signifikative Differenzen aus der religionskulturellen Tradition der Bibel und des Christentums erzeugt. Über die Figur der signifikativen Differenz – einer Formulierung von Bernhard Waldenfels, die anzeigen soll, dass wir Erfahrungen nicht einfach unvermittelt machen, sondern diese der Grammatik „etwas [zeigt sich] als etwas" unterworfen sind, wobei sich um dieses „als" herum immer auch Ansprüche, Überschüsse, Einbrüche, aber auch Ambiguitäten des Wahrnehmens und Deutens ereignen und einspielen können – kann man den Beitrag theolo-

---

4 Vgl. zu diesem im Fachjargon genannten „Modell des weiten Überlegungsgleichgewichtes" meine vertiefenden Überlegungen in: Dabrock, Befähigungsgerechtigkeit, 18–32.

gischer Deutung in allgemein-anthropologische oder -ethische Debatten pointiert eintragen, ohne die methodologischen Standards der Ethik zu unterschreiten.

Um das abstrakt Gesagte an einem Beispiel zu erläutern: Anerkennt man, dass man in der wechselseitig sich vorantreibenden Dialektik von Menschenwürde und Menschenrechten eine regulative Idee für Ethik, Politik und Recht findet, dann ist es zunächst im binnenreligiösen Diskurs natürlich legitim, nach theologischen Figuren zu suchen, die den mit unterschiedlichen Akzenten völkerrechtlich und verfassungsrechtlich festgehaltenen Anspruch reformulieren, dass die Menschenwürde eine mit dem Menschsein gegebene Nobilitierung bedeutet, die – emphatisch formuliert – unverlierbare und unveräußerliche Rechte mit sich bringt. Um funktional diesen Gesichtspunkt religionskulturell zu verstehen und zu artikulieren, ist sich – (leider) erst in den letzten Jahrzehnten – die Theologie bewusst geworden, dass sie mit den theologischen Anthropolegumena „Mensch als Ebenbild Gottes" und „Gläubiger als unabhängig von allen Werken gerechtfertigter Sünder" zwei Deutungsfiguren besitzt, die binnenreligiös den Grundgedanken von Menschenwürde und Menschenrechten nicht nur pointiert zum Ausdruck bringen, sondern mit gewissen hermeneutischen Reflexionen ihrerseits auch den Menschenwürde- und Menschenrechtsdiskurs inspirieren können. Dabei kann die Gottebenbildlichkeitsfigur den universalen Anspruch, der auch dem Menschenwürdeaxiom eignet, festhalten. Sie markiert zudem in einer Anlehnung an den Ursprungssinn der Formulierung (vgl. Gen 1,27) den egalitären Charakter der Nobilitierung (sie gilt allen Menschen) wie sie auch einen Vorbehalt gegen mögliche determinierende Eigenschaftsbestimmungen der Menschenwürde ins Feld führt. Denn gegen solch eigenschaftsorientierte normative Festlegungen, die immer eine Bedrohung des grund- und menschenrechtlichen Anspruchs derjenigen Menschen darstellen, die diese Eigenschaften nicht erfüllen, führt der Gottebenbildlichkeitsgedanke ins Feld, dass sich die fundamentale Anerkennung und Achtung allein aus der aus menschlicher Perspektive betrachtet als grundlos zu bezeichnenden Bereitschaft Gottes begründet, den Menschen im Ansprechen („Du darfst sein!") erschaffen zu haben. Die Pointe der Rechtfertigungsanthropologie besteht darüber hinaus darin, diesen kommunikationsontologischen Gesichtspunkt (Würde durch das pure Angesprochensein) intentional radikalisiert zu haben. Zumindest denen, die dieser frohen Botschaft ganz vertrauen, gilt der Zuspruch: Egal wer Du bist, egal was Du kannst, Du zählst unendlich bei Gott. Gerade die Zuspitzung, dass die radikale Annahme als Kind Gottes allein im Glauben (sola fide) – was darunter zu verstehen ist, ist nicht erst seit dem Aufkommen der pluralistischen Religionstheologie strittig – gilt, macht deutlich, dass beide theologischen Figuren in der binnenreligiösen Sprachform zwar einerseits einen kritischen Impuls gegenüber solchen Menschenwürde- und Menschenrechtsbegründungen besitzen, die auf Eigenschaften oder weltimmanente Beziehungsformen und Zugehörigkeiten setzen. Dennoch kranken andererseits die rein binnentheologisch ausgerichteten Rekonstruktionen von Menschenwürde und Menschenrechten auf der Ebene des öffentlichen Vernunftgebrauchs daran, für nichtreligiöse Zeitgenossen keinen allgemeinen Anspruchscharakter zu erzeugen und deshalb im besten Fall „interessante" Deutungsmuster zu bieten, im schlechtesten Fall kaum über hermetische Zungenrede hinauszureichen. Deshalb ist es nötig, nichttheologische Kopplungsfiguren zu entwickeln, die auch für nichttheologische Diskurse das theologisch Erschlossene reformulieren. Beispielsweise – das habe ich an verschiedenen Stellen versucht[5] – könnte man die beiden erwähnten theologischen Anthropolegumena phänomenologisch so reformulieren, dass man die rein weltimmanent noch immer den Menschen (prima facie) auszeichnende Fähigkeit komplexer Selbstreflexionen, die einen Symbol- und Ritualgebrauch sowie moralische Standards mit jeweiligen Metaebenenreflexionen einschließt, kurz: Vernunft genannt, rückbindet an das Faktum menschlicher Leiblichkeit. Insofern Leiblichkeit nicht nur Aktivität, sondern auch Werden, Vergehen, Relationalität, Passivität und Vulnerabilität einschließt, kann man diese Attribute alle in eine Deutung des Menschen und seiner ihm qua Menschsein gegebenen Sonderheit und Nobilität einzeichnen und den Menschen damit evaluativ und normativ als „leibliche Vernunft" charakterisieren. Damit wird zum Ausdruck gebracht, dass jeder Mensch, auch wenn er als ein Einzelner die Fülle dessen, was das Symbolwort „Vernunft" markieren soll, nicht erreicht, grundsätzlich durch das charakterisiert werden kann, darf und soll, was den Menschen zum Menschen macht. Phänomenologisch spricht für diese Deutung der Umstand, dass alle Menschen in weiten Phasen ihres Lebens ihre Vernünftigkeit – also das, was eben die Sonderheit prägt – entwickeln, aktualiter nicht nutzen oder die Erfahrung ihres Schrumpfens machen (müssen). Wie in den binnentheologischen Anthropolegumena kann die evaluative Charakterisierung „leibliche Vernunft" eine fundamentale, geradezu transzendentale Anerkennungsegalität sichern, die nicht daran ihre Grenze findet, dass ein Mensch gravierende Defizite von Vernunft zeigt. Zugleich gleitet diese aus der evaluativen Deutung abgeleitete umfassende Schutznorm nicht in einen ethisch nicht akzeptablen Naturalismus ab. Menschsein wird von allem Anfang bis zum Ende, unabhängig von Eigenschaften und bestimmten Gemeinschaftszugehörigkeiten gewürdigt, wie es sowohl der Inten-

---

5 Vgl. Dabrock, Leibliche Vernunft.

sion von Menschenwürde und Menschenrechten als auch den erwähnten theologischen Anthropolegumena entspricht.[6]

Im Sinne der erwähnten methodologischen Figur signifikativer Differenzen hat man damit Menschenwürde in binnenreligiöser Deutung als Ausdruck der Ebenbildlichkeit Gottes verstanden, die in ihrer außertheologischen Vermittlung als leibliche Vernunft reformuliert werden kann. Man hat damit eine doppelte signifikative Differenz zu einem einfachen Gebrauch der intuitiv von vielen geteilten Intension von Menschenwürde (und Menschenrechten) erzeugt. Durch diese doppelte signifikative Differenz ergibt sich die Möglichkeit, alle drei Begriffe „Menschenwürde", „Ebenbildlichkeit Gottes" und „leibliche Vernunft" mit ihren jeweiligen semantischen Feldern wechselseitig aufeinander zu beziehen und so Motivations- und Deutungsräume zu eröffnen, die sonst verschlossen blieben. Solche Dynamik, die sich aus dem Gegeneinander-laufen-Lassen der Relate signifikativer Differenzen ergibt, aufzugreifen, bietet die Chance, die mit solchen Termini verbundenen Anliegen über die Zeit von jeder Generation neu anzueignen.

Klar ist aber auch sofort, dass es bei solchen Übersetzungsversuchen immer zu Reibungsverlusten kommt. In binnentheologischer Sprache hat Eberhard Jüngel das Phänomen solcher Reibungsverluste so auf den Punkt gebracht, dass seines Erachtens zwar jeder Satz der theologischen Anthropologie in einen Satz nichttheologischer Anthropologie übersetzbar sein muss, aber zu beachten ist, dass bei dieser Transformation aus Sätzen des Evangeliums, sprich: aus Worten der Verheißung und des Trostes, „nur" Sätze des Gesetzes, sprich: der nüchternen, heilsfreien Phänomenologie menschlichen Daseins, werden.[7] Diese produ-

---

6 Man muss nicht leugnen, dass sich trotz der umfassenden Intension der aus dem Verständnis des Menschen als leiblicher Vernunft abgeleiteten Schutznorm Bestimmungsprobleme an den Rändern des Lebens notorisch nicht vermeiden lassen. Das so bezeichnete Extensionsproblem (Ab wann ist der Mensch ein Mensch? Wann endet Menschsein?) lässt sich von keinem ethischen Ansatz eindeutig lösen. Diese bleibende Unschärfe erklärt sich schlicht daraus, dass eben nach dem oben erwähnten Modell des weiten Überlegungsgleichgewichtes empirische Identifikatoren für die genannte Schutznorm gefunden werden müssen, die – weil sie ihrerseits abhängig sind von bestimmten wissenschaftstheoretischen Voraussetzungen – nicht alternativlos bestimmbar sind. Wenn man bspw. den biologischen Anfang des individuellen Lebens eher mit der Fertilisation beginnen lässt, folgt man mehr oder minder bewusst einem programmmetaphorischen Ansatz; wenn man den Anfang erst in der Nidation stabilisiert sieht, vertritt man einen systemtheoretischen Ansatz. Eine unzweideutige Bevorzugung ergibt sich rein wissenschaftstheoretisch nicht, wenn auch die Gründe für das eine oder andere Modell offengelegt werden können und müssen und mit diesen Gründen einer möglichst willkürarmen Bestimmung zugearbeitet werden sollte; vgl. dazu ausführlicher Dabrock, Leibliche Vernunft, 253–257; ders., Bioethik, 524–527. 539–544.
7 Vgl. Jüngel, Entsprechungen, 292.

zieren bisweilen ihrerseits normative Ansprüche, die unter den Bedingungen weltanschaulicher Pluralität nicht selten Ambiguitäten und Konflikte mit sich führen.[8]

Mit der am Beispiel der signifikativen Differenzen von Menschenwürde, Gottebenbildlichkeit und leiblicher Vernunft erläuterten sachlichen, kommunikativen und methodologischen Herausforderung theologischer Ethik steht und fällt nicht nur deren eigene Rationabilität und Kommunikabilität in der modernen Gesellschaft. Vielmehr kann eine sich so verortende theologische Ethik im Gegenzug auch hegemoniale Ansprüche einer sich von weltanschaulichen Voraussetzungen nicht selten befreit sehenden, den Anspruch auf die Formulierung von Universalem erhebenden philosophischen Ethik kritisch hinterfragen: Gegenüber der immer wieder anzutreffenden stereotypen Unterscheidung „hier: allgemeine, auf Universalität zielende Vernunft – dort: partikulare Religionskultur" können Theologien und Kirchen, die von ihrem Glauben her die Kommunikationsfähigkeit (zumindest) in einer reflexiven, postsäkularistischen Moderne als intrinsisches Gut bezeugen und verantworten wollen, kritische Rückfragen stellen: Sind so genannte Vernunftprätentionen nicht schon immer, sobald sie sich jenseits der formalen Kohärenzprüfung von Argumentationen bewegen, ebenso wie Religionen von kryptonormativen Menschenbildern und Lebensformvorstellungen geprägt? Gehen solche Argumentationen dann nicht immer schon von bestimmen Vorstellungen des Guten aus? Ist es deshalb nicht unterkomplex, im Falle von Religionen oftmals von präreflexiven Lebenswelten zu sprechen und im Falle der säkularen Vernunft von posttraditionalem Reflexionsniveau? Sollten nicht beide Kommunikationsformen um die Rechtfertigung von Gründen bemüht sein, und zählt dazu nicht in beiden Diskussionskontexten das ehrliche und selbstkritische Aufdecken der eigenen Voraussetzungen (sog. taken-for-granted-assumptions)? Die Verhältnisbestimmung von blinden Flecken und reflexiver Beobachtung geht nicht in eins mit der Unterscheidung von Glauben und Weltwissen. Vielleicht – so eine nur auf

---

8 Im binnentheologischen Diskurs wird mancher Skepsis hegen gegenüber der obigen Rubrizierung der protologischen Figur „Ebenbildlichkeit Gottes" unter die Kategorie des Evangeliums. Wenn dies hier doch geschieht, dann nur unter der Maßgabe, dass sich in der ursprünglichen Ebenbildlichkeitsaussage (Gott erwählt den Menschen grundlos zu seinem Gegenüber) eine Strukturanalogie zum Rechtfertigungsgeschehen aus Glauben zeigt, so dass nicht Fähigkeiten oder bestimmte Taten das endgültige Heil bewirken, sondern allein Gottes unendlich guter Wille. Auf diese Strukturanalogie zwischen Protologie und Soteriologie hat wie kein anderer Karl Barth in seiner Schöpfungslehre aufmerksam gemacht, in der er die Schöpfung als äußeren Grund des Bundes und den Bund als inneren Grund der Schöpfung und folglich Schöpfung als Wohltat, Verwirklichung und Rechtfertigung deutete; vgl. Barth, KD III/1; zur wechselseitigen Erschließung der beiden theologischen Anthropolegumena „Ebenbildlichkeit Gottes" und „gerechtfertigter Sünder" vgl. Dabrock/Klinnert/Schardien, Menschenwürde, 72–115. 164–172.

den ersten Blick überraschende These – fällt es theologisch Denkenden sogar leichter, sich und anderen die Begrenzungen der eigenen Argumentation einzugestehen, weil der Umgang mit solchen Begrenzungen historisch und systematisch von vornherein zum eigenen theologischen Tun hinzugehört(e).[9]

Über diese kritischen Rückfragen hinaus kann sich eine theologische Ethik auch produktiv in die öffentliche Debatte um die Klärung personaler Lebensformen und die Gestaltung gesellschaftlicher Strukturen einbringen. Dazu bietet sich der innerhalb der evangelischen Theologie lange Zeit vernachlässigte Ansatz fundamentaltheologischer Rechenschaft an.[10] Die Differenz der fundamentaltheologischen zur dogmatisch ausgerichteten Ethik liegt darin, dass erstere direkt, intrinsisch wie proaktiv und nicht nur indirekt das Gespräch um die Gestaltung des öffentlichen Vernunftgebrauchs sucht. Sie versucht – wie gerade am Beispiel der signifikativen Differenzen zwischen Menschenwürde, Gottebenbildlichkeit und leiblicher Vernunft erläutert –, theologische Figuren so zu reformulieren und damit zu transformieren, dass sie den sittlich-politischen Diskurs der pluralistischen Gesellschaft nicht nur stimulieren, sondern auch direkt mitgestalten können. Dazu wird ausgehend von den theologisch als prägend erachteten Konzeptionen eine Sprachform gewählt, die üblicherweise als „allgemein verständlich und kommunizierbar" gilt – also eine Sprachform, die häufig als eine philosophische oder in der Logik des Rechts als verfassungsrechtlicher Rahmen gesellschaftlicher Debatten charakterisiert wird. Im Unterschied zu diesen als allgemein verständlich und plausibilisierbar erachteten Sprachformationen, die sich jedoch nur selten – beispielsweise in der Traditionslinie des Denkens Nietzsches, Foucaults, Bernhard Waldenfels' oder der science and technology studies – der Bedeutung ihrer Genealogie für ethische Reflexionen vergewissern, will eine fundamentaltheologische Ethik ihre Herkunft und ihre zunächst vorgegebene Partikularität nicht nur nicht leugnen, sondern als ein wichtiges Moment im ethischen Diskurs festhalten. Zugleich vertritt dieser Ansatz die These, dass die Partikularität auf das (zu dem Zeitpunkt der jeweiligen Debatte) allgemein Geltende hin, das seinerseits wegen seiner bleibenden Kontingenzbehaftung als ein weiterhin zu Suchendes und nicht einfach als ein Gegebenes oder gar Vorgegebenes betrachtet wird, zu übersteigen ist. Ein so verstandener Universalisierungsimpuls entspricht ebenso – binnenreligiös formuliert – dem Missionsauftrag oder – christentumstheoretisch formuliert – dem Öffentlichkeitsauftrag von Theologie und Kirche. Entsprechend muss eine fundamentaltheologische Ethik – wie im obigen Beispiel erläutert – ethisch bi-

---

9 Vgl. ausführlicher zum konstruktiv-kritischen Begrenzungscharakter der sog. Gott-Mensch-Differenz auch für ein allgemeines Vernunftverständnis Dalferth, Kombinatorische Theologie.
10 Vgl. dazu ausführlich Dabrock, Antwortender Glaube und Vernunft.

lingual vorgehen und theologische wie nichttheologische Sprachspiele zu sprechen in der Lage sein, wechselseitig zu übersetzen suchen und dabei den bleibenden Grenzen der Übersetzung, soweit es geht, Aufmerksamkeit schenken. Ebenso wird eine responsiv-kommunikative Ethik auch im Vollzug wachsam für Überschüsse, Einbrüche, Fissuren und diskursiv nicht Verrechenbares bleiben – Ereignisse und Erfahrungen, die sich nicht einfach nur am geglaubten Gegenüber Gottes, sondern auch an den schwierigen wie konstruktiven Reibungsverlusten interdiskursiver Formationen festmachen. Für die damit verbundene Differenz- und Ambiguitätssensibilität besitzt die evangelische Ethik keineswegs ein Patentrecht, aber man kann die Vermutung hegen, dass ihre spezifischen Differenzmuster (vor allem die Zwei-Reiche-und-Regimenten-Lehre wie auch die Unterscheidung von Gesetz und Evangelium) förderlich sind, solche Differenzkompetenz zu entwickeln und auf die Gegenwart zu übertragen.

Um anzuzeigen, dass man bei der Verallgemeinerung von (religiösen) Lebensentwürfen diese keinesfalls hinter sich bringen muss, sondern dass gerade in dem Partikularen, das religiös oft über wirklichkeiterschließende, durch abstrakte Sprache nicht ersetzbare Bilder, Metaphern und stories vermittelt wird, eine Fülle von neuen Herausforderungen für den öffentlichen Vernunftgebrauch vorhanden ist, könnte man statt von Universalisierung von Transpartikularisierung sprechen.[11] Mit diesem sperrigen, aber von der Sache her angemessenen Begriff kann man signalisieren, dass Religionen in der sie selbst begründenden Erfahrung der alles Begreifen durchbrechenden und übersteigenden Zuwendung Gottes einen Impuls sehen (können), der sie ermutigt und befähigt, a) die eigene Begrenztheit gegenüber dieser Transzendenzinstanz anzuerkennen, b) aus diesem konstruktiven und kritischen Unruhefaktor gegenüber eigenen Lebenskonzeptionen (auch den religiösen) heraus auf andere Lebensdeutungen offen zuzugehen, c) andere Lebensdeutungsmuster zu ermuntern, auch in ihren kultursprachlichen Praktiken nach solchen Interdiskurse eröffnenden Motiven und Deutungsressourcen zu suchen, dabei d) virtuelle und reale Diskursräume zur Verfügung zu stellen und e) schließlich auf diese Weise Differentes, aber auch dem Gut gelingenden Zusammenleben Dienendes gemeinsam zu entdecken. Mit diesen Schritten, deren partieller und komparativer Erfolg (oder auch Misserfolg im Vorletzten) sich erst im Vollzug erweist, könnte Transpartikularisierung eine profilierte Form religiöser Rechenschaft im öffentlichen Diskurs darstellen.[12] Denn diese Schritte bestärken Menschen und Gruppen gleichzeitig in zwei Grundhaltungen, die sonst oft als

---

11 Vgl. dazu ausführlicher Dabrock, Befähigungsgerechtigkeit, 50–72, bes. 67–72.
12 Es wäre ein Weg, wie christliche Kirchen und Theologien bspw. den Weg islamischer Gemeinschaften in unserer Öffentlichkeit begleiten könnten. Dabei haben erstere in Kauf zu nehmen, dass auch sie durch einen solchen Prozess Veränderungen ausgesetzt werden können.

einander ausschließende Alternativen gesehen werden: Positionalität zu wahren und zu schätzen und gleichzeitig im Übersteigen des Eigenen und der damit konsequenterweise einhergehenden Selbsttransformation einen Gewinn zu sehen. Zugehörigkeit und Öffnung bilden – zum Wohle von Religionen und Öffentlichkeit – nicht per se einen Gegensatz.

Die für jede und damit auch die theologische Ethik wichtige Unterscheidung zwischen einem inneren Begründungskreis (gruppiert um die Ideen wechselseitiger fundamentaler Anerkennung, Menschenwürde, Menschenrechte und gleicher Freiheit mit daraus abgeleiteten kategorischen Abwehr- und Anspruchsrechten) und einem äußeren Kreis (in dem bei wachsendem Abstand zum inneren Kreis eher ethisch hypothetisch und beratend argumentiert wird) widerspricht dem Transpartikularisierungsmodell nicht. In beiden Kreisen kann sich die theologische Ethik mit ihrem semantischen Potential und ihrer (hoffentlich) vorhandenen Bilingualitätskompetenz einbringen. Angesichts des geforderten Geltungsgefälles innerhalb der Ethik könnte ja der Eindruck entstehen, dass eine ethische Argumentation in dem inneren Kreis mit seinen kategorischen, auf Universalität zielenden Geltungen partikulare, also religiöse Traditionen einfach hinter sich lassen könnte. Dies wäre aber nur dann der Fall, wenn auch dieser innere Kreis im Entdeckungs-, Begründungs- und Bewährungszusammenhang gänzlich unzugänglich für partikulare Zugänge oder frei von ihnen wäre. In allen drei Zusammenhängen können partikulare Kontexte jedoch Anderes zu Tage fördern als reine, vermeintlich weltanschauungsfreie philosophisch-ethische Konzeptionen. Umgekehrt können sich Religionen von säkularen Standards in diesem Bereich kritisch in Frage stellen lassen und dann – so sie diese Infragestellung konstruktiv aufgreifen (wie Kirchen und Theologien in der Menschenrechtsdebatte nach viel zu langer Abstinenz) – ihrerseits zur Steigerung des dort erreichten Diskussionsniveaus beitragen. Denn zum einen bleiben säkulare Rechtfertigungen des inneren, von kategorischer Geltung geprägten moralischen Kreises hochgradig menschenbildkontaminiert. Zum anderen sollte auch die motivationale und moralreproduktive Deutungskraft religiöser Traditionen für die Entwicklung des inneren Kreises nicht unterschätzt werden. Auch Menschenrechtsethos, Verfassungsrecht, Demokratie oder Gerechtigkeit werden in ihrer Bedeutsamkeit nicht perpetuiert, wenn sich nicht eine so verstandene motivationale Schicht ihrer Verteidigung und Kultivierung bildet. Reine Zivilreligion, die eine quasireligiöse Überhöhung eines immanenten Gemeingeistes darstellt, wird dabei – gerade in Krisenzeiten – ein prekäres und nicht selten hoch ambiges (weil in Krisenzeiten kaum einen Widerhalt gegen Chauvinismus besitzendes) Gebilde darstellen.

Im Sinne der so verstandenen Transpartikularisierung steht es religiösen Menschen bei der rationalen Verantwortung ihrer religiösen Überzeugungen um ihrer eigenen Glaubwürdigkeit willen gut an, inhaltliche Gründe, die sich nicht in motivationalen Ansprüchen erschöpfen dürfen, für ihre jeweiligen politischen und sittlichen Optionen darzulegen. In öffentlichen Diskursen sollten sie zeigen können, warum ihre religiös begründete und im religiösen Sprachspiel gewonnene Sicht auf Wirklichkeit eine komparative Lebensdienlichkeit im Verhältnis zu anderen nichtreligiösen Positionen besitzt. Dieser behauptete Vorteil sollte sich zudem nicht nur auf religiöse Menschen selbst beschränken, wenn sie sich nicht dem Verdacht aussetzen wollen, dass es ihnen doch nur um den eigenen Gruppennutzen, nicht aber um die Gestaltung des Gemeinwohls gehe.[13] Eine religiöse oder quasireligiöse Position, die zu solchen Rechtfertigungen nicht in der Lage ist, weist einen gewissen Grad an Schwäche, ja, an Selbstwidersprüchlichkeit auf. Schließlich zielen die Ansprüche der meisten Religionen auf Universalisierung. Wo diese Universalisierungsdynamik nur versichert, nicht jedoch plausibilisiert werden kann, gibt dies kritisch zu denken.

Gerade angesichts einer zunehmenden Einflussnahme religiöser Radikalismen und einer spürbar steigenden öffentlichen Sehnsucht nach Religiosität sollten die Kirchen und theologischen Ethiken den Weg der öffentlichen Rechenschaftsfähigkeit und -willigkeit nicht aufgeben. Sie sollten sich nicht damit beruhigen, dass säkulare Philosophen bereit sind, religiöse Sprachspiele zu erlernen und es damit den Religionen ermöglichen, sich nicht mehr um Übersetzungsarbeit zu bemühen. Ein solches Angebot dürfte sich als Danaergeschenk erweisen, mindert es doch die Anstrengung, sich der nicht nur im Eigeninteresse notwendigen, aber schwierigen Übersetzungsarbeit zu stellen.

3 Bleibende Ambivalenzen und Ambiguitäten innerhalb eines breiten normativen Korridors

Während katholische Moraltheologie, zumindest in den offiziellen Verlautbarungen und in den Teilen der Disziplin, die sich an den geleisteten Treueeid gegenüber dem Lehramt gebunden sehen, eine starke normative Orientierung vertritt, hält sich die evangelische Ethik – jedenfalls in ihren modernitätssensiblen Teilen – gegenüber einem solchen, Eindeutigkeit vorgebenden Ansatz – was nach

---

13 Die Gemeinwohlorientierung erfolgt nach breit konsentiertem Verständnis christlicher Kirchen und Theologien nicht aus strategischen Gründen („Wir wollen nicht als gruppenegoistisch angesehen werden"), sondern aus religiös-intrinsischer Motivation, die geglaubte Botschaft von der Zuwendung Gottes zur Welt und zu jedem Menschen durch Wort und Tat zu bezeugen; vgl. Dabrock, Öffentlichkeit und Religion.

den bisherigen Ausführungen zu Differenzbewusstsein und Ambiguitätstoleranz nicht überrascht – deutlich zurück. Um diese Zurückhaltung zu rechtfertigen, bemüht man in der evangelischen Ethik wie in evangelischen Kirchenleitungen, wenn sie sich ethisch zu moralisch strittigen Problemkonstellationen äußern, die immer wieder (gerne) herangezogene Formel, dass Fragen der Lebensführung selten den Rang des status confessionis erreichen. Diese Formel dient dabei häufig als Legitimationserweis des in der evangelischen Kirche und Theologie hochgehaltenen Pluralismus. Dieser wird dann von außen, beispielsweise von manchen katholischen Moraltheologen, bestenfalls als salvatorische Klausel, meistenteils als Formel oder fauler Kompromiss abgetan. Ihren sachlichen Grund findet die schillernde Formel in der reformatorischen Einsicht, dass nicht des Menschen Handeln, sondern sein Vertrauen in das unendlich wohlwollende Getragensein seines Daseins, das sich mit dem Namen und Wirken Jesu Christi verbindet, die endgültige Vollendung des Lebens ausmacht. Mit dieser Fokussierung wurden einerseits Lebensführungspraxis und Lebensführungspraxiskontrolle ihrer soteriologischen Bedeutsamkeit entkleidet. Einer reinen Handlungsorientierung von Ethik („Was soll ich tun?") setzt die evangelische Ethik damit die signifikativen Differenzen entgegen, die die Identität des Handelnden grundlegend mit den Phänomenen von Responsivität, Vertrauen, Gelassenheit, relationalem Dasein und Versöhntsein verbinden. Diese moraldekonstruktivistische und auf diese Weise neue Handlungsweisen erschließende Axiomatik reformatorischer Tradition führte aber andererseits – das sei eingestanden – immer wieder dazu, dass vor allem im 20. Jahrhundert ein zu geringer Zugang zur kritischen Beurteilung, aber auch Gestaltung normativer Orientierungsmuster gefunden wurde. Evangelische Ethik fand sich schon seit dem 19. Jahrhundert hin und her gerissen zwischen den Extrempositionen von Akzeptanz der systemischen Sachlogiken (sog. hinzunehmende und nicht selten deshalb de facto sakralisierte „Eigengesetzlichkeiten" oder von der Selbstdefinition Gottes in seinem Erlösungs- und Versöhnungswillen entkoppelte „Schöpfungs- und Erhaltungsordnungen") und einem naiven, kriterienlosen Orientieren an den sich vermeintlich unmittelbar aufdrängenden Herausforderungen einer jeweiligen Situation (der sog. Situationsethik mit ihrer Verballhornung des sich von der Gott-Mensch-Differenz kritisch gegenüber dem eigenen Tun und Deuten zu verstehenden augustinischen „dilige et quod vis fac" zum pseudoromantischen „ama et fac quod vis"). Solch gleichermaßen einseitige Ansätze evangelischer Ethik missachten die Komplexität moralischen und ethischen Deutungs- und Orientierungswissens und flüchten sich in eine unterkomplexe Einfachheit, die das Leben in der funktional ausdifferenzierten und weltanschaulich pluralen Gesellschaft nicht zulässt – und auch schon im 19. und 20. Jahrhundert nicht zuließ. Luhmanns Mahnung, Ethik als Warnung vor Moral zu begreifen, findet in der extrasoteriologischen Verortung der Moral hinein in die Lebensdimension des von Bonhoeffer so bezeichneten Vorletzten daher eine sympathisierende Position, argumentiert aber anders als der große Sozialtheoretiker mit einem emphatischen theologischen Gestus („Letztes-Vorletztes"). Beide eint der Gedanke, in der Ethik nicht einfach Moral zu verstärken, sondern zunächst ihr gegenüber Distanz aufzubauen. Von der Soziologie, die Luhmann in seiner Hegel-Preisrede programmatisch als notwendigen Teil einer modernitätssensiblen Ethik bestimmt, kann die Theologie dabei zusätzlich zur Beachtung der erwähnten grundlegenden Dimensionen responsiver Identitätsethik lernen, kleinteilig wirkende Detailarbeit nicht zu vernachlässigen. Sie kann bspw. soziologisch informiert eine Sensibilität dafür entwickeln, gesellschaftliche Kommunikationen nicht unvermittelt moralisch zu hyperdeterminieren und so in der Regel moralische Konflikte erst zu schüren, sondern mögliche Probleme zunächst beispielsweise als nicht gelungene strukturelle Kopplungen zwischen unterschiedlichen Systemlogiken zu beschreiben. Auch dieses soziologisch informierte Vorgehen würde erst einmal eine Distanznahme von vorschneller Moralisierung – im Verbund mit anderen Wissenschaften, hier: der Soziologie – bewirken. Ethik, und damit auch theologische Ethik, kann ferner von der Sozialpsychologie lernen, dass sich hinter manchen vermeintlich moralischen Konflikten unterschiedliche Lebensmaximen verbergen wie Präferenzen für (politisch und/oder weltanschaulich imprägnierte) konservative oder progressive, pessimistische oder optimistische, affirmativ oder kritisch gegenüber der bestehenden Ordnung ausgerichtete, eher individuums- oder gemeinschaftsbezogene, risikoaffine oder risikoaverse Lebensmuster. Von keiner dieser Einstellungen kann man unabhängig von gegebenen sittlichen Problemkonstellationen per se sagen, dass sie ethisch immer vorzugswürdig wären. Dass sich aus solchen Lebensführungsorientierungen moralische Konflikte ergeben können resp. verstärkt werden können, leuchtet sofort ein. Evangelische Ethik hat also nicht nur ihre intrinsisch theologischen Unterscheidungen und nicht nur den oben erwähnten menschenrechtlichen Rahmen in die Beobachtung und Orientierung gesellschaftlich und persönlich strittiger Sachverhalte einzutragen, sondern auch zu ihrem eigenen Selbstschutz, nämlich nicht alle strittigen Sachverhalte gleich zu moralisieren, innerhalb des oben skizzierten normativen Korridors soziologische und sozialpsychologische Interferenzen gesellschaftlicher Kommunikationen nüchtern wahrzunehmen. Wie mit den skizzierten Kriterien und dem methodischen Instrumentarium eine von Theologen und Kirchenleitungen vertretene evangelische Ethik im öffentlichen Diskurs auftreten kann, sei abschließend an der knappen, aber wichtigen Debatte zur öffentlichen Theologie skizziert.

4 Öffentliche Theologie – ja oder nein?

Es sind manchmal kurze Texte, in denen ganze Problemlagen wie in einem Brennglas aufscheinen. Einen solchen hat Christian Albrecht vorgelegt, als er in der Frankfurter Allgemeinen Zeitung vom 16. März 2016 den Ansatz Öffentlicher Theologie, wie er nach Albrecht vor allem, aber nicht exklusiv vom gegenwärtigen Ratsvorsitzenden Heinrich Bedford-Strohm wie auch zuvor schon von Wolfgang Huber prominent vertreten wird, kritisierte.[14] Im Rahmen meiner Überlegungen kommt es gar nicht darauf an, ob Albrecht die Öffentliche Theologie mit seiner Kritik wirklich trifft oder doch nur einzelne Vertreter. Vielmehr geben seine kritischen Anfragen an eine bestimmte Form sittlicher und ethischer Einmischung von Theologie und Kirche in politische und zivilgesellschaftliche Debatten, die er – berechtigt oder nicht berechtigt – mit dem Label „Öffentliche Theologie" verbindet, die Gelegenheit, das Profil einer evangelischen Ethik in fundamentaltheologischer Perspektive zu konturieren. An der (paradigmatisch für eine bestimmte Form theologischer Ethik stehen sollenden) Öffentlichen Theologie identifiziert und kritisiert Albrecht vier Charakteristika: Zum Ersten – und wohl entscheidend – sehe sie sich, geprägt durch geschichtliche Erfahrungen oder zumindest Einflüsse (bspw. im Deutschland des Nationalsozialismus, im Südafrika der Apartheid), vor allem als kritisches Gegenüber zur existierenden Politik. Während sie die „Domestizierung der Politik durch Religion im Blick habe" gelte es nach dem von Albrecht offensichtlich mit deutlich mehr Sympathie bedachten „liberal-konservativen" Modell, der „Politik zu ihrer politischen Rationalität zu verhelfen". Zweitens sei der in der Öffentlichen Theologie häufig anzutreffende unmittelbare Bibelgebrauch zu unterlassen. Drittens riskiere sie mit ihrer zu starken Betonung gesellschaftlicher Fragestellungen das für den modernen Protestantismus fein austarierte Mit-, Für- und Gegeneinander von individueller Spiritualität, gesellschaftlichem Engagement und kirchlicher Praxis. Viertens mangele dem Ansatz jede – gerade für religiöse Äußerungen erhoffbare – Irritationsfähigkeit. Äußerungen öffentlicher Theologie störten kaum die vorhandenen Erwartungen, sondern seien mit ihren „tendenziell dem linken Spektrum" zuzuordnenden Äußerungen leicht ausrechenbar.

Albrecht legt mit diesen Rückfragen einerseits den Finger in die Wunde zahlreicher theologischer Ethiken, überspannt aber seinerseits die Kritik, weil er als Alternativen benennt, was doch im Prinzip komplementär, jedenfalls nicht per se als Gegensatz erscheinen muss. Seine Äußerungen geben mir daher die Gelegenheit, meinen zuvor skizzierten Ansatz konkreter Ethik in fundamentaltheo-

---

14 Vgl. Albrecht, Die Bibel folgt keiner Partei.

logischer Perspektive sowohl gegenüber solchen zu schärfen, die Albrecht „Öffentliche Theologie" nennt, aber auch gegenüber dem von ihm favorisierten Modell „liberal-konservativer" Prägung. Auf der Ebene der Ethik teile ich Albrechts Vorbehalt gegenüber einem unmittelbaren Einsatz biblischer Texte und Motive. Diese müssen, wenn sie nicht nur sittlich-politisch, sondern auf der Metaebene der Ethik eingesetzt werden sollen, auch das zuvor skizzierte konzeptionelle Niveau erreichen. Dass dies im Prinzip denkbar ist, habe ich mit dem Begriff der Transpartikularisierung indiziert. Gemäß diesem Modell ginge man aber zu weit, wenn man biblische Traditionen ganz aus der im Ringen um den öffentlichen Vernunftgebrauch beteiligten theologischen Ethik zu entfernen und den Einfluss dieser Motive ganz hinter allgemeinen Prinzipien wie Menschenwürde, Selbstbestimmung und Inklusion verschwinden lassen wollte.[15] Dann geriete man schnell in die Gefahr, die von Albrecht zu Recht auch geforderte Sperrigkeit religionskultureller Traditionen gegenüber eingespielten Denk- und Handlungsschemata zu vergessen. Damit komme ich zu dem entscheidenden Punkt, an dem ich meinen Ansatz sowohl von Albrecht wie seinem Bild öffentlicher Theologie abgrenze. Weder sind die Erwartbarkeit theologischer Positionen (aber auch nicht ihr Gegenteil, die Irritationsfähigkeit) noch die Rahmung des theologisch-ethischen Ansatzes als primär politikdomestizierend oder -ermöglichend Letztkriterien für die Güte eines theologisch-ethischen Ansatzes. Sie zu kennen, hilft, bei der Ausarbeitung eines eigenen Ansatzes sowie bei der ethischen Beurteilung eines ethischen Streitfalls auf mögliche Kurzschlüsse oder nichtthematisierte, aber prägende Präsuppositionen zu achten. Statt den von Albrecht hochgehaltenen Differenzkriterien gegenüber der Öffentlichen Theologie zu starkes Gewicht zu geben, helfen sie, die eigene Differenzkompetenz und Ambiguitätssensibilität zu schärfen. Wie prekär selbst nach weit über 60 Jahren von parlamentarischer Demokratie die Zustimmung zum Sozial- und Rechtsstaat ist, zeigen die politischen und zivilgesellschaftlichen Entwicklungen in Deutschland, Europa und weltweit. Der Grundgedanke theologischer Ethik, nicht Politik zu machen, sondern Politik möglich zu machen, muss – je nach gesellschaftlicher Formation – das Optionsspektrum bedienen können, sowohl die Politik zu ihrer Rationalität durch Betonung von Differenzbewusstsein zu befähigen als auch an ihr und ihr gegenüber den Überschuss der Individuen als Individuen wie der Gesellschaft als ganzer gegenüber der Politik zu markieren und – gerade dort, wo die Grundlagen friedlichen, demokratischen, rechtsstaatlichen Miteinanders gefährdet werden – zu bezeugen (sic!). Zu dieser Differenzsensibilität sollte theologische Ethik eine hinreichende Kompetenz besitzen, indem sie

---

[15] Dieses Proviso ist allgemein formuliert.

sowohl (und in der Glaubensperspektive sei es erlaubt zu sagen: präferentiell) auf das Ausdrucksuniversum von Transzendenzerfahrungen, die Bibliothek der Bibel, aber auch auf das reichhaltige Repertoire philosophischer und theologischer Ethiken wie sozial-, kultur- und geisteswissenschaftlicher Unterscheidungskünste unter Einbeziehung der Grundlagen naturwissenschaftlicher Kenntnisse wie ihrer wissenschaftstheoretischen Rahmenbedingungen blickt. Tut sie dies, dürfte theologischer Ethik nicht nur nicht der Vorwurf der Unterkomplexität gemacht werden, dann ist sie gesprächsfähig, dann dürfte sie Gehör finden.

5 Abschlussthesen

1. Christlich-Theologische Ethik ist als Teildisziplin der Systematischen Theologie die analytische wie beschreibende wie orientierende Reflexionstheorie moralischer und sittlicher Legitimierungs- und Rechtfertigungsstrategien menschlichen Verhaltens und organisationeller Strukturen aus der Perspektive von gläubigen Menschen, d.h. von solchen Menschen, die ihre Identität und ihr Handeln von dem geglaubten Zu- und Anspruch des Gottes Jesu Christi bestimmt sehen.
2. Theologische Ethik bezieht sich nicht nur auf Schrift und Tradition, sondern setzt sich auch kritisch-konstruktiv mit der philosophischen Ethik und den anderen Nachbarwissenschaften auseinander. Auf diese Weise trägt sie sowohl zur wissenschaftlichen Verantwortung des christlichen Glaubens als auch zur innerkirchlichen Meinungsbildung in praktischen Fragen und zur Gestaltung des öffentlichen Vernunftgebrauches in der pluralen und funktional ausdifferenzierten Gesellschaft bei.
3. Die binnenreligiös geglaubte „Rechtfertigungsbotschaft" sollte evangelischerseits zu einer offenen responsiv-kommunikativen Identitätsimagination führen, die sich davor hütet, in Fragen der Ethik Letztes und Vorletztes zu verwechseln, sprich: in pseudolehramtlicher Gewissheit, moralische Eindeutigkeiten zu vertreten, die es so nicht gibt. Vielmehr sollte evangelische Ethik im Sinne der Stärkung von Differenz- und Ambiguitätssensibilität einen an der Suche nach dem öffentlichen Vernunftgebrauch orientierten Pluralismus würdigen und bewerben.
4. Einen weltanschaulichen Pluralismus kann und soll evangelische Ethik nicht nur deshalb würdigen und bewerben, weil er eine nur um des Preises unterkomplexer Lebensdeutungen willen vernachlässigbare Signatur unserer modernen Gesellschaft ist, sondern auch, weil dieser Pluralismus bei der Gestaltung des In-, Mit- und Gegeneinanders von Rechtsstaat, Demokratie und Zivilgesellschaft sehr wohl ein „Allgemeines" herausbilden kann und

nicht mit grenzenloser Beliebigkeit zu verwechseln ist. Ein solcher, als „vernünftig " zu bezeichnender Pluralismus speist sich zum einen aus dem historisch und kulturell angehäuften „Wissen" von Lebensformen, ist aber zum anderen nach vorne hin offen. Denn diese ihn prägenden Lebensformen sind nicht einfach gegeben, sondern entwickeln sich selbst (wenn auch oft) träge vor dem Hintergrund gesellschaftlicher Herausforderungen weiter. Für den sinnvoll zu beachtenden Orientierungskorridor eines „vernünftigen" Pluralismus erscheint die Dialektik von Menschenwürde und -rechtstraditionen sowie zunehmend die Sensibilität für die Einbindung menschlicher Lebensform in eine nicht nur Menschen umfassende Gesellschaft zentral.

5. Bei der Suche nach dem öffentlichen Vernunftgebrauch als einem immer wieder neu zu entdeckenden und zu bewährenden „Allgemeinen" gilt es nicht nur, den kleinsten gemeinsamen Nenner zu identifizieren. Vielmehr können und sollen unterschiedliche kulturelle Traditionen ihre eigenen partikularen Bestände bilingualitätskompetent so einbringen, dass sie dabei das Eigene übersteigen können, damit andere Kulturbestände herausfordern und somit zugleich das „Allgemeine" immer wieder vor Erstarrungserschöpfung bewahren. In diesem Sinne kann christliche Ethik in evangelischer Perspektive die „Sakralität der Person" aus dem Verständnis des Menschen als Ebenbild Gottes wie der Rechtfertigungsbotschaft heraus deuten und damit bilingualitätskompetent eine Sensibilität für individuelle und soziale Vulnerabilitäten, aber auch für Begrenzungen, Schuldverstrickungen und Neubeginnsmöglichkeiten im Verständnis der als relational zu charakterisierenden Freiheit fördern. Sozialethisch helfen die Traditionsbestände der christlichen Tradition in eine zumindest als Frage wach zu haltende Gemeinwohlorientierung die Kriterien von Inklusion, Befähigungsgerechtigkeit, Bildung und Solidaritätsbindung stärker einzutragen. Gerade der selbstkritische Umgang mit den im Christentum lange Zeit vernachlässigten Retinitäts- und Nachhaltigkeitsfragen bietet das Potential, umweltethische Fragen zukünftig noch stärker zu beachten.

Bibliographie

Albrecht, Christian. Die Bibel folgt keiner Partei. Erschöpft sich der Protestantismus in politischen Interventionen? Oder erschöpft nur deren Einseitigkeit? Der Öffentlichen Theologie fehlt der Meinungsstreit. FAZ vom 16.03.2016, Nr. 4.
Albert, Hans. ⁵1991. *Traktat über kritische Vernunft*. EGW 9. Tübingen: Mohr.
Barth, Karl. 1957. *Die Lehre von der Schöpfung*. Bd. III/1, *KD*. Zollikon-Zürich: Theologischer Verlag Zürich.

Dabrock, Peter. 2000. *Antwortender Glaube und Vernunft. Zum Ansatz evangelischer Fundamentaltheologie.* FSy 5. Stuttgart [u. a.]: Kohlhammer.

Dabrock, Peter und Klinnert, Lars und Schardien, Stefanie. 2004. *Menschenwürde und Lebensschutz. Herausforderungen theologischer Bioethik.* Gütersloh: Gütersloher Verlagshaus.

Dabrock, Peter. 2010. „Leibliche Vernunft. Zu einer Grundkategorie fundamentaltheologischer Bioethik und ihrer Auswirkung auf die Speziesismus-Debatte." In *Gattung Mensch. Interdisziplinäre Perspektiven*, hg. v. Peter Dabrock/Ruth Denkhaus/Stephan Schaede, 227–262. RuA 19. Tübingen: Mohr Siebeck.

Dabrock, Peter. 2012. *Befähigungsgerechtigkeit. Ein Grundkonzept konkreter Ethik in fundamentaltheologischer Perspektive.* Gütersloh: Gütersloher Verlagshaus.

Dabrock, Peter. 2013. „‚Ja lieber gesel, es heyst, ob es dyr geredt sey' [WA 16,388]. Das Alte Testament als Herausforderung theologischer Ethik." *MJTh* 25:121–167.

Dabrock, Peter. 2014. „Öffentlichkeit und Religion. Aktualisierungen der Gemeinwohl-Tradition in sozialethischer Perspektive." *MJTh* 26:77–124.

Dabrock, Peter. 2015. „Bioethik des Menschen." In *Handbuch der Evangelischen Ethik*, hg. v. Wolfgang Huber/Torsten Meireis/Hans-Richard Reuter, 517–583. München: C.H. Beck.

Dabrock, Peter. 2016. „Warum die Bibel für die evangelisch-theologische Ethik viel, aber nicht alles bedeutet – Überlegungen angesichts der noch immer nicht verstummten Debatte um die Anerkennung homosexueller Orientierung." In *Traut Euch. Schwule und lesbische Ehe in der Kirche,* hg. v. Eva Harasta, 42–76. Berlin: Wichern.

Dalferth, Ingolf U. 1991. *Kombinatorische Theologie. Probleme theologischer Rationalität.* QD 130. Freiburg i. Br. [u. a.]: Herder.

Heidegger, Martin. [19]2006. *Sein und Zeit.* Tübingen: Max Niemeyer Verlag.

Jüngel, Eberhard. [2]1986. *Entsprechungen: Gott – Wahrheit – Mensch.* BEvT 88. Theologische Erörterungen. München: Kaiser.

Metz, Johann B. 2000. „Compassion. Zu einem Weltprogramm des Christentums im Zeitalter des Pluralismus der Religion und Kulturen." In *Compassion. Weltprogramm des Christentums. Soziale Verantwortung lernen,* hg. v. L. Kuld/A. Weisbrod, 9–18. Freiburg i. Br.: Herder.

Rorty, Richard. 1989. *Kontingenz, Ironie und Solidarität.* Frankfurt a.M.: Suhrkamp.

Willaschek, Marcus. 2013. „Bedingtes Vertrauen. Auf dem Weg zu einer pragmatischen Transformation der Metaphysik." In *Die Gegenwart des Pragmatismus,* hg. v. Martin Hartmann/Jasper Liptow/Marcus Willaschek, 97–122. Stw 2049. Berlin: Suhrkamp.

Elisabeth Gräb-Schmidt
Der Wirklichkeits- und Normativitätsanspruch der Ethik

Überlegungen zu Grundlegungsfragen der Ethik in reformatorischer Sicht

1 Problemanzeige der Ethik: Der Wirklichkeits- und Normativitätsanspruch der Ethik nach dem Scheitern ihrer Letztbegründung

In seinen Vorlesungen über die Probleme der Ethik benennt Ernst Tugendhat folgende Sachfragen, die für eine neuzeitlich-moderne Ethik in den Horizont des Problematischen treten. In der Ethik vermute man „[...] eine aufs Individuelle und Zwischenmenschliche verkürzte Reflexion auf Werte, und man befürchtet, daß hier ohnehin nichts Verbindliches auszumachen sei, es sei denn, man greife auf christliche oder andere religiöse Traditionen zurück."[1] Doch er fragt kritisch: „[...] ist das für uns noch möglich? Die Schwierigkeit ist nicht, daß die Fragen, die mit religiös fundierten Normen gelöst werden, veraltet wären, sondern daß man bezweifeln muß, ob wir moralische Normen heute noch überhaupt religiös fundieren dürfen. [...] So gelangen wir zu der für diese Vorlesungen grundlegenden Frage, ob es eine von den religiösen Traditionen unabhängige Einsichtigkeit von moralischen Normen gibt. [...] Hier stoßen wir auf einen weiteren Grund für das zeitgenössische Interesse für Ethik [...]: die ethische Desorientierung, die sich aus dem Niedergang der religiösen Begründung ergibt. Wie kann, wie muß man sich, nachdem die religiöse Begründung entfallen ist, zur Ethik stellen?"[2]

Verschiedene Lösungsversuche stellen sich den geforderten Neubestimmungen der Ethik, seien es jene der Phänomenologie[3], des Pragmatismus, des Existentialismus und vor allem der analytischen Philosophie. Neben diesen dezidiert ethisch orientierten Positionen dürfen die bereits unter Absehung von Normativität auftretenden physikalistischen und biologistischen Erklärungsver-

---

[1] Ernst Tugendhat, Vorlesungen, 11.
[2] A.a.O., 13 f.
[3] Vgl. Lévinas, Totalität und Unendlichkeit.

suche menschlichen Handelns, wie der Behaviorismus und evolutionäre Erklärungen der Ethik, nicht übersehen werden. Sie machen sogar gegenwärtig einen „Mainstream" ethischer Begründungsversuche aus, die bis in die traditionellen Konzepte der Philosophie hineinreichen.[4] Letztlich kreisen sie alle um die Frage: Wie kann Ethik konzipiert werden nach dem Verlust ihrer metaphysischen Begründung? Philosophisch aufgearbeitet ist diese Frage speziell für die Begründungsfrage von Normativität bis dato nicht. Das Abmühen eines Transzendentalpragmatismus von Jürgen Habermas und Hans-Otto Apel hat hier vor langer Zeit die Dringlichkeit des Problems in Erinnerung gerufen, es aber nicht gelöst. Die Sperrigkeit zwischen Begründung und Normativität, zwischen Geltung und der Quelle ihrer Autorität bleibt bestehen. Das haben andere bedeutende, mit Geltungsfragen beschäftigte Philosophen, wie Bernard Williams[5] und Allan Gewirth[6], erfasst. Sie versuchen auf neuen nachmetaphysischen Wegen auf der lebensweltlichen Ebene von einer Faktizität der Normativität auszugehen. Damit erkennen sie zwar die Notwendigkeit der Faktizität der Normativität für das Handeln an; sie bleiben jedoch gleichermaßen deren Begründung schuldig.

So pendeln die philosophischen Fundierungsversuche zwischen den Polen der Faktizität von Normativität und deren Begründungsversuchen hin und her, suchen je nach Konzept den Schwerpunkt auf eine Seite zu legen, um die Deutungsmöglichkeit einer Ethik zu umschreiben. Jedoch gelingt es ihnen nicht, beide Seiten in befriedigender, das heißt auch theoretisch nachvollziehbarer, Weise zu integrieren. Erkannt und bekannt wird die Notwendigkeit, beides zusammen zu sehen, jedenfalls nur durch diejenigen Versuche, für die – um den Erhalt von Normativität für das menschliche Leben festzuhalten – Wahrheit nicht nur ein logischer Sachverhalt ist. Insofern sind Versuche, wie jene George Edward Moores, Bernard Williams und Ernst Tugendhats, die auf Erfassung von Realität bedacht bleiben, ebenso wie solche, die Normativität umkreisen, wie die diskurstheoretischen Ansätze, gebotene Diskussionspartner für die theologische Ethik[7]. Diese geht davon aus, dass ohne Reklamation eines Wirklichkeits- und Normativitätsanspruchs sich die Aufgabe weder einer theologischen, noch einer philosophisch tragfähigen Ethik – und damit der Ethik als Theorie des richtigen, gerechten Handelns und guten Lebens überhaupt – erübrigt. Sie hat ihre Voraussetzung in der Annahme einer „Realität" und ihre Konsequenzen in einer „Geltung", die das Handeln orientieren soll.

---

4 Vgl. Nida-Rümelin, Angewandte Ethik.
5 Vgl. Williams, Ethics.
6 Vgl. Gewirth, Morality and Reason.
7 Eine theologische Ethik wird an Wirklichkeit und Normativität festhalten müssen, will sie sich als theologische begreifen.

Weit entfernt aber davon, in der Theologie dieser Problematik der Begründung von Normativität durch den Gottesbezug entledigt zu sein, kann auch Theologie nicht über die philosophische Kritik der Metaphysik hinweg gehen, sondern unterliegt in ihren Begründungsversuchen deren Ansprüchen. War es doch sie selbst, die sich solcher metaphysischen Begründungsformen lange bediente und in Reformulierungen weiterhin bedient, etwa zunächst in der Inanspruchnahme eines Naturrechts im Anschluss der Ethik an Aristoteles und Thomas von Aquin bis in die Neuzeit, dann des Vernunftrechts bzw. des Sittengesetzes bei Kant. Das Sistieren von Letztbegründungsversuchen folgt nun zwar dem metaphysikkritischen Anspruch, ist gleichwohl aber in der Pflicht, einen Ersatz für den nun fehlenden Begründungsversuch durch die Vernunft anzubieten, um Geltungsansprüche der Ethik aufrecht erhalten zu können. Diese Problematik mündet dann auch bei Ernst Tugendhat in den Lösungsvorschlag: Anthropologie statt Metaphysik zu betreiben.[8] Seine Berechtigung hat dieser Vorschlag darin, dass die Ethik ein theoretisches Unternehmen ist, das ein Spezifikum des Humanum bezeichnet und nur im Hinblick auf den Menschen ausgesagt werden kann.

These des vorliegenden Beitrags ist eine doppelte: 1) Es gehört zum Menschen, die Frage nach Realität und Geltung einer Ordnung zu stellen. Diesseits aller theoretischen Legitimation findet der Mensch in der ethischen Praxis, d. h. in der normativen Ausrichtung seines Handelns, Bestätigung und Bewährung dieser Annahme. Eine Ethik hat daher ihr Verständnis von und ihr Verhältnis zur Realität darzulegen. Darüber hinaus muss Ethik 2) ihre Geltungskriterien nicht nur nennen, sondern sie an dieser Realität bemessen können.

Diese Parameter des Verhältnisses von Ethik und Wirklichkeit gelten auch und gerade für die Ethik in reformatorischer Sicht, ist doch das Reformatorische an ihr nicht in erster Linie ein materialer Gehalt, sondern die Perspektive. Perspektive meint aber keineswegs Verlust, sondern eine spezifische Sicht auf Wirklichkeit als solche. Auf solche perspektivische Wirklichkeitsbestimmung rekurriert reformatorische Ethik, und als diese hat sie in der ihr spezifischen Verschränkung von Form und Inhalt Relevanz für die Bestimmung von Ethik. Ihr Realitätsverständnis dokumentiert sich in ihrem Perspektivitätscharakter, der in diesem und als diese Perspektivität das protestantische Profil bestimmt.

Um das Verständnis von Ethik in reformatorischer Sicht darzulegen, werden daher zunächst erstens die gegenwärtigen Herausforderungen der Ethik im Lichte des protestantischen Profils ausgeführt. Sodann sollen zweitens die Grundlagen reformatorischer Ethik nach Martin Luther und deren neuzeitlicher Umformung

---

8 Vgl. Tugendhat, Anthropologie.

nach Søren Kierkegaard auf das Freiheitsverständnis befragt werden. Drittens ist die Ethik auf ihre Grundlegungsmöglichkeit zu untersuchen. Viertens soll gezeigt werden, dass eine Ethik, die sich an einer rechtfertigungstheologischen Grundlegung orientiert, den Anspruch des Universalen festhalten kann. Nur eine solche Grundlegung der Ethik vermag es fünftens, auf die für die Ethik unverzichtbare Erhaltung der Normativität aufmerksam zu machen, die Verantwortung nicht zum leeren Wort werden lässt.

2 Gegenwärtige Herausforderungen der Ethik im Lichte der Bedeutung des protestantischen Profils

Seit Platon ist es die Vernunftbestimmung, die den Menschen als Menschen auszeichnet. Ebenfalls ist bereits bei Platon bis hin zu Johann Gottfried Herder die Freiheit als Merkmal des Menschen bestimmt worden, und zwar durch seine – im Gegenüber zum Tierreich mangelhafte – Ausstattung der Instinktarmut, die zugleich mit einer Weltoffenheit einhergeht.[9] Beides ist zugleich – so hat es die philosophische Anthropologie ausgearbeitet – zum einen biologisch begründet und weist zum anderen über die biologische Ausstattung hinaus in die Sphäre des Kulturellen, des Geistigen. Zur natürlichen Ausstattung gehören mithin kulturelle Faktoren dazu. Doch hat die Unterscheidung einer biologischen von einer kulturellen Ebene weiterhin ihre Berechtigung und fordert zur Klärung ihres Verhältnisses, auch des Verhältnisses naturwissenschaftlicher und geisteswissenschaftlicher Betrachtung heraus. Eine Einebnung von Geist in Natur ist jedenfalls nicht zwingende Konsequenz biologischer Erklärung der körperlichen und seelischen Funktionsweise des Menschen. Auch der umgekehrte Weg einer Erweiterung der Natur hin zu einer solchen, die auch das Geistige umfasst, ist denkbar.

Unterschiedliche Sichtweisen gründen daher auch in einem unterschiedlichen Verständnis der Grenze und Reichweite von Natur in ihrer Verhältnisbestimmung zur Kultur. Wird Natur selbst in weitem Sinne als die Kultur umfassend gesehen, dann drückt sich im Verständnis der Natur entweder die Möglichkeit der Einbindung von Normativität in die Natur aus – das entspräche einem weiten Begriff von Natur – oder man reduziert Normativität auf das sogenannte „Natürliche" in biologischem Sinne und bringt es dadurch zugleich zum Verschwinden. Dies geschieht maßgeblich unter einem engen, reduktionistischen

---

[9] Gehlen, Der Mensch, 36.

Verständnis von Natur, das auch in der Evolutionsbiologie vertreten wird.[10] Physikalismus und Biologismus als Weltsicht hängen dieser zweiten Richtung an. Sie sind die radikalste Form der Nivellierung kulturgeschichtlicher Bedeutungen und Sinnkonstellationen des Lebens. Ein solch positivistisches Verständnis von Welt und Mensch hat keinen Raum für Geltungs- und Bestimmungsfragen über die empirische Faktenlage hinaus, bemerkenswerterweise aber – trotz oder eben gerade aufgrund aller empirischen Rückbindung der Argumentation – auch nicht für ein Festhalten an Realität.

Aus dieser dualen Verfasstheit des Menschen ergeben sich auch unterschiedliche Auffassungen der Ethik, die von ihrer skeptischen Relativierung auf der einen bis hin zur These ihres unbedingten, durch keine Empirie widerlegbaren Anspruchs auf der anderen Seite reichen. Diese unterschiedlichen Bestimmungen der Ethik oder eben deren Infragestellungen resultieren aus einer unterschiedlichen Sicht des Menschen, der Gesellschaft und der Geschichte.

Wird an Ethik festgehalten, erübrigen sich die mit der Metaphysikkritik aufgeworfenen Fragestellungen daher nicht. Dennoch kann die Begründungsfrage, die für eine Ethik gefordert ist, auf philosophischer Ebene nicht beantwortet werden. Gleichwohl ist an Normativität und Realität festzuhalten. Dafür, wie das geschehen kann, bietet der Rückgriff auf das protestantische Verständnis von Freiheit, das in der Rechtfertigungslehre wurzelt, formale und inhaltliche Kriterien an. Es macht deutlich, dass die Problematik der Ansprüche metaphysischer Lösungsversuche für die Geltung der Ethik bereits reformatorisch gesehen wurde. Das reformatorische Freiheitsverständnis zu erheben folgt daher nicht nur einem partikularen, protestantischen Interesse, sondern dem Weg einer neuen Grundlegung der Ethik. Dieser kann für eine philosophische Ethik, auch im Gespräch mit Empirismus und Skeptizismus, relevant sein.

Die Bedeutung theologischer Einsicht für eine Ethik meint aber keineswegs, dass eine Relevanz theologischer Einsichten bereits die theoretische Aufgabe der Reformulierung der Ethik löst, sondern sie zeigt diese allererst an. So kann ein Rekurs auf den Glauben nicht einfach die Begründungsaufgabe übernehmen. Versuche, die Theologie für eine Begründung der Ethik ins Spiel zu bringen, können zwar ethische Richtlinien entfalten und materialethische Fragen vor dem Hintergrund der Glaubensüberzeugungen reflektieren, was ihnen ihre moralische Relevanz sichert. Um sich aber auch auf dem Gebiet philosophischer Rechtfertigung bewähren zu können, ist ein Transfer erforderlich. In der Spannung von Normativität und Realität ist daher eine Orientierungslinie zu entwickeln, die dem reformatorischen Verständnis des Glaubens als Ausrichtung auf das ganze Leben

---

10 Vgl. Voland/Söling, Gottesglauben aus Instinkten?

so Rechnung tragen kann, dass sie den Horizont von Verantwortung abzustecken vermag, der auch philosophisch tragfähig ist. So ist der Glaube sich Rechenschaft schuldig nicht nur vor dem Forum der Vernunft, sondern auch vor dem der Schrift. Er wird der Aufgabe des Handelns gewiss im Erfahrungsbezug der Begegnung mit dem Wort, der der Orientierung allein durch Vernunft entzogen ist. Aber dieser Erfahrungsbezug bedarf gleichwohl der Übersetzung in die Strukturbedingung des Lebens und Handelns und daher auch der Vernunft. Eine solche Ethik wird daher nicht auf Begründung rekurrieren, wohl aber in systematischer Absicht einen Grund festhalten müssen. Auf dieser Linie wird eine Ethik ohne metaphysische Letztbegründung jedenfalls eine solche sein, die eine Normativität erfordert, die sie nicht rational begründen kann, aber auf lebensweltlicher und praktischer Ebene gleichwohl plausibilisieren muss. Dieser Grund kann zwar nicht begrifflich in Anspruch genommen, wohl aber in seinen Wirkungen erahnt werden. In diesen Wirkungen bildet sich der begrifflich nicht einholbare Grund dann dennoch in seinem Anspruch auf Geltung und Realität lebensweltlich ab.

Auf diese beiden Eckpfeiler von Normativität und Realität ist zu achten, wenn es um einen theoretischen Anspruch der Ethik geht, der ihr – auch unter nachmetaphysischen Bedingungen – Gültigkeit verleihen und der sie damit als Ethik überhaupt legitimieren kann. Dieser Zusammenhang von Ethik und Wirklichkeit als Wirkung der Freiheit und den darin beschlossenen Desideraten für Grundlegungsfragen der Ethik soll im Folgenden anhand Luthers und Kierkegaards Freiheitsverständnis nachgezeichnet werden.

3 Grundlegungsfragen der Ethik anhand Luthers und Kierkegaards Freiheitsverständnis

3.1 Luthers Freiheitsverständnis

Mit seiner Bestimmung der Freiheit in De servo arbitrio, die die dunklen Seiten Gottes als nicht zu ergründende den hellen Seiten gegenüber stellt, spannt Luther ein Tableau des Verhältnisses von Vernunft und Glauben auf, das diese nicht trennt, aber sie in ihren Grenzen wahrzunehmen und einander zuzuordnen erlaubt.[11] Sie besagt, dass die Nachforschungen der Vernunft sich nicht auf deren Grund beziehen können, sondern auf die Wirkungen dieses Grundes beschränkt bleiben müssen. Dabei gewinnt das je individuelle Urteilsvermögen nach Luther seine Kriterien nicht allein aus der Vernunft und Erfahrung, sondern auch aus der

---

11 Vgl. Luther, De servo arbitrio, WA 18, 600–787.

Heiligen Schrift, nicht jedoch aus ihrem Buchstaben, sondern aus der je individuellen Erfahrung ihres Wahrseins.[12] Diese Wirkungen des Grundes, die sich in der Erfahrung von Gewissheit konzentrieren, sind das, was Freiheit installiert bzw. wieder in ihr Recht setzt. Die grundlegende Form solcher Wirkungen des Grundes ist die Buße.

Luthers Einsicht in die Bedeutung der Buße ist nicht zu Unrecht von Albrecht Ritschl als die Grundaussage der reformatorischen Einsicht betrachtet worden. Dass das ganze Leben eine tägliche Buße sei, drückt die neu eingesetzte Freiheit aus, die eben darin besteht, das Leben in seinem Verpflichtungscharakter ernst zu nehmen, das Sollen, das sich aus den Wirkungen der Freiheitserfahrung ergibt, als das zu begreifen, was das ganze Leben in seiner Unbedingtheit und Gestaltungsaufgabe in den Blick nimmt. Nicht einzelne Taten für sich betrachtet machen die Güte menschlichen Lebens aus, sondern die Einstellung des gesamten Lebens als Aufgabe zu begreifen ist es, die dieses Leben als gutes bestimmt und die das Werden des neuen Menschen anzeigt. Der Mensch ist nicht einfachhin und sein Sein kann nicht an Eigenschaften festgemacht werden, sondern er gewinnt seine Eigentümlichkeit durch die Gottes- und Nächstenbeziehung, ja durch „Beziehung" überhaupt. Diese Beziehung drückt sich in einer grundlegenden Passivität des Menschen aus, die nicht mit einem Nichtstun zu verwechseln ist, sondern die – so in der Reformulierung Schleiermacher – die Aktivität eingebunden sein lässt in ein „Woher"[13], aus dem sie ihre handlungsleitenden Impulse empfängt.

Der Mensch kann die Güte des Ziels also nicht selbst herstellen, nicht selbst über Gut und Böse entscheiden und danach die Handlungen ausrichten. Die Güte liegt vielmehr im Empfangen der Erfahrungen, die die Einstellungen des Lebens bestimmen. Diese Einstellungen folgen nicht selbst gemachten Vorstellungen über das Leben und damit einer Verantwortung, die den Menschen überfordert, sondern einer Freiheit zur Verantwortung, die der Freiheit zum Gehorsam in das von Gott intendierte Ziel des Menschen entspringt. Dieses Ziel macht seine Bestimmung aus, in die er einwilligen kann – oder nicht. Das Einwilligen erfolgt dabei ineins mit jenen Befreiungserfahrungen, die den Menschen allererst zum freien Menschen machen, d. h. den Wirkungen der Gewissheitserfahrungen. Denn diese ermöglichen es ihm, mit dem Scheitern so umzugehen, dass dieses nicht existenz- und anerkennungsgefährdend wird. Die Anerkennung ist es, auf die der Mensch nicht verzichten kann, und zwar deswegen, weil er sich in seinem Selbst

---

12 Vgl. hierzu, Gräb-Schmidt, Autorität und Einsicht.
13 Vgl. Friedrich Schleiermachers „Woher der schlechthinnigen Abhängigkeit", wie es in der Glaubenslehre als Figur des Wirklichkeitsbezugs festgehalten ist, in: Schleiermacher, Glaubenslehre, §4, 32–40.

aus Anerkennungsprozessen konstituiert. Als Beziehungswesen ist er darauf angewiesen, dass Beziehungen nicht wegbrechen, nicht abbrechen, sondern auf die eine oder andere Weise erhalten bleiben. So wurzelt in der Gefährdung der Anerkennung die Lügen- und Mordspirale des Menschen. Insofern ist es unverzichtbar für den Menschen, diejenige Beziehung aufrecht zu erhalten, die ihn als Beziehungswesen bestimmt. Dies kann der Mensch aber nicht aus sich selbst. Solche Versuche münden in selbstzerstörerische und fremdzerstörerische Aktivität, weil sie eben die Bedingungen menschlicher Existenz, immer schon in Beziehungen eingebunden zu sein, gerade missachten.

Die für den Menschen konstitutive Relationalität des Menschen bildet eine besondere Herausforderung für das Verständnis von Autonomie und Freiheit unter neuzeitlichen subjektivitätstheoretischen Bedingungen. Sie ist jedoch gerade für deren angemessene Bestimmung nicht zu übergehen. Für Luther war daher das rechtfertigungstheologische Verständnis von Freiheit grundlegend für das Verständnis des Menschen und seines ethischen Handelns.

Grundsätzlich geht Luther von der mit Gott versöhnten Welt und von Sünden befreiten Freiheit des Menschen als Orientierungsrahmen für die endliche Vernunft aus. Nicht die Leugnung der conditio humana, sondern die Anerkennung von deren Grenzen und Schwächen und der Bedürftigkeit von ihrer Überwindung ist das Leitmotiv eines solchen Ansatzes, das der Ethik ihre rationalen Kriterien an die Hand geben kann. Diese Anerkennung wird in der Rechtfertigungserfahrung vermittelt. Nichtreligiös gesprochen macht sich dies als Sehnsucht nach einer Freiheit bemerkbar, die den Menschen Mensch sein lässt – mit allen seinen Fehlern und Verbrechen – und ihn gleichwohl zur Verantwortung ruft. Mit dieser Verantwortung ist er aber nicht allein gelassen. Sie resultiert aus einem Vertrauen, das von der Wahrheit und Freiheit des Menschen als Grundlage seines Weltverhältnisses überzeugt ist, auch wenn diese verdeckt ist. Aus diesem Vertrauen gewinnt er Orientierung für Absicherungen seines rational-strategischen Handelns gegen dessen Überschätzungen und Verfehlungen.

Eine solche Ethik, die die Vernunftleistungen im Lichte reformatorischer Rechtfertigungsgewissheit problematisiert, kann daher nicht mehr in ihre metaphysischen Anfangsgründe verfolgt werden. Luther hat eine Problematisierung der Vernunftfähigkeit vorgenommen, die sich aufmacht, eine neue Bestimmung des Verhältnisses des Menschen zur Welt zu etablieren. Allerdings ist diese Problematisierung der Vernunft keine Absage an rationales Handeln. Handeln in seinem normativen Anspruch bleibt auch in reformatorischem Sinn Aufgabe der Vernunft im Dienst des Glaubens. Diese Normativität allerdings resultiert nach Luther, wie auch nach Schleiermacher, nicht aus einem ethischen Imperativ, der an die Vernunft appelliert – und daran scheitert –, sondern aus einer deskriptiven Kraft der Begegnung mit jenen Wirkungen, aus denen der Glaube erwächst. Diese

Möglichkeit eines deskriptiven Ansatzes – sozusagen einer Narratio avant la lettre – wird vor allem bei Søren Kierkegaard in seiner neuzeittheoretischen Reformulierung der christlichen Freiheit verfolgt.

3.2 Kierkegaards Freiheitsverständnis

Fast mehr noch als Nietzsche hat Søren Kierkegaard das metaphysische Verlustgefühl eines ganzen Jahrhunderts erfasst und beschrieben. Das Programm dafür hat er aufgespannt in seinen pseudonymen Schriften ebenso wie in seinen erbaulichen. Kierkegaard versucht die neuzeitlichen Bedingungen der Ethik philosophisch ernst zu nehmen und theologisch zu deuten, ohne die disziplinären Grenzen zu verwischen. Genau darum aber gelingt es ihm auch, den nachmetaphysischen Bruch als Riss zu deuten und für das Selbstverständnis des Menschen in Anschlag zu bringen. Darauf hat Kierkegaard in seinem ganzen Werk eindringlich insistiert.[14] Dass sein Angebot einer theologischen Bestimmung menschlicher Orientierung, nachdem dies auf philosophischer Basis unwiederbringlich verloren ist, von philosophischer Relevanz ist, war ihm bewusst, aber er sah keine Möglichkeit, diese Relevanz wiederum philosophisch argumentativ-deduktiv zu demonstrieren, sondern er musste den Weg einer hermeneutischen Plausibilisierung wählen.

In der hermeneutischen Form der indirekten Mitteilung folgt er prospektiv den Einsichten eines deskriptiven, narrativen Ansatzes für die Bestimmung der Ethik. Kierkegaard illustriert diesen innovativen Ansatz u. a. an der biblischen Figur Abrahams, des Vaters des Glaubens,[15] mittels derer die Bedeutung des Glaubens im Zusammenhang der Ethik zum Problem wird. Dieser heißt gerade darum Vater des Glaubens, als er den Glauben zur Quelle der Normativität seines Lebens werden lässt. Doch dabei spitzt sich die Situation der Ethik zu. Auf Ebene der Ethik gleicht Abrahams Verhalten allem anderen als einer rationalen ethisch zu verantwortenden Zielwahl, sondern eher einem Roulette spielenden Hasardeur, der mit seiner Verantwortung spielt. Anders sieht es aus der Perspektive des Glaubens aus. Auf der Ebene des Glaubens vertritt Abraham einen Menschen, der an seinem Vertrauen in Gottes Heilsplan festhält, ihm in Gehorsam Folge leistet. Selbst aber, wenn eine solche Sicht aus der Position des Glaubens ein gewisses

---

14 In seiner Radikalität und Dramatik hat dies der dänische Philosoph und religiöse Schriftsteller Søren Kierkegaard erfasst, es allerdings mit einer Absage an die Möglichkeit der Ethik verbunden. Vgl. hier vor allem Kierkegaard, Abschließende unwissenschaftliche Nachschrift; Ders, Philosophische Brocken.
15 Vgl. Kierkegaard, Furcht und Zittern, 60.

Recht hat, hat sie aus der Sicht der Ratio Unrecht. Denn von dort aus erscheint unter dieser Vorgabe der Mensch entweder als Usurpator des göttlichen Willens, oder aber er lässt sich vom Handeln überhaupt suspendieren.[16] Eine solche teleologische Suspension des Ethischen[17] ist jedoch keine befriedigende Lösung, wenn es um Fragen der Lebensführung geht. Kierkegaard selbst bleibt auch nicht dabei stehen, wie wir es aus seinen Schriften wissen.

Kierkegaards teleologischer Suspension des Ethischen ist daher eine theologische Rationalität der Ethik zur Seite zu stellen, die jene rückbindet an ihre Aufgabe der kommunikativen Verständigung und Handlungsorientierung, ohne sie in Begründungsformen der Ratio überführen zu können. Dies kann gelingen durch eben jene Deskription von Erfahrungen, die die Grenzbestimmungen der Vernunft sichtbar werden lassen. Eine solche Vorgehensweise sieht sich also nicht als irrational, sondern als vernünftig. Aus der Sicht des Glaubens hat die Ratio Hilfsfunktion und er selbst dient deren Orientierung. Vernunft und Glaube sind dann nicht linear aufeinander zu beziehen, sondern sie müssen ihre logische und zeitliche Abfolge, die die Ratio nachgängig zur Glaubenserfahrung hält, in ihrer Verschränkung bewusst halten. Die Vernunft muss die Überzeugung des Glaubens in die Realität durchbuchstabieren helfen, um sie zu kommunizieren. Aus der Sicht der Ratio stiftet der Glaube einen Orientierungssinn für die Wahrnehmung der Realität.[18]

Es ist diese Kommunikation zwischen Vernunft und Glauben, auf die in der Ethik alles ankommt. Denn jene plausibilisiert, dass eine Begründung moralischen Handelns auf der Ebene der Ratio nicht zu leisten ist, dass Handeln aber dennoch Orientierungen folgt und diese plausibilisiert werden können. Begründungstheoretisch bleibt ein Rest, aber gerade ein solcher Rest, der sich als Unmöglichkeit einer Letztbegründung erweist, muss in die Plausibilisierung einbezogen werden. Er darf daher nicht als Entschuldigung irrationaler Entscheidungen fungieren, die etwa den Glauben gegen die Vernunft ausspielen. Vielmehr soll er als Residuum der Achtsamkeit auf die Umstände und vor allem auf das Neue, das Andere, das Fremde, das sich dem Allgemeinen entzieht, aufscheinen und als solches situationsgerecht urteilsfähig machen. Kriterium des Urteils ist dann aber weder die Situation, noch etwa eine rationale Begründung, sondern sie erwächst aus dem Zusammenspiel von Begegnungen und Erfahrungen, die uns auf unsere Freiheit behaften und sie hervorrufen. Dieser Rest ist

---

16 Es sind solche Spielarten der Ethik, die den Dezisionismus zu einer moralischen Forderung werden lassen und die damit Verantwortung mit Fatum gleichsetzen.
17 Kierkegaard, Furcht und Zittern, 60–63.
18 Vgl. Schleiermachers 2. Rede über die Religion, in: Schleiermacher, Ders., Reden, 206–247.

mithin das, was für die Geltung und Realität der Ethik als Umgangstheorie menschlicher Freiheit einsteht.

Kierkegaards Ansatz leistet damit für die Grundlegungsfragen der Ethik mehreres: 1. Das Weggebrochensein von Orientierungsmöglichkeit, das seinen Anfang im Verlust der traditionellen Metaphysik genommen hat, wird ernst genommen. 2. Die Problematisierung der Begründung der Ethik hat philosophische Relevanz im Hinblick auf die Frage nach dem Ethik- und Freiheitsverständnis des Menschen. 3. Diese verweist uns auf die praktische Dimension, die sich an Erfahrungen und Lebensvollzüge gebunden weiß und darin Freiheit als wirklich erweist. 4. So werden die Begründungsprobleme einer Lösung zugeführt, jedoch strikt auf hermeneutischer Ebene, die sich durch indirekte Formen der Mitteilung auszeichnet.

Im Folgenden soll überprüft werden, inwiefern die reformatorischen Einsichten Luthers und ihre metaphysikkritischen Konsequenzen bei Kierkegaard für gegenwärtige theologische und philosophische Lösungsmöglichkeiten der Grundlegungsfragen der Ethik leitend sein können.

4 Grundlegungsfragen der Ethik im Lichte gegenwärtiger theologischer Anfragen

Theologien mit der Auffassung, dass evangelische Ethik sich diametral von einer Ethik in philosophischem Sinne unterscheidet, insofern sie nicht am Handeln, sondern an einer Haltung orientiert sei, verweisen auf ein problematisches Missverständnis.[19] Ein Verzicht handlungstheoretischer Überlegungen für die reformatorische Ethik mit der Berufung auf Luthers Rechtfertigungslehre greift m. E. zu kurz[20], etwa mit der nach wie vor gängigen und repräsentativen Kritik der sogenannten Werkgerechtigkeit und der damit verbundenen Unterscheidung von Gesetz und Evangelium als Kennzeichen reformatorischer Ethik.[21] Reformatorisch steht das Gesetz für die normative Dimension material-ethischer Gebote, das Evangelium für die Frage der Erfüllungsmöglichkeit solcher Gesetze. Insofern das Gesetz durch das Evangelium abgelöst wird, wird das Sollen, in seinem Anspruch problematisiert. Nicht das Sollen, sondern die Gabe sei jetzt dasjenige, an dem

---

19 Vgl. i. F. paradigmatisch für solche Ansätze Oswald Bayer und Werner Elert, so dargestellt bei Roth, Protestantische Ethik.
20 Vgl. hierzu Gräb-Schmidt, Bedeutung reformatorischer Einsichten.
21 Vgl. hierzu: Roth, Protestantische Ethik.

sich die Frage des guten Lebens und die Bestimmung des Menschen entscheide.[22] Nicht die eigene Leistung der Befolgung des Gesetzes sei es, was das Leben gut mache, sondern das Vertrauen darauf, dass Gott in Jesus Christus das Gesetz abgetan habe.[23] In der Rezeption der rechtfertigungstheologischen Einsicht der Unterscheidung von Gesetz und Evangeliums sieht man zwar zurecht, dass die Möglichkeiten des Wollens und Handelns des Menschen vor dem Hintergrund der Rechtfertigung neu interpretiert werden müssen. Aber die Frage ist, ob die Konsequenzen menschlicher Freiheit mit jener Kritik der Werkgerechtigkeit durch die Unterscheidung von Gesetz und Evangelium hinreichend erfasst werden.

So richtig diese Erkenntnisse im Blick auf die Verhältnisbestimmung von Gesetz und Evangelium sind, so wenig hilfreich erscheinen sie dann doch für die Frage, deren Beantwortung die Ethik leisten muss: Wie soll ein Handeln gemäß der Gabe des Evangeliums aussehen? Denn wenn dem Handeln selbst nicht zu entnehmen ist, ob es zum Guten oder zum Schlechten dient – was sich erst an der inneren Haltung erweist –, wird man am Vollzug von Handlungen auch unter rechtfertigungstheologischem Vorzeichen der Freiheit nicht rütteln können. Zurecht soll zwar jeder Anklang des Handelns an eine Werkgerechtigkeit verhindert werden, dennoch muss gefragt werden: Durch welche Handlung, durch welche Tat kann der Haltung des Glaubens entsprochen werden? Was meinen wir damit, wenn wir antworten, wir können uns unser Heil nicht selbst schaffen, bzw. wir können uns unser Gutsein vor Gott nicht erwerben? Und ist das überhaupt noch unsere Frage? Denn, ist es nicht gerade ein großes Defizit moderner Gesellschaften, dass in ihnen eigentlich gar nicht mehr die Frage nach dem guten Handeln gestellt wird, dass die Individuen sich gar nicht mehr verantwortlich fühlen, weil sowieso jeder meint, man könne nichts tun? Die Systemrationalitäten folgen ihren eigenen Mechanismen und Zwängen, und in den Institutionen ist jeder einzelne nur ein Rädchen, das funktionieren muss, das aber über keinerlei Entscheidungsbefugnis und Handlungsmacht verfügt. Darüber hinaus ist als Folge dieser Nivellierung des Einzelnen ins System die Erfahrung, dass Moralität eher hinderlich im Vorankommen auf der Karriereleiter ist, da sie sich nur schwer den Systemrationalitäten fügen kann. Die Marktmechanismen und -theorien tun ein Übriges, individuelle Verantwortung allein auf Effizienz und Zweckrationalität zu reduzieren, oft sogar mit einem moralischen Argument, dass damit dem Fortkommen des Ganzen – und so auch der Einzelnen – besser gedient sei.

---

22 Vgl. a.a.O., 35.
23 In Abwendung jüdischer Gesetzesauffassung, dass das Gesetz ein Heilmittel gegen das Gift der Sünde sei, wird gerade diese Funktion des Gesetzes ihm abgesprochen. Das Gesetz kann dies gerade deshalb nicht, weil es uns anklagt und uns der eigenen Schuld überführt, die uns nur tiefer in Unheil und Verzweiflung treibt.

Angesichts dieser Diskreditierung von Moralität in der modernen hochdifferenzierten Gesellschaft scheint es daher eher an der Zeit, das Handeln, gerade auch das gute Handeln zu thematisieren, anstatt es abzuwerten mit dem vorschnellen Verdacht einer Werkgerechtigkeit. Ein leichtfertiger Verdacht einer sogenannten Werkgerechtigkeit verschärft dann eher das Missverständnis der Ethik. So scheint heute weniger eine falsch verstandene Aktivität, als eine falsch verstandene Passivität gegen die Rechtfertigungslehre ins Feld geführt werden zu müssen, und die Frage der Ethik hat sich m. E. zu verschieben von der Verurteilung der Werkgerechtigkeit zu der Frage nach einem Aufsichnehmen der Verantwortung. Dies kann als Nachfolge Jesu etwa im Sinne von Bonhoeffers Mandatenlehre[24] verstanden werden, die eine moderne Reformulierung der lutherischen Ständelehre bietet. Nicht die Rechtfertigung wird dabei aufs Spiel gesetzt, im Gegenteil, die Rechtfertigung ist dann gerade ein Mutmachen zum Handeln gegen die vermeintlich sich selbst steuernden Funktionsprinzipien der Gesellschaft. Sie zeigt sich in solcher Verantwortung eine Einübung in das aus Liebe geleitete Tun. Dies ist möglich, weil sich in der Rechtfertigung eine Befreiung von Angst zeigt, aus der Angst, nicht anerkannt zu werden, der Furcht nicht zum mainstream zu gehören und gesellschaftlich anzuecken. So meldet sich in der Frage nach dem guten Handeln ein Rückgewinn einer Freiheit, die selbst bereits den technischen Zwängen des Fortschritts, des immer schneller, immer besser, immer höher, immer mehr anheim zu fallen drohte.

Dennoch behält selbstverständlich in fundamentalethischer Hinsicht die Kritik an der Werkgerechtigkeit auch ihr Recht, insofern sie auf die Grundstruktur des Handelns zielt. Nach reformatorischer Einsicht ist es die Handlungsrationalität selbst, die der Rechtfertigungsfreiheit im Wege steht, insofern das Handeln eben eigenen Zielvorstellungen folgen muss. Diese Kritik bleibt bestehen. Sie muss sich heute aber mit eben der Gefahr auseinandersetzen, die nicht durch eine vermeintliche eigenmächtige Freiheit einer sogenannten Werkgerechtigkeit hervorgerufen wird, sondern im Gegenteil eher aus einem Verzicht auf Freiheit resultiert. Er lässt eine Kritik der Werkgerechtigkeit ins Leere laufen. Daher muss gegenwärtig weniger dem Gebrauch als dem Verzicht auf Freiheit – hat dieser doch durch die Willensfreiheitsdebatte noch einmal höhere Wellen geschlagen – die reformatorische Kritik gelten. Dass solcher Verzicht auf Freiheit auch ganz gegenläufig zum neuzeitlichen Freiheitspathos steht, unterstützt solche Zumutung.

Die gegenwärtige Problematisierung der Freiheit ist jedoch nicht der einzige Grund, weswegen es auch einer evangelischen Ethik gut ansteht, die Rolle des

---

24 Vgl. Bonhoeffer, Ethik, 392–412.

Handelns in der Ethik nicht aus dem Blick zu verlieren. Denn selbst wenn wir vom Geschenk der Freiheit sprechen und von der Gabe der Gerechtigkeit – und das ist reformatorisches Erbe – gilt, dass wir dieser entsprechen sollen. Dass wir diese Gabe im Geschenk der Freiheit in einer gewissen Haltung entsprechen, ist zwar zunächst eine Antwort. Diese verschiebt aber die Frage nach der Möglichkeit des Handelns nur, denn auch eine Haltung kommt nicht ohne Handeln aus. Dieses aber bedarf der Orientierung. Es gilt mithin die Haltung selbst durch das Handeln in die durch die Rechtfertigung grundgelegte Weichenstellung einzupassen und einzuüben. Dann aber kehren für die Ethik alle Parameter der traditionellen philosophischen Ethik wieder, sei es die Frage nach dem Gut, nach der Pflicht oder nach der Tugend. Sie erübrigen sich also auch unter dem Zeichen der Rechtfertigung nicht.

Über die Differenz von Handlung und Haltung hinaus rückt jetzt die Bedeutung eines Horizontes in den Blick, den jene „Haltung" in Anspruch nehmen muss und der die Handlungsrationalität auf ihre Rahmenbedingungen hin überprüfbar macht. Und hier ist es nun entscheidend für die Grundlegung einer Ethik, ob wir überhaupt mit einem solchen Horizont rechnen oder nicht. Denn dieser Horizont ist nicht nur eine kognitive Angelegenheit der Weltanschauung oder abstrakt religiöser Überzeugungen, sondern in ihm selbst liegt die Wirksamkeit verborgen, die diejenige Haltung hervorbringt, die uns zu dem Handeln führt, das als Gabe, oder – mit der Rechtfertigung – als Tun der Liebe, aufgefasst werden kann. Entscheidende Leistung der Kategorie der Rechtfertigung ist es, darauf aufmerksam zu machen, dass es tatsächlich kein Handeln ohne einen solchen Horizont gibt. Von hier aus müssen wir dann aber noch einmal neu die Frage nach dem Zusammenhang von Rechtfertigung und Handeln stellen.

5 Die rechtfertigungstheologische Grundlegung einer Ethik im Horizont des Universalen

Im Zuge der Gewichtung des reformatorischen Profils ist das hier dargelegte Konzept theologischer Ethik in der Rechtfertigungslehre grundgelegt. Diese darf nicht nur als Einzelaspekt betrachtet werden, sondern mit ihr bahnt sich ein Gesamtkonzept an, das die subjektive Einstellung, die sich in der Glaubensgewissheit reformatorische Geltung verschafft, ebenso wie die subjektivitätstheoretische der Neuzeit, einschließt, aber auch über diese hinausweist, sie jedenfalls nicht übergeht. Das rechtfertigungstheologische Element resultiert dabei zwar aus der passiven Konstitution des Glaubens, ist aber weit entfernt davon, nun in der Passivität zu verharren, sondern es erweist sich als das, das allererst das frei verantwortliche Handeln ermöglicht. Denn erst durch die in vorgängiger Begegnungserfahrung des Glaubens entstandene Kriteriologie des Urteils über mögliche Handlungsperspektiven werden die Inhalte gesetzt, die dem freien Subjekt die Zielorientierung rationalen Handelns ermöglichen. Sie sind daher Voraussetzung dafür, dass das Handeln nicht zu einem bloß reaktiven Verhalten degeneriert. Insofern ist die ursprüngliche und grundlegende Passivität der Rechtfertigungserfahrung gerade Ermöglichungsbedingung des sich verantwortlich wissenden, selbstbestimmten Subjekts.

Es ist die grundlegende Weichenstellung evangelischer Ethik, das Gefälle von der Passivität zur Aktivität abzubilden und eben genau daraus die Konsequenzen zu entwickeln, die verantwortliches Handeln ermöglichen. Diese Richtung und das Gefälle der grundlegenden Passivität hinunter zur Aktivität ist es, was in einer ontologie- und metaphysikkritischen Konzeption neu in die neuzeitliche Weichenstellung eingetragen werden muss. Eine Verabschiedung des Handlungsbegriffes und mit ihm aller traditionellen philosophischen Ethikansätze erscheint verfehlt. Richtig gesehen wird jedoch im kritischen Gebrauch des Rechtfertigungsgedankens für die Ethik, dass diese Einsicht nur in einem Kontext der Lebenshaltung und Lebensführung selbst nachzubuchstabieren ist. Schleiermacher ebenso wie Luther stand deutlich vor Augen, dass nicht die Metaphysik und nicht die Moral in Verlängerung der theoretischen und praktischen Einsicht der Vernunft Leitfunktion einnehmen, sondern die in diesen mitlaufenden aber extern inaugurierten Erfahrungen, die sich zur Überzeugungskraft und Leitorientierung des Lebens verdichtet haben.[25] Diese sind aber je individuell und unhintergehbar und nicht rational vermittelbar, sondern nur in hermeneutischen Verfahren zu plausibilisieren.

Die Frage nach dem Handeln und der Verantwortung des Subjekts folgt der passiven Konstitution der Freiheit. Dieses Handeln und diese Verantwortung meint dann kein Konzipieren von Lösungsmöglichkeiten im luftleerem Raum, sondern das Antworten auf eine Forderung, auf ein Sollen. Denn das Sollen resultiert aus dem Gabecharakter der Schöpfung. Wird dieser anerkannt, bedeutet das die dankbare Einwilligung des Menschen. Zu diesem Wollen wird der Mensch durch die Versöhnung in Jesus Christus veranlasst, indem er in dieser Bestimmung, Ziel und Sinn des Lebens sieht. Diese begegnet uns als Wollen, dem das Sollen als dynamisierender Motor eingeschrieben ist.

Die Rechtfertigungslehre justiert damit die Verhältnisbestimmung von Sein und Sollen auf der Grundlage vorhergehender Bestimmung der Wirklichkeit als Schöpfungswirklichkeit. In dieser gründet unser Sein als relationales Aufeinan-

---

25 Vgl. Schleiermachers 2. Rede über die Religion, in: Schleiermacher, Reden, 206–247.

derbezogensein, das der Dynamik der Freiheit und permanenten Aufgabe der Verantwortung im Sollen des Menschen entsprechen kann, weil dieses Sollen durch die Versöhnung mit der Schöpfung in einem Wollen gründet. Als die grundlegende Voraussetzung, dem Sollen nachkommen zu können, begegnet es uns als Wollen. Durch das in der Praxis wirksame Sollen weckt dieses so nicht unsere Widerstände und etwaige Abschirmungsversuche, sondern allein diese Konstellation ermöglicht es, Verantwortung in den Blick zu nehmen. Die Vollendung ist daher weder eine trügerische Fiktion noch eine spekulative Vision, sondern die Verifikation der Erfahrung, die uns im rechtfertigungstheologischen Glauben zuteilwird, so dass wir immer da, wo wir aus Freiheit handeln, einstimmen können in Luthers Freude und Lob der Wahrheit aus Gewissheit, „eia vere sic est".[26]

Was heißt das nun für die theologische Ethik? Zunächst etwas Grundlegendes, Wahrheit und Wirklichkeit erweisen sich damit als die entscheidenden Parameter, die die normative Grundlage der Ethik sichern und damit die Möglichkeit einer Ethik überhaupt. Mit dem reformatorischen Glaubensverständnis wird so deutlich, dass das Christentum keine Philosophie, sondern eine Lebenshaltung ist. In ihm geht es nicht in erster Linie um ein Wissen, sondern um ein sich in Anspruch nehmen lassen zwecks Bewährung gegenüber den Forderungen des Lebens. Der Glaube ist nicht nur Ausdruck der fides quae creditur, dessen was zu glauben ist, sondern beim reformatorischen Verständnis des Glaubens handelt es sich in erster Linie um eine fides qua creditur. Luther hat Glaube mit Vertrauen synonym gesetzt.[27] Damit hat er den Glauben als ein Relationsgeschehen erfasst, das eine Haltung zum Ausdruck bringt, die weder durch Denken noch Handeln ersetzt werden kann, diese aber gleichwohl nicht erübrigt. Dieser Sachverhalt konvergiert mit der Einsicht, dass das Christentum eine Lebensform ist. Lebensform bedeutet diejenige Haltung, die aus dem Zusammenspiel von Theorie und Praxis sich ergibt, einer Praxis, in der sich theoretische Einsichten einstellen, die die Handlung informieren. Es ist damit ein abduktives Verhältnis von Theorie aus Erfahrung angezeigt, das sich weder durch logische Schlussformeln noch durch empirische Bezüge erfassen lässt, sondern das – wie Kierkegaard gezeigt hat – die Dynamik des Lebens anhand gemachter Erfahrungen ins Spiel bringt. In der abduktiven Formation von Theorie kommt zum Ausdruck, dass ein Wissen über die Wirklichkeit eben nicht vorweg bestimmt und in theoretischen Projekten festgehalten werden kann, sondern dass sich das, was sich als Wissen auszuzeichnen verspricht, immer erst gewonnen, sozusagen (re)produziert werden

---

[26] Luther, De servo arbitrio, 606.
[27] Luther, Der Große Katechismus, 133 f.

muss in Aneignung und Abstoßung. Es drückt sich damit eine Präzisierung von Theorie aus, die sich als Verschränkung mit der Praxis bestimmen muss. Diese aber verweist an eine Transzendenz. In der Erfahrung kondensieren sich nach dieser Auffassung selbst transempirische – aus dem Transzendenten kommende – Lebensbezüge, die sich in Erfahrung zu Erschließungsmomenten verdichten können. Es sind diese Erschließungsmomente, die das Leben in seiner Haltung bestimmen oder besser, es zu einer Haltung führen, die den Glauben, der eine solche Lebenshaltung anzeigt, autorisiert, eine Orientierung für Denken und Handeln abzubilden.

Die Erschließungserfahrungen bzw. der Glaube gewinnen damit sozusagen prinzipientheoretische Funktion, die eben exakt mit dem, was protestantische Theologie anzeigt, ausgedrückt werden kann. In solcher abduktiven Theoriebildung kommt es schließlich nicht nur zu einer Neubestimmung theologischer Ethik, sondern zu einer solchen, die Dogmatik und Ethik in Wechselbeziehung begreift. Für die Ethik heißt das: sie wird jedenfalls aufgewertet. Sie ist nicht einfach das Andere der Dogmatik, sondern, wie Theorie und Praxis, so verschränken sich auch Ethik und Dogmatik, wobei diese Termini sich nicht aufeinander abbilden lassen – also die Dogmatik auf die Theorie und die Ethik auf die Praxis – sondern sich ineinander noch einmal verschränken. So ist die Dogmatik bereits in sich selbst eine zur Verschränkung geronnene Form der Verbindung von Theorie und Praxis, in die genau jene abduktiv gewonnenen Urteilsbildungen eingegangen sind und die Ethik eine, die aus ihrer Praxis Richtlinien für die Theorie gewinnt.

Ein Konzept, in dem genau diese Einsicht zum Tragen kommt, ist aus philosophischer Sicht das Programm einer Ethik als Prima Philosophia bei Lévinas[28]. Für die Neuzeitliche Theologie ist daher die neue Stellung der Ethik, wie sie dort theologisch angedacht war und wie sie in den philosophischen Schlaglichtern einer Ethik als Prima Philosopia angedeutet ist, und wie sie bereits früher im Programm einer „ethischen Theologie"[29] unter einem doppelten Gesichtspunkt zu betrachten. Einmal unter dem Gesichtspunkt, dass das Christentum als Lebensform durch die Reformation unter die Perspektive eigener Urteilsbildung gerückt ist und zum anderen, dass diese bereits in der reformatorischen Theologie eingeschlagene subjektive Ausrichtung der Erkenntnisprozesse, mithin ihre subjektive Wendung, nun subjektivitätstheoretisch ausgearbeitet werden muss, ohne jedoch das passive Begegnungsmoment zu unterschlagen. Jene subjektive Wendung, die sich in der Gewissheitsschicht performativ erkenntnistheoretisch Gel-

---

28 Vgl. Lévinas, Totalität und Unendlichkeit.
29 Vgl. Rendtorff, Ethik, Bd. I u. II.

tung verschafft, wird nun reflexiv auf ihre eigenen Bedingungen angewandt und so in ihrer Legitimationsfunktion unterstützt. M.a.W. die subjektivitätstheoretische Wendung, die durch Aufklärung und Neuzeit heraufbeschworen wurde, wird unter reformatorischer Perspektive einer Präzisierung unterzogen. Denn im Reflexivwerden des sich im Subjekt vollziehenden Urteilsbilden, wird dieses auf seine inhaltliche Bestimmung aufmerksam. Diese inhaltliche Bestimmung enthält aber zugleich Kriterien des Urteils und der Motivation für das Handeln. Das heißt, die allein passive Gestalt der Zugänglichkeit des Inhalts bringt durch seine zugleich aktive Verarbeitung das Recht mit sich, eine theologische Ethik zur Geltung zu bringen. Dieser Zusammenhang widerspricht nun aber auch der Vorstellung, dass sich für das Christentum handlungstheoretische Überlegungen erübrigten. Solchen Konsequenzen reformatorischer Theologie muss hier eine klare Absage erteilt werden.

Eine Entwicklung von Handlungstheorie im Rahmen reformatorischer Ethik meint gleichwohl nicht eine Unterschlagung der reformatorischen Dogmatik, sondern deren Herausforderung zu einer metaphysikkritisch-freiheitlichen Formation neuzeitlicher Subjektivität, die sich als autonom – jedoch in ihre Relationen eingebunden – erfährt. Daher – und hier behält die Kritik an handlungstheoretischen Kurzschlüssen recht – muss zugleich einem solchen Missverständnis von Autonomie gewehrt werden, das diese im Sinne unabhängiger Selbstsetzung versteht. Eine kritisch-neuzeitliche Subjektivität ist eine Autonomie, die sich nicht eigener Setzung verdankt. Sie findet vielmehr in widerfahrenen Lebenserfahrungen – und das heißt in relationalen Zusammenhängen mit der Mit- und Umwelt und vor allem der mit und als Ursprung zu begreifenden Freiheit – unbedingte Geltung und in der daraus erwachsenden Gewissheit ihren Ausgangspunkt. Das kennzeichnet die christliche Lebenshaltung.

Damit trägt eine solche Ethik ihrer strukturalen Voraussetzung Rechnung, die nicht in spontaner Selbstsetzung Normativität beanspruchen kann, sondern die in Antwort auf das Geforderte und Mögliche konkreten Situationen begegnen kann. Sie rekrutiert sich aus Erfahrungen, die die Einzelnen über Sinn, Ziel und Bestimmung des eigenen Daseins gewiss macht. Die Rechtfertigung qualifiziert die Beziehungen, als diejenigen, denen zu entsprechen eine Anerkennung mit sich führt, die nicht in Abhängigkeit vom Urteil anderer, sondern zu einer Freiheit von solcher Abhängigkeit führt. Diese Konstellation von Anerkennung als Befreiung zur Freiheit, die in der Rechtfertigung ihre übermoralische – im Sprachmodus gegenwärtiger Ethiken – „supervenierte" Gestalt generiert, gilt es m. E. in ihrer Bedeutung einzuzeichnen in die philosophische Gestalt der Ethik, bzw. in die argumentative Rechenschaftsstruktur moralischen Handelns.

In Konsequenz bedeutet das, dass kritisch und kriteriologisch immer in Bestimmungsverfahren vorgegangen werden muss, die ihre Kriterien allererst aus der Praxis der Überzeugungen gewinnen können. Dabei muss diese Praxis bereits eine sein, die die rechtfertigungstheologischen Elemente in ihrer Passivitätsstruktur als Leitkriterium ihrer Kriteriologiebildung beinhaltet. Diese darin sich ausdrückende Verschränkung von Form und Inhalt, die sich gegenseitig bedingen, kommt damit auf ihre relationale Praxis zurück, die sie hat entstehen lassen, die jetzt aber eben immer wieder auf der theoretischen Ebene zeitgemäß aktualisiert und justiert werden muss. Hier hat die religiöse bzw. transzendente Reichweite der Ethik ihren Ort, die in der Rechtfertigungslehre ihre theologische Gestalt findet.

6 Erhaltung der Normativität und Realität durch Neubestimmung der Ethik

Auch die Philosophie hat ihr metaphysisches Vakuum nicht nur mit Ersatzfiguren gefüllt, sondern ist weit vorgedrungen in die Phänomenologie jener genannten metaphysikkritischen Lücke, um diese zu reflektieren und ihr auf die Spur zu kommen. So sind in einer als Kehre zum Existentialismus zu begreifenden Phänomenologie der Andersheit die französischen Strukturalisten und Poststrukturalisten jenen Phänomenen der Transzendenz in der Immanenz auf der Spur, die solchen der Ratio sich entziehenden Bezügen nicht mit Begründungsversuchen begegnen, sondern ihnen durch Aufmerksamkeits- und Achtsamkeitsstudien phänomenologisch deskriptiv zu Leibe rücken wollen. Für die Ethik liegt diese Notwendigkeit, die Realität als Realität in den Blick bekommen zu können, auf der Hand, wenn anders sie nur dann im strengen Sinne Normativität, die Orientierung geben kann, ermöglicht. Als hermeneutische Horizonte bleiben dabei die Ideen des Guten, des Schönen und Wahren bestehen. Das eint alle diese Autoren, die sich nicht von einem Faktenrealismus der Empirie in ihrer Suche nach Orientierung ablenken lassen, oder die Leben allein am organischen Funktionieren und an evolutionären Strategien bemessen. Es ist die Ebene der Transzendenz, die sich in diesen Entwürfen meldet. Aber gerade diese Ebene muss unter dem Stern neuzeitlicher Aufklärung für eine Ethik der Freiheit und Würde des Menschen zurückgewonnen werden. Diese heuristisch-emanzipative Ausrichtung teilen jene genannten philosophischen Entwürfe mit den theologischen Luthers, Kierkegaards und auch Schleiermachers.[30]

Als Fokus solcher Ethik dient die Erhaltung der Bedingungen des Gegenstands der Ethik selbst, nämlich die Bestimmung menschlicher Freiheit. Es ist

---

30 Vgl. Gräb-Schmidt, Abschied von der Säkularisierungsthese; Dies., Sündenerkenntnis.

diese, in der sich sowohl die neuzeitliche Errungenschaft als auch deren Gefährdung manifestiert, die theologisch reflektiert werden soll. Das ist mittels Reflexion auf dem Boden des reformatorischen Freiheitsverständnisses möglich, weil die reformatorische Theologie die Vernunft in ihrer Ambivalenz zur Kenntnis genommen und auf ihre Gefährdungen hin durchsichtig gemacht hat. Es sind diese, die Freiheit nicht ohne Rechtfertigung zu denken möglich machen. In der gerechtfertigten Freiheit kann sie diesen Gefährdungen begegnen. Jenen Gefährdungen der Ambivalenz der Vernunft ist auf religiös-transzendentem Boden zu begegnen. Diese zu demonstrieren ist Aufgabe der Theologie und in dieser Demonstration Herausforderung an die philosophische Ethik.

Die Ethik hat damit eine letztlich nur aus einer transzendent bestimmten Haltung zu gewinnende Grundlage, die philosophisch im Entzogenheitsmodus als das Nichteinholbare und Unbegründete plausibilisiert werden kann. In diesem Nichteinholbaren ist es das Antwortgeben, das in der Verantwortung den Menschen als Beziehungswesen aufscheinen lässt. Im Antwortgeben kann es sich auf die Beziehung richten und für deren Instandhaltung sorgen. Das Übernehmenkönnen solcher Verantwortung ist die Ermöglichungsbedingung der Freiheit, die den Menschen insofern adelt, als er durch sie zu jener Freiheit zurückfindet, die sein personales Sein konstituiert und Verantwortung ermöglicht.

Diese Verantwortung als Antwortgeben ist es, die die Rechtfertigungsthematik intendiert und mit der sie sich einer Ethik als Prima Philosophia verbunden weiß. Dabei thematisierte die Rechtfertigungslehre quasi die Ermöglichungsbedingungen einer Lévinas'schen Ethik und geht damit begründungslogisch über diese hinaus. Es spiegelt sich in ihr jene Güte der Anerkennung wider, die nicht um sich selbst kreisen muss und die sich nicht abhängig macht vom Urteil anderer, sondern die aus der Relationalität der Person selbst hervorgeht.[31] In ihrer responsiven Kraft verschafft sie den Wirkungen von Freiheit Geltung und Plausibilität. Sie zeigt auf: Der Mensch ist nur dann reif und frei zur Verantwortung, wenn diese eine Antwort auf eben jenes Beziehungsgefüge ist, dass – christlich gesprochen – seine Schöpfungsgemäßheit bzw. seine ursprüngliche Bestimmung abbilden kann. Dies geschieht daher nicht argumentativ, sondern deskriptiv.

Gerade diese Funktion der Deskription muss auch die gegenwärtigen Konzeptionen einer narrativen Ethik in den blick nehmen.[32] Denn in der Deskription gewinnt das Narrative die Form, die die begründungstheoretischen Aporien der nachmetaphysischen Moderne mindern kann. Dies kann das Narrative jedoch

---

31 Diese Pluralisierung der Entzogenheit von Begründungen ist m.E. – jedenfalls bis dato – am besten durch zu Hilfenahme narrativer Deutungsmodi des Seins des Menschen in der Natur als Freiheit zu erreichen.
32 Vgl. Joisten, Narrative Ethik.

nicht durch sich allein, sondern unter Berücksichtigung jenes nicht auflösbaren Rests, der sich nun im genannten Horizont als Orientierungsraum verdichtet und dem sich nur deskriptiv angenähert werden kann. In seiner Nichteinholbarkeit setzt dieser Horizont die der Universalisierbarkeit voraus, die das Mitzuteilende, sei es als Irritation, sei es als Befreiungserfahrung eigener Schuld und Fehler normativ legitimiert. Die Narration ersetzt dabei aber nicht den Verweis auf den Horizont. Sie ersetzt auch nicht handlungstheoretisch geforderte Normen, sondern sie zeichnet jenen Horizont nach und formuliert damit indirekt die daraus hervortretenden Normen.

So hält der Horizont die Geltungsdimension der Ethik hoch. Diese weist den Menschen in seiner Gottbezogenheit als Ebenbild Gottes aus, das als personales Gegenüber eingesetzt wurde, um Gott und seine Schöpfung zu loben. In diesem Lob selbst ist er der „Gott entsprechende Mensch"[33], dem er in Freiheit entsprechen darf und soll.

Bibliographie

Bonhoeffer, Dietrich. 1992. *Ethik*. Bd. 6. *DBW*, München: Kaiser.
Gehlen, Arnold. 1940. *Der Mensch. Seine Natur und seine Stellung in der Welt*. Berlin: Junker & Dünnhaupt.
Gewirth, Allan. 1978. *Morality and Reason*. Chicago: The University of Chicago Press.
Gräb-Schmidt, Elisabeth. 2008. „Sündenerkenntnis als Erschlossenheit des Daseins – zur anthropologischen und philosophischen Deutungsleistung des protestantischen Sündenbegriffs." In *Sünde,* hg. v. Wilfried Härle/Reiner Preul, 75–107. MJTh XX/MThSt 105. Leipzig: Evangelische Verlagsanstalt.
Gräb-Schmidt, Elisabeth. 2010. „Die Bedeutung reformatorischer Einsichten für die ethische Urteilsbildung der Gegenwart." *ZThK* 107:479–504.
Gräb-Schmidt, Elisabeth. 2013. „Abschied von der Säkularisierungsthese. Herausforderungen für die protestantische Theologie der Gegenwart im Anschluss an Friederich Schleiermacher und Karl Barth." *ZThK* 110:74–108.
Gräb-Schmidt, Elisabeth. 2015. „Autorität und Einsicht. Hermeneutik in der Moderne." In *Säkularität und Autorität der Schrift*, hg. v. Michael Meyer-Blank, 200–215. VWGTh 45. Leipzig: Evangelische Verlagsanstalt.
Joisten, Karen, Hg. 2007. *Narrative Ethik. Das Gute und das Böse erzählen*. DZPh.S 17. Berlin: Akademie Verlag.
Jüngel, Eberhard. 2002. „Der Gott entsprechende Mensch. Bemerkungen zur Gottebenbildlichkeit des Menschen als Grundfigur theologischer Anthropologie." In *Entsprechungen. Gott – Wahrheit – Mensch. Bd. II. Theologische Erörterunge,* hg. v. Eberhard Jüngel, 290–317. BEvT 88. München: Kaiser.

---

33 Vgl. Jüngel, Der Gott entsprechende Mensch.

Kierkegaard, Søren. 1957/58. *Abschließende unwissenschaftliche Nachschrift zu den philosophischen Brocken*. Bd. 16/1; 2, *Gesammelte Werke*. Düsseldorf [u. a.]: Diederich.
Kierkegaard, Søren. 1960. *Philosophische Brocken. De omnibus dubitandum est*. Bd. 10, *Gesammelte Werke*. Düsseldorf [u. a.]: Diederich.
Kierkegaard, Søren. 1962. *Furcht und Zittern*. Bd. 4, *Gesammelte Werke*. Düsseldorf [u. a.]: Diederich.
Lévinas, Emanuel. 1987. *Totalität und Unendlichkeit. Versuch über die Exteriorität*. Alber-Broschur Philosophie. Freiburg i. Br. [u. a.]: Alber.
Luther, Martin. 1910. „Der Große Katechismus (1529)." In *D. Martin Luthers Werke*. Bd.30/I, *Kritische Gesamtausgabe*, 123–238. Weimar: Böhlau.
Luther, Martin. 1908. „De servo arbitrio (1529)." In *D. Martin Luthers Werke*. Bd.18, *Kritische Gesamtausgabe*, 600–787. Weimar: Böhlau.
Nida-Rümelin, Julian. [2]2005. *Angewandte Ethik. Die Bereichsethiken und ihre theoretische Fundierung. Ein Handbuch*. Stuttgart: Kröner.
Rendtorff, Trutz. 1990. *Ethik*. Bd. I/II. München: Kaiser.
Roth, Michael. 2005. „Protestantische Ethik als Explikation der Ethosgestalt des Glaubens? Thesen zur fundamentalethischen Bedeutung der Unterscheidung von Gesetz und Evangelium." *Luther* 76:28–42.
Schleiermacher, Friedrich D. E. 1984. „Über die Religion. Reden an die Gebildeten unter ihren Verächtern (1799). [=Reden]." In *Schriften aus der Berliner Zeit 1769–1799*. Bd. I/2, *Kritische Gesamtausgabe*, 185–326. Berlin: De Gruyter.
Schleiermacher, Friedrich D. E. 2003. „Der christliche Glaube nach den Grundsätzen der evangelischen Kirche im Zusammenhange dargestellt. Zweite Auflage (1830/31) [=Glaubenslehre]." In *Abt. I. Schriften und Entwürfe. Der christliche Glaube nach den Grundsätzen der evangelischen Kirche im Zusammenhange dargestellt. Zweite Auflage (1830/31)*. Bd. 13/1, *Kritische Gesamtausgabe*, § 4, 32—40. Berlin: De Gruyter.
Tugendhat, Ernst. 1993. *Vorlesungen über Ethik*. Frankfurt a.M.: Suhrkamp.
Tugendhat, Ernst. 2007. *Anthropologie statt Metaphysik*. München: C.H. Beck.
Voland, Eckart und Söling Caspar. 2004. „Gottesglauben aus Instinkten? Die biologische Evolution der Religiosität." In *Notwendige Fundamente – gefährlicher Fundamentalismus*, Bd. V, *Gießener Hochschulgespäche und Hochschulpredigten der ESG*, hg. v. Wolfgang Achtner/Hans Böckel, 99–118. Gießen: Druckwerkstatt.
Williams, Bernard. 2006. *Ethics and the Limits of Philosophy*. London [u. a.]: Routledge.

Marco Hofheinz
„Wahrnehmen – Prüfen – Urteilen"

Explorative Annäherung an eine „selbstdarstellende" theologische Identitäts- und Gemeindeethik

1 Theologische Ethik als Identitätsethik

„Meine Theologie – hier stock' ich schon"[1] – mit dieser Verlegenheitserklärung beginnt Eberhard Jüngel die kurzgefasste „Selbst"-Darstellung seiner Theologie. Seine Verlegenheit betrifft über die Tradition(sbildung), vermeintliche Originalität und Unfertigkeit der eigenen theologisch-ethischen Denkversuche hinaus vor allem den Gegenstand der Theologie im Verhältnis zum menschlichen „Ich". Dass dieses „Ich" in die Geschichte Gottes mit den Menschen hineingenommen ist, die Rede von Gott mithin die menschliche Identität und mit dieser auch das menschliche Handeln betrifft, scheint mir die grundlegende Erkenntnis theologischer Ethik zu sein. Theologische Ethik kann insofern als Identitätsethik bestimmt werden.

Wenn etwa Ernst Wolf in seiner posthum erschienenen „Sozialethik" einleitend „[d]e[n] wirkliche[n] – neue[n] – Mensch[en] als Ziel der ethischen Forderung und als Subjekt des ethischen Handelns"[2] bestimmt, so manifestiert sich dort „Identitätsethik". Wolf stellt fest: „Wir setzen [...] im Unterschied zu anderen Ethiken ein beim Problem des ‚neuen Menschen'."[3] Nicht der allgemein sittliche Mensch wird hier als Subjekt der Ethik bestimmt, sondern der wirkliche Mensch, der als neues Geschöpf in Christus auch wirklicher Mensch ist. Wolf versteht theologische Ethik damit als Explikation theologischer Anthropologie, wohlgemerkt in einem spezifischen Sinne: Nicht derart, dass das Humanum dem Christianum vorgeordnet wird, sondern so, dass das, was das Humanum ausmacht, durch Christus selbst, den wahren, wirklichen Menschen, erschlossen wird. Das Humanum erfährt mit anderen Worten eine theologische Definition durch Christus, der in Anlehnung an das Chalcedonense als *verus homo* verstanden werden will. Das Motto dieses Ansatzes bildet das auf Christus bezogene Diktum des Pilatus: *Ecce homo* – seht, welch ein Mensch (Joh 19,5). Wolf bemerkt

---
1 Jüngel, Theologie, 1.
2 Wolf, Sozialethik, 16.
3 A.a.O., 18.

dementsprechend: „[E]rst am *ecce homo* enthüllt sich, was der Mensch ist, und doch immer wieder nicht sein will."[4]

Auch im sog. „story-Ansatz" von Dietrich Ritschl geht es um die Identität des Menschen: „Wenn ich sagen soll, wer ich bin, so erzähle ich am besten meine story. Jeder von uns hat seine unverwechselbare story, jeder ist seine story."[5] Es handelt sich bei der „story-Konzeption" um einen Typus narrativer Ethik: „Mit ‚stories' kann etwas ausgedrückt werden, wofür andere Idiome ungeeignet wären. Vor allem kann durch ‚stories' die Identität eines einzelnen oder einer Gruppe artikuliert werden. Menschen sind das, was sie in ihrer ‚story' über sich sagen (bzw. was zu ihnen gesagt wird) und was sie aus dieser ‚story' machen."[6] Stanley Hauerwas' z. T. anders gelagertes „story-Konzept" rückt ebenfalls die Frage nach der Identität in den Mittelpunkt theologischer Ethik: „Die Frage, was ich tun soll, handelt tatsächlich davon, was ich bin oder sein soll."[7] Die Frage, was ich tun soll, tritt in den Hintergrund der vorgeordneten Frage nach der Identität des handelnden Subjektes.

Die genannten Ansätze lassen erkennen, dass sich hinter dem programmatischen Begriff „Identitätsethik" folgender Leitgedanke verbirgt: Identitätsethik fragt nicht nur nach der Beurteilung von Handlungen, ob sie etwa gut oder böse sind. Identitätsethik fragt vielmehr: „*Wer* sind wir, Betroffene und Entscheidende, in unserem gesamten Verhalten?"[8] Die Frage nach der Identität ist eine *vor*-läufige Frage und dies in einem doppelten Sinne: Zum einen geht sie der Frage nach der ethischen Beurteilung von Handlungen voraus. Und zum anderen muss sie eschatologisch vorläufig bleiben, solange „noch nicht erschienen ist, was wir sein werden" (I Joh 3,2): „[D]ie neue Identität [wird] nur in der Auseinandersetzung mit dem alten Äon errungen [...]; der Glaube setzt seine Hoffnung in die Erlösung, in die Sehnsucht nach einer ‚Herrlichkeit', die Gott heraufführen will. Die Geschichte – auch jene der eigenen Biographie – bleibt dann in bestimmter Weise offen."[9]

Wie kann sich indes Identitätsethik unter dieser Voraussetzung konstituieren? Zunächst wird man festhalten können: Sie fokussiert auf den Zusammenhang von Identität und Handlung – im Blick auf das Selbst und andere: „[D]ie Identitätsethik wird nach der Integrität der Lebensführung der von meinen Handlungen und Entscheidungen Betroffenen ebenso fragen wie nach der eige-

---

4 A.a.O., 17.
5 Ritschl, Logik, 45.
6 Ebd.
7 Hauerwas, Friedfertigen, 180.
8 Frey, Konfliktfelder, 150 f.
9 Frey, Wege, 252.

nen Identität."[10] Identitätsethik betont mit anderen Worten, dass es im Blick auf die ethische Urteilsbildung nicht nur darum geht, die Angemessenheit der Mittel zu prüfen, „sondern vor allem die Identität und Integrität der Subjekte (ob sie nun entscheiden oder ob sie betroffen sind) [zu] berücksichtigen."[11]

Hinsichtlich der Frage, wie Identitätsethik Kontur gewinnen kann, sei auf den „Heidelberger Katechismus" verwiesen.[12] Folgt man ihm, so wird eine Identitätsethik als eine trinitätstheologische Ethik zu entfalten sein, sind doch nach Frage 86 alle Personen der Trinität an der Identitätskonstruktion des neuen Menschen beteiligt: Der neue Mensch ist „aus Gnade durch Christus erlöst", „durch seinen Heiligen Geist erneuert zu seinem Ebenbild" und „dankbar gegen Gott". Ja, man wird festhalten dürfen, dass dieser neue Mensch seine wahre Identität dem Zusammenwirken aller drei Personen der Trinität verdankt, die ihn – wie Frage 45 formuliert – „schon jetzt erweckt zu einem neuen Leben".

Noch ein weiterer Hinweis ist mir hinsichtlich der Profilierung einer solchen theologischen Identitätsethik wichtig: Folgt sie dem im Folgenden skizzierten paulinischen Identitätsverständnis, so wird sie nicht einfach affirmativ und ungeprüft die „Entstehung der neuzeitlichen Identität" fortschreiben können, wenngleich sie sich – mit Charles Taylor gesprochen – daran beteiligen wird, „die Ideen ausfindig zu machen, die das Fundament unserer Vorstellungen von einem erfüllten Leben bilden."[13] Hinsichtlich dieses Ausfindigmachens ist der Blick auf die biblische Überlieferung mit ihren normativen wie normkritischen Gehalten unverzichtbar. Der gegenwärtig zu beobachtende Hiatus zwischen theologischer Ethik und Exegese, der in dem Negativbefund kulminiert: „Die Bibel hat als Maßstab für die gegenwärtige Ethik ausgedient,"[14] ist im Lichte dieser Aussage als höchst deplorabel einzuschätzen.

Da die biblischen Überlieferungen aus meiner theologischen Sicht die zweifellos wichtigste Grundlage zur Gewinnung von ethischen Überzeugungen und Urteilen sind, ist das Gespräch mit der Exegese und Kirchengeschichte indispensabel, wie im Folgenden anhand von Texten, in denen der Wille Gottes bezeugt ist, exemplarisch gezeigt werden soll. Die theologische Ethik fragt zugleich gegenwartsbezogen nach der Wahrheit dieses Zeugnisses und dient insofern der „wissenschaftliche[n] Selbstprüfung der christlichen Kirche hinsichtlich der ihr eigentümlichen Rede von Gott und den damit gegebenen Grundlagen, Möglichkeiten, Dringlichkeiten und Formen des Handelns und Verhaltens von Menschen

---

10 Frey, Konfliktfelder, 143.
11 Frey, Ethik, 234.
12 Vgl. Hofheinz, Ethik, 38–63.
13 Taylor, Quellen, 35.
14 Zimmermann, Ethik, 295.

in der Weltgesellschaft."[15] Hinsichtlich dieser Aufgabe gehören Dogmatik und Ethik untrennbar zusammen, wenngleich es zu ihrer Ausführung sicherlich der Arbeitsteilung bedarf.

2 Paulus und das „Sein in Christus"[16]

Fragt man ethikgeschichtlich nach den Wurzeln einer solchen theologischen Identitätsethik, so führt uns der Regress geradezu zu den Anfängen des Christentums. Die angeführten Entwürfe verweisen auf Paulus. Er hat mit dem „Sein in Christus" einen theologischen Sachzusammenhang kenntlich gemacht, in dem die Frage nach der Identität verortet und der in ethischer Hinsicht m. E. höchst bedeutsam ist.[17] Dieser erweist sich als Rahmen der paulinischen Ethik, in dem sich unterschiedliche materialethische Güter wie ἐλευθερία und ἀγάπη verorten lassen.

Mit dem „Sein in Christus" bemüht der Apostel eine räumliche Metapher, um diesen Sachzusammenhang als Lebensform des Christenmenschen zu umschreiben. Anders gesagt: „Christliches Handeln ist Vollzug des Seins in Christus in den irdischen Beziehungen."[18] Paulus zufolge „gibt es einen Raum für den Menschen, der ihm bereitet ist, wenn er zu Christus gehört."[19] Dieser Raum ist der Machtbereich Christi: Hier regiert er und der Christenmensch gerät durch nichts weniger als einen Herrschaftswechsel in ihn. Was ihn dort treibt, ist nach Röm 8,14 der Geist Gottes, nicht mehr ein knechtischer Geist wie einst unter der Herrschaft der Sünde, sondern der Geist der Kindschaft Gottes (Röm 8,15). Knut Backhaus bemerkt: „Das Verhältnis von Christologie und Ethik läßt sich daher nicht primär im Indikativ und Imperativ konjugieren: das Haupt-Wort steht im ‚Lokativ' und lautet Christus."[20]

Nimmt man diesen „Lokativ" näher in Augenschein, so wird evident: Beim „Sein in Christus" geht es um einen partizipatorischen Lebenszusammenhang, in den hinein ein Transfer und zugleich eine Transformation stattfindet, deren Subjekt Gott selbst ist. Folgt man reformatorischer Logik, so lässt sich näherhin festhalten: Es geht bei diesem „Sein in Christus" – mit Martin Luther gesprochen –

---

15 Lienemann, Grundinformation, 51, in Anlehnung an Karl Barth, KD I/1, 1.
16 Vgl. zum gesamten Abschnitt: Hofheinz, Etwas, 33–46.
17 Darauf hat Matthias Konradt (Wissenschaft, 275) hingewiesen.
18 A.a.O., 278.
19 Hailer, Schatten, 54.
20 Backhaus, Evangelium, 13.

nicht um ein *esse*, sondern ein *fieri*.[21] Dieses Sein ist also noch im Werden. Das „Sein in Christus" ist das Sein der „neuen Schöpfung" (II Kor 5,17).

Am treffendsten hat vielleicht Karl Barth dieses „Sein in Christus" umschrieben, wenn er – wie zuletzt George Hunsinger gezeigt hat – aspektivisch bzw. dialektisch von ihm spricht, nämlich als zugleich „real, hidden and yet to come."[22] Man kann dieses Wirklichkeitsverständnis als einen eschatologischen Realismus bezeichnen. Dieser will im Sinne eines „Sich in Christus sehen" eingeübt werden. Mit einem solchen eschatologischen Realismus gehen identitätsethische Implikationen einher. Wenn Paulus Recht hat, dann besteht wahre Identität, wahres Selbst, „extra nos [...] et in Christo."[23] Gerhard Sauter hat in diesem Zusammenhang von der „externen Identität"[24] gesprochen und zwar in Anlehnung an Kol 3,3, wo vom verborgenen Leben mit Christus in Gott die Rede ist.

Es geht Paulus in ethischer Hinsicht nun darum, dass der Mensch derjenigen Wirklichkeit entspricht, durch die er sich selbst erschlossen ist, und diese ist die Wirklichkeit des Seins in Christus und des Seins im Geiste. Paulus kann beide Ausdrucksweisen synonym gebrauchen. Deshalb ist es nicht verwunderlich, dass er den Entsprechungs- bzw. Korrespondenzgedanken starkmachen und immer wieder zur Christus-Mimesis auffordern kann, geht es doch darum, übereinzustimmen, im Einklang zu leben mit dem „Sein in Christus": „Seid untereinander so gesinnt, wie es dem Leben in Christus entspricht" (Phil 2,5).

3 Exploration des „Seins in Christus" – methodisch: Das Wiedererkennen biblischer Muster

Dieses Identitätsverständnis hat gewiss auch bildungstheoretische bzw. -ethische Relevanz.[25] Die Beschaffenheit des „Seins in Christus" wird auch in methodischer Hinsicht die Art und Weise prägen müssen, wie es in den ethischen Diskursen zur Sprache kommt, ja mehr noch, wie die theologisch-ethischen Diskurse zu führen sind. Hinsichtlich des „Seins in Christus" war von externer Identität die Rede, was

---

21 Vgl. WA 56,442,15–17 (Vorlesung über den Römerbrief, 1515–1516); WA 57,102,16 (Galaterbriefauslegung, 1516–1517): „[V]ita christiana non stet in esse, sed in fieri."
22 Hunsinger, Barth, 124.
23 WA 56,158,9 (Scholion zu Röm 1,1).
24 Sauter, Leben, 150.306.335. Christofer Frey (Ethik, 190) spricht von „geschenkte[r] Identität".
25 Dies wird besonders im Ethik-Entwurf von Ulrich, Geschöpfe, deutlich.

für eine narrative Ethik bedeutet, dass wir von ihr nicht reden sollten, als hätten wir es: „Nicht dass ich es schon erlangt hätte oder schon vollkommen wäre! Ich jage ihm aber nach, und vielleicht ergreife ich es, da auch ich von Christus Jesus ergriffen worden bin" (Phil 3,12). Das „Sein in Christus" lässt sich nicht unmittelbar methodisch positivieren. Eine methodische Annäherung an dieses Sein wird dabei stets die Dialektik des „Schon jetzt" und „Noch nicht" offenhalten. Der Verborgenheit des Lebens mit Christus in Gott ist hier also auch methodisch Rechnung zu tragen. Das heißt, dass es allemal mehr um ein Erkunden und Erproben geht, das ins Christsein einübt, als um die Applikation eines Prinzips.

Das an das „Sein in Christus" und damit letztlich an Christus selbst als Subjekt rückgebundene Erkunden vollzieht sich nun diskursiv im Sinne des *discurrere* zwischen verschiedenen ethischen Argumentationsweisen. Das heißt, dass sich christliche Ethik recht frei, wenngleich nicht beliebig, im Feld der verschiedenen Ethiktypen bewegen kann und darf, ohne sich freilich ganz einem Ethiktyp zu verschreiben, aber auch ohne falsche Alternativen beschwören zu müssen. Das vorgetragene Plädoyer für eine Identitätsethik bedeutet also keineswegs, dass damit alle Elemente von Prinzipien-, Verfahrens- und/oder teleologischen Ethiken abgelehnt oder ausgeschlossen würden. Es wäre auch missverstanden, würde es als reine Situationsethik verstanden, die an der Normenfrage und der Ausprägung von Stetigkeiten (Tugenden) vorbeigeht. Barth beschreibt die Aufgabe der theologischen Ethik treffend mit der paulinischen Maxime aus I Thess 5,21: „Die christliche Ethik geht durch die ganze Welt der Moral hindurch, prüft alles und behält das Beste, nur das Beste, und das heißt eben das, wodurch Gottes Gnade jeweils am besten gepriesen wird."[26]

Dass es um „Prüfen" geht, verweist darauf, dass die Exploration bzw. das Erkunden mit spezifischen Praktiken einhergeht, insofern das „Prüfen" eine solche Praktik darstellt. Paulus selbst nennt und empfiehlt solche Praktiken, ohne daraus ein festes bzw. fixes Urteilsschema abzuleiten oder gar eine „ethische Theorie sittlicher Urteile" zu entwickeln. Legt man jedoch das Urteilsschema „Wahrnehmen, Prüfen und Urteilen", das in einer ausdifferenzierten Gestalt erstmalig Heinz-Eduard Tödt vorgelegt hat, zugrunde, so erlaubt es durchaus ein Wiedererkennen[27] bestimmter Momente im Kontext der paulinischen Paränese bzw. Paraklese. Tödt selbst hat sich im Blick auf sein Urteilsschema auf dieselbe berufen: „[E]ntschieden fordert die biblische Botschaft dazu auf, zu ‚prüfen, was Gottes Wille ist, nämlich das (vor Gott) Wohlgefällige und das Vollkommene' (Röm 12,2). Die Aufforderung an die Christen, selbst zu prüfen, wird implizit

---

26 Barth, Ethik, 11. Zu Barths Ethik vgl. Hofheinz, Frieden.
27 Zur Logik des Wiedererkennens vgl. Hofheinz, Gift, 149–184.

vielmals und explizit an etlichen Stellen des Neuen Testaments formuliert (Phil 1,10; vgl. 4,8; I Thess 5,21; Lk 12,56f.; Act 4,19 u.ö.). Die paulinischen Briefe an seine Gemeinden enthalten geradezu paradigmatische Anleitungen zur Urteilsbildung in den Gemeinden, ohne daß in ihnen Fragen des Glaubens und des sittlichen Verhaltens auseinandergerissen würden (vgl. I Kor 8–10; Röm 14)."[28]

Es wäre ungeachtet dessen zweifellos verfehlt und unhaltbar, Paulus das Tödt'sche Urteilsschema zu unterstellen. Durch Tödts Bemerkung gleichsam auf die Spur gesetzt, ist freilich ein Wiederkennen einzelner Momente durch alle erkenntnisfördernden Interferenzen hindurch im Sinne einer induktiven Logik durchaus möglich. Die elementarisierte Gestalt des Urteilsschemas, wie sie als die Trias „Wahrnehmen, Prüfen und Urteilen"[29] identifiziert wurde, lässt sich bei Paulus, wie im Folgenden gezeigt werden soll, wiedererkennen. Das Wiederkannte kann seinerseits wiederum zum Anlass neuen Erkennens werden, sprich: die paulinische Entfaltung kann ihrerseits wichtige Impulse für eine Exploration des Seins in Christus gegeben.

Von Tödt zurück zu Paulus: Paulus entwickelt und integriert die drei noch genauer zu beschreibenden Praktiken nicht im Sinne eines festen Abfolgeschemas, dessen Durchlaufen etwa ethischen „Erfolg" garantiert. Dennoch konturiert Paulus diese Praktiken schärfer als dies *prima facie* vielleicht plausibel erscheinen mag. Diese Praktiken im Folgenden näher in den Blick zu nehmen, halte ich jedenfalls für unabdingbar, wenn anders theologische Ethik das wesentliche Ziel verfolgt, hinsichtlich einer „Exploration des Seins in Christus" eine Einübung in die ethische Urteilsbildung zu vollziehen.

4 Wahrnehmen als Element der Exploration des „Seins in Christus"

Dem (elementarisierten) Urteilsschema zufolge beginnt die Urteilsbildung mit der Wahrnehmung. Sie bezieht sich auf ein ethisches Problem und die Situation, in der sich dieses stellt. Auch Verhaltensalternativen geraten hier bereits in den Blick. Probleme, Situationen und Verhaltensalternativen liegen nicht einfach als Entitäten, also im Sinne objektiver Gegebenheiten vor. Wir nehmen sie so wahr, sprich: wie wir sie eben wahrnehmen, wie wir selbst sind. Bereits Aristoteles

---

28 Tödt, Versuch, 46f.
29 So Hoffmann, Predigen, 94–104.

machte in seiner „Nikomachischen Ethik" darauf aufmerksam: „Die Entscheidung liegt in der Wahrnehmung."[30]

Martha C. Nussbaum bemerkt treffend: „Moral knowledge [...] is not simply intellectual grasp of propositions; it is not even simply intellectual grasp of particular facts; it is perception."[31] Eingedenk dessen wird ethische Urteilsbildung nicht unmittelbar nach der Begründung von Werten, Normen oder Prinzipien fragen, denen das Handeln folgen soll, sondern ästhetische und sprachlich-kommunikative Bedingungen der Ausbildung von Ethos und der Reflexion auf dasselbe berücksichtigen müssen. Ethische Urteilsbildung wird schon gar nicht einfach mit direkten Appellen und Forderungen einsetzen dürfen, sondern mit der Wahrnehmung der Wirklichkeit. Hierbei macht es nun freilich einen Unterschied, ob die Wahrnehmung geprägt ist durch das, was Paulus das „Sein in Christus" nennt und welches das Gesamt der von Gott in Christus und im Geist in Anspruch genommenen formativen Kräfte umfasst.

Dies wird auch bei Paulus deutlich. Im Proömium des Philipperbriefes schreibt Paulus: „Und ich bete dafür, dass eure Liebe reicher und reicher werde an Erkenntnis und ihr zu umfassender Wahrnehmung gelangt, und dass ihr so zu prüfen vermögt, worauf es ankommt; dann werdet ihr rein sein und ohne Tadel am Tag Christi" (Phil 1,9f.). Dem Prüfen (δοκιμάζειν) geht nach Paulus offenkundig Erkenntnis (ἐπίγνωσις) und umfassende Wahrnehmung (πᾶσα αἴσθησις) voraus. Der Begriff αἴσθησις wird hier als „das sittliche Unterscheidungsvermögen, die ethische Urteilsfähigkeit"[32] verstanden. Exegetisch zu bedenken ist fernerhin der Umstand: Phil 1,9 „is the only time αἴσθησις appears in the NT, although it is frequent in Proverbs (Prov 1:4, 7, 22; 3:29; 5:3, LXX), where it sets forth the ideas of ‚sensation,' i.e. sense perception, and ‚insight,' and denotes moral understanding and discernment. The adjective (‚all') that modifies αἰσθήσει (‚perception') does not so much mean total perception as it means a *breadth* of perception. Hence πᾶσα αἴσθησις is the ability to make proper moral decisions in the midst of a vast array of differing and difficult choices that are constantly presenting themselves to the Christian."[33]

Besonders bedenkenswert ist der Umstand, dass Paulus von einem Wachsen und einer Zunahme in der Wahrnehmung sprechen kann: Mit dem Wachstum in der Liebe (μᾶλλον καὶ μᾶλλον) korrespondiert auch die positive Veränderung der Wahrnehmung, weshalb ein πάσῃ hinzutreten kann. Bei Paulus manifestiert sich

---

30 Aristoteles, Nik. Eth. 1109 b 23.
31 Nussbaum, Finely Aware, 521.
32 So Delling, Art. αἰσθάνομαι κτλ., 47.
33 Hawthorne, Philippians, 26f.

in Gestalt eines solchen Komparativs durchaus die Vorstellung eines, wenn auch nicht linear-harmonischen, so doch nach vorne hin offenen Fortschritts:[34] „Das Überreichwerden der Liebe in der sittlichen Urteilsfähigkeit, von der Phil 1,9 spricht, kennt zwar ein Wachsen und Reifen (‚mehr und mehr'), aber keinen Abschluß und kein Fertigwerden. Die Gemeinde kann und wird also in den jetzt und hier notwendigen Entscheidungen immer nur Schritt für Schritt weiterkommen."[35] Freilich ist das Wachsen in der Wahrnehmung für ihre Formation sicher ebenso entscheidend wie der gemeinschaftliche Kontext, in dem sich dieses vollzieht.

5 Prüfen als Element der Exploration des „Seins in Christus"

Beim Prüfen geht es um die Reflexion von Beurteilungs- und Handlungsmöglichkeiten. Die Leitfrage lautet: „Wie und nach welchen Kriterien lässt sich das angesprochene Problem beurteilen?"[36] Dieses Moment zielt ab auf die Prüfung von Normen, Gütern und Perspektiven im Blick auf Verhaltensoptionen: Aus welcher Perspektive auf die Wirklichkeit werden Maßstäbe hinsichtlich eines vorliegenden Problems gewonnen? Welche Normen sind heranzuziehen, mit deren Hilfe die Wahl zwischen Verhaltensalternativen entschieden wird?

Auch Paulus spricht, wie bereits in Phil 1,10 anklang, wiederum vom Prüfen, was das Gute ist. Das δοκιμάζειν hat dort „den in der Literatur der hellenistischen Popularphilosophie allgemein üblichen Sinn: ein sorgfältiges Sichten und Prüfen mit dem Ziel, zu ermitteln und festzustellen, was wirklich gut ist, was genuinen Wert hat."[37] Mit der Wendung δοκιμάζειν τὰ διαφέροντα in Phil 1,10 klingt Röm 12,2 an: Das „das, worauf es ankommt" (τὰ διαφέροντα), ist als Hinweis auf den Willens Gottes zu verstehen, der in Röm 12,2, explizit genannt wird. Der Wille Gottes wird als zentrales Gut identifiziert, als das „Gute und Wohlgefällige und Vollkommene". Dementsprechend heißt es in den grundlegenden Sätzen (Röm 12,1–2), die den paränetischen bzw. parakletischen Kapiteln des Römerbriefes voranstehen (Röm 12–15): „Lasst euch nicht dem Schema dieser Welt gleichschalten [συσχηματίζεσθε], sondern lasst euch verändern [μεταμορφοῦσθε] durch die Erneuerung [ἀνακαινώσει] der Urteilskraft [νοός], damit ihr prüft [δοκιμάζειν],

---

34 So Löhr, Elemente, 51 f.
35 Schrage, Ethik, 203.
36 Hoffmann, Predigen, 97.
37 Furnish, Wille, 216.

was der Wille Gottes ist: das Gute und Wohlgefällige und Vollkommene" (Röm 12,2).

Mit dem δοκιμάζειν wird eine Zweck- und Zielbestimmung benannt, die auf den Willen Gottes bezogen ist. Beim δοκιμάζειν geht es um eine Ausrichtung der Urteilskraft: „Die Glieder der Gemeinde können und sollen ihr Denken an Christus und seiner Lehre vom Willen Gottes ausrichten, und ihnen ist auch die geistliche Kraft gegeben, diesem Willen tatkräftig zu entsprechen (vgl. Röm 8,4–11)."[38] Das δοκιμάζειν meint Exploration, kein bereits besitzendes Haben einer festen, situations- und wahrnehmungsinvarianten Norm, sondern ein erkundendes Herausfinden („find out"[39]) und Heraussuchen („seek out"[40]), ein Entdecken des Willens Gottes („discovery of God's will"[41]) in einer konkreten Situation: „For the Christian, the will of God is not possessed but – as Rom. 12:2 implies – ever newly sought and found. As the Christian's whole life is ‚transformed' and his critical faculties of ethical discernment and decision are ‚renewed' [...], he is enabled to ‚find out what the will of God is, what is good and acceptable and perfect.'"[42] Es geht nicht darum, Normen an die jeweilige Situation heranzutragen und zu applizieren. Ein solches Verfahren wird traditionell mit „Kasuistik" gleichgesetzt. Paulus geht offenkundig davon aus, dass der Wille Gottes keineswegs *a priori* als fixe Größe statisch und autoritär vorgegeben ist. Angesichts dessen gilt es mit Hilfe der an Christus orientierten und durch den Geist Gottes erneuerten Urteilskraft herauszufinden, was an dem Gedachten und Gewollten wirklich gut und was verwerflich ist.

Im Sinne konsequenter Exegese hält Oswald Bayer im Blick auf Röm 12,2 ertragssichernd für die Programmatik theologischer Ethik fest: „Folge und Ziel der wesentlich durch die Erneuerung der Urteilskraft erfolgenden Änderung der Daseinsweise ist das ‚Prüfen' des Willens Gottes. Er ist nicht kasuistisch kodifiziert und kodifizierbar, muß vielmehr in der Erfassung und Beurteilung stets sich verändernder Situationen erkannt, gefunden, getroffen werden [...] Solch riskantes Prüfen geschieht, wie die abschließende Apposition dreier substantivierter Adjektive unübersehbar deutlich macht, nicht anders als im Gespräch – und Konflikt! – mit dem, was humanem Fragen überhaupt als ‚das Gute und Wohlgefällige und Vollkommene' gilt (vgl. Phil 4,8). [...] Wenn der *nous*, das kritische, urteilende Verstehen, das den Anspruch einer Situation oder eines fordernden Willens erkennt, neu wird und als neu gewordener die weltlich-leibliche Da-

---

38 Stuhlmacher, Theologie, 377.
39 Furnish, Theology, 103. So auch ders., Wille, 215.217.220.
40 Furnish, Theology, 104.230.
41 A.a.O., 227.
42 A.a.O., 188 f.

seinsweise bestimmt, kann er sich in kritischer Solidarität auch auf ‚nichtchristliche' – etwa stoische – Humanität einlassen (vgl. 12,2 und Phil 4,8). Er ist ihr gegenüber weder feindselig nicht gleichgültig, macht andererseits aber die Nichtchristen auch nicht unter der Hand zu anonymen oder latenten Christen."[43]

Es geht also bei der Urteilsbildung im Raum der Gemeinde keineswegs um die Ausprägung einer Sektenmentalität, die sich – aus Furcht vor einer Vereinnahmung der Welt (verstanden sowohl im Sinne eines Genitivus objectivus wie subjectivus) – durch eine Praxis ihres Miteinanders gegenüber der Welt abschottet. Interessanterweise wird bei Paulus „[d]er Außenbezug gemeindlichen Handelns [...] ausdrücklich mitbedacht (vgl. Röm 12,14.17–21; 13,1–7.8)."[44] Man wird festhalten dürfen: „Paulus war sich realistischerweise dessen bewußt, daß in der sozialen Wirklichkeit des Römischen Reiches die Christen noch weniger als die Juden aktiv handelnde gesellschaftliche Subjekte sein konnten, sondern vielmehr weithin passive Objekte der Entwicklung waren. Aber dabei setzte Paulus gleichzeitig durchaus voraus, daß die Existenz der Kirche in der Welt sehr wohl ausstrahlen könnte und auch ausstrahlen müßte auf diese Welt; Paulus wußte, daß das Leben der Christen und das Vorhandensein der Kirche schon als solches eine Außenwirkung hatte."[45]

Auch in Röm 12,2 wird wiederum ein Gemeinde- als Gemeinschaftsbezug erkennbar, was bereits der Adressierung der Gemeinde als Gemeinschaft des δοκιμάζειν im *pluralis ecclesiasticus* („so dass ihr prüft, was der Wille Gottes ist") zeigt. Es ist in der Tat so, dass Paulus „hier die versammelte Gemeinde als ganze zur Prüfung auffordert, was der Wille Gottes ist. Das bliebe also nicht den je Einzelnen überlassen, sondern in kollektiver Anstrengung hat die Gemeinde herauszufinden, was jeweils gut und vollkommen ist und Gott gefällt; und was sich bei solcher Prüfung ergibt, das ist der Wille Gottes. Die versammelte Gemeinde wäre dann also das ethische Subjekt."[46]

6 Urteilen als Element der Exploration des „Seins in Christus"

Das Urteilen und Entscheiden bildet schließlich den Abschluss des Urteilsschemas. Es geht um die kompatible Verknüpfung der vorangehenden Momente, die

---

43 Bayer, Freiheit, 45f.
44 Theobald, Römerbrief, 299.
45 Lindemann, Paulus, 161.
46 Wengst, Römerbrief, 385f.

zu berücksichtigen sind. Im Urteilen wird das Resultat dieser Verknüpfung präsentiert. Dabei stellt sich die Frage: Wie sind die vorangehenden Praktiken des Wahrnehmens und des Prüfens hinsichtlich eines Urteils zu verbinden? Was soll gelten, damit ein Urteil verbindlich ist? Der Urteilsentscheid ist also als ein integraler kognitiver, voluntativer und identitätsrelevanter Akt zu verstehen. Ansonsten kommt es zu keinem Entschluss.

Paulus spricht im Zusammenhang seiner Charismenlehre vom „Urteilen". Eine Praxis des „Urteilens" verbirgt sich nämlich, bei Lichte betrachtet, hinter der Wendung διακρίσεις πνευμάτων (I Kor 12,10), die traditionell als „Unterscheidung der Geister" verstanden und tendenziell dämonologisch interpretiert wurde. Gegen dieses geläufige Verständnis ist exegetischerseits zu Recht der lexikalisch-semantische Befund geltend gemacht worden, dass Paulus auch sonst nicht πνεῦμα in dämonischem Sinn versteht.[47] Vom paulinischen Sprachgebrauch her ist διάκρισις stattdessen mit „Beurteilung" wiederzugeben.[48] Es geht dabei nicht um Deutung und Auslegung wie bei der Glossolalie, sondern um eine „‚(richtige) Beurteilung' im Sinne einer sachgemäßen praktischen Anwendung."[49] Diese ist unmittelbar auf die Situation bezogen. Innerhalb der Trias von Wahrnehmen, Prüfen und Urteilen kann das Urteilen in formaler Hinsicht in Relation zu beiden wie folgt charakterisiert werden: „If perception addresses the question ‚What is the case?' and discernment is organized around the question ‚What is the heart of the matter?' judgment is what settles both questions by ruling ‚This case is a matter of X and not of Y.'"[50]

Das Charisma des „Urteilens" ist auf die prophetische Rede bezogen, wie I Kor 14,29 ausweist: „Von den Propheten aber mögen zwei oder drei reden, die anderen sollen darüber urteilen / es beurteilen [διακρινέτωσαν]." Nach zwei oder drei Prophetenreden fordert Paulus eine Beurteilung. Das Beurteilen ist seines Erachtens nicht weniger wichtig als die prophetische Rede selbst. Beide gehören zusammen. Das Urteil schließt die prophetische Rede gleichsam ab. Wer die (Be-)Urteilenden sind, wird zwar von Paulus nicht eindeutig gesagt. Gleichwohl ist aber in seinem Plädoyer ein Bezug prinzipiell auf alle Gemeindeglieder feststellbar: „[E]s geht Paulus ja gerade darum, alle Gemeindeglieder dazu zu ermutigen, das Charisma der Prophetie auszuüben. So wie alle Gemeindeglieder den Geist Gottes besitzen (I Kor 12,1–13), ist entsprechend davon auszugehen, daß auch alle zum ‚kritischen Bedenken' und Beurteilen berufen sind."[51]

---

47 So Merklein/Gielen, Brief, 127.
48 So a.a.O., 128.
49 Ebd.
50 Wannenwetsch, Pattern, 186.
51 Claußen, Frage, 29.

Der Gemeindebezug lässt auch erkennen, dass Urteilen im Raum der Kirche primär den Charakter von Rechenschaftsabgabe hat, zumal das eigene Urteil den Geschwistern und deren Urteil vorgelegt wird. Nicht umsonst setzt Urteilsbildung nach Paulus bei der „Erneuerung der Wahrnehmung" ein, die in die Praktiken des Prüfens und Urteilens hineinreicht und die mit jener Transformation der ethischen Subjekte einhergeht, die das „Sein in Christus" umschreibt. Durch die Erneuerung der Wahrnehmung kommt es zu einer Transformation des Ethos und der Moral, auf die hin Ethik reflektiert.

7 Fazit

Resümierend seien thesenartig drei Gesichtspunkte benannt, die sich aus dem Entfalteten ergeben und sich von daher für die Konturierung und Profilierung einer theologischen Ethik m. E. nahelegen:

1. Es geht in der theologischen Ethik als Identitätsethik um die Exploration des „Seins in Christus". „In Christus" ist auch theologische Ethik gleichsam grundgelegt (vgl. I Kor 3,11), so dass sich ein theologisch legitimer ethischer Grundlegungsversuch auf das „Sein in Christus" beziehen wird. Eine in diesem Sinne grundgelegte theologische Ethik möchte erkunden und sprachlich erschließen, was es heißt, in Christus ein neuer Mensch zu sein. Um dieses Sein auszuloten, ist die Frage unabweisbar, ob es dem „Sein in Christus" – verstanden im Sinne des *fieri*, des Auferstehens des neuen Menschen und des Absterbens des alten Menschen – entspricht, wenn auf diese oder jene Weise gehandelt wird. Man kann diese Frage als Korrespondenzfrage[52] bezeichnen. Sie ist hinsichtlich der ethischen Urteilsbildung unabdingbar. Diese soll dabei helfen, ein von einem rechenschaftswilligen und handlungsfähigen Glauben geprägtes christliches Leben zu führen. Fern von Bevormundung und autoritärer Durchsetzung wird es indes weder die Teilnahme an öffentlich-politischen Debatten, noch die persönliche Auseinandersetzung über menschliches Handeln, Verfehlen und schmerzliches Scheitern scheuen.

2. Die Praktiken des Wahrnehmens, Prüfens und Urteilens gehören bzw. partizipieren an dem „Sein in Christus" als ihrem Ermöglichungsgrund. Freilich können diese Praktiken dieses „Sein" nicht einfach im Sinne eines *esse* als Positum voraussetzen, weil damit sein „Werden" überspielt würde. Eine sachgemäße

---

[52] Vgl. Ritschl, Logik, 293 ff. 298 f.; Hofheinz, Gezeugt, 424–433.

theologische Ethik wird deshalb ihren Zweifel artikulieren müssen und dürfen, weiß sie doch um die Verborgenheit des Seins in Christus (Kol 3,3). Weil Urteilsbildung zweifelhaft ist und riskant bleibt, will sie als ein iterativer Prozess gestaltet werden,[53] der letztlich zirkulär angelegt ist: „[I]t may happen in the process of giving an account of our judgments and actions that our own perception is challenged to transformation so that we are to start afresh the cycle of intellective-affective practices that marks the reflective ethos of the Christian community."[54] Aufgrund dieser zirkulären Disposition lässt sich die erneuerte Wahrnehmung zugleich als Ausgangs- wie Zielpunkt der Urteilsbildung bestimmen. Sie ermöglicht auch das Anleiten und (Zu-)Ordnen der entsprechenden argumentativen Anleihen bei den diversen Ausführungen der Konzeptionen bzw. Typen ethischer Theoriebildung. Selektion und Beurteilung verschiedener ethischer Argumente können durch eine solche Wahrnehmung gesteuert werden, wie nicht zuletzt die Korrespondenzfrage nahelegt.

3. Die mit der Exploration des „Seins in Christus" verbundenen Praktiken, die im Anschluss an Paulus als Wahrnehmen, Prüfen und Urteilen entfaltet wurden, sind in einer „community" verortet, die von sich behauptet, „in Christus" beheimatet zu sein. Bereits Hannah Arendt betonte: „Wenn man urteilt, so urteilt man als Mitglied einer Gemeinschaft."[55] Die skizzierten Praktiken lassen samt und sonders diesen Gemeinschaftsbezug bzw. „the programmatic communal nature of these practices"[56] erkennen, ja, sie sind ohne diesen nicht denkbar. Ihrem Wesen nach handelt es sich bei diesen Praktiken um kommunikative und diskursive (Auf-)Gaben der Gemeinde. Sie bilden die gemeinschaftliche Praxis der Erkundung des Willens Gottes. Es geht mithin um eine Gemeinde- bzw. kirchliche Ethik, die das Individuum achtet, wenn anders Paulus betont: „Es wird also jeder von uns für sich selbst Rechenschaft ablegen [λόγον δώσει] müssen vor Gott" (Röm 14,12).

Ich halte die gemeindeethischen Impulse, die sich dem paulinischen Zeugnis verdanken, hinsichtlich der gegenwärtigen Ausprägung theologischer Ethik für unverzichtbar. Im Gegensatz zu einer noch immer vorherrschenden Engführung evangelischer Ethik auf das einzelne Entscheidungssubjekt zeichnet sich m. E. allmählich die Möglichkeit einer Gemeinde- bzw. kirchlichen Ethik ab. Gemeinde- bzw. kirchlich-ethische Impulse sind im 20. Jahrhundert nicht nur im sog.

---

53 So auch Tödt, Versuch, 29.
54 Wannenwetsch, Pattern, 189.
55 Arendt, Urteilen, 97.
56 Wannenwetsch, Pattern, 178.

„kirchlichen Kommunitarismus"[57] aufgenommen worden, etwa bei John H. Yoder, der unter Bezugnahme auf I Kor 14,28 von einer „Hermeneutics of Peoplehood"[58] und der Gemeinde als „hermeneutic community"[59] sprach, sondern bereits das im reformierten Protestantismus verbreitete ekklesiologische Paradigma der Kirche als „versammelter Gemeinde" legt sie nahe. Hier sind starke diskursethische wie situationsethische Bezüge erkennbar. Anders als der weit verbreitete Vorwurf der gemeindlichen Selbstbezogenheit und des Rückzugs auf eine „Binnensemantik" besagt, treten bei einem gemeindeethischen Ansatz die politische Welt, die Gesellschaft und der Staat mit seiner genuinen Aufgabe, „in der noch nicht erlösten Welt, in der auch die Kirche steht, nach dem Maß menschlicher Einsicht und menschlichen Vermögens unter Androhung und Ausübung von Gewalt für Recht und Frieden zu sorgen" (Barmen V), keineswegs aus dem Blickfeld, werden aber aus gemeindlicher Perspektive fokussiert.

Dass die Gewinnung theologisch-ethischer Aussagen in die Kirche als „Ort des kommunikativen Urteils theologischer Ethik"[60] gehört, schließt das Einbringen solcher Urteile in die plurale, religiöse und säkulare Gesellschaft keineswegs aus, sondern dezidiert ein. Ja, es ist geradezu unvermeidbar, wenn anders gilt: „Als Gottes Mitarbeiter sind wir zugleich auch Mitarbeiter der Gesellschaft."[61]

Ungeteilte Zustimmung wird eine Gemeinde- bzw. kirchliche Ethik indes schwerlich ernten können. Dass aber auch bei ganz anders gelagerten religiösen und weltanschaulichen Überzeugungen und Begründungen im Urteil ein „overlapping consensus" möglich sein wird, hat sich *in rebus politicis* vielfach gezeigt. Kirche wird ihr Einbringen von Urteilen in die Gesellschaft jedenfalls als Einladung zum Konsens, zum Einstimmen (*consentire*) aussprechen, wobei sie selbst sich – anders als andere Positionen – an das Evangelium gebunden weiß. Gemeinde- bzw. kirchliche Ethik verstehe ich in diesem Sinne als „einladende Ethik"[62].

Die in den Blick genommene Gemeindeethik bzw. kirchliche Ethik als einladende Ethik weiß gemäß ihrem Selbstverständnis als „Mitarbeit [...] an der ethischen Frage"[63] darum, dass ethische Rechenschaft immer auch in Urteilen vollzogen wird, so dass es im Urteil zu sehr überraschenden Koalitionen kommen

---

57 Vgl. Hofheinz, Urteilen, 43–67.
58 Yoder, Kingdom, bes. 22–28. Zu Yoders Ethik vgl. Hofheinz, Frieden.
59 Yoder, Kingdom, 117.
60 Sauter, Begründung, 112.
61 Iwand, Kirche, 70.
62 Vgl. Plasger, Ethik, 126–156; Hofheinz, Gezeugt, 584–600.
63 Mit Iwand, Kirche, 67.

kann, die nicht auf einer „prinzipiellen Klärung"[64] beruhen. „[I]m Fällen des Urteils" sind kontingente Koalitionen möglich, die auf Koinzidenzen in den Urteilen beruhen, „nicht in der Anwendung einer ein für allemal als gültig erkannten Richtlinie auf einen Sachverhalt, der je nach Situation, in der er zum Problem wird, nach einer Lösung verlangt."[65]

Ethische Urteilsbildung wird dem skizzierten Ansatz zufolge gemeinde- und darum gesellschaftsbezogen als ein kommunikativer Vorgang vollzogen, der auf soziale und rechtliche Verbindlichkeiten und gemeindliche Selbstverpflichtungen zielt. Sozialethik als Gemeinde- bzw. kirchliche Ethik fragt u. a. nach den Übergängen von ethischen Entscheidungen zu (kirchen-)rechtlichen Normen. Im Gespräch der theologischen Disziplinen ist es daher erforderlich, nicht nur den Dialog mit den sog. „historischen Disziplinen" (Exegese und Kirchengeschichte) zu führen, sondern den Dialog zwischen dogmatischer Ekklesiologie, Kirchenrecht und Sozialethik neu aufzunehmen und ihren integrativen Zusammenhang erkennbar werden zu lassen.

Bibliographie

Arendt, Hannah. 1985. *Das Urteilen. Texte zu Kants Politischer Philosophie.* München: Piper.
Aristoteles. [8]1983. *Nikomachische Ethik.* Bd. 6, *Werke in deutscher Übersetzung.* Berlin: Akademie Verlag.
Backhaus, Knut. 2000. „Evangelium als Lebensraum. Christologie und Ethik bei Paulus." In *Paulinische Christologie. Exegetische Beiträge. Hans Hübner zum 70. Geburtstag,* hg. v. Udo Schnelle, 9–31. Göttingen: Vandenhoeck & Ruprecht.
Barth, Karl. [6]1952. *Die Lehre vom Wort Gottes. Prolegomena zur kirchlichen Dogmatik.* Bd. I/1. *KD.* Zollikon-Zürich: Theologischer Verlag Zürich.
Barth, Karl. 1946. *Christliche Ethik. Ein Vortrag.* München: Kaiser.
Bayer, Oswald. 1995. *Freiheit als Antwort. Zur theologischen Ethik.* Tübingen: Mohr Siebeck.
Claußen, Claus. 2001. „Die Frage nach der ‚Unterscheidung der Geister' – Überlegungen auf dem Weg zu verantwortlichen Entscheidungen." *ZNT* 8:25–33.
Delling, Gerhard. 1990. „Art. αἰσθάνομαι κτλ." In *Theologisches Wörterbuch zum Neuen Testament,* Bd. 1, hg. v. Gerhard Kittel, 186–188. Stuttgart: Kohlhammer.
Frey, Christofer. 1990. *Theologische Ethik.* Neukirchen-Vluyn: Neukirchener Verlag.
Frey, Christofer. 1998. *Konfliktfelder des Lebens. Theologische Studien zur Bioethik,* hg. v. Peter Dabrock/Wolfgang Maaser. Göttingen: Vandenhoeck & Ruprecht.
Frey, Christofer. 2014. *Wege zu einer evangelischen Ethik. Eine Grundlegung.* Gütersloh: Gütersloher Verlagshaus.

---

64 A.a.O., 72.
65 Sauter, Dogmatik, 345.

Furnish, Victor Paul. 1989. „Der ‚Wille Gottes' in paulinischer Sicht." In *Jesu Rede von Gott und ihre Nachgeschichte im frühen Christentum. Beiträge zur Verkündigung Jesu und zum Kerygma der Kirche*, hg. v. Dietrich-Alex Koch, 208–221. Gütersloh: Gütersloher Verlagshaus.

Furnish, Victor Paul. ²2009. *Theology and Ethics in Paul*. Louisville/Kentucky: Westminster John Knox Press.

Hailer, Martin. 2004. „Ein Schatten auf dem Glanz der Welt. Theologische Bemerkungen zum Thema ‚Gut oder Böse?'." In *Gut oder böse? Urteilsbildung in Schule und Gemeinde*, hg. v. Werner H. Ritter/Margarete Pöhlmann, 45–57. Göttingen: Vandenhoeck & Ruprecht.

Hauerwas, Stanley. 1995. *Selig sind die Friedfertigen. Ein Entwurf christlicher Ethik*, hg. v. Reinhard Hütter. Evangelium und Ethik 4. Neukirchen-Vluyn: Neukirchener Verlag.

Hawthorne, Gerald F. 1983. *Philippians*. WBC 43. Waco/Texas: Word Books.

Hoffmann, Martin. 2011. *Ethisch und politisch predigen. Grundlagen und Modelle*. Leipzig: Evangelische Verlagsanstalt.

Hofheinz, Marco. 2008. *Gezeugt, nicht gemacht. In-vitro-Fertilisation in theologischer Perspektive*. EThD 15. Münster: LIT.

Hofheinz, Marco. 2013. „Das gewisse Etwas. Zur Frage nach dem Proprium christlicher-theologischer Ethik". In *Jahrbuch für konstruktivistische Religionsdidaktik*, Bd. 4. *Ethisches Lernen*, hg. v. Gerhard Büttner [u. a.], 33–46. Hannover: Siebert.

Hofheinz, Marco. 2014. *„Er ist unser Friede". Karl Barths christologische Grundlegung der Friedensethik im Gespräch mit John Howard Yoder*. FSÖTh 144. Göttingen: Vandenhoeck & Ruprecht.

Hofheinz, Marco. 2015. „Urteilen im Raum der Kirche. Theologische Einsichten des sog. ‚kirchlichen Kommunitarismus'." In *Urteilen lernen III. Räume des Urteilens in der Reflexion, in der Schule und in religiöser Bildung*, hg. v. Ingrid Schoberth/Christoph Wiesinger, 43–67. Göttingen: V&R unipress.

Hofheinz, Marco. 2016. „Whose Gift? Which Love? Das story-Konzept als Typ narrativer theologischer Ethik in der transplantationsmedizinisch-ethischen Debatte zur Lebendspende von Organen." In *„Die Moral von der Geschicht'…". Ethik und Erzählung in Medizin und Pflege*, hg. v. Michael Coors/Marco Hofheinz, 149–184. Leipzig: Evangelische Verlagsanstalt.

Hofheinz, Marco. 2017. *Ethik – reformiert! Studien zur reformierten Reformation und ihrer Rezeption im 20. Jahrhundert*. FRT 8. Göttingen: Vandenhoeck & Ruprecht.

Hunsinger, George. 1990. *How to Read Karl Barth. The Shape of His Theology*. Oxford: Oxford University Press.

Iwand, Hans Joachim. 1998. *Kirche und Gesellschaft. Nachgelassene Werke Neue Folge*. Bd. 1, Gütersloh: Gütersloher Verlagshaus.

Jüngel, Eberhard. 1990. „Meine Theologie – Kurz gefaßt." In *Wertlose Wahrheit. Zur Identität und Relevanz des christlichen Glaubens. Theologische Erörterungen III*, 1–15. BEvTh 107. München: Kaiser.

Konradt, Matthias. 2011. „Neutestamentliche Wissenschaft und Theologische Ethik." ZEE 55: 274–286.

Lienemann, Wolfgang. 2008. *Grundinformation Theologische Ethik*. Göttingen: Vandenhoeck & Ruprecht.

Lindemann, Andreas. 1999. *Paulus, Apostel und Lehrer der Kirche. Studien zu Paulus und zum frühen Paulusverständnis*. Tübingen: Mohr Siebeck.

Löhr, Hermut. 2009. „Elemente eudämonistischer Ethik im Neuen Testament." In *Jenseits von Indikativ und Imperativ. Kontexte und Normen neutestamentlicher Ethik*. Bd. 1, hg. v. Friedrich Wilhelm Horn/Ruben Zimmermann, 39–55. WUNT 238. Tübingen: Mohr Siebeck.
Luther, Martin. 1883 ff. *D. Martin Luthers Werke. Kritische Gesamtausgabe*. Weimar: Böhlau.
Merklein, Helmut und Gielen, Marlis. 2005. *Der erste Brief an die Korinther. Kapitel 11,2–16,24*. ÖTK 7/3. Gütersloh: Gütersloher Verlagshaus.
Nussbaum, Martha C. 1985. „Finely Aware and Richly Responsible. Moral Attention and the Moral Task of Literature." *JPh* 82:516–529.
Plasger, Georg. 2005. „Einladende Ethik. Zu einem neuen evangelischen Paradigma in einer pluralen Gesellschaft." *KuD* 51:126–156.
Ritschl, Dietrich. ²1988. *Zur Logik der Theologie. Kurze Darstellung der Zusammenhänge theologischer Grundgedanken*. München: Kaiser.
Sauter, Gerhard. 1998. *Zugänge zur Dogmatik. Elemente theologischer Urteilsbildung*. Göttingen: Vandenhoeck & Ruprecht.
Sauter, Gerhard. 1998. „Was heißt ‚christologische Begründung' christlichen Glaubens heute?" In *Evangelische Ethik. Diskussionsbeiträge zu ihrer Grundlegung und ihren Aufgaben*, hg. v. Hans G. Ulrich, 98–112. TB 83. München: Kaiser.
Sauter, Gerhard. 2011. *Das verborgene Leben. Eine theologische Anthropologie*. Gütersloh: Gütersloher Verlagshaus.
Schrage, Wolfgang. ⁴1989. *Ethik des Neuen Testaments*. GNT 4. Göttingen: Vandenhoeck & Ruprecht.
Stuhlmacher, Peter. ²1997. *Biblische Theologie des Neuen Testaments*. Bd. 1, *Grundlegung: Von Jesus zu Paulus*. Göttingen: Vandenhoeck & Ruprecht.
Taylor, Charles. 1995. *Quellen des Selbst. Die Entstehung der neuzeitlichen Identität*, übers. v. Joachim Schulte. Frankfurt a.M.: Suhrkamp.
Theobald, Michael. 2000. *Der Römerbrief*. EdF 294. Darmstadt: Wissenschaftliche Buchgesellschaft.
Tödt, Heinz-Eduard. 1988. „Versuch einer ethischen Theorie sittlicher Urteilsfindung." In *Perspektiven theologischer Ethik*, hg. v. Wolfgang Huber, 20–48. München: Kaiser.
Ulrich, Hans G. 2005. *Wie Geschöpfe leben. Konturen evangelischer Ethik*. EThD 2, Münster: LIT.
Wannenwetsch, Bernd. 2008. „The Fourfold Pattern of Christian Moral Reasoning according to the New Testament." In *Scripture's Doctrine and Theology's Bible. How the New Testament Shapes Christian Dogmatics*, hg. v. Markus Bockmuehl/Alan J. Torrance, 177–190. Grand Rapids: Baker Academic.
Wengst, Klaus. 2008. *„Freut euch, ihr Völker, mit Gottes Volk!" Israel und die Völker als Thema des Paulus – ein Gang durch den Römerbrief*. Stuttgart: Kohlhammer.
Wolf, Ernst. ³1988. *Sozialethik. Theologische Grundfragen*, hg. v. Theodor Strohm. Göttingen: Vandenhoeck & Ruprecht.
Yoder, John Howard. 1984. *The Priestly Kingdom. Social Ethics as Gospel*. Notre Dame: University of Notre Dame Press.
Zimmermann, Ruben. 2016. „Metaphorische Ethik. Ein Beitrag zur Wiederentdeckung der Bibel für den Ethik-Diskurs." *ThLZ* 141:295–309.

Klaas Huizing
Scham und Schuld. Kurzes Plädoyer für eine Präventivethik

Einleitung

Wir Geisteswissenschaftler besitzen ein ausgemachtes Faible für den Begriff des *turns*[1], der immer häufiger bemüht und mit dem Brustton der Überzeugung kursiv aufgerufen wird, um methodologische Zäsuren zu markieren oder neue Gegenstandsbereiche der Untersuchung zu vermessen oder um sich in der klaustrophobischen und lärmenden Wissenschaftsgesellschaft nachdrücklich Gehör zu verschaffen. Ob der vielen Spitzkehren, droht der Geist, der auf der Höhe des Zitatenkartells sein will, freilich schnell schwindelig und orientierungslos zu werden. Ein peinlicher Sturz auf dem Theorieparkett wäre die Folge.

Eine immerhin stabile, länger als zwanzig Jahre währende Nachhaltigkeit hat sich der *Emotional Turn* erarbeitet, der vor allem in der Ethik zunächst zögerlich, dann aber entschieden rezipiert wurde. Ein stabiler Diskurs über die Philosophie der Gefühle etablierte sich auf beiden Seiten des Atlantiks, in Amerika kräftig angeschoben durch Arbeiten von Martha C. Nussbaum[2], im deutschsprachigen Raum durch eine Urbanisierung der Gefühlstheorie des Kieler Philosophen Hermann Schmitz befördert.[3] Strittig blieb die Verbindlichkeit moralischer Gefühle. „Es wäre absurd, wollte man jemandem vorschreiben, er solle ein bestimmtes Gefühl haben bzw. nicht haben. Moralische Normen erheben ja einen allgemeinen Geltungsanspruch."[4] Theologen haben sich lange spröde gegenüber dem *Emotional Turn*, der zumeist in einer Kombination mit dem *Body Turn* auftritt, verhalten. Erst in jüngster Zeit ist eine noch tastende Theologie der Gefühle[5] als Projekt vorgestellt worden. Ich plädiere für eine theologische Ethik der Gefühle, genauer: für eine theologische Ethik der Scham.[6]

Mein Essay hat vier Teile. Zunächst skizziere ich eine philosophische Anthropologie der Scham und diskutiere knapp die Autorität der Schamerfahrung.

---

1 Mit dem Phänomen der *turns* beschäftigen sich Gubo/Kypta/Öchsner, Kritische Perspektiven.
2 Nussbaum, Upheavals of Thought; vgl. Hartmann, Gefühle.
3 Dämmerling/Landweer, Philosophie der Gefühle.
4 Pieper, Ethik, 193.
5 Barth/Zarnow, Theologie der Gefühle.
6 Huizing, Scham und Ehre. Vorliegender Essay übernimmt daraus einige Formulierungen und Passagen.

https://doi.org/10.1515/9783110565980-006

Die Schamsituation ist der kritische Augenblick menschlicher Freiheit, warnt nämlich davor, die Scham in Schuld zu verschieben. Dieser Schritt ist zwar attraktiv, weil er die Passivität der Schamsituation überwindet, allerdings um den Preis der Schuld.

Ein zweiter Abschnitt unterscheidet präziser zwischen Scham und Schuld. Scham, so die Pointe, bezieht sich, darin unterschieden von der Schuld, in der man sich auch behaglich einrichten kann, auf den Charakter und erzeugt entsprechend einen Druck sich zu ändern.

Ein dritter Teil untersucht den Zusammenhang von Scham und Gewalt. Gewalt ist in allen drei Bereichen, die schambesetzt sind, auszuweisen: Konventionen, ästhetischen Standards, Moral. Gibt es zumindest im Bereich der Moral eine reine Gewalt?

Der vierte Teil des Essays versucht in wenigen Strichen anhand einer biblischen Modelllektüre den überlappenden Konsens[7] zwischen der philosophischen Schamanthropologie und der biblischen Schamanthropologie einzufangen. Die Pointe der philosophischen Schamanthropologie, den Verschiebemechanismus von Scham in Schuld als Ursprung von Gewalt zu identifizieren, wird von der theologischen Anthropologie und Ethik gestützt und mit einer zusätzlichen Pointe versehen. Ich plädiere deshalb im letzten Abschnitt dafür, Ethik zunächst und zumeist als Präventivethik zu organisieren. Damit wird zugleich ein Raum diesseits von Schuld und Sünde entdeckt. Menschen sind nicht zur Schuld (und Sünde) verdammt. Ich lese die Bibel als ästhetisch-ethische Bildungsgeschichte. Gesteuert und inszeniert wird diese Bildungsgeschichte durch eine weisheitliche Theologie. Für mich ist die Weisheit die Kanonhermeneutin des Alten und Neuen Testaments. Weisheitliche Theologie, so die These, inszeniert und literalisiert Erfahrungen des begleitenden Handelns Gottes (*concursus divinus*), vermittelt also durch die Narrationen eine Kraft und organisiert einen weisheitlichen Lebensentwurf.

1 Skizze einer Schamanthropologie

In der Philosophie trägt vor allem die lange von Kollegen absichtsvoll und schnöde übersehene Leibphilosophie von Hermann Schmitz, entwickelt in sei-

---

[7] Der Ausdruck geht auf den Rawls-Schüler Norman Daniels zurück und fragt nach einem überlappenden Konsens zwischen einer philosophischen Ethik, die auf Universalisierbarkeit achtet, und religiösen Hintergrundtheorien, die zwar nicht auf Universalisierbarkeit Anspruch erheben können, aber zu vergleichbaren Ergebnissen kommen können bei gleichzeitiger motivationaler Unterfütterung. Siehe Daniels, Reflective Equilibrium.

nem „System der Philosophie" seit den späten 1960er Jahren, dazu bei, Gefühle, verstanden als „räumlich ergossene Atmosphären und leiblich ergreifende Mächte", zum zentralen Gegenstand der Philosophie zu erheben.[8] Längst zählt diese Leibphilosophie von Schmitz, die die „Menschspaltung"[9] in Körper und Seele rückgängig machen will, zu den neuen Klassikern der Debatte. Nach Schmitz sind Gefühle zunächst und zumeist keine subjektiven Zustände, vielmehr geht die Intentionalität von den Gefühlen als Atmosphären aus, die auf den resonanten Leib treffen. Das diskursleitende Stichwort von der affektiven Betroffenheit im Diskurs von Hermann Schmitz markiert unmissverständlich die passive Struktur der Gefühle. Widerfährt uns Scham, dann entflammt die sprichwörtliche Schamröte, die Stimme versagt, man wird stumm, senkt den Blick, möchte am liebsten im Boden versinken und unsichtbar werden („man schämt sich zu Tode"), macht sich klein, schlägt die Hände vors Gesicht, um den Blicken und Kommentaren der Anderen, den Zeugen der Scham, nicht länger ausgesetzt zu sein. Die Körperreaktion des Errötens verweist darauf, wie nackt man sich fühlt, der Beschämte ist in den Augen der Anderen sichtbar bloßgestellt. In der metaphorisch aufgeladenen Sprache von Schmitz geht es um den Verankerungsbereich, unterschieden vom Verdichtungsbereich: Man schämt sich (Verdichtungsbereich) wegen etwas (Verankerungsbereich).[10] Nachdrücklich betont Schmitz die Autorität der Scham: „Besonders drastisch ist unter den Gefühlen die Autorität der Scham [...] Scham beugt; sie kann als Katastrophe über den Betroffenen so hereinstürzen, daß er [...] bis ins Zentrum der Erde hätte versinken mögen. [...] Scham ist eine Atmosphäre [...], und in ihrer Autorität erweist sie sich [...] an der Ausstrahlung auf Beteiligte."[11]

Emmanuel Lévinas war es, der zeitlich noch vor Schmitz als erster die Autorität der Scham als Schlüssel für die Konstitution der Person entdeckte, wenn er die Entdeckungssituation der Begegnung mit dem Antlitz des Anderen so beschreibt: „(D)er Andere als Anderer [...] ruft meine Scham hervor und ist gegenwärtig als der, der mich beherrscht."[12] Das Antlitz des Anderen verstört die Intention des naiven Ichs, alles ihm Begegnende einzuverleiben. Personen sind Antwortwesen[13] und schamgeboren. Weil die Autorität der Scham vom Protago-

---

8 Schmitz, Atmosphären, 30.
9 A.a.O., 8.
10 Schmitz, Gegenstand, 337.
11 A.a.O., 335.
12 Lévinas, Totalität, 116. Ders., Spur, 204: „Es ist eine Scham, die die Freiheit über sich empfindet, weil sie entdeckt, daß sie in ihrer Ausübung selbst mörderisch und usurpatorisch ist."
13 Alle phänomenologisch argumentierende Autoren von Rang, von Schmitz über Lévinas und Paul Ricoeur bis hin zu Bernhard Waldenfels untermauern diese Lesart. In einer großen Studie hat

nisten der Szene als extrem unangenehm und gewaltsam erfahren wird und um einen drohenden Ausbruch an Gegen-Gewalt einzudämmen, spricht aus dem Antlitz des verwundbaren Anderen der Imperativ: *Töte mich nicht!* „Schäm dich!" und „Töte mich nicht!" gehören in der ethischen Schlüsselsituation nach Lévinas unlösbar zusammen.[14]

Dieser imperative Aggressionsstopper muss immer wieder einrasten, wenn sich in alltäglichen Kontexten Schamsituationen ereignen und die eigene Ehre, sprich: unser Kapital an Anerkennung auf dem Spiel steht, denn für den von Scham heimgesuchten Protagonisten kann es durchaus attraktiv sein, die Passivität der Schamsituation dadurch in den Begriff zu bekommen, dass man die Scham in die Schuld verschiebt und den Verursacher oder Zeugen der Scham gleichsam aus dem Blickfeld schafft. Verschiebe nicht die Scham in die Schuld! und: Prüfe die Ernsthaftigkeit der Schamerfahrung!, lauten die ethischen Schlüsselimperative.

2 Die Differenz von Scham und Schuld

Nicht nur zur Konstitution der Person ist die Schamerfahrung unabdingbar. Positiv besteht ihre alltägliche Stärke darin, sie als Aufforderung zu lesen, sich zu bessern, sofern eine Prüfung die Ernsthaftigkeit der Scham bestätigt. Sehr nachdrücklich macht der Doyen der philosophischen Schamforschung, Bernard Williams, darauf aufmerksam, dass im Unterschied zur Schulderfahrung die Schamerfahrung für moralische Selbstkritik entscheidend ist, weil sich die Scham, darin von der Schuld unterschieden, nicht leichthändig wiedergutmachen lässt:

---

aus soziologischer Perspektive auch Hartmut Rosa diese Sicht der Dinge vertreten; Rosa, Resonanz. Vgl. auch Waldenfels, Antwortregister.
14 Problematisch an der Theorie von Lévinas ist die häufig monierte Differenzspreizung des Anderen, die dazu führt, dass das Ich zur Geisel des Anderen wird. Vgl. Bedorf, Dimensionen, 96. Hans-Richard Reuter und Peter Dabrock orientieren sich an dem gelernten Calvinisten Paul Ricoeur. Mit einer Spitze mutmaßlich gegen Lévinas formuliert Reuter, Grundlagen, 74: „Die moralische Norm schützt das Gleichgewicht dieser Pole der Gegenseitigkeit vor dem Abgleiten in Formen erzwungener Asymmetrie, in denen das rezeptive Erleiden des einen nichts anderes bedeutet, als zum Opfer des Anderen zu werden." Mit Reuter teile ich die methodologische Herangehensweise: „Im Anschluss an Ricoeur wird im Folgenden zunächst die Konzeption einer integrativen Ethik skizziert, die in ihrer formalen Gestalt unabhängig von religiösen Voraussetzungen Geltung beansprucht, jedoch in besonderer Weise mit Grundstrukturen biblischer Anthropologie konvergiert." (A.a.O., 71) Vgl. Ricoeur, Das Selbst.

"Die Schuld vermag Aufmerksamkeit auf die zu lenken, denen Unrecht oder Schaden zugefügt wurde, und sie verlangen Wiedergutmachung im Namen dessen, was diesen Menschen passiert ist. Aber sie versetzt uns als solche nicht in die Lage, unser Verhältnis zu derartigen Ereignissen zu verstehen, und sie hilft auch nicht dabei, das Selbst, das diese Dinge getan hat, oder die Welt, in der es leben muß, neu zu schaffen. Das kann nur die Scham, da sie eine Vorstellung davon beinhaltet, wer ich bin und in welchem Verhältnis ich zu anderen stehe."[15]

René Majer pflichtet in einer konzisen Studie Williams bei, modifiziert aber leicht die Pointe: „Schuld ist nicht ausschließlich auf das Opfer bezogen. Es ist durchaus eine selbstbezogene Einstellung: ‚Ich darf mich nicht beklagen, wenn andere wütend, erbost und einfach nur verletzt sind.' Schuld konfrontiert den Täter mit dem Groll, den seine Handlung und seine Motive verdienen. Aber Schuld sieht dabei tatsächlich vom Charakter ab. Bei Schuld geht es nicht um die Frage, was etwa Grausamkeit über die eigene Person aussagt, sondern worauf man sich angesichts der eigenen Grausamkeit gefasst machen sollte. Schuld ist selbstbezogen, ohne charakterbezogen zu sein. Gerade deswegen kann Schuld den Blick einer Person auf sich selber verstellen und die Selbstverbesserung blockieren. [...] Die Kritiker des Schuldgefühls wie Williams haben Recht, wenn sie argumentieren, dass sich auf Schuldgefühlen alleine kein moralisches Selbstverständnis aufbauen lässt."[16]

3 Gibt es reine Gewalt?

Zwar erleben wir in den Schamsituationen die Scham hautnah, wir können uns aber nicht sicher sein, ob wir uns nicht falsch schämen, nämlich (versteckten oder offenbaren) Beschämungen oder sogar (camouflierten) Demütigungen ausgesetzt sind oder durch nahezu unsichtbare Dispositive der Macht in die Scham gezwungen werden. Auch das von Schmitz ausgezeichnete Gefühl der Scham bedarf deshalb, wie er einschärft, einer kritischen Prüfung: „Die Vernunft (die personale Emanzipation) ist für die Moral erforderlich, um die Autorität von Gefühlen kritisch auf die Probe zu stellen und daran, dass sie sich in der Probe geschlagen geben muss, den unbedingten Ernst moralischer Gefühle zu erweisen. [...] (J)eder muss sich selbst, wenigstens in der Moral und der Religion, Rechenschaft davon geben, welche Normen mit absolutem Ernst verbindlich für ihn gelten. Wer sich diese Selbstprüfung erspart, indem er vermeintlich ewige Normen bloß abliest

---

15 Williams, Scham, 110.
16 Majer, Scham, 115.

und auf sich selbst und andere anwendet, betrügt sich selbst über seine Verantwortung."[17]

Ich deute also die Verschiebung von Scham in Schuld als Ursprung von Gewalt. Nun ist freilich auch die durch Beschämung inaugurierte Personkonstitution nicht gewaltfrei. Walter Benjamin hat in seinem Essay „Zur Kritik der Gewalt"[18] nach Spuren einer reinen Gewalt gesucht, die weder wie in der Rechtsordnung im Schema von „Zweck und Mittel"[19] beheimatet ist, noch wie im mythischen Denken als Darstellung grausamer, nackter Gewalt auftritt. Als göttliche oder reine Gewalt gilt für Benjamin jene Gewalt, die im Diesseits der Zweck-Mittel-Relation beheimatet ist: „Diese göttliche Gewalt bezeugt sich nicht durch die religiöse Überlieferung allein, vielmehr findet sie mindestens in einer geheiligten Manifestation sich auch im gegenwärtigen Leben vor. Was als erzieherische Gewalt in ihrer vollendeten Form außerhalb des Rechts steht, ist eine ihrer Erscheinungsformen."[20] Wenn Erziehung nicht das Dispositiv für eine Formung des Menschen zu einem vorgegebenen Zweck abbildet, sondern letztlich der Bildung einer Person als Zweck an sich dient, ist diese wohlwollende Gewalt einer Beschämung zwar immer kritisch zu prüfen, aber durchaus in sehr engen Grenzen ethisch zu akzeptieren. Idealer Ort für die kritische Prüfung ist allerdings die Lektüre- oder Kunsterfahrung, weil ich als Leserin oder Leser in der „spielerischen Identifizierung" (Schmitz) mit einer Figur jeweils testen kann, ob eine wohlwollende Beschämung oder sogar Demütigung der Protagonisten vorliegt. Wohlwollende Beschämung wird deshalb in den biblischen Geschichten von stigmatisiertem Personal durchgeführt. Eigentümlich für die biblischen Angestellten Gottes – das gilt für viele Propheten und für den aus bekanntlich problematischen Verhältnissen stammenden Jesus von Nazaret – ist ihre Stigmatisierung, eine Position der Schwäche. Nicht zufällig zeichnet Lévinas den Anderen, der das naive Ich beschämt, durch die radikal pointierte Verwundbarkeit aus. Seine Beschämung geschieht aus einer Position der Schwäche heraus und ist deshalb keine Demütigung.

Im Distanzfilter der Kunst (Literatur, Filme, Theaterstücke, Clips, Computerspiele), durch die spielerische Identifikation mit den Figuren, lerne ich wohlwollende Beschämung von verzweckter Beschämung, die bis zur Demütigung

---

17 Schmitz, Reich der Normen, 141.144.
18 Benjamin, Kritik der Gewalt, 179–204.
19 Ebd. Skeptisch ist Han, Topologie, 76: „Es gibt nämlich keine Erziehung, die ganz frei von Dispositiven wäre, die den Mythen benachbart sind. [...] Eine reine Gewalt, gäbe es sie überhaupt, dürfte nicht erscheinen. Jede Sichtbarkeit liefert sie der Interpretation aus, die an Mythen arbeitet, und macht sie unrein."
20 Benjamin, Kritik der Gewalt, 200.

reichen kann, zu unterscheiden. Der Rekurs auf die Inszenierung von Schamsituationen in der Kunst erlaubt auch genauer zu bewerten, ob das, wofür wir uns schämen, angemessen ist, ob also ein Grund dafür besteht, uns zu schämen. Hinsichtlich von Konventionen oder ästhetischen Standards habe ich die Freiheit, mich gegen die auf meine Einleibung zielenden (oder bereits eingeleibten) Normen aufzulehnen, anders verhält es sich mit moralischen Standards wie „Selbstbeherrschung und Sensibilität"[21], die wir wechselseitig voneinander einfordern. Anders gewendet: Hinsichtlich moralischer Normen ist die Scham, die bei Verstößen auftritt, ein von allen an der Szene beteiligten Personen *geteiltes Gefühl*, wie namentlich Ernst Tugendhat[22] und auch Hermann Schmitz[23] gezeigt haben.[24] Scham ist als von allen moralischen Agenten geteiltes Gefühl in der Lage, Universalisierbarkeit zu garantieren. Alle Zeugen der Scham reagieren auf den moralischen Normverstoß mit Empörung (Tugendhat) oder Zorn (Schmitz).

4 Überlappender Konsens und Statusverzicht

Der diskursleitende Begriff der Scham spielt auch in biblischen Texten eine zentrale Rolle. Die biblischen *narrationes* bieten einprägsame Bilder gelingenden und misslingenden Lebens und ermöglichen spielerische Identifikationen, die, wie gesehen, nach Schmitz als Distanzfilter nötig sind, um die exigente Nötigung von Gefühlserfahrungen auf ihre Lebensdienlichkeit hin zu prüfen. Und worin besteht das Surplus der biblischen Geschichten? Sie übertragen nicht nur eine motivationale Kraft, sondern ermuntern auch zu einem Statusverzicht, eine Forderung, die man nicht gegenseitig voneinander fordern kann.

Die Kain-und-Abel-Geschichte – sie ist die Schlüsselerzählung des Alten Testaments – ist *all in one:* Angebot für die Konstituierung der Person im Ge-

---

21 Tugendhat, Vorlesungen, 103.
22 Tugendhat, Aufsätze. *Scham* ist ein Schlüsselbegriff im ethischen Entwurf von Ernst Tugendhat, der mit einer bewundernswerten Hartnäckigkeit und in immer neuen Anläufen und Retraktationen Möglichkeiten und Grenzen einer autonomen Begründung der Moral untersucht, in seinem Spätwerk aber auch den mystischen Nahverkehr mit der Transzendenz zugelassen hat. Hellsichtig und für mich wegweisend ist Tugendhats Kurzcharakteristik von Jesus von Nazaret: „Jesus hat die damals vorgegebene Moral seines Volkes relativiert und ergänzt. [...] Was der Reformator sagt, ist: Inhalte, über die ihr euch empört und schämt, sind nicht diejenigen, die dieser Gefühle würdig sind; die neuen Inhalte, die ich fordere, sind diejenigen, deren Einhaltung ihr voneinander wechselseitig fordern solltet." Tugendhat, Vorlesungen, 63.
23 Schmitz, Gegenstand; ders., Leib; ders., Reich der Normen.
24 Damit ist auch eine Antwort auf die einleitend von Annemarie Pieper gemachten Vorbehalte gegeben.

genüber, Neid- und Eifersuchtsprophylaxe und Tugend-Coaching, inszeniert durch eine dezidiert wohlwollende Beschämung. Der biblische Erzähler (Gen 4,1–16) fingiert Kain als Veteran der Opferpraxis. Abel zieht nach, verhält sich mimetisch zur Vorgabe seines Bruders.[25] Kain will, auf den ersten Blick durchaus sympathisch und nachvollziehbar, die erlangte Freiheit festigen, indem er Gott vom Erlös seiner Arbeit abgibt. Im Gegenzug erwartet er eine Anerkennung: *Do ut des*. Abel zieht nach – ein klassisches Zweitkindverhalten. Gott verweigert Kain die Anerkennung, Abel verweigert er die Anerkennung nicht. Das Verhalten der literarischen Gottesfigur ist scheinbar widersinnig, schaut man aber genauer hin, dann ist das Verhalten dieser Gottesfigur von schwindelerregender Konsequenz, auch wenn der Alltagsleser hier eine himmelschreiende Ungerechtigkeit wittert. Gott verweigert das *Do-ut-des*-Angebot Kains, er lässt sich (zumindest an dieser Stelle des Familienromans) nicht in ein Rechtsverhältnis zwingen.

Eine Neueröffnung der personalen Beziehung zwischen Mensch und Gott kann, so die Pointe des Textes, nur als echtes, nicht auf eine Tauschlogik zu reduzierendes Geschenk, kann nur als Geste einer Gabe in Freiheit geschehen. Gott beschämt durch die zunächst willkürlich anmutende Ablehnung des Opfers Kain, um diese Erfahrung einzuschärfen und ihn als echtes Gegenüber zu konstituieren. Der literarische Gott demonstriert seine Freiheit[26] allerdings nicht ohne Ironie und Satire, indem er das Opfer von Abel akzeptiert. Gottes Verhalten ist also Ausdruck seiner Freiheit, die sich sogar die Freiheit nimmt, das eigene Verhalten nicht ausführlich zu begründen. Offenbar neigt Kain, so zeigt der Fortgang der Geschichte, dazu, erfahrenes Misslingen mit aufflackernder Wut und Neid zu quittieren, Abel dagegen ist charakterlich anders disponiert, der Text zeichnet ihn als langweiligen Nachmacher, der die *Do-ut-des*-Systematik gar nicht intendiert, vielleicht auch gar nicht durchschaut hat. Ein Nachmacher, der Erfolg hat.

Man darf den Gedanken durchaus noch verschärfen, indem man den biblischen Text so liest, als sei Gott bereits in dieser anfänglichen Geschichte als Kultkritiker und Kritiker von diktierten Rechtsverhältnissen aktiv geworden. Zuwendung, so die inszenierte Erfahrung, ist nicht verhandel- und kaufbar. Gott ist in dieser Lesart der erste Kultkritiker. Und die *do-ut-des*-Logik stellt er sehr hintersinnig in Frage. Zum ersten Mal ist in der Bibel von Sünde die Rede:

---

25 Meine Generalthese versucht eine Dekonstruktion der Sündenbock-These von René Girard. Eine mimetische Struktur des Verhaltens reicht in komplexen Gesellschaften häufig nicht hin, Gewalt zu erklären, sondern erst wenn aufflammender Neid als Beschämung erfahren wird, droht die Verschiebung von Scham in Schuld. Vgl. etwa Girard, Ich sah den Satan.
26 „Wem ich gnädig bin, dem bin ich gnädig" (Ex 33,19).

> 4,6 Da sprach der Herr zu Kain: Warum ergrimmst du? Und warum senkst du deinen Blick?
> 4,7 Ist's nicht also? Wenn du fromm bist, so kannst du frei den Blick erheben. Bist du aber nicht fromm, so lauert die Sünde vor der Tür, und nach dir hat sie Verlangen; du aber herrsche über sie.[27]

Diese Zeilen beschreiben sehr genau den Blickdiskurs, den der Schriftsteller eröffnet. Kains Gesicht entflammt und sein Blick senkt sich schamvoll.[28] Und gleichzeitig steigt Wut auf, die das Gefühl in eine andere Richtung drängen will. Kain schämt sich für das, was hier im Angesicht seines Bruders und seiner Eltern, die die Erzählung nicht ausdrücklich erwähnt, geschieht. Kain möchte in dieser unangenehmen Situation nicht gesehen werden. Erst recht nicht von seinen Eltern, und ganz entschieden nicht von seinem ihn imitierenden Bruder. Und er sucht in der Scham-Wut über diese als ungerecht empfundene Beschämung bereits Auswege aus seinem Dilemma. Deshalb ist diese Wut keine blinde Wut oder noch weniger ein blinder Zorn, denn es ist überaus konsequent, den Zeugen der Beschämung, der in himmelschreiender Ungerechtigkeit nicht beschämt wird, auszulöschen. Stilistisch hoch geschickt, verschränkt der biblische Urschriftsteller die Bewegungssuggestionen von Scham, Wut und Neid.[29]

Kain gerät in einen Konflikt, aus dem er keinen Ausweg findet. Gott verweigert das *Do-ut-des*-Angebot als alleinige Handlungsmaxime. Der literalisierte Gott erteilt dabei keine Absage an Selbstständigkeit, aber er verweigert sich einseitigen Beziehungsdiktaten.[30] Und: Gott ist nicht durch hintersinnige Geschenke erpressbar. Diese Passivitätserfahrung ist für Kain offenbar unerträglich, er ergreift deshalb die Möglichkeit Herr des Geschehens zu werden, indem er in die virile Täterrolle wechselt. Wenn die Scham in Schuld umgewandelt wird, entkommt der Beschämte zwar der Passivität der Scham-Situation, aber nur zum Preis der Schuld: Er wird Täter. Klug ist derjenige, der diese verlockende Selbstermächtigung nicht übernimmt, sondern künftig, so die tugendethische Pointe, besonnen und kooperativ, nicht neidisch agiert.

---

27 Exegetisch lässt sich trefflich darüber streiten, ob wir es hier mit einem weisheitlich grundierten Text zu tun haben. Gen 3 und 4 sind streng parallel konzipiert, nur 4,7 passt nicht in das Muster und scheint mir Indiz für eine weisheitliche Überarbeitung zu sein. Siehe dazu Heyden, Sünde Kains.
28 Siehe dazu Bammel, Schau her, 13: „Es wird immer wieder bezweifelt, dass die im hebräischen Text angedeutete Rotfärbung des Gesichtes auf Schamesröte hinweist, da Vergleichstexte dafür fehlen. Das mag sein. Es leuchtet allerdings auch ganz und gar ein, dass die Erfahrung, abgewiesen zu werden, Scham hervorruft – mit oder ohne Erröten."
29 Dämmerling/Landweer, Philosophie der Gefühle, 287–310, unterscheiden präzise die Aggressionsaffekte Ärger, Wut, Zorn, Hass.
30 Etwas anders gewichtet die Geschichte Krüger, „Schäm dich (nicht)!".

Damit ist der überlappende Konsens mit der philosophischen Anthropologie und Ethik hergestellt. Wohlwollende Beschämung kann zu einer Charakterformung und Verhaltensänderung führen. Menschen sind, so der optimistische Subtext eines weisheitlichen Coachings durch den literalisierten Gott, nicht zur Schuld (und Sünde) verdammt. Biblische Literatur macht nachdrücklich auf diese Dynamik der Scham-in-Schuld-Verschiebung aufmerksam. In ihrer Anlage ist die Weisheitsanthropologie also optimistisch gestimmt. Kain wird willentlich zum Mörder. Damit endet die Geschichte bekanntlich nicht, sondern Gott verpasst Kain ein Schutz-Tattoo, das ihn vor Rache schützt. Die literarische Figur Gott macht bereits in dieser Geschichte eine Differenz auf zwischen den Handlungen einer Person und der Person, die weiterhin als Geschöpf geliebt wird. Diese Differenzierung zwischen der Person und ihren Handlungen ist damit eine Vorprägung der späteren Rechtfertigungslehre.

Die hier im Text vorgeprägte Rechtfertigungslehre beschreibt auch das Surplus biblischer Anthropologie und Ethik. In vielen biblischen Geschichten – die Kain- und Abelerzählung ist eine davon – inszeniert die literarische Figur Gott einen Statusverzicht.[31] Immer wieder wird narrativ das Erstgeburtsrecht zur Diskussion gestellt. Statusverzicht kann man freilich nicht gegenseitig voneinander fordern. Eine religiöse Anthropologie und Ethik ermöglicht diese Form der Selbstdistanzierung durch die Qualität und Kraft der Geschichten.

Die Weisheitsanthropologie und -theologie – nicht nur bezogen auf Gen 4,7, sondern als Klammer beider Testamente – deutet das eigene Leben im Kontext mit anderem Leben und eingebettet in die Welt als wohlwollend begleitet durch Gott. Die dogmatische Tradition hält dafür den Topos vom *concursus divinus* bereit, vulgo als göttliche Mitwirkung tradiert.[32] Mal diskret wie ein warmer, stabilisierender Schatten, mal nachdrücklich indiskret inszenieren biblische Texte das begleitende und schulende Handeln Gottes. In meiner Lesart ist der *concursus divinus* ein Sensibilisierungs- und Verwandlungsnarrativ, das angebotene Güter (Geld, Medien, Sex, Technik, Gesundheit, Umwelt) auf das gemeinsame Ziel einer von gegenseitiger Resonanz getragenen kooperativen Synthesis hin relativiert. Der narrativ inszenierte Optimismus ist ansteckend und bewahrt in den Bereichsethiken davor, Möglichkeiten, die durch die neuen technisch-wissenschaftlichen Leitwissenschaften erschlossen werden, theologisch reflexhaft mit Alarmismus zu dämonisieren. Dieser antialarmistische Grundzug macht die Rede vom *concursus divinus* für eine theologische Ethik unverzichtbar.

---

31 Theißen, Religion, 113.
32 Zur dogmatischen Verortung des Begriffs siehe Härle, Dogmatik, 287–296.

5 Startschuss für einen neuen Ansatz

Meine Präventivethik setzt allen Nachdruck auf die positive Bildbarkeit des Menschen im Rekurs auf die Schamerfahrung. Weil die Schamerfahrung den kritischen Punkt der menschlichen Freiheit markiert: Scham in die Schuld zu verschieben, bearbeitet sie präventiv (moralisches) Verschulden, sofern die Schamerfahrung einer kritischen Prüfung im Durchgang durch den Distanzfilter der Kunst standhält. Wer allerdings allen Nachdruck auf das Diesseits von Schuld und Sünde legt, der plädiert damit für einen radikal neuen Ansatz. Ich spreche statt von Schöpfung, Versöhnung und Erlösung von Weisheit, die die Lektüre (oder die Wahrnehmung) von inszenierter religiöser Erfahrung vermittelt. Die traditionellen Vokabeln Schöpfung, Versöhnung und Erlösung bedienen einen heilsgeschichtlichen, vom Begriff der Sünde gesteuerten Denkzusammenhang und machen den kritischen Punkt menschlicher Freiheit unsichtbar. Den aber markiert die Scham.

Eingelassen in diesen Neuansatz ist eine Neubelebung des Schriftprinzips, denn die Pointe meiner Lesart ist, viele der biblischen Texte als mit wohlwollender Beschämung arbeitende Inszenierungen von religiöser Erfahrung zu deuten, die nicht nur Orientierung, sondern Kraft und Freimut übertragen. Diese Neujustierung erfordert, über die Fächergrenzen hinaus, das Projekt einer Produktionsästhetik auf den Weg zu bringen, um die ästhetischen Finessen der Texte zu verstehen. In diesen Inszenierungen, die Gefahren benennen und/oder Spielräume horizontalisieren, zeigt sich der *concursus divinus*. In der Lebenswelt besteht die Aufgabe darin, die grundsätzlich positiv bewertete Kreativität auf ihre Lebensdienlichkeit hin zu prüfen. Auch in diesen Fragen ist die Kunst ein idealer Distanzfilter.

Bibliographie

Bammel, Christina-Maria. 2011. „Schau her, hier steh ich Armer, der Zorn verdienet hat... Eine theologische Ortsbestimmung des roten Gefühls." *KuKi* 4:12–15.

Barth, Roderich und Zarnow, Christopher, Hg. 2015. *Theologie der Gefühle*. Berlin [u. a.]: De Gruyter.

Bedorf, Thomas. 2003. *Dimensionen des Dritten. Sozialphilosophische Modelle zwischen Ethischem und Politischem*. Phänomenologische Untersuchungen 16. München: Wilhelm Fink Verlag.

Benjamin, Walter. 1977. *Zur Kritik der Gewalt [1921]*. Bd. II/1, *Gesammelte Schriften*, 179–204. Frankfurt/Main: Suhrkamp.

Dämmerling, Christoph und Landweer, Hilge. 2007. *Philosophie der Gefühle. Von Achtung bis Zorn*. Stuttgart [u. a.]: Metzler.

Daniels, Norman. 1996. "Reflective Equilibrium and Archimedean Points." In *Justice and Justification. Reflective Equilibrium in Theory and Practice*, hg. v. Norman Daniels, 47–65. Cambridge: Cambridge Studies.
Girard, René. 2002. *Ich sah den Satan vom Himmel fallen, wie einen Blitz. Eine kritische Apologie des Christentums*. München: Hanser.
Gubo, Michael und Kypta, Martin und Öchsner, Florian, Hg. 2011. *Kritische Perspektiven. "Turns", Trends und Theorien*. Diskursive Produktionen 10. Berlin: LIT.
Han, Byung-Chul. 2011. *Topologie der Gewalt*. Batterien 8. Berlin: Matthes und Seitz Berlin.
Härle, Wilfried. ²2000. *Dogmatik*. De Gruyter Lehrbuch. Berlin [u. a.]: De Gruyter.
Hartmann, Martin. 2005. *Gefühle. Wie die Wissenschaften sie erklären*. Frankfurt/Main [u. a.]: Campus Verlag.
Heyden, Katharina. 2003. Die Sünde Kains. Exegetische Beobachtungen zu Gen 4,1–16. *BN* 118: 85–10.
Huizing, Klaas. 2016. *Scham und Ehre. Eine theologische Ethik*. Gütersloh: Gütersloher Verlagshaus.
Krüger, Thomas. 2015. "'Schäm dich (nicht)!' Anmerkungen zu Scham, Schande und Schuld in der Hebräischen Bibel." In *Peinlich! Hermeneutische Blätter 1/2*:86–109.
Lévinas, Emmanuel. 1983. *Die Spur des Anderen. Untersuchungen zur Phänomenologie und Sozialphilosophie*. Alber Broschur Philosophie. Freiburg [u. a.]: Alber.
Lévinas, Emmanuel. ⁴2003. *Totalität und Unendlichkeit. Versuch über die Exteriorität*. Freiburg [u. a.]: Alber.
Majer, René. 2013. *Scham, Schuld und Anerkennung. Zur Fragwürdigkeit moralischer Gefühle*. Berlin [u. a.]: De Gruyter.
Nussbaum, Martha C. 2001. *Upheavals of Thought. The Intelligence of Emotions*. Cambridge: Cambridge University Press.
Pieper, Annemarie. ⁶2007. *Einführung in die Ethik*. UTB 1637. Tübingen [u. a.]: Francke.
Reuter, Hans-Richard. 2015. "Grundlagen und Methoden der Ethik". In *Handbuch der Evangelischen Ethik*, hg. v. Wolfgang Huber/Torsten Meireis/Hans-Richard Reuter, 9–124. München: C.H. Beck.
Ricoeur, Paul. 2005. *Das Selbst als ein Anderer*. Übergänge 26. München: Wilhelm Fink Verlag.
Rosa, Hartmut. ⁴2016. *Resonanz. Eine Soziologie der Weltbeziehung*. Berlin: Suhrkamp.
Schmitz, Hermann. 1990. *Der unerschöpfliche Gegenstand. Grundzüge der Philosophie*. Bonn: Bouvier.
Schmitz, Hermann. ²2007. *Der Leib, der Raum und die Gefühle*. Um eine Vorrede vermehrte und aktualisierte Neuauflage, Bielefeld [u. a.]: Edition Sirius.
Schmitz, Hermann. 2012. *Das Reich der Normen*. Freiburg i. Br. [u. a.]: Alber.
Schmitz, Hermann. 2014. *Atmosphären*. Freiburg i. Br. [u. a.]: Alber.
Theißen, Gerd. 2009. *Die Religion der ersten Christen. Eine Theorie des Urchristentums*. Gütersloh: Gütersloher Verlagshaus.
Tugendhat, Ernst. 1993. *Vorlesungen über Ethik*. Stw 1100. Frankfurt/Main: Suhrkamp.
Tugendhat, Ernst. 2001. *Aufsätze 1992–2000*. Stw 1535. Frankfurt/Main: Suhrkamp.
Waldenfels, Bernhard. 2007. *Antwortregister*. Frankfurt/Main: Suhrkamp.
Williams, Bernard Arthur Owen. 2000. *Scham, Schuld und Notwendigkeit. Eine Wiederbelebung antiker Begriffe der Moral*. Polis 1. Berlin: Akademie Verlag.

Ulrich H.J. Körtner
Liebe, Freiheit und Verantwortung

Grundzüge evangelischer Ethik

1 Rechtfertigung und Ethik

Alle Ethik ist praktische Anthropologie.[1] Jeder Ethik als selbstreflexiver Theorie der Moral liegt eine bestimmte Auffassung vom Menschen als Handlungssubjekt und Subjekt eigener wie gemeinschaftlicher Lebensführung zu Grunde. Theologische Ethik fragt nach den praktischen Konsequenzen, die es hat, wenn der Mensch als Geschöpf Gottes verstanden wird, der sein Leben vor Gott und in der Beziehung zu ihm zu führen hat. Die Aufgabe theologischer Ethik besteht grundsätzlich darin, die Voraussetzungen menschlichen Handelns zu klären, die mit der Gottesrelation des Menschen und seiner Lebenswirklichkeit gegeben sind.

Wie die Theologie insgesamt interpretiert auch die theologische Ethik die Wirklichkeit nicht allein in schöpfungstheologischer, sondern auch in soteriologischer Perspektive. Wie die Dogmatik bedenkt auch die Ethik die Erlösungsbedürftigkeit des Menschen und der Welt unter der Voraussetzung der biblisch bezeugten Erlösungswirklichkeit. Sie reflektiert die Geschöpflichkeit des Menschen, die Realität der Sünde und des Bösen sowie die Rechtfertigung des Sünders in ihrer Bedeutung für das menschliche Handeln. Ihre Aufgabe besteht in der Kritik, und zwar nicht nur gegenüber latenten oder offenen soteriologischen Ansprüchen der Selbst- und Welterlösung durch den Menschen, sondern auch gegenüber einem Verständnis des Menschseins, das den Menschen auf sein Handelnkönnen und Handelnmüssen reduziert.

Theologische Ethik setzt eine eigenständige Handlungstheorie voraus. „Theologische Handlungstheologie ist die mit innerer Teleologie zu Ende gebrachte Handlungstheorie. Zu Ende gebracht insofern, als [...] das Phänomen Handlung aus sich selbst heraus nicht vollendet werden kann, sondern nach einer neuen Ebene der Betrachtung ruft."[2] Als konsequente, nämlich zu ihrem Ende gebrachte Handlungstheorie ist die paulinische und reformatorische Rechtferti-

---

Dem Beitrag liegt der gleichnamige Aufsatz zugrunde, der veröffentlich worden ist, in: Amesbury/ Ammann (Hg.), Was ist theologische Ethik?, 29–47.

1 Vgl. Trillhaas, Ethik, 19.
2 Bader, Römer 7, 56.

https://doi.org/10.1515/9783110565980-007

gungslehre zu verstehen. Sie bestreitet die Hinlänglichkeit der Kategorie des Handelns für eine wirklichkeitsgerechte Beschreibung menschlicher Existenz, insofern nämlich der Mensch sein Dasein nicht durch sein eigenes Handeln hervorbringen und auch die Grundbedingungen seiner weiteren Existenz – Anerkennung, Liebe, Vergebung – nicht durch eigenes Tun sicherstellen kann. Diese Einsicht wird im Gedanken der Alleinwirksamkeit der Gnade (sola gratia) und durch die Unterscheidung von Person und Werk auf den Begriff gebracht.

Abgewiesen ist damit jeder Versuch einer ethischen Theologie, welche Orthopraxie in Antithese zur Orthodoxie fordert und die Rechtfertigung Gottes wie des Menschen dem Handeln des Menschen aufbürdet. Das heißt freilich nicht, dass darum das Anliegen einer ethischen Theologie an sich bestritten würde. Der wichtigste Entwurf einer ethischen Theologie stammt in jüngerer Zeit von Trutz Rendtorff.[3] Ich möchte sein Anliegen auf meine Weise aufnehmen, wobei ich unter ethischer Theologie eine kritische Theorie der durch die Gottesrelation bestimmten menschlichen Lebensführung verstehe. Das bedarf einer näheren Erläuterung.

Einerseits hat das Projekt neuzeitlicher Autonomie eine ungeheure Aufwertung der Ethik bewirkt, durch welche die Bedeutung und der Wirklichkeitsbezug der paulinisch-reformatorischen Rechtfertigungslehre zunehmend fragwürdig geworden sind. Andererseits aber lenken die Aporien des neuzeitlichen Autonomieverständnisses zur Frage nach der Rechtfertigung des Menschen allein aus Gnaden durch den Glauben an den sich selbst und den Menschen rechtfertigenden Gott zurück. Man wird also sagen müssen, dass die Frage nach der Ethik die spezifisch neuzeitliche Frage nach der Rechtfertigung des Menschen ist. Die Frage nach der Rechtfertigung des Menschen in ihrer neuzeitlichen Gestalt einer theologischen Antwort zuzuführen, ist die Aufgabe einer ethischen Theologie als kritischer Theorie, welche voraussetzt, dass die Grundfragen der Ethik über die Ethik hinausweisen und einer eigenständigen theologischen Reflexion bedürfen.

Ethische Theologie als umfassende Theorie der durch die Gottesrelation bestimmten menschlichen Lebensführung kann freilich nicht darin bestehen, den theologischen Begriff des Ethischen fraglos von einem der zahlreichen philosophischen Entwürfe von Ethik abzuleiten. Ebenso wie die spätmittelalterliche Frage nach dem gnädigen Gott kann vielmehr auch die Grundfrage der neuzeitlichen Ethik nach dem guten Leben nur so beantwortet werden, dass sie von der Rechtfertigungslehre her überwunden bzw. korrigiert und fundamental neu formuliert wird. Dies aber kann nur gelingen, wenn Dogmatik und theologische Ethik

---

3 Zu Rendtorffs Konzeption einer ethischen Theologie und seiner Theorie des Christentums siehe Laube, Theologie; Atze, Ethik.

nicht auseinandergerissen oder als vermeintlich vormoderne und moderne Gestalt von Theologie gegeneinander ausgespielt werden.[4]

Das Ziel einer ethischen Theologie, welche die mit der neuzeitlichen Frage nach der Ethik gegebene Frage nach der Rechtfertigung des Menschen beantworten soll, kann nicht darin bestehen, die Theologie in Anthropologie und Ethik aufzulösen. Sie wird also gerade nicht versuchen, apologetisch „Gott am Problem des ethischen Aufschwungs zu verifizieren."[5] Eine Theorie der menschlichen Lebensführung ist die Theologie insofern, als sie gerade einen Begriff der Lebensführung, der die permanente Selbstmächtigkeit des Menschen unterstellt, wie auch die moderne Idee des gelingenden Lebens radikal dekonstruiert.

Von „Lebensführung" lässt sich mit Johannes Fischer allerdings dann theologisch verantwortbar sprechen, wenn im Unterschied zur Konzeption Rendtorffs die für den christlichen Glauben und seine Anthropologie grundlegende Erfahrung menschlicher Grundpassivität und Rezeptivität mitbedacht wird. „Lebensführung ist dann immer auch ein Geführt-Werden, oder besser: Sie ist ein Sich-führen-Lassen, das sowohl ein passivisches Moment wie ein Moment der Eigenverantwortung enthält."[6] In diesem Sinne hat Dietrich Bonhoeffer die Dialektik von Widerstand und Ergebung beschrieben und die Frage gestellt, wie sich in den Kontingenzen des Lebens und des Schicksals das Du Gottes und seine Führung finden lässt.[7] Das aber bedeutet, dass die Ethik auch die Grenzen menschlicher Handlungsmöglichkeiten und aktiver, bewusster Lebensführung, und d.h. auch die Grenzen des Ethischen, stets mitzubedenken hat.

Ethische Theologie lässt sich aber auch als Handlungstheorie bestimmen, welche nicht nur den Begriff der Lebensführung, sondern auch denjenigen der Handlung theologisch kritisch reflektiert. Eine theologische Handlungstheorie im Sinne der Rechtfertigungslehre weist sich dadurch aus, dass sie die Fragestellung philosophischer Handlungstheorien umkehrt: Die Frage nach dem Menschen als Handlungssubjekt und damit Gegenstand der Ethik findet ihre angemessene Antwort erst dann, wenn sie überführt wird in die Frage nach dem Handeln Gottes.[8] Der entscheidende Aspekt der Rechtfertigungslehre für eine ethische Theologie besteht in der Einsicht, dass sich der Mensch als handelndes Subjekt

---

4 Vgl. Rendtorff, Ethik, 43f.
5 Mostert, Existenz Gottes, 116f.
6 Fischer, Grundwissen und Orientierung, 136. Vgl. dazu auch das Wort des Auferstandenen an Petrus in Joh 21,18 und den Bericht des evangelischen Theologen Helmut Gollwitzer über seine Kriegsgefangenschaft: Gollwitzer, „... und führen, wohin du nicht willst".
7 Vgl. Bonhoeffer, Widerstand, 333f.
8 Zum dogmatischen Gehalt der Rede vom Handeln Gottes vgl. Körtner, Der verborgene Gott, 117ff.

nur vom Handeln Gottes her verstehen kann, dessen Objekt er ist. Die Rede vom sich selbst und den Menschen rechtfertigenden Gott ist Rede vom Handeln Gottes am Menschen und der Welt. Sie eröffnet ein spezifisch theologisches Verständnis von Freiheit, welche die Grundbedingung allen Handelns ist.

Als Handlungstheorie kann die in der Rechtfertigungslehre begründete theologische Ethik nur insofern gelten, als mit dem Handlungsbegriff auch das vorgängige Verständnis von Ethik der Kritik unterzogen wird. Es zeigt sich dann, dass die Ethik der Rechtfertigungslehre nicht so sehr eine solche des Tuns als vielmehr des Lassens ist.[9] Plakativ lautet das Motto einer an der Rechtfertigungslehre gewonnenen Ethik des Sein-Lassens in Umkehrung des Satzes aus Jak 1,22: „Seid aber Hörer des Wortes und nicht Täter allein, wodurch ihr euch selbst betrügt!" Das Evangelium als Rede vom Handeln des rechtfertigenden Gottes beschreibt den Menschen, und zwar gerade den zum Handeln aufgerufenen, als rezeptives Geschöpf Gottes, das sein Leben wie Gottes Gnade nur von Gott allein empfangen kann. Die Lebensform aber, in der die Rezeptivität des Menschen ausdrücklich wird, ist das Hören.[10] Der gläubige Mensch ist ganz Ohr. Das Hören des Wortes Gottes ist allerdings ebenso wenig gegen das menschliche Tun auszuspielen wie umgekehrt, doch liegt nach biblischer Auffassung ein eindeutiges Gefälle vom Hören zum Tun vor, so dass dem Hören theologisch der Primat zukommt.[11]

Das Hören des Wortes Gottes aber weist ein in eine Ethik des Lassens, die Gott Gott und den Mitmenschen ihn selbst sein lässt, statt über ihn und die Welt eigenmächtig verfügen zu wollen. Das ethische Grundproblem ist, wie Mostert zutreffend schreibt, „weniger im Engagement als in der Distanznahme zum andern zu sehen, der aus dem Zugriff des Subjekts befreit werden muß".[12] Die Anerkennung des Anderen, die ihm das Seine zukommen lassen will und auf sein Wohlergehen bedacht ist, drückt sich in einer theologisch reflektierten Zurückhaltung aus. Es kommt eben keineswegs darauf an, mit Marx gesprochen, die Welt oder unsere Mitmenschen nach unseren Vorstellungen zu verändern oder zu verbessern, sondern darauf, sie zu verschonen. Den Anderen und die Schöpfung sein zu lassen, schließt freilich das tätige Wohlwollen ein, dass jedoch immer wieder in die Gefahr geraten kann, den Mitmenschen paternalistisch zu bevormunden. Eine aus der Rechtfertigung begründete Ethik ist daher immer auch eine Ethik der Selbstbegrenzung des handelnden Subjekts.

---

9 Vgl. auch Körtner, Verantwortung.
10 Weder, Hermeneutik, 150: „Hören [...] stellt die Lebensform der Rezeptivität überhaupt dar." Vgl. dort auch S. 145 ff. Siehe ferner Mostert, Existenz Gottes, 120 f; Peters, Rechtfertigung, 205.
11 Siehe Röm 10,17!
12 Mostert, Existenz Gottes, 119.

2 Rechtfertigung und Verantwortung

Grund und zugleich Kriterium christlicher Ethik ist Gottes bedingungslose Liebe zu seiner Schöpfung und allen Menschen, die in Leben, Worten und Taten Jesu Christi sowie in seinem Tod und seiner Auferstehung sichtbar wird. Christliche Ethik nach evangelischem Verständnis lässt sich grundsätzlich als eine vom Geist der Liebe bestimmte Form der Verantwortungsethik verstehen.[13] Der Verantwortungsbegriff als solcher kann freilich kein hinreichendes Prinzip evangelischer Ethik sein, weil Liebe, wie noch genauer zu zeigen sein wird, das Phänomen des Moralischen transzendiert. Theologische Ethik ist vielmehr eine Form integrativer Ethik, welche die Ansätze einer pflichtenethischen und einer strebensethischen Moraltheorie bzw. die Aspekte einer Pflichtenethik, eine Güterlehre und eine Tugendethik spannungsvoll verbindet.[14]

Die evangelische Sicht von Verantwortung hängt unmittelbar mit dem Glauben an die Rechtfertigung des Sünders allein durch den Glauben zusammen. Auf ihr beruht die Unterscheidung von Person und Werk, welche vom Zwang der Selbstrechtfertigung befreit – und gerade so zur Übernahme von Verantwortung befähigt. Die Wahrnehmung und Übernahme von Verantwortung geschieht nicht nur im Wissen darum, dass Menschen scheitern können, sondern auch im Vertrauen darauf, dass uns vergeben wird. Verantwortung ist nicht nur aus dem Geist der Liebe und der Freiheit zu übernehmen. Sie ist auch im Geist der Freiheit auszuüben, um gerade so dem Spannungsfeld von Autonomie und Abhängigkeit, von Spontaneität und menschlicher Grundpassivität gerecht zu werden, die im Evangelium von der zuvorkommenden und den Menschen ohne Werke rechtfertigenden Gnade Gottes zum Thema wird.

Als ethischer Terminus ermöglicht der Begriff der Verantwortung eine umfassende Bestimmung der ethischen Grundsituation. Seit Kant sieht eine am Begriff der Pflicht bzw. der Autonomie orientierte Gesinnungsethik das ethische Subjekt nach Analogie eines Gesetzgebers. Der sogenannte kategorische, d. h. unbedingt und in jeder denkbaren Entscheidungssituation gültige Imperativ lautet in seiner ersten Fassung: „Handle nur nach derjenigen Maxime, durch die du zugleich wollen kannst, daß sie ein allgemeines Gesetz werde."[15] Demgegenüber charakterisiert eine Verantwortungsethik die ethische Grundsituation als eine forensische oder – abgeschwächter formuliert – als eine dialogische. Auch

---

13 Vgl. Körtner, Evangelische Sozialethik.
14 Vgl. Körtner, Evangelische Sozialethik, 21. Zum Begriff einer integrativen Ethik siehe Krämer, Ethik; Endreß, Grundlegung.
15 Kant, GMS, 51.

dort, wo der religiöse Hintergrund des Verantwortungsbegriffs verblasst ist, bleiben seine forensischen Konnotationen virulent. Denn alles moralische Handeln und Urteilen setzt die Unbedingtheit ethischer Forderungen voraus, deren Missachtung als schuldhafte Verfehlung betrachtet wird, und die Problematik von Schuld und Sühne bleibt auch dort aufrecht, wo nicht mit einem göttlichen Richter gerechnet wird.

Als forensischer Begriff steht derjenige der Verantwortung in Verbindung mit demjenigen der Zurechnung (lat. imputatio). Häufig werden „Verantwortung" und „Zurechnung" synonym gebraucht. Der Begriff der Zurechnung macht zugleich klar, dass es sich bei jeder Form der Verantwortung um eine interpersonale, soziale Konstruktion handelt.

Verantwortung als soziale Konstruktion entsteht, wenn jemandem Verantwortung übertragen, jemand zur Verantwortung gezogen wird oder bereit ist, Verantwortung für andere und gegenüber anderen zu übernehmen. Das Subjekt der Verantwortung wird grundsätzlich jedoch nicht allein durch seine Selbstwahl oder seinen Entschluss konstituiert, sondern durch Imputation, d.h. durch Zurechnung. Es findet sich also immer schon in Bezügen vor, die zu einem Verantwortungsverhältnis werden können. Es ist daher ein Vorzug des Verantwortungsbegriffs, dass er die fragwürdige Trennung von Individualethik und Sozialethik vermeidet und damit der Vergesellschaftung des Handelns in der modernen Gesellschaft Rechnung trägt.[16]

Ein weiterer Vorteil des Verantwortungsbegriffs besteht darin, dass er die Zukunftsdimension unseres Handelns zum ausdrücklichen Gegenstand ethischer Reflexion erhebt. Bezieht sich der Verantwortungsbegriff seiner Herkunft nach als forensischer auf bereits begangene Handlungen und deren Folgen, so impliziert er als ethischer Begriff auch die Notwendigkeit künftiger Rechenschaftspflicht. Verantwortliches Handeln aber besteht nicht in der Befolgung strikter Anweisungen oder Gebote, sondern lässt demjenigen, der Verantwortung übernimmt, Entscheidungsfreiheit und Gestaltungsräume. Verantwortung als ethisches Phänomen impliziert Autonomie und Selbstbestimmung des verantwortlichen Subjektes. Der Verantwortungsbegriff verbindet also Autonomie und Rechenschaftspflicht. Diese Verbindung kommt in der biblischen Tradition z.B. in Jesu

---

16 Zu den gesellschaftlichen Rahmenbedingungen heutiger Ethik siehe auch Fischer, Leben, 16 ff, 65 ff, 110 ff. Im Folgenden wird der ethische Verantwortungsbegriff konsequenterweise sozialethisch und nicht nur personalethisch bestimmt, wie dies überwiegend bei Hartmut Kreß, in: Kreß/Müller, Verantwortungsethik heute, 115 ff. der Fall ist.

Gleichnis von den anvertrauten Pfunden (Mt 25,14–30; Lk 19,11–27) zum Ausdruck.[17]

Eines der Hauptprobleme für die konsistente Begründung einer Verantwortungsethik ist nun freilich, welcher Kandidat für die Instanz einer noch ausstehenden Rechenschaft für die künftigen Folgen unseres gegenwärtigen oder erst beabsichtigten Tuns in Frage kommt. In der christlichen Tradition tritt Gott als der Weltenrichter auf. Max Weber dagegen hat das verantwortungsethische Modell als Alternative zu einer religiös begründeten Ethik verstanden, die unter den Voraussetzungen der säkularen Gesellschaft keinen Anspruch auf Allgemeingültigkeit erheben könne. Auch sonst tritt die religiöse Dimension des Verantwortungsbegriffs in den Hintergrund.

Ob eine Verantwortungsethik auf jegliche religiöse Begründung tatsächlich ganz verzichten kann, ist strittig. Zwischen philosophischen Entwürfen einer Verantwortungsethik und der paulinisch-reformatorischen Rechtfertigungslehre besteht aber insoweit eine grundlegende Affinität, insofern auch die Rechtfertigungslehre das Sein des Menschen relational, d. h. konstitutiv in Bezügen, seine konkrete Lebenssituation als eine forensische bestimmt. Im Anschluss an Luther charakterisiert Gerhard Ebeling die Struktur menschlichen Seins als „coram-Relation"[18]. Zusammengesetzt aus „con" und „os" meint das lateinische „coram" die Relation der Nähe, d. h. die Situation der Kommunikation, die durch das Gesicht, die Person eines Menschen bestimmt ist. Der Mensch existiert „von Angesicht zu Angesicht"[19]. Das gilt nicht nur für das Zusammensein mit dem Mitmenschen, sondern auch für das Gottesverhältnis des Menschen. Die Rede vom Angesicht Gottes ist für die biblische Überlieferung ganz wesentlich.[20]

Theologische Ethik begreift den Menschen als Geschöpf Gottes. Sie verweist explizit auf Gott den Schöpfer, der als solcher das Recht hat, für den Umgang mit seiner Schöpfung, d.h. mit den Mitgeschöpfen des ethischen Subjekts, Rechenschaft zu fordern. Er stellt dem Handlungssubjekt retrospektiv wie vorausschauend die Frage: „Wo ist dein Bruder?" (Gen 4,9), und zwar gerade im Namen derer, die ihre eigene Stimme nicht mehr oder noch nicht erheben können. Zugleich aber

---

17 Vgl. de Villiers, Perspektiven, 20, der neben den forensischen Konnotationen des Verantwortungsbegriffs auch den Zusammenhang von Verantwortung und Berufung berücksichtigen möchte. Es sollte aber deutlich sein, dass der forensische Grundsinn des Verantwortungsbegriffs keineswegs zu einer einseitigen Betonung seiner retrospektiven Bedeutung führt, wie de Villiers meint. Wohl aber muss sich der Verantwortung Übernehmende seiner künftigen Rechenschaftspflicht bewusst sein, die im christlichen Kontext Thema der Eschatologie ist.
18 Ebeling, Dogmatik, 348ff.
19 Vgl. Ex 33,11; Dtn 34,10.
20 Siehe nur Gen 3,8; Num 6,25f; Ps 51,13; Jes 54,8; Mt 18,10; II Kor 4,6; Apk 22,4.

thematisiert die Rede vom Schöpfer das uns allen und unserem Handeln immer schon zuvorkommende, aus diesem nicht abzuleitende Gute.

Christliche Ethik, namentlich eine solche in evangelischer Perspektive hat allerdings ein besonderes Sensorium für die Ambivalenzen alles Ethischen. Diesseits des Sündenfalls, d. h. diesseits von Gut und Böse, ist nicht so sehr mit der Evidenz als vielmehr mit der Verborgenheit des Guten zu rechnen, welche die ethische Entscheidung im Einzelfall schwermacht.

Das hat im 20. Jahrhundert besonders der evangelische Theologe Dietrich Bonhoeffer betont. Er kritisiert die „Abstraktion des isolierten einzelnen Menschen, der sich nach einem ihm zur Verfügung stehenden absoluten Maßstab unaufhörlich und ausschließlich zwischen einem klar erkannten Guten und einem klar erkannten Bösen zu entscheiden hat"[21]. Jede konkrete ethische Entscheidung ist für Bonhoeffer ein Glaubenswagnis. Sie „fällt nicht mehr zwischen dem klar erkannten Guten und dem klar erkannten Bösen, sondern sie wird im Glauben gewagt angesichts der Verhüllung des Guten und des Bösen in der konkreten geschichtlichen Situation"[22].

Die konkrete geschichtliche Situation war für Bonhoeffer durch den Kampf gegen Nationalsozialismus, den Kirchenkampf im „Dritten Reich" und seine eigene Beteiligung am Widerstand gegen Hitler geprägt. Bonhoeffer charakterisiert die nationalsozialistische Ideologie und Gewaltherrschaft als die „große Maskerade des Bösen", die „alle ethischen Begriffe durcheinandergewirbelt" hat. „Daß das Böse in der Gestalt des Lichts, der Wohltat, des geschichtlich Notwendigen, des sozial Gerechten erscheint, ist für den aus unserer tradierten ethischen Begriffswelt Kommenden schlechthin verwirrend; für den Christen, der aus der Bibel lebt, ist es gerade die Bestätigung der abgründigen Bosheit des Bösen."[23]

Verantwortliches Handeln im Sinne einer Verantwortungsethik, wie sie Bonhoeffer vertritt, versucht der konkreten geschichtlichen Situation gerecht zu werden. Es „liegt nicht von vornherein und ein für allemal fest, sondern es wird in der gegebenen Situation geboren."[24] Das aber bedeutet: „Es muß beobachtet, abgewogen, gewertet werden, alles in der gefährlichen Freiheit des eigenen Selbst. Es muß durchaus in den Bereich der Relativitäten eingetreten werden, in das Zwielicht, das die geschichtliche Situation über Gut und Böse breitet. Das Bessere dem weniger Guten vorzuziehen, weil das ‚absolut Gute' gerade das Böse

---

21 Bonhoeffer, Ethik, 218.
22 Bonhoeffer, Ethik, 220.
23 Bonhoeffer, Widerstand, 20. Das Zitat stammt aus dem Text „Nach zehn Jahren" aus dem Jahr 1943 (ebd., 19–39).
24 Bonhoeffer, Ethik, 220.

um so mehr hervorrufen kann, ist die oft notwendige Selbstbescheidung des verantwortlich Handelnden."[25]

Der Beitrag der Theologie zur Begründung einer Verantwortungsethik erschöpft sich nicht darin, dass vage von der menschlichen Verantwortung für die Schöpfung gesprochen und das Postulat einer Schöpfungsethik aufgestellt wird. Sein theologisches Profil gewinnt der Gedanke einer globalen Schöpfungsverantwortung erst, wenn das eigentümliche Verhältnis bedacht wird, das nach christlichem Verständnis zwischen dem Begriff der Verantwortung und demjenigen der Rechtfertigung besteht. Theologisch betrachtet liegt der Rechenschaftspflicht des ethischen Subjekts nämlich die Rechtfertigung, d.h. aber die Gerechtsprechung des Sünders durch den gnädigen Gott voraus. Die Rechtfertigung des Sünders bedeutet aber auch, dass dieser sich auf neue Weise als Geschöpf Gottes versteht. Das Ziel der Rechtfertigung ist ein neues Verständnis der menschlichen Geschöpflichkeit. Indem das gestörte Verhältnis zu Gott wiederhergestellt wird, gewinnt der Mensch auch ein neues Verhältnis zur Natur, die ihm nun als Schöpfung aufgeht. Darin besteht der schöpfungstheologische Sinn der Aussage des Paulus in II Kor 5,17: „Ist jemand in Christus, so ist er eine neue Schöpfung." Die rechtfertigungstheologische Konsequenz aus diesem Sachverhalt hat vor allem Martin Luther in seiner Erklärung zum 1. Artikel des Glaubensbekenntnisses gezogen.[26] Der Glaube an den Schöpfer wird in diesem Text als Bekenntnis zur eigenen Geschöpflichkeit formuliert, das Handeln des Schöpfers an seinem Geschöpf als Weise seiner bedingungslosen, unverdienten Gnade, d.h. als Zeichen der Rechtfertigung des Sünders.

Das philosophische Argument, wonach personale Anerkennung bzw. Achtung der Grund von Moral ist, hat seine theologische Pointe darin, dass aller zwischenmenschlichen Anerkennung das Anerkanntsein der Person – und zwar auch derjenigen, welche eigentlich das Recht auf Anerkennung schuldhaft verwirkt hat – durch Gott vorausliegt. Hieraus folgt, dass die Würde der Person und ihre Freiheit unbedingt zu achten sind. Wenn das Daseinsrecht des Einzelnen theologisch verstanden in der Rechtfertigung des Gottlosen gründet, kann es zwischenmenschlich nicht an moralische Bedingungen geknüpft werden. Vielmehr ist umgekehrt alle Moral an seiner Achtung zu bemessen.

Die Anerkennung des Sünders ist nun aber nicht ein bloßes Postulat, sondern eine im Glauben erfahrbare Wirklichkeit, eindrücklich in den Paulusbriefen dargelegt, auf die sich spätere Formulierungen der Rechtfertigungslehre berufen haben. Es verhält sich nicht so, wie etwa Trutz Rendtorff in seinem Entwurf einer

---

25 Bonhoeffer, Ethik, 220f.
26 Luther, Katechismus, 510f.

„ethischen Theologie" unterstellt, dass die theologische Rechtfertigungslehre in besonderer Weise die der moralischen Verantwortung korrespondierende Realität von Schuld in der Weise thematisiert, dass die notwendige Anerkenntnis von Schuld „die Antizipation der Vergebung von Schuld" ist.[27] Es ist in der Schuldanerkenntnis die Vergebung der Schuld nicht bereits impliziert, sondern diese muss real vermittelt werden. Das geschieht im Zuspruch des Evangeliums. In der Kommunikation des Evangeliums, welche die Verkündigung des Gebotes Gottes und den Vorgang der Buße einschließt, wird die Rechenschaft fordernde Instanz zugleich als diejenige erfahren, welche die Schuld vergibt. Der die Ethik transzendierende Zuspruch der Sündenvergebung wirkt wiederum auf die Ethik zurück, insofern nämlich die Anerkenntnis der Schuldhaftigkeit und Widersprüchlichkeit menschlicher Existenz – und das ist mit Buße gemeint – zur Absage an jeden ethischen Rigorismus führt.[28] Als an der Rechtfertigungslehre gewonnener Begriff transzendiert der Begriff der Verantwortung freilich deren ethischen Sinn. Er bezieht sich nicht allein auf die Zurechenbarkeit von Handlungen, sondern meint zugleich ein Sich-Überantworten im Sinne der Hingabe an Gott. Solches Sich-Überantworten führt nicht zur Selbstlosigkeit, wohl aber zur Selbstvergessenheit, in der wir von unserer permanenten Selbstsorge und Selbstbezüglichkeit befreit werden.

Ein grundlegendes Problem heutiger Sozialethik besteht darin, dass die herkömmliche Annahme, nach welcher die Person das organisierende Zentrum alles menschlichen Handelns ist, durch die Vergesellschaftung menschlichen Handelns in der funktional ausdifferenzierten Gesellschaft zunehmend außer Kraft gesetzt wird.[29] Droht an diesem Sachverhalt jedes Konzept von Ethik als Theorie einer personal zentrierten Lebensführung zu scheitern, so lässt sich gegenläufig eine Tendenz zur Wiederkehr des totgesagten Subjekts als sozialem Konstrukt beobachten.[30] Die am Arbeitsmarkt geforderte hohe räumliche, zeitliche und funktionale Mobilität verleiht dem Individualismus eine neue ökonomische Basis. Dies bedeutet freilich auch, dass die persönliche Biographie eines Menschen immer mehr „das Doppelgesicht einer institutionenabhängigen Individuallage" annimmt.[31] Die Frage ist nun aber, ob sich Personalität nur institu-

---

27 Rendtorff, Ethik, 83.
28 So mit Recht Rendtorff, Verantwortung, 125 ff.
29 Vgl. Reese-Schäfer, Einführung, 119: „Auch die Person ist heute zerlegt und kommt als Ganzes höchstens noch im Theater vor." Zur sich hieraus ergebenden theologischen Problematik siehe auch Fischer, Ethik und Christologie, 504 f.
30 Vgl. Beck, Liebe, 56 ff.
31 Beck, Liebe, 60.

tionenabhängig oder auch institutionentranszendent wiedergewinnen lässt. Nur dann lässt sich Moral begründen.

Die Möglichkeit einer institutionentranszendenten Wiedergewinnung des ethischen Subjektes ist nun das Thema der Theologie, genauer gesagt der Soteriologie. Theologische Erkenntnistheorie ist eine soteriologische Erkenntnistheorie und zugleich eine Theorie der Freiheit, ohne die es keine Verantwortung geben kann.[32] Die anthropologische Einsicht des Neuen Testaments besagt nicht einfach, dass der Mensch immer schon wesenhaft auf Gott bezogen ist und einzig kraft seiner Gottesrelation zur moralfähigen Person wird. Der reale Mensch ist nach biblischer Auffassung vielmehr immer ein solcher, der seine endliche Freiheit verfehlt hat und nicht aus eigener Kraft wiedergewinnen kann, sondern zur Freiheit, die seine Bestimmung ist, allererst befreit werden muss (vgl. Gal 5,1). Von der Wiedergewinnung endlicher Freiheit und damit der moralfähigen Subjektivität handelt namentlich die paulinische Rechtfertigungslehre. Ihre Pointe besteht nicht etwa darin, eine vorgängige Struktur von Subjektivität religiös zu interpretieren, sondern darin, dass die konkret angesprochene Person im Rechtfertigungsgeschehen als einem Sprachgeschehen neu konstituiert wird (vgl. II Kor 5,17). Grundsätzlich kann das mögliche Subjekt von Verantwortung nur sein, wer sich zur Verantwortung gerufen weiß. Genau dies aber ereignet sich im Geschehen der Rechtfertigung des Sünders, weil mit dem Freispruch von der Sünde gerade nicht die Entlastung von Verantwortung, sondern gerade der Ruf zu bewusster Verantwortungsübernahme verbunden ist. Die christliche Rechtfertigungslehre verweist damit auf eine Möglichkeit, wie das ethische Einzelsubjekt von Verantwortung, welches durch die fortschreitende Vergesellschaftung unseres Handelns zu entschwinden droht, neu konstituiert werden kann.

3 Rechtfertigung, Freiheit und Gerechtigkeit

Letztlich ist die Lehre von der bedingungslosen Annahme und Rechtfertigung des Gottlosen nichts anderes als eine Freiheitslehre. Nach reformatorischem Verständnis sind Heilsgeschehen und Heilsgeschichte eine Geschichte der Freiheit, genauer gesagt, eine Geschichte der Befreiung. Im christlichen Heilsverständnis nimmt der Begriff der Freiheit eine Schlüsselstellung ein. „Im Begriff der Freiheit

---

[32] Zu dieser theologischen Sicht der Krise neuzeitlicher Subjektivität und ihrer soteriologischen Überwindung vgl. auch Dalferth, Subjektivität, 50 ff.

ist beides aufs engste miteinander verschlungen: die Sache der Reformation und das Problem, wie sie zum Gegenstand des Vermächtnisses werden kann."[33]

Tatsächlich war die Reformation in vielfältiger Hinsicht eine Befreiungsbewegung, in der es um die Freiheit von klerikaler Bevormundung ebenso ging wie um politische und soziale Freiheiten. Die Aufklärung wertete die Reformation trotz aller Kritik als eine Entwicklungsstufe auf dem Weg zur Freiheit des Geistes und aus der selbstverschuldeten Unmündigkeit des Menschen. In ihr sah Hegel den Vorschein der „absoluten Religion", welche zugleich eine Religion der Wahrheit und der Freiheit sei.[34] Allerdings deutete Hegel die Reformation lediglich als Etappe eines geistesgeschichtlichen Prozesses, an dessen Ende die Aufhebung der Religion in die Philosophie stehen würde, so dass die Reformation nach seinem Verständnis über sich hinaus wies. Der linke Flügel der Hegelschule deutete die Reformation als Vorstufe der bürgerlichen und dann der kommunistischen Revolution, deren Ziel ein utopisches Reich der Freiheit war. Auch die Befreiungstheologie des 20. und 21. Jahrhunderts begreift die Reformation und ihre Theologie als eine Form der politischen Theologie. Leonardo Boff würdigt den historischen Protestantismus als Förderer der bürgerlichen Freiheit, Luther als Befreier in der Kirche und Reformator in der Gesellschaft und sieht im Erbe der Reformation einen Faktor zur Befreiung der Unterdrückten in der Gegenwart.[35]

Ihr Zentrum hat das reformatorische Freiheitsverständnis nicht in kirchlichen oder politischen Freiheitsforderungen, sondern in der Rechtfertigungstheologie, wie sich vor allem an Luthers Freiheitslehre verdeutlichen lässt. Im Vergleich mit heutigen Freiheitsdiskursen fällt auf, dass für Luther die Frage, ob der Mensch frei oder unfrei ist, zu kurz greift, sofern sie Freiheit einfach mit Willensfreiheit gleichsetzt. Im Gegenteil hat die Freiheitserfahrung eines Christenmenschen die Unfreiheit des menschlichen Willens zur Voraussetzung. Diese aber ist nicht im Sinne eines ontologischen oder metaphysischen Determinismus zu verstehen, sondern als Resultat eines Freiheitsverlustes, der als Folge der Sünde gedeutet wird. Es sind konkrete Erfahrungen des Verlustes und der Gefährdung menschlicher Freiheit, die das theologisch-soteriologische Nachdenken über das Wesen menschlicher Freiheit motivieren. Freiheit kann nicht nur missbraucht, sie kann auch verspielt werden. Sie wird nicht aus neutraler Beobachterperspektive behauptet oder bestritten, sondern aus der Sicht des Glaubens bezeugt und zugesprochen. Es geht Luther nicht um eine formale Freiheitsbehauptung, sondern um existentiellen Freiheitsgewinn.

---

33 Ebeling, Frei, 9.
34 Hegel, Vorlesungen, 167.
35 Boff, Kirche, 201 ff.

Unter Berufung auf Paulus vertritt Luther die These, dass der Mensch nur frei ist, sofern er zur Freiheit befreit wird (Gal 5,1). Wird das Heilsgeschehen als Befreiungsgeschehen gedeutet, setzt dies voraus, dass der Mensch von Hause aus unfrei ist. Im christlichen Kontext wird die menschliche Freiheit zunächst unter den Bedingungen ihres faktischen Verlustes thematisch, für den der Begriff der Sünde steht. Selbst dort, wo sich der Mensch frei in seinen Entscheidungen und seiner Lebensführung wähnt, ist er nach reformatorischer Auffassung unfrei, weil – bewusst oder unbewusst – in der Negation Gottes gefangen. Die reformatorische Rechtfertigungs- und Freiheitslehre hat als Kehrseite eine radikale Lehre von der Unfreiheit des Menschen, wie auch eine radikale Lehre von der Prädestination, d. h. der freien Gnadenwahl Gottes, die für Luther und Calvin, aber auch noch für den frühen Melanchthon das Fundament der Rechtfertigungslehre bildet.[36]

Wahre Freiheit besteht in der Befreiung des Menschen von seiner Sünde durch Gott – und das heißt im Sinne Luthers und der übrigen Reformatoren – in der Befreiung vom Unglauben. Dieser Befreiungsvorgang wird im Anschluss an Paulus als Rechtfertigungsgeschehen gedeutet. Der Mensch kann sich aus der selbstverschuldeten Unfreiheit der Sünde nicht selbst befreien, sondern einzig durch Gott befreit werden. Die solchermaßen wiedergewonnene Freiheit bleibt unverfügbare Gnade. Weder ist sie, noch wird sie ein natürliches Vermögen. Sie ist zugesprochene Freiheit, die einerseits extern bleibt und andererseits im Glauben, das heißt im Hören der befreienden Botschaft des Evangeliums, anzueignen ist. Dauerhaft wird diese Freiheit erst im Reich Gottes. Fragmentarische Freiheitserfahrungen sind der Grund für die eschatologische Hoffnung auf vollendete Freiheit.

In seiner Freiheitsschrift von 1520 hat nun Luther, sich hierfür wiederum auf Paulus berufend,[37] die Unterscheidung zwischen innerem und äußerem Menschen eingeführt. Die Dialektik von Freiheit und Knechtschaft bei Luther ist über lange Zeit so verstanden worden, als unterscheide der Reformator zwischen äußerer Heteronomie und innerer Autonomie. Die christliche Freiheit bliebe demnach auf die Innerlichkeit des Menschen beschränkt und würde sich durchaus mit einer ständischen Gesellschaftsordnung, einem Obrigkeitsstaat und autoritären Strukturen im Alltagsleben vertragen. Doch handelt es sich hierbei um ein Missverständnis, kann doch Luthers Freiheitsverständnis als kommunikative Freiheit interpretiert werden. Wolfgang Huber hat den Begriff der kommunikativen Freiheit, der im Zentrum seiner Konzeption von Verantwortungsethik steht, von dem Philosophen Michael Theunissen übernommen und theologisch ge-

---

36 Vgl. Hamm, Rechtfertigungslehre, 24.
37 Vgl. Röm 7,22.

wendet.[38] Als kommunikative Freiheit interpretiert Huber die Freiheit eines Christenmenschen im Sinne Luthers, die ihrerseits in der Kommunikationsgemeinschaft des dreieinigen und in Christus menschgewordenen Gottes mit dem Menschen gründet.

Weil der Mensch nur durch die Liebe im anderen zu sich selbst kommen kann, gehören nach Huber nicht nur Freiheit und Liebe sowie Freiheit und Verantwortung, sondern auch Freiheit und Gerechtigkeit unlöslich zusammen. Da kommunikative Freiheit nicht auf Konkurrenz, sondern auf Teilhabe und Anerkennung aller zielt, legt Huber den Begriff der Gerechtigkeit als Teilhabe- oder Befähigungsgerechtigkeit aus,[39] die mit einer vorrangigen Option für die Armen verbunden ist.

Gegenstand der Sozialethik sind Formen des vergesellschafteten Handelns, d.h. eines solchen Handelns, das nicht etwa spontan von einer Gruppe von Menschen durchgeführt wird, sondern in einer verstetigten und organisierten Weise stattfindet und überhaupt nur in solcher Form stattfinden kann. Kurz: Gegenstand der Sozialethik sind Institutionen und Organisationen vergesellschafteten Handelns und menschlicher Lebensführung. Wenn wir in reformatorischer Tradition den Zusammenhang von Rechtfertigung und Freiheit bedenken, lautet eine Kernfrage evangelischer Sozialethik, welche Institutionen kommunikative Freiheit ermöglichen und fördern oder aber verhindern und zugleich – im Sinne ihrer Selbstbegrenzung – die Unverfügbarkeit des Menschen und seiner Würde achten, für die der biblische Begriff der Gottebenbildlichkeit steht.

Institutionen kommunikativer Freiheit sind zugleich daran zu messen, inwieweit sie Gerechtigkeit, Teilhabegerechtigkeit ebenso wie Verteilungsgerechtigkeit verwirklichen, ohne welche die kommunikative Freiheit nicht denkbar und realisierbar ist. Hier besteht wiederum ein unmittelbarer Zusammenhang zwischen Rechtfertigungslehre und Sozialethik, ist doch auch die Gerechtigkeit Gottes bei Paulus als Gemeinschaftstreue verstanden.[40] Schon im Alten Testament erscheint Gottes Gerechtigkeit als Gemeinschaftstreue, zu der auch der Mensch aufgefordert wird im Sinn eines Rechtes der Barmherzigkeit.

Die Frage, inwieweit sie Institutionen der Freiheit und der Gerechtigkeit sind, richtet sich auch an Kirche und Diakonie. Während Trutz Rendtorff von der Kirche als Institution der Freiheit spricht, bevorzugt Huber die Formel von der Kirche als Raum und Anwalt der Freiheit,[41] weil die vorgegebene Ordnung der Kirche als

---

38 Vgl. Huber, Christliche Freiheit.
39 Vgl. Huber, Von der Freiheit, 115 ff.
40 Vgl. Stuhlmacher, Paulus, S. 46 ff. 113–141.
41 Vgl. Huber, Von der Freiheit, 143 ff.

solche noch nicht die tatsächliche Erfahrung der Freiheit verbürgen kann[42]. Institutionen sind nicht einfach vorgegebene Gestalten und Verwirklichungen menschlicher Freiheit, wie es bei Arnold Gehlen oder auch bei dem evangelischen Sozialethiker Ernst Wolf den Anschein hat.

4 Freiheit und Liebe

Gewiss wird die theologische Begründung einer Ethik strittig bleiben. Doch ist zu fragen, ob nicht jede Ethik bewusst oder unbewusst von transmoralischen Voraussetzungen lebt. Christliches Ethos besteht im Kern darin, aus Liebe zu handeln, welche das Phänomen des Ethischen und seine Konflikte transzendiert.

Der Begriff des Transmoralischen ist von Paul Tillich verwendet worden, um ein Gewissen zu bezeichnen, „das nicht aus Gehorsam gegenüber einem moralischen Gesetz urteilt, sondern auf Grund der Partizipation an einer Wirklichkeit, die den Bereich moralischer Gebote transzendiert. Ein transmoralisches Gewissen verleugnet nicht den moralischen Bereich, aber es wird durch die unerträglichen Spannungen in der Sphäre des Gesetzes darüber hinausgetrieben."[43] Was aber das Gewissen über das Gesetz hinaustreibt, ist nach biblischem Zeugnis die Liebe, die das Gesetz als Struktur verantwortlichen Lebens zwar nicht verachtet, jedoch über dem Gesetz steht und sich zu ihm in Freiheit verhält.[44] Wir können hinzufügen, dass das Selbst- und Weltverständnis des Menschen, seine Weise, sein In-der-Welt-sein zu verstehen, sein Handeln in hohem Maße bestimmt, ohne doch selbst das Resultat moralischer Reflexion zu sein. Transmoralisch sind die letzten Gewissheiten, ohne welche Leben und Handeln nicht möglich sind, die aber unserem Tun und Lassen immer schon vorausliegen.[45]

Dass gerade die Liebe in diesem Sinne keine Norm, sondern eine transmoralische Orientierung unseres Handelns ist, verdeutlicht Johannes Fischer am Beispiel eines Mannes, der von mehreren Personen, die sich in einem brennenden Haus befinden, nur eine retten kann und sich für seine Frau entscheidet.[46] Er handelt in diesem Augenblick spontan aus Liebe. Im Nachhinein wird er seine Liebe als Motiv bzw. als Rechtfertigungsgrund für seine Handlungsweise anführen können. Sein Handeln ist aber nicht das Resultat einer kasuistischen Ableitung von einer allgemeinen moralischen Norm auf den konkreten Fall. Würde er sich

---

42 Vgl. Huber, Von der Freiheit, 226, Anm. 18.
43 Tillich, Fundament, 66.
44 Vgl. Tillich, Fundament, 75.
45 Vgl. auch Fischer, Gründe, 118–157.
46 Fischer, Bioethik, 87.

zunächst die Frage stellen, warum er gerade seine Frau und nicht einen anderen der im brennenden Haus befindlichen Menschen retten soll, und würde er diese Frage aufgrund einer allgemeinen Regel beantworten: „Weil es moralisch geboten ist, in einer solchen Situation die Person vorzuziehen, der man in Liebe verbunden ist", dann würde er seine Frau zwar aufgrund einer am „Wert" der Liebe orientierten moralischen Erwägung retten, jedoch nicht aus Liebe.

„Wer in der Liebe bleibt" (I Joh 4,16b), entkommt damit jedoch nicht jedem ethischen Konflikt. Wie sollte sich z. B. der Mann entscheiden, wenn sich nicht nur seine Frau, sondern auch ihr gemeinsames Kind in dem brennenden Haus befände? Liebe ist zwar eine grundlegende Orientierung für unser Handeln, jedoch kein hinreichendes Kriterium in Konfliktlagen. Man kann auch aus Liebe oder aus Mitleid das Falsche tun oder sich sogar zu unmoralischen Handlungsweisen verleiten lassen. Daher kommt auch eine christliche Ethik nicht darum herum, nach verallgemeinerungsfähigen ethischen Normen und Regeln zu fragen.

Eine theologische Ethik, die sich an der Trias von Liebe, Freiheit und Verantwortung orientiert, schließt eine ethische Theorie der Wahrnehmung ein.[47] Der Begriff der Wahrnehmung ist ethisch in seinem doppelten Wortsinn zu bedenken: Nur wenn einzelne sich entschließen, moralische Verantwortung zu übernehmen, wird diese überhaupt als zu realisierende Möglichkeit neu entdeckt und wahrgenommen. Die Wahrnehmung von Verantwortung im Sinne ihrer Übernahme setzt ihre Wahrnehmung im Sinne ihres Erkennens voraus.[48] Beispielhaft lässt sich dieser Zusammenhang am Gleichnis Jesu vom barmherzigen Samariter erkennen (Lk 10,25–37). Die Moral, die Jesus aus der Beispielgeschichte zieht: „Gehe hin und tue desgleichen!" (V. 37), ist als Anleitung zu einer entsprechenden Aufmerksamkeit und somit Schulung der ethischen Wahrnehmungsfähigkeit zu verstehen. Insofern besteht ein unmittelbarer Zusammenhang zwischen Ethik und Ästhetik[49], die bei Søren Kierkegaard zu Unrecht einseitig in Opposition zueinander gesetzt werden. Die Beispielerzählung vom barmherzigen Samariter macht aber auch auf den Zusammenhang von Wahrnehmen und Verstehen aufmerksam. Die Frage des Schriftgelehrten in Lk 10, wer denn sein Nächster sei, zeigt nämlich, dass jede sogenannte angewandte Ethik auf hermeneutische Kompetenz angewiesen ist.[50] Theologische Ethik kann so – unbeschadet ihrer normativen Anteile – als eine deskriptiv-hermeneutische Ethik verstanden wer-

---

47 Vgl. dazu Körtner, Sozialethik, 104 f.
48 Vgl. dazu auch Fischer, Wahrnehmung, 91–118, sowie Harbeck-Pingel, Wahrnehmung, der allerdings Ethik zu einseitig als Theorie der Lebensführung bestimmt.
49 Zum Zusammenhang von Ethik und Ästhetik vgl. auch Franck, Ökonomie, 213–251; Recki, Ästhetik.
50 Zur hermeneutischen Grundlegung angewandter Ethik siehe auch Irrgang, Ethik.

den, die – durchaus im Sinne Rudolf Bultmanns – im Wechselspiel von Glauben und Verstehen ihr besonderes Profil hat.[51]

Bibliographie

Atze, Stefan. 2008. *Ethik als Steigerungsform von Theologie? Systematische Rekonstruktion und Kritik eines Strukturprozesses im neuzeitlichen Protestantismus.* TBT 144. Berlin [u. a.]: De Gruyter.
Bader, Günter. 1981. „Römer 7 als Skopus einer theologischen Handlungstheorie." *ZThK* 78:31–56.
Beck, Ulrich und Beck-Gernsheim, Elisabeth. 1990. *Das ganz normale Chaos der Liebe.* Stw 1725. Frankfurt a.M.: Suhrkamp.
Boff, Leonardo. 1987. *Und die Kirche ist Volk geworden. Ekklesiogenesis.* Düsseldorf: Patmos-Verlag.
Bonhoeffer, Dietrich. ²1998. *Ethik.* Bd. 6, *DBW.* Gütersloh: Gütersloher Verlagshaus.
Bonhoeffer, Dietrich. 1998. *Widerstand und Ergebung. Briefe und Aufzeichnungen aus der Haft.* Bd. 8, *DBW.* Gütersloh: Gütersloher Verlagshaus.
Dalferth, Ingolf U. 1994. „Subjektivität und Glaube. Zur Problematik der theologischen Verwendung einer philosophischen Kategorie." *NZSTh* 36:18–58.
Ebeling, Gerhard. 1968. *Frei aus Glauben.* SGV 250. Tübingen: Mohr.
Ebeling, Gerhard. ²1982. *Prolegomena. Der Glaube an Gott, den Schöpfer der Welt.* Bd. 1, *Dogmatik des christlichen Glaubens.* Tübingen: Mohr.
Endreß, Martin, Hg. 1995. *Zur Grundlegung einer integrativen Ethik. Für Hans Kämer.* Stw 1205. Frankfurt a.M.: Suhrkamp.
Fischer, Johannes. 1989. „Wahrnehmung als Aufgabe und Proprium christlicher Ethik." In *Glaube als Erkenntnis. Zum Wahrnehmungscharakter des christlichen Glaubens,* hg.v. Johannes Fischer, 91–118. BEvT 105. München: Kaiser.
Fischer, Johannes. 1994. *Leben aus dem Geist. Zur Grundlegung christlicher Ethik.* Zürich: Theologischer Verlag Zürich.
Fischer, Johannes. 1995. „Theologische Ethik und Christologie." *ZThK* 92: 481–516.
Fischer, Johannes. 1998. „Über moralische und andere Gründe. Protestantische Einwürfe zu einer philosophischen Debatte." *ZThK* 95:118–157.
Fischer, Johannes. 2002. „Bioethik in theologischer Perspektive." In *Medizin- und bioethische Perspektiven. Beiträge zur Urteilsbildung im Bereich von Medizin und Biologie,* hg.v. Johannes Fischer, 77–104. Zürich: Theologischer Verlag Zürich.
Fischer, Johannes. 2002. *Theologische Ethik. Grundwissen und Orientierung.* FSy 11. Stuttgart: Kohlhammer.
Franck, Georg. 1998. *Ökonomie der Aufmerksamkeit. Ein Entwurf.* Edition Akzente. München/Wien: Hanser.
Gollwitzer, Helmut. ³1952. *...und führen, wohin du nicht willst. Bericht einer Gefangenschaft.* München: Kaiser.
Hamm, Berndt. 1986. „Was ist reformatorische Rechtfertigungslehre?" *ZThK* 83:1–38.

---

51 Vgl. dazu Körtner, Einführung, 1–18, bes. S. 7 ff.

Harbeck-Pingel, Bernd. 1998. *Ethische Wahrnehmung. Eine systematisch-theologische Skizze.* BThRP 2. Aachen: Mainz.
Hegel, Georg W. F. 1832. *Vorlesungen über die Philosophie der Religion. Nebst einer Schrift über die Beweise vom Daseyn Gottes.* Bd. XII/2, Georg Wilhelm Friedrich Hegel's Werke. Berlin: Duncker & Humblot.
Huber, Wolfgang. ²1985. *Folgen christlicher Freiheit. Ethik und Theorie der Kirche im Horizont der Barmer Theologischen Erklärung.* NBST 4. Neukirchen-Vluyn: Neukirchener Verlag.
Huber, Wolfgang. 2012. *Von der Freiheit. Perspektiven für eine solidarische Welt.* München: C.H.Beck.
Irrgang, Bernhard. 1998. *Praktische Ethik aus hermeneutischer Perspektive.* UTB 2020. Paderborn: Schöningh.
Kant, Immanuel. 1983. *Grundlegung zur Metaphysik der Sitten.* Bd. IV, Werke in sechs Bänden. Darmstadt: Wissenschaftliche Buchgesellschaft.
Körtner, Ulrich H. J. 2000. *Der verborgene Gott. Zur Gotteslehre.* Neukirchen-Vluyn: Neukirchener Verlag.
Körtner. Ulrich H. J. 2001. „Zur Einführung: Hermeneutik und Ästhetik. Zur Bedeutung einer theologischen Ästhetik für die Lehre vom Wort Gottes." In *Hermeneutik und Ästhetik. Die Theologie des Wortes im multimedialen Zeitalter*, hg. v. Ulrich H. J. Körtner, 1–18. Neukirchen-Vluyn: Neukirchener Verlag.
Körtner, Ulrich H. J. ²2010. *Freiheit und Verantwortung. Studien zur Grundlegung theologischer Ethik.* SThE 90. Freiburg i. Br.: Universitätsverlag.
Körtner, Ulrich H. J. ³2012. *Evangelische Sozialethik. Grundlagen und Themenfelder.* UTB 2107. Göttingen: Vandenhoeck & Ruprecht.
Körtner, Ulrich H. J. 2015. „Liebe, Freiheit und Verantwortung. Grundzüge evangelischer Ethik." In *Was ist theologische Ethik? Beiträge zu ihrem Selbstverständnis und Profil*, hg. v. Richard Amesbury/Christoph Ammann, 29–47. Zürich: Theologischer Verlag Zürich.
Krämer, Hans. 1995. *Integrative Ethik.* Stw 1204. Frankfurt a.M.: Suhrkamp.
Kreß, Hartmut und Müller, Wolfgang E. 1997. *Verantwortungsethik heute. Grundlagen und Konkretionen einer Ethik der Person.* Stuttgart: Kohlhammer.
Laube, Martin. 2006. *Theologie und neuzeitliches Christentum. Studien zu Genese und Profil der Christentumstheorie Trutz Rendtorffs.* BHTh139. Tübingen: Mohr Siebeck.
Luther, Martin. ¹²1998. „Kleiner Katechismus [1529]." In *Bekenntnisschriften der evangelisch-lutherischen Kirche*, hg. vom Deutschen Evangelischen Kirchenausschuss, 499–541. Göttingen: Vandenhoeck & Ruprecht.
Mostert, Walter. 1977. „Ist die Frage nach der Existenz Gottes wirklich radikaler als die Frage nach dem gnädigen Gott?" *ZThK* 74:86–122.
Peters, Albrecht. 1984. *Rechtfertigung.* HST 12. Gütersloh: Gütersloher Verlagshaus Mohn.
Recki, Birgit. 2001. *Ästhetik der Sitten. Die Affinität von ästhetischem Gefühl und praktischer Vernunft bei Kant.* PhA 81. Frankfurt a.M.: Klostermann.
Reese-Schäfer, Walter. 1992. *Niklas Luhmann zur Einführung.* Zur Einführung 129. Hamburg: Junius.
Rendtorff, Trutz. 1982. „Vom ethischen Sinn der Verantwortung." In *Handbuch der christlichen Ethik. Bd. 3, Wege ethischer Praxis*, hg. v. Anselm Hertz, S. 117–129. Freiburg [u. a.]: Herder.
Rendtorff, Trutz. ²1990. *Ethik. Grundelemente, Methodologie und Konkretionen einer ethischen Theologie.* Bd. 13,1, ThW. Stuttgart: Kohlhammer.

Stuhlmacher, Peter. ²1966. *Gerechtigkeit Gottes bei Paulus*. FRLANT 87. Göttingen: Vandenhoeck & Ruprecht.
Tillich, Paul. 1965. „Das religiöse Fundament moralischen Handelns." In *Ergänzungs- und Nachlassbände. An meine deutschen Freunde. Die politischen Reden Paul Tillichs während des Zweiten Weltkriegs über die „Stimme Amerikas"* Bd. III, *Gesammelte Werke*, 13–83. Stuttgart: Evangelisches Verlagswerk.
Trillhaas, Wolfgang. ³1970. *Ethik*. GLB. Berlin: De Gruyter.
Villiers, Etienne de. 2007. Perspektiven einer christlichen Verantwortungsethik. *ZEE* 51:8–23.
Weder, Hans. 1986. *Neutestamentliche Hermeneutik*. ZGB. Zürich: Theologischer Verlag Zürich.

Friedrich Lohmann
Die christliche Ethik als Güterethik

1 Güterethik

Die Theorie der Ethik hat über die Jahrtausende eine Vielzahl von Vorschlägen hervorgebracht, was unter Ethik zu verstehen ist und worin ihre entscheidenden Leitkategorien bestehen. Weiterführend ist insbesondere die Aufteilung der Ethik in die drei Aspekte der Tugend-, Pflichten- und Güterlehre, da sie den für jedes menschliche Handeln maßgeblichen Zusammenhang mit inneren Haltungen (Tugenden), Regeln mit Sollens-Charakter (Pflichten) und Zielbestimmungen (Gütern) hervorhebt. Jeder ethische Entwurf wird jeden dieser Zusammenhänge zu berücksichtigen haben; gleichwohl sind Schwerpunktbildungen möglich – und in der Geschichte der Ethik auch erfolgt –, die einem dieser Aspekte den Primat geben und das Gesamtgebiet der Ethik – inklusive der beiden anderen Aspekte – von ihm aus in den Blick nehmen. Die These, die ich in diesem Aufsatz ausführen will, ist die folgende: Die christliche Ethik kennt zweifellos Tugenden und Pflichten; sie zeichnet sich gleichwohl von ihren Anfängen her und in ihren besten Traditionen durch einen besonderen Akzent auf den Gütern aus, die durch das als gut bewertete menschliche Handeln hervorgebracht werden (sollen); Tugend- und Pflichtenlehre sind der Güterlehre untergeordnet; die christliche Ethik ist primär eine Güterethik.

Zur Erläuterung der These beginne ich mit einer vorläufigen Bestimmung von dem, was ich einen güterethischen Ansatz nenne: Ein güterethischer Ansatz bemisst die moralische Qualität von Handlungen und Gesinnungen an dem Maß, in dem sie die Verwirklichung des Guten in der Welt befördern. „Das" Gute ist dabei gefasst in der Vorstellung eines Höchsten Gutes, das wiederum die Vorstellung von verschiedenen Gütern aus sich heraussetzt, deren Verwirklichung moralisch vorzugswürdig ist. Ich setze voraus, dass es keine von allen Menschen geteilte Vorstellung vom Höchsten Gut gibt, da diese Vorstellung in hohem Maße von einem Wirklichkeitsverständnis abhängig ist und der Pluralismus der Weltanschauungen, den wir als legitim anerkennen, ganz verschiedene Wirklichkeitsverständnisse hervorbringt. Wohl aber gibt es eine ganze Reihe von Gütern, deren Wert relativ unstrittig ist und die zumindest als dem Höchsten Gut nachgeordnete Güter auf weitgehende Zustimmung in unserer westlichen und auch anderen menschlichen Gesellschaften zählen können. Friede, Gesundheit und Wohlstand wären solche Güter, wobei schon diese Aufzählung deutlich macht, dass Güter miteinander konfligieren können. Die Verwirklichung von individuellem Wohlstand etwa kann ungesund sein, wenn sie mit Stress bei der Arbeit verknüpft ist; sie kann den privaten und gesellschaftlichen Frieden stören, wenn sie sich aus ungerechten Handlungen speist.

Zu einem güterethischen Ansatz gehört deshalb die Bereitschaft, das Streben nach der Verwirklichung des Höchsten Gutes erst einmal hintanzustellen und sich mit Güterabwägungen, häufig auch bloß dem kleinsten Übel zufriedenzugeben. Das Höchste Gut gibt dabei lediglich die Richtung vor. Wer Güterethik sagt, meint Abwägung, Relativierung und Vorläufigkeit. Er oder sie meint auch – im gesellschaftlichen Diskurs – Kompromiss. Von einer Ethik des Unbedingten ist ein güterethisches Konzept so weit entfernt als möglich. Denn da es darum geht, das Gute nicht nur zu denken, sondern es möglichst weitgehend zu verwirklichen und sich nicht mit einer tugendhaften oder pflichttreuen Gesinnung zu begnügen, lässt sich die Güterethik auf die Wirklichkeit so weit ein, dass ihr vorläufige Abstriche im Blick auf die Verwirklichung des Höchsten Guts möglich sind. Ja mehr noch: eine den Begriff des Höchsten Guts konsequent denkende Güterethik versteht es im Sinne der regulativen Ideen Kants als eine Totalität, die empirisch nie erreichbar und somit unter den Bedingungen des Menschseins per definitionem stets nur annäherungsweise zu verwirklichen ist und gerade so den umfassenden Leithorizont menschlicher Lebensorientierung bildet. Als solchen Leithorizont und Maßstab möglicher Annäherungen behält die Güterethik das Höchste Gut bei allen unvermeidlichen Abwägungen immer im Blick. So gesehen, lässt sich etwa der „gerechte Friede", wie er sich in letzter Zeit als Leitbild der Friedensethik und legitimer Kandidat für die Rolle des Höchsten Guts herausgebildet hat, vor zwei gängigen Fehlinterpretationen schützen, die ihn beide von verschiedenen Seiten nicht als regulative, sondern als konstitutive Idee (miss-)verstehen: als auf Erden erreichbaren Zustand, was bei den einen zu einer generellen Verwerfung der Konzeption des „gerechten Friedens" als schwärmerischer, die Perennität von Sünde und Konflikt missachtender Utopie, bei den anderen zur radikalpazifistischen Illusion seiner politischen Realisierbarkeit führt. Als regulative Idee im hier skizzierten Sinne verstanden ist der „gerechte Friede" vor beiden Missverständnissen bewahrt.

Welche Form der Annäherung bei den notwendigen Abwägungsentscheidungen als ethisch vorzugswürdig angesehen wird, hängt von empirischem Faktenwissen über das vernünftig Erwartbare – dazu s.u. Abschnitt 4 –, aber auch von dem Menschenbild ab, das jeweils vorausgesetzt wird. Es geht in der Ethik um die gute Lebensführung von Menschen, und deshalb integriert das Wirklichkeitsverständnis, das jeder Ethik zugrunde liegt, stets eine wie auch immer profilierte Anthropologie. Keine Ethik dieser Welt kommt ohne den zumindest impliziten Rückbezug auf die „Natur des Menschen" aus, wobei im Sinne des genannten Pluralismus der Weltanschauungen entscheidend ist, die eigene Position nicht absolut zu setzen, sondern sie dem kritisch-reflektierten Diskurs über die entscheidenden Charakteristika des Menschen und ihre Bedeutung für die jeweilige Vorstellung vom guten Leben auszusetzen.

2 Protestantische Ethik als Güterethik

2.1 Luther

Meine These ist nun, dass sich die christliche und zumal die protestantische Ethik bei der Mehrzahl ihrer Vertreter als Güterethik rekonstruieren lässt. Das mag überraschen, denn das übliche Bild der jüdisch-christlichen Ethik rückt die Konzepte von Gesetz, Pflicht und Unbedingtheit ins Zentrum. Ist nicht gerade der Protestantismus die sprichwörtliche Verkörperung von unerbittlicher Sittenstrenge, von Pflichtethos und Kompromisslosigkeit? Waren es nicht gerade protestantische Pazifisten und Wahrheitsfanatiker, die Max Weber im Blick hatte, als er in „Politik als Beruf" von einer Gesinnungsethik sprach, die sich ein gutes Gewissen wahren möchte und den Erfolg des eigenen Tuns – das heißt: seine Auswirkungen in der Wirklichkeit – Gott anheimstellt?[1] Ist nicht gerade der Pflichtenethiker Kant als „Philosoph des Protestantismus" gewürdigt worden?[2]

Und doch: Luther ist kein Rigorist gewesen. Vielmehr lässt sich die gesamte Sozialethik Luthers als güterethischer Entwurf verstehen. Die viel diskutierte und auch viel gescholtene Zwei-Regimenten-Lehre hat ihren historischen Ursprung gerade in einer güterethisch fundierten Antwort Luthers auf den ethischen Rigorismus der täuferischen Gruppen seiner Zeit. Luthers Obrigkeitsschrift nimmt zu der täuferischen These Stellung, dass sich aus dem Gewaltlosigkeitsgebot der Bergpredigt ergebe, dass ein Christ kein Amt im Staat übernehmen dürfe. Luther gibt in seiner Antwort der These der Täufer zunächst einmal Recht. So steht es in der Bergpredigt, und eine gewaltfreie Gesellschaft würde im Himmelreich funktionieren. Aber: die Bedingungen auf Erden sind andere. „Denn", so Luther, „der Bösen sind immer viel mehr als der Frommen."[3] Die „Bösen" würden aber den Gewaltverzicht der „Frommen" ausnutzen, so dass das Resultat einer Gesellschaftskonzeption nach täuferischen Maßstäben unter den Bedingungen der Sünde keine Abnahme, sondern vielmehr eine Zunahme von Gewalt in der Welt wäre. Deshalb plädiert Luther – den normativen Geboten der Bergpredigt zum

---

1 Vgl. Weber, Politik als Beruf, 237 f.
2 Vgl. Paulsen, Kant.
3 Luther, Obrigkeit, 16 (WA 11, 252).

Trotz – für eine gewaltbewehrte Obrigkeit. Luther argumentiert also ergebnis- und zielorientiert. Entscheidend ist nicht das Prinzip „Gewaltlosigkeit", sondern auf welchem Weg am wenigsten Gewalt in der Welt produziert wird.

Das Gleiche gilt für das, was man aus den Texten als Luthers Wirtschaftsethik erschließen kann. Im Traktat „Von Kaufshandlung und Wucher"[4] ist das Argumentationsgefälle genau analog zur Obrigkeitsschrift. Auch hier wird zunächst eine ideale Gesellschaft befürwortet, in der alle gemäß der Bergpredigt einander freigebig aushelfen. Doch auch hier macht Luther den Vorbehalt, dass das für eine Gesellschaft von Menschen, die von Begierden dominiert sind – und das ist unter den Bedingungen der Sünde der Fall –, nicht funktionieren würde. Deshalb ist unter den gegenwärtigen Bedingungen allen am besten gedient, wenn Waren auf Märkten gehandelt werden – zu einem fairen Preis, ohne dass Angebotsengpässe oder Monopole ausgenutzt werden. Einen moderaten Preisaufschlag seitens des Verkäufers hat Luther befürwortet, um Risiko und Kosten zu honorieren.

2.2 Calvin, Troeltsch und Bonhoeffer

Calvin ging in der güterethisch motivierten Akzeptanz kapitalistischer Wirtschaftsformen weiter als Luther.[5] Gegen den damals noch allgemein vertretenen aristotelischen Satz, wonach Geld keine Frucht bringen könnte, hat er den Gedanken gesetzt, dass verliehenes Geld sehr wohl produktiv das Wohlergehen der Gesellschaft voranbringen kann. Calvin unterscheidet zwischen Konsumtiv- und Investivkredit. Einen Konsumtivkredit lehnt er ab, weil hier nichts anderes als Schuldverpflichtungen produziert wird. Bei einem Investivkredit hingegen kann geliehenes Geld durchaus zur Steigerung des Gemeinwohls beitragen. Deshalb ist Calvin für eine Lockerung des biblischen Zinsverbots eingetreten, ohne dessen soziale Intention aus dem Auge zu verlieren.

Wo man bei Luther und Calvin den güterethischen Ansatz nur implizit erschließen kann, hat Ernst Troeltsch zu Beginn des 20. Jahrhunderts auch explizit vom Primat der Güter in der Ethik gesprochen. Troeltsch hat das insbesondere in einer Schrift herausgearbeitet, die sich gegen einen theologischen Antipoden, den Kantianer Wilhelm Herrmann, richtete. Herrmanns Ethik macht auf Troeltsch wie viele andere theologische Ethiken „den Eindruck einer völlig weltfernen, papierenen Konstruktion"[6]. Die Analyse der „sittlichen Wirklichkeit"[7] führt Troeltsch

---

4 Luther, Kaufshandlung (WA 15, 293–313).
5 Vgl. zum Folgenden: Biéler, La pensée, 453–476.
6 Troeltsch, Grundprobleme, 653 Anm. 58.

Die christliche Ethik als Güterethik — 117

nun auf den Primat nicht von Prinzipien, sondern von „Zwecksetzungen"[8], wobei er subjektive und objektive Zwecke unterscheidet. Letztere sind für Troeltsch nichts anderes als „Güter", womit also der Güterbegriff in seine Analyse explizit einbezogen ist. Welche objektiven Güter die Gesellschaft bestimmen, möchte Troeltsch „einfach empirisch aus der Geschichte [...] entnehmen" und gelangt so zu den Gütern „Familie, Staat, Produktionsgemeinschaft, Wissenschaft, Kunst und Religion".[9] Die Gewichtung zwischen ihnen kann je nach Weltanschauung durchaus verschieden ausfallen, und so ergibt sich für Troeltsch „die Erkenntnis, daß das Sittliche von Hause aus nichts Einheitliches, sondern etwas Vielspältiges ist, daß der Mensch in einer Mehrzahl sittlicher Zwecke heranwächst, deren Vereinheitlichung erst das Problem und nicht der Ausgangspunkt ist."[10] Dennoch „muß die Synthese immer neu versucht und durchgeführt werden."[11] Troeltsch hat deshalb später für eine Ethik des Kompromisses plädiert und jeder Form von ethischem Rigorismus den Abschied gegeben. Auch für Troeltsch geht es somit, wie für Luther und Calvin, um die Verwirklichung von Zwecken, nicht von Prinzipien. Mit seiner Wahrnehmung, dass die Ethik nicht der große Kitt der Gesellschaft sein kann, sie vielmehr als etwas „Vielspältiges" am Pluralismus der Weltanschauungen partizipiert, hat er Theorien, die wie etwa Rawls den „overlapping consensus" im Blick auf substantielle Wertungen zum großen Problem heutiger Gesellschaften erklären, um Jahrzehnte vorausgenommen.

Ein vorletzter Name, den ich in dieser güterethischen Ahnenreihe nennen möchte, ist Dietrich Bonhoeffer. Der Sprung von Troeltsch zu Bonhoeffer mag den Eingeweihten verwegen erscheinen, und doch finden wir zwischen beiden eine überraschende Parallele. Bonhoeffer hat zwar in seinem Buch „Nachfolge" eine Ethik auf der Basis der Bergpredigt vorgelegt, die an Rigorismus kaum zu überbieten sein dürfte. Er hat aber in seinen knapp zehn Jahre später, Anfang der 1940er Jahre, geschriebenen Ethik-Manuskripten eine entscheidende Differenzierung vorgenommen, die mit seiner mittlerweile begonnenen konspirativen Tätigkeit für den deutschen Widerstand zusammenhängen dürfte. Bonhoeffer nimmt hier Webers Plädoyer für eine Verantwortungsethik positiv auf: „Weil es nicht um die Durchführung irgendeines grenzenlosen Prinzips geht, darum muß in der gegebenen Situation beobachtet, abgewogen, gewertet, entschieden werden, alles in der Begrenzung menschlicher Erkenntnis überhaupt. Es muß der Blick in die nächste Zukunft gewagt, es müssen die Folgen des Handelns ernstlich

---

7 A.a.O., 618.622.
8 A.a.O., 618.
9 A.a.O., 623.
10 A.a.O., 657.
11 A.a.O., 659.

bedacht werden, ebenso wie eine Prüfung der eigenen Motive, des eigenen Herzens versucht werden muß. Nicht die Welt aus den Angeln zu heben, sondern am gegebenen Ort das im Blick auf die Wirklichkeit Notwendige zu tun, kann die Aufgabe sein. Es muß auch dabei noch die Frage nach dem Möglichen gestellt, es kann nicht immer sofort der letzte Schritt getan werden, und verantwortliches Handeln darf nicht blind sein wollen."[12] „Nicht ein ‚absolut Gutes' soll verwirklicht werden, vielmehr gehört es zu der Selbstbescheidung des verantwortlich Handelnden, ein relativ Besseres dem relativ Schlechteren vorzuziehen und zu erkennen, daß das ‚absolut Gute' gerade das Schlechteste sein kann."[13] Das entsprechende Manuskript stammt aus der Zeit, in der Bonhoeffers konspirative Tätigkeit ihren Höhepunkt erreicht hatte, und man wird die zitierten Ausführungen als Reflex dieser Situation lesen dürfen. Offiziell Agent der Abwehrabteilung der Wehrmacht, führte er inoffiziell als Vertreter des Widerstands Gespräche mit ausländischen Kirchenvertretern, um über diese Kontakt mit deren Regierungen im Blick auf eine zukünftige Friedensregelung aufzunehmen. Das „absolut Gute", von dem im entsprechenden Manuskript von Bonhoeffers „Ethik" gesprochen wird, könnte das biblische Verbot der Lüge sein, und Bonhoeffer, der in diesem Zusammenhang auch Kant eine scharfe Abweisung erteilt, plädiert dafür, solche Verbote im gegebenen Fall, wenn es darum geht, ein höherwertiges Gut zu verwirklichen, zu „suspendieren"[14]. Auch Bonhoeffer erweist sich, zumindest in diesen späten Aufzeichnungen, als Güterethiker.

2.3 Schleiermacher

Der letzte protestantische Name, den ich in diesem ethikgeschichtlichen Abriss nennen möchte, ist zugleich der wichtigste, wenn es um das Verständnis der protestantischen Ethik als Güterethik geht: Friedrich Schleiermacher. Schleiermacher hat, anders als die bisher Genannten, über das Verhältnis von Tugenden, Pflichten und Gütern ausführlich reflektiert. Außer seinen postum herausgegebenen Aufzeichnungen zur philosophischen Ethik sind hier vor allem mehrere Vorträge relevant, die er in den 20er Jahren des 19. Jahrhunderts vor der Königlich-Preußischen Akademie der Wissenschaften gehalten hat. Schleiermachers Intention geht dabei dahin, die Unterordnung von Tugenden und Pflichten unter die Vorstellung eines Höchsten Gutes und damit einen Primat der Güterlehre in der

---

12 Bonhoeffer, Ethik, 267.
13 A.a.O., 260.
14 Vgl. a.a.O., 298.

Ethik zu belegen. Sein Argument: Tugenden und Pflichten beschreiben die Art, wie etwas getan wird, sind aber unspezifisch im Blick auf den Handlungserfolg. Gerade dieser steht jedoch nach Schleiermacher bei einer menschlichen Handlung, die immer einen gegebenen Zweck voraussetzt, der verwirklicht werden soll, im Vordergrund. „Will ich aber nichts bewirken, warum handle ich?"[15] Schleiermachers Argument ist also zunächst einmal ein handlungstheoretisches: Handlungen sind immer intentional. Wer „Handlung" sagt, sagt „Zweck", und wer „Zweck" sagt, hat automatisch ein Handlungsergebnis im Sinn. Mit dieser handlungstheoretischen Begründung verknüpft sich dann zweitens eine ethiktheoretische: Die Ethik als „Sittenlehre" zielt auf „Anwendbarkeit der Lehre im Leben"[16]. Deshalb kann sie sich nicht auf einzelne besondere Fälle des Lebens, in denen eine spezifische Tugendhaftigkeit oder ein Pflichtbewusstsein gefordert wäre, beschränken. Es gehe demgegenüber in der Sittenlehre darum, dass „ein lebendiger Zusammenhang alles dessen [...], was von dem vernünftigen Willen oder von der Gesetzgebung der Vernunft ausgeht, [...] zum Vorschein [komme]"[17].

Es ist dieser Gedanke eines „lebendigen Zusammenhangs" zwischen Vernunft und Handlungsergebnis, der Schleiermacher dann weiterhin dazu treibt, die Ethik nicht nur von der Güterlehre aus zu konzipieren, sondern sie in einer Lehre vom Höchsten Gut gipfeln zu lassen. Denn das Höchste Gut steht gerade für diesen lebendigen Zusammenhang, für den „Inbegriff aller wahren Güter", für „ihre wesentliche Zusammengehörigkeit und die vollständige Lösung der sittlichen Aufgabe durch ihr Miteinander und Füreinander."[18]

Schleiermacher wurde hier als letzter, intellektuell sicherlich anspruchsvollster in einer langen Reihe protestantischer Ethiker genannt, die, dem weitverbreiteten Bild protestantischer Ethik widersprechend, ihre Ethik als Güterethik konfigurieren. Die Linie läuft von Luther und Calvin über Schleiermacher und Troeltsch bis zu Bonhoeffer, bei dem sich zeigt, wie gut die so akzentuierte Güterethik das, was Max Weber Verantwortungsethik genannt hat, integrieren kann. Der entsprechende Ansatz schlägt sich auch in neueren kirchlichen Stellungnahmen der EKD nieder. Man könnte dies mit der auf Versöhnung gestimmten Ostdenkschrift aus den 1960er Jahren, mit der Position in der Frage des Schwangerschaftsabbruchs, mit dem Eintreten für die Soziale Marktwirtschaft in wirtschaftsethischen Verlautbarungen und mit der friedensethischen Legitimierung des Gebrauchs einer rechtserhaltenden Gewalt in anders nicht lösbaren Krisensituationen illustrieren.

---

15 Schleiermacher, Höchstes Gut, 541.
16 Ebd.
17 A.a.O., 538.
18 A.a.O., 546.

3 Die christliche Ethik als Güterethik

Es ist eine selten gesehene paradoxe Entwicklung, dass die als gesetzesstreng geltende protestantische Ethik mit derartigen kirchenamtlichen Stellungnahmen die ihr von ihren Anfängen her anhaftenden güterethischen Anteile weiter kultiviert, während die römisch-katholische Ethik in den letzten Jahrzehnten, zumindest was lehramtliche Aussagen anbetrifft, gegenüber einer vorgeblichen „Diktatur des Relativismus" (Joseph Ratzinger), auch in den eigenen Reihen von Moraltheologen und Sozialethikern, gerade die Unbedingtheit und Sicherheit des moralischen Urteils hinsichtlich „in sich selbst" schlechter oder guter Handlungen, unabhängig von den Handlungsfolgen, betont.[19] Dabei bleibt vom Vatikan unerwähnt, dass gerade die beiden renommiertesten Vertreter in der Geschichte der römisch-katholischen Theologie, Augustinus und Thomas von Aquin, einer güterethischen Relativierung des Unbedingten durchaus aufgeschlossen waren: Augustinus in seiner Ausrichtung der Ethik am Glück als Höchstem Gut oder in seiner Lehre vom weltlichen Staat, Thomas in seiner „Seinsethik"[20], die so stark am Wirklichkeitsgemäßen orientiert ist, dass er z. B. das Privat-Eigentum als wirtschaftsethische Institution gegen seine monastischen, prinzipienethisch argumentierenden Bestreiter aufgrund seiner positiven Auswirkungen für das Gemeinwohl rechtfertigen kann.[21]

Mit solchen Überlegungen folgen Augustinus und Thomas von Aquin, wie auch die Güterethiker protestantischer Herkunft, der Botschaft und dem Lebenszeugnis Jesu Christi, an dem jede Form christlicher Ethik ihren Maßstab finden muss. Für die Theorie der Ethik aufschlussreich ist insbesondere die Position, die Jesus hinsichtlich des Sabbatgebots einnimmt – eine der Inspirationsquellen für die zitierten Worte Bonhoeffers. Von den prinzipienethisch argumentierenden Pharisäern auf seine dem Buchstaben des Gesetzes widerstreitenden Heilungen am Sabbat angesprochen, verweist Jesus auf die Überordnung der Verwirklichung des Guten über jedes konkrete Gebot als Legitimation seiner Heilungshandlungen: „Was ist am Sabbat erlaubt: Gutes tun oder Böses tun, Leben retten oder töten?"[22] Das jeder Gebotserfüllung übergeordnete

---

[19] Vgl. exemplarisch: Johannes Paul II., Enzyklika.
[20] Auer, Moral, 17.
[21] Vgl. Aquin, Summa, II-II, q. 66, 2.
[22] Mk 3,4 (Luther-Übersetzung 2017). In der parallelen Überlieferung bei Matthäus konkretisiert Jesus diese Frage hinsichtlich des bäuerlichen Kontextes seiner Zuhörer: „Wer ist unter euch, der sein einziges Schaf, wenn es ihm am Sabbat in eine Grube fällt, nicht ergreift und es heraufhebt? Wie viel mehr ist nun ein Mensch als ein Schaf! Darum ist es erlaubt, am Sabbat Gutes zu tun." (Mt 12,11 f).

Gut der Lebenserhaltung ist auch in der der Heilung vorausgehenden Unterredung mit den Pharisäern greifbar, wenn Jesus darauf verweist, dass es sehr wohl erlaubt sei, sich am Sabbat Nahrung zu verschaffen.

Mit solchen Relativierungen hebt Jesus das Sabbatgebot nicht auf. Er fragt aber nach seiner eigentlichen Intention und ordnet es in den Gesamtkontext einer an der Verwirklichung von Liebe in der Welt orientierten und insofern dem Leben dienenden Ethik ein. Von diesem übergeordneten Gut her ist nicht alles erlaubt. Der Zweck heiligt nicht jedes Mittel, und die Gebote bleiben grundsätzlich als Maßstäbe der Lebensorientierung in Kraft, ebenso wie der Gedanke der Pflicht. Wohl aber sind in Situationen des Gebotskonflikts Abwägungen nötig, bei denen dann eben das Gebot, Leben zu erhalten, über dem Sabbatgebot zu stehen kommt. Da aber alle göttlichen Gebote, auch das Sabbatgebot, keine andere Intention haben, als dem Gut der Lebenserhaltung zu dienen, ist damit, auf paradoxe Weise, das Gebot gerade in Geltung gesetzt. Mit Bonhoeffer gesprochen: „Die Suspension des Gesetzes kann nur seiner wahren Erfüllung dienen."[23]

Nicht nur über das Sabbatgebot hat sich Jesus in diesem Sinne lebens- und liebesorientiert hinweggesetzt. Seine Gemeinschaft mit Zöllnern und Sündern, die Berufung eines Zöllners in die Jüngerschaft, die Akzeptanz der Verschwendung wertvollen Öls bei der Salbung in Bethanien – all dies erweist eine Souveränität gegenüber den religiösen Geboten seiner Zeit und eine Neuausrichtung der Ethik, die Jesus durch das Erstaunen und den Respekt, den er bei seinen Zuhörern auslöste, zum Stifter einer religiösen Reformbewegung werden ließ, die dann letztlich zur Entstehung des Christentums als eigenständiger Religion führte. All diese späteren Entwicklungen sind freilich nicht Thema der vorliegenden Abhandlung, der es in diesem Abschnitt nur darauf ankam, die Plausibilität zu erhöhen, die christliche Ethik gerade anhand des güterethischen Primats, der bei Jesus greifbar ist, zu rekonstruieren.

4 Güterethik, empirisches Wissen und Wirtschaftsethik

Was ergibt sich aus dieser güterethischen Generalausrichtung für eine gegenüber den konkreten Problemen der Gegenwart verantwortete christliche Ethik? An erster Stelle eine strikte Erfahrungsorientierung, denn Erfahrung und empirisches Wissen über erwartbare Handlungsfolgen sind die entscheidenden Instanzen, auf

---

23 Bonhoeffer, Ethik, 298.

die bei den nötigen Güterabwägungen und unvermeidbaren Pflichtenkollisionen zurückgegriffen werden kann.

Eine starre und kategorische Prinzipienethik, die nach dem Vorbild der Ethik Kants apriorisch konstituiert ist, braucht sich um die Lebenserfahrung, wie sie in den Fachwissenschaften von den Geschichts- bis zu den Naturwissenschaften reflektiert und analysiert wird, nicht zu kümmern. Oder sie versucht – sofern sie durchschaut hat, dass eine solche Ignoranz im Widerspruch zur eigentlichen Aufgabe der Ethik steht, genau dieses erfahrene und gelebte Leben zu orientieren –, diese Erfahrung so zu interpretieren, dass sie im Einklang mit den eigenen Prinzipien steht – ein Vorgang, wie man ihn etwa in radikalpazifistischen Stellungnahmen zur Friedensethik immer wieder findet, in denen „gezeigt" wird, dass der Einsatz militärischer Gewalt immer in eine Spirale noch größerer Gewalt führt, um so den eigenen Grundsatz eines absoluten Primats des Gewaltverbots empirisch zu rechtfertigen.

Demgegenüber erfordert ein güterethischer Ansatz von seinem Grundgedanken her, bei dem die Realisierung des Guten in der Welt und nicht prinzipielle Forderungen im Zentrum stehen, die Einbeziehung erfahrungsgesättigter Kenntnisse von Beginn an. Es geht dabei einerseits um Wissen über die Natur und die sie bestimmenden Gesetze, andererseits um Wissen über den Menschen in seiner leiblichen, psychischen – gerade die Psychologie ist ein in der christlichen Ethik noch weitgehend unterschätzter Gesprächspartner – und gesellschaftlichen Dimension. Eine Güterethik ist den empirischen Wissenschaften gegenüber nicht nur anschlussfähig; sie ist auch anschlussbedürftig und kann daher nur im interdisziplinären Gespräch entwickelt werden. Dabei spielen ethische Prinzipien, wie sie aus der biblischen und kirchlich-theologischen Überlieferung erhoben werden können, durchaus eine Rolle, doch werden sie einem Realitätstest unterworfen und auf dieser Basis modifiziert und so erst eigentlich lebensdienlich gemacht. Kants Insistieren auf dem Verbot der Notlüge etwa wird so als letztlich kontraproduktiv durchschaut, indem seine Kollision mit anderen Prinzipien (Beistandsgebot, Verpflichtung zur möglichst gewaltfreien Konfliktlösung) sowie die Problematik seiner empirischen Durchsetzbarkeit wahrgenommen werden. Auch Luther kann hier wieder als Beispiel angeführt werden, der das Verbot des Zinsnehmens aus der biblischen und theologischen Überlieferung übernimmt, aufgrund erfahrungsorientierter Überlegungen letztlich jedoch für einen gemäßigten und realitätsgerechten Zins eintritt. Die philosophische Ethik führt an dieser Stelle die hilfreiche Unterscheidung von Ideal- und Praxisnormen ein.[24]

---

24 Vgl. Birnbacher, Verantwortung, 16–23. Zur Applikation dieser Unterscheidung auf das Gebiet der Umweltethik vgl. a.a.O., 140–172 197–240.

Der so begründete Anschluss der Ethik an die empirischen Wissenschaften bedeutet keineswegs die Aufgabe des Orientierungsanspruchs, mit dem die Ethik als normative Orientierungswissenschaft inhärent verbunden ist. Dies sei im Folgenden kurz am Beispiel der Wirtschaftsethik gezeigt.

Eine unmittelbare Anschlussmöglichkeit eines güterethischen Ansatzes an die Wirtschaftswissenschaft ergibt sich zunächst aus der Begrifflichkeit: Um Güter geht es auch im Bereich der Ökonomie. Schon Schleiermacher hat auf diese Analogie aufmerksam gemacht: „Der ökonomische Gebrauch [des Substantivs „Gut"] [...] hat mit dem ethischen die größte Analogie, und kann demselben füglich zur Erläuterung dienen. Jene Güter sind nämlich immer etwas aus der menschlichen Thätigkeit hervorgegangenes, aber zugleich dieselbe in sich schließendes und fortpflanzendes. Vermögen sie das letzte [das produktive Sich-Fortpflanzen] nicht mehr, wie etwa eine abgebaute Grube oder ein ganz ausgesogener und deshalb verlassener Acker: so hören sie auch auf ein Gut zu sein."[25] Schleiermacher sieht die Analogie also darin, dass ökonomische und ethische Güter einerseits beide als Ergebnis menschlicher Tätigkeit angesehen werden, andererseits beide Quelle weiterer Tätigkeit sind.

In der Tat verschwimmt bei einem güterethischen Ansatz zumindest *eine* traditionelle Grenze zur Ökonomie: Auch die Ethik thematisiert eine Form von Zweckrationalität, insofern als der Zweck moralischen Handelns in der Annäherung an das Höchste Gut gesehen wird und im Blick auf dieses Gut mittelbare Güter und Handlungsfolgen auf ihre sittliche Vorzüglichkeit hin abgewogen werden. In diesem Zusammenhang möchte ich eine Formel Max Webers aufgreifen: „Zweckrational handelt, wer sein Handeln nach Zweck, Mittel und Nebenfolgen orientiert und dabei sowohl die Mittel gegen die Zwecke, wie die Zwecke gegen die Nebenfolgen, wie endlich auch die verschiedenen möglichen Zwecke gegeneinander rational abwägt: also jedenfalls weder affektuell (und insbesondere nicht emotional), noch traditional handelt."[26] Der Nachsatz ist problematisch, denn die hier von Weber vorausgesetzte saubere Trennung zwischen rationaler, affektiver und traditionaler Motivation dürfte sich kaum halten lassen. Auch Affekte und Traditionen lassen sich rational reflektieren und so Abwägungen zuführen. Die von Weber gegebene allgemeine Definition von Zweckrationalität lässt sich jedoch gewinnbringend auf das Verhältnis von Ethik und empirischen Bereichswissenschaften anwenden.

Die Einsicht, dass es auch in der Ethik um die rationale Reflexion über die bestmögliche Verwirklichung von Zwecken, ja um Nutzen und Erfolg geht, stürzt

---

25 Schleiermacher, Höchstes Gut, 545.
26 Weber, Wirtschaft, I, I, §2.

die Ethik vom hohen Ross einer kategorisch verstandenen Nutzenfreiheit, wie sie die ethische Tradition im Anschluss an ein falsches Verständnis der aristotelischen Unterscheidung von Praxis und Poiesis lange und auch gerne gepflegt hat und weiter pflegt. Eine nutzenfreie ist auch eine nutzlose Ethik (wenn man nicht ideologiekritisch den wissenssoziologischen Nutzen durchschaut, den der Gestus des Abgehoben- und Enthobenseins von allen Nutzenerwägungen gerade für diesen Typ von Ethik mit sich führt). Eine Reflexion über den Nutzen von Moral im Sinne ihrer Lebensdienlichkeit gehört zu den essentiellen Aufgaben jeder Ethik.

Auf der anderen Seite ergibt sich aus Webers Definition aber auch eine starke Forderung an die empirischen Wissenschaften. Man könnte argumentieren, Webers Begriff von Zweckrationalität sei letztlich tautologisch, weil das rationale Abwägen zwischen Zwecken selbst wieder zweckrational sei. Weber liefert jedoch bereits im nächsten Satz des zitierten Textes eine Erläuterung, die die Tautologie auflöst. Er schreibt: „Die Entscheidung zwischen konkurrierenden und kollidierenden Zwecken und Folgen kann dabei ihrerseits wertrational orientiert sein: dann ist das Handeln nur in seinen Mitteln zweckrational."[27] Das ethische Abwägen ist also zwar als rational zu denken, aber als spezifische Wertrationalität, die ihren Maßstab nicht tautologisch aus den abzuwägenden Zwecken, sondern aus einem übergeordneten Wert bezieht. Genau an dieser Stelle des übergeordneten Werts kommt in einer güterethischen Theorie das Höchste Gut zu stehen. Es ist der letzte Zweck menschlichen Handelns und zugleich der Maßstab für die rationale Abwägung zwischen verschiedenen endlichen Gütern, Zwecken, Mitteln und Handlungsfolgen.

Auch dem ökonomischen Handeln in seinem traditionellen Verständnis möchte ich eine solche Wertrationalität unterstellen. Auch ökonomisches Handeln ist nicht nur (tautologisch) zweckrational, sondern es setzt einen obersten Zweck voraus, der im Sinne eines Höchsten Guts letzter Maßstab für die unvermeidlichen Abwägungen des täglichen Konsumentenlebens, des Unternehmergeschäfts oder der wirtschaftspolitischen Regelsetzung ist. Freilich wird dieses höchste Gut die ökonomischen Handlungen und Entscheidungen nicht direkt bestimmen. Als Teilgebiet der menschlichen Lebenswirklichkeit ist das Ökonomische auch nur einem Teilaspekt des Höchsten Guts im Sinne einer Wertperspektive unterstellt. Kandidaten für eine solche Abschattung des Höchsten Guts auf dem Gebiet der Ökonomie wären die Selbsterhaltung, die Produktion von Wohlstand, die gesellschaftliche Wohlfahrt oder aber auch – auf der Basis des reduktionistischen Menschenbilds der neoklassischen Ökonomik – die individuelle Profitmaximierung. Als Erfüllungen der natürlichen materiellen Bedürf-

---

27 Ebd.

nisse des Menschen sind sie von einer Ethik, die die Körperlichkeit als wesentlichen Bestandteil der Natur des Menschen würdigt, unbedingt ernstzunehmen, wenn auch gegebenenfalls in ihrer Einseitigkeit zu kritisieren.

Ökonomische Interessen werden in diesem Ansatz voll anerkannt; sie werden allerdings in eine größere Perspektive gestellt. Ein „ökonomischer Imperialismus" im Stile Gary Beckers[28] ist aus dieser Sicht ebenso abzuweisen wie seine wirtschaftsethische Applikation bei Karl Homann.[29] Nicht ist die ethische Rationalität der ökonomischen zu unterstellen, sondern umgekehrt: Die ökonomische Rationalität ist als Teil der ethischen Rationalität zu verstehen und von daher zu relativieren. Ökonomische Entscheidungen und Abwägungen sind zu prüfen nicht nur hinsichtlich ihrer sachlichen Machbarkeit und ihrer ökonomischen Effizienz, sondern auch hinsichtlich des Beitrags, den sie zur Verwirklichung eines die gesamte menschliche Lebenswirklichkeit umfassenden Höchsten Guts leisten. Materielle Interessen und Interessen am eigenen Wohl sind legitim, doch sind sie immer kritisch zu hinterfragen im Blick auf ihre Vereinbarkeit und Nützlichkeit hinsichtlich des Höchsten Guts, das noch ganz andere menschliche Interessen im Sinne einer ganzheitlichen Anthropologie in den Blick nimmt. Die Theologie und Ethik nehmen hier neuere Tendenzen in der Ökonomik interessiert zur Kenntnis, die vom Modell des Menschen als individuell seinen materiellen Nutzen maximierenden „homo oeconomicus" abgehen und ein ebenso fundamentales Interesse des Menschen an fairen Gesellschaftszuständen postulieren.[30]

Gerade wenn man sie als Güterethik konzipiert, kann die theologische Ethik die ökonomische Rationalität integrieren. Nähe und Distanz zwischen Ethik und Ökonomie werden hier besonders deutlich. Ethik und Ökonomie sind beide rationale Wissenschaften, sind beide zweck- und wertrational zugleich, sind beide an der Hervorbringung von Gütern interessiert. Wo die Ethik allerdings die gesamte Wirklichkeit sowie – als religiöse Ethik – deren transzendenten Schöpfer und deren transzendentes Ziel in den Blick nimmt, beschäftigt sich die Ökonomie lediglich mit einem Teilgebiet dieser Wirklichkeit, nämlich mit der Frage, mit welchen Mitteln im Voraus bestimmte Ziele möglichst effektiv erreicht werden können. Sie sollte dies tun unter Aufbietung all ihrer Möglichkeiten, aber ohne das Ganze aus dem Blick zu verlieren, das aus christlicher Sicht im Höchsten Gut eines „Lebens in versöhnter Gemeinschaft" zur Geltung kommt.

---

28 Vgl. bes.: Becker, Ansatz.
29 Vgl. z. B. Homann, Ökonomik, 259: „Die Ethik muss in Vorteilen begründet werden, wobei der offene Vorteilsbegriff der ‚imperialistischen' Ökonomik eine wesentliche Säule der Zukunftsfähigkeit dieser Ethik darstellt."
30 Vgl. z. B. Henrich, Foundations.

5 Das Höchste Gut: Leben in versöhnter Gemeinschaft

Was ist das Höchste Gut im christlichen Sinn? Schleiermacher hat vier Weisen, vom Höchsten Gut zu reden, unterschieden: das goldene Zeitalter, der ewige Friede, die Gemeinschaft der Sprachen, das Himmelreich. Der letzte Terminus, das Himmelreich, ist der religiöse, der jedoch, sofern von einem echten „Inbegriff" die Rede ist, die anderen drei Vorstellungen in sich aufnehmen muss. Wie kann man irdisch vom „Himmelreich" reden?

„Leben in versöhnter Gemeinschaft" – dieser Ausdruck nimmt dreierlei auf: (1) Als eigentliches Höchstes Gut, als dessen Substanz, wird das Leben bestimmt. Damit werden zahlreiche biblische Passagen aufgenommen, die in diesem Sinn vom „ewigen Leben" oder schlicht vom „Leben" sprechen. Zudem wird verdeutlicht, dass das ganze Leben im christlichen Sinn eine Gabe Gottes ist, der schon als solcher, als bloße geschöpfliche Existenz, hoher Wert zukommt. (2) Es geht nicht um das blanke Leben oder Überleben, sondern das gelingende Leben wird als „wahres Leben"[31] verstanden. Die Formel vom „Leben in versöhnter Gemeinschaft" qualifiziert das Leben in einem doppelten Sinn. Der (a) Gemeinschaftsbezug ergibt sich aus dem christlichen Menschenbild, das den Menschen als zur Beziehung bestimmtes Wesen versteht. (3) Die Rede von der (b) „versöhnten Gemeinschaft" soll verdeutlichen, dass die erhoffte und erstrebte Gemeinschaft kein gesichtsloses Konglomerat ist. Es ist eine Gemeinschaft von Individuen, die in ihrer Eigentümlichkeit und mit ihren, allerdings versöhnten, Unterschieden, Geschichten, Erfolgen und Verletzungen in das „Himmelreich" eingehen. Hier ist die Nähe zum „ewigen Frieden" besonders deutlich.

Die schönste verbale Darstellung hat das „Leben in versöhnter Gemeinschaft" in der prophetischen Vision des Jesaja erhalten, der vom umfassenden, die Tiere einschließenden Friedensreich des Messias spricht: „Da wird der Wolf beim Lamm wohnen und der Panther beim Böcklein lagern [...]."[32] Hier ist auch der Ort, um die Gerechtigkeit in das Konzept zu integrieren, denn eine versöhnte Gemeinschaft kann nicht anders als gerecht gedacht werden. Ungerechtigkeiten wären Quellen des Konflikts und haben daher in der Vorstellung eines Zustands, wo „Gerechtigkeit und Friede sich küssen"[33], keinen Ort. Der gerechte Friede wiederum setzt voraus, dass die grundlegenden Lebensbedürfnisse, inklusive der

---

31 Vgl. I Tim 6, 19: „τῆς ὄντως ζωῆς".
32 Jes 11, 6–9.
33 Ps 85, 11.

materiellen Ebene, befriedigt sind. Hier zeigt sich also einmal mehr, dass vom güterethischen Ansatz der christlichen Ethik aus keinerlei Grund besteht, zwischen ethischer und ökonomischer Rationalität einen Trennungsstrich zu ziehen.

Mit der Konkretisierung als „Leben in versöhnter Gemeinschaft" soll nicht gesagt sein, dass der Gedanke dieses Höchsten Guts immer auf die zu treffenden Entscheidungen schlicht appliziert werden kann und soll. „Mittlere Axiome" sind nötig, um das Höchste Gut auf die Ebene des im Hier und Jetzt Machbaren herunterzubrechen.[34] Dazu gehören auch Prinzipien. Schon Max Weber hat ja gesagt, dass, wer sich einer Verantwortungsethik verpflichtet fühlt, nicht gesinnungs- und prinzipienlos handeln muss.[35] Er oder sie geht von der grundsätzlichen Geltung bestimmter Prinzipien aus, sieht aber die Notwendigkeit, sie hier und da zu brechen, wenn es um eines höherwertigen Gutes willen geschieht. Der Widerspruch gegenüber einer reinen Tugend- und Pflichtethik bedeutet nicht, dass von Tugenden und Pflichten gar nicht mehr die Rede sein sollte.

Zwischen den konkreten Tugenden und Pflichten und dem Höchsten Gut möchte ich allerdings – im Sinne von Oldhams „Mittleren Axiomen" – eine Ebene der Ethik ins Spiel bringen, von der in diesem Aufsatz bisher noch gar nicht die Rede war: die Ebene der Werte.

Oft werden Werte als „Grundwerte" an die letzt-orientierende Stelle gesetzt, die ich in der Nachfolge der Tradition der Güterethik mit dem Höchsten Gut besetzt habe. Ich habe in meinen Ausführungen den Wertbegriff bisher vermieden und ihn in der Funktion der Letzt-Orientierung durch den Begriff des Gutes ersetzt. Im Hintergrund steht dabei das Interesse am Wirklichwerden des Guten, denn der Güterbegriff partizipiert nicht an der unsicheren ontologischen Basis des Werts. Die philosophische Werttheorie konnte nie klären, welcher Seinsmodus den Werten überhaupt zukommt. De facto ist es jedenfalls, durchaus im Widerspruch zu den Protagonisten der Wertphilosophie, zur Rede von Werten im Unterschied zum Wirklichen gekommen, mit dem Effekt einer bis ins Alltagsbewusstsein hinein sich auswirkenden Trennung zwischen Sollen und Sein, so dass die Analyse des späten Carl Schmitt, Werte könnten sich nur noch tyrannisch, im Widerspruch zum Sein, zur Geltung bringen, durchaus berechtigt erscheint.[36] Werte äußern sich im heutigen gesellschaftlichen Diskurs in der Tat als „Wünsche", die dann doch recht schnell als bloß fromme Wünsche, die der Realität zur Not gewaltsam oktroyiert werden, desavouiert werden können. Der Güterbegriff ist dieser Verfallsgeschichte und diesen Problemen nicht ausgesetzt, weshalb ich

---

34 Der Terminus „mittlere Axiome" wurde in der Mitte des 20. Jahrhunderts von dem Ökumeniker J. H. Oldham in die Debatte eingeführt (dazu: Kosmahl, Ethik).
35 Vgl. Weber, Politik als Beruf, 237.250.
36 Vgl. Schmitt, Tyrannei.

ihm den Vorzug gebe, ohne bestreiten zu wollen, dass die von mir genannten Güter – Leben, Friede, Gesundheit, Wohlstand – im alltäglichen Sprachgebrauch ebenso als Werte bezeichnet werden. Auch Güter stehen im Zusammenhang von menschlichen Wünschen. Und das Höchste Gut wird per definitionem jenseits der vorfindlichen Wirklichkeit gedacht – nicht jedoch kontrafaktisch, sondern annäherungsweise immer schon verwirklicht.

Während Güter im hier verstandenen Sinne Zustände beschreiben, sind Werte Maßstäbe der Bewertung. Anders gesagt: Es sind Qualifikative, anhand derer die moralische Güte eines jeweils erreichten Zustands oder einer Handlung bemessen wird. Auch hier gibt es, wie für die Bestimmung des Höchsten Guts, eine Vielzahl von Kandidaten, wenn man die Breite der ethischen Traditionen der Menschheit berücksichtigt. Ausgehend vom christlichen Gedanken eines „Lebens in versöhnter Gemeinschaft" scheinen mir vier Werte von besonderer Bedeutung zu sein: Würde, Liebe, Gerechtigkeit und Ganzheit. Moralisch gut ist eine Lebensführung, die nach der Verwirklichung eines Lebens in Würde, in Liebe, in Gerechtigkeit und in Ganzheit strebt.

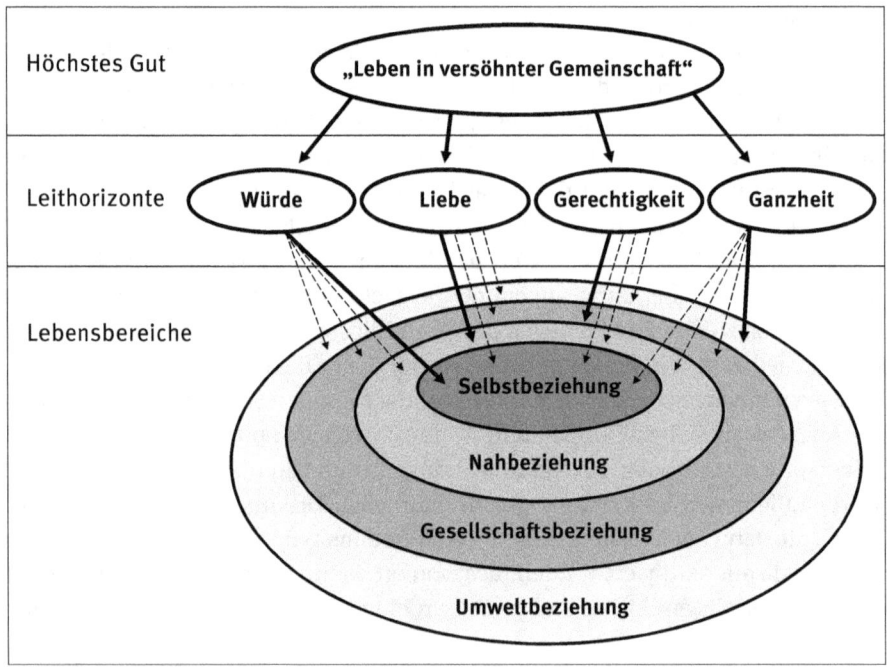

Wie die Graphik[37] veranschaulicht, sind die vier ausgewählten Werte in meinem Entwurf der christlichen Ethik als „Leithorizonte" auf einer mittleren Ebene den vier Lebensbereichen zugeordnet, in denen sich das Leben des Menschen als Beziehungswesen vollzieht: Selbst-, Nah-, Gesellschafts- und Umweltbeziehung. Alle vier Werte sind bei der Gestaltung jedes Lebensbereichs im Sinne einer orientierenden Perspektive auf die Verwirklichung des „Lebens in versöhnter Gemeinschaft" zu berücksichtigen; gleichwohl ist jeder von ihnen einem der Lebensbereiche in besonderer Weise zugeordnet (in der Graphik illustriert durch die Unterscheidung von gestrichelten und ganzen Linien). Durch die Darstellung der vier Lebensbereiche als konzentrischer Kreise ist angedeutet, dass die versöhnte Gemeinschaft, von der die christliche Ethik spricht, beginnend beim Ich – auch die Gestaltung der Beziehung zum eigenen Ich ist ethisch relevant, ja sie ist als Selbstannahme im Sinne der Würde der eigenen Person der Kern jeder moralisch guten Lebensführung – auf die gesamte Wirklichkeit bis hin zur unbelebten Natur ausgreift.

Die Darstellung eines Gesamtentwurfs der christlichen Ethik, wie sie sich aus diesen systematischen Überlegungen ergibt, ist nicht das Thema dieses Aufsatzes. Ohnehin wird es sich dabei um eine mögliche Darstellungsperspektive der christlichen Ethik handeln, in Folge der im ersten Abschnitt bereits angeführten Perspektivität jeden ethischen Urteils. Auch jeder andere Entwurf der christlichen Ethik wird aber den besonderen Fokus auf das zu verwirklichende Gut zu berücksichtigen haben, wie er in den vorstehenden Zeilen als Charakteristikum der christlichen Ethik erhoben wurde.

Bibliographie:

Aquin, Thomas von. 1933 ff. *Summa Theologica*, übers. von Dominikanern und Benediktinern Deutschlands u. Österreichs, hg. v. Heinrich M. Christmann. Die deutsche Thomas-Ausgabe. Vollständige ungekürzte deutsch-lateinische Ausgabe der Summa theologica. Salzburg [u. a.]: Pustet.
Auer, Alfons. ²1984. *Autonome Moral und christlicher Glaube*. Mit einem Nachtrag zur Rezeption der Autonomievorstellung in der katholisch-theologischen Ethik. Patmos-Paperback. Düsseldorf: Patmos-Verlag.
Becker, Gary Stanley. ²1993. *Der ökonomische Ansatz zur Erklärung menschlichen Verhaltens*. EGW 32. Tübingen: Mohr Siebeck.
Biéler, André. 1961. *La pensée économique et sociale de Calvin*. Genève: Georg Editeur.

---

37 Ich danke an dieser Stelle meinem ehemaligen Mitarbeiter Florian Franken für die graphisch gelungene Umsetzung meiner handschriftlichen Skizze.

Birnbacher, Dieter. 1995. *Verantwortung für zukünftige Generationen*. Universal-Bibliothek 8447. Stuttgart: Reclam.
Bonhoeffer, Dietrich. 1992. *Ethik*. Bd. 6, *DBW*. Gütersloh: Gütersloher Verlagshaus.
Henrich, Joseph Patrick, Hg. 2004. *Foundations of Human Sociality. Economic Experiments and Ethnographic Evidence from Fifteen Small-Scale Societies*. Oxford [u. a.]: Oxford University Press.
Homann, Karl. 2002. „Ökonomik: Fortsetzung der Ethik mit anderen Mitteln" In *Vorteile und Anreize. Zur Grundlegung einer Ethik der Zukunft*, hg. v. Christoph Lütge, 243–266. Tübingen: Mohr Siebeck.
Johannes Paul II, Hg. *Enzyklika Veritatis splendor (1993)*. http://w2.vatican.va/content/john-paul-ii/de/encyclicals/documents/hf_jp-ii_enc_06081993_veritatis-splendor.html, abgerufen am 25.03.2018.
Kosmahl, Hans-Joachim. 1970. *Ethik in Oekumene und Mission. Das Problem der „Mittleren Axiome" bei J. H. Oldham und in der christlichen Sozialethik*. FSÖTh 23. Göttingen: Vandenhoeck & Ruprecht.
Luther, Martin. ^{3}1983. „Von weltlicher Obrigkeit, wie weit man ihr Gehorsam schuldig sei (1523)". In *Der Christ in der Welt*. Bd. 7, *Luther deutsch. Die Werke Martin Luthers in neuer Auswahl für die Gegenwart*, hg. v. K. Aland, 9–51. Göttingen: Vandenhoeck & Ruprecht.
Luther, Martin. ^{2}1967. „Von Kaufshandlung und Wucher (1524)." In *Der Christ in der Welt*. Bd. 7, *Luther deutsch. Die Werke Martin Luthers in neuer Auswahl für die Gegenwart*, hg. v. K. Aland, 263–283. Göttingen: Vandenhoeck & Ruprecht.
Paulsen, Friedrich. 1900. „Kant der Philosoph des Protestantismus." *KantSt* 4:1–31.
Schleiermacher, Friedrich D. E. 2002. „Über den Begriff des höchsten Gutes. Erste Abhandlung (1827)". In *Akademievorträge*. I/11. *Kritische Gesamtausgabe*, 535–553. Berlin [u. a.]: De Gruyter.
Schmitt, Carl. 1979. „Die Tyrannei der Werte." In *Die Tyrannei der Werte*, hg. v. Carl Schmitt/Eberhard Jüngel/Sepp Schelz, 9–44. Hamburg: Lutherisches Verlagshaus.
Troeltsch, Ernst. 1913. *Grundprobleme der Ethik. Erörtert aus Anlaß von Herrmanns Ethik*. Bd. 2, *Gesammelte Schriften*, 552–672. Tübingen: Mohr.
Weber, Max. 1922. *Wirtschaft und Gesellschaft. Grundriss der verstehenden Soziologie*. Bd. 3 *Grundriss der Sozialökonomik*. Tübingen: Mohr Siebeck.
Weber, Max. 1992. *Politik als Beruf: 1917/1919* Bd. I/17, *Gesamtausgabe*, 113–252. Tübingen: Mohr Siebeck.

Torsten Meireis
Verheißung und Entsprechung

Ethik als öffentliche Theologie in praktischer Absicht

1 Einleitung: Aufgabe und Bedeutung Evangelischer Ethik

Wie sollen europäische Staaten mit dem gegenwärtigen Zustrom von Flüchtlingen aus Bürgerkriegs- und Armutsgebieten umgehen? Ist der assistierte Suizid moralisch akzeptabel? Wie lassen sich moralische Prinzipien begründen? Sollte der regelmäßige pränatale Test auf Trisomie von den Krankenkassen bezahlt werden? Welche politischen Regeln sind internationalen Finanzmärkten angemessen? Solche und ähnliche Fragen sind Gegenstand der Ethik, die sich unter dem Titel der Fundamentalethik der Begründung moralischen Handelns, unter dem Etikett der Materialethik der Reflexion konkreter moralischer Probleme widmet.

Ethik lässt sich als kritische Reflexion auf das gute Leben und das richtige Handeln definieren. In dieser Definition wird bereits eine wichtige Differenzierung vorgenommen: Unter dem Titel des ‚Richtigen' werden ethische Urteile, die Allgemeingültigkeit beanspruchen, also unabhängig von religiöser, weltanschaulicher, kultureller Prägung oder historischer und sozialer Situation gelten sollen, von solchen unterschieden, die – auf das Gute zielend – die Geltung partikularer religiöser oder weltanschaulicher Grundannahmen voraussetzen, von denen aus sich allererst bestimmen lässt, was als ‚gut' gelten soll.[1] Als Beispiel für einen unter dem Aspekt des Richtigen erhobenen Geltungsanspruch kann etwa das Menschenwürdeprinzip gelten, das universale Verbindlichkeit beansprucht, für die Ethik des Guten lässt sich etwa das Gebot der Nächstenliebe anführen, das den jüdischen oder den christlichen Glauben voraussetzt.

Ethik, die als philosophische Disziplin auf Aristoteles[2] zurückgeht, wird in sehr vielen und unterschiedlichen Wissenschaften betrieben. So finden sich an medizinischen Fakultäten immer öfter Professuren für Medizinethik, in der Jurisprudenz solche für Rechtsphilosophie. An philosophischen Fakultäten firmiert die Ethik unter dem Titel der Praktischen Philosophie. Weil Ethik es mit der Frage

---

1 Vgl. zu dieser Unterscheidung Ross, The Right.
2 Vgl. hierzu Aristoteles, Ethik.

nach moralischen Prinzipien in sehr unterschiedlichen Handlungsfeldern zu tun hat, geht sie in der Regel interdisziplinär oder transdisziplinär vor.

Damit lässt sich fragen, warum eigentlich Ethik nun auch noch aus der Perspektive der Theologie nötig ist. Die hier vertretene These ist eine dreifache. Sie besagt erstens, dass Ethik in protestantischer Perspektive nicht rein weltimmanent argumentiert, sondern die je eigene Weltsicht wie auch die sich in diesem Zusammenhang herausbildenden moralischen Prinzipien letztlich als menschliche Reaktion auf die Offenbarung des dreieinigen Gottes versteht.[3] Weil die Offenbarung in Jesus Christus auf das Heil und das Wohl der Menschen zielt, impliziert protestantische Ethik daher stets einen Verheißungsaspekt, der etwa in den Bildern des Reiches Gottes anschaulich wird, und dem Christinnen und Christen in ihrem Handeln zu entsprechen suchen.[4] Im Beispiel: Die Flüchtlingskrise lässt sich in evangelischer Sicht nicht auf der Folie des Weltbildes eines Kampfs aller gegen alle ums Dasein bearbeiten, sondern muss im Horizont einer gebrochenen Welt verstanden werden, der Versöhnung verheißen ist und in der daher Menschenwürde und Nächstenliebe als moralische Prinzipien zu plausibilisieren sind. Da theologische Ethik sich zweitens mit Problemen beschäftigt, die in öffentlichen Debatten verhandelt werden, weil Einsichten des Glaubens öffentlicher Diskussion zugeführt werden müssen und viele normative Probleme ohne ihre religiöse bzw. weltanschauliche Dimension nicht zu verstehen sind, agiert Ethik als öffentliche Theologie, die die Verhältnisse von Richtigem und Gutem stets mitreflektieren muss. Weil Ethik schließlich drittens auf die Reflexion und Orientierung des menschlichen Handelns zielt, stellt sie öffentliche Systematische Theologie in praktischer Absicht dar, macht also die Systematische zu einer besonderen Art praktischer Theologie. Und praktische Theologie dieser Art ist notwendig: für den Glauben, notwendig für die Kirche, notwendig für die pluralistische Gesellschaft – und für die Theologie als Wissenschaft auch.

Alle drei Teile der These bedürfen der Begründung. Was zunächst evident erscheinen mag – theologische Ethik hat es mit Gottes Verheißungen und Gottes Gebot zu tun – wird in dem Maße problematisch, in dem man sich der Frage stellen muss, welche Verheißungen und Gebote nun eigentlich in welcher Situation für wen auf welche Weise orientierend wirken und wer zum Urteil darüber kompetent sein könnte – und diese Frage lässt sich natürlich bereits an die hinsichtlich des Flüchtlingsbeispiels angebotene Deutung stellen. Das öffentliche Agieren theologischer Ethik, das sich im Rahmen der medialen Repräsentation ethischer Fragen angesichts der Präsenz von Theologinnen und Theologen in

---

[3] Vgl. Barth, Lehre, bes. etwa 403.
[4] Vgl. hierzu Moltmann, Theologie der Hoffnung; Meireis, Gott entsprechen.

solchen Diskursen von selbst zu verstehen scheint, ist im Kontext pluralistischer Gesellschaften zu rechtfertigen. Und was durch die institutionelle Repräsentation der Ethik an wissenschaftlich-theologischen Fakultäten selbstverständlich wirkt – die Existenz der Ethik als theologische Disziplin und ihre Ausrichtung auf Fragen der Handlungspraxis – ist auf seine Plausibilität zu befragen, also daraufhin, was die wissenschaftlich-theologische Ethik aus protestantischer Perspektive eigentlich für den Glauben, die Kirche und die Gesellschaft – und damit auch für Theologie und Wissenschaft als Ganze – leistet.

Um die These zu begründen und zu bewähren, dass die theologische Ethik die auf dem Glauben beruhende Reflexion der Transzendenz in die Handlungsorientierung aufnimmt, dies öffentlich tut und tun muss und gerade in dieser praktischen Orientierung eine wichtige Leistung für Glauben, Kirche und Gesellschaft erbringt, werde ich in diesem Aufsatz in drei Schritten vorgehen, die sich an den drei Bereichen orientieren, für welche die praktische Leistung erbracht wird und zunächst auf den Glauben, dann auf die Kirche und schließlich die Gesellschaft eingehen.

In einem ersten geht es also um die Relation von Ethik und Glauben – in der Frage der Relation von Immanenz und Transzendenz werde ich argumentieren, dass es die theologische Ethik mit einer dreifachen Gestalt des Guten zu tun hat und dass jeder Gestalt eine spezifische Bedeutung für die Handlungsorientierung zukommt. Der zweite Schritt hat es mit der Aufgabe der Ethik im Verhältnis zur Kirche zu tun, wobei es um die Frage nach der Entsprechung und Zuordnung des christlichen Handelns zum Guten und dessen Realisierung zu tun ist. In einem dritten Schritt geht es um die gesellschaftliche Aufgabe der Ethik – der Abschnitt widmet sich also besonders der Frage nach der Bedeutung theologischer Ethik für eine weitere Öffentlichkeit. Die Ethik bringt christliche normative Orientierungen des Guten in die gesellschaftlichen Diskurse ein, unterwirft ihre moralischen Prinzipien so öffentlicher Verallgemeinerungsprüfung und wirkt so an der Erhebung dessen mit, was als verallgemeinerbar Richtiges gelten kann. Sie bereichert damit gleichzeitig die Debatten, trägt zum gesellschaftlichen Pluralismus bei, ermöglicht ihrerseits eine kritische Prüfung sozialer Lagen und politischer Orientierungen und lässt sich daher mit dem Stichwort einer öffentlichen Theologie beschreiben.

Unter ‚Glauben' werde ich dabei ganz klassisch die prozesshafte und dynamische Einheit von für zutreffend gehaltenen Auffassungen und einer existentiellen Haltung verstehen, die sich selbst als offenbarungsgewirkt versteht. Glauben wird dabei nicht als Gegensatz zu Wissen, sondern als besondere Form des Wissens bestimmt, die mit existentiellem Vertrauen auf den in Jesus Christus offenbaren Gott einhergeht. Christlicher Glaube setzt so die Kenntnis der Geschichte Jesu in ihrem Kontext voraus (notitia), er impliziert, dass sich mir diese

Geschichte als für die Welt und mein Leben als bedeutsam erschlossen hat und immer wieder neu erschließen kann (assensus) und ermöglicht so die Haltung von Vertrauen in und Hoffnung auf Gott in Jesus Christus (fiducia). Glaube in diesem Sinn ist dynamisch, prozesshaft und unverfügbar: Er ist dynamisch, sofern es nicht um einen bloßen Kanon von Wissensbeständen oder gar einen festen, zu erwerbenden Besitz geht, sondern um eine stetige, unterschiedlich intensive kommunikative Auseinandersetzung mit anderen über das Bild der Welt und die Orientierung des eigenen Lebens, zu der Zweifel und Anfechtung genauso dazugehören wie die Wahrnehmung, dass wir schon immer durch die Geschichte Gottes in Christus geprägt sind. Glaube ist prozesshaft, sofern neue Wahrnehmungen und Erkenntnisse die Einsichten in die Bedeutsamkeit der in Jesus Christus offenbaren Geschichte Gottes sowie die damit verbundene Haltung verändern können und umgekehrt auch die Einsicht in die Bedeutsamkeit der Geschichte Jesu die Wahrnehmung der Welt beeinflusst. Er ist schließlich unverfügbar, weil die Bedeutsamkeit der Offenbarung Gottes in Christus für die Welt und das eigene Leben nicht durch Menschen bewiesen, demonstriert oder in ihrer Eigenart letztgültig festgelegt werden kann – in der christlichen Tradition wird dieses sich-Erschließen als Werk des Heiligen Geistes und der Glaube daher als Geschenk Gottes verstanden, das sich der Beherrschung durch Menschen entzieht: Daher ist die Ausprägung des Glaubens stets kontextuell und individuell, daher lässt sich die Prozesshaftigkeit und Dynamik des Glaubens durch Menschen nicht stillstellen.

Individueller Glaube bildet sich stets im Kontext von Sozialität aus, setzt also einen gegenwärtigen und historischen Mitteilungszusammenhang voraus – dieser lässt sich mit dem Begriff ‚Kirche' bezeichnen. Der Begriff der Kirche wird hier also nicht nur für eine bestimmte soziale Organisation, sondern historisch und sozial übergreifend verwendet. Die Kirche, die sich empirisch gesehen stets als Vielfalt von Gemeinschaften zeigt, ist so als Individualität und Sozialität umgreifende Trägerin des – stets pluralen – Glaubens aufzufassen. Auch wenn sich Kirche als offenbarungsgewirkt und insofern einheitlich versteht und glaubt, bildet sie nach ihrer empirischen Seite partikulare Kommunikations- und Handlungszusammenhänge, die sich je nach historischem und sozialem Kontext unterschiedlich darstellen.[5] Damit hängt es zusammen, dass nach protestantischer

---

5 In diesem Sinne wird CA VII „ein heilige christliche Kirche" als „Versammlung aller Glaubigen" bekannt, CA VIII jedoch zugestanden, dass unter den „Glaubigen und Heiligen ... in diesem Leben viel falscher Christen und Heuchler" sind – als erfahrbare und zureichende Erkennungszeichen der geglaubten und verkündigten Kirche werden CA VII dann Evangeliumspredigt und Sakramentsgabe benannt, eine weitergehende Übereinstimmung aber nicht für erforderlich gehalten und in diesem Sinne geglaubte und erfahrbare Kirche unterschieden.

Auffassung durch Menschen nicht abschließend zu beurteilen ist, wer eigentlich als Glied der offenbarungsgewirkten Kirche, also als Christin oder Christ gelten soll – und wer nicht. Das aber bedeutet, dass die Grenzen der Kirche notwendig offen sind, weil menschlich nicht festzulegen ist, wer genau zu diesem Mitteilungszusammenhang gehört: Das ist gemeint, wenn es in der Bibel heißt, dass das Leben der Christen in Gott verborgen sei (Kol 3,3).

‚Gesellschaft' möchte ich als soziologisch beschreibbaren, verschiedene soziale Gruppierungen und Funktionsbereiche übergreifenden Kommunikations- und Handlungszusammenhang auffassen. Moderne Gesellschaften sind dabei in der Regel nationalstaatlich verfasst und funktional differenziert gegliedert, aber durch internationale Regelungen und transnational agierende Akteure – wie zum Beispiel Unternehmen oder Verbände wie die Gewerkschaften oder etwa den Ökumenischen Rat der Kirchen – miteinander verbunden.

Der stets im Plural auftretende Glaube ist so gesehen ein Moment des Mitteilungszusammenhangs Kirche, Kirche ist nach ihrer empirischen Seite hin ein Moment der stets pluralen Gesellschaft. Sofern Glaube, Kirche und Gesellschaft miteinander verschränkt sind, muss auch die ethische Reflexion die drei Elemente im Zusammenhang thematisieren.

2 Theologische Ethik als kreative Orientierung aus dem Glauben und als kritische Prüfung des Glaubens

Ethik, so die erste These, ist notwendig für den christlichen Glauben, der sich als Resultat der Offenbarung des Wortes Gottes in Jesus Christus versteht. Wiewohl nach christlicher Einschätzung Geschenk Gottes und insofern immer auch unverfügbar und angefochten, drückt sich der Glaube an Gott in Jesus Christus doch in menschlichen Termini aus, ist insofern nach menschlichem Maß explikationsbedürftig und explikationsfähig, wenn auch stets irrtumsanfällig. Und damit muss bereits von normativen Aspekten im Zusammenhang des Glaubens die Rede sein. Denn Ausdruck und Explikation sind Formen des Handelns, und Handeln lässt sich auf die ihm zugrundeliegenden normativen Prinzipien befragen. Die Explikation des Glaubens, so eine der zentralen normativen Einsichten nach protestantischer Auffassung, lässt sich schon wegen der Einsicht in die Begrenztheit der Menschen vor Gott nicht autoritativ stillstellen, ihre Unverfügbarkeit zeigt sich nicht nur, aber auch an der individuell unterschiedlichen Färbung dieser Erläuterung. Weil das den Glauben weckende Wort Gottes[6] – bei aller individuellen Eigenart der Symbolisierung – auf menschliche Mitteilungszusammenhänge zielt, wie sie etwa der matthäische Missionsbefehl anvisiert, ist die öffentliche Verständigung über die Gehalte des christlichen Glaubens und weitergehend über Sinntotalitäten, wie sie von anderen Religionen und Weltanschauungen auch dargestellt werden, notwendig. Sofern das Wort Gottes durch die Erzeugung des Glaubens in der Spannung von idiosynkratischer Individualität und prägender wie geprägter Sozialität kommunikatives Handeln erfordert und also Glauben stets Handeln impliziert, ist die Frage nach der normativen Bestimmung dieses Handelns schon im Vollzug des sich als Wirkung des Wortes Gottes verstehenden Glaubens selbst mitgesetzt.

Allerdings ist diese Auffassung, die eine öffentliche Verständigung über Weltanschauungen und Religionen impliziert, umstritten: Schon die Frage, ob Argumente und Symbole aus der Glaubensperspektive überhaupt auch nur einen Platz in öffentlichen Debatten und Räumen beanspruchen dürfen, hat im globalen Nordwesten eine intensive ethische Debatte ausgelöst, zu deren Protagonisten unter anderem John Rawls,[7] Robert Audi, Nicholas Wolterstorff,[8] Martha Nussbaum[9] oder Jürgen Habermas[10] zu zählen sind. Und dabei ist die Frage, welche Rolle Glaubensmotive und Weltanschauungen in staatlichen Institutionen wie etwa dem Bildungssystem spielen sollten, noch gar nicht berührt, von der öffentlichen Finanzierung von Religionen ganz zu schweigen. Im globalen Süden, etwa in Brasilien oder Südafrika, stellen sich normative Fragen eines ganz anderen Typs, weil dort konkurrierende religiöse Rationalitäten – vor allem christlichen Typs – offensiv um politische Hegemonie streiten wie es etwa die ‚Assembleías de Deus' oder die ‚Igreja Universal do Reina de Deus' mit ihrem ‚Tempel Salomos' in Brasilien im Wettstreit mit der im Rückgang befindlichen römisch-katholischen Kirche tun oder wie es etwa die ähnlich gelagerten *prosperity churches* im südafrikanischen Kontext unternehmen. Ethisch gesehen sind hinsichtlich des Handelns im und aus dem Glauben drei verschiedene Ebenen zu unterscheiden, die man als unverfügbares, intendiertes und realisiertes (bzw. nicht realisiertes) Gutes bezeichnen kann – und diese Unterscheidung kann helfen, die eben dargestellten Probleme einer pluralen Verfasstheit der Welt zu bearbeiten.[11]

---

6 Vgl. Barth, Aufgabe der Theologie, bes. 159–160.
7 Vgl. Rawls, Public Reason.
8 Vgl. Audi / Wolterstorff, Religion.
9 Vgl. Nussbaum, New Religious Intolerance.
10 Vgl. Habermas, Kognitive Voraussetzungen.
11 Vgl. Meireis, Güterethik, sowie ders., Tätigkeit und Erfüllung, 223–274.

Aus meiner Sicht kommt dabei das Wort Gottes in seiner glaubenserzeugenden Wirkung vor allem als unverfügbares Gutes in den Blick. Auf Grund der bereits benannten Einsicht in die menschliche Endlichkeit vor Gott und die Unmöglichkeit der Beanspruchung göttlicher Allwissenheit oder Allmacht ist von der prinzipiellen Unverfügbarkeit im Sinne einer zwar durch Ursprung, Wirkungsgeschichte und die Bitte um den Geist nicht beliebigen, aber auch nicht endgültig möglichen Feststellbarkeit der gültigen Gehalte auszugehen, die in einer methodisch nicht auflösbaren Spannung resultiert, die im Glauben auszuhalten ist.[12] Wenn wir Glauben ausdrücken und entfalten, verwenden wir daher dazu in der Regel Metaphern und Narrative, die wir selbst im Rahmen exegetischer Befunde und historischer Einsichten vorfinden, wobei bereits die Gewinnung der Befunde und Einsichten die Verständigung zwischen exegetischen, historischen und systematischen Disziplinen voraussetzt. Metaphern, deren Gehalte ihrerseits aus dem Bereich des realisierten Guten stammen – das Reich Gottes; Gott als Mutter oder Vater; Christus, der Gesalbte, der Sohn Gottes, unser Bruder; die forensische Rechtfertigung; das Licht der Welt – besitzen ihre Eigenart darin, dass sie nicht abschließbar zu interpretieren sind und insofern auch formal diejenige Unverfügbarkeit im Sinne von Offenheit transportieren, die dem unverfügbaren Guten angemessen ist. Narrative gewinnen ihre kreative Kraft auch aus der je partikularen und dadurch immer neuen Verkörperung, die im christlichen Kontext ebenfalls durch die Bitte um den Geist ergänzt wird, der als Chiffre der Tatsache gelten kann, dass die Wirkung des Wortes Gottes auch in der individuellen oder kollektiven Verkörperung nicht willkürlich, aber unverfügbar bleibt.

Sofern das als unverfügbares Gutes thematisierte Wort Gottes sich Menschen im Glauben erschließt, inspiriert es zum Handeln: Dieses menschliche Handeln lässt sich in der Perspektive des Glaubens als Entsprechung zum Handeln Gottes verstehen, als Reaktion auf Gottes Offenbarung. Es besteht einerseits in der darstellenden Entfaltung des Glaubens, also dem Ausdruck und der Beschreibung dessen, was Gott in Christus getan hat und was dies für diese Welt und die Glaubenden in ihr bedeutet, andererseits in der konkreten, physischen Einwirkung auf diese Welt und uns selbst. Man kann beide Handlungsarten mit Friedrich Schleiermacher als darstellendes (symbolisierendes) und wirksames (organisierendes) Handeln unterscheiden. Um den Gegensatz zum Handeln Gottes zu markieren, möchte ich hier vom intendierten Guten sprechen. Denn das menschliche Handeln zielt auf die Entsprechung zu Gottes Gutem, ist aber zu-

---

12 Vgl. Meireis, Gott entsprechen. Karl Barth hat diese Spannung prägnant ausgedrückt: „Wir sollen als Theologen von Gott reden. Wir sind aber Menschen und können als solche nicht von Gott reden. Wir sollen Beides, unser Sollen und unser Nicht-Können, wissen und eben damit Gott die Ehre geben." Barth, Aufgabe der Theologie, 151.

nächst nur beabsichtigtes Gutes, da es in zweierlei Hinsicht irrtums- und fehleranfällig ist: Erstens kann die Auffassung des unverfügbaren Guten irrig sein, zweitens aber sind die Folgen menschlichen Handelns in der Regel nicht vollständig absehbar und statt des beabsichtigten Guten resultiert auf der Ebene des realisierten (bzw. nicht realisierten) Guten ein unbeabsichtigtes Schlechtes. Aus diesem Grund ist nicht nur die stete Erwägung der Frage nötig, welches intendierte Gute sich aus dem unverfügbaren Guten ergibt, sondern auch die dauernde Prüfung der Intentionen an den Folgen.

Normativ entspricht dem Charakter des menschlich unverfügbaren Guten aus dieser Sicht die Bemühung um eine gewaltlose, unabschließbare und auf prinzipiell nachvollziehbaren Argumenten basierende Kommunikation in der Darstellung des Glaubens, wie sie oben bereits anklang. Die Entfaltung des Glaubens geschieht nun auf den unterschiedlichsten Ebenen: Im persönlichen Gespräch, in der Textproduktion der Journalistin, in Gottesdienst und Predigt oder in individueller Denkbemühung. Im wissenschaftlichen Kontext der Dogmatik wird solche Kommunikation im kritischen Rekurs auf – im weitesten Sinn zu verstehende – Glaubenszeugnisse aus Geschichte und Gegenwart und die vernünftige und kritische, nämlich kohärente und logisch konsistente systematische Deutung und Zusammenschau solcher Zeugnisse reflektiert und weitergeführt.

Glaubenssymbolisierungen, die sozial und historisch prägende Kraft entfalten, gehören damit dann in den Bereich des realisierten Guten. Diese Bezeichnung der – Intentionen und Wahrnehmungen bis zu einem gewissen Grade vorgegebenen – Realität unserer Welt als ‚realisiertes Gutes' ist dabei erklärungsbedürftig, ist doch diese Welt überdeutlich auch durch Schmerz, Leid, Gewalt und Schrecken gekennzeichnet – ganz gleich, ob diese auf natürliche Übel oder menschliche Fehlbarkeit oder gar Bosheit zurückgeführt werden. Aus der Sicht des unverfügbaren und intendierten Guten bleibt die Realität ambivalent, schließt das realisierte Gute sein Gegenteil, das nicht realisierte Gute als realisiertes Böses und Übel ein. An der Bezeichnung als realisiertes Gutes wird hier dennoch festgehalten: Der Grund dafür ist die im Schöpfungs-, Versöhnungs- und Erlösungshandeln Gottes verwurzelte Hoffnung des Glaubens, dass die Welt nicht nur als Gottes Schöpfung sehr gut ist, sondern dass Gott sie auch zum Heil führen wird, die Sünde als Gottesferne sowie die Gewalt als ihre Signatur nicht das letzte Wort behalten werden. Aber gerade weil das realisierte Gute immer auch nicht realisiertes Gutes und realisiertes Schlechtes einschließt, muss es immer wieder offen für Revisionen und historische Lernerfahrungen sein – nicht nur ist das intendierte Gute an seinen Realisierungen zu prüfen, sondern die bestehende Realität immer wieder am unverfügbaren und intendierten Guten zu messen.

Während so schon die propositionale Explikation des Wortes Gottes, verstanden als immer strittige kreative und nicht methodologisch sistierbare menschliche Entsprechung zu einem unverfügbaren Guten, in seinem Charakter als kommunikatives Handeln eine Reflexion auf ihre normativen Operationalisierungsparameter erfordert, ist die ethische Aufgabe damit noch nicht beendet. Weil Glaubenseinsichten durch ihre weltbeschreibende Kraft in der Glaubenskommunikation des symbolisierenden Handelns und über diese hinaus weitergehende handlungsorientierende Wirkung entfalten, ist diesem Aspekt gesondert nachzugehen. Schon die Explikation des durch das Wort Gottes gewirkten Glaubens ist freilich menschliche und insofern stets fehlbare und irrtumsanfällige Verkörperung und Entsprechung zum Wort Gottes. Unter normativer Sicht lässt auch sie sich bereits in den Bereich des intendierten Guten einordnen. Von weiterem Interesse sind aber für die Ethik nun die im Lichte solcher Explikation entwickelten konkret wirksamen Handlungsorientierungen des intendierten Guten, die nicht nur als vom unverfügbaren Guten inspiriert gelten müssen, sondern auch in steter Wechselwirkung zum realisierten Guten stehen.

Hinsichtlich des Glaubens gilt also: Weil dieser Glaube stets menschlich expliziert werden muss, trägt der Umgang mit ihm auch immer normative Implikationen, die der Reflexion bedürfen. Mit anderen Worten: Weil auch Glaubende Menschen und nicht Gott sind, müssen sie zwischen Gottes Offenbarung, ihrer Reaktion darauf und deren Wirkungen in der gemeinsamen Welt unterscheiden, was vor allem bedeutet, die eigenen Grenzen sowohl in Relation zum unverfügbaren wie zum realisierten Guten wahrzunehmen und zu reflektieren. Gerade in der steten kritischen ethischen Reflexion, die sich als unabschließbarer Diskurs zwischen unterschiedlichen Auffassungen darstellt, können Glaubende in einer pluralen Welt problematische Irrwege zu vermeiden suchen. Wird nämlich zwischen unverfügbarem und intendiertem Guten nicht angemessen unterschieden, indem man das unverfügbare Gute für verfügbar hält, kann der Glaube autoritär und fundamentalistisch werden. Wird die Unterscheidung zugunsten des intendierten Guten eingezogen, indem man das unverfügbare Gute ganz auf das intendierte Gute zurückführt, kann sich ein opportunistischer Relativismus ergeben, sodass sich der Glaubende stets nach derjenigen Auffassung der Welt ausrichtet, die er für die herrschende hält. Vernachlässigt man die Differenz von intendiertem und realisiertem Guten, droht entweder die moralische Naivität, in der die kritische Prüfung der je eigenen Handlungen an ihren realen Folgen unterbleibt, man verwechselt dann die Absicht mit der Tat. Die andere Form der mangelnden Unterscheidung von intendiertem und realisiertem Gutem, der moralisch naive Realismus, unterlässt die Kritik der Realität am Maßstab des intendierten Guten und identifiziert das Bestehende mit dem Guten und Richtigen.

Doch nicht nur zur kritischen Prüfung, auch zur kreativen Entfaltung wirksamer Handlungsorientierungen aus dem Glauben ist die Ethik unabdingbar. Zur näheren Erläuterung dieses Aspekts ist nun freilich auf die sozialen Kontexte des Glaubens zu reflektieren.

3 Theologische Ethik als Reflexion kirchlichen Handelns

Hier kommt nun die zweite These zum Tragen, die besagt, dass der Ethik auch für die Kirche zentrale Bedeutung zukommt, und zwar deshalb, weil sich Kirche nur im Versuch, dem Wort Gottes entsprechend zu handeln, als für Individuen und Gesellschaft relevante Größe erweisen kann.

Die Kirche wiederum hat deswegen so große Bedeutung, weil sie in christlicher Sicht als erste Instanz in den Blick rückt, wenn es um die Trägerin des darstellenden und wirksamen Handelns des aus dem Wort-Gottes gewirkten Glaubens zu tun ist. Um zu verstehen, was gemeint ist, wenn die Kirche als Subjekt des Handelns aus dem Wort Gottes, creatura verbi,[13] beschrieben wird, muss kurz geklärt werden, was eigentlich in reformatorischer Perspektive unter dem Begriff ‚Kirche' zu verstehen ist, um nicht problematischen Engführungen aufzusitzen. Hier folge ich dem dreidimensionalen Kirchenbegriff, den Hans-Richard Reuter ausgehend von einer Anregung Albrecht Ritschls entwickelt hat.[14]

Reformatorisch gesehen ist unter Kirche auch, aber nicht nur die Vielzahl der im Recht institutionalisierten Organisationen zu verstehen, zu der etwa auch die deutschen oder schweizerischen Landeskirchen, freikirchliche Gemeinden, autokephale orthodoxe Kirchen, die katholische Weltkirche und viele andere mehr gehören. Die Kirche geht aber in den im Rahmen des partikularen (meist nationalen) Rechts verfassten Organisationen,[15] die sich durch Programm und Mitgliedschaftsregel und -rollen auszeichnen, also klar zwischen Zugehörigen und Nichtzugehörigen unterscheiden können, nun gerade nicht auf. Wäre dies nämlich der Fall, ließe sich nach Aktenlage über die Zugehörigkeit zum coetus fidelium[16] entscheiden und die – historisch mit den Nationalstaaten und ihren föderalen Unterteilungen ausdifferenzierte – Gestalt der jeweiligen Partikular-

---

13 Die Wendung wird meist Luther in Verweis auf De captivitate babylonica (WA 6, 560, 33 ff.) zugeschrieben.
14 Reuter, Begriff der Kirche, 13–55.
15 Vgl. zur Organisation als System der Verknüpfung von Entscheidungen Luhmann, Art. Organisation.
16 Vgl. Confessio Helvetica Posterior, XVII, 33, leicht zugänglich in: Müller, Bekenntnisschriften 170–221, hier: 195.

kirchen müsste theologische Relevanz beanspruchen. Das aber wäre offensichtlich genauso absurd wie die Vorstellung, die Kirche gehe allein auf menschliches Tun zurück: Genau dies aber impliziert der Organisationsbegriff. Vielmehr ist davon auszugehen, dass die Organisationsgestalt der Kirche dienende Funktion hat und also nur eine, die juridisch-organisationsbezogene Dimension von Kirche ausmacht. Wozu dient die rechtsförmige Organisation Kirche? Sie dient der Verstetigung desjenigen Handelns, zu dem der Glaube anstiftet und zur gerechten Verteilung der Lasten, die aus dieser Verstetigung erwachsen und sorgt dafür, dass die Kirche als Handlungsgemeinschaft erhalten bleiben kann. Auch diese, von Ritschl und Reuter als ‚ethische' Dimension der Kirche bezeichnete Ebene gehört zu den empirisch wahrnehmbaren Aspekten der Kirche. Kirche ist in dieser Hinsicht die Gemeinschaft derer, die sich als vom Wort Gottes im Glauben zum Handeln motiviert verstehen. Dieses Handeln schließt nun einerseits die symbolisierende Darstellung des im Wort Gottes ergangenen Heilsgeschehens in Predigt, Taufe und Abendmahl, andererseits das handlungsträchtige Wirksamwerden dieses Heilsgeschehens ein. Letzteres lässt sich der Symbolisierung des Heilsgeschehens zwanglos zuordnen: Der Predigt des Wortes entspricht dann das Bildungshandeln, der symbolischen Zuwendung der würdebegründenden Gnade Gottes in der Taufe das Gerechtigkeitshandeln, der Symbolisierung der Gemeinschaft des Reiches Gottes im Abendmahl das Solidaritätshandeln der Kirche. Es ist nun nicht schwer zu sehen, dass die Zugehörigkeit zur Kirche als Handlungsgemeinschaft nicht mit der Zugehörigkeit zur Organisation deckungsgleich sein muss, auch wenn es um der Verstetigung des Handelns und der gerechten Lastenverteilung wünschenswert wäre, wenn sich möglichst viele, die sich der Kirche als Handlungsgemeinschaft zugehörig fühlen, auch der Organisation verpflichten. Freilich ist die Kirche als Handlungsgemeinschaft im Kontext unterschiedlich breiter Öffentlichkeiten soziologisch gesehen ein sehr viel flüchtigeres und prekäreres Phänomen als die Kirche als Organisation. Wer in einer zivilgesellschaftlichen kirchlichen Flüchtlingsinitiative mitmacht, muss kein Organisationsmitglied sein. Und umgekehrt: Auch wer nur gelegentlich zum Gottesdienst geht und aus Konvention Kirchensteuer zahlt, mag sich selbst nur zögerlich als Christin bezeichnen. Wer seine Kinder zum Konfirmandenunterricht schickt, ohne selbst in einer Gemeinde aktiv sein zu wollen, sucht vielleicht nach einem Umgang mit eigener religiöser Unsicherheit. Und auch wer sonntags regelmäßig den Gottesdienst besucht, wird dadurch nicht zum Glied am Leibe Christi. Ihre Einheit, Heiligkeit, Universalität und Apostolizität findet die Kirche nach reformatorischem Verständnis nämlich überhaupt nicht im Vorfindlichen – denn die wahre, verkündigte und geglaubte Kirche ist mit dem Leben der Christinnen und Christen in Christus verborgen (Kol 3.3), Ritschl und Reuter sprechen hier von der dogmatischen Dimension des Kirchenbegriffs. Gleichwohl ist diese in Christus verborgene Kirche das wesentliche Element, nur von ihr her vermag sich die Kirche als Handlungsgemeinschaft zu verstehen und zu begründen. Und weil diese wesentliche Dimension der Kirche in Gott verborgen ist, kann die Kirche als Handlungsgemeinschaft nicht anders als offen gedacht werden, kann die Organisationsmitgliedschaft nicht mit der Gliedschaft am Leib Christi identifiziert werden.

In einem beliebigen kirchlichen Handlungszusammenhang – einem Gottesdienst, einer Fastenaktion in der Passionszeit oder einem gemeinsamen Einsatz für Hungernde – sind dabei in der Regel alle drei Dimensionen in irgendeiner Weise präsent: Christinnen und Christen hoffen, dass der Geist Gottes ihr Handeln als Moment der einen wahren Kirche bewährt, sie handeln gemeinsam zur menschlich entsprechenden Darstellung und Betätigung derjenigen Bildung, Gerechtigkeit und Solidarität, die sie in Gott erfahren und viele von ihnen tragen als Organisationsmitglieder zur Verstetigung dieses Handelns bei.

Nun ist die ethische Dimension der Kirche, die Kirche als Handlungszusammenhang, einerseits durch ihre Volatilität besonders schwer zu erfassen und andererseits von besonderer praktischer Bedeutung. Denn einerseits ist die Zugehörigkeit der Teilnehmenden zu Kirche und das kirchliche Profil des Handlungszusammenhangs überhaupt immer prekär: Auch wenn eine bestimmte Aktivität, etwa ein Besuchskreis in einem Pflegeheim, ein meditatives Fasten vor Ostern oder Weihnachten, die Beschäftigung mit einem bedingungslosen Grundeinkommen, die praktische Hilfe für Flüchtlinge, das tiefe Interesse für die christlichen Traditionen in Syrien, die engagierte Diskussion über die Wirkung Gottes im individuellen Leben oder der lobbyistische Einsatz für eine gerechte Weltwirtschaft, ursprünglich einmal aus der Aktivität einer christlichen Gemeinde oder einer Gruppe sich eindeutig als christlich verstehender Menschen stammen mag, bedeutet das weder, dass alle Personen, die sich gegenwärtig daran beteiligen, dies dem Wirken des Wortes Gottes zuschreiben, noch dass diese Aktivität eindeutig als Lebenszeichen der Kirche im weiteren Sinne gedeutet wird, zumal, da die Organisationsmitgliedschaft in den meisten Praxen – etwa der sonntäglichen Feier – faktisch ohnehin keine Bedingung darstellt. Zudem wissen wir, dass vielen Menschen eine solche Verbindung ihres Handelns mit einem durch das Wort Gottes gestifteten Glauben nicht ohne weiteres plausibel ist, wofür viele Gründe namhaft gemacht werden können. Andererseits wird aber in der Frage nach der handlungssteuernden Wirkung des Glaubens in christlicher Perspektive gerade in solchen Kontexten gemeinsamer sozialer Praxis immer wieder neu und gemeinsam entworfen, gestaltet, reflektiert und damit veranschaulicht, was Kirche als handelnde Gemeinschaft der Glaubenden bedeuten kann. Deshalb ist diese Ebene, die zwischen verkündigter und organisierter Kirche leicht vergessen geht, auch von besonderer Bedeutung und verdient geschärfte Aufmerksamkeit.

Die Ethik ist an der Herstellung solcher Aufmerksamkeit auf drei Weisen beteiligt, die als Fragen nach Entsprechung, Zuordnung und Realisierung abgekürzt werden können.

Die Frage der Entsprechung: Erstens hat sie es mit der Entsprechung des intendierten Guten zum unverfügbaren Guten zu tun, wie sie im Kontext von Kirche als Handlungsgemeinschaft verstanden und erstrebt wird. Sie erwägt kritisch und konstruktiv, wie der Zusammenhang des offenbarenden Handelns Gottes in Schöpfung, Versöhnung und Erlösung und unserem menschlichen Handeln gedacht werden kann: Sie deutet den Konnex von Schöpfungssymbol, Kultur- und Naturverantwortung,[17] erwägt Zusammenhänge von Rechtfertigung und Recht,[18] die Spannung von Versöhnungshoffnung, eschatologischer Reich-Gottes-Erwartung und zeitgenössischen politischen Beziehungen, etwa im Zusammenhang von Flucht und Migration, das Verhältnis von den Problemen oder die Fragen des Verhältnisses von in Schöpfung und Rechtfertigung grundgelegter Menschenwürde und der Verteilungsordnungen von Lebenschancen.[19] Wie bereits erwähnt, ist sie für die Analyse der in der Regel im Rahmen der menschlichen Wirkungsgeschichte des Wortes Gottes konzipierten Bilder, Konzepte und Vorstellungen auf die interdisziplinäre Verständigung mit Exegese, Historik, Dogmatik und den entsprechenden Grenzdisziplinen angewiesen, während diese die normative Grundierung ihrer Erkenntnisinteressen in ethischer Perspektive reflektieren müssen. Andererseits geschieht die kritische Formulierung und Reflexion des intendierten Guten auch gesellschaftlich nicht im luftleeren Raum, sondern setzt Öffentlichkeiten unterschiedlicher Ausdehnung und öffentliche Beschreibungen des realisierten Guten voraus und ist auch aus diesem Grund einerseits auf die interdisziplinäre Verständigung mit Human- Kultur- und Naturwissenschaften, andererseits auf Dialoge mit anderen weltanschaulich oder religiös bestimmten Gegenwartsdeutungen angewiesen.

Die Frage der Zuordnung: Zweitens hat die Ethik es mit der Zuordnung der Handlungsgemeinschaften des intendierten Guten zum unverfügbaren Guten zu tun. Sie deutet Handeln im Sinne des unverfügbaren Guten und fragt nach der sich in diesem Handeln seinerseits äußernden Interpretation desselben. Damit macht theologische Ethik öffentliche Deutungs- und Identifikationsangebote, die angenommen oder abgelehnt werden können. So lässt sich etwa nach der Bedeutung christlicher Motive im Zusammenhang der Einrichtung und Aufrechterhaltung moderner Wohlfahrtsstaaten fragen, es lässt sich die religiöse Dimension

---

17 Vgl. hierzu etwa Meireis, Schöpfung und Transformation.
18 Vgl. Barth, Rechtfertigung und Recht (Orig. 1946).
19 Vgl. etwa Meireis, Ethik des Sozialen.

zeitgenössischer Umwelt- und Nachhaltigkeitsdebatten untersuchen oder die religiöse Grundierung bestimmter Gerechtigkeitsperspektiven erwägen. Das impliziert auch, Menschen und deren Handeln als Wirkung des Wortes Gottes zu deuten, indem etwa motivationale und geltungstheoretische Wurzeln offengelegt werden – etwa die theologische Verwurzelung und normative Bedeutung der Nächstenliebe-, Barmherzigkeits- oder Gerechtigkeitssemantik in unseren politischen Debatten. Die damit zusammenhängende hermeneutische Verfahrensweise impliziert die Fokussierung dessen, was in anderen Theoriezusammenhängen als ‚gelebte Religion'[20] verstanden oder als Christentumstheorie rekonstruiert wird. Auch wenn die Nomenklatur solcher Verfahren bereits behauptet, was allererst durch die Subjekte zu bestätigen wäre – die Angemessenheit der religiösen Deutung – ist doch die sorgfältige Wahrnehmung, lehrbezogene kritische Rezeption, vor allem aber die Subjekte solchen Handelns einbeziehende öffentliche Erörterung konkreter Praxen des intendierten Guten zentral – selbst wenn natürlich mit der Antwort gerechnet werden muss, dass Protagonisten ihr Handeln (bisher) nicht im Kontext des christlich bestimmten unverfügbaren Guten verstanden hatten und vielleicht auch weiterhin nicht verstehen möchten. Und selbstverständlich ist hier die interdisziplinäre Zusammenarbeit mit Methoden empirischer Theologie, Religionssoziologie und -psychologie, oder -pädagogik, die ja nicht selten auch im Kontext der klassischen Praktischen Theologie selbst gepflegt werden, unabdingbar.

Die Frage der Realisierung: Drittens hat die Ethik in theologischer Perspektive es nun auch unmittelbar mit dem Verhältnis des intendierten Guten zum realisierten Guten zu tun (das das nichtrealisierte Gute regelmäßig einschließt), sofern sie einerseits kritisch prüft, wie sich Handlungsfolgen zu Handlungsintentionen christlicher Handlungsgemeinschaften verhalten, andererseits aber auch konkrete gesellschaftliche Verhältnisse an solchen Konzeptionen des intendierten Guten misst – zielt erstere Prüfung auf die Kritik christlicher Moral, so zweitere auf die kritische Prüfung bestehender Verhältnisse aus christlicher Perspektive – dazu gleich mehr.

Hinsichtlich der Kirche ist Ethik notwendig, weil diese der Reflexion des normativ bestimmten Verhältnisses von Organisation, Handlungsgemeinschaft und geglaubter Einheit bedarf und auf die praktische, empirisch orientierte Rekonstruktion des im Rahmen der Kirche als Handlungsgemeinschaft immer wieder neu interpretierten intendierten Guten angewiesen ist. Einfacher gesagt: Kirche bedarf der Ethik zur Reflexion ihrer normativen Handlungsoptionen in beiden menschlich verfügbaren Dimensionen, sowohl derjenigen der Kirche als Organi-

---

20 Vgl. etwa Grözinger / Pfleiderer, Gelebte Religion.

sation als auch derjenigen der Kirche als Handlungsgemeinschaft, und zwar stets in Rückbindung an die unverfügbare Dimension der in Jesus Christus verborgenen Kirche.

4 Theologische Ethik als öffentliche Theologie – zur gesellschaftlichen Bedeutung der Ethik

Der Bezug zu gesellschaftlichen Zusammenhängen, die hier als Gestalten des realisierten (bzw. nichtrealisierten) Guten in den Blick treten, ist bereits erwähnt worden. Insgesamt lässt sich die gesellschaftliche Bedeutung der theologischen Ethik, die sich hier als öffentliche Theologie darstellt, ebenfalls in dreifacher Weise beschreiben. Jeweils geht es um die öffentliche Thematisierung von Themen gesellschaftlichen Interesses und ihre Reflexion in partikularer, hier: protestantischer, Perspektive. Dies bedeutet erstens die Vorlage glaubensmotivierter Auffassungen und Argumente zur öffentlichen Diskussion, die als Verallgemeinerbarkeitsprüfung im Raum des Politischen verstanden werden kann, zweitens das zivilgesellschaftliche Einbringen entsprechender Überlegungen, das als Bereicherung der normativen gesellschaftlichen Diskurse aufzufassen ist und drittens die kritische Reflexion der normativen Aspekte übergreifender Sinnkonstrukte.

Zunächst lässt sich die Verwendung christlicher Semantiken, Argumentationsfiguren und Theoriebausteine im Kontext politischer Fragen als Bereitschaft verstehen, diese Elemente der Prüfung durch den öffentlichen politischen Diskurs auszusetzen und sich gerade nicht in den geschützten Raum monokultureller Binnendiskurse zurückzuziehen. Denn die Ethik aus protestantischer Perspektive ist zunächst einmal eine Ethik des Guten, die die Gültigkeit der christlichen Glaubensaussagen voraussetzt. Allerdings kann sich zeigen, dass moralische Prinzipien, die christliche Vorstellungen voraussetzen – etwa die Vorstellung der Würdegleichheit, wie sie in der Formulierung der US-amerikanischen Unabhängigkeitserklärung, alle Menschen seien gleich geschaffen, ausgedrückt wird, verallgemeinerbar sind, in dem sie zum Beispiel auch mit anderen Überlegungen begründet werden können: Dass Menschen die gleiche Würde zukommt, wird heute in der Regel als universalisierbare Vorstellung einer Ethik des Richtigen betrachtet. Verfahren politischer Entscheidungsfindung können – bei aller Fehlbarkeit – als Verallgemeinerbarkeitsprüfungen mit offenem Ausgang verstanden werden. Ein Beispiel: In der Revision von 1999 wurden die religiösen Semantiken von Schöpfungsverantwortung und Kreaturwürde in die Schweizerische Bundesverfassung aufgenommen und die invocatio dei beibehalten, in den Entwürfen zu einer europäischen Verfassung war letztere aber hoch umstritten und wurde letztendlich mehrheitlich abgelehnt.[21] Die Aufgabe der Ethik besteht dabei nicht so sehr in einer ‚Übersetzung' religiöser in sogenannte säkulare Argumente als vielmehr ihrer für öffentliche Diskurse anschlussfähigen Präparierung und Rekonstruktion sowie gegebenenfalls auch der Kritik ihrer missbräuchlichen Verwendung etwa als bloße Autoritätsverstärker oder Herrschaftsinstrumente wie etwa in der schweizerischen Minarettdebatte. Auch und gerade das sich religiösweltanschaulich als neutral verstehende, rechtsstaatliche Gemeinwesen muss schon aus Selbsterhaltungsgründen daran interessiert sein, dass die im Kontext partikularer weltanschaulicher oder religiöser Gruppierungen geführten politischen Debatten im Licht der allgemeinen Öffentlichkeit diskutiert werden, um Ghettobildungen zu vermeiden, selbst wenn auch demokratische Öffentlichkeiten keine Allheilmittel darstellen.

Zweitens kann das Einbringen der reichen und dichten normativen Traditionen und Vorstellungsgehalte religiöser bzw. weltanschaulicher Gruppierungen in die zivilgesellschaftlichen Debatten und Handlungszusammenhänge den gesellschaftlichen Sinnhaushalt bereichern, wie etwa die Friedens- oder Nachhaltigkeitsdebatte des zweiten Drittels des 20. Jh. zeigt. Die Bemühungen um eine internationale politische Friedensordnung, so zäh und schleppend sie auch verlaufen mögen, sind ohne die christlichen Verheißungskonzepte wie das des gerechten Friedens und den zu unterschiedlichen Zeiten auch unter Beteiligung der christlichen Kirchen entwickelten zivilgesellschaftlichen Druck nicht vorstellbar; und auch die sich seit den sechziger Jahren entwickelnde soziale Bewegung, die den Schutz der natürlichen Umwelt mit dem Anliegen gerechter Verteilung von Entwicklungs- und Prosperitätschancen verbindet, lässt sich kaum von den Schlagworten von Schöpfungsbewahrung und Option für die Armen trennen.[22] Und ganz gleich, wie problematisch solche Schlagworte theologisch auch sein mögen, machen sie doch auf grundlegende Probleme – etwa: die Frage nach der Alternativlosigkeit des Anthropozentrismus oder nach der Möglichkeit einer globalen Gerechtigkeitsperspektive – aufmerksam, die auch von Menschen erwogen werden müssen, die dies nicht in protestantischer, christlicher oder auch religiöser Perspektive tun möchten. Ähnliches gilt natürlich auch in der gegenwärtigen Flüchtlingskrise, die ja zunächst und allererst einmal eine Krise derjenigen Menschen ist, die aufgrund von Bürgerkriegen und politischer Instabilität aus ihrer Heimat fliehen müssen: Diskutiert wird politisch nicht nur die Frage nach der Reichweite des Nächstenliebegebots, sondern auch die Frage nach sei-

---

21 Zur europäischen Verfassung vgl. etwa Schmidt, Religion, Gott, Verfassung.
22 Vgl. etwa Radkau, Ökologie, 258–259.

ner Anwendbarkeit in politicis. Und auch hier macht Ethik darauf aufmerksam, inwiefern die christliche Semantik für ein Problem sensibilisiert: So unbestreitbar die Binsenweisheit ist, dass eine schrankenlose Öffnung der Grenzen oder eine ungebremste Zuwanderung die sozialen und politischen Strukturen auch der reichen Nationen Nordwesteuropas überforderte, so wenig lässt sich die Not der betroffenen Menschen durch die einfache Grenzschließung und Aussperrung bearbeiten – und das gilt nicht nur politisch, sondern auch ethisch: Ignorieren wird nicht genügen, sondern es muss geklärt werden, wohin die Menschen gehen sollen: das schärft die Nächstenliebesemantik ein.

Drittens bringt die Theologische Ethik in den wissenschaftlichen Kontext der Universität ihre Erfahrung mit der methodisch kontrollierten Reflexion der normativen Aspekte einer bestimmten Auffassung von Sinntotalität, gewissermaßen einer Weltanschauung ein. Das ist auch und gerade im wissenschaftlichen Zusammenhang von erhöhter Bedeutung, weil sich Untersuchungsinteressen und damit auch Fragestellungen von Wissenschaftlerinnen und Wissenschaftlern – neben den kulturellen Fachlogiken – letztlich immer auch lebensweltlich-kulturell formierten Auffassungen des Guten und Richtigen verdanken, die von Jürgen Mittelstraß mit dem Begriff des Orientierungswissens versehen wurden, das dem operationalisierbaren Verfügungswissen gegenübersteht[23]: Man kann sich etwa an der im Kontext naturwissenschaftlicher Forschung verfolgten Frage nach dem extraterrestrischen Leben[24] verdeutlichen, dass die Frage danach, was genau unter dem Begriff des Lebens gesucht werden soll, nicht nur eine Frage naturwissenschaftlicher Operationalisierung, sondern auch des eigenen, normativ grundierten lebensweltlichen Verständnisses dessen ist, was genau ‚Leben' ausmacht – und dass dabei in der Regel Vorstellungen vom Sinn des Weltganzen nicht völlig auszuschließen sind, die sich einem empirischen Nachweis- oder mathematischen Beweisverfahren grundsätzlich entziehen. Das wissenschaftstheoretisch öfter gegen die Theologie in Stellung gebrachte Argument, dass Theologie ausgewiesenermaßen eben auch Teil derjenigen orientierenden Praxis ist, die sie reflektierend begleitet, erscheint insofern als Reflexionsgewinn. Denn eine bestimmte Form der Zirkularität gilt in gewisser Weise schon immer für die gesamte moderne Wissenschaft, wird aber dort erst in den Sozialwissenschaften, etwa der Ethnomethodologie Geertz'[25] und Bourdieus[26] sowie in der soziologi-

---

23 Vgl. Mitttelstraß, Geisteswissenschaften.
24 Entsprechende Forschung wird zum Beispiel am Center for Space and Habitability der Universität Bern geleistet, an dem Naturwissenschaftler regelmäßig mit Forschenden aus der Theologie, Philosophie oder den Literaturwissenschaften kooperieren, vgl. http://www.lifebeyondourplanet.unibe.ch/ (Zugriff v. 16.08.2016).
25 Vgl. Geertz, Dichte Beschreibung.

schen Systemtheorie[27] methodisch reflektiert, während sich bereits der gesamte historisch-kritische und historistische Methodendiskurs neuzeitlicher Theologie als solche Reflexion verstehen lässt.

Gesellschaftlich ist die theologische Ethik in der Form öffentlicher Theologie also deswegen bedeutsam, weil sie die Auffassungen und Praxen einer spezifischen weltanschaulich-religiösen Perspektive, des Protestantismus, in der Form methodisch kontrollierter Reflexion und Rekonstruktion in öffentliche Zusammenhänge einbringt und so deren politische Überprüfung, zivilgesellschaftliche Befruchtung und wissenschaftliche Kritik – als genitivus subjektivus wie objektivus – ermöglicht.

5 Schluss: Theologische Ethik als öffentliche Theologie in praktischer Absicht

Ethik aus theologischer Perspektive, so habe ich argumentiert, macht als öffentliche Theologie in praktischer Absicht die Systematische Theologie in besonderer Weise zu einer praktischen Theologie, sofern sie auf die normativen Zusammenhänge in der Praxis des Glaubens, der Kirche und der religiösen bzw. weltanschaulichen Dimension gesellschaftlicher Debatten reflektiert und dabei ihre eigenen historischen, sozialen und offenbarungsbezogenen Voraussetzungen bewusst einschließt.[28]

Sie versteht die menschliche Versprachlichung und Darstellung des sich auf eine göttliche Offenbarung zurückführenden Glaubens, also das Verhältnis von Immanenz und Transzendenz, als Teil des mit unverfügbarem und realisiertem Guten in Wechselwirkung stehenden intendierten Guten, auf dessen normative Aspekte sie im Verbund mit dogmatischer, exegetischer, historischer und empirischer Theologie reflektiert, wobei die als ethischer Handlungszusammenhang sowie als rechtlich konstituierte soziale Organisation verstandenen Dimensionen der Kirche als Moment der Zivilgesellschaft besondere Aufmerksamkeit genießen, sodass auch die Verhältnisse zu anderen weltanschaulichen oder religiösen Gruppierungen und Traditionskomplexen thematisiert werden können – und müssen.

Sie macht die Systematik in besonderer Weise zur praktischen Theologie: Die Formulierung ist bewusst gewählt, denn die Bezeichnung als ‚praktische Theo-

---

26 Vgl. Bourdieu, Theorie der Praxis.
27 Vgl. Luhmann, Soziale Systeme, 30–92.
28 Vgl. zu den Konsequenzen für die theologische Ausbildung Meireis, Theologiestudium.

logie' soll weder die Bedeutung derjenigen Diszipin, die sich auf die wissenschaftliche Reflexion der in der verfassten Kirche professionalisierten Handlungsformen – Predigtlehre und Liturgik, Seelsorge, Religionspädagogik, Oikodomik, Hymnologie etc. – fokussiert und üblicherweise als Praktische Theologie bezeichnet wird, in Abrede stellen noch einen exklusiven Anspruch formulieren: Denn die anderen theologischen Disziplinen machen die Theologie in anderer Weise zu gegenwartsbezogener praktischer Theologie. Wenn nämlich Theologie als Konglomerat verschiedenster methodischer Disziplinen – Philologie, Archäologie, Literaturwissenschaft, Historik, Philosophie, Psychologie, Rhetorik, Pädagogik, Soziologie und so weiter – nicht in diese Disziplinen auseinanderfallen soll, benötigt sie das Bewusstsein der Bündelung auf einen gemeinsamen gegenwartsbezogenen praktischen Zweck, den man weder pragmatisch noch theologisch völlig von der Kirche in ihren verschiedenen Dimensionen ablösen kann: Ob man die christliche Theologie nun als Wissenschaft von der Kirchenleitung, als kritische Funktion der Kirche oder als konstruktive und kritische Reflexion der gesellschaftlichen Theorie und Praxis des christlichen Glaubens im Rahmen eines erweiterten Kirchenbegriffs als öffentliche Theologie versteht und in dieser Logik auf Glaubenstypen anderer Provenienz ausdehnt – wichtig ist, dass sie letztlich durch diesen praktischen Zweck zusammengehalten wird und gerade so ihren Aufgabe für die Gesellschaft und die anderen Wissenschaften, für die Kirche und den christlichen Glauben ausübt.

Die theologische Ethik reflektiert die handlungsorientierende und damit im zivilgesellschaftlich-kirchlichen, gesellschaftlichen und damit auch universitären Kontext notwendig öffentliche Aufgabe der Theologie, die in Bezug auf den christlichen Glauben material als Entsprechungsversuch zu Gottes Verheißungen in den Blick kommt. Damit leistet sie nicht nur einen Beitrag zur Selbstverständigung des Glaubens, die immer auch Offenheit für Fremdkritik und Selbstkritik implizieren muss, zur Selbstverständigung in der Kirche als ihres zentralen Kommunikations- und Handlungszusammenhangs, sondern auch zur Reflexion der in jeder Wissenschaft – und gebe sie sich noch so formal – stets mittransportierten normativen Elemente im Zusammenhang der lebensweltlich unhintergehbaren Konstruktion von Sinntotalitäten. Das ist nicht immer populär, aber stets notwendig, wenn die Aufklärung selbstreflexiv bleiben, die Säkularität nicht in Säkularismus abgleiten und die Vernunft ihrer Grenzen eingedenk sein soll. Dies aber muss sie sein, wenn sie nicht in jene Barbarei[29] umschlagen soll, die eben nicht nur den Abweg der Religion als menschlicher Bemühung darstellt.

---

29 Vgl. hierzu Horkheimer / Adorno, Dialektik der Aufklärung, 1–6, 32.78 (Originalausgabe 1944) sowie Schleiermacher, Über die Glaubenslehre, hier 347.

Bibliographie

Aristoteles. ⁵2002. *Die Nikomachische Ethik*. München: Deutscher Taschenbuch-Verlag.
Audi, Robert und Wolterstorff, Nicholas. 1997. *Religion in the Public Sphere*. New York: Rowman & Littlefield.
Barth, Karl. 1922. „Das Wort Gottes als Aufgabe der Theologie." In *Vorträge und kleinere Arbeiten 1922–1925*. Bd. III.19, *Gesamtausgabe*, 148–175. Zürich: Theologischer Verlag Zürich.
Barth, Karl. ³1945. *Die Lehre vom Wort Gottes. Prolegomena zur Kirchlichen Dogmatik*. Bd. I,2, KD, 397–408. Zürich: Theologischer Verlag Zürich.
Barth, Karl. 1998. „Rechtfertigung und Recht." In *Rechtfertigung und Recht, Christengemeinde und Brüdergemeinde, Evangelium und Gesetz*, hg. v. Karl Barth, 47–80. Theologische Studien 104. Zürich: Theologischer Verlag Zürich.
Bourdieu, Pierre. 1979. *Entwurf einer Theorie der Praxis auf der ethnologischen Grundlage der kabylischen Gesellschaft*. Frankfurt a.M.: Suhrkamp.
Calvin, Johannes. ³2012. *Unterricht in der christlichen Religion. Institutio Christianae Religionis [1559]*, hg. v. Matthias Freudenberg, Neukirchen-Vluyn: Neukirchener Verlag.
Geertz, Clifford. 1987. „Dichte Beschreibung. Bemerkungen zu einer deutenden Theorie von Kultur." In *Dichte Beschreibung. Beiträge zum Verstehen kultureller Systeme*, hg. v. Clifford Geertz, 7–43. Stw 696. Frankfurt a.M.: Suhrkamp.
Grözinger, Albrecht und Pfleiderer, Georg, Hg. 2002. *„Gelebte Religion" als Programmbegriff systematischer und praktischer Theologie*. Christentum und Kultur 1. Zürich: Theologischer Verlag Zürich.
Habermas, Jürgen. 2005. „Religion in der Öffentlichkeit. Kognitive Voraussetzungen für den ‚öffentlichen Vernunftgebrauch' religiöser und säkularer Bürger." In *Zwischen Naturalismus und Religion. Philosophische Aufsätze*, hg. v. Jürgen Habermas, 119–154. Frankfurt a.M.: Suhrkamp.
Horkheimer, May und Adorno, Theodor W. 1981. *Dialektik der Aufklärung. Philosophische Fragmente*. Bd. 3, *Gesammelte Schriften*. Frankfurt a.M.: Suhrkamp.
Luhmann, Niklas. ²1988. *Soziale Systeme. Grundriß einer allgemeinen Theorie*. Stw 666. Frankfurt a.M.: Suhrkamp.
Luhmann, Niklas. 1984. „Art. Organisation." In *Historisches Wörterbuch der Philosophie*. Bd. 6, *Mo-O*, hg. v. Joachim Ritter/Rudolf Eisler/Karlfried Gründer, Hg., 1326–1328. Darmstadt: Wissenschaftliche Buchgesellschaft.
Luther, Martin. 1888. „De captivitate Babylonica ecclesiae praeludium [1520]." In *D. Martin Luthers Werke*. Bd. 6, *Kritische Gesamtausgabe*, 497–573. Weimar: Böhlau.
Meireis, Torsten. 1997. *Theologiestudium im Kontext*. Arbeiten zur Praktischen Theologie 11. Berlin [u. a.]: De Gruyter.
Meireis, Torsten. 2007. „"Trachtet zuerst nach dem Reich Gottes..." Güterethik als Moment einer dreigliedrigen Ethik des Guten in christlicher Perspektive." In *Das Gute und die Güter. Studien zur Güterethik*. Bd. 19, *Entwürfe zur christlichen Gesellschaftswissenschaft*, 42–71. Münster: LIT.
Meireis, Torsten. 2008. *Tätigkeit und Erfüllung. Protestantische Ethik im Umbruch der Arbeitsgesellschaft*. Tübingen: Mohr Siebeck.
Meireis, Torsten. 2013. „Gott entsprechen. Zur Verfassung der Ethik in christlicher Perspektive." In *Tastend von Gott reden. Drei systematisch-theologische*

Antrittsvorlesungen aus Bern, hg. v. Magdalene Frettlöh/Andreas Krebs/Torsten Meireis, 17–44. Zürich: Theologischer Verlag Zürich.
Meireis, Torsten. 2015. „Ethik des Sozialen." In *Handbuch der Evangelischen Ethik,* hg. v. Wolfgang Huber/Torsten Meireis/Hans-Richard Reuter, 265–330. München: C.H. Beck.
Meireis, Torsten. 2016. „Schöpfung und Transformation. Nachhaltigkeit in protestantischer Perspektive." In *Nachhaltigkeit,* hg. v. Torsten Meireis/Traugott Jähnichen/Johannes Rehm/Sigrid Reihs/Hans-Richard Reuter/Gerhard Wegner, 15–50. Jahrbuch Sozialer Protestantismus 9. Gütersloh: Gütersloher Verlagshaus.
Mitttelstraß, Jürgen. 1989. *Glanz und Elend der Geisteswissenschaften*, hg. v. Bibliotheks- und Informationssystem der Universität Oldenburg. Oldenburger Universitätsreden 27. Oldenburg. http://www-a.ibit.uni-oldenburg.de/bisdoc_redirect/publikationen/bisverlag/unireden/ur27/dokument.pdf, abgerufen am 20.06.2016.
Moltmann, Jürgen. 1964. *Theologie der Hoffnung. Untersuchungen zur Begründung und zu den Konsequenzen einer christlichen Eschatologie*. Beiträge zur evangelischen Theologie 38. München: Kaiser.
Müller, Karl E. F. 1987. „Confessio Helvetica Posterior von 1562." In *Die Bekenntnisschriften der reformierten Kirche. In authentischen Texten mit geschichtlicher Einleitung und Register*, 170–221. Zürich: Theologische Buchhandlung.
Nussbaum, Martha. 2012. *The New Religious Intolerance. Overcoming the Politics of Fear in an Anxious Age*. Cambridge: Harvard University Press.
Radkau, Joachim. 2011. *Die Ära der Ökologie. Eine Weltgeschichte*. München: C.H. Beck.
Rawls, John. 1997. „The Idea of Public Reason Revisited." In *The University of Chicago Law Review* 64:765–807.
Reuter, Hans-Richard. 2009. „Der Begriff der Kirche in theologischer Sicht." In *Botschaft und Ordnung. Beiträge zur Kirchentheorie,* hg. v. Hans-Richard Reuter, 13–55. Öffentliche Theologie 22. Leipzig: Evangelische Verlagsanstalt.
Ross, William D. 1930. *The Right and the Good*. Oxford: Oxford University Press.
Schleiermacher, Friedrich D. E. 1990. „Über die Glaubenslehre. Zwei Sendschreiben an Lücke (1892)." In *Theologisch-dogmatische Abhandlungen und Gelegenheitsschriften*. Bd. I.10, *Kritische Gesamtausgabe*, 307–395. Berlin [u. a.]: De Gruyter.
Schmidt, Jan. 2010. *Religion, Gott, Verfassung. Der Religions- und Gottesbezug in der Verfassung pluralistischer Gesellschaften*. Europäische Hochschulschriften, Reihe XXIII: Theologie, Band 905. Frankfurt a.M.: Peter Lang.

Christian Polke
Was könnte das sein: theologische Ethik?
Versuch einer thematischen Antwort

1 Ethos, Ethik und Theologie

Im Grunde genommen ist die Antwort auf die Frage, die den Titel meines Beitrags trägt, einfach: *Theologische Ethik* ist, als eine *Teildisziplin der Systematischen Theologie*, die *kritische Reflexion auf das christliche Ethos*, oder um es mit einem Großen unserer Wissenschaft auszudrücken: sie fragt mit Schleiermacher, „was muß (durch menschliches Handeln) werden, weil christlicher Glaube ist?"[1]. Theologische Ethik teilt demnach mit säkularen oder anders religiös orientierten Ethiken, und zwar auch wenn sie nicht an Universitäten als Häusern der Wissenschaft verortet ist, die gleichermaßen kritische Haltung gegenüber und konstruktive Perspektive auf das, was man als *Sitten, Moralgrundsätze, Charakter*, gewachsene *Institutionen, Bilder* und *Vorstellungen* vom *guten* und *gerechten* (und in beidem damit zugleich vom *gelingenden*) *Leben* versteht und seit den Tagen der griechischen Philosophie unter den Begriff „Ethos" (ἔθος, aber auch ἦθος) zusammenfasst. Nicht also diese (kritisch-konstruktive) Einstellung gegenüber Ethos und Moral[2] ist es, die *theologische Ethik* von ihrer philosophischen Schwesterdisziplin unterscheidet; allenfalls ihre stärkere Bindung an eine spezifische, in diesem Falle christliche Glaubenstradition, d. h. ihre religiöse Traditionsverpflichtung und ihr darin zum Ausdruck kommendes religiöses Fundament mag somit als Differenzkriterium schlüssig sein.

So gesehen könnte dieser Artikel hier sein Ende finden. Denn alles Weitere bedürfte einer so umfassenden Ausführung, dass sie jedenfalls den vorgegebenen Rahmen für einen Beitrag dieser Art um ein Vielfaches sprengen würde. Doch war es sicherlich nicht das, was die Herausgeber im Sinn hatten, als sie diesen Band

---

[1] Schleiermacher, Die christliche Sitte, 23.
[2] Anders als viele gegenwärtige Ansätze (vgl. z. B. Habermas, Diskursethik) in der Moraltheorie unterscheide ich nicht streng systematisch zwischen „Ethik" als Frage nach dem guten Leben und „Moral" als Frage gerechter Lebensführung. Diese künstliche Unterscheidung hat – abseits ihrer empirischen Haltlosigkeit – mehr Verwirrung gestiftet, als dass sie Probleme gelöst hätte. Ethos und Moral sind demnach Synonyme, wie im Übrigen das Deutsche auch Ethik und Moral als synonym verwendbar zulässt, weil man Moral ebenfalls als Reflexion auf das gelebte Ethos bezeichnen kann.

mit Stellungnahmen gegenwärtiger Fachvertreter dieser (theologischen) Disziplin planten. Ihnen stand doch, so wird man mit Fug und Recht vermuten dürfen, eher vor Augen, dass die Antworten auf das, worum es denn in der theologischen Ethik konkret gehen könnte, wie sie arbeitet und worin sie sich verortet, als *Wissenschaftsdisziplin*, als *Teil der Theologie*, als Stimme in der ganz gewiss nicht nur *universitären*, sondern nicht minder *gesellschaftlichen* und *kirchlichen Öffentlichkeit*, umstritten ist; und so auch die Darlegungen, wie die Einzelnen es in ihrer *Selbstverständigung als theologische Ethiker* mit dem Gegenstand halten, dem sie sich tagtäglich zuwenden.

Vor diesem Hintergrund will ich im Folgenden versuchen, etwas genauer zu skizzieren, was ich unter theologischer Ethik verstehe. Das schließt nicht nur ein, ihren Ort innerhalb der (evangelischen) Theologie näher zu bestimmen, sondern auch Fragen über ihre Wurzel im menschlichen Lebensvollzug, ihre Grundbegriffe und ihre Arbeitsweisen zu behandeln. Das kann notgedrungen nur in Form einer Skizze und mit gebotener Vorläufigkeit geschehen, was jedoch nicht bedeutet, sich um eine selbstständige Positionierung zu drücken; ist es doch der Inhalt der Ethik selbst, der verlangt, auf *methodisch-kontrollierte Weise* der *Endlichkeit* und *Revisionsbedürftigkeit* der eigenen wie aller anderen Ausführungen auf diesem Gebiet Rechnung zu tragen. Um der Leserin, dem Leser einen Vorgeschmack zu geben, was sie auf den verbleibenden Seiten zu erwarten hat, soll hier ein kurzer Aufriss der Skizze gegeben werden, bevor diese ihre Explikation erfährt.

Wenn Ethik sich auf Ethos als einem elementaren Teil menschlicher Lebensführung bezieht, dann scheint es sinnvoll in einem ersten Schritt den *anthropologischen Grundlagen der Moral* (2.) nach zu gehen und diese als das Fundament auch der Ethik als kritischer Reflexion auszuzeichnen. Dieser im engeren Sinne universalen, weil auf die humane Lebensform als solcher bezogenen Analyse muss dann zweitens ein Rekurs auf die kulturellen, d. h. *historisch gewachsenen und sozial gestalteten Formationen von Ethos und Moral* folgen, bei dem auch die Frage nach den *spezifisch christlichen*, will sagen: u. a. *biblischen Quellen der Ethik* zur Sprache kommen soll (3.). Diesen beiden einleitenden Punkten folgen dann drei systematisch gehaltene Abschnitte, in denen zunächst unter dem Stichwort „*Lebensformen*" der *Stoff* bzw. *Inhalt* als *Gegenstand ethischen Denkens* (4.) herausgestellt werden soll, um sodann über Schärfung des *Verantwortungsbegriffs* (5.) dem Spezifikum ethischen Denkens, Handelns und Urteilens näher zu kommen. In einem dritten Schritt wird dann der Horizont ethischer Urteilsbildung genauer konturiert, insofern Ethik stets etwas mit der Reflexion auf Folgen menschlichen Handelns zu tun hat, und zwar auch dann (und sogar ganz wesentlich), wenn sie Unbeteiligte betreffen. Hierbei wird sich die *Relevanz der Unterscheidung von „Öffentlichem" und „Privatem"* (6.) als zentral erweisen. Da Religion nicht in Moral aufgeht, sondern demgegenüber etwas Eigen- wie Widerständiges bleibt, verhilft sie zur Einsicht sowohl in die Grenzen der Ethik als auch in die Gefahren der Moralisierung. Darin besteht, so soll in einem vorletzten Abschnitt gezeigt werden, die *Humanität des Glaubens als transmoralischer Größe* (7.). Den Beschluss bildet die Einordnung meines eigenen (bescheidenen) Antwortversuches in die *ethischen Theorietraditionen* von *Historismus* und *Pragmatismus* (8.). Niemand fängt im Denken von vorne an. Vielmehr gilt: Das, was wir von anderen empfangen haben, ist es wert, benannt zu werden, um Anderen die Abhängigkeit und den Kontext der eigenen „Stimme" im Konzert wissenschaftlicher Debatten und gesellschaftlicher Diskurse kenntlich zu machen. Nur so bleibt man selbst, nur so bleiben aber auch die anderen – davon bin ich überzeugt, vor jener Selbstüberschätzung gefeit, die der Tod jedes kritischen Nachdenkens bedeutet.

2 Kooperation und Konflikt: die anthropologischen Grundlagen der Moral

Ethik, so hat einst Wolfgang Trillhaas behauptet, sei „angewandte Anthropologie"[3]. Damit hat er zumindest darin recht, insofern eine Mehrzahl an Positionen evangelischer Ethik im 20. Jahrhundert, ethische Argumentationen in der Fluchtlinie anthropologischer Einsichten formuliert hat, und sei es, dass damit vor allem dogmatische Thesen gemeint sind, wie im Falle von Karl Barth, der in der Auszeichnung menschlicher Freiheit als Gehorsamsfähigkeit des Menschen gegenüber Gottes Gebot die Möglichkeit zur theologischen Ethik sah.[4] Anders in stärker liberalprotestantischen Gefilden. Hier erblickte man im Theorem der „Lebensführung"[5] das Grundmovens der Ethik. Wie dem auch sei: allen diesen Ansätzen ist gemein, dass sie in der Moral ein Spezifikum des natürlichen oder eben „Gott entsprechenden" (Jüngel) Menschen erblickten. Und doch überrascht es, dass die meisten theologischen Ethiker in ihrer anthropologischen Verortung von Ethik und Moral kaum je Überlegungen einbezogen, die uns die Humanwissenschaften und – in neuerer Zeit – vor allem deren *evolutionäre Perspektiven auf die Wurzeln von Moral* liefern. Dabei lässt sich die These von Trillhaas doch auch so lesen: Wenn Ethik angewandte Anthropologie ist, dann gilt es zunächst danach zu fragen, was genau hier eigentlich zur konkreten Anwendung und Ausgestaltung kommt. Oder einfacher: Worin wurzelt eigentlich die *Moralfähigkeit*

---

3 Trillhaas, Ethik, 19.
4 Vgl. Barth, Kirchliche Dogmatik, 564.
5 Rendtorff, Ethik, 3.

und Moralbedürftigkeit des Menschen? Die Vermutung dabei ist, die Antwort sei zunächst und ganz elementar in den Strukturen und Bedingungen unserer spezifischen Lebensform als *homo sapiens sapiens* zu suchen. Dies ist im Grunde gar nicht neu. Schon die Traditionen des Naturrechts, christlicher oder stoischer bzw. aristotelischer Prägung, vermuteten, dass elementare Moralregeln den Bedingungen unserer Lebensweise als Menschen als solche inhärent sind. Doch der Unterschied ist, dass wir (siehe 3.) heute mehr darüber wissen, wie sehr alle konkreten Moralregeln sich doch kulturellen und damit historisch einmaligen und je spezifischen Umständen verdanken. Also können es weniger die einzelnen Normen sein, die uns mit unserer „Natur" bzw. Lebensform als Menschen aufgegeben sind, als vielmehr die Tatsache, dass wir überhaupt moralische Regeln entwickeln, kultivieren und dann auch – in Gestalt der Ethik – hinterfragen können, kurzum: dass wir der Moral und ihrer Ethik bedürftig sind, die ein Spezifikum unseres Menschseins ausmacht. Genau dies ist es, worüber uns neuere evolutionsanthropologische Forschungen Aufschlussreiches als Erkenntnis bieten und an denen die theologische Ethik nicht vorbeigehen darf, soll sie ihren Bezug zur Wirklichkeit ihres Gegenstandes nicht verlieren. Denn mit der Erkenntnis in die Notwendigkeit, unser Zusammenleben schon auf elementarer zwischenmenschlichen Stufe moralisch zu regeln und zu normieren, ist zugleich die Einsicht gegeben, dass Menschen Moral brauchen, um den Fähigkeiten, Fertigkeiten und Konditionen ihrer Lebensführung überhaupt genügen zu können. Damit ist wiederum noch nichts über die Art und Weise oder gar den Inhalt moralischer Lebensführung ausgesagt; aber doch so viel, dass es zum Menschsein gehört, selbst moralische Einstellungen zu kultivieren und andere und sich selbst mit Blick auf das jeweilige Interagieren moralischen Bewertungen zu unterziehen. Sehen wir uns die strukturellen Komponenten genauer an.

Der Anthropologe Michael Tomasello hat in einem grundlegenden Buch über die Naturgeschichte der menschlichen Moral[6] dargelegt, warum in der spezifischen *Fähigkeit von Menschen zu Kooperation* im Verbund mit *wechselseitiger Perspektivenübernahme* und *zeichenbasierter Repräsentation von Welt* die Wurzel für die Ausbildung moralischer Einstellungen sowie komplexer Moralkodices zu suchen ist. Dass Menschen – im Unterschied zu Primaten – Moral ausbilden, hängt wesentlich damit zusammen, dass Menschen neben ihrem bereits mehr oder weniger angeborenen Hang auch zu *Mitgefühl*, *Empathie* und *Sympathie* schon früh im Austausch mit anderen Artgenossen, vor allem mit den Eltern und primären Bezugspersonen, ein Gefühl und eine Vorstellung davon bekommen, in einer wechselseitigen Sozialbeziehung zu stehen. Ihr „Ich" erwächst am „Du" des

---

6 Vgl. Tomasello, Naturgeschichte.

Gegenübers und umgekehrt kann nur durch die Möglichkeit der *Rollenübernahme* – jenseits kruder Theorien der unmittelbaren Einfühlung – erklärt werden, wie Menschen den Standpunkt des jeweils anderen verstehen, einschätzen und für ihr Verhalten als maßgeblich empfinden können.[7] Hierin wurzelt nicht nur strategisches, sondern mindestens ebenso sehr moralisches Handeln. Aber erst wenn darüber hinaus soziale Gruppen als Beziehungsgefüge anwachsen, kann so etwas wie kollektive und nicht nur geteilte Intentionalität sich ausprägen; das heißt, es bedarf der Steuerung und Regulierung von wechselseitigen Verhaltenserwartungen auf der Basis gemeinsamer, geteilter Normen und Werte, die zudem den einen wie den anderen im Verbund mit allen anderen Gruppenmitgliedern zu einer gemeinsamen Identität, einem „Wir"-Gefühl verhelfen. Diese zwei von Tomasello evolutionär ausgewiesenen Schritte von der *geteilten* zur *kollektiven Intentionalität*, vom Bewusstsein der jeweiligen Besonderheit des einzelnen Gegenübers hin zur unparteilichen Anerkennung aller Mitglieder eines Sozialverbands stellen die strukturellen Bedingungen für die Ausbildung von Moralsystemen dar. Zugleich wird dabei nicht geleugnet, dass die konkrete Herausbildung spezifischer Normen, Werte und Regeln stets abhängig vom jeweiligen kulturellen, ökonomischen und geschichtlichen Kontext bleibt. Denn zweifelsohne hängt die *Evolution von Moral* unmittelbar mit der ebenfalls *kooperativen Struktur von Arbeitsteilung* in zunehmend dichter und größer werdenden Gruppen zusammen. Prinzipiell zeigt sich damit, dass Moral nie eine Sache von subjektiver Innerlichkeit sein kann, sondern sie als eine *soziale Größe* zu verstehen ist, deren Bedeutung darüber hinaus eng mit der Steuerung von Verhaltensweisen im Umgang mit und in der jeweiligen Umwelt (Welt) zusammenhängt. Moralische Probleme haben stets etwas damit zu tun, wie Menschen sich in der Welt und dabei zugleich zueinander (und sei es mit Blick auf sich selbst) verhalten. Erst auf der Basis einer so gesehen nicht einfach auf Interesse oder Reziprozität, sondern auf der *Fähigkeit und Fertigkeit zu diversen Kooperationsweisen* konzipierten Ursprungstheorie von Moral wird dann schließlich klar, warum der Konflikt das entscheidende Moment für die Genese, Fortentwicklung, aber auch für die Abbrüche von moralischen Regeln, Traditionen und Institutionen darstellt. Denn im Konflikt – sei es angesichts in Spannung zueinander stehender Erwartungen und Interessen, sei es gegenüber der eigenen Gruppe fremden Personen, sei es angesichts der Neuartigkeit von Folgeproblemen als Resultat menschlicher Handlungen oder natürlicher Ereignisse – stehen die eingespielten und scheinbar allgemein akzeptierten Normgrößen unter Druck und müssen einer Bewährungsprobe unterzogen werden. Diese eng an das evolutionäre Schema von Anpassung und Veränderung ange-

---

7 Vgl. Mead, Geist, Identität und Gesellschaft, 420 ff.

lehnte Beschreibung ist bewusst gewählt, da sie zeigt, inwiefern ein nicht-reduktionistischer Blick auf die Moral auch und gerade Einsichten der modernen Naturwissenschaft, vor allem der evolutionären Anthropologie, berücksichtigen kann. Schon an der Wiege der Menschheit, wie wir sie heute kennen, bildet sich demnach aufgrund der Spezifika der menschlichen Lebensform (*conditio humana*) aus, was noch heute die Grundfragen der Moral sind: „Wie wollen wir (gemeinsam) leben?", „Was schulden wir einander (gegenseitig)?", „Wer sind wir (als Gruppe, als Individuum)?"[8] Auch eine theologische Ethik wird gerade dann, wenn sie sich ihrer historischen Ursprünge und Eigenheiten, wie sie in den biblischen Traditionen und der Überlieferungsgeschichte des Christentums zur Sprache kommen, bewusst bleibt, nicht umhinkönnen, zu den elementaren, weil anthropologischen Konditionen von Moral Stellung zu beziehen. An einem Beispiel veranschaulicht: Eine ethisch-theologische Rekonstruktion des Phänomens Sünde und Schuld kann jedenfalls nicht einfach damit argumentieren, dass Menschen von Natur aus egoistisch seien, wenn doch gilt, dass sich radikales und demnach destruktives Eigeninteresse erst auf dem Boden von Kooperationspraktiken einstellen kann, indem diese zum Beispiel bewusst gestört oder darin vorsätzlich getäuscht werden.

3 Ethische Traditionen – zur Bedeutung der Bibel für die Ethik

Mit dem evolutionären Blick auf die Ursprünge der Moral ist nicht die Gleichgültigkeit gewachsener Moraltraditionen behauptet, wie sie die Kulturgeschichte der Menschheit hervorgebracht hat und an deren Anfängen zumeist auch die Wiege der großen Weltreligionen stand. Insofern muss die Ethik stets auch darum bemüht sein, *historisch redlich* und *hermeneutisch einfühlsam* diejenigen *Überlieferungsbestände* und *Traditionen* zu analysieren, derer sie sich bedient, wenn sie zu diesem oder jenem Thema ethisch Stellung nimmt. Denn Ethik als Reflexion auf Ethos ist immer Reflexion auf ein *bestimmtes kulturelles*, d. h. *historisch gewachsenes* und *sozial ausgestaltetes Ethos*. Das trifft selbst für diejenigen Ethiktypen zu, die, wie prominent Immanuel Kant, darauf beharren, dass die eigent-

---

[8] Mit diesen drei Fragen sind drei verschiedene Grammatiken des Moralischen verbunden, die diverse historisch gewachsene Ethiken und Moraltraditionen unterschiedlich stark prägen: Einmal diejenige, die Gebote (*Pflichten*) formuliert, sodann diejenige, die Bedürfnisse und Ziele (*Güter*) thematisiert, und schließlich diejenige, die Charaktereigenschaften (*Tugenden*) in den Mittelpunkt stellt (vgl. Dewey, Three Independent Factors).

liche Aufgabe von Ethik nicht in der kritischen Hermeneutik gewachsener Sittlichkeitsregeln liegt. Dahinter steht die Auffassung, wonach ein *gelebtes Ethos Teil einer Kultur* ist und *Kulturen* sich nur als *Geflechte aus Institutionen, Traditionen und gelebten Praktiken* verstehen lassen, in denen sich das Ethos *auf symbolische Art und Weise verkörpert* und in Handlungsweisen zur Darstellung bringt. Das gilt für jedes gelebte Ethos, sei es religiös, sei es säkular oder sei es, wie in den meisten Fällen, eine Mischform aus beiden. Ohnehin ist eine trennscharfe Unterscheidung von säkularen und religiösen Ethostraditionen kaum möglich.

Von hier aus lässt sich nun auch ein Ansatzpunkt benennen, der der theologischen Ethik zu ihrer spezifischen Kontur verhilft; also zu dem, wovon sie sich von anderen Ethostraditionen und Ethiken abhebt. Diese besteht in ihrem mit spezifischen *institutionellen* und *sozialen Settings* (u. a., aber nicht nur in den *Kirchen*) verknüpften *Gehalt*, der sich in besonderer Weise dem *biblischen Erbe* und der *Geschichte des christlichen Ethos* verpflichtet weiß. Selbst dort, wo sie Kritik an Einzelbestimmungen und Verzeichnungen des christlichen Ethos übt, liegt ihre Absicht darin, über die Diagnose der Pathologien des Christlichen hinaus die Richtung zu bestimmen, in welche das christliche Ethos konstruktiv fort zu bestimmen sei. In anderen Worten: Theologische Ethik kann den biblischen Überlieferungen und der aus ihnen folgenden Geschichte des Christentums *nicht neutral* gegenüberstehen. Sie versteht sich vielmehr noch *im Modus der Kritik* als *Anwältin dieser Traditionen*. Gerade darin ist sie *theologisch*, arbeitet sie doch mit an der *Zukunftsfähigkeit des Christentums* in seinem ethischen Gehalt und Auftrag.

Nun teilt die theologische Ethik – als evangelische allzumal – damit jedoch auch die Schwierigkeiten, die sich in unseren Zeiten mit einem Rekurs auf die Bibel als ethischer Legitimierungsinstanz verbinden. Die sog. „Krise des Schriftprinzips" (Pannenberg), deren Rückseite eine Rückkehr zum Schriftfundamentalismus darstellt, der meint, in einem a-historischen Blick in die biblischen Schriften ein Moralrezeptbuch für die Gegenwart zu erkennen, ist noch lange nicht ausgestanden. Oftmals wird schlicht übersehen, was nicht-christlichen Interpreten nur allzu klar vor Augen steht: eine Vielzahl an ethischen Problemen, die unsere Lebensgegenwart treffen, stehen schon aufgrund des *historischen Abstandes* aber auch dem *Wandel unserer Lebens-, Religions- und Gesellschaftsformen* den Autoren der biblischen Texte fern. Es ist schlicht nicht wahr, dass man der Schrift zu Fragen etwa der Humangenetik oder auch der Wirtschaftsordnung irgendeine auf diese Probleme bezugnehmende Stellungnahme schlicht entnehmen könnte. Das heißt umgekehrt, dass man sich hermeneutischen Großanstrengungen unterziehen muss, um gleichwohl biblische Impulse auf diese Gegenwartsfragen zu beziehen. Wenn also an der Relevanz der Schrift für die theologische Ethik, für eine protestantische allzumal, festgehalten werden soll, muss man sich den Gefahren stellen, die sich in Gefolge der Reaktion auf dieses Problem ergeben. Denn auf der einen Seite könnte man geneigt sein, mittels des Rekurses auf die Bibel den Ausschließlichkeitsanspruch und die Besonderheit des Christentums derart hervorzuheben, dass sämtliche Verständigungsbemühungen mit Vertretern anderer Moraltraditionen verunmöglicht und somit die öffentliche Prägekraft christlicher Impulse in säkularen Umwelten zunichtegemacht werden. Auf der anderen Seite droht bisweilen aber auch die umgekehrte Gefahr, dass nämlich säkular begründete Werte und Normen einfach durch Rekurs auf biblische (und christliche) Traditionen untermauert werden, aber im Grunde genommen ihrer Begründung bzw. Plausibilisierung nichts mehr hinzugefügt wird. Wo sich aber gar kein „Überschuss" oder „Mehrwert" an Orientierungsimpulsen mehr angeben lässt, stellt sich die Frage, warum überhaupt noch – jenseits historischer Traditionspflege – ein solcher Rückbezug nötig sei. *Jenseits der Alternative zwischen biblischer Sondergruppensemantik und säkularer Verdopplungsstrategie* belegt schon ein kurzer Blick in die Geschichte der christlichen Soziallehren[9], welche gerade die Vielfalt und Reichhaltigkeit des gewachsenen und gelebten christlichen Ethos bezeugt, dass es im Grunde genommen stets um einen *Kompromiss* zwischen geistlicher, d.h. biblischer Rückbesinnung einerseits und Orientierung an Gegenwartsfragen (inklusive neuer Wertideale) andererseits ging. Durch die *wechselseitige Interpretation von eigener Lebensgegenwart und religiös-ethischer Herkunft* profitierten im Idealfall beide Seiten. Nur so lässt sich überhaupt ausmachen, ob eine *Religionskultur* mit ihren *Wahrnehmungs-, Überzeugungs-* und *Handlungsmustern*, ihren *Symbolen* und *Vorstellungen*, *Riten* und *Praktiken*, ja ihren *Institutionen* zukunftstauglich ist. Aufgabe der christlichen Ethik kann daher immer nur sein, unter Beachtung des „principle of charity" (Davidson) das *Orientierungspotential biblischen* und *christlichen Ethos in der Rekonstruktion seiner Perspektiven auf die analysierten ethischen Herausforderungen der Gegenwart* herauszustellen. Dazu kann die Irritation und Kritik genauso gehören wie Unterstützung und Vertiefung auch andernorts wahrgenommener und als gültig empfundener Ethosgestalten und Normvorgaben.

Will man also die Rolle der Bibel in und für die ethische Urteilsfindung bestimmen, so ließe sich von ihr am ehesten als von einem „Nährboden des sittlichen Lebens"[10] sprechen, und zwar zwingend nicht ausschließlich, aber in besonderer Weise für Christenmenschen. Man kann so im *historisch-kritischen* und dann *hermeneutisch rekonstruierten Umgang* mit dem bezeugten Ethos des Alten Israels und der frühen Kirche einerseits den Ursprüngen einer vom christlichen

---

9 Vgl. Troeltsch, Soziallehren.
10 Birch/Rassmussen, Bibel und Ethik, 223.

Geist inspirierten Lebensführung nahekommen. Andererseits kann man dann in diesen Quellen die Grundlagen, aber auch die weiteren Kontextualisierungen aufspüren, die eine von diesem *Geist inspirierte Lebensführung* heute berücksichtigen sollte, will sie sich als „christlich" verstehen. Dabei bleiben Kontroversen auch unter Christen nicht aus, wie man am Streit um den Umgang mit Homosexualität sehen kann. Das verwundert freilich nicht. Denn selbst ein konstruktiver Umgang mit der Bibel in ethischen Fragen ist selbst von Interessen und von eigenen Lebensansichten und Werturteilen gesteuert, die sich einer ganzen Reihe von anderen Einflüssen und Traditionen verdanken. Es tut einer *Theorie christlicher Lebensführung*, genannt *Ethik*, nicht gut, wenn sie übersieht, dass unsere Lebenswelten von einer *Vielzahl* mitunter *divergierender*, manchmal sogar *konfligierender*, aber bisweilen auch *konvergierender Werte, Ideale und Normen* geprägt sind. Oftmals streiten diese miteinander in ein und derselben Person in der Vielzahl ihrer sozialen Rollen und individuellen Verhaltensmuster. Daran wird deutlich, warum es in ethischen Fragen stets auch um die *Identität von Personen* und *Gemeinschaften*, nicht nur von Christenmenschen und Kirchen, geht; und daran erkennt schließlich, warum weder einfach biblische Gebote und ihre Anwendung noch die Richtigkeit und Angemessenheit von moralischen Begründungen die sachliche Mitte der Ethik bilden, sondern je konkrete Lebensformen als derjenige Ort, an denen sich Traditionen bilden, aus- und weiterformen und in denen Menschen ihr Leben eben führen.

4 Lebensformen – der „Stoff" der Ethik

Wenn im Folgenden von Lebensformen als dem „Stoff" der Ethik gesprochen wird, dann soll damit auf die Tatsache aufmerksam gemacht werden, dass alle Fragen menschlicher Lebensführung in *symbolisch codierte* und *durch Praktiken verkörperte Handlungsrahmen* eingelagert sind. Menschen leben ihr Leben stets symbolisch geformt und das heißt *wertimprägniert*. Dies gilt auch dann, wenn man die einzelne Person als Handlungssubjekt in den Fokus rückt, erst recht aber, sowie man sie in ihrer Funktion als Rollenträgerin begreift. Denn das, was unser Leben ausmacht, ist stets eingebettet in solche sozialen Bezüge, in denen wir – und sei es im Widerspruch zu ihnen – unser Leben führen müssen. Noch die Figuren des Aussteigers und Revolutionärs bilden hierin keine Ausnahmen, lassen sie sich doch nur dadurch fassen, dass sie sich gegen althergebrachte konventionelle Normen und Rollenmuster wenden und sich mitunter durch symbolpolitische Maßnahmen ihrer eigenen, eben davon abgrenzenden Identität vergewissern bzw. sie anderen mitteilen, wenn nicht sogar anempfehlen wollen.

Der Begriff der *Lebensformen* wurde nicht zufällig erst im 20. Jahrhundert prominent. Zum einen machen sich darin die zunehmenden Pluralisierungsschübe bemerkbar, denen unser Leben in der Moderne sich ausgesetzt findet. Zum anderen zeigt er an, dass unser Handeln, auch dort, wo es nicht bewusst geschieht, eingebettet ist in spezifische „Sprachspiele"[11], *Deutungsmuster* und *Handlungsformen*, auf die jeweils zurückgegriffen werden muss. Der *Zusammenhang von Ethos, Sprache und Kultur* kommt darin besonders zum Vorschein. Die beiden Momente der *Pluralität* und *Kulturbezogenheit* verdienen besondere Beachtung. Einerseits wird damit klar, Menschen gestalten ihr Leben *nie nur* in einer Lebensform: als Konsumenten nehmen sie teil an den Formen kapitalistischen Marktgeschehens, so wie sie, so sie in einer Partnerschaft leben, ihr Intimleben und ihre Bedürfnisse nach Nähe und Anerkennung mit dieser Institution in spezifischer Weise verknüpfen. Noch komplexer wird die Angelegenheit, wenn man darauf achtet, dass an verschiedenen Orten sich besondere Sozialformen und Einstellungen ausbilden, die Partnerschaft und Konsumverhalten bspw. anders codieren. Urbane Kontexte prägen Menschen als Konsumenten und Lebenspartner anders als dies für ländliche Regionen gilt. Wir haben es somit mit einem in sich komplexen pluralistischen Phänomen zu tun, wenn wir auf abstrakte Weise diese Konstellationen unter dem Begriff der Lebensform subsummieren wollen. Die Sozialphilosophin Rahel Jaeggi hat deswegen vorgeschlagen, Lebensformen als ein „Bündel sozialer Praktiken" zu verstehen, die „Einstellungen und habitualisierte Verhaltensweisen mit *normativen Charakter*, die die *kollektive Lebensführung* betreffen" umfassen, „obwohl sie weder *streng kodifiziert* noch *institutionell verbindlich* sind"[12]. Damit betont sie besonders den *umfassenden* („holistischen") und *sozialen Charakter* von Lebensformen sowie deren *normative*, d.h. von Wertauffassungen durchzogene *Eigenart*. Genau darin zeigt sich ihr genuin ethischer Zug, da es in der Ethik stets um genau jene *Handlungsweisen* und *Lebensformationen* geht, *in* denen und *durch* die Menschen ihr Leben *sinnvoll* und d.h. *unter Wertgesichtspunkten* leben.

Dagegen mag zunächst eingewendet werden, dass mit dieser Definition der gesamte Bereich unserer institutionellen Verflechtungen und Verpflichtungen aus dem Bereich der Ethik ausgespart bleibt. Aber dies würde nur dann gelten, wenn man zwischen Lebenswelt und institutionellen Systemen einen starken Graben ziehen würde. Doch das Gegenteil ist der Fall. Vielmehr sind es doch die Herausforderungen, Probleme und auch Folgen, die sich am Ort der Lebenswelt, also

---

[11] Zum Zusammenhang von Sprachspiel und Lebensform, vgl. Wittgenstein, Philosophische Untersuchungen, 24.28.139 (= PU §§ 19, 23, 241).
[12] Jaeggi, Kritik, 77 (Kursiv im Original).

konkret in unseren Lebenswelten zeigen, die uns entweder zu (neuen) institutionellen Rahmenregelungen drängen oder aber nach deren Sinnhaftigkeit bzw. Revision fragen lassen. Ein anderer Vorwurf gegen das Konzept der Lebensformen könnte hingegen lauten, hier würden die Bereiche unserer Lebensführung derart auf ihr Spezifikum konzentriert, dass man gar nicht mehr erkennen kann, wie spezifische Lebensformen auch dann kritisiert werden können, wenn man selbst nicht in ihnen lebt. Dieser Vorwurf eines Kulturrelativismus müsste gesondert und mit Vorsicht abgewehrt werden. Aber zunächst scheint doch möglich, dass eine Lebensform stets auf ihre innere, normative Wertmatrix sowie auf ihre Auswirkungen auf andere hin analysiert und kritisch befragt werden kann. Noch die kantische Frage „Was soll ich tun?" entzündet sich ja an den Widerständen und negativen Auswirkungen von Lebensformen mit Blick auf andere oder auf einen selbst. Dabei ist gar nicht ausgeschlossen, dass unterschiedlichste Lebensformen in normativer Hinsicht durchaus gemeinsame Werte teilen können. Von John Dewey stammt der überaus reizvolle Gedanke, dass im Grunde genommen die Demokratie weniger eine spezifische Regierungsform und Staatsorganisationsstruktur darstellt, sondern die „Idee der Gemeinschaft"[13] selbst.[14] In anderen Worten: *Alle* Lebensformen hätten in dieser ethischen Perspektive darin übereinzukommen, dass sie sich *am Ideal der wechselseitigen Selbstverwirklichung der Individuen dank sinnvoller und für alle offenstehender Kooperation* ausrichten. Dieses „Zugleich" *von Selbstverwirklichung und Kooperation* stellt nicht nur Deweys Freiheitsbegriff dar, sondern fasst *Demokratie als Wertideal (gelingender) Sozialität*, in der wir alle als Menschen leben müssen (und wollen). Damit wird nicht die Vielgestaltigkeit von Lebensformen und Wertidealen geleugnet, kann doch erst im verstehenden Durchgang durch diese gezeigt werden, was das konkret heißt, das zunächst allenfalls als übergreifendes Wertideal benannt werden kann. Gleichwohl verbindet sich mit der Rede von den Lebensformen als „Stoff" der Ethik eine Weitung und Veränderung des Blicks auf die Aufgabe ethischer Analyse und Urteilsbildung. Schließlich liegt in der Konsequenz dieses

---

13 Dewey, Öffentlichkeit, 129.
14 Umgekehrt zeigt sich auf der Fluchtlinie dieses weiten Demokratieverständnisses die prinzipielle Bedeutung und Plausibilität demokratischer Selbstbestimmungsprozesse, wie sie für den politischen Bereich kennzeichnend sind. Stellt doch die politische Form der Demokratie eben jene institutionelle Rahmenordnung dar, innerhalb derer sich die Freiheitsspielräume für demokratische Prozesse in allen anderen Lebensbereichen gestalten lassen. Damit ist im Übrigen nicht der widersinnige Gedanke behauptet, politische Normen der Demokratie auf alle anderen Lebensformen zu übertragen. So wäre es bspw. schlicht absurd, die für die Politik gewichtige Mehrheitsregel schlicht auf die Bereiche von Wissenschaft und Kunst, aber auch Familie und Partnerschaft zu übertragen.

Ansatzes eine viel stärkere Beachtung unterschiedlicher Moralkulturen und Moralcodierungen. Wer Lebensformen analysieren will, muss ihre Sprache, ihre symbolischen Codes zu lesen wissen. Und darüber hinaus deutet sich damit eine Option an, die allzu abstrakte Unterscheidung von allgemeiner und angewandter Ethik produktiv zu unterlaufen. Moralische Begriffe und Vorstellungen entzünden sich stets *an konkreten Problemsituationen*, aber können davon *abstrahiert* und *auf andere übertragen* werden. Sie (ent)stehen aber nicht im „luftleeren Raum". In dieser Hinsicht ist ein „point of nowhere" (Nagel), ein Gottesstandpunkt, selbst im Bereich der Moral nicht möglich, auch wenn es gegenwärtig immer noch prominent ist, genau darin ein Spezifikum von Moral zu sehen.

Ein letztes gilt es hier zu berücksichtigen: Wie verhält es sich mit dem Glauben? Ist der *Glaube* als *Inbegriff des christlichen Lebens* selbst auch (nur) eine Lebensform unter anderen? Wie aber vertrüge sich dies noch mit dem umfassenden Anspruch, den Glaube und Religion auf die Lebensführung von Menschen erheben. Die Rede vom Glauben als Lebensform ist in der Tat schillernd. Kann sie doch zum einen meinen, dass *Glaube als kirchliche Frömmigkeit oder individuelle Spiritualität* selbst sich in *Praktiken verkörpern* und *einüben* lassen muss. Zum anderen wird mit dieser Formel gern zum Ausdruck gebracht, dass der *Glaube als eine übergreifende, alle anderen Lebensfacetten mitprägende Kraft* verstanden werden soll. Beides muss einander nicht widersprechen, solange man nur darauf achtet, dass nicht die kirchliche Frömmigkeit oder der religiöse Glaube alles andere dominiert. Hier wäre im Sinne der *lutherischen Unterscheidung der beiden Reiche auf Differenzsensibilität* zu achten. Damit wird jedoch nicht ausgeschlossen, dass Glaube sich gerade auch dort ausprägen und entfalten kann, wo er nicht unmittelbar zum Vorschein kommt, und wo er gerade die Eigenwertigkeiten anderer Lebensformen und ihrer Aspekte nicht samt und sonders negiert, sondern kritisch zu würdigen weiß. Nicht um eine christliche Wirtschaft kann es beispielsweise dann gehen, wohl aber um Handlungsweisen und Strukturen in der Wirtschaft, die Konflikte zwischen Wertüberzeugungen anderer Lebensformen, inklusive des Glaubens, minimiert und stattdessen offen bleibt für wechselseitige Bereicherungen. So gesehen wohnt der *Akzeptanz unterschiedlicher Lebensformen* stets zugleich ein *Bekenntnis zum Wertepluralismus* inne. Theologische Ethik wie christlicher Glaube sollten tunlichst vermeiden, diesen vorschnell zugunsten eines absoluten Wertes oder eines absoluten Glaubensstandpunktes zu überspielen. Vielmehr liegt ihre Verantwortung darin, das Spezifikum des Glaubens mit dem Wissen zu verbinden, dass dieser sowohl Orte für sich braucht (z. B. Kirche, Gemeinden) als auch an anderer Stelle, an anderen Orten, wenn auch nur mittelbar zu Geltung und Darstellung kommen kann. Gerade darin bleibt bewusst, bei aller Bezogenheit gehen Glauben und Handeln nicht ineinander auf, werden Religion und Ethos trotz allem nicht identisch werden.

5 Verantwortung als ethisch-theologischer Grundbegriff

Wenn gilt, dass Menschen ihr Leben in Lebensformen führen und gestalten, dann stellt sich nicht nur das *Problem der Kriterien von angemessener Lebensführung*, sondern ebenso rückt damit der *Mensch als deren Subjekt* in den Fokus der Ethik. Von hier aus rückt das *Moment der Verantwortung* in das Zentrum ethischer Betrachtungsweisen und von daher wird *Verantwortung zum ethisch-theologischen Grundbegriff*. Von Verantwortung und nicht etwa von *Freiheit* ist hierbei die Rede, weil erstere eine *spezifische Form* der letzteren meint. Verantwortung meint dann „eine Steigerung des Begriffs der Freiheit und dessen ethische Einlösung"[15]. Zudem insinuiert der Freiheitsbegriff allzu leicht die Frage nach der Intentionalität allen Handelns sowie deren Bedingungen, was wiederum auf das Problem der Willensfreiheit und ihrer stets möglichen, derzeit vor allem neurophysiologischen Infragestellung verweist. Dagegen spricht gerade die auf den ersten Blick zu seinem Nachteil geratende Weite des Verantwortungsbegriffs für seinen Gebrauch, nicht als dessen radikale Alternative, sondern vielmehr als dessen Konkretion: Verantwortung hat der Mensch nämlich zu *übernehmen* und zu tragen, ja kann selbst dann noch darauf angesprochen und ihm abverlangt werden, wenn er sich nicht bewusst zu einem Handeln entschieden hat. So kann er unter Umständen sogar dann zu recht für etwas *haftbar* gemacht werden, wenn er sich, *obgleich unverschuldet* vor ein Problem gestellt, sich diesem zu verweigern sucht. Verantwortung *umgreift* somit *Situationen selbstbestimmten Handelns* ebenso wie diejenigen von eher *eingespieltem* und also *nicht-reflektiertem Verhalten*. Sie betrifft nicht nur Fälle, in denen es möglich ist, *Taten ihren Urhebern zuzuschreiben*, sondern spielt ebenso auf Situationen an, in denen es um die *Übernahme* und das *In-Haftung-Nehmen von spezifischen Folgen und Konsequenzen* geht. Das wird in der Rede von der politischen Verantwortung exemplarisch deutlich, weil es hier um eine *stellvertretende Übernahme von Aufgaben und Anforderungen* geht, die weit *mehr* meint als die *Zurechenbarkeit unmittelbar eigener Entscheidungen*. Wir kennen solche Verantwortungsmomente aber auch aus dem persönlichen Nahbereich, etwa hinsichtlich des Verhältnisses von Eltern und ihren noch minderjährigen Kindern. Verantwortung umfasst somit beides, *Zurechenbarkeit* und *Stellvertretung*. Dietrich Bonhoeffer hat in seinen „*Ethik*"-Fragmenten eindrücklich auf diesen Zusammenhang aufmerksam gemacht, wenn er betont, dass der Christ aus der *Kraft der stellvertretenden Sündenübernahme Jesu am Kreuz* nicht

---

15 Rendtorff, Vom ethischen Sinn der Verantwortung, 118.

nur *lebt*, sondern *im Bewusstsein dieser Rechtfertigung* auch zur *stellvertretenden Schuldübernahme im Dienst für andere befähigt* wird.¹⁶

Damit ist die *theologische Dimension* des Verantwortungskonzepts schon angeklungen. Aber sie erschöpft sich nicht in dieser christologischen Interpretation. Schon von seiner Struktur als *Relationsbegriff* her erweist sich der Begriff der Verantwortung als äußerst geeignet, das *christliche Leben* selbst als eine *verantwortliche Existenz* zu lesen und so seine *genuin ethische Ausrichtung* zu begreifen. *Verantwortung trägt stets jemand für jemanden oder etwas (inklusive seiner selbst) vor jemandem oder etwas, und zwar stets in einer bestimmten Situation.* Diese „*vor*"- und „*für*"- Struktur kann dann näher beschrieben werden, indem man klärt, *wovor* und *wofür* man verantwortlich ist und welche *Rollen*, *Funktionen* und *Regeln* bzw. *Normen* es dabei zu berücksichtigen gilt. Darin macht sich zugleich bemerkbar, inwiefern es sich hierbei um ein *responsorisches Geschehen* handelt. Denn *zur Verantwortung* wird man *aufgerufen*, indem einem jemand oder etwas *herausfordert* und zur *antwortenden Stellungnahme* drängt bzw. auffordert, welche zumeist in einer *entsprechenden Reaktion als Handlung* mündet. Dabei kann diese Reaktion *als Antwort* verstanden bzw. *interpretiert* werden, und zwar *im Modus ihrer erwarteten Entsprechung (Erfüllung)* oder *befürchteten Verweigerung (Enttäuschung).* Vor diesem Hintergrund wird der *personale Charakter der Verantwortungssituation* einsichtig, was wiederum nicht bedeutet, dass Verantwortung sich allein auf Relationen (Beziehungen) zwischen Personen konzentrieren würde. Im Gegenteil. Der Vorteil des Verantwortungsbegriffs besteht ja gerade darin, dass er zugleich *strukturelle* wie *intersubjektive* und *individuelle Bezüge* umgreift und somit die *elementare Sozialität menschlichen Lebens* unterstreicht: „In dieser Hinsicht ist der Begriff der Verantwortung deshalb eine Abbreviatur für die Sozialität der ethischen Lebenswirklichkeit"¹⁷. Das gilt *in theologischer Hinsicht* nicht nur *unter Menschen*, sondern ebenso sehr *vor Gott*. Die Tradition reformatorischer Theologie hat diesen *Grundsachverhalt menschlicher* Existenz durch den Aufweis ihrer spezifischen „*coram*"-Struktur zu erhellen versucht: der Mensch lebt nicht nur *coram seipso* (vor sich selbst) sowie *coram hominibus et mundo* (vor den Menschen und im Gegenüber zur Welt), sondern in allem zugleich stets *coram Deo*, also vor Gott.¹⁸

Die christliche Fassung der Verantwortungsethik unterscheidet sich nicht darin von anders oder nicht religiösen Versionen, dass sie eine andere Struktur der ethischen Stellungnahme hätte. Denn in allen ethischen Problemsituationen,

---

16 Vgl. Bonhoeffer, Ethik, 256 ff.
17 Rendtorff, Vom ethischen Sinn der Verantwortung, 117.
18 Vgl. Ebeling, Luther, 220 ff.

ganz gleich, ob es sich um personale oder strukturelle Zusammenhänge handelt, geht es darum, diese mit Blick auf die von ihnen betroffenen Instanzen – Personen, aber auch andere Lebewesen oder Umwelten – derart zu interpretieren, dass auf die darin erkannten Herausforderungen angemessen reagiert werden kann. In diesem Sinne kann alles *ethische Nachdenken als konkretes Problemlösen im Lichte mehr oder minder adäquater Interpretationen der Lage* gefasst werden. Oder mit dem Theologen H. Richard Niebuhr: „Was in der Idee der Verantwortung impliziert ist, ist die Vorstellung des Menschen als Antwortendem, des Menschen im Dialog und des Menschen als agierend in Antwort auf Handlungen, die auf ihn einwirken"[19], und zwar so, dass er – darin ist Verantwortung genuin personal – bereits die Antwort des Anderen auf ihn vorwegnehmend in der Perspektivenübernahme mit in seine Entscheidung einbezieht. Daraus lässt sich schlussfolgern: *Ethik ist stets Hermeneutik der Welt im Angesicht menschlicher Stellungnahmen zu ihr.* Theologisch wird eine solche Ethik immer dann, wenn sie die *ethische Situation* noch einmal *im Lichte der Unterscheidung von Gott und Mensch, von Schöpfer und Geschöpf, von rechtfertigendem Gott und dem sich als Sünder bewussten Menschen* interpretiert. *Gottes Realität* wird dann stets als „*in*", „*mit*", und „*unter*" der *als ethischen Situation begriffenen Weltwirklichkeit* erfasst. Gott wird als die in ihr *schöpferisch-kreativ, erhaltend-bewahrend* und *versöhnend-erlösend handelnde Wirkmacht* gefasst. Als ethische Theologie ist theologische Ethik *Verantwortungsethik*, indem sie die *Verantwortung des Menschen* als *in der Ebenbildlichkeit Gottes* (vgl. Gen 1,28) *fußend*, in der *Indienstnahme durch die Nachfolge Jesu beauftragt* (vgl. Mk 1,14[20]) und *zur endgültigen Rechenschaft vor Gott befähigt* (vgl. Mt 25,40) interpretiert.

Mit den exemplarisch angedeuteten Interpretationsrastern sollte wenigstens angedeutet werden, worin die Eigenheit und vielleicht auch der sog. „Mehrwert" einer theologischen Hermeneutik ethischer Situationen und Herausforderungen besteht. Beides liegt in der Kenntlichmachung des *Rahmens*, innerhalb dessen man die Stellung des Menschen in der Welt und zu seinem Leben erfasst und bewertet. Ohne eine solche *evaluative Weltsicht* ist Ethik nicht zu haben, jene leitet auch dann unsere *ethische Prägungen und Wertungen*, wenn wir uns ihrer gar nicht bewusst sind. Dabei treffen natürlich in ethischen Debatten unterschiedliche Lebens- und Weltsichten mit ihren jeweiligen Werthaltungen aufeinander. Der Streit um die richtige Erfassung des Problems und um die ethisch legitimen Lö-

---

19 Zitiert nach: Huber, Von der Freiheit, 82. Das Originalzitat findet sich in Niebuhrs ethischer Hauptschrift: Niebuhr, The Responsible Self, 56.
20 In diesem Sinne kann der jesuanische Ruf zur Umkehr und die im Anschluss daran erfolgte reformatorische Interpretation des Christenlebens im Zeichen der Buße verstanden und ethisch begriffen werden. Darauf verweist paradigmatisch die erste der 95 Thesen Martin Luthers von 1517.

sungen wird somit immer auch zum *Streit um die Wirklichkeit*, die es zu erfassen und zu bewältigen gilt. Darin kommt ein weiterer Aspekt, mit dem es Ethik stets zu tun hat, auf besondere Weise zum Ausdruck: Menschen führen ihr Leben stets *mehr oder minder eigenständig im Kontext anderer Mitmenschen* und *in Auswirkung auf diese*, seien sie uns nun nah oder fern, seien sie davon mehr oder minder, bewusst oder unbewusst betroffen.

6 Öffentlichkeiten und ihre Probleme

Als *Öffentlichkeit* bezeichne ich diejenige *Form von individuellem Bewusstsein und kollektivem Leben*, die es allererst dringlich macht, sich reflexiv auf die Folgen und Implikationen unseres Handelns in ethisch verantworteter Weise einzustellen. Dahinter steht ein Verständnis von Öffentlichkeit, das einerseits für *verschiedene Ausgestaltungen von Öffentlichkeit* – also Öffentlichkeiten – offenbleibt, das aber andererseits an derjenigen *strukturellen Komponente von Öffentlichkeit* besonderes Interesse zeigt, die jeder dieser Ausgestaltungen innewohnt und die zugleich von ethischer Relevanz ist. Hierzu ist es von Nöten, zunächst die *Unterscheidung von Öffentlichem und Privatem* ins Auge zu fassen. Denn nur dort, wo nicht alles als „öffentlich" gekennzeichnet ist, bewahrt dieser Begriff überhaupt seine Schärfe und seine Konturen. Nach John Dewey lassen sich Handlungen und ihre Folgen in grundsätzlich zwei Klassen unterteilen, nämlich „jene, welche die direkt mit einer Transaktion befaßten Personen beeinflussen und diejenigen, welche andere außer den unmittelbar Betroffenen beeinflussen. In dieser Unterscheidung finden wir den Keim der Unterscheidung zwischen dem Privaten und dem Öffentlichen."[21] Damit wird die Differenz zwischen Öffentlichkeit und ihrem Korrelat, dem Bereich des Privaten, *handlungstheoretisch* vorgenommen und dabei zugleich mit einer ethischen Komponente versehen. Betrifft doch diese Unterscheidung auch die jeweilige Vorstellung von Verantwortung, die je nachdem, ob sie in einem Bereich des Privaten oder der Öffentlichkeit zu stehen kommt, anders ausbuchstabiert werden muss.

Die *Differenz zwischen Öffentlichem und Privatem ersetzt* in meinen Augen auch die bisher übliche *Unterscheidung von Individual- und Sozialethik*. Das hat mehrere Gründe. Einer liegt gewiss darin, dass letztere, so sie nicht in der Aufteilung in Personalethik und Ethik der Institutionen aufgeht, kaum je trennscharf gefasst werden kann. Denn wo enden ethische Themen, die allein die Individuen betreffen, und wo beginnt die soziale Seite eines Problems Überhand zu gewin-

---

21 Dewey, Öffentlichkeit, 27.

nen. Dass diese Grenzziehung gleichwohl weiterhin vonnöten ist, zeigt sich daran, dass auch die hier präferierte Alternative, die Unterscheidung von Öffentlichem und Privatem, mit Nachdruck an ihr festhält, nämlich durch die Differenz zweier Handlungsklassen (oder besser: Handlungssettings). Gleichwohl ist dabei im Auge zu behalten, dass die Unterscheidung von Öffentlichem und Privatem gerade nicht mit derjenigen zwischen Individuellem und Sozialem inhaltlich gleichgesetzt werden darf. Denn auch soziale Lebensformen lassen sich sehr wohl unter dem oben genannten Kriterium als „private Angelegenheiten" verstehen. Freundschaften, aber auch religiöse Lebensformen, soweit sie ausschließlich ihre Mitglieder betreffen, sind in diesem Sinne keine öffentlichen Angelegenheiten. Aber sie können das gleichwohl werden, sofern ihr Gestaltungsraum stets zugleich Auswirkungen auf Personen und Gruppen hat, die ihnen nicht unmittelbar angehören bzw. die auf sie keinen Einfluss haben. Der Vorteil, der in der Unterscheidung von Öffentlichem und Privatem im Gegensatz zur Aufteilung in Individual- und Sozialethik liegt, zeigt sich somit vornehmlich daran, dass er ein eher *perspektivischer* denn ein sachbereichsbezogener ist.

Bezieht man das ferner auf den Aspekt der Verantwortung, dann zeigt sich, dass der *Radius von Verantwortung* in öffentlichen Angelegenheiten ein anderer ist als in privaten. Das heißt zugleich, Ethik kann sich gar nicht allein auf den Bereich öffentlicher Angelegenheiten (*res publica*) konzentrieren. Vielmehr lebt sie davon, dass in ihr zuerst die öffentlichen und privaten Facetten eines ethischen Problems richtig unterschieden werden. Denn nur dann lässt sich die für unsere Lebensgegenwarten so zentrale Vorstellung von Freiheit näher auf ihre Erfüllungsoptionen ausbuchstabieren. Anders gewendet: Nur dort, wo dem Privaten ein angemessenes Recht auf Entfaltung eingeräumt wird, bleibt ein ethisch gehaltvoller Begriff von Öffentlichkeit in Geltung. Und umgekehrt wird erst von hier aus das akut, was in der Unterscheidung von personalethischen und institutionenethischen Betrachtungen eigentlich zur Debatte steht: die *Rolle von Politik und Recht bei der Ausgestaltung der individuellen und sozialen Freiheitsräume*. Denn es ist ja nicht so, dass Lebensformen für sich stehen. Sie interferieren vielmehr mit anderen Lebensformen und überkreuzen sich. Die *Leistung des Rechts in modernen Gesellschaften* hängt im Wesentlichen davon ab, dass dieses eben *nicht* mit Moral oder Ethos *gleichgesetzt wird*, sondern vielmehr die *äußeren Rahmenbedingungen* absteckt, innerhalb dessen sich auf individuelle und kollektive Weise unterschiedliche Moraltraditionen in diversen Lebensformen ausprägen können. Sichert *Recht* somit lediglich die *Garantien äußerer Freiheit*, so hat es damit zugleich darauf zu achten, wo Freiheitsspielräume ohne Grund und ohne Einspruchsoption bedroht sind. In anderen Worten: *Recht* kann als diejenige *Form von Freiheitssicherung* begriffen werden, welches die *pluralen Räume des Privaten* – stets auch in seiner kollektiven Gestalt – *schützt* und den *Rahmen des notwendigerweise öffentlich zu Verhandelnden absteckt.* Daraus resultiert seine *Nähe zur Politik* und seine *Distanz zur Moral* bzw. zum Ethos. Aber dies ist selbst das Resultat einer ethischen Betrachtung auf die *unterschiedlichen Funktionen von Recht, Politik und Moral.*

7 Glauben, Lieben, Hoffen – Mehr und Anderes als Moral

Mit der Unterscheidung von Recht, Politik und Moral ist die *eine* Gestalt typisch moderner Konflikte um das Gute und Richtige angesprochen, mit derjenigen nach der *Differenz von Religion und Moral* die *andere.* Beides hängt zusammen. Denn fast spiegelbildlich sind Einwände gegen ein allzu enges Verhältnis von Religion und Moral erhoben worden. Für die einen kommt die Reduktion von religiösen Überzeugungen auf soziomoralische Motivationen einer *Funktionalisierung des Glaubens* gleich: Religion wird gleichsam zur „Moralstütze" missbraucht und die Kirchen dienen dann als gesellschaftliche Werteagenturen. Für die anderen kommt der Anspruch, wonach moralische Werte und Normen einer weltanschaulich-religiösen Absicherung bedürfen, um nicht beliebig zu werden, einem *Rückfall hinter die Säkularität und Liberalität offener Gesellschaften* gleich. Beide Einwände aber lassen sich schon empirisch kaum halten. *Weder führt Säkularisierung zum Moralabfall noch bedeutet Modernisierung zwingend Säkularisierung.*[22] Zudem kann man mit Immanuel Kant sehr wohl die *Autonomie von Moral* behaupten und trotzdem an ihrer *inneren Verbindung mit der Religion* festhalten. Denn die Antwort auf die Frage „Was ich tun soll?" lässt sich mitunter besser umsetzen, wenn ich mir darüber im Klaren bin, „was ich hoffen darf".[23]

Doch nicht um Kant soll es hier gehen, sondern allein um die Frage, inwiefern die Antwort auf das, was *theologische* Ethik sein könnte, unvollständig bliebe, würde sie nicht auch das *Verhältnis von Religion und Moral, von Glauben, Leben und Handeln* thematisieren. Nun wurzeln religiöse wie auch moralische Erfahrungen in Handlungskontexten, die auf der einen Seite Nähen zwischen beiden aufweisen und auf der anderen Seite jene doch als voneinander distinkt zu betrachten fordern. Zunächst lässt sich nämlich zeigen, sowohl moralische als auch religiöse Überzeugungen beruhen *auf Momenten* bzw. *Erfahrungen der Selbsttranszendenz.*[24] Damit ist darauf angespielt, dass es wesentlich zur *Identitätsfin-*

---

22 Vgl. Joas, Glaube als Option.
23 Vgl. Kant, Kritik der reinen Vernunft, 677 (=KrV B 833/834).
24 Vgl. Joas, Die Entstehung der Werte, 10 f.255 ff.

dung des Menschen gehört, dass dessen Selbst sich auf etwas hin öffnen lässt, das ihn gleichsam von ‚außen' ansprechen und faszinieren wie binden und verpflichten kann. Das macht die *ethische und religiöse Dimension personaler Identität* aus. Ausgebildet wird diese *nicht nur in individuellen Erfahrungssituationen*, sondern *mehr noch in gemeinschaftlich eingeübten Praxiskontexten*. Darunter fallen Gottesdienste und andere religiöse Rituale nicht minder wie die Partizipation in der Sportmannschaft, der Umgang im Klassenzimmer oder die alltäglichen und besonderen Rituale im familiären Kontext oder am Wahlsonntag. Stets aber *prägen* sich *religiöse und ethische Momente dieses Welt- und Selbstumgangs* nur dann ein, wenn sie auch *symbolisch bewusst gehalten* und z. B. *sprachlich artikuliert* werden können.[25] Symbolischer Vokabulare bedarf es, um die Erfahrungen und Überzeugungen *prägnant* (und ggf. *korrigierbar*) zu halten. Auf dieser Basis erst beruht die Möglichkeit, etwa in ethischen Problemlagen und Situationen moralische und religiöse Aspekte erschließen und sie rekonstruieren zu können. Beides aber muss der theologische Ethiker im Auge behalten.

Was bislang eher auf eine *Kontinuität* zwischen Moral (Ethos) und Religion schließen ließ, bedarf nunmehr aber auch einer *Differenzierung*. Insbesondere vom christlichen Glauben lässt sich sagen, dass er einen Blick auf eine „transmoralische Dimension"[26] öffnet, die er auch als göttlichen Grund bezeugt. Was dies genau heißt, lässt sich gerade auch für das Verstehen menschlichen Handelns fruchtbar machen, ohne das ja weder die Rede von Verantwortung noch von Moral (oder Ethik) Sinn machen würde. Menschliches Handeln steht stets unter den Bedingungen von *prinzipieller Endlichkeit, unausweichlicher Fehlbarkeit* (Schuldigkeit) und – in beidem deswegen – von *auflösbarer Zweideutigkeit* (Ambiguität). Will man nun weiterhin um des Menschen willen an dessen Handlungsfähigkeit festhalten, so erschließt sich *in ethischer Hinsicht* die *Vernünftigkeit der Religion*. Sie ist es, die dem Menschen nicht nur dazu verhilft, sich den *Grenzen seiner Selbstbestimmung und Lebensführung* zu stellen und sie bewusst zu halten. Mehr noch lassen sich religiöse Praktiken als *Formen des kultivierten Umgangs mit den Grenzen*, noch *von Moral*, verstehen.[27] Darin liegt der *transmoralische Zug von*

---

25 Zu diesen Facetten: vgl. Polke, Expressiver Theismus.
26 Tillich, Systematische Theologie, 116ff. 305ff.
27 Mit der Rede von der Grenze der Moral in der Religion, bzw. – wie weiter unten noch ausgeführt – dem Überschuss des *Gabecharakters des Lebens*, wie er im Glauben wahrgenommen und interpretiert wird, gegenüber *seiner Gestaltbarkeit* deute ich an, worin die prinzipielle Bedeutung der *reformatorischen Unterscheidung zwischen Gesetz und Evangelium*, zwischen der Art und Weise, wie Gott mit dem Menschen redet – einmal, indem er etwas von uns fordert und zur Verantwortung ruft, das andere Mal, indem er sich uns schenkt und zur Verantwortung befähigt – liegt und wo sie im hier formulierten Ethikansatz zu verorten wäre.

Religion. Dies kann hier nicht weiter ausgeführt werden. Aber wenigstens die Art des Zugriffs der Ethik auf die symbolischen Gehalte des Glaubens und der Theologie, vor allem auf ihre dogmatischen Themenbestände, sollte deutlich geworden sein.

Vor diesem Hintergrund lässt sich behaupten: Eine christliche, genauer: evangelische Ethik würde ihren Eigenwert verlieren, käme sie in ihren Stellungnahmen ohne Bezug auf *wesentliche Gehalte, Motive und Haltungen des christlichen Glaubens an Gott* aus. Trotz aller Schwierigkeiten, die aufgrund eines nicht nur *vielfach säkularisierten*, sondern nicht minder *multireligiösen gesellschaftlichen Umfelds* bestehen mögen, darf sie sich dieser Aufgabe nicht entziehen. Andernfalls würde sie sich überflüssig machen. So gilt es, nicht einfach im Abstrakten und Allgemeinen, sondern in den jeweiligen ethischen Konflikten und Problemstellungen auf der Fluchtlinie der skizzierten Hermeneutik in konkreter Weise zu zeigen, was das heißt:
- *angesichts endlicher Handlungsoptionen* den *Glauben an die unverlierbare Würde des einzelnen Individuums* und mit ihm *aller Menschen* zur Geltung zu bringen;
- *trotz allen Versagens* und *aller begangener Schuld* Verantwortung im *Geist der Liebe und der Vergebung* wahrzunehmen;
- schließlich im *Wissen um die bleibende Zweideutigkeit* jeder neuen Lösung und jedes noch so verantwortlichen Handelns *die Hoffnung und Zuversicht auf eine bessere Zukunft* nicht fahren zu lassen.

Die so unternommenen theologischen Perspektivierungen leben von der Überzeugung, dass sowohl der *trinitarisch ausbuchstabierte Gottesglaube* (an den *Schöpfer, Erhalter* und *Erlöser*) als auch die damit verbundene Sichtweise auf den Menschen (als *Gottes Ebenbild, gerechtfertigter Sünder, Nachfolger Christi*) nichts von ihrer Bedeutung für die Gegenwart verloren haben. In ihnen buchstabieren sich *Haltungen* einer *vita Christiana*, einer Christenexistenz aus (*Glaube, Liebe, Hoffnung*). In diesem Sinne lebt die theologische Ethik als Theorieform von der *Überzeugung*, dass es auf die Menschen und das Handeln *ankommt*, um die *Kooperations-* und *Erfahrungs*räume *besser, menschlicher* und damit auch *gerechter* zu machen (*Meliorismus*). Doch bleibt bei alledem ein *eschatologischer Vorbehalt*. Dieser setzt an der *bleibenden Differenz zwischen den vorletzten und den letzten Dingen* an.[28] Und er hält einen elementaren Trost, eine basale Entlastung bereit, weil in ihm die *absoluten Grenzen von Ethik und Moral* markiert sind und weil er auf den innersten Kern des Glaubens zielt: das *endgültige Gelingen des Lebens*,

---

28 Vgl. Bonhoeffer, Ethik, 137 ff.

seine *Vollendung liegt*, wie der Sinn von Welt und Geschichte als Ganzem, *nicht in unserer Macht* und *noch weniger in unserer Verantwortung*. Die eschatologische Kritik eines übersteigerten Moralismus ist heilsam, da sie den Menschen vor Selbstüberforderung bewahrt und einer letzten Verzweiflung am eigenen Leben wehrt. Mit den Worten der Tradition gesprochen, zeigt sich darin die *Gabe des Evangeliums*, der guten Botschaft, die als radikale Zuwendung keiner Gegengabe bedarf, die in sich selbst genügt und keine neuen Forderungen, *kein neues Gesetz* nach sich zieht. In dieser „Logik der Überfülle" liegt die Verheißung begründet, dass sie auf dem Boden der „Alltagsethik" nicht wirkungslos bleibt, sondern Entsprechungen findet.[29]

8 Theologische Ethik zwischen Pragmatismus und Historismus: der „eigene" Standort

Bleibt abschließend noch sich darüber zu verständigen, von welchem Standpunkt aus diese Überlegungen zur theologischen Ethik und den von ihr in den Blick zu nehmenden Themen erfolgt sind. Es mag den einen oder anderen überraschen, dass weder Luther noch Schleiermacher oder Barth hier als Hauptreferenzen zum Vorschein kamen, wenngleich ihre Überlegungen und Ansätze sehr wohl auch im Hintergrund der Ausführungen standen. Aber es hängt ja nicht von der Häufigkeit ab, mit der ein Autor zitiert wird, ob der Text sich von ihm hat inspirieren lassen. So kann man sehr wohl die vorangegangenen Bemerkungen als in der *Tradition des lutherischen Protestantismus* stehend begreifen, obgleich mit einem dezidiert *reformierten Einschlag* hinsichtlich der *weltlichen Prägekraft christlichen Glaubens*. Aber dies müsste gewiss genauer entfaltet werden.

Schon einfacher steht es mit denjenigen Positionen, die mit dem hier Verhandelten nicht übereinstimmen. Denn es ist doch zu offensichtlich, dass ich mich nicht mit Ansätzen anfreunden kann, die sich von der Fokussierung auf die menschliche Handlungsfähigkeit verabschieden wollen. Wie man etwa in systemtheoretischer Perspektive – im Gefolge bspw. von Niklas Luhmann – zu einem gehaltvollen Begriff von Verantwortung kommen kann, ist mir schleierhaft. Es handeln eben keine Systeme, sondern nur Personen, und dies sehr wohl auch in Kollektiven. Und deswegen sind es die Bedingungen des Handelns, die die Basis der Ethik darstellen. Das bedeutet allerdings keineswegs, die soziostrukturellen Bedingungen außen vor zu lassen, aber auch sie sind eben „menschengemacht". Ebenso fern stehen mir theologische Positionen in der Ethik, die in bewusster

---

[29] Ricoeur, Liebe und Gerechtigkeit, 49.

Abgrenzung von den sozialen und historischen Bedingungen, in denen sich christliches und kirchliches Leben gestaltet, einer Auffassung frönen, die sich in der Wiederholung biblischer Gebote erschöpft oder auch – völlig weltfremd und darin eben nicht den geistlichen Orden gleich – Kirche als radikale „Kontrastgesellschaft" versteht. Beides entspricht weder den biblischen Zeugnissen noch der Lebenserfahrung der vielen Generationen, die im Geist des Christentums sich nicht weniger bemüht haben, ihren Glauben zu leben, wie wir es denn, so wir wollen, versuchen.

In dieser Kontrastierung liegen denn auch schon Hinweise verborgen, die Aufschluss darüber geben, welchen Theorietraditionen ich mich besonders verpflichtet weiß: dem *hermeneutischen Historismus* und dem zuerst in den USA um das Jahr 1900 begründeten *Pragmatismus*. Ein hermeneutischer Historismus folgt dem Prinzip, dass *wir uns immer schon in symbolisch strukturierten Lebenswelten bewegen*, die wir fortschreiben oder gegen die wir uns auflehnen. Aber beides kann auch in ethischer Hinsicht nur bewertet werden, wenn wir verstehen, wie Lebensformen *das geworden sind, was sie sind*, und *warum sie als solche tradiert und weiter gelebt werden* (*sollen*). Wir stehen alle, wenn auch nicht fraglos und ihnen völlig ausgeliefert, in diversen Überlieferungszusammenhängen. Das darf gerade der Theologe als Ethiker nicht vergessen, will er der Zukunft des Christentums in der Vielfalt seiner Lebensformen zuarbeiten. *Zukunft braucht Herkunft*, und nur wer diese versteht, und zwar gerade auch darin, worin sie sich abständig gegenüber unserer Gegenwart verhält, weil sie sich anderen Problemen gegenübergestellt sah, kann sie auch kritisieren oder sinnvoll und neu fortschreiben. Damit ist auch die Perspektive des Pragmatismus bereits angedeutet. Sie betont, dass der *Mensch* stets als *ein in seine soziale Mitwelt und natürliche Umwelt eingebundenes Handlungssubjekt* ist, das nicht einfach nur reagiert, sondern diese ebenso mitgestaltet. Dieser *Primat des Handelns* führt zu einer neuen Aufmerksamkeit unterschiedlicher Sozialkontexte und diverser Handlungsformen, die unser Leben – bewusst gestaltet oder unbewusst eingeübt – weitgehend ausmachen. Auch der Glaube ist kein je punktueller Akt, sondern gestaltet sich und übt sich ein in verschiedenen Umgangsweisen mit sich selbst, anderen und in der Welt. Deshalb bleibt die *Verantwortung* als die *Reflexion auf das Inter-Agieren*, das den Menschen auszeichnet und in dem er seine Identität aufbaut, so wichtig für jede pragmatistisch orientierte Ethik.

Will man also eine kurze und bündige Antwort auf die Frage, was das sein könnte, theologische Ethik, geben, dann könnte diese vielleicht so lauten:

Theologische Ethik ist die Reflexion auf die in der Tradition des Christentums stehenden oder von ihr mitgeprägten, öffentlichen und privaten Lebensformen unserer Lebenswelt mit Blick auf den verantwortlichen Beitrag, den Menschen für deren

Fortbestand und Erneuerung leisten (sollen). Dabei lebt theologische Ethik von der Überzeugung des Glaubens, dass der Mensch aus mehr lebt, als aus dem, was er aus sich machen kann. Gerade deshalb kann er in aller Endlichkeit und trotz aller Schuld auf das Bessere hoffen und gemeinsam mit anderen dafür arbeiten.

Bibliographie

Barth, Karl. 1988. *Die Kirchliche Dogmatik.* Bd. II/2, *Gottes Gebot.* Zürich: Theologischer Verlag Zürich.
Birch, Bruce C. und Rasmussen, Larry L. 1989. *Bibel und Ethik im christlichen Leben.* ÖfTh 1. Gütersloh: Kaiser/Gütersloher Verlagshaus.
Bonhoeffer, Dietrich. 1992. *Ethik.* Bd. 6, *DBW.* Gütersloh: Gütersloher Verlagshaus.
Dewey, John. 1996. *Die Öffentlichkeit und ihre Probleme,* übers. v. Wolf-Dietrich Junghanns. Bodenheim: Philo.
Dewey, John. 1998. „Three Independent Factors in Morals (1930)." In *The Essential Dewey, Vol. 2: Ethics, Logic, Psychology,* Bloomington, Indiana: Indiana University Press.
Ebeling, Gerhard. 1964. *Luther. Einführung in sein Denken.* Tübingen: Mohr Siebeck.
Habermas, Jürgen. 1991. *Erläuterungen zur Diskursethik.* Stw 975. Frankfurt a.M.: Suhrkamp.
Huber, Wolfgang. 2012. *Von der Freiheit. Perspektiven für eine solidarische Welt,* hg. v. Helga Kuhlmann/Tobias Reitmeier. München: C.H.Beck.
Niebuhr, Richard. 1999. *The Responsible Self. An Essay in Christian Moral Philosophy.* Introduction by James M. Gustafson. Foreword by William Schweiker. Louisville, Kentucky: Westminster John Knox Press.
Jaeggi, Rahel. 2014. *Kritik von Lebensformen.* Stw 1987. Berlin: Suhrkamp.
Joas, Hans. 1999. *Die Entstehung der Werte.* Stw 1416. Frankfurt a.M.: Suhrkamp.
Joas, Hans. 2012. *Glaube als Option. Zukunftsmöglichkeiten des Christentums.* Freiburg: Herder.
Kant, Immanuel. [5]1998. „*Kritik der reinen Vernunft.*" In *Kritik der reinen Vernunft.* Bd. 2. Werke in sechs Bänden. Darmstadt: Wissenschaftliche Buchgesellschaft.
Mead, George H. 1973. *Geist, Identität und Gesellschaft aus der Sicht des Sozialbehaviorismus.* Stw 28. Frankfurt a.M.: Suhrkamp.
Polke, Christian. 2018. *Expressiver Theismus. Vom Sinn personaler Rede von Gott.* DoMo. Tübingen: Mohr Siebeck.
Rendtorff, Trutz. 1993. „Vom ethischen Sinn der Verantwortung." In *Wege ethischer Praxis.* Bd. 3, *Handbuch der christlichen Ethik.* Freiburg i. Br.: Herder.
Rendtorff, Trutz. [3]2011. *Ethik. Grundelemente, Methodologie und Konkretionen einer ethischen Theologie.* Tübingen: Mohr Siebeck.
Ricoeur, Paul. 1990. *Liebe und Gerechtigkeit. Amour et justice.* Mit einer deutschen Parallelübersetzung von Matthias Raden, hg. v. Oswald Bayer. Tübingen: Mohr Siebeck.
Schleiermacher, F.D.E. [2]1884. *Die christliche Sitte nach den Grundsätzen der evangelischen Kirche im Zusammenhänge dargestellt.* Bd. 7. Friedrich Schleiermachers sämtliche Werke. Berlin: Reimer.
Tillich, Paul. [4]1987. *Systematische Theologie.* Bd. 3. Berlin/New York: De Gruyter.
Tomasello, Michael. 2016. *Eine Naturgeschichte der menschlichen Moral.* Berlin: Suhrkamp.

Trillhaas, Wolfgang. ³1970. *Ethik*. Berlin: De Gruyter.
Troeltsch, Ernst. 1994. *Die Soziallehren der christlichen Kirchen und Gruppen*. Bd. 1, *Gesammelte Schriften*. Tübingen: Mohr Siebeck.
Wittgenstein, Ludwig. 1977. *Philosophische Untersuchungen*. Frankfurt/M.: Suhrkamp.

Cornelia Richter
Ethik der Zwischenphänomene

Glaubensreflexion in lebensbegleitender Absicht

Systematische Theologie ist als wissenschaftstheoretisch und methodisch geschulte Glaubensreflexion nur über das Zusammenspiel ihrer Teilfächer Dogmatik, Theologiegeschichte, Religionsphilosophie und Ethik zu verstehen und zu betreiben. In diesem Zusammenspiel geht es um die Theologizität der Theologie, die es in all ihren Teildisziplinen mit der Frage nach der kritischen Reflexion des Verhältnisses von christlichem Glauben und menschlichem Leben zu tun hat – indirekt auch dort, wo sie sich strikt historisch mit der Arbeit an den Quellen oder strikt philologisch mit der Erfassung ihrer komplexen Sprachformationen befasst. Zwar ist der Zugriff der historischen und exegetischen Disziplinen methodisch und in der jeweils einzelnen Zielsetzung präzise zu unterscheiden von den Aufgaben der systematisch- und praktisch-theologischen Disziplinen, aber am Ende des Tages bemisst sich die Relevanz jeglicher theologischen Forschung daran, inwiefern sie zum gemeinsamen Verständnis des Christentums in Geschichte und Gegenwart beiträgt. Theologie ist deshalb (mit Jörg Lauster) ebenso wissenschaftliche Religionshermeneutik und Religionskritik wie Lebensdeutung, sie sucht das Christentum aus seiner Geschichte und jeweiligen Kontextualität heraus zu verstehen, seine Transformationsprozesse nachzuzeichnen und in konstruktiver, wo nötig auch in korrigierender Weise auf die gegenwärtige und künftige Religionspraxis hin durchsichtig zu machen. Darin ist sie eng auf die vielfältigen religiösen Vorstellungen, Begrifflichkeiten, Zeugnisse und Praxen bezogen und hat ihre Relevanz für diese zu erweisen, so dass Art und Grad der intendierten Erfahrungs- und Lebensnähe jeweils neu zu prüfen sind.

Nun ist allerdings nicht immer ausgemacht, inwiefern die Theologie die religiöse Erfahrung zum Gegenstand habe und was unter „Erfahrung" eigentlich zu verstehen sei. Dass sich diese Frage gar nicht so einfach beantworten lässt, zeigt sich immer wieder in der Durchsicht der ethischen Fachliteratur, in der sich – mit der nötigen Unschärferelation und eher heuristisch denn definitorisch – die folgenden beiden Thematisierungstypen unterscheiden lassen: Typ 1 setzt das Pas-

---

Zwei Vorbemerkungen: 1. Katharina Opalka, Ann-Kathrin Armbruster und Matthew Ryan Robinson habe ich zu danken für ihre konstruktive Kritik und Kommentierung dieses Aufsatzes. 2. Der Anmerkungsapparat ist auf Wunsch der Herausgeber in riskant knappem Umfang gehalten, so dass die Arbeiten von Kolleg/innen zu kurz kommen und die eigenen Vor- und Parallelversuche zu diesem Themenfeld nicht explizit auftauchen.

https://doi.org/10.1515/9783110565980-011

sungsverhältnis von christlichem Glauben und menschlichem Leben eher konstatierend bzw. affirmierend voraus, ohne dass diese Voraussetzung im Blick auf die konkrete Lebenserfahrung immer einsichtig werden könnte. Das gilt besonders für Grundlagenschriften oder Einführungen in die Ethik mit dem Anspruch möglichst hoher Allgemeinheit, weil sie vornehmlich prinzipielle und kategoriale Rahmenbedingungen, Analysekategorien und -kriterien vorstellen und in diesem Sinne auf die Bearbeitung konkreter Ethikfelder hinführen, die der alltäglichen Lebenserfahrung übergeordnet sind. In Typ 2 wird das Passungsverhältnis hingegen umgekehrt in einzelnen Bereichen der angewandten Ethik hochgradig spezialisiert bearbeitet. Das gilt besonders für die sog. Bereichsethiken, die sich auf spezifische bioethische oder juristische Konflikte beziehen, z. B. in der Frage des Schwangerschaftsabbruchs. Selbstverständlich lebensnah für die jeweils betroffenen Menschen, aber ob ihrer exemplarischen Gestalt oftmals auf eine sehr kleine Zielgruppe beschränkt bzw. mit indirekter Wirkung auf gesamtgesellschaftliche Prozesse. Für die Zuordnung zu den beiden Typen empfiehlt sich eher die Orientierung an Werken denn an Autoren, da die meisten Autoren oftmals sowohl Grundlegungen als auch Spezialthemen bearbeiten.

Mit diesem Beitrag soll darüber hinaus ein dritter Typ ins Gespräch gebracht werden, der sich zwischen ethischen Grundsatzfragen und angewandter Bereichsethik auf die Ebene elementarer Lebenserfahrung bezieht, eine Art Alltagsethik sozusagen. Diese dritte Ebene wäre in unserer an den theologischen Loci orientierten fachsprachlichen Terminologie eher der Anthropologie zuzuordnen und reicht in der fachlichen Differenzierung bis in die Praktische Theologie hinein. Mit der Konzeption solch einer Alltagsethik soll das große Feld all jener Phänomene genauer in den Blick genommen werden, die ich versuchsweise und mit dem nötigen Werkstattcharakter als „Zwischenphänomene" bezeichne: Im Blick ist dabei jene elementare Dimension menschlicher Lebenserfahrung, die sich zunächst auf der unspektakulären Ebene des alltäglichen situativen Vollzugs und der zugehörigen polyvalenten Zuständlichkeit des „allzu Menschlichen" abspielt. Mit dem Begriff der „Zwischenphänomene" bezeichne ich individual- wie sozialethische Phänomene, für deren Analyse wir zwar einerseits auf die dahinterliegenden Grundsatzbestimmungen der allgemeinen Ethik angewiesen sind, die aber andererseits den verhandelten Konflikten der angewandten Bereichsethiken vorgelagert sind; wegen dieses vorgelagerten Charakters zwischen Grundsatzfragen und Anwendungskonflikten sind sie sowohl maßgeblich an der Ausbildung und Durchsetzung moralischer Vorstellungen und ethischer Handlungsweisen beteiligt als auch in besonders hohem Maße von nicht oder niedrigschwellig thematisierten Glaubensüberzeugungen und Glaubensreflexionen getragen. Angesichts ihrer lebenspraktischen, alltäglichen und existentiellen Elementarität sind diese Zwischenphänomene nur in ihrer situativen Polyvalenz

(d. h. der gleichzeitigen und gleich gültigen Mehrdimensionalität situationsbezogener Erfahrung) zu verstehen, von der aus die thematische oder unthematische Glaubensreflexion und ethische Orientierung bestimmt sind: Dazu gehören z. B. Angst und Furcht, Aggression, Depression und andere Formen der Autoaggression, Selbstverlust und Trauer, aber auch Demut, Vertrauen, Hoffnung oder Freundschaft und Verantwortlichkeit. Der Blick richtet sich also auf Affekte und Emotionen, Intuitionen, Imaginationen, prozessuale Vollzüge und anderes mehr, die letztlich Phänomene der (Psycho-)Pathologie wie der Resilienz mit erklären können, und zwar in allen Bereichen der Ethik von der Sozial- bis zur Bio- und Technikethik. Bezieht man diese dritte Erfahrungsbestimmung konstitutiv mit ein, dann besteht im Blick auf das Passungsverhältnis von christlichem Glauben und menschlichem Leben die methodische Herausforderung darin, dogmatische Glaubensreflexion, existentielle Anthropologie und Ethik so ins Verhältnis zu setzen, dass sich die situative Polyvalenz der Lebensphänomene in der Glaubensreflexion zu spiegeln vermag bzw. darin einen Resonanzraum findet. Das bedeutet nicht, dass nur solche Glaubenseinsichten wichtig werden könnten, die die momentane Erfahrung affirmierend bestätigen, sondern es umfasst auch deren kontrastierende Widerständigkeit oder Konfrontation des Glaubens – wichtig ist allein, dass sich schon die Glaubensreflexion selbst als in die Elementaria der Lebenserfahrung eingelassen versteht. Mit diesem letzten Satz ist die Begründung für die folgenden drei Schritte gegeben: Teil 1 fungiert als eine Art Klärung der Motivlage für das hier vorgeschlagene Konzept, das aus früheren Arbeiten zu Schrifthermeneutik und reformatorischer Erfahrungstheologie erwachsen ist. In Teil 2 wird die eingangs skizzierte Typologie anhand verschiedener Ethik-Entwürfe erörtert. In Teil 3 wird die Option einer lebensbegleitenden hermeneutischen Ethik der Zwischenphänomene methodisch genauer begründet und exemplarisch am Thema „Resilienz" vorgestellt.

1 Klärung der Motivlage aus Schrifthermeneutik und reformatorischer Erfahrungstheologie

1.1 Die Vorlage der Schrift

Spricht man im Kontext der protestantischen Theologie und Kirche über das Verhältnis von christlichem Glauben und menschlichem Leben, so bleibt es gar nicht aus, dass der Begriff der Erfahrung mit in den Blick gerät. Diese simple Einsicht hat ihr Recht und inspirierendes Motiv in der Schrift – nicht weil diese jemals in direkter Weise als Handbuch für die heutige Ethik herangezogen werden könnte, sondern weil sie die Grundlagentexte des christlichen Glaubens enthält. Die darin versammelten Zeugnisse sind in beiden Testamenten getragen von der Inanspruchnahme Gottes als direktem Adressaten der eigenen Lebensdeutung – und zwar sowohl in Form religiöser, textgewordener Rede als auch in Form ihrer kritisch-reflektierenden Kommentierung.[1] So formuliert treten vor allem die szenischen Erzählungen der Geschichtsbücher oder der Evangelien vor Augen, in denen das komplexe und selten konfliktfreie Miteinander von Menschen ebenso thematisiert wird wie ihre vielfältige Inanspruchnahme Gottes: Gottesbild und Lebenserfahrung sind zu jeder Zeit ineinander verwoben. Deshalb ist Gott in den biblischen Texten auch dort, wo er in existenziell bedrohlichen Lebenserfahrungen als verlässlicher und letztgültiger Grund allen Lebens in Anspruch genommen wird, derjenige, der die schärfsten Gegensätze umgreift: Licht und Finsternis, Heil und Unheil (Jes 45,7) oder Richter und Retter (Ps 94). Mit Friedhelm Hartenstein ist daher „das mehrstimmige ‚Denken des einzigen Gottes'" hervorzuheben,[2] mit Konrad Schmid das Bewusstsein dafür, dass „die Sprachformen der Bibel nicht auf systematisierte Lehre abzielen, sondern dass deren Texte vor allem ein Reservoir zur Reaktivierung dieser Gotteserfahrungen darstellen."[3]

Ungeachtet der exegetischen Komplexität sowie der religions- und kulturgeschichtlichen Tradierung der biblischen Texte dürfte es kein Zufall sein, dass sie in beiden Testamenten über weite Strecken hinweg als Erzählungen komponiert sind, die elementare anthropologische Lebenserfahrungen in einer konkreten, situativen Szenerie thematisieren. Die in diesen Szenen verhandelten Geschehnisse mitsamt ihren Deutungen sind mehrstimmig, indem sie die Vielfalt menschlicher Bezüge zum Ausdruck bringen, und sie sind polyvalent, weil den Deutungen dieser Vielfalt in den jeweiligen Situationen ihr eigenes Recht zukommt: Gott, der im Exodus rettend eingreift und sich auf dem Weg durch die Wüste als Feuersäule zeigt, gilt ebenso wie Gott, der sich aufs Abgründigste zu entziehen weiß. Es gehört wohl zu den klügsten Entscheidungen der Kanonbildung, diese Polyvalenz nicht geglättet und beseitigt zu haben, sondern sie in voller Wucht der Tradierung anheim gestellt zu haben – so unverständlich dies manch heutigem Zeitgenossen auch erscheinen mag, der händeringend fragt, welches dieser Gottesbilder denn nun „das wahre" sein möge. So verständlich diese Frage ist und so sehr wir sie für jeden Moment unseres Lebens vor Gott auch stellen müssen, so desaströs wäre es, wenn wir sie in diesem Leben jemals abschließend beantworten könnten. Denn wäre Gott jenseits seiner Bestimmung als

---

[1] Schmid, Dogmatik: Die Bibel ist „nicht nur Text, sondern Text und Kommentar in einem" (334).
[2] Vgl. Hartenstein, Personalität, 262f.
[3] Schmid, Dogmatik, 336.

das „Eine" auf einen einzigen und damit einseitigen Begriff zu bringen oder in ein einziges Bild zu setzen (z. B. Gott nur als Schöpfer, Vater oder Richter, nur als Retter, Geist oder Liebe etc.), so wäre es schwierig, ihn in der situativen Polyvalenz unseres existentiellen Lebens als den wahrhaft Einen erfahren und bekennen zu können. Es ist deshalb dieser Akzent auf der polyvalenten Situativität elementarer Lebenserfahrungen, der sich aus der Schrift lernen lässt und den wir in Dogmatik und Ethik zu bedenken haben.

1.2 Theologie als Erfahrungswissenschaft

Im Kontext reformatorischer Theologie ist der Begriff der Lebenserfahrung mit Luthers markantem Diktum „experientia facit theologum" (WA TR 1, 16, 13) verbunden, von Albrecht Beutel expliziert in der Konzeption einer „Theologie als Erfahrungswissenschaft".[4] Charakteristisch für Luther ist erstens, dass er mit „experientia" ein breites reflexives Spektrum betont: Rationales Erkennen und bewusste Aneignung ebenso wie Gefühl, Intuition und leibseelische Wahrnehmung. Zweitens betont Luther die Widerständigkeit der Erfahrung und hebt sie damit über eine simplifizierende Subjekt-Objekt-Relation hinaus: Wir erfahren etwas; etwas begegnet uns und wir respondieren darauf. Diese Struktur gilt für all unsere menschliche Erfahrung. Beides begründet er theologisch: Die Wirkung Gottes ist so vielfältig, dass sie sich nicht auf einen einzelnen Begriff oder eine einzelne Vorstellung bringen lässt, und sie ist aller Erfahrung und Deutung vorgängig. Sein Wort trifft uns und wirkt, aber indem es in uns wirkt, respondieren wir bereits und sind deshalb im Ergreifen dieses Glaubens aktiv beteiligt: mediopassive Responsivität. Hierfür kommt es drittens entscheidend darauf an, in welcher Weise ich mich vom Wort Gottes bzw. dem biblischen Zeugnis berühren lasse. Bleibt die Botschaft reflexiv, dann ist sie zwar mit einer experientia interna verknüpft, behält aber ein distanzierendes Moment bei. Nur wenn sich mir die theologische Botschaft affektiv einprägt, kommt es zur experientia interna im eigentlichsten Sinne: Die biblische Narration, das biblische Wort wird zu meiner eigenen Narration, wird Wort für mich, d. h. sie ist mir im Glauben geöffnet. Alle drei Aspekte, das breite reflexive Spektrum, die Varianten menschlicher Responsivität und die Frage der Affektivität sind für eine Ethik der Zwischenphänomene interessant, weil sie die Wahrnehmung der zwangsläufigen Unschärfe, Ungenauigkeit und Widersprüchlichkeit alltäglicher Lebensprozesse schärfen können.

---

4 Vgl. Beutel, Theologie.

Der entscheidende Punkt ist jedoch dies: Das Interessante am Glaubensbegriff ist, dass er sich – obwohl er sich wahrnehmend, hörend und selbstreflexiv entwickelt – aufgrund seiner performativen Kraft am Ende der affektiven und zuweilen intuitiven, die Reflexion für den Moment sistierenden Intention hingibt. Der Begriff des Performativen, der in der Praktischen Theologie seit vielen Jahren bearbeitet wird, für die materiale(!) Dogmatik aber noch kaum angemessen rezipiert ist, ist der hierfür entscheidende Fachterminus: Von Performanz spricht man dann, wenn mich ein Wort (Bildrede, Narration…) im Innersten so trifft, dass es für mich – längerfristig oder nur für den Moment – die Wirklichkeit neu schafft. In kritischer Fortschreibung von John Austin (auf dessen sprachanalytische Studien der Begriff zurückgeht), ist es ein stets vollzugsförmiger Prozess, in dem Wort und Rezeption eine komplexe Interaktion eingehen. In praktischen Frömmigkeitsvollzügen handelt es sich mindestens auch um Akte der illokutionären Selbstvergewisserung, die nur „funktionieren", wenn sie eine nicht nur intellektuell fassbare, sondern auch eine, oft unerwartete und möglicherweise überwältigende affektive Verdichtung des Lebens bewirken, die das bisherige Leben perlokutionär in Frage bzw. in eine neue Perspektive stellen. Mit Beutel lässt sich dies mit der folgenden Kernthese Luthers zum Ausdruck bringen: „Was Gott spricht, ist wahr, ob man es glaubt oder nicht (WA 30.2, 453,25)"[5]. Und er schließt für den Glaubensbegriff Luthers: Luther „läßt das Wort sein, was es ist – verbum efficax –, indem er es wirken läßt, was es verheißt. Daß das Wort wirkt, was es zusagt, ist die Erfahrung des Glaubens."[6] Dieser Glaubensbegriff, den wir in methodischer Hinsicht heute als einen performativen Glaubensbegriff bezeichnen würden, gilt nach Beutel nur, wenn experientia externa und experientia interna so zusammenkommen, dass sich „die Botschaft des Evangeliums in der Individualität menschlichen Lebens"[7] konkretisiert.

Deutlich wird dies, wenn man bedenkt, dass Luthers Theologie über weite Strecken hinweg „consolatorische Theologie" ist.[8] Das zeigt sich v.a. in jenen Texten, die Luther mit direkter Einbeziehung der Rezipienten verfasst hat, z.B. Lieder, Trostbriefe und Sermones. Die Lieder repetieren in katechetischer Absicht die christlichen Kernsätze, aber sie sind textlich lebensnäher eingefasst und erhalten durch die Stimmen der Gemeinde eine Vielstimmigkeit und eine Dynamik, die dem katechetisch gelehrten Text nicht so leicht zu entlocken ist. Die Trostbriefe sind situativ gesteuert: Luther schreibt Kranken, Sterbenden, Suizidalen und Trauernden, weshalb seine Theologie hier geradezu praktische Seelsorge ist.

---

5 A.a.O., 457.
6 Ebd.
7 Ebd.
8 Vgl. Mennecke-Haustein, Trostbriefe, Ebeling: Luthers Seelsorge.

Ebenso gilt dieser lebensnahe Zug für Luthers Sermones zu spezifischen Lebenserfahrungen, allen voran für den „Sermon von der Bereitung zum Sterben" (1519). In diesen Sermones gelingt es Luther, die existentiellen Lebensbezüge so lebendig vor Augen zu stellen, dass man sie sich im Lesen und Hören anverwandeln kann und sie die eigene Wirklichkeit zu transformieren vermögen. Für diese im besten Sinne performativen Texte gilt in der Tat: „In jedem Fall hat Luther Unheilsphänomene des menschlichen Daseins im Blick, von denen der Mensch durch das Evangelium befreit wird, so daß er im Glauben die Prädikate des angebotenen Heils auf sich beziehen kann."[9] Wird die Theologie Luthers in dieser Diktion gelesen, dann repräsentiert sie ohne Zweifel die Theologie als eine Erfahrungswissenschaft – und zwar so, dass wir in theologischer Aussage wie argumentativer Gestaltung trotz ihrer historischen und wissenschaftstheoretischen Abständigkeit bis heute von ihr lernen können. Die Theologie trägt nur, wenn es ihr gelingt, ihre Bedeutung für den Lebensvollzug verständlich zu machen. In diesem Sinne ist mit Michael Roth zu sagen: „Die Ethik ist die Pointe der Dogmatik."[10]

1.3 Lebenserfahrung als wissenschaftliche Herausforderung

Nun zeigt freilich die mit dem Erfahrungsbegriff markierte Perspektive ein umstrittenes Gelände, das seit den liberal-dialektischen Verwerfungen im frühen 20. Jh. eher von Baustellen durchzogen ist als von leicht begehbaren und befestigten Wegen. Die vermutlich größte (und als Desiderat dringend anzumerkende!) Baustelle ist verbunden mit der Frage der Transferierbarkeit und Vergleichbarkeit des Erfahrungsbegriffs, der durch den interdisziplinären wissenschaftstheoretischen Diskurs seit der Etablierung empirischer Wissenschaften grundlegend neu konnotiert ist.[11] Das zeigt sich exemplarisch bei Dietz Lange, der sich 1984 mit der Studie „Erfahrung und die Glaubwürdigkeit des Glaubens" der Erfahrung nicht deshalb so ausdrücklich zugewandt hat, weil sie so schön wäre oder weil sie so gut geeignet wäre, um gemeinsam ein wenig über den Glauben zu plaudern. Sondern weil sie das Problem birgt, auf diffuse Weise an der Schnittstelle von Empirie, Allgemeinheit und Innerlichkeit zu liegen. Lange sucht deshalb mit Luther, Schleiermacher und Gerhard Ebeling nach einer Theologie, die von Gott,

---

9 Schwarz, Martin Luther, 204.
10 Roth, Systematische Theologie, hier: 116.
11 Vgl. Lauster, Prinzip und Methode, bes. Kap. 3: Schrift und religiöse Erfahrung; ders., Hermeneutik.

Welt und Mensch gleichermaßen handelt: „Sie nimmt dabei ihren Standpunkt beim angefochtenen Glauben, zu dessen Erfahrungsbereich jedoch die Empirie ebenso gehört wie die persönliche Lebensführung."[12] Auf der persönlichen Ebene sei diese Erfahrung erstens genuin meine eigene, unterschieden von jeder anderen Erfahrung; auf der empirischen Ebene sei sie zweitens überprüfbar, messbar und analysierbar. Davon unterscheidet Lange eine dritte Art von Erfahrung, nämlich die „Grunderfahrung des Menschseins", die „es mit der Frage nach dem letzten Sinn aller Erfahrung zu tun hat und insofern in einer Art Glaubenserfahrung (zunächst in einem ganz allgemeinen, noch nicht spezifisch religiösen Sinn des Wortes) gründet"[13]. In der Durchführung argumentiert Lange entgegen seiner Intention am Ende doch vergleichsweise stark mit einem dogmatischen Positivismus, sucht aber stets nach einer „Überwindung der Anfechtung durch ihre Einbeziehung in die Glaubenserfahrung."[14] Keinesfalls also darf sich die Theologie nach Lange dazu hergeben, einer vorschnellen dogmatischen Beruhigung das Wort zu reden. Stattdessen bedeutet es für die dogmatische Glaubensreflexion wie für die ethische Lebensreflexion, die individuelle und existentielle Form der Anfechtung und ihrer Überwindung nicht nur in die Glaubenserfahrung einzubeziehen, sondern auch in ihre reflexive Bearbeitung, so dass sie sich einerseits des generalisierenden Gestus enthält und andererseits die methodische Differenz von Theologie als wissenschaftlicher Reflexionsgestalt und religiöser Praxis als Überzeugungsausdruck bewusst macht.

Seit Lange hat sich dieser Diskurs noch einmal präzisiert. Deshalb unterscheidet Dirk Evers zwischen dem Erfahrungsbegriff (a) „primär empirisch kontrollierter Wissenschaften, die sich auf Gegenstände und Zusammenhänge unserer raumzeitlichen Wirklichkeit beziehen und über ihre Theorien anhand methodisch kontrollierter, wiederholter und beobachtungsgestützter Datenerhebung und darauf bezogene formalisierte Verallgemeinerungen entscheiden", (b) primär hermeneutisch arbeitender Wissenschaften, deren Erfahrungsbegriff sehr viel stärker mit dem Sinnbegriff und der Dimension des existentiellen Vollzugs konnotiert ist (hierunter würde Luthers Erfahrungstheologie fallen) und (c) dem Erfahrungsbegriff der Alltagssprache, der zusätzlich Aspekte der Vertrautheit mit einem bestimmten Tun oder Thema einschließt.[15] Für die Ethik sind alle drei Begriffsdimensionen gleichermaßen wichtig, für die hermeneutische Perspektive besonders Version b und für eine Ethik der Zwischenphänomene zudem Version c. Für unsere gegenwärtige Arbeit gehören deshalb Hermeneutik, Phänomeno-

---

12 Lange, Erfahrung, X.
13 A.a.O., 3.
14 A.a.O., 95. Vgl. ebenso Lange, Glaubenslehre.
15 Evers, Theologie, hier: 378.383.

logie und Ästhetik selbstverständlich zum wissenschaftstheoretischen Tableau der Theologie hinzu, so dass sich die methodische Vermittlung des früheren Gegensatzes von Empirie und rationaler Allgemeinheit, äußerer Form und Innerlichkeit sehr viel komplexer und ineinander verwoben darstellt. Dass sich dieses Problem in besonderer Weise im Blick auf die Zwischenphänomene zeigt, ist evident: Wegen ihrer elementaren und oftmals nur indirekt thematischen Lebensbedeutung, liegen sie meist unterhalb der theoretischen Aufmerksamkeitsschärfe und bedürfen daher der gesonderten Wahrnehmung.

2 Ethik zwischen rationaler Allgemeinheit und existentieller Lebenserfahrung

Angesichts der beschriebenen Problematik des Erfahrungsbegriffs ist es umso interessanter zu sehen, wie sich der Bezug zu konkreter Lebenserfahrung in der genuin ethischen Literatur ausnimmt. Im Blick auf prominente Ethik-Entwürfe soll daher im Folgenden eine typologische Charakterisierung versucht werden, um deren jeweilige Vor- und Nachteile für eine Ethik der Zwischenphänomene eruieren zu können. Als Vorbemerkung ist wichtig, dass sich solch eine Typologie nie trennscharf bestimmen lässt, sondern immer mit Überlappungen zu rechnen ist. Zumal gilt sie eher im Blick auf Publikationen als auf deren Autoren, denn prominente Ethiker wie Rendtorff, Honecker, Fischer, Kreß, Dabrock, Anselm oder Körtner haben fast durchwegs sowohl Grundlegungsschriften wie spezifische Anwendungskonflikte bearbeitet.

2.1 Die theoretische Stärke und existenztheologische Zurückhaltung der Grundlagenethik

Die Ausgangsfrage der folgenden Unterscheidung galt dem Passungsverhältnis von Glaubens- und Lebensreflexion, das in Typ 1 eher konstatierend bzw. affirmierend vorausgesetzt wird. Damit meine ich die unausgesprochene Voraussetzung, dass das, was in der Durchführung jeweils verhandelt ist, selbstverständlich von Relevanz für die Lebensführung sei. Unthematisch bleibt meist, ob und unter welchen Umständen diese Annahme eigentlich zutrifft. Diese Haltung findet sich besonders in Grundlagenschriften oder Einführungen in die Ethik mit dem Anspruch möglichst hoher rationaler Allgemeinheit, weil sie vornehmlich prinzipielle und kategoriale Rahmenbedingungen, Analysekategorien und -kriterien vorstellen, die der alltäglichen Lebenssituation übergeordnet sind und auf die

Bearbeitung konkreter Ethikfelder hinführen.[16] Nun braucht die Ethik als eine Reflexionsgestalt höherer Ordnung ohne Zweifel den (meta-)theoretischen Blick auf die Konkretionen des Lebens. Aber das, was als Allgemeines aus der sehr spezifischen, zeitgebundenen und jeweils kontextuell höchst unterschiedlich geprägten theologischen Perspektive vertreten werden kann, ist unter den Bedingungen des gegenwärtigen Pluralismus mit entsprechender Sorgfalt zu verantworten, weil es nicht zwangsläufig zusammenstimmt mit dem, was wir (ob begründet oder nicht) dem Gemeinsinn unserer Sozialität zu unterstellen gewohnt waren und sind. Deshalb ist von diesen stark affirmierenden Entwürfen eine andere Variante ethischer Grundlegungen zu unterscheiden, die das Verhältnis von Allgemeinheit und Gegenwartsdiagnose deutlich problembewusster bearbeitet.

Als Beispiel ist Rendtorff zu nennen, dessen „Ethik" (^{2}1990) auch Arnulf von Scheliha jüngst attestiert hat, besonders eng „mit der Analyse der modernen Gesellschaft und der Analyse ihrer Tiefengrammatik verknüpft"[17] zu sein. Er habe sein „ethisches opus magnum mit Erwägungen zur ethischen Signatur der Gegenwart [eröffnet], die sich durch ‚Zuspitzung und Dramatisierung ethischer Fragen zu Lebensfragen' [...] auszeichne[...]."[18] Obwohl Rendtorffs Entwurf nie im Sinne abstrakter Grundlagenethik verfasst ist, ist seine Ethik mit hohem Inklusivitätsanspruch ihrer Geltung verfasst und thematisiert eher politische und soziale Komplexitäten als Alltagsprobleme. Methodisch hält Rendtorff daher an der Differenz zwischen der weitgehend unreflektierten, weil routinemäßig selbstverständlichen Alltagsexistenz und der Ethik als deren höherstufiger Reflexionsleistung fest: „Ethik ist die Theorie der menschlichen Lebensführung."[19] Über Rendtorff hinaus ist dieser methodische Grundzug hoher Gegenwartsorientierung mit hoher Allgemeinheit zu finden in den Grundlegungsschriften von Johannes Fischer, Hartmut Kreß oder Peter Dabrock.[20]

Dessen ungeachtet wird es – nicht im Sinne eines Ersatzes, nicht im Sinne einer Korrektur, sondern im Sinne einer Ergänzung – für die Plausibilität und Durchsetzungskraft christlicher Ethik darauf ankommen, sie in explizit konstruktiver Weise als Reflexion der unspektakulär elementaren und existentiellen Alltagsthemen zu positionieren, und zwar so, dass diese in ihrer situativen Ge-

---

16 Die Grenzen der Zuordnung sind fließend, aber gut beobachten lässt sich diese Variante bei Härle, Ethik; Stock, Einleitung oder Herms, Weltanschauungen.
17 von Scheliha, Gegenwartsdiagnosen, hier: 114. Vgl. Laube, Theologie.
18 A.a.O., 115.
19 Rendtorff, Ethik, 13.
20 Vgl. Fischer, Theologische Ethik; Kreß, Ethik der Rechtsordnung. Ebenso zu nennen ist: Dabrock, Befähigungsgerechtigkeit.

stimmtheit zum Ausdruck gebracht werden. Ein Impuls hierzu lässt sich Martin Honeckers Einführung in die Ethik entnehmen: „Ethik setzt Erfahrung voraus."[21] Deshalb habe Aristoteles sie dem höheren Lebensalter zugebilligt als Klugheit und zugleich zwei Schwierigkeiten benannt: „Ethik setzt einmal Praxis voraus, wir würden heute sagen, existentielles Betroffensein. Es sind nämlich zwei verschiedene Dinge, selbst ethische Verantwortung tragen zu müssen oder nur am grünen Tisch darüber zu diskutieren. Die Gefahr der Betroffenheit ist freilich, daß man nicht den nötigen Abstand zur sachlichen Besinnung gewinnt, sondern in spontane Aktivität ausbricht. Ethik hat es aber mit rationaler Reflexion zu tun. Sie will zu vernünftiger Besinnung anleiten. Ethik kommt zwar von der Praxis her und zielt auf die Praxis hin. Aber Ethik selbst ist Theorie, und sogar eine ziemlich anspruchsvolle Theorie."[22] Wiederum gilt, dass die methodische Reflexionsdifferenz gegenüber der Alltagserfahrung von entscheidender Bedeutung für die Konzeption der Ethik ist. Dennoch findet sich bei Honecker die Überlegung, „daß die Ethik der Fundamentaltheologie und der Anthropologie am nächsten steht"[23], und d. h. bei ihm: näher an der Anthropologie als an der Dogmatik, denn so nahe sie einander stehen, so klar müssen sie differenziert werden[24] – ganz im Sinne des vorliegenden Beitrags, aber mit einem entscheidenden Unterschied: Dietz Lange weist darauf hin, dass in Honeckers Sozialethik „,Kontingenzerfahrungen wie Schuld, Leiden, Schicksal, Theodizeefrage' [...] bewußt aus der Ethik selbst ausgeklammert [seien]; sie werden in einem Schlußkapitel des Lehrbuchs unter dem Titel ‚Grenzen der Ethik' zusammengefaßt".[25] Und in der Tat, obwohl Honecker dort direkt auf die genannten existentiellen Themen zugreift, bleibt deren Darstellung einigermaßen abstrakt.

2.2 Die partikulare Zielgenauigkeit und kommunikative Hürde angewandter Ethik

Richtet man den Blick nun für Typ 2 auf die zahlreichen Expertisen der sogenannten angewandten Ethik, dann bestätigt sich nochmals deutlicher der Satz: Ethik hat es per definitionem mit der Handlungsreflexion menschlichen Lebens zu tun. Hier geht es um das breite Spektrum von rechtlichen, politischen, öko-

---

21 Honecker, Ethik, hier: 133; umfassender: ders., Einführung.
22 Honecker, Ethik, 133.
23 A.a.O., 139.
24 A.a.O., 141.
25 Lange, Einführung, 97 mit Referenz auf: Honecker, Konzept, 295 und (offensichtlich) auf: Honecker, Einführung, 357–375.

nomischen, bio-/ medizinischen Themen bis hin zu Lebensformen, Foren individueller und kollektiver Verantwortlichkeiten, Prozesse sozialer Selektion und Segregation wie Integration und Kohäsion.[26] Dieser Ethik-Typ redet vom Leben in seiner direkten Gestalt, weil es von Pränataldiagnostik und schulischer Integration über das Arbeitsrecht bis zu Flüchtlingsproblematik und Demokratieverteidigung um individualisierbare und deshalb unausweichlich situative Handlungsspielräume mit all ihren Konflikten und Entscheidungen geht. Wo immer sich solch ein ethischer Konflikt in die Alltagssprache übersetzen lässt und sich die involvierten anthropologischen Vollzüge, Zuständlichkeiten und Emotionen thematisieren lassen, ist das Passungsverhältnis von Glaube und Lebenserfahrung unproblematisch.[27] Schwieriger ist es hingegen in jenen Fällen, in denen ethische Expertisen aufgrund der thematischen Komplexität notwendigerweise in so hohem Maße partikular spezialisiert sind, dass sie der breiteren Alltagsrelevanz enthoben sind. Zu diesen Fällen lassen sich vornehmlich zwei Varianten beobachten.

Die erste Variante argumentiert aus einer primär und explizit theologischen Perspektive, die das Ergebnis der ethischen Analyse prädisponiert. Diese Entwürfe basieren meist auf vergleichsweise starken ontologischen Vorannahmen, verzichten daher trotz häufiger Verweise auf exemplarische Anwendungsfelder tendenziell auf eine ausführliche zeitgenössische Kontextualisierung und arbeiten überwiegend mit der klassischen Begrifflichkeit und deren Erschließungskraft für die verhandelte Thematik.[28] Das birgt das Problem, dass sich Logik und Diktion der klassischen Dogmatik selten in adäquater Weise in den ethischen Konflikten der Gegenwart wiederfinden lassen bzw. umgekehrt das Gegenwartsproblem möglicherweise gar nicht adäquat zu erfassen erlauben.[29] Eine zweite Variante lässt die theologische Deutung eher subtil in die ethische Analyse einfließen und nimmt sich im Textbefund daher auf den ersten Blick zurückhaltend aus. Auf den zweiten Blick ist sie aber so tief in die Analyse eingegangen, dass der gesamte Duktus der Argumentation als eine prägnante theologische Positionierung deutlich wird.[30] In dieser Variante ist das Vermittlungsproblem vielverspre-

---

26 Vgl. exemplarisch aus dem weiten Feld der Bio- bzw. Medizinethik: Dabrock/Klinnert/Schardien, Menschenwürde; Kohler-Weiß, Schutz der Menschwerdung; Kreß, Medizinische Ethik.
27 Vgl. exemplarisch die sehr gute Rezeption des EKD-Textes: „Wenn die alte Welt verlernt wird. Umgang mit Demenz als gemeinsame Aufgabe" Ebenso: Körtner, Ethik im Krankenhaus.
28 Vgl. z.B. die angebotenen Konkretionen bei Härle, Ethik; vgl. die harsche Kritik an Härles generalisierendem Gestus durch von Scheliha, Gegenwartsdiagnosen, 120
29 Für den politischen Diskurs wäre dies z.B. die Argumentation mit der Zwei-Regimenten-Lehre, vgl. Richter, „Die Zeit des Schweigens ist vergangen".
30 Besonders eindrücklich Kreß, Ethik der Rechtsordnung; Dabrock, Befähigungsgerechtigkeit.

chend gelöst, weil die hermeneutische und heuristische Erschließungskraft der Theologie in einer sprachlich unaufdringlichen und deshalb der Sache nach vermutlich umso wirksameren Weise vorgetragen werden kann.

3 Ethik der Zwischenphänomene als Hermeneutik der Lebenserfahrung

Mit dem dritten Abschnitt ist die Dynamik und Zielsetzung der wissenschaftstheoretischen Problematik zu verdeutlichen, mit der wir es sowohl auf Seiten der dogmatischen Glaubensreflexion wie auf Seiten der ethischen Lebensreflexion zu tun haben und zu deren Bearbeitung wir langfristig ein methodisch präzisiertes Instrumentarium hermeneutischer, phänomenologischer und performativer Aspekte benötigen werden.

3.1 Ethik als deskriptive Hermeneutik erlebter Wirklichkeit

Zu den innovativsten Entwürfen zählt Johannes Fischer mit seiner Konzeption einer deskriptiv-hermeneutischen Ethik: „Christliche Ethik hat zur Aufgabe, zu einem vertieften Verständnis und zu einer reflektierten Wahrnehmung derjenigen Praxis, oder besser: Lebensweise, anzuleiten, die der christliche Glaube freisetzt, ja, als die er sich wesentlich vollzieht."[31] Fischer betont die individuelle und konkrete Dimension dieser Ausrichtung und grenzt sich von der Rede von einem generalisierenden christlichen Ethos ab. Denn in ihr „liegt die Suggestion, dass es das, was der Ausdruck ‚christlicher Glaube' bezeichnet, jenseits seiner individuell angeeigneten und gelebten Gestalt gewissermaßen als Idee ‚gibt', [...] an welcher der persönliche Glaube der einzelnen Christinnen und Christen in unterschiedlichen Graden der Vollkommenheit partizipiert. Darin aber liegt die Gefahr, dass sich eine Kluft auftut zwischen einem Ideal des Glaubens und der gelebten Wirklichkeit des Glaubens, mit der Folge der Entwertung des Letzteren."[32] Als Ergebnis „kann die christliche Ethikerin oder der christliche Ethiker immer nur ein persönlich gefärbtes Angebot machen, wie etwas zu verstehen ist [...], worin andere sich mit ihrem Verständnis ihres Christseins wiederfinden können und nach Möglichkeit wiederfinden können sollen, zu dem sie aber auch in Dissens

---

31 Fischer/Gruden/Imhof/Strub, Grundkurs, 192 [Hervorhebung im Text].
32 A.a.O., 195.

stehen können und das ihnen dann vielleicht helfen kann, ihre abweichende Sicht für sich zu klären."[33]

Es bleibt kaum aus, dass Fischer mit diesen und ähnlichen Formulierungen die Kritik auf sich gezogen hat, einer endgültigen Subjektivierung des Glaubens bis hin zu seiner Beliebigkeit Vorschub zu leisten. Doch all dies ist bei ihm nicht gemeint, weil seine Positionierung vorrangig in der Abgrenzung zu Konzepten einer allgemeingültigen, generalisierenden Ethik vorgenommen ist und er seinerseits die Methodologie moralischer Urteilsbildung an rationale Deskriptions- und Begründungsfiguren bindet. Ebenso hat er seinen Leitbegriff der Lebensführung gegenüber dem Vorwurf einer zu großen Unbestimmtheit einerseits, einer vermeintlich aktivischen, führungslogischen Perspektive andererseits verteidigt, und neben dessen sachlogischer Unschärferelation auch dessen Passivitätsmomente betont.[34] Zu nennen wäre schließlich auch die explizite Thematisierung des Relativismusproblems, für das er auf die Zeit- und Kulturbedingtheit moralischer Wahrheit verweist und dies auf die Frage religiöser Wahrheit ausweitet. Das Ziel jeder methodisch präzisen, wissenschaftlichen Theologie besteht für ihn daher in der Bewusstmachung, dass Theologie nicht als „Selbstzweck" betrieben wird, sondern um die „grundlegenden Fragen des Glaubens und seiner praktischen Implikationen für das Leben und Handeln" zu klären: „Nicht zuletzt geht es darum zu wissen, welchen Unterschied christlicher Glaube macht für das Leben und Handeln."[35] Sehr viel besser ließe sich die basale Intention einer Ethik der Zwischenphänomene eigentlich nicht mehr formulieren.

Fischer hat sein Konzept einer hermeneutisch-deskriptiven Ethik in den letzten Jahren zunehmend gefestigt und im Blick auf die Fundamentalethik ausgeführt, wobei eine Intensivierung des engagierten Tons zu beobachten ist.[36] Das gilt besonders für sein Plädoyer, sich moralische und religiöse Prozesse stets in ihrem Verständigungscharakter zu vergegenwärtigen statt in einer generalisierenden Ethik, der er eine geradezu desorientierende Wirkung zuschreibt.[37] Entscheidender als das vorgängige moralische Urteil sei die Situation selbst. Auch wenn er betont, dass „im Mittelpunkt der Moral nicht moralische Urteile stehen, sondern Gründe für moralisches Handeln, und [wir uns] mit moralischen Urteilen

---

33 Ebd.
34 Ebd.
35 A.a.O., 243.
36 Vgl. Fischer, Sittlichkeit und Rationalität.
37 „Es ist die These dieses Buches, dass die in großen Teilen der heutigen akademischen Ethik vorherrschende Auffassung von Moral und Ethik desorientierend in diesem präzisen Sinne ist" (Fischer, Verstehen, 11).

[...] lediglich dieser Gründe [vergewissern]"³⁸, ist hiermit kein Aufruf zur Anarchie partikularer Situativität geleistet, sondern eine Akzentuierung der Begründungsfiguren vorgenommen, die analog für eine situative und polyvalente Dogmatik und Ethik zu gelten hätte: Es sind die *Fragen* nach Gott, die den Ausschlag geben, nicht die vorgefertigten und tradierten *Antworten*; sie bilden vielmehr den Hintergrund, vor dem die Fragen gestellt werden und zu bearbeiten sind. Hinzu kommt, dass die situative Erfahrungsebene nur zu einem vergleichsweise geringen Teil rational gesteuert ist, sondern durch die (schon eingangs mit Luther benannte) Vielzahl psychophysischer und affektiver bzw. emotionaler Momente geprägt ist, aus der unsere ästhetische, imaginierende und schließlich auch rationale Reflexion erwächst.³⁹ Daraus entsteht einmal mehr die Dringlichkeit, unsere theologische Reflexion auf das Verstehen des Situativen auszurichten. Was auch immer Menschen an Orientierung finden und begründen oder wie sie ihre Desorientierung zum Ausdruck bringen, hat ja etwas damit zu tun, dass ihre situative Wahrnehmung wie deren Deutung „nicht einfach vom Himmel gefallen [sind], sondern [...] irgendwie mit der Verfasstheit der sozialen Welt zu tun haben, in der wir uns orientieren."⁴⁰ Die von Fischer hierfür vorgeschlagene Methodik ist eine „Kombination aus phänomenologischer und analytischer Vorgehensweise"⁴¹. Phänomenologisch beziehen wir uns auf „die erlebte Wirklichkeit [...], die wir narrativ thematisieren, und nicht die Tatsachenwirklichkeit, wie sie Gegenstand von Beschreibungen ist."⁴²

3.2 Die lebensbegleitende Intention hermeneutischer Ethik

Die so konzipierte Aufgabe des Verstehens von Lebenserfahrung in partikularer und polyvalenter Situativität und anthropologischer Mehrdimensionalität hat im Kontext der Theologie geradezu das Ziel der reflektierenden Lebensbegleitung. Umso eigenartiger ist es, dass diese Perspektive in den wenigsten Entwürfen zur Ethik, in Lehr- und Handbüchern explizit zum Tragen kommt. Gleichwohl darf die Markierung des Desiderats nicht mit einer methodischen Indifferenz zusammenfallen. Körtners Warnung, „die Aufgabe der Seelsorge insgesamt als ethische

---

38 Fischer, Verstehen, 13.
39 Vgl. a.a.O., 15.
40 A.a.O., 18.
41 A.a.O., 20.
42 Ebd.

bzw. pädagogische zu bestimmen und die Ethik zur Metatheorie der Poimenik zu erklären bzw. beide zusammenfallen zu lassen",[43] ist zuzustimmen.

In aller Vorsicht wird es sich trotzdem lohnen, dem Begriff der Lebensbegleitung nachzudenken, indem die disziplinspezifischen Differenzen genutzt werden, um gemeinsam anthropologische Grundphänomene in ihrer partikularen Situativität zu verstehen. Nur auf diese Weise könnten sie nämlich in ihrem prekären, von Henning Luther, Gunda Schneider-Flume oder auch Traugott Koch seit langem ins Bewusstsein gerufenen Fragmentcharakter mit der nötigen Präzision thematisiert werden.[44] Dies kann nur so geschehen, dass in enger Auseinandersetzung mit den zeitgenössisch als relevant empfundenen Erfahrungs- und Interpretationskategorien nach deren Erschließungspotential gefragt wird und sie zugleich aus dem materialhaltigen Reichtum unserer christlichen Tradition heraus erläutert und gedeutet werden. Für die theologische Arbeit würde dies im Sinne der Theologizität der Theologie bedeuten, sich weniger mit disziplinären Abgrenzungen und generalisierenden Oberbegriffen zu befassen als sich über die Disziplinen und klassischen Leitbegriffe hinweg jenen anthropologisch-existentiellen Themen zuzuwenden, die dem Feld der Zwischenphänomene zugerechnet werden könnten.

Als Beispiel lässt sich die phänomenologische Thematisierung von Ohnmacht, Angst und Sorge in einer Kritik und konstitutiven interdisziplinären Neuformierung des Resilienzdiskurses nennen, ausgeführt im Projekt „Resilienz in Religion und Spiritualität" am Bonner Institut für Hermeneutik.[45] Hier treffen nicht nur Begrifflichkeiten, Methoden und Traditionen aus Theologie, Philosophie, Psychologie, Palliativmedizin, Spiritual Care und Diakoniewissenschaften in einander ergänzender und aufklärender Weise aufeinander, sondern hier wird noch stärker deutlich, wie stark die Phänomenwahrnehmung und -beurteilung selbst in hohem Maße von der jeweiligen disziplinspezifischen Methodik her geprägt ist. Der seit den 1970ern interdisziplinär geführte Resilienzdiskurs reicht von Ökonomie und Politik über Psychologie und Pädagogik bis in die Medizin und ist auf die Frage bezogen, weshalb manche Menschen existentielle Krisen vergleichsweise leichter durchstehen als es anderen Menschen möglich ist. Es ist ein genuin psychologisches und ethisches Thema, das für die Bestimmung der Resilienzfaktoren vorrangig auf angemessene Selbst- und Fremdwahrnehmung, positive Selbstwirksamkeitserwartungen, soziale Kompetenz (Konfliktlösung, adäquate Selbstbehauptung, Einholen von Unterstützung), die Fähigkeit zu

---

43 Körtner, Ethik, Seelsorge und Beratung, 279–291.
44 Vgl. Schneider-Flume, Leben ist kostbar; Luther, Religion und Alltag; Koch, Mit Gott leben.
45 Vgl. Richter/Pohl-Patalong, Resilienz; Richter, Ohnmacht und Angst aushalten.

Selbstregulation und -steuerung, Autonomie, die Fähigkeit, Herausforderungen anzunehmen und mit aktiven Bewältigungskompetenzen zu bearbeiten, Vertrauen sowie Kohärenz und Sinngebung konzentriert ist.

Bei genauerer Betrachtung zeigt sich allerdings, dass diese Resilienzfaktoren primär an der Logik einer leistungsorientierten Aktivität ausgerichtet sind und das Krisenhafte der Resilienzerfahrung tendenziell eher im Sinne seiner vorbeugenden Abwehr oder möglichst raschen Überwindung verstanden wird: Resilient soll sein, wer gegenüber Krisen gewappnet ist, wer sie untangiert durchsteht und zügig zur früheren Lebensform zurückfindet – vor diesem Hintergrund ist gut nachvollziehbar, dass der Resilienzbegriff in der Gegenwart zu einem Begriff individueller Sehnsucht wie neo-liberaler, kapitalistischer Ausbeutung geworden ist. Demgegenüber legt es sich aus der Sicht einer an den Zwischenphänomenen ausgerichteten theologischen Glaubensreflexion nahe, diesen Resilienzbegriff der Kritik zu unterziehen und Resilienz selbst als ein ambivalentes Krisenphänomen par excellence zu bezeichnen, weil sich die Fähigkeit zur Resilienz nur in und durch die Krise hindurch zeigt. Für die jeweilige, stets situativ konnotierte Krisenerfahrung ist demnach zu eruieren, welche Facetten der Artikulation von Klage und Schmerz, des Eingestehens und Aushaltens von Ohnmacht und Angst, welche Dimensionen der Sorge für andere und für sich selbst und damit welche abgründigen Kohärenzbestimmungen sich in der Begleitung in der Krise und durch sie hindurch als tragfähig erweisen können. Tritt man auf diese Weise als Systematische Theologin in den Resilienzdiskurs ein, so befasst man sich zwar mit einem genuin ethischen Thema, aber die Kriterien zu dessen Bearbeitung sind aus dem Gesamt der theologischen Fächer, v. a. aus der dogmatischen Glaubensreflexion heraus gewonnen. Anders als in manch klarer definiertem Feld der angewandten Ethik hat man es hier in der Folge mit dem Problem der Operationalisierbarkeit unserer theologischen Diktion für die Interaktion z. B. mit der Medizin zu tun. Denn religiöse Sprachmuster nehmen sich in den bisherigen philosophischen, psychotherapeutischen und medizinischen Anamnesekategorien fremdartig aus, so wie umgekehrt die gängigen Begrifflichkeiten der empirisch-medizinischen Fragebögen der Vielfalt religiöser Erfahrungen bisher wenig gerecht werden. Ja noch mehr, die Herausforderung besteht darin, dass sich mit dem Glauben etwas prinzipiell A-Funktionales in Seelsorge und Therapie zwar funktional beschreiben lässt, in der Funktionalität aber nicht „verkommen" darf. Deshalb lässt sich nur in der vergleichenden Darstellung ihrer Genese und der aktuellen Diskurse zeigen, inwiefern sich differente religiöse Begrifflichkeiten und Vorstellungen (z. B. „Passion", „Auferstehung", „Hoffnung auf Erlösung", „Heil") auf verwandte Phänomene in Phänomenologie bzw. Anthropologie („das erschöpfte Selbst", „Grundvertrauen") oder in psychologischer und medizinischer Praxis beziehen (z. B. „Aggression/Depression", „Hoffnung/Hoffnungslosigkeit", „Kohärenzgefühl", „Kontrollüberzeugung"). Ebenso wird nur auf diesem Wege sichtbar, inwiefern sich diese Begrifflichkeiten gegenseitig bewusst oder unbewusst beeinflusst haben und nach wie vor beeinflussen bzw. umgekehrt, inwiefern sich scheinbar eingängige Kategorien wie der Transzendenzbezug bei genauerem Hinsehen als überaus komplexes Bündel von Vorstellungen, Haltungen, Erfahrungen und Handlungsoptionen erweisen. Von besonderer Erschließungskraft ist an dieser Stelle die aus der theologischen Reflexion gewonnene Bedeutung der Narrativität und ihrer zugehörigen performativen Kraft, und zwar sowohl für die Anamnesesituation wie für die unterschiedlichen Therapie- und Begleitmodelle in Medizin, Psychologie und Seelsorge.

Mit diesem Beispiel ist nur ein kleiner Hinweis unter vielen möglichen Beispielen von ähnlicher Dringlichkeit gegeben, die wegen ihrer jeweils unterschiedlichen Situationslogik eine andere Konzeption erfordern würden. Was mit ihnen gezeigt sein soll, ist die in jedem Feld nötige Interaktion von dogmatischer Glaubensreflexion, existentieller Anthropologie und Ethik, die im Sinne einer Ethik der Zwischenphänomene eine Reflexion in Gang setzt, die der situativen Polyvalenz menschlicher Lebenserfahrung mit und vor Gott zu entsprechen sucht und sich darin als eine Ethik der Lebensbegleitung erweisen kann. Konzipiert ist dieser Entwurf aus dem Kontext der protestantischen Theologie heraus, aber über die anthropologische Elementarität der Zwischenphänomene dürfte er in hohem Maße anschlussfähig sein für jede komparative Ethik. Das gilt für die Schnittstelle von theologischen bzw. religiösen und säkularen Sprachmustern. Es wird ebenso gelten für den Bereich der Ökumene und darüber hinaus für das weite Feld der interkulturellen Theologie sowie für das Gespräch mit den Theologien bzw. Glaubensgemeinschaften unterschiedlichster Religionen. Es käme nur darauf an, es gemeinsam zu versuchen.

Bibliographie

Beutel, Albrecht. 2005. „Theologie als Erfahrungswissenschaft." In *Luther Handbuch*, hg. v. Albrecht Beutel, 454–459. Theologen-Handbücher. Tübingen: Mohr Siebeck.

Dabrock, Peter und Klinnert, Lars und Schardien, Stefanie. 2004. *Menschenwürde und Lebensschutz. Herausforderungen theologischer Bioethik*. Gütersloh: Gütersloher Verlagshaus.

Dabrock, Peter. 2012. *Befähigungsgerechtigkeit. Ein Grundkonzept konkreter Ethik in fundamentaltheologischer Perspektive*. Unter Mitarbeit von Denkhaus, Ruth. Gütersloh: Gütersloher Verlagshaus.

Ebeling, Gerhard. 1997. *Luthers Seelsorge. Theologie in der Vielfalt der Lebenssituationen an seinen Briefen dargestellt*. Tübingen: Mohr Siebeck.

Evangelische Kirche in Deutschland. Kammer für Öffentliche Verantwortung, Hg. 2015. *Wenn die alte Welt verlernt wird. Umgang mit Demenz als gemeinsame Aufgabe.* EKD-Texte 120. Hannover: Evangelische Kirche in Deutschland.
Evers, Dirk. 2012. „Theologie - Erfahrung - Wissenschaft. In *Theologie im Gespräch mit empirischen Wissenschaften*, hg. v. Matthias Petzoldt, 377–407. VWGTh 35. Leipzig: Evangelische Verlagsanstalt.
Fischer, Johannes. 2002. *Theologische Ethik. Grundwissen und Orientierung.* FSy 11. Stuttgart [u. a.]: Kohlhammer.
Fischer, Johannes und Gruden, Stefan und Imhof, Esther und Strub, Jean-Daniel. 2007. *Grundkurs Ethik. Grundbegriffe philosophischer und theologischer Ethik.* Stuttgart: Kohlhammer.
Fischer, Johannes. 2010. *Sittlichkeit und Rationalität. Zur Kritik der desengagierten Vernunft.* FSy 38. Stuttgart: Kohlhammer.
Fischer, Johannes. 2012. *Verstehen statt Begründen. Warum es in der Ethik um mehr als nur um Handlungen geht.* Stuttgart: Kohlhammer.
Härle, Wilfried. 2011. *Ethik.* De Gruyter Studium. Berlin [u. a.]: De Gruyter.
Hartenstein, Friedhelm. 2016. „Personalität Gottes im Alten Testament." In *Die bleibende Bedeutung des Alten Testaments. Studien zur Relevanz des ersten Kanonteils für Theologie und Kirche*, hg. v. Friedhelm Hartenstein, 229–267. BThSt 165. Göttingen [u. a.]: Vandenhoeck & Ruprecht.
Herms, Eilert. 2009. „Die Bedeutung der Weltanschauungen für die ethische Urteilsbildung". In *Theologische Ethik der Gegenwart. Ein Überblick über zentrale Ansätze und Themen*, hg. v. Friederike Nüssel, 49–71. Tübingen: Mohr Siebeck.
Honecker, Martin. 1971. *Konzept einer sozialethischen Theorie. Grundfragen evangelischer Sozialethik.* Tübingen: Mohr Siebeck.
Honecker, Martin. 1982. „Systematische Theologie/Ethik." In *Einführung in das Studium der evangelischen Theologie*, hg. v. Henning Schröer/Hermann Dembowski, 133–148. Gütersloh: Gütersloher Verlagshaus Mohn.
Honecker, Martin. 1990. *Einführung in die Theologische Ethik. Grundlagen und Grundbegriffe.* De Gruyter Lehrbuch. Berlin [u. a.]: De Gruyter.
Koch, Traugott. [2]1993. *Mit Gott leben. Eine Besinnung auf den Glauben.* Tübingen: Mohr Siebeck.
Kohler-Weiß, Christiane. 2003. *Schutz der Menschwerdung. Schwangerschaftsabbruch und Schwangerschaftskonflikt als Themen evangelischer Ethik.* ÖfTh 17. Gütersloh: Gütersloher Verlagshaus.
Körtner, Ulrich H. J. 2007. *Ethik im Krankenhaus. Diakonie – Seelsorge – Medizin.* Göttingen: Vandenhoeck & Ruprecht.
Körtner, Ulrich. 2015. „Ethik, Seelsorge und Beratung." ZEE 59:279–291
Kreß, Hartmut. [2]2009. *Medizinische Ethik. Gesundheitsschutz, Selbstbestimmungsrechte, heutige Wertkonflikte.* Ethik 2. Stuttgart: Kohlhammer.
Kreß, Hartmut. 2012. *Ethik der Rechtsordnung. Staat, Grundrechte und Religionen im Licht der Rechtsethik.* Ethik 4. Stuttgart: Kohlhammer.
Lange, Dietz. 1984. *Erfahrung und die Glaubwürdigkeit des Glaubens.* HUTh 18. Tübingen: Mohr.
Lange, Dietz. 1990. *Einführung in die Theologische Ethik*, Berlin [u. a.]: De Gruyter.
Lange, Dietz. 2001. *Glaubenslehre.* 2 Bde. Tübingen: Mohr Siebeck.

Laube, Martin. 2006. *Theologie und neuzeitliches Christentum. Studien zu Genese und Profil der Christentumstheorie Trutz Rendtorffs.* BHTh 139. Tübingen: Mohr Siebeck.
Lauster, Jörg. 2004. *Prinzip und Methode. Die Transformation des reformatorischen Schriftprinzips durch die historische Kritik von Schleiermacher bis zur Gegenwart.* HUTh 46. Tübingen: Mohr Siebeck.
Lauster, Jörg. 2005. *Religion als Lebensdeutung. Theologische Hermeneutik heute.* Darmstadt: Wissenschaftliche Buchgesellschaft.
Luther, Henning. 1992. *Religion und Alltag. Bausteine zu einer praktischen Theologie des Subjekts.* Radius-Bücher. Stuttgart: Radius Verlag.
Luther, Martin. WA TR 1, 16, 13. (Veit Dietrichs Nachschriften Nr. 46). Weimar: Böhlau 1912.
Mennecke-Haustein, Ute. 1989. *Luthers Trostbriefe.* QFRG 56. Gütersloh: Gütersloher Verlagshaus Mohn.
Rendtorff, Trutz. (1980) ²1990. *Ethik. Grundelemente, Methodologie und Konkretionen einer ethischen Theologie.* 2 Bde. Stuttgart [u. a.]: Kohlhammer.
Richter, Cornelia und Pohl-Patalong, Uta. Hg. 2016. „Resilienz – Problemanzeige und Sehnsuchtsbegriff." (Themenheft) *PrTh* 51/2.
Richter, Cornelia. 2017. Hg. *Ohnmacht und Angst aushalten. Kritik der Resilienz in Theologie und Philosophie,* (Religion und Gesundheit 1). Stuttgart [u. a.]: Kohlhammer.
Richter, Cornelia. 2017. „‚Die Zeit des Schweigens ist vergangen' (Luther 1520) – Damals wie heute. Noch einmal: Christliches Ethos angesichts politischer Irritationen." In *Von des christlichen Standes Besserung – 500 Jahre Reformation,* hg. v. Ute Mennecke/Hellmut Zschoch, 179–202. Leipzig: Evangelische Verlagsanstalt.
Roth, Michael. 2004. „Systematische Theologie." In *Leitfaden Theologiestudium*, hg. v. Michael Roth, 105–129. UTB 2600. Göttingen: Vandenhoeck & Ruprecht.
Scheliha, Arnulf von. 2016. „Theologische Gegenwartsdiagnosen in aktuellen ethischen Entwürfen." *VF* 61:112–127.
Schmid, Konrad. 2017. „Dogmatik als konsequente Exegese? Überlegungen zur Anschlussfähigkeit der historisch-kritischen Bibelwissenschaft für die Systematische Theologie." *EvTh* 77:327–338.
Schneider-Flume, Gunda. 2002. *Leben ist kostbar. Wider die Tyrannei des gelingenden Lebens.* Göttingen: Vandenhoeck & Ruprecht.
Schwarz, Reinhard. 2015. *Martin Luther – Lehrer der christlichen Religion.* Tübingen: Mohr Siebeck.
Stock, Konrad. 2011. *Einleitung in die Systematische Theologie.* De Gruyter Studium. Berlin [u. a.]: De Gruyter.

Christoph Seibert
Theologische Ethik als Orientierungswissenschaft

Wie jedes Theorieprogramm so umfasst auch eine Theorie auf dem Gebiet der Ethik eine Fülle von methodischen und inhaltlichen Aspekten, die ihrerseits mit einer Vielzahl historischer und zeitgenössischer Modelle verbunden sind. Sie zu entfalten, ist in einem Aufsatz natürlich nicht möglich, zumal ihre Entwicklung eine Aufgabe ist, die sich aufgrund ihrer Komplexität in vielen Fällen als Lebensaufgabe herausstellt. Im Folgenden geht es daher um das bescheidenere Projekt, Grundlagen meines Verständnisses theologischer Ethik zu skizzieren. Dass dabei aus der Fülle möglicher wichtiger Themenaspekte ausgewählt werden muss, versteht sich ebenso wie die Tatsache, dass jede derartige Skizze in einer bestimmten Zeitphase vorgenommen wird, den Zeitfluss also gewissermaßen anhält, um Einsichten, die sich in der Vergangenheit gebildet und sich als verlässlich erwiesen haben, zu rekapitulieren, um sie zumindest für die jeweilige Gegenwart als verbindlich auszuweisen. Unter diesen Vorbehalten stehend, beschränke ich mich darauf, Aufschluss über die Prinzipien zu geben, die mein Ethikverständnis bislang organisiert haben. Im Großen und Ganzen sind meine Überlegungen somit fundamentalethisch ausgerichtet:[1]

Zunächst wird Ethik ganz allgemein in ihrer Funktion als Orientierungswissenschaft vorgestellt (1.), um anschließend das vorausgesetzte Orientierungsverständnis zu explizieren (2.); in den nächsten Schritten geht es darum, die Entstehungsbedingungen der Frage nach ethischer Orientierung näher zu erfassen (3.) und die Kategorien zu entfalten, mit denen theologische Ethik diese Frage bearbeiten kann (4.). Meine Ausführungen setzten dabei an einem Punkt an, der von der Unterscheidung zwischen theologischer und nichttheologischer Ethik noch relativ unbenommen ist. Die Klärung der theologischen Hintergrundsemantik erfolgt dann sukzessiv im Verlauf der Darstellung. Im Ganzen gehe ich also von der Prämisse aus, dass theologische Ethik keine Sonderethik mit einer eigens durch sie hervorgebrachten Rationalitätsform ist. Ihr Gegenstand ist vielmehr die

---

[1] Ich greife auf Thesen zurück, die ich in anderen Zusammenhängen bereits vorgetragen habe. Dabei muss ich vieles unberücksichtigt lassen, organisiere manches in neuer Weise, variiere anderes oder führe bestimmte Gesichtspunkte neu aus. Dazu gehört vor allem, dass ich versuche, mein Ethikverständnis konsequenter als bisher geschehen vom Orientierungsbegriff her zu entfalten. Die Texte, die dafür u. a. eine Rolle spielen sind: Seibert, Herausgefordert zum Verstehen; ders., Im Streit der Gottesbilder; ders., Ethische Theologie; ders., Theorie und Praxis.

Situation des Menschen in der Welt, die sie im Lichte ausgewählter Einsichten des christlichen Glaubens interpretiert. Darin eingeschlossen ist freilich auch ihre Teilhabe an unterschiedlichen Rationalitätsformen. In meinem Ansatz wird das Orientierungsparadigma diese Funktion erfüllen.[2]

1 Orientierungswissenschaft

Dass wissenschaftliche Theoriebildung einen wie auch immer gearteten Orientierungsanspruch erhebt, klingt offensichtlich nach einer Binsenweisheit, da alle Wissenschaften, unter ihnen etwa Mathematik, Chemie oder Astronomie selbstverständlich mit einem derartigen Anspruch bezüglich ihres Gegenstandsbereiches antreten. Der Anspruch ist erfüllt, wenn die Orientierung tatsächlich eintritt, was sich darin zeigt, dass man sich in einem bestimmten Bereich auskennt, sich in ihm zurechtfindet. Als Ausgangspunkt für die Klärung der besonderen Orientierungsleistung von Ethik dient mir die klassische Zuordnung von Ethik und Handeln. Ihr zufolge dient Ethik der Orientierung des Handelns. Das ist jedoch nicht so zu verstehen, als sei Handeln zunächst ohne Orientierung und werde erst vermöge einer wissenschaftlichen Disziplin mit dem Namen „Ethik" orientiert. Es verhält sich vielmehr so, dass Handeln sich immer schon an seinen eigenen Maßstäben ausrichtet oder zumindest um eine einigermaßen stimmige Ausrichtung bemüht ist, wozu ein reflexiver Faktor notwendig mit hinzugehört. Es ist folglich bereits durch eine elementare ethisch qualifizierte Reflexivität gekennzeichnet, die allerdings von ihrer wissenschaftlichen Reflexion unterschieden werden muss. Wie wir noch sehen werden, ist damit keine Trennung zwischen beiden gemeint, wohl aber eine graduelle Differenz in der Weise, wie mit aufkommenden Problemen umgegangen wird. Dies vorausgesetzt, lässt sich die Leistung der Ethik fürs Erste in einer Orientierung des sich in seiner Umwelt bereits in irgendeiner Weise zurecht findenden Handelns sehen. Letzteres bezeichne ich mit dem Begriff der Praxis. Diese Bestimmung ist allerdings noch klärungsbedürftig, da sie eine Unklarheit mit sich führt, die wesentlich mit dem Theoriecharakter von Ethik zu tun hat:

Als Theorieunternehmen ist Ethik nämlich einerseits eine Tätigkeit, andererseits besteht ihre Aufgabe nicht darin, Handlungssituationen unmittelbar zu verändern, sondern vorrangig darin, sie im Modus eines methodischen Denkens

---

[2] Dabei knüpfe ich an Einsichten einer Philosophie der Orientierung an, wie sie etwa von Werner Stegmaier vertreten wird. Die zentralen Motive, so zu verfahren, entnehme ich allerdings nicht seinem Entwurf, sondern dem klassischen amerikanischen Pragmatismus. Vgl. Seibert, Religion im Denken von William James.

zu erfassen, präziser: sie auf ihre normativen Potentiale hin systematisch durchsichtig zu machen. Zu dieser Tätigkeit gehört es, Aussagen von größerer Allgemeinheit zu formulieren, mithin Kategorien zu bilden, die, wie der Begriff schon sagt, nicht für Einzelfälle, sondern für alle möglichen Fälle gleicher Art gelten sollen. Als methodisch kontrollierter Denkvollzug bewegt sich Ethik also im Medium eines Allgemeinen und bezieht sich auf Handlungen deshalb auch vermittels ihrer allgemeinen Formelemente. Das „individuelle, zufällige menschliche Handeln"[3] als solches entgeht ihr, und zwar nicht bloß beiläufig, sondern aufgrund ihres eigenen Theoriecharakters. Zwar ist sie in der Lage, Begriffe von Handlungsarten zu bilden, allerdings erreichen diese Begriffe die Handlung nicht, da sie an eine individuelle Entscheidungs- und Verlaufsform gebunden bleibt, die nicht aus einem übergeordneten Allgemeinbegriff abgeleitet werden können. Es ist ihr daher nur in einem Prozess unendlicher Approximation näher zu kommen. Man kann in dieser Zuspitzung eine typisch protestantische Note erkennen, da der Protestantismus bekanntlich großen Wert darauf legt, die Gewissensentscheidung des einzelnen Akteurs gegenüber dem Diktat institutioneller Regulative zumindest in bestimmten Hinsichten frei zu stellen. Mit Gewissensentscheidung ist indessen kein blinder Dezisionismus gemeint, sondern ganz grundsätzlich die Orientierung an der eigenen Einsicht in den Sinn des jeweils Geforderten. Dieser Sachverhalt lässt sich aber auch weit über die Grenzen protestantischer Milieus hinaus plausibel machen: Es muss nämlich zwischen einer vermeintlich objektiven Sinnhaftigkeit von normativen Orientierungsmustern als solchen und dem Sinn unterschieden werden, den sie für diejenigen, die sich an ihnen ausrichten, haben können. Ihnen müssen sie als sinnvoll erscheinen, d. h. sie müssen sich in ihnen und vermittels ihrer verstehen können.

Wenn diese Überlegungen zutreffen, liegt es nahe, keine zu großen, aber auch keine zu geringen Erwartungen an die Leistungen von Ethik zu haben: Ihre Leistungen für die konkrete Handlungsorientierung sollten nicht überschätzt werden, weil zwischen ihr und der unmittelbar ethischen Dimension von Praxis offensichtlich keine Identität herrscht. Daher kommt es, dass es kaum möglich ist, von einem zum anderen ohne bisweilen sehr komplexe biographische sowie institutionelle Vermittlungswege und -instanzen überzugehen. Unter dieser Voraussetzung kann der Anspruch auf einen imperativischen Direktzugriff von wissenschaftlicher Ethik, Ethikkommissionen oder sogenannten Ethikexperten und -expertinnen auf faktische Handlungszusammenhänge ebenso skeptisch stimmen wie die antike These von einem nahtlosen Übergang vom Wissen zum Wollen und vom Wollen zum Tun. Beides bleibt in gewisser Weise prekär: Im ersten Fall

---

3 Schleiermacher, Grundlinien einer Kritik, 11.

deshalb, weil die Bildung eigener Einsichten nicht an übergeordnete Instanzen delegierbar ist; im zweiten Fall deshalb, weil das Wissen um die Sinnhaftigkeit des Geforderten nur eine notwendige, nicht aber schon die hinreichende Bedingung dafür ist, sich an ihm zu orientieren. Diesen Einschränkungen gegenüber sollten ihre Leistungen aber auch nicht gering geschätzt werden. Denn sie prägen immerhin die Formen, in denen wir uns selbst und unser Miteinander verstehen. Unser Handeln bewegt sich nämlich nicht in einem wissenschaftlich gänzlich unbenommenen Bereich, es ist vielmehr Teil einer Lebenswelt, die ihrerseits Einsichten der Theoriegeschichte, vermittelt über komplexe geschichtliche Tradierungsprozesse, als meistens unhinterfragte Sinnressourcen umfasst. Der ethische Common Sense ist somit alles andere als untheoretisch, bildet in der Regel aber keine strenge Theorie aus. Seine Einsichten aufnehmend kann Ethik daher wichtige Beiträge zu deren Explikation, Systematisierung, Kritik und Rechtfertigung liefern. Dass darin zugleich permanente Rückkopplungseffekte zwischen beiden mit eingeschlossen sind, sei hier nur am Rand bemerkt.

Zwischenbilanz: Damit ist eine erste Bestimmung der gesuchten Leistung von Ethik gewonnen: Ich verstehe Ethik als Orientierung im Modus des Denkens über die verschiedenen Möglichkeiten einer in sich selbst bereits mehr oder weniger orientierten Praxis. Die Art und Weise, in der sie ihre Leistung vollbringt, ist begrifflicher und konzeptioneller Natur. Sie setzt sich also in eine relative Distanz zum direkten Handlungsvollzug, wodurch Freiheitsspielräume gewonnen und gleichzeitig ein Standpunkt der Kritik eröffnet wird. Ihn einnehmend kann sie dann zwar eine Neuausrichtung des Handelns antizipieren, aber nicht aus sich selbst heraus realisieren. Sie ist vielmehr auf das Entgegenkommen eines ihre Impulse aufnehmenden Ethos angewiesen. Dieses Resultat hat freilich noch offen gelassen, welche Struktur dem Vorgang ethischer Orientierung selbst zukommt. Mit dieser Frage gerät der vorausgesetzte, aber noch nicht explizierte Orientierungsbegriff in den Blick.

2 Orientierungsverständnis

Ohne hier umfangreich ins Detail gehen zu können,[4] möchte ich nur auf drei Merkmale abheben. Sie beziehen sich alle auf die Grundstruktur des Orientierungsvorgangs, die sehr vereinfacht wie folgt umrissen werden kann: Jemand orientiert sich an etwas/jemandem mit Bezug auf einen bestimmten Bereich.[5]

---

4 Vgl. Stegmaier, Art. Weltorientierung; ders., Art. Orientierung; James, Pragmatism.
5 Vgl. Luckner, Fremdheit, bes. 16f.; ders., Drei Arten, hier: 226f.

Wie bereits angemerkt ist erstens die reflexive Struktur von besonderer Bedeutung. Sie besteht darin, dass eine Person nicht nur orientiert wird, sondern die Ausrichtung des eigenen Verhaltens zugleich als etwas erfährt, das sie selbst vornimmt oder an dem sie zumindest selbst beteiligt ist. In diesem Fall reden wir prägnant von Selbstorientierung. Damit wird nicht geleugnet, dass ihre unzähligen Möglichkeiten uns in vielen, vor allem in entscheidenden Fällen unverhofft zugespielt werden, unser Weltbezug zunächst also durch Ereignisse ganz unterschiedlicher Art orientiert wird, bevor wir uns in den dadurch eröffneten Spielräumen selbst organisieren können. Insofern lässt sich am Tun – nota bene: nicht abgesehen von ihm – bereits eine passive Grundschicht ablesen, deren es nicht Herr werden kann, ohne dabei seine eigenen Entfaltungsoptionen preiszugeben. Dieser nicht nur offenbarungstheologisch einsichtige Sachverhalt wird mit der Rede von Selbstorientierung nicht geleugnet, wohl aber wird bestritten, dass es einen ethisch qualifizierten Weltbezug ohne einen reflexiven Umgang mit den jeweils eröffneten Spielräumen des Verhaltens geben könnte. Unser Verhalten kann sich also weder selbst schaffen noch die verschiedenen Möglichkeiten, die ihm fortwährend zugespielt werden, aus eigener Initiativkraft ableiten, es findet sich aber nichtsdestotrotz vor die Aufgabe gestellt, diese Konstellation für sich produktiv zu bearbeiten und nicht nur über sich ergehen zu lassen. Und dabei steht nichts geringeres zur Debatte als die Frage, „what kind of person one is to become, what sort of self is in the making, what kind of world is in the making".[6] Das ist für die Aufgabenstellung der Ethik insofern nicht nebensächlich, als sie nicht nur mit Blick auf ihren Gegenstand reflexive Strukturen unterstellt, wenn sie von Verantwortlichkeit, Gewissen oder Zurechenbarkeit redet. Sie nimmt vielmehr auch die eigene Denkbemühung nicht davon aus, ja, kann es gar nicht, wenn sie die Bedingungen unter den sie steht, ernst nimmt. Sie wird schließlich von Personen betrieben, die sich in ihrem Tun fortwährend, wenngleich auch nicht absolut selbst bestimmen, und zwar auch angesichts dessen, was in manchen Entwürfen theologischer Ethik das Gebot Gottes heißt.[7]

Dass damit keine reine Struktur der Selbstreferenz gemeint ist, gründet in dem zweiten Charakteristikum des Orientierungsvorgangs: Handeln orientiert sich nämlich immer an etwas/jemandem, richtet sich also an einer Orientierungsinstanz aus und tut das in Bezug auf einen bestimmten Bereich. Dabei liegt es in der Linie der bisherigen Überlegungen, dass die Stelle der Orientierungs-

---

[6] Dewey, Human Nature, 217.
[7] Dieser Punkt ist in Karl Barths Grundlegung der Ethik leider nicht immer klar zum Ausdruck gebracht, mit dem irritierenden Effekt, dass Barth im „Gegensatz zu aller menschlichen" von einer „göttliche[n] Ethik" meint reden zu können und entsprechend dazu tendiert, das menschliche Handeln insgesamt unter den Oberbegriff des „Gehorsams" zu fassen (Barth, KD II/2, 574. 594f.).

instanz von einem Handlungssinn besetzt wird, beispielsweise in Form einer inhaltlich qualifizierten Leitvorstellung wie einem Ideal oder einer anderen Person, die man sich zum Vorbild setzt, weil sie ein bestimmtes Ideal annähernd auszudrücken scheint. Wie immer man auch inhaltlich votieren mag, wichtig ist jedenfalls zu sehen, dass diese Instanz keine dem Handlungsverlauf völlig extern verbleibende Größe bildet. Einerseits eignet ihr zwar ein regulativer Anspruch, dessen Semantik das übersteigt, was sich ein einzelnes Handlungssubjekt zu irgendeinem Zeitpunkt seiner Existenz selbst sagen könnte. Es bleibt daher immer der Eindruck von Objektivität bestehen. Andererseits tritt dieser Anspruch aber in Form der Reflexivität auf, ist also nicht nur an sich selbst sinnhaft, sondern ist immer auch für diejenigen sinnvoll, die sich in ihrem Licht bestimmen. Diese Applikationsperspektive ist dem Handlungssinn somit nicht äußerlich, sondern kommt ihm selbst wesentlich zu. Terminologisch bietet sich für diesen relationalen Zusammenhang der Begriff der orientierenden Gewissheit/Überzeugung (*belief*) an, da er sowohl den Objektbezug als auch den pragmatisch verstandenen Selbstbezug des Handelns gleichermaßen in sich fasst. So gesehen sind es Gewissheiten über Werte, Normen, Ideale usw., an denen sich das Handeln orientiert. Der mit ihnen transportierte Handlungssinn, das sei in umgekehrter Blickrichtung ebenfalls erwähnt, ist deshalb nicht nur ‚etwas im Kopf', sondern spielt sich immer schon ‚in der Welt' ab, da er stets an einem umweltgebundenen Handlungsverlauf auftritt. Die uns orientierenden Gewissheiten als rein innerliche oder subjektive Größen identifizieren zu wollen, verpasst somit genau den Punkt, auf den es hier ankommt.[8]

Er wird drittens dadurch ergänzt, dass ihnen eine besondere formale Eigenart zukommt. Sie lassen sich, was immer man sonst noch über sie sagen mag, im Kern nämlich differenztheoretisch bestimmen. Das lässt sich in zweifacher Weise plausibilisieren, einmal anhand einer Reflexion auf den Sinnbegriff, ein andermal mit Blick auf die unterscheidende Funktion jener Gewissheiten selbst: In einer wissensphänomenologischen Perspektive[9] betrachtet liegt Sinn nicht einfach vor, sondern bildet sich im Zuge von Leistungen, die als Selektionen beschrieben werden können: Aus der überbordenden Fülle des Möglichen der Erfahrung wird eine Möglichkeit selegiert, wobei sich das Handeln vermittels dieser konkreten Auswahl sukzessive als dieses oder jenes näher bestimmt, mithin sich erst vermittels ihrer als sinnvoll begreift. Die bloße Fülle kann somit weder als sinnhaft

---

8 Im Hintergrund steht hier die für den Pragmatismus zentrale Idee, dass *beliefs* als „rules for action" fungieren, was bedeutet, dass sich ihre Bedeutung an ihrem leib- und situationsgebundenen Orientierungswert ablesen lässt. Vgl. dazu Charles S. Peirce, How to Make Our Ideas Clear, bes. 129f.
9 Vgl. Schütz, Theorie der Lebensformen, 108.114.134f.

noch als sinnlos bezeichnet werden, da diese Prädikate auf ihren Begriff nicht anwendbar sind, sondern immer ein mehr oder weniger Bestimmtes meinen. Unter diesem Gesichtspunkt gesehen ist Sinn daher eine reflexive Kategorie, bildet sich erst im Umgang mit der ungeheuerlichen Komplexität möglicher Praxis, und zwar durch deren Reduktion auf eine bestimmte Möglichkeit hin (Selektion). Das aber heißt, dass jede mögliche sinnvolle Orientierung an diese spannungsvolle Differenz zwischen schier unbegrenzter Fülle und begrenzender Auswahl gebunden bleibt, mit dem Effekt, dass die für sie jeweils maßgeblichen Gewissheiten stets prekär und kontingent bleiben, gemessen an dem, was sonst noch möglich wäre.[10] Davon sind auch diejenigen der theologischen Ethik nicht ausgenommen. Sie bilden folglich kein *fundamentum inconcussum* der Handlungsorientierung, sondern sind ebenso fallibel wie *beliefs* anderer Art. Das dürfte indessen nicht verwundern, da für den christlichen Glauben Absolutheit kein Prädikat eines Endlichen, sondern auschießlich ein Gottesprädikat ist. Soviel sei zum ersten Punkt gesagt.

Noch deutlicher wird das, was mit der differenztheoretischen Bestimmung des Handlungssinns gemeint ist, wenn die prinzipielle Differenzierungsfunktion der Gewissheiten selbst in den Blick gerät. Damit ist der bekannte Sachverhalt gemeint, dass wir uns an etwas orientieren, indem wir neue Unterscheidungen treffen oder uns vermittels bereits wirksamer Unterscheidungen verstehen. Das gilt sowohl für ganz elementare, vorreflexive Lebensgewissheiten, wie etwa das Körpergefühl, als auch für elaborierte kulturelle Überzeugungsbestände: Bereits das körperliche Sich-zurecht-Finden im natürlichen Raum ist nur vermöge der fundamentalen Differenzen zwischen „links/rechts", „oben/unten", „vorne/hinten" möglich. Diese treten somit nicht erst in einem zweiten Schritt hinzu, sondern sind bereits konstitutiv für diejenigen motorischen Operationen, in denen sich unsere Körpergewissheit herausbildet. Ähnliches lässt sich dann auch für die Orientierung im kulturellen Raum sagen, wenngleich die Unterscheidungen, die in ihm wirksam sind, man nehme etwa die zwischen „angenehm/unangenehm", „gerecht/ungerecht" oder „immanent/transzendent", recht anspruchsvolle diskursive Vermittlungsprozesse durchlaufen. Wie dies im Einzelnen geschieht, muss hier nicht weiter interessieren. Vor dem Hintergrund des Gesagten genügt der Hinweis, dass sie ihrerseits Resultate komplexer, auf unterschiedlichen Ebenen verlaufender Selektionsprozesse sind, die darauf zielen, durch Ausbildung derartiger Leitdifferenzen die überkomplexe Fülle der Erfahrung so zu bearbeiten, dass sinnvolle Handlungsanschlüsse nicht nur möglich, sondern auch wechsel-

---

10 Man könnte hier natürlich noch andere sinnkonstitutive Differenzen nennen, etwa den Unterschied von Dauer und Wandel.

seitig erwartbar werden. Sie bearbeiten somit in unterschiedlicher Weise alle das Problem der Fülle, welches je nach Perspektive nicht nur als Überbestimmtheit, sondern auch als Unterbestimmtheit konzipiert werden kann. Letzteres mag kontraintuititv klingen, hat seinen Grund aber darin, dass Überbestimmtheit dazu tendiert, konturlos zu werden, da sie mit einer kaum zu bändigenden Flut an Einflüssen einhergeht. Mangelnde Konturierung ist zugleich aber auch eine Eigenschaft von Unterbestimmtheit, so dass es unter diesem Gesichtspunkt nicht ganz abwegig ist, beide gleichermaßen als Eckpunkte praktischer Überforderung zu denken. Ethische Orientierung setzt genau hier an. Ich werde in Kürze darauf zurückkommen.

Fazit: Vor dem Hintergrund dieser Überlegungen ist es nun möglich, die erste Ausgangsbestimmung von Ethik im Rückblick noch etwas konkreter zu fassen. Im Lichte des Orientierungsparadigmas lässt sich Ethik nämlich generell als eine besondere Problemlösungsstrategie verstehen. Ihre Bestimmung als „Orientierung im Modus des Denkens über die verschiedenen Möglichkeiten einer in sich selbst bereits mehr oder weniger orientierten Praxis" wird dadurch in keiner Weise außer Kraft gesetzt, erhält aber eine zusätzliche Note. Ihr zufolge wird ethische Reflexion in aller Regel dann explizit, wenn sie Problemlagen identifizieren kann, die für sie relevant sind, d. h. wenn Handlungsanschlüsse unter normativen Gesichtspunkten problematisch werden, weil sie mit praktischer Über- oder Unterbestimmtheit konfrontiert sind. Ethik legt diesen lebensweltlichen Entstehungszusammenhang für sich aus, nimmt die bereits in ihm wirksamen reflexiven Bemühungen auf und organisiert sie im Medium ihres methodischen und konzeptionellen Instrumentariums, mit dem Ziel, ethisch vorzugswürdige von nicht vorzugswürdigen Handlungsoptionen voneinander begründet zu unterscheiden. Davon ist auch theologische Ethik nicht ausgenommen. Allerdings identifiziert und bearbeitet sie die für sie relevanten Problemstellungen im Lichte von Unterscheidungen, über die bislang noch kaum etwas gesagt wurde. In dieser Perspektive wird der nächste Abschnitt zunächst den Aspekt der Problemidentifikation näher klären; im Anschluss wird es dann um die Bearbeitungsformen gehen.

3 Orientierungsprobleme

Dass sich Ethik auf eine ihr vorgegebene Handlungssituation bezieht, meint nicht, dass die Bestimmtheit dieser Situation unabhängig von den verschiedenen Elaboriertheitsgraden ethischer Reflexion wäre. Wäre sie unabhängig davon, käme es zum Ausschluss der Problemerfassung aus dem Spektrum des verantwortbaren Tuns. Es wäre gewissermaßen selbstevident, was als ethisch relevantes

Problem gelten könne und was nicht. Das ist allerdings ein Trugschluss, da schon die Identifizierung einer beliebigen situativen Konstellation als eines Problems von ethischer Bedeutsamkeit in den Prozess eines Umgangs mit der Situation fällt, der darauf zielt, aus gegebenen Möglichkeiten eine zu selegieren, um sich an ihr zu bestimmen. Wird hingegen nicht von Unabhängigkeit, sondern von Vorgegebenheit geredet, heißt das, dass ethische Reflexion ihren Gegenstandsbereich zwar nicht konstituiert, wohl aber an seiner Bestimmtheitsbildung kreativ partizipiert. Dazu gehört auch die Problemfeststellung; gerade sie ist ein wesentlicher Teil ethischer Selbstauslegung. Allen ihren Varianten ist die bereits erwähnte Grunderfahrung gemeinsam, dass sinnvolle Handlungsanschlüsse angesichts überbestimmter oder unterbestimmter Situationen ins Stocken geraten, mithin irritiert werden. Was dabei auf dem Spiel stehen kann, lässt sich mit Rekurs auf die Bestimmung des Orientierungsvorgangs als „Jemand orientiert sich an etwas/jemandem mit Bezug auf einen bestimmten Bereich" verdeutlichen.

In mindestens drei Hinsichten kann es hier zu ethisch relevanten Problemkonstellationen kommen, wobei ich das Problematischwerden des Handlungssubjekts, das einen höchst interessanten Fall bildet, zunächst einklammere: Die erste Konstellation besteht darin, dass der Handlungssinn einer Unterscheidung, an der sich jemand orientiert, unklar und schließlich ungewiss wird. Es ist eine allgegenwärtige Erfahrung, dass ein vormals einigermaßen einsichtig umrissener Handlungssinn im Zuge von situativen Veränderungen und den sich damit eröffnenden neuen Möglichkeiten diffus werden und folglich seinen aktuellen Orientierungswert einbüßen kann. So kann beispielsweise die Unterscheidung „gut/böse" unscharf werden, wenn das sogenannte Böse sich mit einem Mal im Gewand eines vermeintlich Guten präsentiert oder umgekehrt das, was eigentlich als gut angesehen wird, sich augenscheinlich als sein Gegenteil herausstellt. In derartigen Fällen tritt somit Mehrdeutigkeit an die Stelle einer vormals unterstellten Eindeutigkeit und wirft die Frage auf, wie ihre verschiedenen Aspekte gewichtet bzw. miteinander vermittelt werden können. Zum Zweiten können sinnvolle Unterscheidungen im Handlungsverlauf in falscher Weise angewendet werden, mit dem Effekt, dass ein eigentlich überzeugender Handlungssinn wissentlich oder unwissentlich in Bezug auf einen Bereich hin ausgelegt wird, in dem er streng genommen keinen oder nur einen sehr begrenzten Orientierungswert hat. Das kann passieren, wenn die ethisch bedeutsame Unterscheidung zwischen „liebenswert/nicht liebenswert", die im Bereich persönlicher Beziehungen ihren primären Ort hat, ohne Weiteres in einen sozialethischen Zusammenhang überführt wird. In diesem kann sie, wenn überhaupt, jedoch nur eine sehr begrenzte Leitfunktion übernehmen, da sozialethische Urteilsbildung sich bekanntlich anderer Prinzipien bedient, etwa dem Gerechtigkeitsprinzip. Auch hier stellt sich daher die Vermittlungsfrage, jetzt aber nicht nur mit Blick auf die beiden Seiten einer Unterscheidung, sondern mit Blick auf das Verhältnis zwischen zwei Handlungskontexten mit ihren jeweiligen Differenzierungsstandards. In einer Steigerung dieser zweiten Problemkonstellation kann es drittens zu einer Verwechslung oder gar radikalen Diffusion des Sinns von Unterscheidungen im Blick auf mehrere Bereiche kommen. Während es sich zuvor um den Fall eines Anwendungsproblems handelt, bei dem eine in einem bestimmten Kontext an für sich richtige Unterscheidung in falscher Weise aufgefasst und auf andere Kontexte übertragen wird, dreht es sich jetzt um eine weiter reichende Problematik. Denn nunmehr droht die bislang stets vorausgesetzte Differenzsensibilität zwar nicht im Ganzen, wohl aber in relevanten Bezügen gleichzeitig ihren Richtungssinn zu verlieren, beispielsweise dann, wenn die Leitdifferenz zwischen ethischen und ökonomischen Unterscheidungen selbst hinfällig wird. Unter theologischen Gesichtspunkten gesehen lässt sich die wohl radikalste Ausprägung dieses Formats an dem Unkenntlichwerden der Unterscheidung „Gott/Mensch" studieren. Von radikal kann hier deshalb geredet werden, weil mit dem Verschwinden ihrer Konturen zugleich die Perspektive der Orientierung in allen anderen Praxisfeldern eine andere Qualifizierung erhält. Von daher kommt es, dass sie zumindest in reformatorischer Perspektive als die Leitdifferenz christlicher Gewissheit angesehen wird.[11]

Soviel sei zu einigen Problemkonstellationen gesagt, die sich an unterschiedlichen Stellen der Struktur von Orientierung festmachen lassen. Ihnen gegenüber kann freilich ganz unterschiedlich reagiert werden, so dass es sich anbietet, einen Blick auf drei ausgewählte Reaktionsmuster zu werfen, die sich angesichts derartiger Irritationserfahrungen einstellen können. Sie werden im Folgenden idealtypisch als analytische Konzepte vorgestellt, wohl wissend darum, dass sie in der Erfahrung kaum isoliert voneinander auftreten, sondern in einem Zusammenhang stehen, der sich als Vertiefung des ethischen Problembewusstseins beschreiben lässt. Allerdings können sie auch in ihr Gegenteil umschlagen und destruktive Züge annehmen. Beides soll kurz verdeutlicht werden, wobei das bislang eingeklammerte Handlungssubjekt verstärkt in den Blick gerät:

Eine erste Reaktionsweise besteht darin, nicht mehr weiter zu wissen. Ein solches Nicht-mehr-weiter-Wissen kann sich angesichts eines Spektrums von unüberschaubar vielen oder begrenzt wenigen Handlungsmöglichkeiten einstellen. Ist das der Fall, kommt es in der Regel zum Stopp, aber nicht notwendigerweise zum dauerhaften Abbruch einer Handlungskette. Denn auch unter dem Eingeständnis, dass man in einem bestimmten Fall eigentlich nicht mehr weiß, was getan werden soll, ist es möglich, eine Handlungsoption aufs Geratewohl zu

---

[11] Vgl. Luther, De servo arbitrio, 246–249 (vgl. WA 18, 614).

realisieren, ohne näher auf Motive, Gründe und Folgen zu achten. Das mag unter bestimmten Umständen sogar unumgänglich und im Rückblick betrachtet durchaus richtig gewesen sein, markiert allerdings eher einen dezisionistischen Grenzfall ethischer Reflexion. So gesehen weist jene Erfahrung zwar eine ethische Sinndimension auf, diese muss jedoch nicht zwangsläufig auch als eine solche explizit sein. Denn sprichwörtlich mit dem Kopf durch die Wand zu gehen, ist unter Umständen auch angesichts dessen möglich, dass man gerade nicht weiter weiß. Verstetigt sich diese situationsbedingte Suspension des Nachdenkens jedoch zu einer habituellen Haltung, die den Umgang mit Problemen ganz unterschiedlicher Art prägt, sind die Bedingungen für praktische Mentalitäten gegeben, die durch mangelnde Kritik- und Reflexionsfähigkeit und entsprechende Strategien der Selbstimmunisierung ausgezeichnet sind. Ein derart unaufgeklärter Umgang mit der im Keim eigentlich sehr produktiven Erfahrung des Nichtweiter-Wissens kann natürlich schnell destruktive Züge annehmen, wobei sie sich vor allem im Verhältnis zu den Anderen zeigen, die von ihren Effekten unmittelbar betroffen sind. Die zweite Haltung, um die es geht, sei als Nicht-mehr-weiter-Wollen charakterisiert. Sie lässt sich insofern als Vertiefung der ersten beschreiben, als das Bewusstwerden des eigenen Nichtwissens um das vorzugswürdige Tun darin münden kann, den bisherigen Handlungsverlauf bewusst nicht länger fortsetzen zu wollen, auch wenn man es faktisch irgendwie immer noch tun könnte. Die Situation, die bislang vor allem als Vollzugsprädikat, mithin performativ gegenwärtig war, wird nunmehr zum Gegenstand des Nachdenkens erhoben und dadurch in gewisser Hinsicht in reflexive, und das heißt immer auch kritische Distanz gebracht. Damit ist ethische Reflexion explizit, also sich selbst inne geworden. Wie im ersten Fall kann natürlich auch diese Haltung eine Form einnehmen, die sich einseitig fixiert. Das geschieht etwa dann, wenn das kritische Nachdenken sich gegenüber seinen Ausgangsbedingungen verselbständigt und – geradezu als Gegensatz zum Vorherigen – jeden kreativen Handlungsimpuls in einer scheinbar risikovermeidenden Dauerreflexion aufgehen lässt. Auch das mag in bestimmten Umständen passend erscheinen, führt in seiner habituellen Verstetigung aber zu einer überreflektierten Praxis (Grübelsucht), die sich in ihrer Risikoscheue zu einer resignativen Lebensform fortbilden kann. Hier betreffen die destruktiven Potentiale weniger die Beziehung zu anderen als das eigene Selbstverhältnis: Es zeugt von einer Grundangst, sich zuversichtlich der eigenen Freiheit zu bedienen.[12] Die dritte Haltung, die ihrerseits als Steigerung der zweiten zu verstehen ist, lässt sich als Nicht-mehr-weiter-Können beschreiben, wobei das angesprochene Nicht-Können sowohl mit Blick auf psychische oder physische

---

12 Vgl. Tillich, Der Mut zum Sein, 46–48.

Bedingungen als auch von beiden aussagbar ist. Es bildet in dieser Anordnung die wohl radikalste Reaktionsweise auf praktisches Irritiertwerden, wobei durchaus zu fragen wäre, ob man das, um was es hier geht, überhaupt noch mit diesem Wort richtig zu fassen vermag. Gemeint ist, dass in einer Situation, in welcher tatsächlich nicht mehr gewusst wird, was zu tun ist, und in der dieses Nichtwissen produktiv so aufgenommen wird, dass man die Fortsetzung bisheriger Handlungsverläufe dezidiert auch nicht mehr will, das kritische Nachdenken immer noch darauf stoßen kann, dass unter den gegebenen Bedingungen überhaupt nicht in der Weise optiert werden kann, wie gedacht, sei es aufgrund von psychischen oder von physisch-umweltbedingten Grenzen. Obwohl also ein einsichtsvoll-kritisches Verhältnis zur Situation etabliert ist, mangelt es an situativen Freiräumen, an eigenem Vermögen oder an beidem, um die im Denkprozess als vorzugswürdig antizipierte Handlungsoption tatsächlich zu realisieren. Man könnte hier an sogenannte ethische Ausnahme- oder Dilemmasituationen, aber auch an Erfahrungen eines inneren Zwiespalts denken, wie ihn etwa Paulus und Augustin mustergültig beschreiben.[13]

Zwischenbilanz: Es dürfte deutlich geworden sein, dass die Identifikation einer erlebten situativen Konstellation als eines ethisch relevanten Problems sowie möglicher Reaktionen darauf nicht nur zufällig in den Aufgabenbereich der Ethik fällt. Analog zur medizinischen Diagnostik hängt von ihr vielmehr entscheidend ab, welche Bearbeitungsstrategien im späteren Verlauf des Denkprozesses eine Rolle spielen sollen, mit anderen Worten, welche Ziel- und Mittelwahlen als vorzugswürdig ausgewiesen werden können. Der Problemidentifikation kommt also gerade deshalb eine so wichtige Funktion zu, weil sie ein Akt der Bestimmung ist, im Zuge dessen die praktische Situation eine bedeutsame Modifikation erfährt, an die zukünftige Akte anschließen können, vielleicht sogar müssen. Sie besteht im Wesentlichen darin, dass die problematisch gewordenen Aspekte der Handlungsumwelt nicht mehr nur in der Modalität eines mehr oder weniger diffusen Irritiertseins, gewissermaßen als bloße Störung erlebt, sondern in einem Urteilsakt als ein Problem von einer bestimmten Art ausgezeichnet werden. Damit tritt ein beträchtlicher Unterschied zum vorherigen Zustand ein. Denn nun wird das, was zunächst bloß irritiert oder stört, überhaupt erst in eine diskursive Form gebracht, mithin in eine Sprache gefasst, die weitere Klärungsprozesse ermöglicht. Dass diese Form als Selektionsresultat stets prekär und riskant ist, erhellt sich angesichts der Überlegungen zum Sinnbegriff, ändert aber nichts an der Tatsache, dass wir uns ohne solche Formen überhaupt nicht zurechtfinden würden. Es kommt auch in theologischen Hinsichten also alles darauf an, ob sie sich *in the long run*

---

13 Vgl. Römer 7; Augustinus, Bekenntnisse, Buch 8, bes. 380–385.

bewähren oder nicht. Vor diesem Hintergrund widmet sich der nächste Abschnitt der Aufgabe, die Begriffe zu entfalten, mittels derer die weiterführende Bearbeitung eines problematisch gewordenen Handlungsverlaufs erfolgen kann.

4 Orientierungsbegriffe

Um diese Begriffe zu gewinnen, ist es wichtig, zwei Bedingungen im Blick zu behalten: Zum einen müssen sie in irgendeiner Weise die verschiedenen Sinndimensionen umfassen, in denen sich Praxis ganz grundlegend orientiert. Mit ihnen sollen deshalb elementare überindividuelle Sinnunterstellungen des Handelns beschrieben werden, die sich je nach empirischem Kontext natürlich sehr verschieden ausgestalten. Darin besteht ihre deskriptiv-hermeneutische Funktion. Dies vor Augen müssen sie zum anderen aber auch eine normativ-kritische Funktion erfüllen. Ihre Verwendung muss also in die Lage versetzen, bestimmte Problemkonstellationen von Praxis zu benennen und mögliche Strategien ihrer Bearbeitung zu entwickeln. Neben anderen Gesichtspunkten ist das zumindest dann möglich, wenn die gesuchten Begriffe nicht isoliert stehen, sondern einen differenzierten Gesamtzusammenhang bilden, also keine absolute Unterscheidung meinen, wohl aber relative Unterscheidungen markieren. Das hätte jedenfalls zur Pointe, dass die Bestimmung eines Begriffs die Bestimmungen der anderen in irgendeiner Weise mit aufnehmen müsste und sei es auch nur im Sinne eines rudimentären Verweises. Eine kritische Perspektive wäre damit insofern gewonnen, als es nun möglich wird, Fehlformen von Praxis anhand verschliffener Unterscheidungen und fehlender oder unzureichender Vermittlungen zwischen den jeweiligen begrifflich ausgewiesenen Sinnkontexten zu benennen. Es ist, kurz gesagt, das differenzierte Ganze im Blick zu behalten. So verstanden hat es theologische Ethik weniger damit zu tun, Imperative für das aufzustellen, was getan werden soll. Im Anschluss an die Ausgangsbestimmung sehe ich ihr Orientierungspotential eher darin, dass sie Kategorien entwickelt, um Handlungszusammenhänge besser zu verstehen als sie es aus sich selbst heraus in der Lage sind, wobei die kritische Perspektive im Komparativ „besser" bereits mit enthalten ist. Dies eingestanden, schlage ich anknüpfend an klassische Traditionsbestände die dreifache Unterscheidung zwischen Naturalität, Idealität und Religiosität vor.[14] Entscheidend ist, dass die jeweiligen Bestimmungen nicht exklusiv gemeint

---

[14] Zu ihrer handlungstheoretischen Herleitung, tabellerarischen Darstellung und genaueren Explikation sei verwiesen auf meine Überlegungen in: Ethische Theologie (s. Anm. 1), 84–86. 86–97. Ich werde im Folgenden einzelne Textbausteine dieses Artikels mit aufnehmen.

sind, sondern sich in jeweils unterschiedlicher Gewichtung wechselseitig inkludieren:

(A) *Naturalität:* In der Dimension der Naturalität wird Praxis vor allem unter dem Gesichtspunkt ihrer leiblich-körperlich verfassten Umweltbeziehung betrachtet. Diese leibliche Konstitution ist konstitutiv für alles Weitere. Dabei steht das Streben nach der Erfüllung objektbezogener physisch-psychischer Bedürfnisse und Interessen im Vordergrund der Orientierung. Das Handeln versteht sich daher auch vorrangig von seinen Objekten her, deren Herstellung, Bearbeitung oder Konsum unterschiedliche Formen und Grade des Genusses bescheren, deren Fehlen, Verlust oder misslingende Anpassung aber auch zu Frustration und Schmerz führen können. Jedenfalls ist eine ganze Bandbreite von Optionen möglich, für die insgesamt wesentlich ist, dass sie aufs Engste mit den leiblich-körperlichen Bedingungen der Handlungspraxis zusammenhängt. Das ist auch der Grund, warum ich meine, die Differenz zwischen Lust/Unlust und die ihr korrespondierende zwischen Abneigung/Zuneigung als Leitunterscheidungen des hier orientierenden Handlungssinns ausmachen zu können. Beide Begriffe gewinnen ihre Bedeutung nämlich unter Einschluss von körperbezogenen Semantiken, was dadurch deutlich wird, dass sie u. a. als Empfindungen charakterisiert werden können. Davon ist auch die sogenannte intellektuelle Lust nicht ausgenommen, da auch sie in irgendeiner Weise empfunden wird, mithin an ein körperliches Referenzsystem gebunden bleibt. Dies vorausgesetzt, äußert sich das Streben, um das es hier geht, in einer ersten Form als Impuls, das Verhalten in eine bestimmte Richtung zu lenken: Etwas als anziehend oder abstoßend empfindend, setzt eine spontane Reaktion in diese oder jene Richtung ein. Einen solchen Impuls aufnehmend, können sich in weiteren Schritten dann Formen eines mehr oder weniger kontrollierten Umgangs mit ihm herausbilden. In diesem Bemühen um Impulskontrolle ist offensichtlich schon in der Dimension der Naturalität ein ordnender Faktor zu erkennen. Er kann schließlich moralische Bestimmtheit dadurch erlangen, dass der Umgang mit anderen Personen oder mit der eigenen Person nicht ausschließend instrumentalisierend verfährt, sondern in beiden etwas erahnt, was Zweck an sich selbst ist.[15] Allerdings kann im Sinnkontext der Naturalität ein solcher Begriff nicht zufriedenstellend ausgebildet werden, so dass an dieser Stelle bereits eine innere Problematik erkennbar wird. Ihr gegenüber sind sämtliche oben umrissenen Reaktionen möglich. Dabei weist sie vor allem zwei Aspekte auf: Zunächst ist eine sich vorrangig von Umweltbestimmungen her verstehende Praxis nicht wirklich dazu imstande, mit sich im

---

15 Vgl. Kant, Grundlegung zur Metaphysik der Sitten, 61.

Zeitfluss identisch und kohärent zu bleiben. Denn sie orientiert sich letztlich an Faktoren, die nicht nur äußerst vielfältig, sondern darüber hinaus auch ständigen Wandlungen und Widersprüchlichkeiten ausgesetzt bleiben. Weiterhin kann eine sich so verstehende Lebensweise keinen Begriff davon ausbilden, was wir prinzipiell zu tun schuldig sind, da sie vorrangig auf einzelne Objektbezüge abstellt. Von diesen ausgehend kann jedenfalls nicht auf jenen geschlossen werden, ohne einen Kategorienfehler zu begehen. Seine Konturen zeigen sich erst, wenn das Tun, im Sinnkontext der Naturalität im Zusammenhang einer weiteren Orientierungsperspektive erscheint.

(B) *Idealität:* In ihr wird die umweltbezogene Dimension des Verhaltens grundsätzlich als Funktion einer Selbstorientierung begriffen, deren inneres Prinzip sich nicht aus dem bloßen Objektbezug ergibt. Damit soll freilich kein neuer Dualismus zwischen beiden aufgemacht werden. Solche Versuche sind schon deshalb nicht überzeugend, weil – wie soeben schon angedeutet – das geregelte Bemühen um eine Balancierung der Lust- und Unlustfaktoren nicht ohne reflexiv strukturierte Prozesse auskommt. Das aber besagt nichts anderes, als dass der Sinnlichkeit schon ein eigener Sinn inhärent ist, der nunmehr zunehmend explizit wird. Diesen Gedanken aufnehmend besteht der nun erzielte Interpretationsgewinn darin, das Ganze eines sich nach Maßgabe der Naturalität verstehenden Verhaltens in eine neue praktische Einheitsbestimmung überführen zu können, wodurch gewissermaßen ein idealer Faktor erkennbar wird. Das lässt sich am Begriff des Selbst näher verdeutlichen: Ein Selbst liegt nämlich ebenso wenig vor wie es sich mit Verweis auf die Vielfältigkeit faktischer Objektbezüge gewinnen lässt, es fungiert vielmehr umgekehrt als ideale Orientierungs- und Ordnungsgröße für den Umgang mit allen möglichen Objekten. Bei ihm handelt es sich folglich um eine elementare praktische Synthesis.[16] Ähnliches gilt für die Weise, in der sich die Selbstorientierung vollzieht. Wie oben bereits ausgeführt vollzieht sie sich nicht blind, sondern ist an Gewissheiten gekoppelt. Und diese sind, da sie über den aktuellen Moment hinausgehen und allgemeine Unterscheidungsregeln formulieren, ebenfalls ideale Determinanten des Verhaltens. Vor diesem Hintergrund kann schließlich auch umrissen werden, was wir prinzipiell zu tun schuldig sind: Unter individualethischen Gesichtspunkten ergibt sich, dass wir gegenüber uns selbst schuldig sind, in Übereinstimmung mit den Überzeugungen zu leben, nach denen wir uns bestimmen. Gefordert ist also die Treue gegenüber denjenigen „beliefs", die es erlauben, die enorme Bandbreite an Erlebnissen und Bedürfnissen als Momente dessen aufzufassen, was als Entwicklung einer verantwort-

---

16 Vgl. Gerhardt, Immanuel Kant, 187.

lichen Lebensführung bezeichnet werden kann. Da sich diese Überzeugungen aber nicht an den sinngenerierenden Akten der Anderen vorbei, sondern immer nur anknüpfend an sie und abgrenzend von ihnen entwickeln, ist gleichermaßen deutlich, dass alle Prozesse, in denen sich unser Selbst herausbildet, kulturelle Milieus und institutionelle Ordnungen voraussetzen. Ausgehend davon lässt sich daher auch ein normatives Mindestkriterium bestimmen, dem alle Gewissheiten, an denen wir uns orientieren, genügen sollen: Sie sollen ihrer intersubjektiven Realität Rechnung tragen. Damit ist bereits die sozialethische Grundforderung benannt. Unter sozialethischen Gesichtspunkten sind wir nämlich schuldig, an Gemeinschaftsformen mitzuwirken, die es ermöglichen, einander in solchen Anknüpfungs- und Abgrenzungsakten zu begegnen, d. h. in der Suche nach gegenseitiger Entsprechung (Verständigung) bei gleichzeitiger Wahrung von Differenz (Respekt). So gesehen fungieren Selbstbildung und Gemeinschaftsbildung als zwei korrespondierende normative Bezugspunkte unseres praktischen Selbstverständnisses. Doch auch diese Sinndimension impliziert eine innere Problematik, die sich insbesondere in ihrer Vermittlung mit der Dimension der Naturalität zeigt. Zwar bilden beide im konkreten Handlungsvollzug immer schon eine Einheit, im Zuge einer Irritation dieses Vollzugs können sie jedoch auseinandertreten, was die Frage ihrer Vermittlung bzw. Versöhnung aufwirft, die im theologischen Horizont auf die Perspektive der Vollendung verweist. Dieser Verweis ist keineswegs abwegig, wenn gesehen wird, dass unsere Praxis sich nicht nur angesichts partikularer Zwecksetzungen bestimmt; sie findet sich darin zugleich bezogen auf die Imagination einer Totalität, die als solche nicht das bloße Aggregat von Partikularzwecken sein kann. An dieser Konstellation möchte ich nun die religiöse Dimension unter einem ethischen Gesichtspunkt bewähren.

(C) *Religiosität:* Wenn es zutrifft, dass die Bearbeitung der Kontingenzthematik eine zentrale Aufgabe von Religion ist, dann liegt es in der Linie dieses Gedankens, die religiöse Dimension der Praxis als ein wesentliches Bestimmungsmoment am prekären Verhältnis von Naturalität und Idealität zu erachten. Sie bearbeitet folglich die Grundspannung zwischen der Brüchigkeit aller menschlichen Handlungssynthesen und dem Ausblick auf Bergung eines letzten Sinns. Das so zu sehen, ist keineswegs abwegig, wenn man bedenkt, dass im Kern christlicher Glaubenskulturen die Unterscheidung zwischen dem steht, was Gott tut und dem, was der Mensch tut. Diese Unterscheidung lässt sich natürlich in verschiedenen theologischen Hinsichten entfalten, ethisch betrachtet liegt es aber vor allem daran, ihre Funktion im Ausgang von der Erfahrung des Handelns näher zu erfassen. In dieser Ausrichtung findet der Bezug zur Leistung der Imagination einen ersten Anhalt. Im Praxiskontext geht es der Imagination im Kern darum, im Medium von Erinnerung und Erwartung Überschüsse an Sinn zu entdecken und spielerisch Möglichkeitsräume des Verhaltens zu erkunden.[17] Indem sie das tut, bringt sie die immanente Verheißungsstruktur der Praxis ans Licht, wozu in letzter Konsequenz auch das Ideal einer integrierten Ganzheit des Sinns, d. h. der Vollendungsgedanke gehört.[18] Damit ist zunächst gemeint, dass es in der Struktur des Handelns liegt, auf die Erfüllung seiner praktischen Absichten im Modus des Hoffens aus zu sein und nicht mit der grundsätzlichen Prämisse eines vorauseilenden Scheiterns an die Dinge heranzutreten. Wäre letzteres der Fall, wären wir nicht in der Lage, die uns gegebenen Verhaltensspielräume in irgendeiner Weise produktiv zu nutzen. Es würde Stillstand herrschen. Ein solcher Grenzfall mag abgeschwächt zwar tatsächlich vorkommen, in den meisten Fällen vertrauen wir aber implizit auf die einigermaßen geregelte Abfolge von Erwartung – Erfüllung/Enttäuschung – neuer/modifizierter Erwartung usw. Es ist dieses Vertrauen in die geregelte Entwicklung der Situation, in dessen Fluchtlinie sich schließlich die Perspektive auf Vollendung aufbauen kann. Sie wird theologisch im Gottesbegriff als des Garanten des Wahren und Guten und im Symbol des Reiches Gottes als ultimativer Gemeinschaft repräsentiert.

So eingeführt fungiert der Gottesbegriff folglich als letzter Grund und umfassendster Bezugshorizont der in Handlungskontexten unentwegt investierten Hoffnung, nicht radikal an der Realität scheitern zu müssen. Angesichts der allgegenwärtigen Erfahrung, dass unser Handeln keine vollständige Vermittlung zwischen Glück und Tugend garantiert, besteht sein ethischer Sinn darin, der für das Tun konstitutiven Hoffnungsperspektive eine reale Chance zu geben. Er eröffnet eine begründete Möglichkeit, die Entwicklung der ethischen Situation im Horizont der kosmologisch gedeuteten Verheißung zu betrachten, dass „Hoffnung nicht zuschanden werden lässt" (Röm 5,5). Wird er christologisch gewendet, liegt der Akzent darauf, dass der bedrückenden Realität von Scheitern und Versagen kein letztinstanzlicher Status zugestanden werden muss; wird er pneumatologisch gefasst, gerät verstärkt der Prozess in den Blick, in dem diese Hoffnung bruchstückhaft ihre erfahrungsgesättigte Realisierung erfährt. An dieser Stelle wird das Symbol des Reiches Gottes bedeutsam. Während der Gottesbegriff den

---

17 Vgl. Seibert, Imagination, Religion und Kritik.
18 Dass dieser Gesichtspunkt über die Leistung der Imagination erschlossen wird, ist natürlich nicht willkürlich gewählt. Ganzheit ist nämlich kein diskursiv entwickelter Begriff, da der Diskurs immer unter den Bedingungen von Entgegensetzungen und Unterscheidungen operiert (Subjekt- und Prädikatbegriff etc.), mit der Konsequenz, dass jeder diskursive Verweis auf Ganzheitsfiguren es letztlich immer nur mit Teilaspekten zu tun hat. Im Hintergrund dieser These stehen Einsichten aus Schleiermachers *Dialektik*. Für den Zusammenhang zwischen Ganzheit und Imagination vgl. Dewey, Common Faith, Kapitel 2.

letzten Grund derjenigen Hoffnung symbolisiert, die wir ohnehin jederzeit in Anspruch nehmen, übernimmt dieses nämlich eine andere Funktion. Seiner Verwendung geht es darum, die allgemeinen Konturen der Perspektive auf eine integrierte Ganzheit des Sinns soweit als möglich vorzustellen, nicht: zu begründen. Dabei deutet der Ausdruck bereits an, dass es um ein ebenso elementares wie universales und spezifikationsbedürftiges Sozialitätsideal geht: *Elementar* ist es deshalb zu nennen, weil es der Imagination eine Möglichkeit eröffnet, die im Tun wirksamen Konflikte zwischen Bedürfnisorientierung (Naturalität) und Aufgabenorientierung (Idealität) so miteinander ins Verhältnis zu setzen, dass sie in ganz grundlegenden Weisen als miteinander versöhnt vorgestellt werden können. Unter den Bedingungen der von uns getroffenen strittigen Konsense darüber, wie Freiheit und Gleichheit, Selbstverwirklichung und Bindung, Leistungsgerechtigkeit und Chancengerechtigkeit einander zuzuordnen sind, fungiert es also als ein Sozialitätsideal, in dem die berechtigten Ansprüche beider als miteinander ausbalanciert erscheinen. Die elementaren Aufgaben der Selbst- und Gemeinschaftsbildung werden dann nicht im Sinne eines reinen Konkurrenzverhältnisses aufgefasst, sondern vielmehr so, dass die eine nur im Medium der anderen zur Erfüllung gelangt. *Universal* ist dieses Symbol vom Reich Gottes deshalb zu nennen, weil es diese Integrationsleistung nicht nur für eine bestimmte kulturelle Praxis darstellt, sondern für alle möglichen Praxen, diese mithin im Ideal einer „universal community"[19] differenziert zusammenschließt. Und *spezifikationsbedürftig* ist es, weil es der Imagination hier nicht auf Einzelnes ankommt; es geht ihr allein um die Bildung eines allgemeinen Ideals, das die Ausrichtung ethischer Reflexion in ganz grundsätzlicher Weise orientieren kann, mithin vor allem eine regulative Funktion übernimmt. Konkrete ethische Forderungen können daraus jedenfalls nicht direkt abgeleitet werden, sie müssen in einem Spezifikationsprozess erarbeitet werden, in dem verschiedene begriffliche und empirische Faktoren eine Rolle spielen.

Fazit: Vor diesem Hintergrund zeigt sich theologische Ethik als eine Disziplin, die nicht auf ihre präskriptive Funktion reduziert werden sollte. Sie umfasst weit mehr als diese, wenn sie daran interessiert ist, erst einmal zu verstehen, was die Bedingungen dafür sind, sich in der Welt verantwortlich zurechtzufinden. Ich sehe eine ihre grundlegendsten Aufgaben somit darin, zunächst einmal diejenigen Begriffe zu klären, an denen sich das Denken über das, was es heißt, das Leben zu führen, orientieren kann. Inwieweit darin zugleich kritisch-normatives Potential steckt, sollte durch die Skizze des Zusammenhangs, in dem die drei Dimensionen des Handlungssinns zueinander stehen, zumindest ansatzweise

---

[19] Vgl. Royce, Problem, 318f.

erkennbar geworden sein. Offen geblieben ist freilich die sehr wichtige Frage, wie sich daraus konkretere Maximen der Lebensführung entwickeln lassen. Das ist eine Aufgabe der Methodenlehre, die in diesem Zusammenhang nur angemerkt, allerdings nicht mehr angegangen werden kann.

Bibliographie

Augustinus, Aurelius. 1987. *Bekenntnisse. Lateinisch und deutsch*, hg. v. Joseph Bernhart. Frankfurt a.M.: Insel-Verlag.
Barth, Karl. 1988. *Die Lehre von Gott.* Bd. II/2, *KD*. Zürich: Theologischer Verlag Zürich.
Dewey, John. 1922. *Human Nature and Conduct. An Introduction to Social Psychology.* New York: Modern Library.
Dewey, John. 1934. *A Common Faith*. New Haven, Con. [u.a.]: Yale University Press.
Gerhardt, Volker. 2002. *Immanuel Kant. Vernunft und Leben*. Reclams Universal-Bibliothek. 18235. Stuttgart: Reclam.
James, William. 1975. *Pragmatism. A New Name für Some Old Ways of Thinking*. Cambridge Mass: Harvard University Press.
Kant, Immanuel. 1956. „Grundlegung zur Metaphysik der Sitten." In *Schriften zur Ethik und Religionsphilosophie*. Bd. IV, *Werke in sechs Bänden*, 7–102. Darmstadt: Wissenschaftliche Buchgesellschaft.
Luckner, Andreas. 2005. „Drei Arten, nicht weiterzuwissen. Orientierungsphasen, Orientierungskrisen, Neuorientierungen." In *Orientierung. Philosophische Perspektiven*, hg. v. Werner Stegmaier, 225–241. Stw 1767. Frankfurt a.M.: Suhrkamp.
Luckner, Andreas. 2008. „Fremdheit und Selbstorientierung." In *Negativität und Orientierung*, hg. v. Philipp Thomas und Andreas Benk, 15–23. Würzburg: Königshausen & Neumann.
Luther, Martin. 2006. „De servo arbitrio." In *Der Mensch vor Gott*. Bd. 1, *Martin Luther. Lateinisch-Deutsche Studienausgabe*, 246–249. Leipzig: Evangelische Verlagsanstalt.
Peirce, Charles S. 1992. „How to Make Our Ideas Clear." In *(1867–1893)*. Bd. 1, *The Essential Peirce. Selected Philosophical Writings*, 124–141. Bloomington Ind. [u.a.]: Indiana University Press.
Royce, Josiah. 2001. *The Problem of Christianity*. Washington D.C.: The Catholic University of America Press.
Schleiermacher, Friedrich. 1910. „Grundlinien einer Kritik der bisherigen Sittenlehre." In *Kritik der Sittenlehre, Akademieabhandlungen, Register, zur Textbehandlung*. Bd. 1, *Werke. Auswahl in vier Bänden*, 1–340. Leipzig: Fritz Eckardt Verlag.
Schütz, Alfred. 1981. *Theorie der Lebensformen (Frühe Manuskripte aus der Bergson Phase)*. Stw 350. Frankfurt a.M.: Suhrkamp.
Seibert, Christoph. 2009. *Religion im Denken von William James. Eine Interpretation seiner Philosophie*. RPT 40. Tübingen: Mohr Siebeck.
Seibert, Christoph. 2009. „Herausgefordert zum Verstehen. Überlegungen zur religionsphilosophischen Bedeutsamkeit eines Erfahrungskonzeptes im Anschluss an die Tradition des Pragmatismus". *NZSTh* 51:1–26.

Seibert, Christoph. 2013. Im Streit der Gottesbilder. Zur Grundlegung einer Ethik des Religionsdiskurses. In *Gott – Götter – Götzen*, hg. v. Christoph Schwöbel, 606–621. Leipzig: Evangelische Verlagsanstalt.

Seibert, Christoph. 2014. „Ethische Theologie." *ZThK* 111:76–102.

Seibert, Christoph. 2015. „Theorie und Praxis. Eine fundamentalethische Skizze". In *Leibhaftes Personsein. Theologische und Interdisziplinäre Perspektiven*, hg. v. Elisabeth Gräb-Schmidt [u. a.], 97–114. Leipzig: Evangelische Verlagsanstalt.

Seibert, Christoph. 2017. „Imagination, Religion und Kritik. Überlegungen im Gespräch mit Michael Walzer." In *Exodus, Exilpolitik und Revolution. Zur politischen Theologie Michael Walzers*, hg. v. Michael Kühnlein, 99–118. Tübingen: Mohr Siebeck.

Stegmaier, Werner. 2005. „Art. Weltorientierung, Orientierung." In *Historisches Wörterbuch der Philosophie*, Bd. 12, *W–Z*, hg. v. Joachim Ritter/Karlfried Gründer/Gottfried Gabriel, 498–507. Basel [u. a.]: Schwabe.

Stegmaier, Werner. 2011. „Art. Orientierung." In *Neues Handbuch philosophischer Grundbegriffe*, Bd. 2, hg. v. Petra Kolmer und Armin G. Wildfeuer, 1702–1713. Darmstadt [u. a.]: Wissenschaftliche Buchgesellschaft.

Tillich, Paul. 1991. *Der Mut zum Sein*. Berlin [u.a]: De Gruyter.

II. Beiträge zur Theologischen Ethik

Sebastian Grätz
Ethik im Alten Testament – Ethik des Alten Testaments

1 Vorbemerkung

Das Alte Testament ist historisch gewachsen. Die drei Kanonteile, der hebräischen Tradition entsprechend: Tora („Gesetz"), Propheten und Schriften, haben dabei einen je eigenständigen Wachstumsprozess erfahren, bevor der gesamte Kanon mit deutlicher Präponderanz der Tora redigiert wurde. Es ist sehr wahrscheinlich, dass hierfür gelehrte Trägerkreise vom Beginn bis zum Schluss maßgeblich verantwortlich waren. Diese Trägerkreise redigierten und tradierten das ihnen anvertraute Gut von Generation zu Generation, so dass die unterschiedlichen Sammlungen anwuchsen und schließlich zum Alten Testament bzw. der Hebräischen Bibel mit ihren drei Teilen vereinigt wurden. Andersherum bedeutet das aber auch, dass viele der ursprünglichen Traditionen inhaltlich und theologisch zum Teil wenig oder gar nichts miteinander zu tun hatten, sondern jeweils eigene theologische bzw. ethische Auffassungen abbildeten. Am bekanntesten ist hierfür die Spruchweisheit, die „internationale" Wurzeln hat und eine Offenbarung der Tora am Sinai ursprünglich nicht kennt. Auch die prophetische Tradition weiß nur in späten Texten von den Ereignissen am Sinai, so dass auch hier eine eigenständige Entwicklung zu vermuten ist. Die Tora ist ebenfalls in komplizierten Prozessen literarisch gewachsen, so dass es weder die eine Theologie noch die eine Ethik des Alten Testaments gibt.

Im Folgenden soll dies anhand von Beispielen aus den drei Kanonteilen der Hebräischen Bibel erläutert werden. Der Weg führt dabei, ohne dass dies eine Literaturgeschichte abbilden würde, von der Schöpfung, die die Genesis erzählt, hin zur Eschatologie des Danielbuchs.

2 Einleitung: Die Erschaffung des Lebens

Das Alte Testament beginnt mit der Urgeschichte, die einer Einleitung in das Alte Testament gleichkommt und die in Gen 1–11 von der göttlichen Schöpfung des Kosmos und der Lebewesen bis hin zum Menschen vor allem von Leben und Tod sowie unterschiedlichen Differenzierungsprozessen der Menschheit berichtet. So wird der Mensch in Gen 1,26–28 als das in der Stellvertretung Gottes und damit: verantwortlich handelnde Wesen geschaffen. Der weitere Verlauf zeigt indes, dass er dieser Verantwortung nicht gerecht wird. Sein Handeln ist nach Gen 6,11 „Gewalttat", die Tod und Verderben mit sich bringt. So beschließt Gott, seine Schöpfung ebenfalls zu „verderben" (Gen 6,13) – eröffnet aber durch Noah zugleich die Möglichkeit des Über- und Weiterlebens für die gesamte Schöpfung. Die „gefallene" Schöpfung und insbesondere die Menschheit sind nach der Flut jedoch keinesfalls verändert. Vielmehr arrangiert sich Gott mit dem Menschen, wie er nun ist, und setzt ihm Rahmenbedingungen für sein Dasein und Handeln. Die eine der beiden im Sintflutbericht verarbeiteten Traditionen lässt die Sintflut mit einem Versprechen Gottes enden: „Und der Herr roch den lieblichen Geruch und sprach in seinem Herzen: Ich will hinfort nicht mehr die Erde verfluchen um der Menschen willen; denn das Dichten und Trachten des menschlichen Herzens ist böse von Jugend auf. Und ich will hinfort nicht mehr schlagen alles, was da lebt, wie ich getan habe. Solange die Erde steht, soll nicht aufhören Saat und Ernte, Frost und Hitze, Sommer und Winter, Tag und Nacht." (Gen 8,21f.) Gott findet sich damit ab, dass die Maximen des menschlichen Handelns böse sind und garantiert den Fortbestand des Menschen, indem er ihm Rahmenbedingung gibt, die zumindest sein Überleben sichern. Doch innerhalb dieses Rahmens trägt der Mensch die volle Verantwortung für sein Handeln, nicht etwa Gott. Es legt sich bereits in dieser Erzählung nahe, dass Gott den Menschen langfristig nicht diesem Schicksal überlassen kann, so dass die Motivation der Ereignisse am Sinai, in denen Gott sich dem Volk Israel über seine Gebote und Verordnungen mitteilt, bereits in der Urgeschichte gegeben ist. Hat sich der Mensch im Laufe der Urgeschichte von seinem göttlichen Urbild weit entfernt, so zeigen die Ereignisse am Sinai, die (erneute) Annäherung Gottes an den Menschen, hier dem erwählten Israel.

3 Der Sinai

3.1 Die zehn Gebote

Wer über Ethik im Alten Testament nachdenkt, dem fallen häufig zuerst die Zehn Gebote ein. Ihre Spitzenstellung in Martin Luthers Kleinen Katechismus hat im Protestantismus entscheidend gewirkt. Luther selbst lehnte es ab, den Christen das Mosaische Gesetz zu predigen, da es nicht die Christen, sondern allein Israel betreffe. Allein in den zehn Geboten sah er jedoch ein „natürliches Gesetz", das jeden Menschen und somit auch die Christen betreffe: „Mose wollen wir für einen Lehrer halten, aber für unseren Gesetzgeber wollen wir ihn nicht halten, es sei denn, dass er mit dem Neuen Testament und dem natürlichen Gesetz übereinstimmt."[1] So werden die Gebote der „zweiten Tafel", der „Sozialtafel", die nach der Zählung Luthers das vierte bis zehnte Gebot ausmachen, als allgemeines Ethos angesehen. Der genauere Blick auf den Dekalog lohnt in der Tat, weil sie erstens den großen Block der alttestamentlichen Sinaiperikope einleiten, weil sie zweitens doppelt überliefert sind, weil sie drittens im Hebräischen eine besondere grammatische Struktur aufweisen und weil sie viertens erst spät in den vorliegenden Zusammenhang der Ereignisse am Sinai gekommen sind und schon damit einen einleitenden und zusammenfassenden Charakter besitzen.

Die alttestamentliche Sinaiperikope ist derjenige Teil der fünf Bücher Mose, der am Sinai spielt, nämlich Ex 19–Num 10. In Ex 19 wird die Ankunft der Israeliten am Gottesberg geschildert und Gott selbst beginnt in Ex 20 mit seiner Rede – es ist dabei aber nicht ganz klar, zu wem er eigentlich spricht, da Mose und das Volk gar nicht auf dem Berg sind. Letztlich kann das im gegenwärtigen schriftlichen Gesamtzusammenhang nur bedeuten, dass er zu einer Hörer- bzw. Leserschaft spricht. Die zweite Überlieferung der Zehn Gebote in Dtn 5 löst dieses Problem elegant, wenn Mose sagt, er habe zwischen Gott und dem Volk gestanden und so die Worte Gottes noch hören können. In jedem Fall enthält die Rede nach der göttlichen Selbstvorstellung die bekannten Gebote, die zumeist eigentlich Prohibitive, Verbote, sind, da sie größtenteils mit einer Negation beginnen: „Du sollst nicht ...". Im Hebräischen kommt hier eine auffällige und seltene Konstruktion zur Anwendung, die sich von den üblichen Rechtsvorschriften unterscheidet und die in der Wissenschaft gern als apodiktisches, also unstrittiges Recht bezeichnet wird. Doch es handelt sich bei den Geboten bzw. Verboten nicht um Rechtssätze oder um eine Rechtsetzung, sondern um eine Verhältnisumschreibung: Der das Volk befreiende Gott: „Ich bin der Herr, dein Gott, der ich dich aus dem Land Ägypten, aus dem Sklavenhaus herausgeführt habe" (Ex 20,2) skizziert in seinen Geboten diejenigen Bedingungen, die diese gewonnene Freiheit aus dem „Sklavenhaus" fordert, um als solche nicht verloren zu gehen. Dieser Raum der Freiheit ist gewährt durch einen religiösen (Gebote eins bis drei, biblische Zählung) und den sozial-ethischen (Gebote vier bis zehn) Rahmen. Freiheit ist damit notwendig an den Befreier gebunden, und die Gebote erhalten hierdurch einen Bedingungscharakter. Man könnte etwa so übersetzen: („Wenn du diese Freiheit nicht aufs Spiel setzen willst, dann) solltest / darfst du nicht ..." Insofern greift Luthers naturrechtliche Deutung tatsächlich etwas zu kurz: Es geht immer auch um das Verhältnis des befreienden Gottes zu seinem Volk und umgekehrt. Der Dekalog fasst damit in der Tat auch den gesamten Sinn der Sinaiperikope zusammen: Gott teilt Israel keine einzelnen Gesetze mit, sondern er teilt

---

[1] Luther, Unterrichtung, 212.

letztlich sich selbst mit, indem er das Wesen der durch ihn geschenkten Freiheit präzisiert. Die Ethik des Dekalogs und der gesamten Sinaiperikope ist damit als eine durch die göttliche Freiheitsgabe geschenkte und durch sie bestimmte charakterisiert. Ihr Raum ist der gottgeschaffene Raum dieser Freiheit, der selbstverständlich auch fragil ist. Die im Alten Testament erzählte „Geschichte Israels" lotet diesen Freiheitsraum unter den Bedingungen des Lebens im Lande Israel aus und weist neben dem Scheitern Israels auch die stete Zuwendung Gottes auf, der sich quasi weiterhin an das Ursprungsgeschehen am Sinai gebunden weiß. Der Dekalog ist damit nicht allein die Zusammenfassung der Sinaiperikope, sondern auch eine Leseanweisung für das Alte Testament insgesamt. Er bestimmt das (menschliche) Handeln Israels als das Handeln vor- und im Verhältnis zu Gott. Die mitgeteilten Verbote haben den Sinn, diesen „Verhältnisraum" zu umschreiben – wer sich anders verhält, verlässt freiwillig diesen Raum, wird aber nicht im eigentlichen Sinne „bestraft".

Diese Deutung des Verhältnisses von Freiheit und Handeln im Dekalog steht prononciert und zusammenfassend am Anfang der gemeinsamen Geschichte Gottes mit Israel. Sie ist die Lesebrille, mit der alles nun Folgende gelesen und verstanden werden will. Doch, wie gesagt, ist dieser Text erst spät in seinen jetzigen Zusammenhang gefügt worden. Bereits der Anfang in Ex 20,1 steht etwas zusammenhanglos da, und nach dem Ende des Dekalogs in Ex 20,18 werden ohne redaktionelle Glättung direkt die Ereignisse aus Ex 19 wieder aufgenommen. Der Dekalog steht damit tatsächlich nicht am Anfang des Geschehens, sondern er ist die theologische Summe einer längeren Entwicklung.

3.2 Das Talionsprinzip im Bundesbuch, im Deuteronomium und im Heiligkeitsgesetz

Das Bundesbuch, das in mehreren Teilsammlungen vor allem Rechtssätze enthält und insgesamt Ex 20,24–23,12 umfasst, ist vor allem durch die Talion „Auge um Auge, Zahn um Zahn ..." (Ex 21,23–25) bekannt. Das Talionsrecht (Vergeltungsrecht) wurzelt ursprünglich in mesopotamischen Rechtssammlungen wie den aus dem 2. Jahrtausend v. Chr. stammenden Sammlungen des Codex Hammurapi und des Codex Eschnunna, wobei letzterer die Vergeltung, anders als der Codex Hammurapi und das Bundesbuch, als pekuniäre Ersatzleistung definiert. So soll etwa für ein zerstörtes Auge eines Bürgers eine Mine Silber gezahlt werden.[2] Es ist sehr wahrscheinlich, dass ein solches Recht auch im Alten Israel angewendet

---

2 Yaron, Eshnunna, § 42.

wurde. Es fällt jedoch auf, dass sich das Talionsprinzip in Ex 21,23–25 formal sowohl von seinem Kontext als auch von den altorientalischen Rechtssammlungen unterscheidet: Es ist im Gegensatz zu den anderen Verordnungen aus Ex 21 und auch den Talionssätzen der mesopotamischen Texte in der Anredeform gehalten. Ex 21,23 lautet: „Entsteht ein Unglück, so sollst du geben Leben um Leben." Dieser Satz setzt in Bezug auf die verwendete zweite grammatische Person eine Zäsur zum vorangehenden und nachfolgenden Zusammenhang, der in der dritten Person gehalten ist. Diese Beobachtung hat zwei Implikationen: Erstens gehört die hier vorliegende Talion mit der direkten Anrede weniger in den Bereich des Rechts als vielmehr in denjenigen der Paränese und zweitens wird der Charakter des Bundesbuches als paränetisch ausgerichtetes Gesamt deutlich. Denn bereits der Auftakt, Ex 21,1f., ist in der zweiten Person gehalten und spricht ein Gegenüber an. Damit ist auch das Bundesbuch kein eigentliches „Gesetzbuch", sondern es spiegelt vielmehr das Ethos, das hinter dieser Sammlung steht. Ältere Gesetze des kasuistischen Rechts, wie sie auch in den mesopotamischen Rechtssammlungen vorliegen und stets in der dritten Person gehalten sind, werden von den biblischen Tradenten unter bestimmten Gesichtspunkten zusammengestellt, redigiert und damit neu gedeutet. So knüpft die Einführung der Talion in Ex 21,23 zunächst an V. 22 an, wo es um eine durch eine Rauferei zu Schaden gekommene, unbeteiligte Schwangere geht, indem der (hebräische) Begriff āsûn „(tragisches) Unglück" übernommen und zugleich generalisiert wird. Da für eine fahrlässige Tötung bzw. den Tod einer unbeteiligten Dritten infolge einer Prügelei zweier anderer gemäß dem in Ex 21,12 kurz zuvor beschriebenen Fall die Todesstrafe nicht in Betracht kommt, ist der Sinn von V. 23 wohl auch nicht in der Todessanktion zu sehen: Aus dem möglichen Unglück, das einer Schwangeren durch Fahrlässigkeit widerfahren kann (V.22), wird vielmehr ein Ethos des Lebens abgeleitet und dem angesprochenen „du" eingeschärft: Ein Leben ist und bleibt ein Leben (wert), ein Auge ein Auge, ein Zahn ein Zahn usw. Dass es im antiken Verständnis der Talion nicht tatsächlich um Verstümmelungen und dergleichen gegangen sein dürfte, ist bereits im oben genannten Codex Eschnunna deutlich, der in seinen Sanktionen definierte Geldbeträge als Ausgleich bzw. „Vergeltung" nennt. Demgegenüber würde das Bundesbuch hier den inkommensurablen Wert des menschlichen Lebens insgesamt betonen.

Auch das Deuteronomium ist ein paränetisches Buch: Es ist im Wesentlichen eine literarisch angewachsene Predigt, die Mose an seinem letzten Lebenstag den Israeliten im Lande Moab hält. So ist sein Gegenüber durchgehend in der zweiten Person angeredet, und es geht dabei um das Einschärfen der Verordnungen und Satzungen, die Mose von Gott am Horeb (Sinai) erhalten hatte und die er nun an diesem Tag, dem „Heute", bekräftigt. Der Sinn dieser Verordnungen und Satzungen ist letztlich die Sicherstellung der Integrität Israels im Land, das Gott Israel nun im nächsten Schritt geben wird. Verlust dieser Integrität bedeutet Verlust des Landes. Insofern dient die Paränese des Deuteronomiums auch einem entsprechenden Zweck: Die Paränese stellt Israel in eine ideale Nullpunktsituation („heute"), in der Israel für das Land nun die Verantwortung für das eigene Wohlergehen übertragen bekommt. Diese Verantwortung wird durch die theologische Figur des Bundes umschrieben: Gott hat aus Liebe zu Israel das Seine getan, nun ist es an Israel, mit Gegenliebe zu antworten: „Und du sollst den Herrn, deinen Gott, liebhaben von ganzem Herzen, von ganzer Seele und mit all deiner Kraft." (Dtn 6,5) – D. h., den Bund und die entsprechenden Verordnungen zu halten. Insofern muss es dem Deuteronomium vorrangig darum gehen, die Bedingungen des Bundes und die Folgen ihrer Nichtbeachtung einzuschärfen. Deutlicher als in der Sinaiperikope wird der Dekalog (Dtn 5) in dieses Bundesgeschehen eingebunden, und das Bild vom „Sklavenhaus", aus dem Gott Israel befreit hat, ist sogar für das Deuteronomium typisch (5,6; 8,14; 13,6.11). Insofern setzt die Paränese – ähnlich dem eingangs besprochenen Dekalog – ein wechselseitiges Geschehen voraus, bei dem Gott in Vorleistung getreten ist (Befreiung aus der „Sklaverei", Gabe des Landes) und nun Israel in die Pflicht nehmen möchte. Wenn in Dtn 19,20f. wiederum das Talionsprinzip genannt wird, dann ist dies in diesem Licht zu verstehen. Im Zusammenhang des Meineides (V.15–19) dient es deutlich der Abschreckung, „damit sie sich fürchten und nicht noch einmal ein solches Verbrechen in deiner Mitte begehen." (V. 20b) Auch hier ist die Anfügung der Talion generalisierend, da der geschilderte Fall des Meineids nach V. 19 klar die Todesstrafe zur Folge hat, während V. 21 auffächert: „Dein Auge soll ihn nicht schonen: Leben um Leben, Auge um Auge, Zahn um Zahn, Hand um Hand, Fuß um Fuß." Der Text macht deutlich, dass der Bund auf keinen Fall verletzt werden darf; entsprechend heißt es auch in Dtn 19,19b: „Du sollst so das Böse [d. h. den Bundesbruch] aus deiner Mitte wegtun". So lässt sich aus dem Zusammenhang der Talionsformel im Deuteronomium erheben, dass diese letztlich der als Bundesliebe (Dtn 6,5) verstandenen göttlichen Zuwendung untergeordnet werden muss: Gott warnt sein Volk, diese Liebe nicht aufs Spiel zu setzen.

Das Heiligkeitsgesetz (Lev 17–26) heißt so, weil es das Verhältnis zwischen Gott und Israel als „heilig" qualifiziert. So lautet Lev 19,2: „Ihr sollt heilig sein, denn ich bin heilig, der Herr, euer Gott." Der Anspruch der Heiligkeit bestimmt hier damit auch den Umgang Israels untereinander. Auch das Heiligkeitsgesetz kennt und präsentiert das Talionsprinzip, das diesmal deutlich mit Bezug auf den „Nächsten" zur Sprache gebracht wird: So lautet Lev 24,18–19: „Wer aber ein Stück Vieh erschlägt, der soll's ersetzen, Leben um Leben. Und wer seinen Nächsten verletzt, dem soll man tun, wie er getan hat, Schaden um Schaden, Auge um Auge, Zahn um Zahn; wie er einen Menschen verletzt hat, so soll man ihm auch tun." Interessant ist, dass der Auftakt, „Leben um Leben", hier zunächst auf das Vieh angewandt wird, wobei in V. 21 definiert wird, dass das Vieh zu ersetzen und nicht etwa das Vieh des Schädigers ebenfalls zu töten sei. Hiernach wird nun der „Nächste" als geschädigtes Gegenüber mit dem Talionsprinzip verbunden. Der „Nächste", hier hebr. ʾāmît, ist der Volksgenosse, dem nach dem Prinzip des Heiligkeitsgesetzes die gleiche Qualität der Heiligkeit wie jedem anderen Mitglied dieser Gemeinschaft zukommt. Insofern scheint die Anwendung der Talion hier eine logische Folge dieses Gleichheitsprinzips zu sein. Doch auch das Heiligkeitsgesetz ist wie das Bundesbuch und das Deuteronomium keine Ansammlung von Gesetzen, die auf ihre Anwendung warten, sondern es steht wiederum unter einer ethischen Leitlinie, von der aus es verstanden werden will. Der bekannteste Satz des Heiligkeitsgesetzes steht in Lev 19,18b: „Du sollst deinen Nächsten lieben wie dich selbst; ich bin der Herr." Eine andere Übersetzungsmöglichkeit, die den Sachverhalt wohl noch präziser trifft, lautet: „Du sollst deinen Nächsten lieben – er ist wie du (...)". Der „Nächste", hier hebr. reʾa, ist derjenige Volksgenosse, der nach der Leitlinie des Heiligkeitsgesetzes ebenso wie das angeredete „du" „heilig" ist. Diese Heiligkeit wird in Lev 19,18b durch die Nennung des Gottesnamens gleichsam ins Gedächtnis gerufen und qualifiziert das Miteinander unter den Volksgenossen: Der Respekt vor der Heiligkeit Gottes, die dieses Miteinander bestimmen soll, gebietet die liebende Achtung des Nächsten. Vergleichbar dem Deuteronomium wird mit der besonderen Qualität Israels auch ein Anspruch verbunden, der unter anderem im Talionsprinzip deutlich wird: Die Heiligkeit Israels gebietet einen Umgang miteinander, der das Verhältnis zu Gott und dessen Heiligkeit spiegeln soll. Das (eigentlich nicht vorgesehene) Zuwiderhandeln setzt die Qualität der Heiligkeit aus, verlässt gleichsam den heiligen Raum und die Gemeinschaft mit dem stets heilig bleibenden Gott.

3.3 Zusammenfassung

Die Beispiele zeigen, dass alttestamentliche Texte kaum isoliert betrachtet werden können, wenn man ihnen gerecht werden möchte. Vielmehr bekommen die einzelnen Überlieferungen, die die Tradenten vorfanden, durch ihre Einfügung in größere Zusammenhänge einen Sinn, der erst von diesen Zusammenhängen gestiftet wird. Es fällt insbesondere auf, dass ursprüngliche Rechtssätze wie die Talion, die bereits in Mesopotamien bekannt war, in einen geschichtlichen Rahmen gestellt und in eine paränetische Form überführt wurden, die sie dem eigentlichen Rechtskontext völlig enthebt. Damit ist die Tora kein „Gesetzbuch", sie erzählt, rückblickend und durch die häufige Anredeform die Hörer / Leser gleichzeitig hineinnehmend, das Ethos Israels. So wird das göttliche Gegenüber Israel gemahnt, das je nach Zusammenhang unterschiedlich gedeutete Gottesverhältnis nicht zu gefährden. Die zitierten „Gesetze" dienen der Veranschaulichung des göttlichen Willens und sind nicht (mehr) auf eine tatsächliche Applikation hin ausgerichtet. In letzter Konsequenz wird dies an den zehn Geboten deutlich, die niemals Gesetze waren und auch nicht vorgeben, welche zu sein. Sie spiegeln den von Gott für Israel geschaffenen Freiraum, überhaupt eigenverantwortlich handeln zu können und definieren zugleich den Rahmen dieser Freiheit vor Gott und dem Nächsten. Gerade die prononcierte Anrede Israel als Gegenüber Gottes zeigt darüber hinaus, dass der Mensch nicht isoliert betrachtet wird. Bereits im ersten Schöpfungsbericht 1,26–28 wird der Mensch im Plural angesprochen, am Sinai ist es die Gemeinschaft Israel. Handeln wird von daher immer als Handeln vor Gott und gegenüber dem Nächsten, als Handeln in einer gottgestifteten Gesellschaft verstanden.

4 Die Weisheit

Die alttestamentliche Weisheitsliteratur ist eng verwandt mit den Texten, die der ägyptischen Weisheit oder der mesopotamischen Listenliteratur entstammen. Diese Weisheit wollte zuvorderst die Welt erfassen und erklären. Dies geschah nicht, wie es heute der Fall ist, in analytischer, sondern in synthetischer Weise, indem Sammlungen bzw. Listen angelegt wurden, deren Gesamt das Wissen der Zeit repräsentierte. Besonders in Mesopotamien gehörte hierzu auch die Mantik, wie zahlreiche spezifische Listen (z. B. Omenserien) deutlich machen. Im Alten Israel fehlt eine solche Mantik weitgehend. Vielmehr steht in der hier verbreiteten Weisheitsliteratur das richtige, erlernbare Sozialverhalten im Blickpunkt der Listenliteratur. Aus diesem Grund ist die biblische Weisheitsliteratur stark von einem paränetischen Stil geprägt, der wahrscheinlich ursprünglich der Unterweisung von Schülern entstammt. So ist die Sammlung Prov 22,17–23,11, überschrieben mit „Neige deine Ohren und höre die Worte von Weisen und nimm zu Herzen meine Lehre", deutlich verwandt mit Passagen der ägyptischen Lehre des Amenemope (13. Jh. v. Chr.), in der sich ein hoher Verwaltungsbeamter an seinen Sohn richtet, um diesen in der „Lehre für das Leben" zu unterweisen. Dies ist nicht allein so zu verstehen, dass diese Lehre ein Leitfaden für das eigene gute und rechte Leben darstellen möchte, sondern auch so, dass sie das Leben als solches in den Blick nimmt. Leben in diesem Sinne ist nur dann möglich, wenn das gegenseitige Handeln auf dem Solidaritätsprinzip beruht, das eine Gesellschaft erst lebensfähig macht. Im Alten Ägypten ist dies mit der Vorstellung der göttlichen Ma'at verbunden. Die Ma'at lässt sich durch die Gegenseitigkeit des Handelns definieren, wie es eine Inschrift des ägyptischen Königs Neferhotep (1700 v. Chr.) pointiert beschreibt: „Der Lohn eines Handelnden liegt darin, dass für ihn gehandelt wird. Das hält Gott für Ma'at." So vollzieht sich menschliches Handeln nie isoliert, sondern immer im gesellschaftlichen Kontext. Jan Assmann formuliert: „Ma'at verkörpert also das Prinzip der Solidarität, Gegenseitigkeit und Vergeltung."[3] Und zwar nicht in dem Sinne, dass (ein) Gott als belohnende oder strafende Instanz auftrete, sondern dass vielmehr eine soziale „Ordnung des Aneinander-Denkens und Füreinander-Handelns" zugrunde liege. Die Ma'at ist damit nicht einfach mit dem Gott der Bibel gleichzusetzen – sie ist vielmehr das Prinzip, das gesellschaftliches Handeln und Kommunizieren gelingen lässt. Insofern kann auch der Tun-Ergehen-Zusammenhang, den das biblische Sprüchebuch in vielfältiger Weise formuliert, zunächst im Zusammenhang dieser sozialen „Vergeltung" verstanden werden: „Wer eine Grube gräbt, fällt selbst hinein, wer einen Stein wälzt, auf den kommt er zurück" (Prov 26,27). Wer handelt, handelt nie ohne gesellschaftlichen Kontext und muss daher auch die Konsequenzen seines Handelns gewärtigen. Dies schärft die Paränese der Weisheit ein: Der Mensch ist ein ens sociale. Gerade das Hiobbuch und einige Psalmen (z. B. Ps 88) machen in ihrer Bildsprache deutlich, dass der entsozialisierte Mensch eigentlich „tot" ist.

Darüber hinaus erscheint auch Gott als Mit-Handelnder: „Beraube den Armen nicht, weil er arm ist, und unterdrücke den Geringen nicht im Gericht; denn der Herr wird ihre Sache führen und wird ihre Bedrücker bedrücken." (Prov 22,22f) Die Unterweisung berührt hier das Recht, das ebenfalls in den Bereich göttlich gesetzter Ordnung gehört, aber durch Stärkere verletzt werden kann. Wer arm ist und keine größere gesellschaftliche Relevanz zu besitzen scheint, dem wird Gott selbst beistehen. Es wird nicht gesagt, wie das geschehen soll – eine Jenseitshoffnung mit entsprechender Vergeltung steht hier keinesfalls im Raum. Das spätere Buch des Predigers (Kohelet) thematisiert diese Verletzlichkeit des Rechts auf klare Weise: „Weiter sah ich unter der Sonne: An der Stätte des Rechts war Gottlosigkeit, und an der Stätte der Gerechtigkeit war Frevel. Da sprach ich in meinem Herzen: Gott wird richten den Gerechten und den Gottlosen; denn alles Vorhaben und alles Tun hat seine Zeit" (Koh 3,15–17). Es ist interessant, dass der paränetische Stil des Sprüchebuchs hier in die Selbstreflexion übergegangen ist. Gegen die lehrhafte Ermahnung aus der Perspektive der Tradition wird die eigene Erkenntnis gestellt: Es ist nicht so, wie es sein sollte. Diese Erkenntnis dürfte jedoch älter sein als der Prediger; bereits die Klageliteratur wie der biblische Hiob und seine Verwandten aus dem Alten Orient und dem Alten Ägypten thematisieren die verletzte Ordnung, wenn sie angesichts des menschlichen Leids nach der göttlichen Gerechtigkeit fragen. Daraus ergibt sich, dass die mahnende

---

3 Assmann, Ma'at, 66.

Paränese der Weisheitsliteratur genau das ist, was sie sein will: ein Appell, trotz gegensätzlicher Erfahrung recht zu handeln – denn ansonsten würde die Gesellschaftsordnung und die in ihr beheimateten Möglichkeiten des Lebens zerbrechen. Die letzte Instanz, die göttliche Intervention wie in Prov 22,22 f., verbleibt damit im Bereich der Hoffnung (Koh 3,17), dass derjenige, der das Leben und seine Rahmenbedingungen geschaffen hat, auch dafür Sorge trägt, dass dieser Rahmen auch eingehalten wird.

Wie die Bücher der Tora sind auch die weisheitlichen Bücher redigiert worden. Im Sprüchebuch wird in diesem Zug die „Gottesfurcht" (jir'at jhwh) als „der Erkenntnis Anfang" zum Motto des Buchs erhoben (1,7.29; 2,5 usw.). Damit ist wohl ziemlich genau diejenige Haltung gemeint, die auch Martin Luther in den Erklärungen zu den Zehn Geboten in seinem Kleinen Katechismus anmahnt: „Du sollst Gott über alle Ding fürchten, lieben und vertrauen." Diese Haltung speist sich nicht allein aus individuellem Erleben, sondern auch – und in alttestamentlicher Sicht: vor allem – aus überindividueller geschichtlicher Erfahrung, aus der Tradition, die nach der Erzählung der Bibel im Sinaigeschehen ihren Anfang nahm und bis auf den Rezipienten und Tradenten in Prov 1,7 reicht. Erst diese Summe an Erfahrung gibt der Weisheit ihr Gewicht, zeigt aber auch ihre Grenzen auf.

5 Die Prophetie

Prophetie ist ursprünglich im Umfeld politischer Entscheidungsträger, vor allem dem König, beheimatet und war besonders in diplomatischen oder militärischen Krisen gefragt: Der König musste wissen, welche Entscheidung die gottgemäße, also die richtige sein würde. Dies reflektieren die engsten alttestamentlichen Parallelen in Mari und im neuassyrischen Reich eindrücklich. Im Alten Testament findet sich diese „staatstragende" Prophetie in einigen Prophetengeschichten (z. B. II Sam 7; II Kön 6,8 ff.; 22,14 ff.; Jer 28) und vor allem im Zusammenhang der Prophetie Jesajas (Jes 7; Jes 36 – 38 // II Kön 18 – 20). Dabei tritt der Prophet nicht nur als Ankündiger von „Heil" auf, sondern auch als Mahner, der an den Entscheidungsträger appelliert, seine nächsten Schritte gründlich abzuwägen und Gott in die Entscheidungsfindung mit einzubeziehen. Es geht dieser ursprünglichen Prophetie also darum, in konkreten Situationen von politischem Belang, die richtige Entscheidung zu treffen. Wie bereits gesagt, spielte die Mantik, die in Mesopotamien verbreitet war, im Alten Israel kaum eine Rolle für die Ermittlung der Zukunft. Umso wichtiger wurde der Prophet als Medium des göttlichen Bescheids. Insofern ist der Prophetie auch ein großer Teil der alttestamentlichen Überlieferung gewidmet – im jüdischen Kanon bilden die „Propheten" (nebi'îm) den mittleren Kanonteil und umfassen auch die „Geschichtsbücher" des christlichen Kanons. Damit wird zum Ausdruck gebracht, dass es keine Geschichte Israels ohne göttliche (prophetische) Begleitung gegeben hat. Denn es ist leicht erkennbar, dass die eigentlich am Sinai gegebene Tora in den „Geschichtsbüchern" bis hin zu II Kön 22 gar nicht vorkommt. Insofern spiegelt die Prophetie den göttlichen Willen, der logischerweise derselbe wie am Sinai sein muss und der, wie am Sinai, nicht den König, sondern Israel als Gegenüber hat. Insofern prolongiert sich die Predigt des Mose, die das Buch Deuteronomium konstituiert, gewissermaßen in die Geschichte hinein, wenn immer wieder Propheten als Mahner und vor allem Ankündiger des göttlichen Gerichts auftreten. Diese deuteronomistische Redaktion durchzieht sowohl die „Geschichtsbücher" als auch weitere Prophetenbücher wie z. B. Jeremia oder Amos und verurteilt letztlich das Volk Israel für seinen fortwährenden Bundesbruch, also der Verletzung vor allem des ersten Gebots. Daneben weist insbesondere das Amosbuch ein Ethos auf, das demjenigen der Rechts- und Weisheitsüberlieferung sehr nahe steht: „Höret dies Wort, ihr fetten Kühe, die ihr auf dem Berge Samarias seid und den Geringen Gewalt antut und schindet die Armen und sprecht zu euren Herren: Bringt her, lasst uns saufen! Gott der Herr hat geschworen bei seiner Heiligkeit: Siehe, es kommt die Zeit über euch, dass man euch herausziehen wird mit Angeln und, was von euch übrigbleibt, mit Fischhaken." (Am 4,1 f.) Wie im gesamten altorientalischen Kulturraum darf und kann auch hier die soziale Schieflage nicht unkommentiert bleiben. Der wesentliche Unterschied ist, dass Gott hier sehr deutlich als exekutives Organ einer Bestrafung auftritt. Anscheinend diagnostiziert Am 4,1–2 einen dergestalt starken Bruch in der Reziprozität des gesellschaftlichen Handelns, dass keine andere Wahl mehr bleibt, als die Zerstörung der ideell bereits zerstörten Gesellschaft anzukündigen. Das hierfür gewählte Bild ist der Krieg, der die Missstände in radikalster Weise beseitigt, bei dem aber letztlich niemand verschont bleibt. Der Wandel der prophetischen Funktion gegenüber der staatstragenden Mahnung ist deutlich. Gerade weil die Prophetie als solche die Gegenwart in Bezug auf den göttlichen Willen analysiert, kommt ihr nun auch die Rolle zu, gemäß der Logik des Tun-Ergehen-Zusammenhangs die entsprechenden Konsequenzen zur Sprache zu bringen. Zur Diagnose der Gegenwart benutzt die Prophetie dabei ein geeignetes Instrumentarium wie z. B. die in Jes 1–12, aber auch in Am 5 f., zentralen Begriffe „Recht" und Gerechtigkeit" (mischpat und zedaqah). So wird in Am 5,7 im Rahmen eines Weherufs das tödliche „Wehe" denjenigen angekündigt, „die ihr das Recht in Wermut verkehrt und die Gerechtigkeit zu Boden stoßt." Tatbestand und Strafe bleiben im Gegensatz zu Am 4,2 relativ allgemein, so dass es sich wohl um eine redaktionelle Zusammenfassung handelt, die die gesellschaftlichen Missstände kategorial benennt. Das Vorhandensein von „Recht" und „Gerechtigkeit" entspricht einer Gesellschaft im

Sinne des oben beschriebenen Prinzips der Solidarität und Gegenseitigkeit: „Es ströme aber das Recht wie Wasser und die Gerechtigkeit wie ein nie versiegender Bach." (Am 5,24) Im selben Zusammenhang wird, noch einen Schritt weiter gehend, das richtige Tun mit dem Leben überhaupt verbunden: „Suchet das Gute (tôb) und nicht das Böse, auf dass ihr leben könnt, so wird der Herr, der Gott Zebaoth, bei euch sein, wie ihr rühmt." (Am 5,14) Dieser durch eine späte Redaktion formulierte Satz verbindet in weisheitlicher Manier das rechte Tun mit dem Leben und nennt zugleich auch Gott als den Garanten dieses Lebens, wie es z. B. in Dtn 30 der Fall ist. Das Tun des „Guten" ist über das gesellschaftlich geprägte Prinzip der Solidarität hinaus auch das Halten des Bundes, also der Gehorsam gegenüber dem ersten Gebot, wie es das Deuteronomium eindringlich fordert. Ähnlich wie die Weisheit wird damit auch die Prophetie an den geschichtlichen Anfangspunkt, das Sinai- bzw. Horebgeschehen, zurückgebunden. Das Vergehen gegen „Recht" und „Gerechtigkeit" ist damit auch ein Vergehen gegen den göttlichen Bund und damit letztlich gegen Gott selbst.

6 Erzählte Ethik: Jona und Rut

Das Alte Testament erzählt zu einem großen Teil Geschichte(n). Bekannt ist insbesondere die Genesis, die mit den Schöpfungsgeschichten beginnt und sich ab Gen 12 der Erwählung der Segenslinie der Abrahamiten zuwendet. Hiervon inhaltlich weitgehend abgekoppelt, erzählt der Komplex der Bücher Exodus bis Numeri die Erwählungs- und Befreiungsgeschichte Israels von Ägypten über den Gottesberg bis hin zur beginnenden Einnahme des Landes, während sich die folgenden Bücher Josua bis Könige dem Dasein im Land bis hin zu dessen Verlust zuwenden. Ein wichtiger hermeneutischer Fluchtpunkt der Darstellung ist natürlich die drängende Frage, wie es angesichts der Zuwendung Gottes am Sinai so weit kommen konnte, dass das Land am Ende verloren ging. Hinzu kommen weitere Erzählungen wie die Bücher Jona und Rut, die sich selbst geschichtlich verorten und eine bemerkenswerte Bündigkeit besitzen, indem in wenigen Skizzen gesellschaftlich relevante Themen entfaltet und bearbeitet werden.

6.1 Rut

Das Buch Rut spielt in der Zeit der Richter (weshalb es auch im christlichen Kanon hinter das Richterbuch gestellt ist), stammt aber aus späterer Zeit. Das Buch schildert, wie die Moabiterin Rut zunächst Mitglied der israelitischen bzw. judäischen Gesellschaft und schließlich eine Ahnin Davids wird. Laut Dtn 23,4 können

Moabiter(innen) nicht in die soziale und kultische Gemeinschaft der Israeliten aufgenommen werden – so spricht einiges dafür, dass sich das Buch Rut dezidiert mit dieser Auffassung auseinandersetzt. Dies geschieht in Form einer Erzählung, in der Rut sich gegenüber ihrer anscheinend schon betagten Schwiegermutter Noomi nach dem jeweiligen Verlust der Ehemänner in zweifacher Hinsicht solidarisch zeigt: Zunächst folgt sie Noomi in deren judäische Heimat nach Betlehem, wo sie bei ihrer Feldarbeit in Boaz einen mit Noomi verschwägerten Grundbesitzer kennenlernt, der sich ihrer dann auch annimmt. Insbesondere Ruth 2,11f. zeigt, dass solidarisches Verhalten grenzüberschreitend sein kann und entsprechend Anerkennung findet: „Boas antwortete und sprach zu ihr: Man hat mir alles angesagt, was du getan hast an deiner Schwiegermutter nach deines Mannes Tod; dass du verlassen hast deinen Vater und deine Mutter und dein Vaterland und zu einem Volk gezogen bist, das du vorher nicht kanntest. Der Herr vergelte dir deine Tat, und dein Lohn möge vollkommen sein bei dem Herrn, dem Gott Israels, zu dem du gekommen bist, dass du unter seinen Flügeln Zuflucht hättest." Vermutlich gab es in der Zeit, in der das Rutbuch geschrieben wurde, einen Diskurs über die Zugehörigkeit zu „Israel" als soziale, politische und religiöse Größe. Wie gesagt, hatten Moabiter(innen) nach Dtn 23,4 keinen Platz in dieser Gemeinschaft. Das Rutbuch scheint eine andere Auffassung zu vertreten, wenn es das solidarische Verhalten der Rut gegenüber ihrer Schwiegermutter als das eigentliche Kriterium der Zugehörigkeit zu einer Gemeinschaft herausstellt. Zum weiteren ehelicht Rut den Boas und ermöglicht durch ihre Nachkommenschaft, dass dem verstorbenen Ehemann der Noomi, Elimelech, doch noch ein (männlicher) Erbe erwächst und damit das Vermögen nicht einem anderen zuteilwird.

6.2 Jona

Das Jonabuch ist kein eigentliches Prophetenbuch, obwohl es in das Zwölfprophetenbuch eingeordnet ist. Es fehlen die Charakteristika prophetischer Spruchsammlungen. Vielmehr bietet das Buch eine Erzählung über eine prophetische Figur, die schrittweise vor Augen geführt bekommt, dass der eine Gott der Schöpfer aller Dinge ist und im Rahmen seiner providentiellen Fürsorge für das Leben überhaupt eintritt. So steht am Ende nicht das Strafgericht über das sündige Ninive, das in neuassyrischer Zeit die Hauptstadt der Feinde Israels war und hier nun sinnbildlich für das Fremde und Feindliche überhaupt steht, sondern die Begnadigung. Dass dies auch der eigentliche Wille Gottes ist, macht die Szene mit dem Rizinusstrauch am Ende des Buches deutlich: Jona, als Zuschauer auf den Untergang Ninives wartend, leidet unter der heißen Sonne, woraufhin ihm Gott einen schattigen Rizinus wachsen lässt. Doch dann entbietet Gott einen

Wurm, der den Strauch abtötet, und sendet zudem einen heißen Ostwind, der Jona zusetzt. Als der Prophet sich hierüber bitter beklagt, spricht Gott den entscheidenden Satz: „Da sprach Gott zu Jona: Meinst du, dass du mit Recht zürnst um der Staude willen? Und er sprach: Mit Recht zürne ich bis an den Tod. Und der Herr sprach: Dich jammert die Staude, um die du dich nicht gemüht hast, hast sie auch nicht aufgezogen, die in einer Nacht ward und in einer Nacht verdarb, und mich sollte nicht jammern Ninive, eine so große Stadt, in der mehr als hundertundzwanzigtausend Menschen sind, die nicht wissen, was rechts oder links ist, dazu auch viele Tiere?" (Jon 4,10 f.) Die Leserschaft lernt mit Jona: Der Weltschöpfer sorgt sich um seine ganze Schöpfung – über politische und kulturelle Grenzen hinweg. Der Monotheismus des Jonabuchs legt konsequenterweise ein entsprechendes Ethos nahe: Der Raum der Weltschöpfung wird nun zum Raum des gegenseitigen Handelns; das zitierte Gotteswort ist im besten Sinne menschlich und lebensbejahend.

7 Das Buch des Lebens

Das Danielbuch stammt aus der seleukidischen Zeit, die über den Jerusalemer Tempel und seine Anhänger in der Mitte des zweiten Jahrhunderts v. Chr. viel Leid brachte. So konnte sich eine Märtyrertheologie herausbilden, die deutlich zwischen denjenigen unterschied, die treu an den Vorgaben der Tora festhielten und deshalb verfolgt wurden sowie denjenigen, die dies nicht taten. Zugleich wurde auch die Frage nach der göttlichen Gerechtigkeit erneut und verschärft gestellt: Muss Gott nicht denjenigen, die an seinen Vorgaben in besonderer Weise festhalten und deshalb leiden und sterben, entsprechend vergelten? Texte wie Dan 12,2 oder II Makk 7 reflektieren daher eine postume Belohnung im Jenseits, die in Dan 12,2 mit dem „ewigen Leben" beschrieben ist. Das Buch, in dem die entsprechenden Namen verzeichnet sind, dient dabei als mediale Hilfe: „Aber zu jener Zeit wird dein Volk errettet werden, jeder, der im Buch gefunden wird." (Dan 12,1) Damit ist aber auch das „Volk", also Israel, keine theologisch homogene Größe mehr. Die Präzisierung in Dan 12,1 zeigt, dass eben nur diejenigen des Volkes das „ewige Leben" erwerben, die im Buch stehen, nicht etwa alle Angehörigen dieses Volkes. Diese Vorgabe ändert selbstverständlich auch die hermeneutische und die ethische Perspektive, die nun in erster Linie nicht mehr die Volksgemeinschaft, sondern die Glaubens- oder Bekenntnisgemeinschaft in den Blick nimmt und entsprechende Konsequenzen zieht. Insbesondere die Qumranliteratur des ersten vorchristlichen Jahrhunderts zeigt dies in ausgeprägter Weise: Hier die Guten (wir) – dort die Bösen (die anderen). So etwa in der „Kriegsrolle", die den Kampf der „Söhne des Lichts" gegen die „Söhne der

Finsternis" beschreibt. Das in den biblischen Schriften überlieferte Ethos der Gegenseitigkeit gilt dann selbstverständlich nur für die eigene Gruppe, nicht für die anderen, die ja bereits durch ihre Haltung und ihr Handeln von Gott verurteilt sind. Hier zeigt sich vielleicht zum ersten Mal in der Geschichte in ausgeprägter Weise, wie ein jeweils spezifisches Verständnis einer Religion zur Bildung religiöser Gruppierungen mit einem je eigenen Binnenraum des Miteinanders führt.

8 Schlussbemerkung und Ausblick

Die Vielschichtigkeit des Alten Testaments als Literatur spiegelt sich auch in seinen ethischen Konzepten, die quasi von einem „Weltethos", das die gesamte Schöpfung einschließt, bis hin zu partikularen, gruppenspezifischen Entwürfen reicht. Gleichwohl lassen sich deutliche gemeinsame Schwerpunkte in den Konzepten feststellen, nämlich die Themen der Verantwortung, der Gerechtigkeit und des Lebens. In allen Teilen des Alten Testaments wird immer wieder aufs Neue bekräftigt, dass das Leben, das die göttliche Schöpfung stiftet und das Gott damit will, erst durch das je verantwortete rechte Handeln möglich wird. „Leben" lässt sich dabei nicht vom Mitmenschen abkoppeln; es ist alttestamentlich überindividuell gedacht und kann nur innerhalb einer Gesellschaft oder Gemeinschaft realisiert werden. Der Forderung nach Gerechtigkeit steht dabei stets die göttliche Vorleistung gegenüber, die zunächst im Bild der Schöpfung, dann aber vor allem im Bild der Befreiung aus dem „Sklavenhaus" vorgestellt wird. Insbesondere diese Historisierung der göttlichen Vorleistung im Exodusgeschehen und am Sinai eröffnet die Möglichkeit, Befreiung und Forderung, die Zusammenfassung des göttlichen Willens, als ein geschichtliches Ereignis zu sehen und die anderen alttestamentlichen Texte, seien es weisheitliche, seien es prophetische, letztlich als Bekräftigung und Auslegung dieses Ur-Ereignisses zu verstehen. Die Vergegenwärtigung dieses Ur-Ereignisses, des Anfangs der Geschichte Israels im paränetischen „Du" (und noch gesteigert im stets gegenwärtigen „Heute" des Deuteronomiums) nimmt sämtliche Rezipienten in das Geschehen der Mitteilung des göttlichen Willens mit hinein und zeichnet dabei den durch Gott gegebenen und umhegten Freiheitsraum je nach.

Alttestamentliche Ethik lässt sich demzufolge durch die Koordinaten der Geschöpflichkeit des Menschen, seiner verantwortlichen Entscheidungsfähigkeit vor Gott und dem Nächsten sowie der von Gott erwirkten Befreiung Israels (aus dem „Sklavenhaus") abstecken. Insbesondere der zugleich soziale und religiöse Aspekt der Befreiung bezeichnet dabei ein erneuertes Verhältnis Israels zu Gott, so dass der Tora (Weisung) damit eine doppelte Funktion zukommt: Sie erzählt und vollzieht den von Gott gewährten Freiraum einerseits und grenzt ihn andererseits damit auch nach innen und außen ab. Dass es sich hierbei um keine statische Größe handelt, spiegelt der komplexe historische Werdegang des Alten Testaments, der sich nicht zuletzt einem diskursiven Umgang mit der Tradition verdankt. Auf diese Weise kann dem geschichtlichen Wandel Rechnung getragen werden, ohne auf die als fundamental erachteten Eckdaten zu verzichten. Die Ethik des Alten Testaments ist damit insofern auch zeitlos, als sich dessen je aktuelle Auslegung und Aneignung als letztlich infinitesimaler Vorgang darstellt.

Bibliographie

Luther, Martin. ²1983. „Eine Unterrichtung, wie sich die Christen in Mose sollen schicken (1525)." In *Erneuerung von Frömmigkeit und Theologie*. Bd. II, *Ausgewählte Schriften*, 206–224. Frankfurt a.M.: Insel-Verlag.

Yaron, Reuven. ²1988. *The laws of Eshnunna*. Jerusalem: The Magnes Press.

Jan Assmann. ²2017. *Ma'at: Gerechtigkeit und Unsterblichkeit im Alten Ägypten*. München: C.H.Beck.

Ruben Zimmermann
Was ist eine Theologische Ethik? – aus der Perspektive des Neuen Testaments

„Ein Mensch ging von Jerusalem hinab nach Jericho ...", so schlicht beginnt das sogenannte „Gleichnis vom Barmherzigen Samariter" (Lk 10,30–35). Nur fünf Sätze umfasst diese kleine Parabel und dennoch wurde sie zu einem der wirkmächtigsten ethischen Text des Neuen Testaments. Der Samariter ist zur Chiffre christlicher Ethik überhaupt geworden. Und sogar bei den inzwischen rar gewordenen biblischen Bezügen innerhalb systematisch-theologischer Ethiken,[1] darf dieser Text nicht fehlen. Dies mag deshalb verwundern, weil die Theologie in diesem Text zunächst nicht offen zutage tritt. „Gott", „Christus" oder der „Glaube" werden gar nicht genannt. Auch in moralphilosophischer Hinsicht fragt man sich, was dieser Text mit Ethik zu tun hat. Von einer rationalen Handlungsbegründung kann hier wohl kaum die Rede sein. Gründe für das Nicht-Helfen von Priester und Levit werden nicht genannt und auch das Eingreifen des Samariters erfolgt nicht nach Prinzipien oder Argumenten, sondern wegen einer spontanen Gefühlsregung (Lk 10, 33: ἐσπλαγχνίσθη – er wurde innerlich bewegt). Die knappe Geschichte entbehrt auch der Nachhaltigkeit und strukturellen Weitsicht. Weder wird die ausreichende Pflege durch ein solides Kosten-Nutzen-Kalkül sichergestellt, noch wird das Problem der Räuber durch den Vorschlag eines Rechts- oder Gerechtigkeitssystems gelöst.

Und dennoch hat gerade dieser Text Handeln so nachhaltig begründet und beeinflusst, dass man ihm einen ethischen Gehalt nicht wird absprechen können.

Man merkt an diesem Beispiel, dass die theologische Ethik des Neuen Testaments offenbar anderen Mustern folgt, als es in der Moralphilosophie oder weiten Teilen der systematisch-theologischen Ethik üblich ist. Um den Gegenstand präziser zu bestimmen, bedarf es zunächst einer Begriffsklärung (1.). Dann werden unterschiedliche Annäherungen an eine Ethik des Neuen Testaments mit Bezug auf die Forschungsgeschichte dargelegt, wobei auch das klassische Begründungsmuster von „Indikativ und Imperativ" diskutiert wird (2.). Im dritten Abschnitte wird eine neue Methode zur ethischen Analyse neutestamentlicher Texte vorgestellt (3.), die im letzten Punkt in die Frage nach der Relevanz und Rolle des Neuen Testaments im gegenwärtigen Ethik-Diskurs mündet (4.).

---

[1] Vgl. z. B. Lienemann, Grundinformation, 177–192; Härle, Ethik, 158–191; Frey, Wege, 171–216 (insb. 183).

1 Begriffe: Gibt es eine theologische Ethik des Neuen Testaments?

„Ethik" kann man mit Birnbacher als die philosophische Theorie der Moral definieren, die „an methodischen Idealen wie Rationalität, Kohärenz und Systematizität orientiert"[2] ist. Birnbacher trennt mit vielen anderen[3] damit zugleich zwischen „Moral = Ethos" als den „gemeinverbindlichen Regeln des Handelns, also die Gewohnheiten und Gebräuche der Menschen an einem Ort"[4] und „Ethik" als einer Meta-Ebene dazu, die über die Bedingungen und Begründungen dieses gelebten Ethos nachdenkt. Ethik ist so gesehen die Reflexion der Moral.

Diese Begriffsdefinitionen werfen die Frage auf, inwiefern es angemessen ist, von einer „Ethik des Neuen Testaments" zu sprechen. Denn eine systematische Reflexion über die Normen und Begründungen der Handlungen oder gar eine „ethische Theorie", die den Kriterien von Rationalität, Kohärenz und Systematizität genügt, sucht man unter den 27 Schriften des neutestamentlichen Kanons vergeblich. Nach Gattungen betrachtet, finden sich biographische Erzählungen (Evangelien, Apostelgeschichte), Gelegenheitsbriefe sowie eine Apokalypse (Offb). Keiner dieser Texte erhebt den Anspruch eine Handlungstheorie zu sein. Wäre es folglich nicht angeraten, auf den Begriff der Ethik in Bezug auf neutestamentliche Texte ganz zu verzichten, oder sich mit der Bereitstellung von historischem „Baumaterial"[5] für eine theologische Ethik zu begnügen?

Doch bevor wir hier voreilig zustimmen, gilt es etwas grundsätzlicher zu fragen: Ist das Nachdenken über Handlungsgründe und Lebensweisen von vornherein an eine bestimmte Form und Darstellungsweise gebunden? Der Blick in die Geschichte der Ethik weitet den Horizont und zeigt, dass die Ethik-Theorie erst in der Neuzeit eine derartige Engführung erfahren hat. Bleibt schon fraglich, ob Aristoteles, auf den der Begriff der „Ethiktheorie" (ἠθικὴ θεωρία, Arist., Analyt. Post I 33) zurückgeführt wird, zu Recht als Gewährsmann einer rationalen Ethik im modernen Sinn herangezogen werden darf. Seine beiden systematischen Erörterungen zur Ethik waren für die Antike doch eher eine Ausnahme. Die antike Diskussion über Moral und Wertvorstellungen vollzog sich durch multiple Begründungsformen und in ganz unterschiedlichen Gattungen. So wird man z. B. die antiken Dramen als ‚ethisch' bezeichnen können, da hier anhand bestimmter Konfliktsituationen und in der Gestalt der Protagonisten Fragen zur Lebensfüh-

---

2 Birnbacher, Einführung, 5.
3 Vgl. so etwa Pieper, Einführung, 24–30; Härle, Ethik, 9–12; Körtner, Ethik/Moral.
4 Rommerskirchen, Einführung, 27.
5 So Konradt, Neutestamentliche Wissenschaft, 274.

rung diskutiert und bewertet werden.⁶ Die semantische Doppelsinnigkeit von ἦθος im Sinne von Charakter/Figur einerseits und Lebensgewohnheit/Moral andererseits hat diesen Zusammenhang eingefangen. Das Ziel ethischer Reflexion ist es dabei Lebensorientierung zu geben: „Ethische Schriften scheinen immer mit dem Anspruch auf praktische Wirksamkeit verfaßt worden zu sein."⁷

Die Unterschiedlichkeit zwischen moderner Ethiktheorie und antiker ethischer Reflexionskunst wird auch mit Blick auf das antike Judentum deutlich. Sowohl in der dialogisch angelegten Tora-Diskussion als auch in den weisheitlichen Sammlungen ethischer Sentenzen fehlt eine streng rationale Systematik. Schon gar nicht sind die großen Erzählwerke des Alten Testaments oder der frühjüdischen Literatur der Logik unterworfen und stellen doch differenzierte Auseinandersetzungen mit ethischen Fragen dar.⁸ Barton zeigt die Vielfalt der Sprachformen auf, die „critical reflection on moral issues in ancient Israel"⁹ repräsentieren, obgleich sie sich deutlich von griechischer Philosophie unterscheiden.

Der Blick in die Antike lässt nun umgekehrt fragen, ob rationale Begründung und systematische Darstellung die einzigen oder gar die der Moral wirklich angemessenen Formen der Handlungsreflexion sind? Tatsächlich haben einige Moralphilosophen im Rückgriff auf die Antike gerade dieses neuzeitliche Postulat bestritten.¹⁰ Im theologischen Kontext hat Fischer kritisch hinterfragt, ob durch eine rationale, auf verallgemeinerbare Objektivität ausgerichtete Begründung die Moralreflexion nicht einem „der Moral selbst fremden Zweck unterworfen (wird), d.h. einem Zweck, der sich nicht aus dieser selbst ergibt."¹¹ Durch rationale Begründung werde die Ethik von der lebensweltlichen Erfahrung abgeschnitten. Fischer entwirft im Gegenzug das Modell von „thick moral concepts"¹², die nur durch ein „in spezifischer Weise engagierte(s) Denken"¹³ zugänglich seien, in das wir als moralische Subjekte immer schon involviert seien. Aufgabe des Ethikers sei es, moralische Phänomene in ihrer moralischen Signifikanz vor Augen zu stellen bzw. in ihrer narrativen Erschlossenheit zu vergegenwärtigen.¹⁴

---

6 Tragödien (z.B. Agamemnon von Aischylos oder Sophokles' Antigone) vollziehen die ethische Bearbeitung von unlösbaren Konflikten, vgl. Nussbaum, Fragility.
7 Horn, Lebenskunst, 14.
8 So z.B. Mills, Morality.
9 Barton, Ethics, 12; sowie ebd., 14–40 (sources).
10 Vgl. MacIntyre, Verlust der Tugend; Nussbaum, Fragility; Grätzel, System der Ethik.
11 Fischer, Verstehen, 33.
12 A.a.O., 60 und 63.
13 A.a.O., 61.
14 A.a.O., 62.

Vor diesem Hintergrund stellt sich die Frage nach der „Ethik" neutestamentlicher Texte völlig neu. Wenn wir Ethik als reflexive Durchdringung von Lebensweisen hinsichtlich ihrer leitenden Normen mit dem Ziel der Bewertung[15] definieren, dann ist an einer Meta-Perspektive festgehalten, die wir als konstitutiv für den Begriff halten. Es geht in der Ethik nicht nur um die Handlung selbst oder um eine Handlungsanweisung (z. B. „Liebet eure Feinde!"), vielmehr geht es um das Nachdenken und Verstehen, warum ein solcher Imperativ Sinn machen kann. Es geht also darum, eine Lebensweise retrospektiv oder prospektiv hinsichtlich ihrer moralischen Signifikanz zu durchdringen. Das Erkennen, Benennen oder auch Erzeugen der moralischen Signifikanz erfolgt mittels Sprache. Durch einen Sprechakt werden Normen genannt, die das Handeln bestimmen und bewerten. In welcher Weise sich dieses Nach- oder Vordenken bzw. Verstehensangebot vollzieht, gilt es eigens zu diskutieren und kann sich ebenso als rationale Argumentation wie als narrative Entfaltung oder sogar als Hymnus zeigen, um einige Beispiele zu nennen.

An Sprache gebundenes Nachdenken über das gute und richtige Handeln finden wir in den neutestamentlichen Texten auf Schritt und Tritt. Die Texte selbst sind gerade keine einfachen Spiegelungen eines gelebten Ethos, sondern eine sprachliche Durcharbeitung bestimmter Glaubens- und Lebensüberzeugungen. Eine Reduktion neutestamentlicher Ethik auf die Frage nach dem Ethos z. B. der paulinischen Gemeinden,[16] würde die Schriften zu bloßen Quellen der dann als ‚eigentlich' erklärten historischen Situationen machen. In ihrer Textualität erreichen die neutestamentlichen Texte jedoch bereits die Meta-Perspektive, die es gerechtfertigt erscheinen lässt, von „Ethik" zu sprechen. Was Ricoeur allgemein für literarische Texte formuliert hat, gilt besonders auch für die neutestamentlichen Texte: Sie sind das erste „Laboratorium des moralischen Urteils."[17] Als historische Texte sind sie zwar in ihrem kulturellen Kontext wahrzunehmen, aber doch nicht darauf zu reduzieren. Als literarische und schon gar als kanonische Texte emanzipieren sie sich gegenüber ihrer Entstehungssituation und stimulieren nicht nur das ethische Urteil der Lesenden, sondern tragen in Auseinandersetzung mit ihnen wesentlich zur Ausbildung einer ethischen Persönlichkeit bei.

Um die bleibende Differenz der Ethik des Neuen Testaments mit einer ethischen Theorie begrifflich zum Ausdruck zu bringen, habe ich den Begriff der „impliziten Ethik" eingeführt.[18] Der aus der rezeptionsästhetischen Literaturtheorie entlehnte Begriff „implizit" trägt der Gestalt und Zugänglichkeit dieser

---

15 Vgl. zu dieser Definition mit Erläuterung Zimmermann, Logik der Liebe, 12 f.
16 So die frühen Arbeiten von Wolter, Ethos.
17 Ricoeur, Das Selbst, 173.
18 Vgl. die ausführliche Begriffsexplikation in Zimmermann, Logik der Liebe, 14–18.

Ethik Rechnung: Die Ethik kann nur *ex post* in der Deskription durch einen Exegeten und Ethiker expliziert werden, denn sie ist begrifflich, hermeneutisch, literarisch und historisch nur fragmentarisch und indirekt zugänglich.

2 Ansätze: Zugänge zu einer Ethik des Neuen Testaments

2.1 Jesus als Ausgangspunkt

Zahlreiche Arbeiten zur Ethik des Neuen Testaments nehmen bei Jesus, und meist sogar beim „historischen Jesus" ihren Ausgangspunkt.[19] In der englischsprachigen Fachwelt erfreut sich dieser Zugang neuerdings wieder besonderer Beliebtheit, wie Arbeiten aus ganz unterschiedlichen konfessionellen Feldern zeigen.[20] Stassen/Gushee formulieren ihr Anliegen wie folgt: „We intend to write an introductory interpretation of Christian ethics built on the ‚rock' – the teachings and practices of Jesus."[21] Für Burridge können Jesu Lehre („Ethical Teaching", 40–61) und Taten („Ethical Example", 62–78) in dem Motto „Freund der Sünder" zusammengefasst werden, das entsprechend zum Ausgangspunkt einer Nachahmungsethik wird („imitating Jesus, the friend of sinners"), die bis in gegenwärtige Kontexte hinein Impulse zu geben vermag (so das Applikationskapitel zur südafrikanischen Apartheid, 347–409).

Problematisch ist an diesen Ansätzen zum einen die methodische Schwierigkeit an den geschichtlichen Jesus heranzukommen, was die Kritik an der historischen Jesusforschung ausführlich reflektiert hat. Zum anderen wird ein rein positives Jesusbild als ethisch vorbildlich generiert, das schroffe und widerständige Aspekte ausblendet (z. B. Jesu Verhalten gegenüber der syro-phönizischen Frau, Mk 7,24–30, oder dass Jesus gekommen ist, das Schwert zu bringen, Mt 10,34).[22] Der Übergang von Jesus in die Gegenwart wird vielfach nicht eigens reflektiert.

---

[19] So z. B. Schrage, Ethik, Kap. 1 (23–122).
[20] Vgl. Spohn, Ethics (röm-kathol.); Stassen/Gushee, Kingdom Ethics (evangelikal); Burridge, Imitating Jesus (anglikanisch).
[21] Siehe Stassen/Gushee, Kingdom Ethics, forword.
[22] Vgl. hier die provokante Erörterung Avalos, Jesus.

2.2 Der historische Kontext als Ausgangspunkt

Historisch-kritische Exegese zielte von jeher auf eine kontextuelle und zeitliche Verortung der neutestamentlichen Texte. Entsprechend werden nach diesem Ansatz auch ethische Dimensionen der neutestamentlichen Texte in Bezug auf die frühjüdische oder griechisch-philosophische Ethik zu erklären versucht. Ausgangspunkt ist entsprechend die Deskription derartiger zeitgenössischer Ethiken, um dann die Texte des Neuen Testaments bzw. einzelne Aspekte davon in dieses Koordinatensystem ein- und unterordnen zu können. Allein für Paulus wird ein breites Spektrum an jüdischen Horizonten[23] aber ebenso Analogien zur griechischen Moralphilosophie (sei es stoischer, epikureischer oder kynischer Prägung) herausgearbeitet.[24]

Problematisch ist an diesen Ansätzen, dass je nach Ausgangsbereich einzelne Autoren (z. B. Paulus) einseitig einem Feld (z. B. Frühjudentum, Stoa, Kynismus) zugeordnet werden, während andere Aspekte ausgeblendet werden. Ferner zielt dieser Ansatz bereits methodisch auf eine Nivellierung des Eigenwerts einer neutestamentlichen Ethik. Schließlich wird durch intensive kontextuelle Einbettung die Wahrnehmung von zeit- und kontextübergreifenden Aspekten der neutestamentlichen Ethik nicht gerade erleichtert.

2.3 Theologische Prämissen als Ausgangspunkt, insb. das Indikativ-Imperativ-Modell

Neutestamentliche Ethik wird auch hinsichtlich ihrer theologischen Begründungsmuster wahrgenommen. Am bekanntesten ist hierbei das durch Rudolf Bultmann prominent gewordene so genannte ‚Indikativ-Imperativ-Modell'. Es möchte der Beobachtung Ausdruck verleihen, dass gemäß neutestamentlicher Texte die Zusage des Heilshandelns Gottes und die Aufforderung zum Handeln des Menschen bzw. Gabe und Aufgabe unmittelbar aufeinander bezogen sind. Während Bultmann die Begriffe als „sich widersprechende und gleichwohl zusammengehörige Aussagen"[25] zu einer paradoxen Einheit verknüpft hatte, haben viele Nachfolger die Zuordnung zu einer zeitlichen oder konsekutiven Relation verflacht. Als einer der letzten Anwälte des Modells hat Wolter von einer „Mi-

---

23 Vgl. z. B. diverse Beiträge in Konradt/Schläpfer, Anthropologie.
24 Vgl. z. B. Malherbe, Hellenistic Moralists; Downing, Cynics; Rasimus/Engberg-Pedersen/Dunderberg, Stoicism.
25 Bultmann, Problem, 123.

schung von Seins- und Sollens-Aussagen" bzw. einer „Weil-darum-Struktur"[26] gesprochen. In Analogie zur jüdischen Theologie und Lebenspraxis könnten die geforderten Handlungen auf die Identität im Glauben schließen lassen. „Der Imperativ gibt an, welche Handlungen den Indikativ wahrnehmbar werden lassen."[27] Vermehrt wurde aber auch Kritik an diesem Schema geäußert:[28] In moralphilosophischer Hinsicht wäre eine Ableitung des Sollens aus dem Sein ein ‚naturalistischer Fehlschluss'. In theologischer Hinsicht ist fraglich, ob der Kontrast zwischen einer Sola-Gratia-Lehre und den Werken des Gesetzes nicht durch das Schema in die Quellentexte eingetragen wird, während sie selbst diese Kluft nicht kennen. Ferner stellt sich die Frage, ob eine heilstheologische Begründung die pluralen Reflexionsformen neutestamentlicher Ethik nicht ungebührlich vereinseitigen. Schließlich handelt es sich bei den Begriffen um Sprachmetaphern, die in bestimmten Kommunikationszusammenhängen (z. B. der Predigt) zweifellos Erschließungskraft haben. Um die theologischen Begründungszusammenhänge neutestamentlicher Ethik auf einem angemessenen Niveau interpretieren zu können und interdisziplinäre Anschlussfähigkeit zu erhalten, kann das simplifizierende Schema jedoch nicht befriedigen.

Problematisch ist bei diesem heilstheologischen wie auch bei anderen z. B. ekklesiologischen oder pneumatologischen Zugängen[29] zur neutestamentlichen Ethik, dass man die Texte sachfremden theologischen Begriffen und Mustern unterwirft, was eine eigenständige Wahrnehmung erschwert bis verhindert. Zugleich verbleibt die Ethik hierbei in einem theologischen Binnendiskurs, der sich oft schon begrifflich von der allgemeinen Ethik-Debatte absondert.

2.4 Der aktuelle Ethik-Diskurs als Ausgangspunkt

Auch der aktuelle Ethik-Diskurs kann Ausgangspunkt der Wahrnehmung neutestamentlicher Ethik sein und zwar sowohl in formal-ethischer als auch materialethischer Dimension. In formal-ethischer Hinsicht wurden bestimmte Ethik-Konzepte als Wahrnehmungs- und Bewertungsraster neutestamentlicher Ethik gewählt. So hat z. B. Horrell die Kommunitarismus-Liberalismus-Debatte im ausgehenden 20. Jh. als Wahrnehmungsraster paulinischer Ethik betrachtet.[30] Andere haben im Horizont der Wiederentdeckung der Tugend im aktuellen Ethik-

---

26 Wolter, Paulus, 312 (beide Zitate).
27 A.a.O., 315.
28 So z. B. Backhaus, Evangelium; Schnelle, Begründung; Zimmermann, Logik der Liebe, 32–24.
29 So z. B. Rabens, Holy Spirit.
30 Horrell, Solidarity.

Diskurs³¹ auch die neutestamentliche Ethik im Modell einer Tugendethik zu beschreiben versucht,³² obgleich der Begriff Tugend (ἀρετή) im Neuen Testament bekanntlich nur einmal vorkommt (Phil 4,8).³³

Material-ethisch kann ein aktuelles ethisches Problemfeld wie z. B. die ökologische Krise zum Ausgangspunkt der Beschäftigung mit neutestamentlichen Texten werden, wie etwa für eine Gruppe von Theologen in Exeter/GB im Buch „Greening Paul": „We adopt a self-consciously constructive and creative approach, recognizing that we are reading Paul in the light of our own context and priorities (…).“³⁴ Oder medizinethische Diskurse wie z. B. die Sterbehilfedebatte werden explizit durch den Dialog mit den Passionsberichten des Neuen Testaments bereichert.³⁵

Problematisch ist an diesen Zugängen, dass die neutestamentlichen Texte zeit- und u. U. sachfremden Fragestellungen unterworfen werden. Das erkenntnisleitende Interesse steht in der Gefahr, die Texte selektiv und funktional zu lesen und sie damit fremden Zwecken unterzuordnen.

3 Methode: Das Organon der ‚impliziten Ethik' am Beispiel der Bergpredigt

Im Folgenden möchte ich nun meinen eigenen Ansatz vorstellen, der zwar viele bisher genannte Aspekte integriert, sich aber doch von anderen unterscheidet, weil der Text selbst in radikaler Weise als Medium der Ethik wahr- und ernst genommen wird. Im so genannten „Organon"³⁶ zur Analyse der impliziten Ethik sind acht Perspektiven zusammengefasst, die je eigene ethisch relevante Aspekte des Textes untersuchen. Im Folgenden soll das Schema in Anwendung auf die Bergpredigt (Mt 5–7) als einen für die Ethik des NT zentralen Textabschnitts angewandt werden,³⁷ ebenso lässt es sich aber auch für Makroschriften (z. B. einen Paulusbrief)³⁸ nutzbar machen:

---

[31] Vgl. McIntyre, Verlust der Tugend.
[32] So z. B. Harrington/Keenan, Paul; Chan, Biblical Ethics.
[33] Zurückhaltend deshalb z. B. Horn, Tugendlehre.
[34] Horrell/Hunt/Southgate, Greening Paul, 4.
[35] Vgl. Verhey, The Christian Art of Dying.
[36] Zum Begriff und ausführlicher Erläuterung, vgl. Zimmermann, Logik der Liebe, 37–125.
[37] Vgl. dazu ausführlicher Zimmermann, Sermon.
[38] Vgl. die Anwendung auf den 1. Korintherbrief in Kap. 3 von Zimmermann, Logik der Liebe, 127–249.

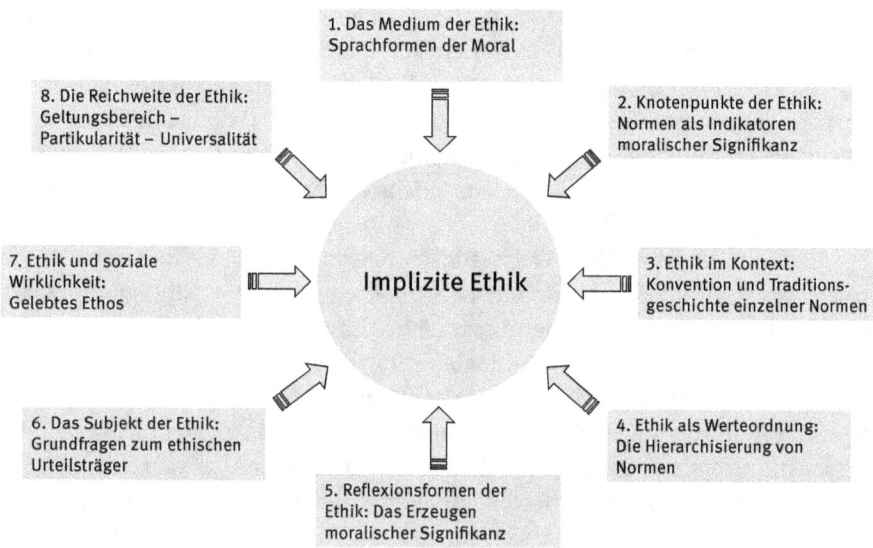

Schaubild: Das Organon zur Analyse der impliziten Ethik

3.1 Sprachformen der Moral

Die Bergpredigt ist keine ethische Abhandlung im Sinne einer ethischen Theorie, vielmehr handelt es sich um eine Rede, die in die Makro-Gattung einer Erzählung eingebettet ist. So lohnt sich ein genauerer Blick auf die Sprachform, mit dem dieser Text seine Ethik erzeugt. Bei der engen Verflochtenheit von Ethik und Sprache können drei Ebenen unterschieden werden: die intratextuelle Ebene, die intertextuelle Ebene und die extratextuelle Ebene.[39] Die sprachliche Grundform der Moral sind Imperative und Sollensaussagen: Die einzelnen Antithesen (Mt 5,21–48) münden jeweils in direkte Imperative (5,25: Vertrage dich …; 5,29–30: reiß es aus …, schlag sie ab; 5,34 & 36: Du sollst nicht schwören; 5,39: Erwidert nicht das Böse etc.). Imperative können sowohl positiv als Gebote als auch negativ als Verbote formuliert werden, nicht selten werden beide Sprachformen kombiniert (e.g. 6,19: ihr sollt nicht Schätze sammeln auf Erden …, sammelt schätze im Himmel). Bezüglich der zweiten Ebene verrät schon ein flüchtiger Blick in den Text, dass es sich hier keineswegs um eine homogene Rede oder Predigt handelt, sondern um einen Traditionstext, der verschiedene Einzelgattungen verknüpft: a) Seligpreisungen (5,1–12); b) Tora-Diskussion/Halakha (5,21–48); c) Parabeln

---

[39] Siehe a.a.O., 41–54.

(5,13–16: Salz und Licht; 5,25–26; 6,22–23: Licht des Körpers; 6,24: Zwei Herren; 7,3–5: Splitter und Balken; 7,6: Perlen vor die Säue; 7,9–11: bittendes Kind; 7,13–14: enge Pforte; 7,24–27: Hausbau); d) Weisheitssprüche (6,14–15: Doppelwort der Vergebung; 6,26–30: Vögel und Lilien; 7,16–20: Früchte des Baums); e) Diskursive Erörterungen (6,1–4: zum Almosen; 6,5–8: zum Gebet; 6,16–18: zum Fasten; 6,25–34: zur Sorge; 7,1–6: zum Richten); f) Regel/Prinzip (7,12: Goldene Regel); g) Gebet (6,9–13).

Jede Gattung ist auf ihre Weise ethisch relevant. So sind z. B. Parabeln ethische Texte[40], die durch metaphorische Übertragung und Erzählfiguren Handlungsmodelle vorführen, die den Leser niederschwellig zum richtigen Tun einladen (vgl. programmatisch die finale Parabel vom Hausbau, Mt 7,24–27). Schließlich stellt sich die Frage, worin die Pragmatik, die Funktion einer Aussage liegt. Die Aufforderung, sich das Auge auszureißen (Mt 5,29) oder das Verbot des Wissenstransfers zwischen rechter und linker Hand beim Almosengeben (Mt 6,3) sind zweifellos rhetorische Überzeichnungen. Diese Differenz zwischen Proposition und Aussageabsicht lässt sich präzise mit Hilfe der Sprechakt-Theorie beschreiben. In Anlehnung an Searles Unterscheidung der „illocutionary acts"[41] kann man in der Bergpredigt „deklarative Akte" finden, z. B. Seligpreisung (Selig seid ihr ...) oder „Ihr seid das Salz der Erde ...." (Mt 5,13). Daneben finden sich „kommissive Akte", wenn z. B. eine künftige Belohnung im Himmel (5,11, 19) versprochen wird. Am häufigsten sind aber „direktive Akte" anzutreffen, d. h. Sprechakte, die den Leser bzw. die Hörerin zu einer direkten Handlung veranlassen wollen.

3.2 Normen als Indikatoren moralischer Signifikanz

Eine Norm ist in einer weiten Definition jedes Zeichen, das in einem ethischen Satz bzw. Diskurs einen Sollensanspruch an das Verhalten eines einzelnen oder einer Gruppe begründet. In heuristischer Weise kann man zwischen formalen Normen (e. g. Prinzipien, Maximen) und materialen Normen (e. g. Güter, Werte) differenzieren.[42] In der Bergpredigt könnte dann die „Goldene Regel" als ein formales Handlungsprinzip betrachtet werden. „Was immer ihr wollt, dass euch die Menschen tun, tut ihnen auch." (Mt 7,12). Hier wird eine Handlungsnorm beschrieben, die auf Altruismus und Wechselseitigkeit beruht, aber inhaltlich

---

40 Vgl. Zimmermann, Ethico-Ästhetik, 235–265.
41 Siehe Searle, Illocutionary Acts, 12–20.
42 Vgl. Zimmermann, Logik der Liebe, 55–63.

nicht genauer festlegt, was nun konkret getan werden soll. Materiale Normen, d. h. Güter und Werte, sind hingegen z. B. die leiblichen Grundgüter wie Nahrung und Kleidung (6,25) oder das Geben von Almosen (6,2–4), weil hier eine inhaltliche Spezifizierung gegeben ist. Häufig sind die in der Bergpredigt genannten Normen allerdings nicht so eindeutig einer Kategorie zuzuordnen, da sich unterschiedliche Abstraktionsgrade zeigen, wie z. B. bei der Norm der „Gerechtigkeit" (Mt 5,6, 10, 20; 6,1, 33; vgl. Mt 20,4), der „Barmherzigkeit" (Mt 5,7) oder des „Friedens" (Mt 5,9; 5,24). Auch Leid (Mt 5,3) und Verfolgung (Mt 5,10–11) als Werte zu bezeichnen, wie es die Seligpreisungen nahe legen, ist im antiken Wertecodex ungewöhnlich. Aufgrund des weiteren Verlaufs des Textes erklären sich diese Begriffe aber im Kontext einer Ethik der Nicht-Vergeltung (Mt 5,38–42), Versöhnung (5,24, 31–32) bzw. Vergebung (6,12, 14–15) oder Feindesliebe (5,43–44).

In Mt 5,17–48 wird die Tora explizit als Norm genannt, die in der Zitationsformel (5,21, 27, 31, 33 etc.) als traditioneller Wertekodex ausgewiesen wird. Viele Einzelnormen werden darüber hinaus genannt, die teilweise unmittelbar an bekannte Tora-Normen anknüpfen, aber doch auch in spezifischer Weise zugespitzt werden. So ist das Tora-Gebot der Nächstenliebe (Lev 19,18) bekannt, wird aber in der Bergpredigt auf die Feindesliebe (Mt 5,43–44) zugespitzt.

3.3 Konvention und Traditionsgeschichte einzelner Normen

Die traditionsgeschichtliche Analyse zum Beispieltext bringt etwas zum Ausdruck, was allgemein für die frühchristliche Ethik gilt: Auf der einen Seite zeigt sich eine enge Anbindung an jüdische Normen, die sich z. B. in der expliziten Referenz zu „Gesetz und Propheten" (Mt 5,17; 7,12) und vielen Wortlautzitaten zeigen (siehe Mt 5,20 – Ex 20,13; 21,12; Mt 5,27 – Ex 20,14; Mt 5,31 – Dtn 24,1 etc.). Auf der anderen Seite sind aber auch Motive aus der griechisch philosophischen Ethik-Tradition präsent. Ein signifikantes Beispiel für die Unterschiedlichkeit der Traditionshintergründe ist die „Goldene Regel" (Mt 7,12). Hier zeigen sich Parallelen aus der griech. Tradition (z. B. Herodot III 142:3; Isocrates Or 3:49, 61; Sept Sap IV 8; V 4[43]), ebenso wie aus der jüdischen Tradition (Tob 4,15; Sir 31,15; Arist Ep 207; grHen 61,1 f.; armAch 198). Während in den anderen antiken Belegen zur Goldenen Regel meist ein spezifisches Verhältnis zwischen den Beziehungspartnern (sei es Familie, Nachbarn, sei es z. B. Herrscher-Untertan) erkennbar ist und Negativformulierungen dominieren, ist die Goldene Regel bei Jesus/Matthäus

---

[43] Vgl. Schnelle/Lang, Neuer Wettstein, 699–713.

positiv und universal formuliert.[44] So fördert die traditionsgeschichtliche Wahrnehmung von Normen nicht ein einseitiges aus dem Judentum oder der griechischen Ethik abgeleitetes Abhängigkeitsverhältnis der Bergpredigt zu Tage, sondern kann auch das spezifisch christliche Profil stärken.

3.4 Die Hierarchisierung von Normen

Die unterschiedlichen Normen werden nicht unverbunden und gleichwertig genannt, sondern in Beziehung gesetzt, sei es als klassifikatorisches oder komparatives Wertesystem. Entsprechend ist in dualistischer Weise von den „guten" oder „schlechten" Früchten (Mt 7,17–19) oder in der Parabel vom Haus „auf Fels" oder „Sand" (Mt 7,24–26) die Rede. Auch die Alternative zwischen „Gott oder Mammon" (Mt 6,24) duldet keine Grauzone und fordert eine klare Entscheidung. Allerdings gibt es auch komparative Wertezuordnungen, die einzelne Normen bzw. Güter nicht kategorisch abweisen, aber relativieren und anderen unterordnen. Eine solche Rangordnung zeigt sich bei den sogenannten Antithesen. Auch wenn die Gültigkeit der Tora nach der Einleitung dieses Abschnitts (Mt 5,17–20) prinzipiell nicht in Frage gestellt wird, so wird mit dem „Ich aber sage euch ..." die Autorität Jesu den klassischen Geboten vorgeordnet, und die spezifische Verschärfung oder Entschärfung der Tora-Gebote als die maßgebliche Norm Jesu eingefordert, der dabei als autoritativer Tora-Ausleger benannt wird. Diese normative Stellung Jesu als Lehrer der Ethik wird auch durch den narrativen Rahmen vorgegeben (Mt 5,1–2: er lehrte sie; Mt 7; 24.26: Worte Jesu).

In ähnlicher Weise wird die „Gerechtigkeit" komparativ bewertet (z. B. die „bessere Gerechtigkeit" der Adressaten/Jünger gegenüber der „Gerechtigkeit" der Pharisäer, Mt 5,20). Es gibt auch höhere und höchste Werte, vergleichbar mit Taylors ‚starken Wertungen'. Eine solche Hierarchie wird in der Perikope vom „Sorgen" (6,19–34) deutlich: Die Sorge um „Schätze auf Erden" (6,19), oder sogar die elementaren Bedürfnisse von Leib und Leben in Form von Kleidung, Nahrung oder Lebensverlängerung werden anderen Normen untergeordnet: „Sucht zuerst nach dem Reich Gottes und seiner Gerechtigkeit, dann wird euch dies alles zufallen" (Mt 6,33).

---

44 Vgl. die Formulierung „Mensch" und die Aufforderung zum Tun – nicht zum Unterlassen, siehe dazu auch Theißen, Die Goldene Regel, 398 f.

3.5 Das Erzeugen moralischer Signifikanz

Ethik fragt nach der Begründung und Reflexion von Handlungen. Normen werden hierbei nicht nur in die Rangfolge einer Werteordnung gebracht, vielmehr wird eine reflexive Durchdringung der moralischen Signifikanz geleistet. Innerhalb der Bergpredigt finden sich nun sowohl „deontologische" als auch „teleologische" Argumentationsmuster: So könnte man das intrinsisch motivierte Verhalten von Eltern, die ihren Kindern die Bitte um Brot und Fisch erfüllen als deontologisch (Mt 7,9 – 11) bezeichnen. Auch die metaphorischen Aussagen von Salz und Licht (Mt 5,13 – 16) nennen keine weiteren Begründungen, als dass man „werden soll, was man bereits ist".

Insgesamt überwiegt aber die teleologische bzw. konsequentialistische Ethikbegründung in der Bergpredigt. In Mt 7,7– 8 werden drei Imperative gegeben („bittet, suchet, klopft an"), die gemäß V. 8 zu unmittelbaren Handlungskonsequenzen führen („wer bittet, der empfängt"). Präziser wird das Verbot des Richtens an die Folge des eigenen Gerichtet-werdens gebunden (Mt 7,1– 2: „Richtet nicht, damit ihr nicht gerichtet werdet"). Allerdings wird das Prinzip der reziproken Handlungsfolgen mit Blick auf den Nächsten gerade durchbrochen. Man soll nicht die lieben, die einen lieben, etwa mit der Absicht selbst wieder geliebt zu werden. Die Feindesliebe findet auf der Ebene eines zwischenmenschlichen Tauschgeschäftes keine Begründung. Sie darf keine Gegenleistung erwarten. Stattdessen wird aber himmlischer Lohn erhofft (Mt 5,46). Das jeweilige Verhalten wird damit begründet, dass bestimmte Konsequenzen, sei es Belohnung (Mt 6,4.18) oder Bestrafung (Mt 5,25.29 f.) durch Gott eintreten. Diese allzu menschlich klingende Begründungsstruktur in einem Lohn-Strafe-Zusammenhang wird theologisch nur problematisch, sofern man den rhetorischen Charakter dieser Gerichtsreden bei Matthäus in dogmatische Gottesrede überführt. Man wird ihr eher gerecht, wenn sie als Ethik-Begründung *sui generis* beschrieben wird, die ich theonome-korrelative Begründung nenne. Eine Ethik, die vorrangig dem Willen Gottes verpflichtet ist, und dabei sogar auf eigene Rechte und Wünsche verzichtet, ist gerade keine autonome, sondern heteronome oder eben „theonome" Ethik. Nun vollzieht sich mit diesem Weglenken von sich selbst, dem eigenen Willen und Bedürfnissen auf Gott hin eine analoge Bewegung vom Individuum zum anderen. Nicht die eigene Glückseligkeit (wie in der antiken philosophischen Ethik), sondern die Ausrichtung am anderen eichen das Wertesystem der Bergpredigt. Die theologische Ausrichtung auf Gott steht dabei in direkter Korrelation mit einer sozialethischen Ausrichtung am Mitmenschen. Die heteronome Ethik ist zugleich auch eine altruistische. Entsprechend wird die Feindesliebe damit begründet, dass man „Kinder des Vaters" wird, der eben auch über Böse und Ungerechte die Sonne aufgehen lässt. Die Vergebungsbereitschaft gegenüber Mitmenschen wird korreliert mit der Vergebung Gottes (Mt 6,14; 6,12), wie es dann später auch in der Parabel erzählt wird (Mt 18,21–34). Theologische und sozialethische Dimension durchdringen sich wechselseitig.

3.6 Grundfragen zum ethischen Urteilsträger

Die Frage nach dem ethischen Subjekt kann auf unterschiedlichen Ebenen betrachtet werden. Einerseits als Frage, an wen die Rede Jesu textimmanent adressiert wird. Aus den Rahmenversen und der Anrede kann man auf zwei Hörerkreise schließen, sowohl die Jünger Jesu (Mt 5,1; 7,28) als auch das Volk, das Jesus nachgefolgt war (4,25; 8,1). Beide Angaben treffen sich in der Beobachtung, dass es jeweils kollektive Größen sind. Das ethische Subjekt ist für Matthäus die Gemeinschaft, wie es auch durch die dominante Anrede in der 2. Pers. Plural bestätigt wird („Ihr habt gehört ...", „wenn ihr fastet ..:", „Ihr sollt nicht ..."). Ethos ist zuallererst Gemeinschaftsethos und entsprechend müssen die Handlungsnormen und ihre Begründungen auch in der Gemeinde ausgehandelt werden und können sich nicht auf eine individualethische Applikation beschränken. Diese kollektive Ausrichtung der Ethik der Bergpredigt entspricht der insgesamt auf die *ekklesia* zielenden Ethik des gesamten Evangeliums (siehe Mt 18). So schroff und ausschließlich das Ideal dieser Gruppe oft vor Augen gemalt wird (nur gute Bäume, keine Übeltäter, 7:23; keine Heuchler 6,2.16), so finden sich in der Bergpredigt doch auch Formulierungen, die gerade die Ambivalenz der Menschen benennen (Mt 5,45: Gerechte und Ungerechte). Im Kontext des Evangeliums wird man an die Parabel vom Unkraut unter dem Weizen (Mt 13,24–30) erinnert, die gerade auch die Redeweise vom Corpus permixtum der matthäischen Gemeinde mitgeprägt hat.

An einigen Stellen wird die kollektive Ausrichtung verlassen und entsprechend den jeweiligen Handlungsfeldern auf den einzelnen zugespitzt. So wird bei der Verführung zum Abfall in der 2. Pers. Singular („wenn dich dein ...") formuliert, ebenso wie beim Almosen geben oder Fasten. Hier kann man andererseits weiterfragen, wie das ethische Subjekt konstituiert wird, sei es durch Verstand, Wille oder eben auch Emotionen.

3.7 Gelebtes Ethos

Im nächsten Fokus wird gefragt, inwiefern der Text hinsichtlich der hinter ihm stehenden historischen Kommunikationssituation oder Handlungspraxis transparent ist. Die Ethik der Bergpredigt steht zweifellos in einer engen Beziehung zu den moralischen Praktiken der matthäischen Gemeinde. Allerdings lässt sich diese hinter dem Text stehende Lebenspraxis methodisch kaum zuverlässig ermitteln. Entsprechend hypothetisch bleibt auch die Beziehung, die der Text zu dieser Praxis aufweist. Spiegeln die Ausführungen des Evangelisten die Praxis der Gemeinde wider, oder sind sie gerade Mahnung und Appell der Veränderung angesichts einer noch nicht realisierten Situation?

Dazu ein Beispiel: Das Scheidungsverbot Jesu (Q/Lk 16,18; Mk 10,1–12; I Kor 7,10 f.) könnte in der Formulierung des Evangelisten auf eine spezifische Ehe-Ethik schließen lassen. Nur in den beiden Varianten des Matthäus (Mt 5,32; 19,9) wird die so genannte Porneia-Klausel eingefügt. Entgegen dem radikaleren und bedingungslosen Scheidungsverbot Jesu gesteht Matthäus im Falle von porneia eine Ausnahme zu, d.h. im Falle von außerehelichem Sexualkontakt ist eine Scheidung doch möglich oder gar geboten, wie es dem jüdischen Recht entsprach. Dies könnte als Zugeständnis gegenüber einer jüdisch geprägten Ehe-Ethik gewertet werden. Aber was besagt dies im Blick auf die Geltung des Verbots? Muss man dem Wort Jesu mehr Autorität zubilligen als dem Kompromiss des Evangelisten, auch wenn beides gleichermaßen ‚kanonisch' ist?

3.8 Geltungsbereich – Partikularität – Universalität

Im letzten Fokus geht es genau um diese hermeneutische Frage der über den Text und seine historische Situation hinausgreifenden Verallgemeinerbarkeit. Wiederum ist der Text selbst Ausgangspunkt: Wo formuliert der Text in den Einzelfall, wo intendiert er grundlegendere und übertragbare Aussagen? Für wen gilt z. B. die Bergpredigt und wie kann und darf sie noch Geltung beanspruchen? Die Frage, die im Laufe der Rezeptionsgeschichte immer wieder gestellt wurde, lautete: Gibt es eine stufenweise Geltung je nach Adressaten und Inhalten? Gilt z. B. die Ermahnung zur Sorglosigkeit nur für franziskanische Mönche, nicht aber für verantwortliche Familienväter? Oder gilt das Feindesliebegebot zwar für Christen, aber die „Goldene Regel" für alle Menschen? Muss die implizite Ethik der Bergpredigt in den Horizont frühjüdischer Apokalyptik eingeordnet werden und kann somit als „Interimsethik" in ihrer Radikalität historisch relativiert werden?

Wer hier einfache Antworten erwartet, unterwandert die Komplexität des Textes ebenso wie die der unterschiedlichen Rezeptionssituationen. Differenzierung ist folglich eine erste Grundregel in der Frage hermeneutischer Vermittlung. Was aber schützt Differenzierung vor Beliebigkeit und Willkür? Während die deutschsprachige systematisch-theologische Ethik offenbar immer noch in der Lähmung der Krise des Schriftprinzips steckt, setzen sich englischsprachige

Werke intensiv mit der Frage der Rolle der Bibel in der Ethik auseinander.[45] Für Hays sind etwa die Beziehung des Textes zur Gegenwart sowie die lebenspraktische Umsetzung wesentliche Aufgaben der neutestamentlichen Ethik.[46] Cosgrove hat fünf Regeln vorgeschlagen wie der biblische Text in ethischen Diskursen eingebracht werden kann.[47]

Die möglichst präzise Erfassung der ‚impliziten Ethik' der Schriften anhand der Perspektiven des Organons kann vor voreiliger Vereinnahmung oder Ablehnung bewahren. Dann gilt es, die ‚implizite Ethik' einer Perikope im Kontext der Gesamtschrift und des Kanons einzuordnen. Immanente Wertehierarchien ermöglichen und erfordern eine Gewichtung einzelner Normen (z. B. Gemeinschaft zählt mehr als individuelle Freiheit[48]). Biblisch fundierte Ethik erlaubt der Weisheit der Tradition, auch eigene Überzeugungen in Frage stellen zu lassen und sich in formaler (Art der Reflexion) wie auch materialer Weise (Liebe, Vergebung) anregen zu lassen. Die implizite Ethik des NT wird dabei nicht zur richtenden Moralinstanz, aber zu einem Orientierungsmaßstab, gegenüber dem sich Christen freiwillig verantworten, wenn sie ihre Identität wahren wollen. Dies schließt auch Abweichungen gegenüber der biblischen Ethik bzw. einzelner Aspekte daraus (z. B. Haltung zur Frau) mit ein. Die implizite Ethik des Neuen Testaments kann somit Quelle der Inspiration und Dialogpartner in aktuellen Entscheidungs- und Lebensprozessen werden.

Die Übertrag- und Verallgemeinerbarkeit biblischer Ethik zielt folglich nicht auf die Formulierung universalisierbarer Prinzipien, sondern auf die Kommunikation dichter Lebenserfahrungen, die wesentlich zur Bildung der ethischen Kompetenz des einzelnen und der Werteverständigung in der christlichen Gemeinschaft und darüber hinaus beitragen kann.

---

45 Vgl. beispielhaft Brawley, Oxford Encyclopedia.
46 Vgl. Hays, Moral Vision, 5–7: „Relating the Text to Our Situation"; „Living the Text."
47 Vgl. Cosgrove, Five Hermeneutical Rules. Cosgrove unterscheidet zwischen: 1) The Rule of Purpose; 2) The Rule of Analogy; 3) The Rule of Countercultural Witness; 4) The Rule of the Nonscientific Scope of Scripture; 5) The Rule of Moral-Theological Adjudication.
48 So z. B. deutlich in I Kor 8–10, dazu Zimmermann, Logik der Liebe, 171 f. 270, aber auch Joh 15,13.

4 Fünf Thesen zur Weiterarbeit

4.1 Schriftbezug: Negation des Neuen Testaments führt zum Wesensverlust theologischer Ethik

Eine theologische Ethik muss sich in Beziehung zum Neuen Testament (allg. zur Bibel) setzen, wenn sie als theologische Ethik von rein Vernunft bezogenen Moralphilosophien oder rein Empirie bezogenen Anwendungsethiken unterscheidbar bleiben will. Dieser Schriftbezug sollte sowohl im Blick auf die innertheologische Fundierung als auch im Blick auf den interdisziplinären Diskurs erkennbar sein.

4.2 Begriffliches: Die neutestamentlichen Texte bergen eine ‚implizite Ethik'

Auch wenn die Schriften des Neuen Testaments keine systematische Ethik-Theorie darstellen, können sie hinsichtlich einer „impliziten Ethik" befragt werden. Während die Konzentration auf das gelebte Ethos frühchristlicher Personen oder Gemeinden dem fragilen Konstrukt historischer Hypothesenbildung ausgeliefert ist, und eine dogmatische Rezeption von zeitlosen biblischen Prinzipien oft normativen Vorentscheidungen unterliegt, gewinnt man mit der Hinwendung zum Text eine Mittelposition, die die kulturell-zeitliche Gebundenheit ebenso wie die überzeitliche Verallgemeinerung des literarischen Artefakt in eine konstruktive Spannung bringt.

4.3 Methodik: Organon zur ethischen Analyse der neutestamentlichen Schriften

Um vor einer historischen Nivellierung (z. B. alles jüdisch) oder einer aktuellen Verabsolutierung (z. B. direkte Übertragung der Gebote Jesu) zu schützen, bedarf es einer differenzierten Methode der ethischen Analyse der neutestamentlichen Texte, wie sie mit dem Organon gegeben ist. Hierbei können z. B. nicht-rationale Begründungsweisen (narrative und metaphorische Ethik), die Rolle der Emotionen beim ethischen Subjekt, oder Wertehierarchien (z. B. Liebe statt Glück als höchste Norm) präzise beschrieben werden.

4.4 Verbindliche Vielfalt: Diversität und Einheit der neutestamentlichen Ethik

Die ‚implizite Ethik' des NT ist pluralistisch. Sie zeichnet sich durch eine Vielfalt von Sprachformen und Begründungsweisen aus und kann nicht pauschal als deontologische Normenethik betrachtet werden. Die Einheit der neutestamentlichen Ethik ist durch den Kanon der 27 Schriften des Neuen Testaments bestimmt. Diese Einheit ist eine Referenz-Einheit der christlichen Erinnerungsgemeinschaft als einzig ökumenischer Grund. Sie ist eine Einheit in Vielfalt, also zugleich ein Bekenntnis zur Diversität und Unterschiedlichkeit von Werten und Normen, ohne in Beliebigkeit abzugleiten.

4.5 Hermeneutik: Gemeinsames Ringen um bleibende Relevanz

Die Relevanz der neutestamentlichen Ethik muss sich zwischen der Skylla historischer Relativierung (zeitverhaftete Quelle) und Charybdis konfessorischer Dogmatisierung (einziger Maßstab) behaupten und schließt formale Anregungen (z.B. narrative Ethik) ebenso ein wie materiale Inspirationen (z.B. Vergebung). Eine textlich fundierte implizite Ethik kann in ihrer literarisch-ästhetischen Gestalt zum Laboratorium des ethischen Urteils werden und somit zur Ausbildung ethischer Identität der sie Rezipierenden beitragen. Über ihre Geltung muss die auslegende Gemeinschaft in aktuellen Lebenskontexten je und je neu in einen konstruktiven Streit treten. Wie die implizite Ethik selbst zeitlich und kulturell gebunden ist, so bleibt auch ihre Auslegung und Übertragung jeweils zeitlich und kulturell begrenzt und taugt nicht für universale Prinzipien.

Bibliographie

Avalos, Hector. 2015. *The Bad Jesus. The Ethics of New Testament Ethics*. BiMW 68. Sheffield: Sheffield Phoenix Press.
Backhaus, Knut. 2000. „Evangelium als Lebensraum. Christologie und Ethik bei Paulus." In *Paulinische Christologie. Exegetische Beiträge. Hans Hübner zum 70. Geburtstag*, hg. v. Udo Schnelle/Thomas Söding, 9–31. Göttingen: Vandenhoeck & Ruprecht.
Barton, John. 2014. *Ethics in Ancient Israel*. Oxford [u.a.]: Oxford University Press.
Birnbacher, Dieter. ²2007. *Analytische Einführung in die Ethik*. De Gruyter Studium. Berlin [u.a.]: De Gruyter.
Brawley, Robert L., Hg. 2014. *The Oxford Encyclopedia of the Bible and Ethics*. Oxford [u.a.]: Oxford University Press.

Bultmann, Rudolf. 1924. „Das Problem der Ethik bei Paulus." *ZNW* 23:123–140.
Burridge, Richard A. 2007. *Imitating Jesus. An Inclusive Approach to New Testament Ethics.* Grand Rapids/MI: William B. Eerdmans Publishing Company.
Chan, Yiu Sing Lúcás. 2013. *Biblical Ethics in the 21st Century. Developments, emerging consensus, and future directions.* New York [u. a.]: Paulist Press.
Cosgrove, Charles H. 2002. *Appealing to Scripture in Moral Debate. Five Hermeneutical Rules.* Grand Rapids/MI: William B. Eerdmans Publishing Company.
Downing, F. Gerald. 1998. *Cynics, Paul and Pauline Churches.* Cynics and Christian origins 2. London [u. a.]: Routledge.
Fischer, Johannes. 2012. *Verstehen statt Begründen. Warum es in der Ethik um mehr als nur um Handlungen geht.* Stuttgart: Kohlhammer.
Frey, Christofer. 2014. *Wege zu einer evangelischen Ethik. Eine Grundlegung.* Gütersloh: Gütersloher Verlagshaus.
Grätzel, Stephan. 2006. *System der Ethik. Existenzielle Fragestellungen der Praktischen Philosophie.* Bd. 1, *Grundlagen der Praktischen Philosophie.* London: Turnshare.
Härle, Wilfried. 2011. *Ethik.* De Gruyter Studium. Berlin [u. a.]: De Gruyter.
Harrington, Daniel J. und Keenan, James F. 2010. *Paul and Virtue Ethics. Building Bridges between New Testament Studies and Moral Theology.* Lanham: Rowman & Littlefield.
Hays, Richard B. 1998. *The Moral Vision of the New Testament. Community, Cross New Creation. A Contemporary Introduction to New Testament Ethics.* Edinburgh: Clark.
Horn, Christoph. ²2010. *Antike Lebenskunst. Glück und Moral von Sokrates bis zu den Neuplatonikern.* Beck'sche Reihe 1271. München: C.H. Beck.
Horn, Friedrich W. 2013. „Tugendlehre im Neuen Testament? Eine Problemanzeige." In *Ethische Normen des frühen Christentums. Gut – Leben – Leib – Tugend* hg. v. Friedrich W. Horn/Ulrich Volp/Ruben Zimmermann mit Esther Verwold, 417–431. Kontexte und Normen neutestamentlicher Ethik IV. WUNT 313. Tübingen: Mohr Siebeck.
Horrell, David G. und Hunt, Cherryl und Southgate, Christopher. 2010. *Greening Paul. Rereading the Apostle in A Time of Ecological Crisis.* Waco: Baylor University Press.
Horrell, David G. ²2015. *Solidarity and Difference. A Contemporary Reading of Paul's Ethics.* London [u. a.]: T&T Clark.
Konradt, Matthias. 2011. „Neutestamentliche Wissenschaft und theologische Ethik". *ZEE* 55:274–286.
Konradt, Matthias und Schläpfer, Esther, Hg. 2014. *Anthropologie und Ethik im Frühjudentum und Neuen Testament. Wechselseitige Wahrnehmung.* WUNT 322. Tübingen: Mohr Siebeck.
Körtner, Ulrich H. J. 2015. „Ethik/Moral." In *Evangelische Ethik kompakt. Basiswissen in Grundbegriffen*, hg. v. Reiner Anselm und Ulrich H. J. Körtner, 33–40. Gütersloh: Gütersloher Verlagshaus.
Lienemann, Wolfgang. 2008. *Grundinformation theologische Ethik.* Göttingen: Vandenhoeck & Ruprecht.
MacIntyre, Alasdair C. 2007. *Der Verlust der Tugend. Zur moralischen Krise der Gegenwart.* Frankfurt a.M.: Campus Verlag.
Malherbe, Abraham 1992. „Hellenistic Moralists and the New Testament." *ANRW* II 26.1:267–333.
Mills, Mary E. 2001. *Biblical Morality. Moral perspectives in Old Testament narratives.* HSCPR. Aldershot: Ashgate.

Nussbaum, Martha C. 1986. *The Fragility of Goodness. Luck and Ethics in Greek Tragedy and Philosophy*. Cambridge paperback library. Cambridge: Cambridge University Press.

Pieper, Annemarie. ⁶2007. *Einführung in die Ethik*. UTB 1637. Tübingen [u. a.]: Francke.

Rabens, Volker. ²2013. *The Holy Spirit and Ethics in Paul. Transformation and Empowering for Religious-Ethical Life*. WUNT II/283. Tübingen: Mohr Siebeck.

Rasimus, Tuomas und Engberg-Pedersen, Troels und Dunderberg, Ismo, Hg. 2010. *Stoicism in Early Christianity*. Grand Rapids/MI: Baker Academic.

Ricoeur, Paul. ²2005. *Das Selbst als ein Anderer*. Übergänge 26. München: Fink.

Rommerskirchen, Jan. 2015. *Das Gute und das Gerechte. Einführung in die praktische Philosophie*. Wiesbaden: Springer VS.

Schnelle, Udo. 2003. „Die Begründung und die Gestaltung der Ethik bei Paulus." In *Die bleibende Gegenwart des Evangeliums. Festschrift für Otto Merk zum 70. Geburtstag*, hg. v. Roland Gebauer/Martin Meiser, 109–131. MThSt 76. Marburg: Elwert.

Schnelle, Udo und Lang, Manfred, Hg. 2013. Neuer Wettstein. Texte zum Neuen Testament aus Griechentum und Hellenismus, vol. I/1.2 Texte zum Matthäusevangelium, Teilband 1 Matthäus 1–10, Berlin [u. a.]: De Gruyter 2013.

Schrage, Wolfgang. ²1989. *Ethik des Neuen Testaments*. GNT 4. Göttingen: Vandenhoeck & Ruprecht.

Searle, John R. 1981. „A taxonomy of Illocutionary Acts." In *Expressions and Meaning: Studies in the Theory of Speech Acts*, hg. v. John R. Searle, 1–29. Cambridge: Cambridge University Press.

Spohn, William C. 1999. *Go and Do Likewise: Jesus and Ethics*. New York: Continuum.

Stassen, Glen H. und Gushee, David P. ²2016. *Kingdom Ethics. Following Jesus in Contemporary Context*. Grand Rapids/MI: William B. Eerdmans Publishing Company.

Theißen, Gerd. 2003. „Die Goldene Regel (Matthäus 7:12/Lukas 6:31) über den Sitz im Leben ihrer positiven und negativen Form." *BibInt* 11:386–399.

Verhey, Allen. 2011. *The Christian Art of Dying. Learning from Jesus*. Grand Rapids/MI: William B. Eerdmans Publishing Company.

Wolter, Michael. 1997. „Ethos und Identität in paulinischen Gemeinden." *NTS* 43:430–444.

Wolter, Michael. 2011. *Paulus. Ein Grundriss seiner Theologie*. Neukirchen-Vluyn: Neukirchener Verlag.

Zimmermann, Ruben. 2009. „Die Ethico-Ästhetik der Gleichnisse Jesu. Ethik durch literarische Ästhetik am Beispiel der Parabeln im Matthäus-Evangelium." In *Jenseits von Indikativ und Imperativ. Kontexte und Normen neutestamentlicher Ethik Bd. 1*, hg. v. Friedrich W. Horn/Ruben Zimmermann, 235–265. WUNT 238. Tübingen: Mohr Siebeck.

Zimmermann, Ruben. 2014. „Sermon on the Mount." In *The Oxford Encyclopedia of the Bible and Ethics*, hg. v. Robert L. Brawley, 262–271. Oxford [u. a.]: Oxford University Press.

Zimmermann, Ruben. 2016. *Logik der Liebe. Die ‚implizite Ethik' der Paulusbriefe am Beispiel des 1. Korintherbriefs*. BThSt 162. Neukirchen-Vluyn: Neukirchener Verlag.

Ulrich Volp
Patristische Perspektiven: Zu den Ursprüngen christlicher Ethik

1 Ziel und Zweck ethischer Reflexion im zweiten und dritten Jahrhundert

Es gehörte zu den Grundüberzeugungen der Reformation, dass jede evangelische Ethik ihren Ausgangspunkt, ihre Grundlage und ihren hermeneutischen Schlüssel in den biblischen Schriften und insbesondere im Neuen Testament zu finden habe und diese dort auch zu finden sind.[1] Der ethische Gehalt dieser Texte beschränkt sich keineswegs, wie man vermuten könnte, auf Paränese beziehungsweise Paraklese[2] und damit auf das, was man „präskriptive Ethik" nennen könnte. Traditionelle Lesarten verkürzen das ethische Anliegen und die Leistungsfähigkeit der neutestamentlichen Texte zuweilen: Zu denken ist etwa an einen einseitigen Rekurs auf die reformatorische Hermeneutik von „Gesetz und Evangelium" oder an die in der älteren deutschen Forschung populäre Erweiterung des ethischen Imperativs der neutestamentlichen Paränese um den „Indikativ des Heilsgeschehens", der den „Imperativ" für christliches sittliches Handeln gewissermaßen mit sich bringen musste.[3] Umgekehrt geht auch der durch eine Konzentration auf die überragende Abstraktionsleistung des Aristoteles zuweilen entstehende Eindruck fehl, im Gegensatz zur Bibel habe die antike Philosophie keine Paränese betrieben, sondern sich vor allem mit der Phänomenologie von Ethik beschäftigt. Tatsächlich enthält zwar die berühmte nikomachische Ethik des Aristoteles nur

---

1 In diesem Sinne ist z.B. die Lektüre der aristotelischen Ethik durch Melanchthon seit 1527 zu verstehen, der die antiken Parameter systematisch mit der aus der Schrift gewonnenen Hermeneutik von Gesetz und Evangelium rezipiert. S. Philipp Melanchthon, *In Ethica Aristotelis Commentarius*, Wittenberg 1529 (zahlreiche Revisionen und Nachdrucke).
2 Zur Begrifflichkeit vgl. Popkes, Art. Paränese; Grötzinger, Art. Paränese; Starr/Engberg-Pedersen, Introduction; Starr, Paraenesis; Engberg-Pedersen, Parenesis. Die neuere neutestamentliche Forschung bevorzugt häufig den (engeren) Begriff der Paraklese, der das spezifisch theologische Profil der paulinischen Schriften im Unterschied zur nichtchristlichen Literatur betont. Vgl. bereits Schlier, Ermahnung. S. etwa Horn, Art. Ethik (NT).
3 Bultmann, Ethik. Vgl. zuletzt noch Wolter, Paulus, 310–338; ders., Identität und Ethos. Vgl. dazu z.B. die Überblicke und Kritik in Horn/Zimmermann, Jenseits.

einen einzigen ethischen Imperativ[4] und beschreibt ansonsten die Funktionsweise von Normen und ethischer Reflexion. Daneben finden sich aber paränetische oder werbende Aufforderungen zu einer bestimmten Lebensführung in einer fast unübersehbar reichhaltigen paganen Literatur dokumentiert: ethisch mahnende Briefe,[5] προτρεπτικοί,[6] exhortationes, adhortationes, flagitationes,[7] Diatriben und Handbücher ethischer Lehren[8] gehörten zur Standardlektüre antiker Intellektueller. Auch narrative Texte mit ethischen Implikationen wie die homerische Ilias und der Tragödienstoff[9] vermittelten ethische Orientierung. All diese Schriften und selbst die Ethiken des Aristoteles oder die platonischen Dialoge verfolgten keineswegs in erster Linie den Zweck, die darin beschriebenen ethischen Normen durch rationale Begründung erst zu legitimieren, ein Ansinnen, das der Ethik wohl erst in der europäischen Neuzeit aufgebürdet wurde und jedenfalls der Antike einigermaßen fremd war. Das gilt auch für die seit dem zweiten bzw. dritten Jahrhundert n. Chr. entstehenden Lehren der Gnosis und des Neuplatonismus. Gleichwohl ist die Suche nach den Begründungszusammenhängen menschlicher Normen und Werte in der Antike immer wieder durch plötzlich oder allmählich eingetretene Unsicherheit, durch irritierende „Unterschiede und Unbeständigkeit" motiviert gewesen.[10] Das gilt sicher auch für die christliche und die jüdische Ethik der Spätantike, wobei sich hier die Motivation historisch nicht zuletzt aus der Auseinandersetzung mit diesen unterschiedlichen Zugängen zur Ethik ergeben hat.

Wenn man das zweite und dritte Jahrhundert als die „Ursprungszeit" expliziter christlicher Ethik – im Gegensatz zum Ethos und zu den impliziten ethischen Reflexionen der überlieferten Texte aus neutestamentlicher Zeit – versteht, so

---

4 φευκτέον τὴν μοχθηρίαν διατεταμένως καὶ πειρατέον ἐπιεικῆ εἶναι („Man muss mit höchster Kraftanstrengung der Schlechtigkeit entkommen und versuchen, recht und angemessen zu sein"). Aristoteles, *Ethica Nicomachea* 9,4 (1166b27 f.). Vgl. Platon, *Gorgias* 507cd.
5 Z. B. Seneca, *Epistulae morales*.
6 Berühmte Beispiele für „protreptische" (für eine bestimmte Lebensweise werbende) Schriften sind etwa Aristoteles, *Protrepticus*; Cicero, *Hortensius*; Iamblichus Chalcidensis, *Protrepticus*.
7 Vgl. dazu den Überblick bei Ostermann, Art. Mahnung.
8 Zu denken ist hier nur etwa an die Diatriben und das diese Lehrgespräche zusammenfassende populäre Enchiridion des Epictetus, *Dissertationes ab Arriano digestae*.
9 Man denke z. B. an die Warnung vor menschlicher Hybris in den Tragödien des Aischylos (526–456, vgl. z. B. *Persae* 807–814) und Sophokles (497 f.–406 f., vgl. z. B. *Aias* 756–777). Auch bei den Dichtern Homer (*Od.* 4,499–510; *Od.* 8,224–228; *Il.* 2,594–600; *Il.* 24,602–609) und Pindar (*Olympia* 1,54–64 und *Pythia* 2,21–89) findet sich dieses Motiv. Für weitere Belege s. Procopé, Art. Hochmut, 802 f.; Dickie, Hesychia and Hybris; MacDowell, „Hybris", 14–31; Bertram, Art. ὕβρις, 295–297; Del Grande, Hybris.
10 διαφορὰ καὶ πλάνη: Aristoteles, *Ethica Nicomachea* 1,1 (1094b14).

lässt sich dieser Ursprung keineswegs als eine geradlinige Entwicklung auf Grundlage der biblischen Texte beschreiben, sondern nur als ein spannungsreicher Prozess in Auseinandersetzung mit kontroversen inner- und außerchristlichen Ethikkonzepten. In dieser Auseinandersetzung musste sich christliche Ethik entwickeln und bewähren. In der erhaltenen Literatur finden sich apologetisch motivierte Aufnahmen außerchristlicher Formen und Einsichten neben identitätsstiftenden und zuweilen auch polemisch zugespitzten Rückzügen auf biblisch fundierte Formulierungen und (Gegen-)Werte. Verbunden ist diese Entwicklung mit einer Suche nach Legitimierung des christlichen Ethos, das in den Gemeinden wohl schon von frühester Zeit an spezifische Ausprägungen erfahren hatte.[11] Diese Legitimierungssuche fand einen gewissen Abschluss mit der Etablierung eines Synodalsystems und allgemein anerkannter ökumenischer Konzilien im Gefolge der konstantinischen Wende spätestens seit der Versammlung in Nizäa 325, weshalb sich die folgenden Überlegungen auf die Herausforderungen und Entwicklungen bis zum Ende des dritten Jahrhunderts beschränken sollen.

2 Herausforderungen christlicher Ethik im zweiten und dritten Jahrhundert

Das vorkonstantinische Christentum sah sich einer Reihe von Herausforderungen gegenüber, die die Entwicklung der christlichen Ethik nachhaltig beeinflussten:

2.1 Dazu gehörte zunächst der Ablösungsprozess vom Judentum. Neuere Forschungen haben gezeigt, dass frühe christliche Gemeindeparänese und hellenistische jüdische Toraparänese formal und inhaltlich große Überschneidungen aufwiesen und für viele außenstehende Zeitgenossen vermutlich kaum voneinander zu unterscheiden waren.[12] Es gibt konkrete Hinweise darauf, dass etwa die Verpflichtung auf die „zweite Tafel" des Dekalogs, also auf die Regelungen zum zwischenmenschlichen Umgang miteinander, zentraler Sammlungspunkt der christlichen und jüdischen Gemeinden im zweiten Jahrhundert gewesen ist.[13] Die

---
11 Vgl. dazu nur etwa den Abschnitt zur „Entstehung und Verbreitung der christlichen Sonderethik" bei Dihle, Art. Ethik, 707–720.
12 Vgl. zur hellenistisch-jüdischen Toraparänese etwa die Beispiele bei Niebuhr, Hellenistisch-jüdisches Ethos; Ders., Gesetz und Paränese. Eine übersichtliche Zusammenstellung der Gemeinsamkeiten und Differenzen früher christlicher und zeitgenössischer jüdischer Glaubensinhalte bietet Nickelsburg, Origins (zur Ethik s. insbes. 29–60).
13 So kennt der römische Statthalter Plinius um 110 n.Chr. einen „Eid" der Christen im Sonntagsgottesdienst, „nicht Diebstahl oder Raub oder Ehebruch zu begehen und nicht Vertrauen zu

Herausforderung im Gegenüber zum jüdischen Diasporajudentum lag damit in der Identitätsfindung auf dem Gebiet der Ethik. Gerade hier wollte etwa Justin (ca. 100–165) den entscheidenden Unterschied zwischen Christentum und Judentum sehen, wenn er den Juden vorwirft, mit der durch sie verschuldeten Kreuzigung Jesu „die Gerechtigkeit getötet" und sich als „Götzendiener" erwiesen zu haben.[14] Justin stellt das Verhältnis zu Jesus Christus als die eine handfeste Differenz zwischen Juden und Christen heraus. Das Doppelgebot der Liebe[15] aus Dtn 6,5 und Lev 19,18b wurde danach von den Juden gleich doppelt missachtet: das Gebot der Nächstenliebe fiel der Feindschaft gegenüber dem Menschen Jesus zum Opfer, und die jüdische Ablehnung Christi als Gottessohn sei ein Verstoß gegen das Gebot der Gottesliebe gewesen. Dass solche christlichen Absetzungsversuche gegenüber der hellenistisch-jüdischen Toraparänese auch von der Umwelt bemerkt wurden, zeigt die Kritik des Mittelplatonikers Kelsos (um 180), der den Christen vorwarf, sich mit ihrem Ethos der Feindesliebe[16] von ihren jüdischen Wurzeln entfernt zu haben: „Vergaß der Vater, als er diesen [Jesus] sandte, was er mit Moses verabredet hatte?"[17] Die Entwicklung einer stärker an platonischen und stoischen Philosophumena ausgerichteten Ethikreflexion etwa bei Clemens von Alexandrien (ca. 150–215) lässt sich vielleicht auch als Teil dieser Identitätssuche im Bereich der Ethik verstehen. Es ist sicher kein Zufall, dass der theologische Schwerpunkt derjenigen Autoren, die sich mit antijudaistischer Polemik als Teil dieses Ablösungsprozesses besonders hervorgetan haben, in der Ethik und der Gemeindedisziplin und nicht in der Dogmatik gelegen hatte. Dies gilt etwa für Tertullian[18] und Cyprian[19] und später vor allem für Johannes Chrysostomus,[20] den wichtigsten Vertreter der stark ethisch orientierten theolo-

---

enttäuschen" (*ne furta ne latrocinia ne adulteria committerent, ne fidem fallerent*. Plinius, *Epistula* 10,96,7). Eine solche eidliche oder sakramentale Verpflichtung berichtet auch Hippolyt von der um 100 gegründeten jüdisch-christlichen Gemeinde der Elkesaiten in Hippolytus, *Refutatio* 11,15,6. Vgl. dazu ähnliche Regeln in der vermutlich aus einer ähnlichen Zeit stammenden Didache (Did 2,1–7) und die – leider spärlichen – Nachrichten des jüdischen Gottesdienstes im ersten und zweiten Jahrhundert. S. dazu etwa mTamid 5,1 und bBer 12a; vgl. dazu Löhr, Dekalog, 29–43.
14 Justin, *Dialogus cum Tryphone Judaeo* 93,1–4.
15 Vgl. Mt 22,37–40; Mk 12,29–31; Lk 10,27.
16 Vgl. Mt 5,39; Lk 6,29. Als christliches Differenzierungsmerkmal gegenüber der Umwelt wird das Gebot der Feindesliebe auch etwa gesehen von Wolter, Lukasevangelium, 256; Meier, Marginal Jew, 532–551; Dihle, Art. Ethik, 720.
17 Ἡ ὁ πατὴρ τοῦτον πέμπων ἐπελάθετο, τίνα Μωϋσεῖ διετάξατο; Origenes, *Contra Celsum* 7,18 (ed./tr. nach Marcel Borret/Claudia Barthold, FC 50/5, 1214,18f./1215,25f.).
18 Tertullian, *Adversus Iudaeos*.
19 Cyprian, *Ad Quirinum testimonia adversus Iudaeos*.
20 Ioannes Chrysostomus, *Adversus Iudaeos*.

gischen Richtung, die man als „antiochenische Schule" bezeichnet hat[21] – und dies zu einer Zeit, als der Ablösungsprozess schon weitgehend abgeschlossen war.

2.2 Eine Herausforderung, welche die frühen christlichen Gemeinden mit den jüdischen Diasporagemeinden teilten, war die Anstößigkeit vieler Teile der auf der Tora (beziehungsweise der die Anweisungen der Tora interpretierenden Jesuspredigt) basierenden Gemeindeethik für die pagane Mehrheitsgesellschaft. Bestimmte anerkannte Berufe wie etwa der Soldatendienst konnten jenen ethischen Forderungen kaum entsprechen.[22] Es gibt deshalb zahlreiche Hinweise darauf, dass diese Vorschriften im zweiten Jahrhundert mehr Argwohn als Bewunderung erzeugten.[23] Dass die nichtchristliche Umwelt in der Regel kaum zwischen der Gemeindedisziplin der Mehrheitskirche und den extremeren Formen ethischen Rigorismus' in christlichen und gnostischen Sondergruppen zu unterscheiden wusste, verschärfte die Lage noch.[24] Die im Gottesdienst gepredigte eschatologische Perspektive der Ethik, also die Verbindung mit der Gerichtsvorstellung, wie sie zum Beispiel beim Abtreibungsverbot gut in den Quellen nachweisbar ist,[25] gab der Gemeindeethik eine Dringlichkeit, die auch von Nichtchristen bemerkt wurde.[26] Clemens von Alexandrien kann unter Hinweis auf die in Ägypten populäre Petrusapokalypse und anhand des Beispiels des Schwangerschaftsabbruchs grundsätzlich bemerken, dass die Menschen wegen ihrer Verfehlungen mit jenseitigen Züchtigungen zu rechnen haben (διὰ τὰς ἁμαρτίας γίνεσθαι τὰς κολάσεις).[27] Offenbar war dieses Beispiel bei seiner Leserschaft zu Beginn des

---

21 Der Begriff, der für das Verständnis der patristischen Forschung der letzten 200 Jahre sehr hilfreich ist, wird gegenwärtig sehr unterschiedlich verwendet, je nachdem, ob Exegese, dogmatische Positionierung in den christologischen Streitigkeiten oder eine historisch zu rekonstruierende Institution gemeint ist.
22 Vgl. z.B. noch die Liste der anstößigen Berufe in der *Traditio Apostolica* 16, die ein Taufhindernis darstellten.
23 S. etwa die im Pliniusbrief (s.o.) genannten Verdächtigungen (Plinius, *Epistula* 10,96) oder die bei Minucius Felix, *Octavius* 9 dokumentierten Vorwürfe.
24 Vgl. zur Herkunft und Herleitung dieser Vorwürfe Speyer, Vorwürfe.
25 Die Folgen für Frauen, die einen Schwangerschaftsabbruch hinter sich haben, werden in der äthiopisch überlieferten Fassung der Petrusapokalypse (um 135) deutlich geschildert: ApcPe 8,4. Vgl. Did 2,2; Barn 19,5; Tertullian, *De exhortatione castitatis* 12; Minucius Felix, *Octavius* 30. Der Schwangerschaftsabbruch erfuhr in der römischen Mehrheitsgesellschaft keine solche allgemeine Verurteilung (auch wenn es Vorbehalte z.B. aus medizinischen und rechtlichen Gründen gab), so dass hier der Gegensatz zum Christentum besonders deutlich wird. Vgl. dazu (mit Lit.) Volp, Würde, 270–296.
26 Vgl. Julianus Imp., *Epistula* 89b.
27 Clemens Alexandrinus, *Eclogae propheticae* 49,2 (ed. Ludwig Früchtel/Otto Stählin/Ulrike Treu, GCS 17, 150,16f.).

dritten Jahrhunderts hinreichend bekannt, so dass es als Paradigma für die Konsequenzen ernsthafter ethischer Verfehlungen jeder Art dienen konnte.

2.3 Gegenüber den hochentwickelten philosophischen Tugendlehren musste sich das Christentum ebenfalls positionieren. Einer einfachen Synthese stand zunächst die Tatsache entgegen, dass christliche Ethik im zweiten Jahrhundert vor allem auf der Verlesung biblischer Texte aufbaute. Die Schilderung der christlichen Zusammenkünfte durch den Apologeten Justin rückte Ethik und Gottesdienst eng zusammen. Im Umfeld des Abendmahls wurden danach Mittel gesammelt, um Benachteiligte zu unterstützen, und die Betreuung von Kranken und Gefangenen wurde vorbereitet. Vor allem aber gehörte zum Gottesdienst die Verlesung biblischer Texte, an die sich die „Ermahnung und Aufforderung zur Nachahmung all dieses Guten"[28] anschloss. Aber es waren auch inhaltliche Differenzen in der Kosmologie und Anthropologie zu berücksichtigen: Für das Bekenntnis zum Schöpfergott und die Überzeugung von der aus eigener Kraft unüberwindbaren Sündhaftigkeit des Menschen seit dem Fall gab es in den Theorien der philosophischen Ethik keinen Platz. Genau diese Überzeugungen wurden jedoch zu den Ecksteinen christlicher theologischer Ethikreflexion. Das bedeutet freilich nicht, dass die Vätertheologie kein Grundwissen in der antiken philosophischen Tugendlehre voraussetzte.[29] Die Denkkategorien der philosophischen Lehren begegnen allenthalben, obgleich doch die inhaltlichen und formalen Unterschiede zwischen den Begründungszusammenhängen der philosophischen Tugendlehren und den sich auf die Jesusüberlieferung beziehenden christlichen Ethikreflexionen signifikant sind. Eine zugespitzte Auseinandersetzung mit den philosophischen Tugendlehren begann aber erst im dritten Jahrhundert als Reaktion auf die ersten anti-christlichen Streitschriften eines Fronto (ca. 162–174)[30], Kelsos (um 180)[31] und schließlich Porphyrios (Ende des dritten Jahrhunderts)[32].

---

28 νουθεσία καὶ πρόκλησις τῆς τῶν καλῶν τούτων μιμήσεως. Iustinus, *IApol.* 67,4 (ed. Miroslav Marcovich, PTS 38, 129,10 f.).
29 Vgl. eindrücklich die zahlreichen Bezüge bei Mühlenberg, Lebensführung.
30 Marcus Cornelius Fronto (ca. 100–170) wird erwähnt in Minucius Felix, *Octavius* 9,6 f.
31 Origenes, *Contra Celsum*.
32 Porphyrius, *Contra Christianos* (neue Edition der erhaltenen Fragmente von Becker, Porphyrios). Zur Datierung ebd., 22–27. Zum hochinteressanten Umfeld dieser Auseinandersetzung zwischen (neu-)platonischer Philosophie und Christentum vgl. die Hypothese bzw. Rekonstruktion von Digeser, Public Piety. Zu den unterschiedlichen apologetischen Strategien gegenüber dieser philosophischen Kritik vgl. zuletzt Volp, Kampf.

2.4 Eine harte und unnachgiebige Auseinandersetzung wurde dagegen von Beginn an mit der Gnosis[33] ausgefochten, die sich in der Anthropologie und Kosmologie für einen anderen Weg als die Kirchenväter entschieden hatte. Zu den Themen der gnostischen Mythen und kosmologischen Dramen gehörten die Entstehung und das Wesen der Welt, die Herkunft des Bösen in der Welt sowie die Strategien für seine endgültige Überwindung. Aus diesem Grund wurden die gnostischen Lehren unmittelbar für die Ethik relevant, zumal hier anthropologische Vorstellungen oft auf narrative Weise entwickelt wurden, die eine direkte Konkurrenz zu den biblischen Texten darstellten. Die böse Macht der weltschöpferischen Engel, wenn nicht des Materiellen überhaupt, kämpfte für die Gnostiker einen großen kosmischen Kampf mit der guten, immateriellen Macht. Entmaterialisierung und totale Vergeistigung mussten so zu menschlichen Lebenszielen werden. Dadurch geriet dieses Konzept in einen Widerspruch zur neutestamentlichen Lehre von der leiblichen Auferstehung, vor allem aber zur Lehre von der Schöpfung der Welt durch Gott und überhaupt zu leiblichen Aspekten der Ethik. Ein materiell wirksames Handeln zugunsten anderer Menschen in Not konnte eine Weltsicht, die regelmäßig gegen die „Fesseln des Gefängnisses" des Körpers gerichtet war,[34] nicht integrieren. Clemens von Alexandrien betonte dagegen eine – von der Gnosis immer wieder bestrittene – Entscheidungsfreiheit der Menschen, wie sie ihre materiellen Güter zum Wohle anderer gebrauchen. Darin, und nicht im Wesen der Menschen der unterschiedlichen Erkenntnisklassen, der Somatiker, der Psychiker oder der Pneumatiker sei begründet, ob sie zum fleischlich-materiell Irdischen oder zum geistig-immateriell Jenseitigen hingezogen werden.[35] Zu Beginn des dritten Jahrhunderts schien jedenfalls christliche Ethikreflexion solcherlei gnostische Einschränkung der menschlichen Fähigkeit zum Guten zumindest als Indifferenz, wenn nicht als das Ende jeder ernstzunehmenden Ethik wahrzunehmen und zu bekämpfen.

In der Polemik gegen die Gnosis fand in der Anthropologie und Ethik zwangsläufig auch ein Absetzungs- und Identitätsfindungsprozess von der pla-

---

33 Die genauen Anfänge der christlichen Gnosis bzw. des christlichen Gnostizismus liegen nach wie vor im Dunkeln. Der Begriff „Gnosis" („Erkenntnis") findet sich zwar in den Quellen, ist aber als Richtungsbezeichnung natürlich eine Fremdbezeichnung, wenn nicht gar ein „typologisches Konstrukt" (so allerdings etwas einseitig Williams, „Rethinking Gnosticism"; und zwar sowohl der modernen Forschung als auch bereits der antignostischen Kirchenväter.
34 Apokryphon des Johannes (NHC II,1 und NHC IV,1). Vgl. Hen(aeth) 10,13 und 21,10.
35 Diese Dreiteilung findet sich im „valentinianischen" System der Gnosis, wobei an dieser Stelle ignoriert werden kann, inwieweit es hier um die persönliche Lehre Valentins oder seiner Schüler und Nachfolger geht. Vgl. dazu den inzwischen sehr ausdifferenzierten Forschungsdiskurs; zusammengefasst bei Markschies, Art. Valentinian.

tonischen Philosophie statt. So musste die Lehre von der leiblichen Auferstehung[36] Platonikern und Gnostikern gleichermaßen zuwider sein. Beiden galt doch die menschliche Seele oder Vernunft oder jedenfalls ein rein geistiger Teil des Menschen als göttlich, jenseitig und überzeitig, während der Leib oder zumindest der menschliche Körper, die σάρξ, als materiell, diesseitig und zeitlich angesehen wurde, nur mit den geistigen Teilen des Menschen für eine gewisse Zeit verbunden, ihr aber eigentlich fremd und für sie abstoßend. Überlieferte asketische, gegen die Fleischlichkeit des Menschen gerichtete Vorschriften wie das Verbot von Fleischnahrung oder sexuelle Enthaltsamkeit klangen bei Gnostikern und Neuplatonikern ähnlich, was vielen Zeitgenossen deutlicher vor Augen gestanden haben dürfte als die Verschiedenheit der beiden Gruppen. Deshalb trifft auch die scharfe christliche Verteidigung der leiblichen Auferstehung[37] und materieller Aspekte der christlichen Ethik wie die Armenfürsorge letztlich beide Richtungen gleichermaßen. Im zeitgenössischen Judentum waren solche Vorstellungen übrigens ebenfalls populär.[38] Der große Aufwand, der von den christlichen Auferstehungsverteidigern betrieben wurde, lässt sich kaum ohne eine Beziehung zum paulinischen Auferstehungsgedanken und zu den Evangeliennarrativen von Passion, Tod und Auferstehung Christi in den christlichen Gemeinden erklären.[39] Über den Mimesis- und Nachfolgegedanken war letztlich auch die Ethik auf diesen Glauben angewiesen: „Gibt es keine Auferstehung der Toten, so ist auch Christus nicht auferweckt worden. Ist aber Christus nicht auferweckt worden, so ist unsre Predigt vergeblich, so ist auch euer Glaube vergeblich" (I Kor 15,13 f). Der Mimesisgedanke ist auch ein wichtiger Hintergrund für die späteren christologischen Auseinandersetzungen um die volle Menschlichkeit Jesu, ohne die Jesus Christus als ethisches Vorbild für die Christen womöglich auszufallen drohte.

2.5 Schließlich ist auf den christlichen Gemeindereformer Markion (ca. 85–160) und damit auf die wichtigste innerchristliche Auseinandersetzung des zweiten Jahrhunderts hinzuweisen. Markions neu geschaffener Kanon von autoritativen

---

36 I Thess 4,13–18; I Kor 15,22–24 und II Kor 5,10. Vgl. Eph 5,14.
37 Vgl. etwa Tertullian, *De resurrectione carnis*; Ps.-Athenagoras, *De resurrectione*; Pseudo-Iustinus, *De resurrectione*.
38 Vgl. dazu bereits Nickelsburg, Resurrection.
39 Vgl. dazu die Beiträge in Verheyden/Merkt/Nicklas, Studies. Vinzent, Auferstehung, sieht einen Konsens bzgl. der Auferstehung Christi nach Markion eindeutig etabliert (zur Verbindung mit Markion kritisch Mark Edwards. „Markus Vinzent on the Resurrection." In Verheyden et al. (Hg.), Studies, 123–134).

Schriften[40] war wegen seiner biblischen Grundlage hinsichtlich Autorität und Legitimität den gnostischen Texten und erst recht den philosophischen Tugendlehren überlegen und stellte gleichzeitig mit der Ablehnung der Septuaginta beziehungsweise der hebräischen Bibel eine klare Abgrenzung zum Judentum dar. Markions Theologie nahm nicht wie viele Richtungen der Gnosis ein immaterielles und ein materielles Prinzip an, sondern ging konkreter von der Existenz zweier Götter aus, die sich letztlich vor allem in ihrer Sicht auf die Ethik unterschieden. Der „alte Gott", dessen Taten der Gerechtigkeit und der Vergeltung im Alten Testament nachzulesen sind, ist für die Weltschöpfung verantwortlich gewesen; der neue, bisher unbekannte Gott dagegen ist ein Gott der Barmherzigkeit, der Sündenvergebung[41] und der Feindesliebe,[42] der dem alten feindlich gegenübersteht.[43] Es ist ein Gott, der seine ethischen Regeln und Weisungen nicht in Form von Gesetzen oder ethischen Abhandlungen, sondern in narrativer Form, in Gleichnissen und im Gespräch Jesu mit seinen Jüngern offenbart hatte. Das Gesetz des alten Gottes hatte den Charakter einer kosmischen Zwangsgewalt, von der Christus die Menschen erlöst hat.[44] Im Gegensatz zur tendenziell elitären Gnosis stand diese Erlösung der gesamten Menschheit offen, entsprechend öffneten sich die markionitischen Gemeinden für alle Menschen, die sich den anfangs rigorosen Regeln des Gemeindelebens unterwerfen wollten. Dies führte zu ihrer Verbreitung vom Pontus und von Rom aus nach Südgallien, Nordafrika, Ägypten, Kreta, Kleinasien, Syrien und Mesopotamien. In kaum einer anderen christlichen Gruppe hatte die *lex caritatis* der Bergpredigt eine ähnlich zentrale Bedeutung, zumal hier keine Relativierung des ethischen Imperativs durch eine Naherwartung im Raum stand. Es ging Markion darum, sich in dieser Welt im Kampf zwischen dem alten und neuen Gott zu entscheiden und ein Reich der Liebe zu errichten. Kein Gemeindeglied durfte sich diesem entziehen, und alle mussten zum Beispiel durch den Verzicht auf Ehe und Kinderzeugung der Welt des Schöpfergottes entsagen.[45]

Auf diese zweifache innerchristliche Herausforderung christlicher Ethik und Gemeindetheologie, auf Gnosis und Markion reagierten in der zweiten Hälfte des zweiten Jahrhunderts gleichermaßen die sogenannten „antignostischen Väter"

---

40 Vielleicht bestand die „Bibel Markions" aus einer eigenen Einleitung, einem auf Lk basierenden Evangelium und einem Corpus an Paulusbriefen. Zum aktuellen Stand der Markionforschung vgl. Löhr, Art. Marcion (zum Kanon Markions 150–152).
41 Lk 5,18–26.
42 Lk 6,27–31.
43 Vgl. Lk 5,36–38; Lk 10,9.
44 Vgl. Röm 7.
45 So jedenfalls die Darstellung bei Clemens Alexandrinus, *Stromata* 3,3,12 und 3,4,25,1f.

Irenäus von Lyon (ca. 135–200), Hippolyt von Rom (ca. 170–235), Tertullian von Karthago (ca. 150–220) und Clemens von Alexandrien (ca. 150–215). Vielleicht am folgenreichsten war der biblisch orientierte heilsgeschichtliche Ansatz des Irenäus von Lyon mit seinem Grundkonzept, das auf die paulinische Adam-Christus-Typologie[46] zurückgriff. Die Vollendung der Gottebenbildlichkeit des Menschen (Gen 1,26), die durch den Fall teilweise verlorengegangen war, sei in der Inkarnation des „Wortes Gottes" als endlicher „Zusammenfassung" *(recapitulatio)* des Menschen geschehen. Der Fleischgewordene wird Anfang einer neuen Menschheit, was sich in platonischen Philosophumena von Bild/Abbild/Ähnlichkeit/Verähnlichung als Interpretation des Bildbegriffs von Gen 1,26 verstehbar ausdrücken ließ, aber vor allem das Konzept einer progressiv voranschreitenden Heilsgeschichte propagierte. Der Mensch und seine ethischen Möglichkeiten und Aufgaben wurden nun nicht mehr zeitlos wie in der Philosophie gesehen, sondern in den heilsgeschichtlichen Fortschritt eingebettet. Die Auseinandersetzung mit Markion klärte also nicht nur die biblischen Grundlagen der Ethik, sondern führte auch im Bereich der Schöpfungstheologie zu einem klaren Ergebnis. Das auf der paulinischen Theologie basierende heilsgeschichtliche Modell des Irenäus mit Schöpfung, Fall, Inkarnation und Erlösung wurde zwar in vielen Details immer wieder verändert und modifiziert, kann aber als Grundstruktur für jede antike christliche Ethik *coram Deo* verstanden werden. Das gilt für die „großen", mit der Heilsgeschichte befassten theologischen Entwürfe von Origenes bis Athanasius und Augustinus ebenso wie für weniger bekannte Denker wie etwa Eustathius von Antiochien.[47]

3 Fazit: Das Profil christlicher Ethik im zweiten und dritten Jahrhundert

Aus dieser Zeit der Herausforderungen für die Ethik ist das antike Christentum mit einem relativ deutlichen Profil hervorgegangen. Die Leistungsfähigkeit, aber auch die Grenzen einer präskriptiven Gemeindeethik lagen nun klar zutage. An ihre Seite musste eine intellektuelle Ethikreflexion treten, die auf Augenhöhe mit der philosophischen Ethik argumentieren konnte, dabei aber gleichzeitig das biblische Zeugnis ernstnahm. Damit das gelingen konnte, musste christliche Ethik notwendigerweise immer wieder „sozialethisch" zugespitzt werden, wollte sie im Sinne des Doppelgebotes der Liebe nicht in die Aporien antiker Elitenethiken

---

46 Röm 5f., v.a. 5,18 und 6,23.
47 Vgl. dazu zuletzt in diesem Sinne Cartwright, Anthropology.

geraten. Damit war die ekklesiologische Dimension der Ethik stets im Blick: Die christliche Gemeinde erhält in vielen Texten den Rang eines ethischen Subjekts, etwas, was kein wirkliches Vorbild in der philosophischen Tradition hatte. In diesen Begründungszusammenhängen entwickelte das Christentum unterschiedliche Formen und Strategien: Zum einen ließen sich die Kirchenväter auf eine intellektuell-akademische Diskussion mit der philosophischen – und ein Stück weit auch mit der hellenistisch-jüdischen, sehr selten wohl auch mit der rabbinisch-jüdischen[48] – Tradition ein. Gleichzeitig hielten die Christen aber an ihrer narrativen Ethiktradition fest: Ethik war in allererster Linie Auslegung der biblischen Geschichten und Gleichnisse, der Bergpredigt und anderer Jesusworte mitsamt ihrer narrativen Kontexte. Beide Arten der Ethikreflexion fanden ihren festen Ort – nicht ausschließlich, aber doch ganz wesentlich – im christlichen Gottesdienst, der aus ethischer und religiöser Belehrung, aus dem Verlesen der kanonischen Texte und aus der Feier der an die Heilsgeschichte gemahnenden Sakramente bestand. Mit der Ausbreitung des Mönchtums sollte sich seit dem Ende des dritten Jahrhunderts für breite Schichten des Christentums zudem die Möglichkeit ergeben, durch Fokussierung auf zentrale Lebensformen dieser Ethik, vor allem Virginität und Demut, einer bestimmten Interpretation des biblischen Zeugnisses[49] nachzueifern beziehungsweise eine ethische Vorbildlichkeit vorzuleben, die auch für das Leben gewöhnlicher Christen Orientierungsfunktionen übernahm, also eine „mimetische Ethikbegründung" darstellte. Diese drei Begründungsformen antiker christlicher Ethik: Narratio, Doxologie und Mimesis, sind und bleiben Erbe der Ursprungszeit der antiken christlichen Ethik des zweiten und dritten Jahrhunderts. Es sind Anfänge, die zuweilen vergessen werden angesichts der ausdifferenzierten trinitätstheologischen Debatten im vierten und fünften Jahrhundert und des Bemühens um die Schaffung von Glaubensbekenntnissen, in denen diese Ethik kaum Spuren hinterlassen hat. Dennoch finden sich auch in der späteren Väterliteratur allenthalben Verweise auf die nur aus diesen Anfängen erklärbare christliche Tugend der Demut – als Konsequenz der Verbindung von Liebes- und Nachfolgegedanken und dem anthropologischen Bewusstsein um Unvollkommenheit und Sünde. Entfaltet wird dies nicht nur im Lichte der Heilsgeschichte, sondern auch unter Zuhilfenahme philosophischer Begrifflichkeiten in den systematisierenden Entwürfen der großen Kirchenväter

---

[48] Man denke aber den mutmaßlichen Austausch des Origenes mit solchen Kreisen in Alexandrien: s. dazu Tzvetkova-Glaser, Pentateuchauslegung; Niehoff, Circumcision; dies., Creatio.
[49] Hier spielten Evangeliumtraditionen eine zentrale Rolle, so wurde Mt 5,8 („Selig sind, die reines Herzens sind; denn sie werden Gott schauen") regelmäßig als Grundlage der *vita contemplativa* verstanden. Vgl. dazu Mühlenberg, Lebensführung (wie Anm. 28), 104–106.

etwa in Theorien zur Homoiosis,[50] zum menschlichen Willensbegriff[51] und zur Psychologie[52] sowie der Beschreibung der richtigen *uti-frui*-Ordnung[53]. Will man heute über christliche Ethik nachdenken, ist es jedoch auch angemessen, sich der diesen berühmten Modellen voraus liegenden Anfänge zu erinnern.

Bibliographie

Becker, Matthias, Hg. 2016. *Porphyrios, Contra Christianos. Neue Sammlung der Fragmente, Testimonien und Dubia mit Einleitung, Übersetzung und Anmerkungen*. TK 52. Berlin [u. a.]: De Gruyter.

Bertram, Georg. 1969. „Art. ὕβρις." In *ThWNT*. Bd. 8, hg. v. Gerhard Kittel/Gerhard Friedrich, 295–307. Stuttgart [u. a.]: Kohlhammer.

Bultmann, Rudolf . 1924. „Das Problem der Ethik bei Paulus." *ZNW* 23: 123–140.

Cartwright, Sophie. 2015. *The Theological Anthropology of Eustathius of Antioch*. OECS. Oxford: Oxford University Press.

Del Grande, Carlo. 1947. *Hybris. Colpa e castigo nell'espressione poetica e letteraria degli scrittori della Grecia antica da Omero a Cleante*. Neapel: Riccardo Ricciardi Editore.

Dickie, Matthew W. 1984. „Hesychia and Hybris in Pindar." In *Greek Poetry and Philosophy. Studies in honour of Leonard Woodbury*, hg. v. Douglas E. Gerber, 83–109. Scholars Press homage series 8. Chico, Calif: Scholars Press.

Digeser, Elizabeth DePalma. 2012. *A Threat to Public Piety. Christians, Platonists and the Great Persecution*. Ithaca, NY: Cornell University Press.

Dihle, Albrecht. 1966. „Art. Ethik." In *RAC*. Bd. 6, hg. v. Ernst Dassmann [u. a.], 646–796. Stuttgart: Hiersemann.

Engberg-Pedersen, Troels. 2004. „The Concept of Parenesis." In *Early Christian Paraenesis in Context*, hg. v. James M. Starr und Troels Engberg-Pedersen, 47–72. BZNW 125. Berlin [u. a.]: De Gruyter.

Grötzinger, Albrecht. 2003. „Art. Paränese." In *HWRh*. Bd. 6, hg. v. Gert Ueding [u. a.], 552–555. Darmstadt: Wissenschaftliche Buchgesellschaft.

Horn, Friedrich W. und Zimmermann, Ruben, Hg. 2009. *Jenseits von Indikativ und Imperativ. Kontexte und Normen neutestamentlicher Ethik Bd. 1*. WUNT 238. Tübingen: Mohr Siebeck.

Horn, Friedrich W. „Art. Ethik (NT)." In *WiBiLex*, http://www.bibelwissenschaft.de/de/stichwort/47913/, abgerufen am 15.10.2016.

Löhr, Hermut. 2002. „Der Dekalog im frühesten Christentum und seiner jüdischen Umwelt." In *Judentum und Christentum zwischen Konfrontation und Faszination. Ansätze zu einer neuen Beschreibung der jüdisch-christlichen Beziehungen*, hg. v. Wolfram Kinzig/Cornelia Kück, 29–43. JuChr 11. Stuttgart: Kohlhammer.

---

50 So etwa bei Gregor von Nyssa.
51 So etwa bei Augustinus und Nemesios von Emesa.
52 So etwa bei Gregor von Nyssa und Nemesios.
53 Bei Augustinus.

Löhr, Winrich. 2012. „Art. Marcion." In *RAC*. Bd. 24, hg. v. Georg Schöllgen [u. a.], 147–173. Stuttgart: Hiersemann.
MacDowell, Douglas M. 1976. „"Hybris" in Athens." *GaR* 23:14–31.
Markschies, Christoph. 2002. „Art. Valentinian." In *TRE* Bd. 34, hg. v. Horst Balz/Gerhard Müller/Gerhard Krause, 495–500. Berlin [u. a.]: De Gruyter.
Meier, John P. 2009. *A Marginal Jew. Rethinking the historical Jesus*. Bd. IV. *Law and Love*. New York [u. a.]: Doubleday.
Mühlenberg, Ekkehard. 2006. *Altchristliche Lebensführung zwischen Bibel und Tugendlehre: Ethik bei den griechischen Philosophen und den frühen Christen*. AAWG.PH 3/272. Göttingen: Vandenhoeck & Ruprecht.
Nickelsburg, George W. E. 2003. *Ancient Judaism and Christian origins. Diversity, continuity, and transformation*. Minneapolis: Fortress Press.
Nickelsburg, George W. E. ^{2}2007. *Resurrection, Immortality, and Eternal Life in Intertestamental Judaism and Early Christianity*. HThS 56. Harvard: Harvard University Press.
Niebuhr, Karl-Wilhelm. 1987. *Gesetz und Paränese. Katechismusartige Weisungsreihen in der frühjüdischen Literatur*. WUNT 2/28. Tübingen: Mohr Siebeck.
Niebuhr, Karl-Wilhelm. 2002. „Hellenistisch-jüdisches Ethos im Spannungsfeld von Weisheit und Tora." In *Ethos und Identität. Einheit und Vielfalt des Judentums in hellenistisch-römischer* Zeit, hg. v. Matthias Konradt/Ulrike Steinert, 27–50. Studien zu Judentum und Christentum. Paderborn: Schöningh.
Niehoff, Maren R. 2003. „Circumcision as a marker of identity. Philo, Origen and the Rabbis on Gen. 17:1–14." *JSQ* 10:89–123.
Niehoff, Maren R. 2006. „Creatio ex Nihilo Theology in Genesis Rabbah in Light of Christian Exegesis." *HTR* 99:37–64.
Ostermann, Eberhard. 2012. „Art. Mahnung." In *HWRh*. Bd. 10, hg. v. Gert Ueding, 626–632. Berlin: De Gruyter
Popkes, Wiard. 1995. „Art. Paränese." In *TRE*. Bd. 25, hg. v. Horst Balz/ Gerhard Müller/Gerhard Krause, 737–742. Berlin [u. a.]: De Gruyter.
Procopé, John. 1991. „Art. Hochmut." In *RAC*. Bd. 15, hg. v. Ernst Dassmann [u. a.], 795–858, Stuttgart: Hiersemann.
Schlier, Heinrich. 1956. „Vom Wesen der apostolischen Ermahnung nach Römerbrief 12, 1–2." In *Die Zeit der Kirche*. Bd. 1, *Exegetische Aufsätze und Vorträge*, hg. v. Heinrich Schlier, 74–89. Freiburg i. Br. [u. a.]: Herder.
Speyer, Wolfgang. 1989. „Zu den Vorwürfen der Heiden gegen die Christen." In *Frühes Christentum im antiken Strahlungsfeld. Ausgewählte Aufsätze*, hg. v. Wolfgang Speyer, 7–13. WUNT 50. Tübingen: Mohr Siebeck.
Starr, James M. und Engberg-Pedersen, Troels. 2004. „Introduction." In *Early Christian Paraenesis in Context*, hg. v. James M. Starr Troels und Engberg-Pedersen, 1–10. BZNW 125. Berlin [u. a.]: De Gruyter.
Starr, James M. 2004."Paraenesis in the New Testament. An Excercise in Conceptuality." In *Early Christian Paraenesis in Context*, hg. v. James M. Starr und Troels Engberg-Pedersen, 13–46. BZNW 125. Berlin [u. a.]: De Gruyter.
Tzvetkova-Glaser, Anna. 2010. *Pentateuchauslegung bei Origenes und den frühen Rabbinen*. Early Christianity in the Context of Antiquity 7. Frankfurt a.M. [u. a.]: Peter Lang.

Verheyden, Joseph und Merkt, Andreas und Nicklas, Tobias, Hg. 2016. „*If Christ has not been raised ...*" *Studies on the reception of the resurrection stories and the belief in the resurrection in the early church.* NTOA 115. Göttingen [u. a.]: Vandenhoeck & Ruprecht.
Vinzent, Markus. 2014. *Die Auferstehung Christi im frühen Christentum.* Freiburg [u. a.]: Herder.
Volp, Ulrich. 2006. *Die Würde des Menschen. Ein Beitrag zur Anthropologie in der Alten Kirche.* SVigChr 81. Leiden [u. a.]: Brill.
Volp, Ulrich. 2016. „Ein Kampf gegen die Hydra. Die christliche Verteidigungsstrategie des Makarios Magnes im Gegenüber zu exegetisch begründeter philosophischer Bibelkritik." In *Die Christen als Bedrohung? Text, Kontext und Wirkung von Porphyrios' Contra Christianos*, hg. v. Irmgard Männlein-Robert, 289–305. Roma Aeterna/Beiträge zu Spätantike und Frühmittelalter 5, Stuttgart: Franz Steiner Verlag.
Williams, Michael A. [2]1999. *Rethinking „Gnosticism". An Argument for Dismantling a Dubious Category.* Princeton, N.J.: Princeton University Press.
Wolter, Michael. 2008. *Das Lukasevangelium.* HNT 5. Tübingen: Mohr Siebeck.
Wolter, Michael. 2009. „Identität und Ethos bei Paulus." In *Theologie und Ethos im frühen Christentum. Studien zu Jesus, Paulus und Lukas*, hg. v. Michael Wolter, 121–170. WUNT 236, Tübingen: Mohr Siebeck.
Wolter, Michael. 2011. *Paulus. Ein Grundriss seiner Theologie.* Neukirchener Theologie. Neukirchen-Vluyn: Neukirchener Verlag.

Stephan Weyer-Menkhoff
Ethik in praktisch-theologischer Hinsicht

Praktische Theologie hat es mit der gelebten christlichen Religion zu tun. Sie sucht die christliche Religion nicht in den Spuren historischer Vergangenheit, nicht im Feld systematischer Reflexion, sondern am Ort gegenwärtiger Lebensbedingung. Damit kommt die conditio humana ins Spiel: der Leib. Der geborene und sterbliche Leib gibt dem Menschen Leben nicht anders als in fundamentaler Endlichkeit. Mit seinem Leib ist das Leben des Menschen unübersichtlich, mit dem Tod begrenzt und mit der Geburt zufällig.

Die mit dem Leib bleibende Endlichkeit ist zugleich Grund und Ort der Ethik. In einer unendlichen Abwesenheit von Mangel und Beschränkung, in einer grenzenlosen Fülle und in einem Leben ohne sterblichen Leib bliebe für eine Ethik kein Platz mehr. Ethische Sätze entstehen im Umgang mit der Endlichkeit menschlichen Lebens. Sie lassen den Menschen in Endlichkeit leben. Daher sind ethische Frage- und Feststellungen für die Art und Weise gelebter Religion praktisch-theologisch aufschlussreich: Wie wird menschliches Leben in seiner leiblichen Endlichkeit und lebensweltlichen Begrenztheit als von Gott gegeben erfahren und geglaubt?

Das menschliche Leben ist unübersichtlich. Mein sehender Leib wird mir nicht völlig sichtbar. Ich kann mich selbst nie in der für das Sehen notwendigen Distanz wahrnehmen; ich habe mich stets in meinem Rücken. So kommt es, dass Erfahrungen gemacht werden, die sich widersprechen. Die erfahrene Welt ist nicht einheitlich, sondern wird unübersichtlich. Eine Reduktion von Erfahrung böte sich an, um eine einheitliche Welt zu erhalten. Die kritische Frage Theologischer Ethik auf dem Gebiet Praktischer Theologie wäre: Sollte Ethik der Reduktion von Erfahrung dienen?

Mit der Sterblichkeit des Leibes ist das menschliche Leben stets begrenzt. Die Einmaligkeit des Tages, des Ortes, des Erlebens und Tuns verkürzt das erreichbare Ziel um das, was die Vorstellung und den Wunsch ausmachen. In dieser Begrenzung muss etwas als Ziel gesetzt werden, das zugleich aber nicht gewollt werden kann. Ambivalenzen treten auf, die eine Orientierung unmöglich machen. Hier böte sich die Identifikation mit einer feststehenden Größe an, die alle Unübersichtlichkeit und Ambivalenz überragt. Wieder heißt die kritische Anfrage einer Theologischen Ethik: Sollte Ethik der Identifikation eines Größen-Selbst dienen?

Schließlich ist das menschliche Leben mit der Geburt des Leibes bleibender Zufall. Das endliche Leben ist zufällig. Das Entscheidende und das Leben Ausmachende wird vorgefunden, findet sich – oder bleibt aus – und bestimmt als

Mangel das Leben sogar noch stärker. Mit dieser Zufälligkeit findet sich menschliches Leben in bleibender Angewiesenheit und gerät so in Sorge um die weiteren Gegebenheiten. Gegen diese Angewiesenheit auf das Zufallende und die daraus resultierende Angst böte sich an, das Lebensnotwendige festzustellen und zu operationalisieren, um vom Zufall unabhängig zu werden. Als drittes hätte eine Theologische Ethik kritisch zu fragen: Sollte in der gelebten Religion Ethik der Projektierung gelingenden Lebens dienen?

Die drei ethischen Leitfragen sollen praktisch-theologisch ausgeführt werden. Dazu ist an den Ort der Religion zu gehen. Ort der Religion ist weniger theologische Lehre oder eigene Überzeugung als vielmehr wiederholte Form und eigenes Verhalten. Zu den Formen gelebter christlicher Religion gehören an erster Stelle Lieder, dann Sitten und Gesten, schließlich auch Gebete, Bekenntnisse und Gebote, die jeweils eigenes Verhalten freisetzen. Im Lied finden sich Sitte, Gestik, Gebet, Bekenntnis und Gebot sowie das eigene Verhalten in einem Akt dazu zusammen. Lieder haben darum ihren Platz in diversen praktisch-theologischen Feldern wie Gottesdienst, Jugend- und Gemeindearbeit, Religionsunterricht oder wenigstens Schulgottesdienst, Kasualpraxis und zuweilen auch in der Seelsorge. Es bietet sich an, bei der Frage nach einer praktisch-theologischen Perspektive für eine Theologische Ethik den gesungenen Liedern nachzugehen.

1 Ethische Blindheit gelebter Religion

1.1 Ethische Reduktion von Erfahrung statt der Unübersichtlichkeit des Leibes?

> Liebe ist nicht nur ein Wort,
> Liebe, das sind Worte und Taten.
> Als Zeichen der Liebe ist Jesus geboren,
> als Zeichen der Liebe für diese Welt.[1]

Das Lied ist ausgesucht, weil es im Gesang verbreitet und im Text massiv ethisch ist. Ist dann aber dieses Lied nicht irrtümlich unter die Überschrift „1. Ethische Blindheit" geraten? Hätte es nicht besser unter der Überschrift „2. Ethische Hellsichtigkeit" verhandelt werden müssen? – Die vorgenommene Zuordnung nimmt das Ergebnis der Überlegungen bereits vorweg: Zentrierte Moral macht

---

[1] Bücken, Eckart (1973), EG 629.

ethisch ebenso blind, wie massiertes Licht blendet. Radikale Aufklärung macht borniert, die Fixierung des Guten ist schlecht.

Da es um die Frage der Perspektive gelebter Religion auf die Ethik geht, kann die ästhetische Analyse hinsichtlich Poetik und Musik entfallen. Die Analyse beschränkt sich auf die Semantik des geschriebenen Textes.

Umgangssprachlich wird der Gegensatz von Wort und Tat aufgenommen. Das Wort allein ist in seiner Wahrheit fraglich. Erst Taten machen Worte wahr. Die Tat vollendet das bloße Wort. Taten werden zu Zeichen für die sonst nicht relevante Wahrheit des reinen Wortes. Insofern steht das Zeichen für das Bezeichnete. Die Zeichenlogik ist für die mit diesem Lied gelebte Religion grundlegend. Zeichen verheißen Eindeutigkeit.

In der Logik der Eindeutigkeit macht das Lied die Geburt Jesu zu einem Zeichen. Jesu Geburt ist im Lied das Zeichen einer – Gottes – „Liebe für diese Welt". Anderes als ein Zeichen ist die Geburt Jesu hier nicht, denn zu deren Evokation benötigt der poetische Text ebenso wenig, nämlich nur zwei Worte, wie auch die vorliegende prosaische Abhandlung. Ausgeblendet wird damit die Ambivalenz der Geburt, dass zugleich mit dem Neuen auch schon dessen Tod gegeben ist, der es fortan wie ein Schatten begleitet. Angst und Sorgen treten nicht nur vor, sondern erst recht mit der Geburt ein. Diese fundamentale Zweideutigkeit der Geburt wird aufgelöst, indem die Geburt zum Zeichen gemacht wird. Weil die Geburt zum Zeichen von „Liebe für diese Welt" wird, verliert sie ihre stets uneindeutig bleibende Erfahrungsbezogenheit. Als Zeichen vereindeutigt, ist die Geburt aus der Undurchsichtigkeit lebensweltlicher Erfahrung herausgenommen und in die Sphäre idealer Klarheit gehoben.

Gegenüber der Komplexität und Opakheit der Erfahrung verspricht das Zeichen Klarheit und Distinktion. Diese Erwartung gründet im diakritischen Charakter des Zeichens. Das Zeichen ist darin definiert, das es sich von einem anderen Zeichen deutlich unterscheidet. Ein A sieht anders aus als ein B und ist darin eindeutig. Die neuzeitliche Rationalität macht die Welt zum Zeichen. In der Naturwissenschaft geschieht dies mit der Reduktion lebensweltlicher Erfahrung auf messbare Experimente. Die totalitären Ideologien des 20. Jahrhunderts versuchten parallel dazu die gewalttätige Reduktion gesellschaftlicher Komplexität auf klare und distinktive Zuordnungen. Die Reduktion der komplexen Lebenswelt setzt sich fort mithilfe medialer Vernetzung, bei der die Erfahrung in den Datenaustausch übergeht. Display und Monitor ersetzen eigene Erfahrung. Das Zeichen ist Grundlage der modernen Kultur. An dieser Stelle soll nicht erinnert werden, dass der Jesus der Evangelien die Zeichenforderung grundweg ablehnt; es soll vielmehr erinnert werden, welcher Verlust bei der entlastenden Ruhigstellung von Ambivalenz mit der zeichenorientierten Negation und der medialen Unterdrückung von Erfahrung entsteht.

Gelebtes Leben wird ethisch halbiert, Verdrängungsmechanismen durchziehen ethische Forderungen. Der ethischen Überlegung drohen Fixierung und Erstarrung zum moralischen Grundgesetz. Solchem ethischen Relevanzverlust ist entgegenzuhalten, dass die erfahrene Welt so wenig eindeutig ist, wie es auch menschliche Taten sind. Die ethische Reduktion des Verhaltens als Tat auf die Intention des Täters blendet nicht nur mit der Situation die personalen Bezüge aus, sondern auch die mit dem Leib gegebenen Eigensinnigkeiten und Fremderfahrungen.

Das einsame, aber sich eindeutig bestimmende Subjekt greift auf eine von ihm separierte Welt aus. Dieser Ausgriff fällt im Falle gelebter Religion nicht wissenschaftlich, technisch oder ökonomisch, sondern moralisch aus. Mit dem moralisch eindeutigen Ausgriff wird die undurchsichtige Zudringlichkeit der Welt, des Leibes und des anderen, als nicht moralisch abgewehrt.

Statt der Reduktion der Rede von Gott auf die Eindeutigkeit und Klarheit eines Begriffes, den der „Liebe für diese Welt", und der Reduktion der unübersehbar widersprüchlichen Erfahrung des Menschen auf die Bestimmung des Selbst zur Moral, zur „Liebe für diese Welt", wäre von einer Theologischen Ethik die bleibende Unübersichtlichkeit der Situation, die grundlegende Eigensinnigkeit des Leibes und die notwendige Uneinheitlichkeit der Rede von Gott einzubringen, damit die Praxis christlicher Religion nicht zur kontingenzbewältigenden Funktion des modernen Subjekts herabsinkt. Die Praxis der Religion würde sonst in der moralischen Überleitung der Religion in ihr anderes, in Gesellschaftsstruktur und Triebdynamik, bestehen.

Die Theologische Ethik könnte der mit diesem Lied auf Verengung hin gelebten Religion einen weiteren Raum eröffnen, indem sie reflektierte, dass eine Liebe, die Zeichen braucht, von vornherein verloren sei. Schließlich kann alles, was aus Liebe getan wird, ebensogut auch ohne Liebe getan werden. Der Horizont könnte ethisch erweitert werden um das, was um der Eindeutigkeit willen mit dem Begriff Gottes als der „Liebe für diese Welt" verdrängt wurde: Die erfahrbare Dunkelheit Gottes, die erlittene Widerständigkeit blinder Übermacht. Zugleich öffnete sich der Horizont auch für das, was die Vereindeutigung des Menschen als Täter unterdrückt. Der Mensch erfährt sich keineswegs nur als Täter oder als Opfer, sondern zuerst und bleibend als in seiner Welt gegeben, als in einer konkreten Situation verortet. Das pathische Fundament aller Aktivität und Passivität könnte durch die Theologische Ethik der Erfahrungsreduktion gelebter Religion gegenüber zum Vorschein gebracht werden. Das Projekt, die komplexe Welt zur Eindeutigkeit des Reiches Gottes zu bringen, fiele dann aus. Theologische Ethik könnte die gelebte Religion vor dem Kurzschluss von Religion und Moral, von Gott und Glaubenden, von Glaube und Tat bewahren. Die Erfahrungsignoranz gelebter Religion fände sich im ethisch erweiterten Horizont nicht wieder.

1.2 Grenzenlose Identifikation statt der Integration von Grenzen?

Korn das in die Erde, in den Tod versinkt,
Keim, der aus dem Acker in den Morgen dringt –
Liebe lebt auf, die längst schon erstorben schien:
Liebe wächst wie Weizen, und ihr Halm ist grün.

Über Gottes Liebe brach die Welt den Stab,
wälzte ihren Felsen vor der Liebe Grab.
Jesus ist Tod. Wie sollte er noch fliehen?
Liebe wächst wie Weizen, und ihr Halm ist grün.

Im Gestein verloren Gottes Samenkorn,
unser Herzr gefangen im Gestrüpp und Dorn –
hin ging die Nacht, der dritte Tag erschien:
Liebe wächst wie Weizen, und ihr Halm ist grün.[2]

Wieder kann die ästhetische Analyse unterbleiben, um die Frage nach der Relevanz Theologischer Ethik in der gelebten Religion scharf zu stellen. Die letzte Strophe vollzieht den erwecklichen Kurzschluss. Gottes Samenkorn – das Weizenkorn aus Johannes 12, „Gottes Liebe" – leidet ebenso wie „unser Herz" unter der Last der Welt, aber beide wachsen „wie Weizen" und beider „Halm ist grün". Die Stereotype im vierten Vers jeder Strophe zeigt in ihrer Regelmäßigkeit die Voraussetzung und den Grundsatz des in den drei ersten Versen jeder Strophe variablen Textes. Das „Korn", „Jesus" und „unser Herz" werden in den drei Strophen auf der Grundlage der „wie Weizen" wachsenden „Liebe" in Parallele gebracht. Die „Liebe" ist das einigende von Gott und unserem Herz. Gott und Mensch werden gleichsinnig. Das war nicht immer so. „Über Gottes Liebe brach die Welt den Stab, wälzte ihren Felsen vor der Liebe Grab." Hier sind Gott und Mensch noch Gegenspieler. Aber, wir wissen es aus dem stereotypen vierten Vers: „Liebe wächst wie Weizen, und ihr Halm ist grün." Die Welt, die über die Liebe den Stab bricht, ist dann doch nicht „unser Herz"; vielmehr liegt unser Herz mit der Liebe Gottes gleich: „Liebe wächst wie Weizen ...". Die „Welt" ist der alte Mensch, der sich gegen Gott und seine Liebe verhält; „unser Herz" ist der neue Mensch, der sich mit und durch und wie Gott für die Liebe bestimmt.

Die mit diesem Lied gelebte Religion vollzieht die Identifikation des Menschen mit Gott. Das gläubige Herz und die Intention Gottes kommen in der Liebe zusammen. Freilich wird bei dieser Identifikation der unendliche Unterschied

---

[2] Henkys, Jürgen (1978), EG 98.

zwischen Gott und Mensch nicht aufgelöst. Die göttliche Liebe reicht unendlich weiter als die menschliche. Gott und Mensch sind hinsichtlich der Liebe in gleicher Richtung bestimmt, aber bleiben unterschieden in verschiedener Reichweite. Die distinkte Gleichordnung von Gott und Mensch stärkt „unser Herz" in zweifacher Art.

Zum einen vermittelt die zu Gott parallel vollzogene menschliche Selbstbestimmung in der Liebe dem „Herz" gleich Gott Festigkeit und Eindeutigkeit gegen alles Schwanken, das poetisch sonst dem menschlichen Herzen nachgesagt wird. Im Hintergrund taucht Immanuel Kant mit der moralischen Stabilisation des Subjektes in der autonomen Bestimmung zum Sittengesetz auf. Das Individuum wird nur moralisch integer.

Die Gleichordnung göttlicher Liebe und des menschlichen Herzens verlängert zum anderen die Reichweite menschlicher Liebe tendenziell ins Unendliche. Was die menschliche Liebe nicht erreicht, das wird die göttliche Liebe vollenden; und was die menschliche Liebe erreicht, das wird zur Verwirklichung göttlicher Liebe. Gottes Unendlichkeit unterfängt die Endlichkeit des Menschen, die so in moralischer Gläubigkeit aufgehoben wird. In seinem Wirken hebt der sich zur göttlichen Liebe bestimmende Mensch immer mehr Grenzen auf. Moralisch wird das menschliche Tun perfektibel: es ist ohne Ende und in jede Richtung steigerbar. Die Gleichrichtung mit der göttlichen Unendlichkeit hebt die menschliche Tat aus der Irreversibilität von Einmaligkeit und Begrenztheit in die Reversibilität ständiger Erneuerung und Verbesserung. Das durch göttliche Liebe bestimmte menschliche Handeln wird zur Dauer-Reform.

Moral und Reich Gottes werden kurzgeschlossen, sodass die Endlichkeit ein- oder besser ausgeklammert ist. Das neuzeitliche Subjekt isoliert und vereindeutigt sich in gläubiger Identifizierung mit Gott, um im Namen Gottes die heile, nützliche und funktionierende, die gerechte und friedsame Welt des Subjektes zu bauen: das Reich Gottes. Da die moralische Welt des Subjektes nicht weniger als das Reich Gottes in seinem Anbruch und Kommen ist, weiß sich das in Liebe tätige Subjekt aufgerufen, bei sich, bei den anderen und auf der ganzen Erde eben nichts anderes mehr zu zulassen als diese ideale Welt des moralisch Gläubigen.

Damit wird „unser Herz" verantwortlich für alles Förderliche auf dem Weg zu diesem Reich Gottes sowie auch für alles Zurückbleibende und Widersprechende. Das Subjekt wird verantwortlich für das Gelingen seiner Welt. Das gläubig tätige Individuum trägt die Welt. Die unendliche Verantwortung für alle Welt stärkt zwar das Selbstbewusstsein des moralisch Gläubigen, überfordert ihn jedoch zu aller Zeit und an allen Orten. Zwischen den Anspruch des durch Glauben auf Liebe hin moralisch gefestigten Herzens und den Ablauf des Lebensalltags schiebt sich in der Folge eine starke, undurchlässige Schutzschicht. Diese Schicht wird durch die Sicht gebildet. Der Horizont schließt das Sehen ab und hält zuverlässig das

Nichtgesehene außerhalb des Gesehen. Die Einstellung des Sehens, sein Horizont, bildet einen Schutz. Die Schutzschicht besteht in einer Schutzsicht. Dieser Schutz ist psychisch gesund. Die Endlichkeit des Lebens wird vor dem verschlingenden Sog unendlichen Anspruchs und grenzenloser Verantwortung gesichert. Diese Isolierung von unendlicher Verantwortung für alle Welt auf der einen Seite und des durch Zentrierung auf die individuelle Lebenswelt begrenzten Engagements auf der anderen Seite bedeutet nur scheinbar einen Widerspruch. Die Zentrierung des Herzens in der gläubigen Selbstbestimmung und der Selbstbezug im Lebensalltag kommen im doppelten Gewinn des Selbst zur Übereinstimmung. Die Selbstzentrierung bildet die gemeinsame Grundlage des überhöhten moralischen Anspruchs und der konsequenten Eigennützigkeit.

Die Selbstzentrierung führt zu einer Folge von Identifikationen; das gläubige Herz nährt sich in Kurzschlüssen gelebter Religion. Die Moral dient dem Selbst in dessen Stabilisation und die Religion dient der Moral in ihrer unendlichen Realisation. Der Preis dieser Instrumentalisierung ist jedoch die Instrumentalisierung des Selbst: in sich selbst zentriert ist das Individuum haltlos dem Zugriff gesellschaftlicher und ökonomischer Zwänge ausgeliefert. Das gläubig zentrierte Individuum wird statistisch als Masse Element eines fremden Systems.

Eine Theologische Ethik könnte helfen, Identifikationen zu entdecken, die der gelebten Religion lebensweltlich Boden nehmen und sie in die dünne Luft permanenter Überforderung heben. Das menschliche Herz ist eben nicht in sich selbst fest, sondern ist leiblich in die Welt inkarniert. Das gläubige Herz ist nicht gut, sondern bleibt unter der Sünde, wie Paulus im siebten Kapitel des Römerbriefs aufzeigt. Die menschliche Liebe ist nicht göttlich, wie der Spiegel des Hohenliedes der Liebe aufzeigt (I Kor 13). Die Liebe ist auch nicht in der Lage, eine Welt funktionieren zu lassen, wie jede Reflexion der Institution der Ehe zeigen könnte. Der Himmel auf Erden ist keineswegs das Reich Gottes, wie es die Geschichte des 20. Jahrhunderts leidvoll erfahren lässt. Theologische Ethik könnte die gelebte Religion aus der Identifikation von Religion und Moral lösen, die wie alle Identifikation zunächst bequem und naheliegend ist, dann aber durch Überforderung zerstörerisch wird. Eine den Burn-Out verhindernde Gesundheit könnte nicht nur Thema der Theologischen Ethik sein, sondern auch kritische Funktion der theologisch-ethischen Reflexion gelebter Religion werden.

1.3 Projekt der Zukunft statt Zufall der Geburt?

> Viele kleine Leute
> an vielen kleinen Orten,
> die viele kleine Schritte tun,
> können das Gesicht der Welt verändern,
> können nur zusammen
> das Leben bestehn
> Gottes Segen soll sie begleiten,
> wenn sie ihre Wege gehn.[3]

Das Adjektiv „klein" dominiert den Text zunächst. Mit den ‚kleinen Leuten' ist wohl fast jeder angesprochen. Die Identifikation mit dem Text stellt sich schnell, vielleicht zu schnell ein. Denn die Kleinheit verlangt nach einer Bezugsgröße, die erst entdeckt werden muss. Wer oder was ist groß? Bringen Macht, Geld oder mediale Anerkennung die von der Kleinheit unterscheidende Größe? Mit der dem Rezipienten nahegelegten Zurechnung in die Gruppe der ‚kleinen Leute' würde untergründig der Vergleich identitätsbestimmend: ich habe nicht so viel Macht, nicht so viel Geld und nicht so viel Aufmerksamkeit wie andere. Die Selbstbestimmung quantifizierte unter der Hand auf ein Muster hin. Ich bin nur einer von ‚vielen kleinen Leuten', bin nur Element der Masse, die hinter dem Muster der Größe zurückbleibt.

Dass ich geboren bin und mit der Geburt ein unwiederholbares Geschehen im Rücken habe, geht im identitätsstiftenden Vergleich unter. Der Verlust der Gabe der Geburt gegen die Elementarisierung in einer Masse ist hoch. Als Gabe geht mir die Geburt bleibend voran; ich muss sie nie erwerben, ich kann sie nie verfehlen. In meiner Geburt geht die Wirklichkeit meines Lebens seiner Möglichkeit voran. Ich war erst möglich, nachdem ich geboren war. Diese Gabe von Wirklichkeit und Leben vor aller Möglichkeit macht mich unvergleichbar. Da ich mir vor aller Möglichkeit gegeben bin, bin ich nicht Exemplar eines Musters. Als Geborener gehöre ich nicht zur Masse der Zukurzgekommenen, der ‚kleinen Leute'.

Vielleicht aber sollte der Bezugspunkt der Kleinheit nicht, wie der Text anfangs nahelegt, außerhalb des Textes in den großen Leuten gesucht werden. An „vielen kleinen Orten", heißt die weitere Bestimmung der ‚vielen kleinen Leute'. Im vierten Vers findet sich mit der „Welt" die gesuchte Bezugsgröße im Text. Die „Welt" ist groß, dagegen sind alle Orte, auch die größte Millionenstadt, klein. Mit ‚Welt' ist also die Erde gemeint, eine geographische Größe ohne Bezug zum sprechenden und singenden Menschen. Die Welt des Sängers, seine Lebenswelt,

---

3 Schlaudt, Bernd (1989), EG 643.

eine phänomenale Größe, leistete nämlich nicht den Kontrast der Größe zu den ‚vielen kleinen Orten'. Im Singen wird der Sänger folglich unmerklich seiner Lebenswelt zugunsten der geographischen ‚Welt' enthoben. Es geht nicht um seine, auch nicht um unsere, der gemeinsamen Sänger dieses Liedes Welt, sondern um die feststehende Größe der „Welt".

Geboren war der Mensch in die ihm mit der Geburt gegebene Welt. Seit er als geborener Leib lebt, hat er stets seine Welt. Wer geboren ist, hat zugleich auch einen Boden seines Lebens. Auf diesem Boden richtet er sich ein; er lebt sich mimetisch in seiner Welt ein; er lebt in seiner Lebenswelt. Mit seiner Geburt wohnt der Mensch in der Welt seiner Gewohnheit, hat ein Ethos, das ihn trägt. Nie ist der Mensch an sich, sondern ist mit seiner Geburt in die Lebenswelt inkarniert. Eine Trennung von der Lebenswelt machte den Menschen zu einer abgelösten, absoluten Größe, die nur gedacht, aber nicht wirklich wäre.

Ohne Geburt bliebe der Mensch ohne Gesicht. Die vielen kleinen Leute bleiben ohne Gesichter; das Lied kennt nur ein „Gesicht der Welt". Ein Gesicht wird jedoch nur von einem Gesicht gesehen. Das Gesicht schließt stets das Gegenüber ein. Das Gesicht gibt es nicht im Singular, strenggenommen auch nicht im Plural, sondern im Dual. Ich und Du sehen im Gegenüber zusammen ein Gesicht. Wenn ich dem anderen ins Gesicht schaue, in die sehenden Augen, blickt kein dritter dazwischen. Ich und Welt haben im Gegenüber zusammen ein Gesicht. Die Welt hat mein Gesicht, ich habe das Gesicht meiner Welt. So gibt es ein „Gesicht der Welt" nur im Dual.

Wer aber sieht „das Gesicht der Welt" im Singular? Wieder werden die Vielen aus ihrer lebensweltlichen Verankerung, ihrer leiblich gegebenen Sicht entnommen und einer Generalsicht eingefügt. Mit der absoluten Rede vom „Gesicht der Welt" werden die Menschen ihres Gesichtes beraubt. Mit der Metapher des Gesichtes der Welt findet die Normalisierung der mit der Geburt verschiedenen Lebenswelten auf das Maß einer Welt an sich und einer einheitlichen Norm als Bezugsgröße statt. Damit verliert der einzelne Mensch den Boden unter seinen Füßen, die Welt, die ihn trägt, die Situation, die ihn inkarniert, die Gewohnheit, die ihm Halt gibt, das Ethos, das ihn leitet.

Die Theologische Ethik könnte die sich normalisierende gelebte Religion auf die Lebenswelt zurücklenken, die den Menschen trägt, bevor er etwas – womöglich Verantwortung für die Welt – zu tragen in der Lage ist, die vielmehr als Ethos den Grund und Boden seines Lebens, aber auch die Reichweite seines ethischen Verhaltens abgibt.

Gelebte Religion weiß mit diesem Lied Gott nicht in einzelnen Gesichtern, nicht in konkreten Situationen individuellen Lebens, nicht in der Vielheit lebensweltlicher Erfahrungen zu benennen, sondern setzt ihn als Legitimation von Verallgemeinerung und Vereinheitlichung. Die Masse erscheint göttlich. Gott ist abstrakt. Eine Theologische Ethik hätte der gelebten Religion gegen solche Abstraktionsdrifts zu verhelfen, von alltäglichen Gegebenheiten auch als den Werken Gottes zu reden.

Eine drittes Mal wird das vergleichende Adjektiv „klein" zitiert, wodurch die Kleinheit Gewicht erhält. Im dritten Vers werden „viele kleine Schritte" vor Augen gestellt. Wer macht große Schritte? Vielleicht die großen Leute, aber die bleiben außerhalb des Textes. Innerhalb des Textes wird ‚Gott' genannt. Ausgerechnet aber von Gott werden keine großen Schritte erwartet, sondern lediglich die Begleitung der ‚kleinen Schritte'.

Die ‚vielen kleine Schritte' sind innertextlich auf „das Leben" im sechsten Vers zu beziehen. Bei diesem Bezug fällt wiederum die Reduktion des Plurals auf den Singular auf. Das „Leben" ist ein Abstraktum. Gibt es diesen Singular in der Erfahrungswelt? Bilden die vielen kleinen Schritte nicht vielmehr das konkrete Leben eines jeden der vielen kleinen Leute an den vielen kleinen Orten, so dass vom Leben im Plural geredet werden müsste? Das Lied legt die Struktur der Abstraktion zu Grunde. Die Vielen, die Schritte, der Plural wird auf die Welt, das Leben, den Singular bezogen, das Konkrete auf das Allgemeine. Nur durch Teilnahme an Leben und Welt im Singular, durch Teilnahme an der Normalisierung bekommen die Leute und Schritte Sinn und Rechtfertigung.

Die Welt trägt nicht die ‚kleinen Schritte', sondern umgekehrt tragen die vielen kleinen Schritte in ihrer Gleichsinnigkeit die große Welt und geben ihr ein einheitliches Aussehen. Das Gesicht der Welt soll durch die kleinen Schritte verändert werden. Ein Gesicht verändern zu wollen, griffe in seine Aura ein, tangierte sein Gesichtsein. Dass Schritte das Gesicht veränderten, ist vollends fatal. Schritte werden nur durch Füße und Tritte gemacht; sollten also Fußtritte das Gesicht verändern? Die Poetik des Liedes ist katastrophal. Das Gesicht wäre zerstört – und bliebe doch unverändert erhalten: „du wirst mich nicht töten."[4] Eine Veränderung fände in keinem Fall, auch nicht in der Zerstörung, statt. Das Gesicht entzieht sich vielmehr dem Zugriff. – Diese Überlegung trifft jedoch nicht, weil das Gedicht seine eigene Metapher nicht ernst nimmt.

Völlig gesichtslos bleibt die inhaltsleere Bestimmung des Weltprojekts. Feststeht lediglich die Veränderung. Veränderung scheint an sich gut zu sein. Eine solche Wertung impliziert die Schlechtigkeit des gegenwärtigen Zustandes. Bewahren und Verharren wären demnach schlecht. Stillstand ist Rückstand, heißt die ökonomische Devise. Das Gute wäre das Wachstum, das in jedem Fall erreicht werden müsste. Unter der Hand tradiert die gelebte Religion fremde Werte. Die ökonomische Norm der Steigerung wird zum religiösen Gebot. Leerlaufende In-

---

4 Vgl. Levinas, Totalität, 285. 313.

strumentalität, blinde Optimierung, grenzenlose Funktionalität ersetzen die Gabe des Lebens, in der Sinn und Erfüllung gegeben sind. Es fehlt das Gesicht des Gebers.

Statt vom Angesicht ist im 7. Vers vom Segen Gottes die Rede. Die Satzkonstruktion mit dem Modalverbkomplex – Indikativ „soll" mit Infinitiv „begleiten" – ist aufschlussreich. Von Gott wird nicht etwas als ihm zugehörig ausgesagt, kein Werk, das er getan, keine Gabe, die er gegeben hätte; sondern es wird von Gott in der Modalität des Zwanges gesprochen. Eine nicht benannte Instanz bestimmt Gott dazu, segnend zu begleiten. Im geforderten Segen hat Gott nichts eigenes zu tun oder zu geben, sondern hat vielmehr das Tun der ‚vielen kleinen Leute' zu begleiten. Wohin? Zu dem einen Gesicht der Welt, das niemand sieht; zu der Einheit des Lebens, das niemand lebt; zum Allgemeinen, das alle Vielheit unterläuft.

Der Verlust des Gesichtes wird durch die metaphorische Evokation geradezu unübersehbar. Mit dem „Gesicht" bekommt die Welt ein menschliches Aussehen. Was zuvorderst mit der Normalisierung der geborenen Lebenswelten auf das Abstraktum der einen „Welt" ausgeschlossen worden war, die grundlegende Humanität der Welt als Lebenswelt, wird nun mit der Metaphorik des Gesichtes wieder hereingenommen. Die abstrakte Norm wird metaphorisch aufgeweicht. In der überraschenden Metapher dämmert der zuvor gemachte Verlust auf; dies ist die sympathische Leistung der Metapher gegen den Text.

Es fehlt die Rede von Gottes Angesicht, das sich dort zeigt, wo etwas gegeben wird.

Entstellt wird die Gabe, die als Ressource eines Projektes verwertet wird, womit das Gesicht des Gebers verschwindet. Die optimierte Welt hat ihr Gesicht verloren. Die individuellen, das Gesicht geborener Menschen spiegelnden Lebenswelten versinken im Getrampel gleichgeordneter Massen zur normierten Einheitswelt. Anonym bildet sich die „Welt" zum globalen System. Weil sich diese Autopoiesis des gesellschaftlichen Systems mit Hilfe gelebter Religion vollzieht, bekommt der Anonymus dann doch noch ein Etikett angeheftet: ‚Gott'. „Gottes Segen soll sie begleiten". Ein Gesicht taucht dabei nicht mehr auf.

Theologische Ethik hätte gegen solche Herrschaft des ökonomischen Gesetzes in der gelebten Religion anhand von Geburt, Lebenswelt und Ethos die Gegebenheit von Gabe und Geber zu reflektieren. Die Gegenwart Gottes als Geber in seiner Gabe ließe von Präsenz und Achtsamkeit anstelle von Projekt, Veränderung und Zukunft sprechen. Den Begriff der Gabe als einer traditio gälte es gegen den sinnentleerenden Optimierungszwang ökonomischer und moralischer Rationalität aufzuzeigen.

Ohne solche Intervention drohte die gelebte Religion das ökonomische Gesetz als Evangelium auszugeben, die unendliche Optimierung der Welt als Reich

Gottes zu verklären, die Herrschaft von Rationalität als göttlich gebotene Moral zu identifizieren. Gelebte Religion wäre dann – weit entfernt von manchen praktisch-theologischen Hoffnungen auf spätmoderne Restitution des Subjektes – Ausdruck grundlegender ökonomischer Verhältnisse globaler Steigerung von Selbst- und Fremdausbeutung.

Gegen die Entstellung des Gesichtes im Projekt der Zukunft könnte die Theologische Ethik der gelebten Religion einen Spiegel vorhalten, in dem das Gesicht des Geborenen, die Gabe des Lebens, mithin das Gesicht des Gebers erschiene. Theologische Ethik könnte der gelebten Religion gegen das unendliche Begehren zu ihrer Endlichkeit verhelfen. Gemeinsam könnten gelebte Religion und Theologische Ethik mit der Rede von den Werken Gottes, der Wahrnehmung der Lebenswelt und des in ihr erscheinenden Gesichtes Gottes als des Gebers die Rechtfertigung endlichen Lebens darstellen.

2 Ethische Hellsichtigkeit gelebter Religion

Es ist keineswegs so, als sei die gelebte Religion blind und die Theologische Ethik der Blindenführer. Vielmehr ist es zugleich auch umgekehrt so, dass die Praxis zum hellsichtigen Stab einer blinden Theologischen Ethik werden könnte, mit dessen Hilfe sie sich in die Lebenswelt vorantastete. Es gälte dann nicht nur zwischen gelebter Religion und Theologischer Ethik zu unterscheiden, sondern quer dazu auf beiden Seiten auch noch zwischen blindmachender Geschlossenheit des Eigenen und sehender Offenheit für das Andere. Die Angewiesenheit von religiöser Praxis und Theologischer Ethik geriete dann zu einer unauflöslichen Wechselseitigkeit.

Innerhalb der Praxis ist also noch einmal zu differenzieren. Die kategoriale Erfassung der gelebten Religion als Phänomen sui generis, als unhintergehbar nicht auf Lehre oder Amt, Gesellschaft oder Individuum, Geschichte oder Funktion reduzierbare Größe, enthält noch kein Qualitätsmerkmal. Das Verhältnis der Praxis zur Dogmatik, zur Ethik, zur Historik oder auch zu Amt und Institution ist das einer diskontinuierlichen Andersartigkeit und nicht das einer kontinuierlichen Skala. An sich selbst stellt die gelebte Religion weder ein besseres noch ein schlechteres Argument für die theologische Diskussion dar als andere Phänomene christlicher Religion, wie zum Beispiel das der Theologie.

Wurden bisher Vertreter des eher geschlossenen Typus gelebter Religion in ihrem Verhältnis zur Theologischen Ethik vorgestellt, so soll nun umgekehrt ein Vertreter des eher offenen Typus in seiner theologisch-ethischen Relevanz zum Zuge kommen. Damit tritt ein umgekehrtes Inspirationsgefälle ein: die religiöse Praxis belehrt die Theologische Ethik.

Sonne der Gerechtigkeit,
gehe auf zu unsrer Zeit;
brich in deiner Kirche an,
daß die Welt es sehen kann.
Erbarm dich, Herr.

Weck die tote Christenheit
aus dem Schlaf der Sicherheit;
mache deinen Ruhm bekannt
überall im ganzen Land.
Erbarm dich, Herr.

Schaue die Zertrennung an,
der kein Mensch sonst wehren kann;
sammle, großer Menschenhirt,
alles, was sich hat verirrt.
Erbarm dich, Herr.

Tu der Völker Türen auf,
deines Himmelreiches Lauf
hemme keine List noch Macht.
Schaffe Licht in dunkler Nacht.
Erbarm dich, Herr.

Gib den Boten Kraft und Mut,
Glaubenshoffnung, Liebesglut,
laß viel Früchte deiner Gnad
folgen ihrer Tränensaat.
Erbarm dich, Herr.

Laß uns deine Herrlichkeit
ferner sehn in dieser Zeit
und mit unsrer kleinen Kraft
üben gute Ritterschaft.

Erbarm dich Herr.Kraft, Lob, Ehr und Herrlichkeit
sei dem Höchsten allezeit,
der, wie er ist drei in ein,
uns in ihm läßt eines sein.
Erbarm dich, Herr.[5]

Wieder wird die ästhetische Analyse nicht vorgenommen; sie fiele im Vergleich zu den anderen Liedern im künstlerischen Gewicht deutlich stärker aus. Waren die

---

5 Riethmüller, Otto (1932), EG 263.

drei bisherigen Lieder aus der Gattung des Neuen Geistlichen Liedes im Zeitraum 1973 bis 1989 ausgesucht, so fällt dieses Lied zeitlich in die Generation früher, gehört hier aber ebenso zum Gebiet zeitgenössischer Jugendlieder wie später jene. Der Redaktor, Otto Riethmüller, war Herausgeber zweier Jugendgesangbücher in den dreißiger Jahren. Insofern sind die Lieder – unter Berücksichtigung des Generationsunterschiedes – durchaus vergleichbar.

2.1 Tradition: Kontingenz statt Notwendigkeit

Zunächst fällt die Traditionsverflechtung des Liedes auf. Die Parodie der weltlichen Melodie des 15. Jahrhunderts stammt von den Böhmischen Brüdern im 16. Jahrhundert; vier Strophen sind von zwei Autoren des 18. Jahrhunderts gedichtet worden, drei Strophen im 19. Jahrhundert und die redaktionelle Überarbeitung zu einem Ganzen bringt das 20. Jahrhundert ins Lied. Damit schlägt das seinerzeit moderne Lied einen breiten Bogen evangelischer Liedkultur. Neues knüpft an Altes an, und Altes wird im Neuen bewahrt. Dies ist Tradition, nicht als nominale Bezeichnung, sondern als Verbalnomen. Das lateinische Wort traditio zeigt den Vorgang von Übergabe und Übernahme an, wie er alltägliches Phänomen ist. Die Muttersprache ist eine traditio. Das neue Lied setzt nicht neu an, sondern knüpft an Hergebrachtes an. Es kommt nicht mit dem Habitus der Reform und des Neuanfangs, gegen den das bisherige als reformbedürftig und veraltet notwendig ins negative Verhältnis gesetzt würde. Vielmehr trägt das Lied den Habitus der Bewahrung und Weiterführung, für die das Bisherige positive Grundlage bildet.

Das Lied hat Boden unter den Füßen und erzeugt nicht mit einem Luftsprung die Illusion bodenloser Freiheit, reiner Individualität, weltfreier Subjektivität. Das wäre der erste Hinweis, den die mit diesem Lied gelebte Religion einer Theologischen Ethik zur Orientierung geben könnte. Ohne Bodenhaftung verfiele die Ethik illusionärer Geschlossenheit. Ohne Endlichkeit wäre keine Ethik nötig. Eine Ethik, die Bedingungen des Unendlichen, des Fortschritts und der Reversibilität implizierte, höbe sich selber auf. Ohne Bodenhaftung würde die theologische Ethik zur Gesetzgebung einer universalen Moral, die sie dann wegen ihrer Unbedingtheit als Rechtfertigung ausgäbe und somit um ihre ethische Qualität brächte.

Das Lied respektiert den Ort: ohne Ort kein Dasein. Was zur Geburt ausgeführt wurde, die unhintergehbare Gleichzeitigkeit von Geburt des Menschen und Gabe eines Ortes, die mit dem Leib unaufhebbare Inkarnation in diese Welt, hält das Lied mit seinem Jahrhunderte überspannenden Traditionsbogen fest. Gelebte

Religion hat einen Ort. Ethik pervertierte, wenn sie nicht einen Ort als Grundlage akzeptierte.

Das Lied ist freilich trotz aller Traditionsbindung zufällig. Otto Riethmüller hat es 1932 geschrieben. Orte sind nie notwendig, das unterscheidet sie von Gründen. Der Ort könnte immer auch ein anderer, das Lied könnte immer auch anders zusammengestellt sein. Nun ist es aber dieser Ort, diese Tradition und dieses Lied. Ort und Tradition sind allen Bedingungen stets vorgegeben und werden darum von keinem Argument eingeholt. Diese Vor-läufigkeit unterliefe der ethische Diskurs, wenn er sie als vorläufig im Sinne von unfertig, als unbegründetes, defizitäres Argument aus der weiteren Diskussion ausschlösse. Gelebte Religion bewahrt mit dem traditionsbewussten Lied der Theologischen Ethik das Ethos christlich-religiöser Ethik.

2.2 Bibel: Gestalt statt Prinzip

Es fällt weiter auf, wie stark das Lied biblische Sätze und Motive nicht nur anklingen lässt, sondern auch zitiert. Außer im Lied „Korn, das in die Erde" war das bei den bisher besprochenen Liedern gelebter Religion nicht der Fall.

Die „Sonne der Gerechtigkeit", die in der ersten Strophe angerufen wird, ist ein Zitat aus den Propheten (Mal 3,20). Die Briefe des Neuen Testaments werden in der zweiten Strophe aufgenommen: „Wach auf, der du schläfst, und stehe auf von Toten, so wird dich Christus erwecken" (Eph 5,14). Mit dem „Menschenhirt" spielt die dritte Strophe auf den die ganze Bibel durchlaufenden Motivstrang des Guten Hirten an.[6] Die vierte Strophe nimmt mit der Kombination der offenen Türen der Völker und dem Licht in der Nacht eine Verbindung von Altem und Neuem Testament auf. In den Propheten ist mit dem „Licht der Völker" (Jes 51,4) und vom „Licht der Heiden" (Jes 42,6; 49,6) eine Verheißung gegeben, die das Lukasevangelium im Gesang des Simeon zum Abschluss der Geburtsgeschichten Jesu macht (Lk 2,32). Die dem Lied verwandte Gattung der Psalmen wird durch die fünfte Strophe aufgenommen: „Die mit Tränen säen, werden mit Freuden ernten" (Ps 126,5f.). Die biblischen Evangelien werden in der sechsten Strophe evoziert. Die „Herrlichkeit", die „in dieser Zeit" zu sehen sei, ist eine Kombination des Prologs und des ersten Auftretens Jesu im Johannesevangelium: „Und wir sahen seine Herrlichkeit" (1,14) – „geschehen zu Kana in Galiläa, und offenbarte seine Herrlichkeit" (2,11). Der vierte Vers dieser sechsten Strophe nimmt mit der „Ritter-

---

6 Gen 49,24; Lev 27,14; I Kön 22,17; Ps 23,1; 80,2; Jes 40,11; Jer 23; Ez 34; Sach 11; Joh 10; I Petr 2,25; Hebr 13,20.

schaft" die biblische Metapher einer geistlichen Rüstung auf (Eph 6,10–17). Schließlich besteht auch die letzte Strophe aus biblischen Allusionen. Die Apokalypse schildert die Szene des himmlischen Thronsaals mit der Huldigung Gottes und des Lammes an mehreren Stellen.[7] Der Psalter ist geradezu durchsetzt mit Doxologien, jedes seiner fünf Bücher schließt mit einer solchen.[8] In der kühnen Kombination von Trinität und singender Gemeinde im dritten und vierten Vers der siebenten Strophe taucht das hohepriesterliche Gebet aus dem Johannesevangelium auf: „Ich bitte aber nicht allein für sie, sondern auch für die, so durch ihr Wort an mich glauben werden, auf dass sie alle eins seien, gleich wie du, Vater, in mir und ich in dir." (Joh 17,20 f.) – Bezeichnenderweise hat die katholisch approbierte ‚ökumenische' Fassung diesen Passus entschärft, hier heißt es jetzt: „Laß uns sein, Jesu Christ, wie du mit dem Vater bist, in dir bleiben allezeit heute wie in Ewigkeit." Die Doxologie ist verschwunden, aus der verheißenden Aussage ist eine Bitte geworden, die Einheit untereinander ist separiert von ihrer Verortung im Dreieinen Gott. Die reformatorische Spitze der Rechtfertigung des Sünders ist abgebrochen zugunsten des römischen-katholischen Normalmaßes der Wahrung hierarchischer Abständen.

Mit dem durchgehenden biblischen Bezug verordnet sich das Lied im evangelischen Feld des sola scriptura. Allein auf der Heiligen Schrift errichtet das Lied seinen, den singenden Rezipienten im Nachklang umgebenden, Bau. Damit aber wendet das Lied kein Prinzip an, sondern geht eine Gestalt ein. Die antike Textsammlung der Bibel ist niemals ein Prinzip: kein Grundsatz der Rechtfertigung, keine Sprache der Befreiung, keine Grammatik des Glaubens. Vielmehr kommt die Bibel durch praktischen Gebrauch zur Gestalt als Heilige. Auf dem Grund von Texten – sola scriptura – tritt eine Figur – solus Christus – hervor. Umgekehrt ziehen die Texte als Figur ihren Grund – solus Christus – nach sich. In der Differenz von Figur und Grund kann die Bibel nicht Sprache oder Grammatik werden, sondern wird mit ihren Sätzen und Texten durch die figurale Differenz zu einer aktuellen Gestalt. Ästhetisch wird die Bibel zur Heiligen Schrift.

Ohne solche Gestaltbildung durch die Figur-Grund-Differenz wäre die Bibel nicht Heilige Schrift, sondern bloßer Rohstoff, den es in der entschlackenden Verarbeitung durch exegetische und systematische Theologie zu einer Grammatik des Glaubens, einem Kanon im Kanon, einer Botschaft des Evangeliums und einem Grundsatz der Rechtfertigung zu verwerten gälte.

Das Lied nimmt die ästhetische Figur-Grund-Differenz, die aller Wahrnehmung zu Grunde liegt, als Gestaltmoment auf. Es bildet eine Figur, die mit dem

---

[7] Apk 4,11; 5,12; 7,12; 19,1.
[8] Ps 41,14; 72,18 f.; 89,53; 106,48; 150.

biblischen Grund zum Klang Heiliger Schrift wird. Das Lied aktualisiert, zitiert, verlautet Heilige Schrift am Ort gelebter Religion; das Lied verkündigt im Rahmen lebensweltlicher Gegebenheiten Heilige Schrift.

Die so gelebte Religion wendet die Bibel nicht an, nutzt sie nicht zur Motivation von Handlungen oder zur Legitimation von Zielen, sondern lebt in ihr. Der lebensweltliche Rahmen wird erweitert durch die mit dem Lied gesungene und gehörte gelebte Gestalt Heiliger Schrift. Mit dieser Gestalt bringt die gelebte Religion eine Differenz in die Geschlossenheit gegebener Lebenswelt ein.

Die Theologische Ethik könnte mit der ästhetischen Figur-Grund-Differenz sich davor schützen, die Geschlossenheit gegebener Lebenswelt durch eine Moral der Optimierung noch zu verstärken. Biblische Texte werden dann nicht auf Prinzipien hin durchgriffen, – Prinzipien des Evangeliums und des Glaubens, der Rechtfertigung und des Reiches Gottes, der Liebe Gottes und der Nächstenliebe – vielmehr werden die biblischen Texte auf ihre Gestaltkraft hin praktisch erprobt.

2.3 Gebet: Präsenz statt Verstehen

Das ganze Lied ist ein Gebet. Zu Anfang wird die „Sonne der Gerechtigkeit" angerufen, die durch die alle Strophen verbindende Stereotype im fünften Vers „erbarm dich, Herr" als Christus identifiziert ist. Dem Gebet entsprechend regiert der Imperativ zweite Person die Sätze. Lediglich die letzte Strophe wechselt in die dritte Person des Konjunktivs, der in dieser Form (I) einen realisierbaren Wunsch oder eine Aufforderung an einen Anonymus ausdrückt. Strophe sieben schließt das Gebet mit einer Benediktion, einem Lobpreis, einer Doxologie.

Die Gebetsform schließt die Anrede des Rezipienten ebenso wie jede Aufforderung seiner selbst aus. Die Ausführung der genannten Anliegen werden von der angerufenen „Sonne der Gerechtigkeit", von Christus, und darum nicht vom singenden oder hörenden Menschen erwartet.

Das Lied bringt in die mit den Bitten beschriebene Situation einen weiteren Spieler ein. Nicht nur Kirche und Welt, Vereinzelte und Völker, Boten und erste Person Plural spielen eine Rolle, vielmehr spielt nun noch einer mit, der gar keine Rolle spielt. Er spielt das Spiel. Das Gebet thematisiert nicht die Spieler, sondern das Spiel, das sonst unthematisch bliebe.

So macht das Gebet sichtbar, was ohne Gebet unsichtbar wäre, was im tätigen Ausgreifen des Notwendigen ausgegrenzt würde, was im umsichtigen Planen des Wünschbaren nicht in die Rechnung käme. Gelebte Religion bringt innerhalb der Situation vor Augen, was im handelnden Zugriff unüberschaubar im Rücken liegt.

Vor allem verstehenden und handelnden Zugriff kommt Präsenz so durch die gelebte Religion zur Darstellung. Ohne solche Volte verkürzte die Theologische

Ethik die gelebte Wirklichkeit um ihre Präsenz und brächte die Situation als bloßen Anwendungsfall einer moralischen Regel zum Verschwinden. Ob die Theologische Ethik sich von der gelebten Religion dazu bringen ließe, nicht von dem Verstehen, nicht hermeneutisch, sondern von der Präsenz vor dem Verstehen, also phänomenologisch auszugehen? Die Theologische Ethik müsste dann vor ihrem Anfang, außerhalb ihrer Grundsätze, jenseits der Moral einsetzen. Sie müsste sich selbst in ihrem laufenden Geschäft einklammern und wachsend verlassen, statt sich selbst unendlich zu entfalten.

2.4 Herrlichkeit: Medium statt Mittel

In der sechsten Strophe werden nicht Ziele genannt, die sich der Mensch zu eigen und zu operationalisierten Vorgaben seiner Aktivität machte, welche er dann im Regelkreis des Feedback evaluierte und korrigierte. Vielmehr schlüpft die menschliche Aktivität in den Anzug der Rüstung Gottes. Das menschliche Tun wird Medium göttlicher Gabe.

Aus dem systemsprengenden Schritt, Präsenz zur Darstellung zu bringen, erfolgt eine Umstellung der menschlichen Aktivität. Die Form des Gebets lässt das Selbstverständnis des Menschen nicht unberührt. Die Einbringung der Situation als eine eigene, dem Menschen fremde Präsenz nimmt dem Menschen die Rolle des Subjektes, des Spielers und macht zum Element der Situation, zur Spielfigur des Spiels, zum Medium fremder Präsenz.

Im Lied ist der Mensch nicht länger ziel- und produktorientiert, sondern streng präsenzorientiert. Die ethische Frage gelebter Religion heißt nicht: Was soll ich erreichen?, sondern: Wie bleibe ich mit meinem Verhalten im Feld göttlicher Gabe? Gelebte Religion stellt das Heil Gottes nicht her, sondern dar. So werden nicht Wechsel auf die bessere Zukunft ausgestellt; vielmehr wird in der Gegenwart, „in dieser Zeit", die „Herrlichkeit" Gottes sichtbar gemacht, wie es in den ersten beiden Versen der Strophe heißt. Statt der Verschuldung der Gegenwart auf Zukunft hin findet eine Verherrlichung der Gegenwart als Gabe des Gebers statt. Statt Not und Notwendigkeit regieren Gabe und Fülle das ethische Verhalten gelebter Religion.

Diese Überlegungen blieben poetisch eingekleidetes Programm, also prosaischer Forderung, vollzöge das Lied nicht selbst jene Verherrlichung, von der es redet. Poesie, die mehr ist als Prosa in Verszeilen, ist immer auch poetologisch. Sie löst nicht ein, was sie programmatisch fordert, sondern sie beschreibt, was sie längst und vor allem Verstehen schon gemacht hat und weiterhin macht. Die Benediktion der siebenten Strophe drückt aus, was das ganze Lied von Anfang schon tut: Gott inmitten „dieser Zeit", der gesungenen, der gelebten Zeit zu loben.

So von der gelebten Religion angestoßen könnte die Theologische Ethik den Mut gewinnen, den Zirkel der Instrumentalität zu durchbrechen, der sich durch den heiligen Zweck des Reiches Gottes selbst rechtfertigt. Vom Lob Gottes gelebter Religion inspiriert, könnte die Theologische Ethik die Rationalität der Identität und des Widerspruchs – etwas ist etwas und nicht sein Gegenteil – weit von sich weisen. Dass menschliches Handeln nicht moralisch Mittel oder Zweck, sondern ungeschuldete Gabe Gottes sei, wäre theologisch konzise auszusagen und ethisch relevant zu machen. Gott ist nicht deistischer Rahmen der Welt, und der Mensch ist nicht moralisches Subjekt zwischen Freiheit und Zwang. Gott ist vielmehr mit der lebensweltlichen Situation als Geber präsent, und der Mensch ist in der lebensweltlichen Situation mit der Fülle dieser Präsenz begabt. Das Evangelium von der Präsenz Gottes als Geber stellt sich dem Gesetz der Optimierung entgegen.

Gelänge solche doxologische Wendung der Ethik nicht, so verlöre die Theologische Ethik ihre differentia specialis. Der Theologischen Ethik drohte die Ununterscheidbarkeit von vernünftiger Moral; die Theologie ginge im Projekt der Aufklärung unter. Gegen solche Auflösung könnte die Praxis der Theologischen Ethik Halt geben. Sie könnte mit der Ästhetik, der Poesie und Wahrnehmung, die der gelebten Religion eigen sind, helfen, die beschriebenen Umkehrungen zu vollbringen, die allesamt der Theologischen Ethik eine Selbsteinklammerung abforderten. Ohne diese aber käme die Besonderheit Theologischer Ethik, die Ethik christlicher Religion, nicht zum Tragen: die Rechtfertigung endlichen Lebens.

Beide Dimensionen, Blindheit und Weitsichtigkeit, auf beiden Seiten, gelebter Religion und Theologischer Ethik, verweisen beide an einander. In diesem wechselseitigen Miteinander von gelebter Religion und Theologischer Ethik, von christlicher Praxis und systematischer Theologie käme etwas zur Darstellung, was nicht Ergebnis einer der beiden Seiten wäre, sich also auch nicht verdoppelte, sondern spiegelartig in den Zwischenraum des Miteinanders beider getrennt bleibender Seiten auftrete. Es wäre das, was die christliche Religion in evangelischer Konfession ausmachte: die Erscheinung Christi als Ort der Rechtfertigung des Sünders vor Gott.

Bibliographie

Lévinas, Emmanuel. ²1993. *Totalität und Unendlichkeit. Versuch über die Exteriorität.* Alber-Reihe Philosophie. Freiburg i. Br. [u. a.]: Alber.
Evangelisches Gesangbuch. Ausgabe für die Evangelische Kirche in Hessen und Nassau. ²1997. Frankfurt a.M.: Spener.

Volker Küster
Ethik in interkultureller Perspektive

Als eine Form „theologischer Reue des Nordens" (Werner Ustorf) dekonstruiert Interkulturelle Theologie Universalitäts-, Perennitäts- und Absolutheitsansprüche traditioneller westlich-akademischer Theologie.[1] Sie entlarvt deren Eurozentrismus und Jahrhunderte alte Verquickungen mit Patriachat, Antijudaismus, Kolonialismus und anderer totalitärer -ismen. Demgegenüber rekonstruiert sie eine Theologie, die sich der eigenen Dilemmas sowie ihrer Ambiguität und Fluidität bewusst ist und dem „Anderen" und „Fremden" Raum gibt. Wesentlich ein kontinentales Projekt, ist sie ein Produkt der „Zweiten Moderne" bzw. der „Aufklärung der Aufklärung" (Ulrich Beck). Interkulturelle Theologie erforscht das „Zwischen" den Kulturen und Religionen, die „Kontaktzone (contactzone)", den „Zwischenraum (interstitial space)" oder „Dritten Raum (Third Space)", wie postkoloniale Theorie gerne sagt. Dieser imaginierte Raum ist anders als derjenige der Frankfurter Schule keinesfalls herrschaftsfrei. Analog dem geschilderten Theologieverständnis werden auch die Begriffe „Kultur" und „Religion" als Konstrukte der westlich-akademischen Tradition verstanden, deren Essentialismus und Stereotypen es zugunsten eines fluiden Verständnisses zu dekonstruieren gilt.

Die „Grenzgänger" zwischen den Kulturen und Religionen tragen ihre gesellschaftliche Verortung mit sich herum, sie ist ihnen gewissermaßen auf den Leib geschrieben. Sie haben jedoch die comfortzone der eigenen Gemeinschaft hinter sich gelassen und machen sich verwundbar für ihr Gegenüber (Hans Jochen Margull), wobei für die sich jeweils kulturell und/oder religiös Fremden dasselbe gilt. Wer sich einer solchen Begegnung aussetzt, kehrt verändert zurück und ist nun auch in der eigenen Gemeinschaft verwundbar geworden. Er ist nicht mehr derselbe, gehört er gar schon zu den anderen, hat er die Seiten gewechselt? Der imaginäre Zwischenraum, konstituiert sich erst in der konkreten Begegnung. Interkulturelle Theologie kultiviert einen Habitus des Respekts in diesen Begegnungen, der die kulturell-religiösen Unterschiede nicht nivelliert, sondern aushält und gelegentlich auch feiern kann. Sie hat damit per se immer schon eine ethische Dimension. Umgekehrt muss jedwede ethische Theorie die interkulturelle Dimension mitbedenken.

---

1 Vgl. ausführlich Küster, Einführung; dort auch die exakten Angaben zu den in Klammern genannten Autoren zentraler Texte der Disziplin.

1 Interkulturelle Theologie und Ethik

Interkulturelle Ethik erforscht sowohl das jeweilige Ethos der Kulturen und Religionen als auch das Spannungsfeld von Dialog und Konflikt zwischen ihnen. Alternativ zum Begriff Ethos werden für die praktischen Verhaltensregeln für das Zusammenleben in einer konkreten Kultur- und/oder Religionsgemeinschaft auch die Begriffe Sitte oder Moral verwendet. Dies sind ebenfalls Nomenklaturen, die in der intellektuellen Tradition des Westens geprägt wurden. Sie sollten nie einfach auf andere Kulturen und Religionen übertragen werden. Hermeneutik, Kommunikations- und Übersetzungstheorien, sowie Kenntnis von Sprachen, Kulturen und Religionen des jeweiligen Kontextes sind unabdingbar für Interkulturelle Theologie und Ethik. Ebenso wie der „Orientalismus" (Edward Said) ist allerdings auch der „Okzidentalismus" (Ian Buruma/ Avishai Margalit) ein Konstrukt, das es fortlaufend zu dekonstruieren gilt.

Interkulturelle Theologie entfaltet sich in drei Dimensionen, der interkonfessionellen, dem innerchristlichen Pluralismus der Konfessionen, Denominationen und Gruppen, der interkulturellen im engeren Sinne, der Diversität des christlichen Glaubens weltweit, und der interreligiösen, der Begegnung mit anderen Religionen. Der gelegentliche Versuch im Blick auf letztere von einer Ökumene der Religionen (Hans Küng) zu sprechen, nimmt diese in ihrer Differenz nicht seriös. Auch wenn der Begriff Ökumene ursprünglich den bewohnten Erdkreis bezeichnet, ist dieser heute doch stark christlich geprägt und von einem Streben nach Einheit gekennzeichnet, das schon bei der interkonfessionellen und weltweiten Ökumene an seine Grenzen gestoßen ist. Umgekehrt ließe sich aus der Differenzerfahrung in der interreligiösen Begegnung durchaus etwas lernen für den Umgang mit dem Reichtum, den der innerchristliche Pluralismus potentiell darstellt. Anhand dreier generativer Themenkomplexe, die aktuelle Konfliktfelder markieren und für die im christlichen Diskurs eigene Bereichsethiken zuständig sind – Mann/Frau, Arm/Reich und Krieg/Frieden – erkunde ich die drei Dimensionen interkultureller Theologie in ethischer Perspektive. Diese Bearbeitung einer Schnittmenge wiederkehrender generativer Themen lädt zu cross-kulturell-religiösen Vergleichen geradezu ein.

2 Die interreligiöse Dimension

Religion kommt als Gattungsbegriff der westlich-akademischen Tradition, so in vielen Religionen gar nicht vor. Die konkret gelebten Religionen sind von Menschen geschaffene Zeichen- und Sinndeutungssysteme (Clifford Geertz), die auf eine Transzendenzerfahrung antworten und der Kontingenzbewältigung dienen (Gerd Theissen). Sie finden ihre Begründung in einem Mythos und begleiten die Menschen im Ritus durch den Jahres- und Lebenszyklus. Im Ethos gestalten sie das Leben des Einzelnen wie das Zusammenleben in der Gemeinschaft. Das in einem religiösen Begründungszusammenhang stehende Ethos bietet den einzelnen Gläubigen wie ihrer Gemeinschaft ein kohärentes System von Normen und Werten. Dabei lassen sich einige offensichtlich transkulturell-religiös gültige Grundsätze herauskristallisieren, wie sie sich im Christentum etwa in der goldenen Regel oder der sogenannten zweiten Tafel des Dekalogs verdichtet haben. Gleichzeitig gibt es für die jeweilige Religion spezifische Vorschriften, die dann gelegentlich aus der Sicht einer sich begründungsoffen und transkulturell gültig verstehenden Ethik in Frage gestellt werden.

Von ihren eurozentrischen Obertönen gereinigt, sind die Adaption der „Kulturkreistheorie" durch Ernst Troeltsch und Karl Jaspers These von einer „Achsenzeit" noch stets hilfreich zur Kategorisierung der lebenden Religionen. Troeltsch stellt in seiner Kulturkreistheorie „die aus dem gemeinsamen Stamme erwachsenen Religionen des Judentums, des Christentums und des Islam", die ihre Wurzeln in Palästina und auf der arabischen Halbinsel (Naher Osten; Vorderasien etc.) haben, „den Religionen indischen Ursprungs Brahmanismus [Hinduismus] und Buddhismus" gegenüber. Die Religionen chinesischen Ursprungs Daoismus und Konfuzianismus kommen bei Troeltsch nicht vor und die primalen Religionen tut er pauschal als „Polydämonismus" ab. Jaspers grundsätzlicher Idee von einer Achsenzeit folgend, ist festzuhalten, dass sich alle diese Religionen, mit Ausnahme der primalen, in einem Zeitraum von 1200 Jahren zwischen ca. 600 vor und 600 nach dem Beginn unserer Zeitrechnung im „Osten", dem „Orient" bzw. in „Asien" (neu)formiert haben. Seitdem entstandene „Neue Religionen" sind Mischformen und Derivate dieses Grundbestandes; sie sind zwar zahlreich, aber im Blick auf ihre Anhänger*innen zahlenmäßig zu vernachlässigen. Ich unterscheide ferner zwischen ethno-zentrischen Religionen wie Judentum und Hinduismus, die in unterschiedlichem Maße Züge einer primalen Religion tragen, die sich selbst transformiert hat, und missionarischen Religionen wie Buddhismus, Christentum und Islam, wobei letzterer ebenfalls als ethno-zentrische Religion begonnen hat; Mohammed verstand sich anfangs selbst als Prophet der Araber.

Was den Begründungszusammenhang des jeweiligen Ethos betrifft, ist zunächst einmal grob zu unterscheiden zwischen den monotheistischen Religionen Judentum, Christentum und Islam mit Gott als letzter Autorität und den am Tun-Ergehens-Zusammenhang orientierten Religionen indischen Ursprungs. Die chinesischen Religionen Konfuzianismus und Daoismus sind von ihrem ethischen Ansatz her zwar konträr, haben in der Begegnung mit dem von Indien eingesickerten Buddhismus jedoch eine auf Familien- und Staatsordnungen basierende kosmische Religiosität herausgebildet. Mit dem Neo-Konfuzianismus haben sie sich dann ein gesellschaftliches Ordnungssystem geschaffen, das durch die Ahnenverehrung und den Kaiser als obersten Priester im Himmelskult auch eine transzendente Legitimation kennt. Den hinduistischen Göttern und Gurus ebenso wie dem Buddha kommt eine gewisse Vorbildfunktion zu, wie sie auch die Religionsstifter Jesus und Mohammed haben. Gleichzeitig ist den abrahamitischen Religionen der Tun-Ergehens-Zusammenhang ebenfalls nicht fremd.

Die primalen Religionen basieren auf der Verehrung der Ahnen, die Mittler zu einem fernen Gott sind. Den Ahnenstatus erlangt nur wer ein gutes, der Gemeinschaft dienliches Leben gelebt und einen männlichen Nachkommen gezeugt hat. Auch gibt es eine gewisse Hierarchie der Ahnen. Den mythischen Gründerahnen grauer Vorzeit stehen noch in den Generationenzusammenhang eingebundene Ahnen zur Seite, die entsprechend mit der persönlichen Kenntnis verblassen. Das Leben fließt von Gott über die Ahnen und die jetzt Lebenden in zukünftige Generationen. Werden die Ahnen nicht geehrt und ihrem Vorbild Folge geleistet, kann das unangenehme Konsequenzen für die nachfolgenden Generationen haben. Während die schriftlosen primalen Religionen den Mythos mündlich tradieren, haben die abrahamitischen ebenso wie die Religionen indischen und chinesischen Ursprungs Heilige Schriften hervorgebracht in denen auch die ethischen Vorschriften kodifiziert sind.

Entsprechend divergent sind die Heilsvorstellungen. Die Idee von einem ewigen Leben hat sich in Israel spät herausgebildet und wurde erst im rabbinischen Judentum weiter entwickelt. Die Toten verharren bis zu Auferstehung und Gericht (Dan 12,2) in einer Art Schlafzustand (Dtn 31,16 u.ö.). Das Christentum stellt dieser Vorstellung von einem richtenden Gott, die Versöhnung in Jesus Christus gegenüber. Im „zweifachen Ausgang des Alten Testaments" (Klaus Koch) korrespondiert der Transformation der jüdischen Religion von einem Opfergottesdienst im Tempel zum synagogalen Gottesdienst im rabbinischen Diasporajudentum eine symbolische Überhöhung des Opfers im Kreuzestod Jesu. Der Islam betont wiederum das Endgericht. Letztendlich ist allen drei abrahamitischen Religionen gemeinsam, dass das gute Individuum in Gott bewahrt wird. Der Böse hat im Christentum noch die größte Chance auf Gnade. In Judentum und Islam verfällt er der ewigen Verdammnis. Hinduismus und Buddhismus sind Höllenqualen als Strafe für böse Taten ebenfalls nicht fremd. Allerdings stellt sich die Frage, wer hier eigentlich für seine Taten büßt. Während der Hinduismus jedenfalls noch eine Art Seele (atman) kennt, die wiedergeboren wird, lehnt der Buddhismus auch die Existenz eines solchen Daseinskerns ab (anatman). Wenn im hinduistischen Denken atman letztendlich allerdings identisch ist mit dem Allganzen (brahman) scheint dies lediglich ein gradueller Unterschied zwischen beiden Religionen zu sein. Der Kreislauf der Wiedergeburten ist Leiden und will deswegen durchbrochen werden. Ziel ist moksha bzw. Nirvana, das sich Auflösen ins Unendliche. Die primalen und chinesischen Religionen nehmen wiederum eine Mittelstellung ein. Ihnen geht es um die Kontinuität des Lebens über die Generationen hinweg und den Einklang mit dem Kosmos.

Was die Anthropologie anbelangt ergibt sich dadurch ein Spektrum, das von der Betonung der Stellung des Individuums vor Gott in den monotheistischen Religionen über die Einordnung des Menschen in den Kosmos in den primalen und den chinesischen Religionen bis zur Negierung des Individuums in den Religionen indischen Ursprungs Hinduismus und Buddhismus reicht. Der Hinduismus hat mit dem Kastensystem und den vier Lebensstadien des Mannes (ashramas: Lehrzeit, Familienvater, Einsamkeit, Entsager) ähnlich wie die chinesischen Religionen mit den fünf Beziehungen (wu lun: Vater – Sohn; Herrscher – Untertan; Ehemann – Ehefrau; Älterer Bruder – Jüngerer Bruder; Freund – Freund) ein strikt hierarchisches Gesellschaftsmodell geschaffen. Sekundär kennen auch Christentum und Judentum solche Verquickungen von Gesellschaftsordnung, Politik und Religion. Dass im Islam Religion und Staat eins seien, ist ein heißes Eisen aktueller religionspolitischer Diskurse.

Der Tun-Ergehens-Zusammenhang hat in der Religionsgeschichte sowohl in den Religionen indischen und chinesischen Ursprungs als auch in den monotheistischen Religionen, hier z.T. als Prädestinationslehre gewendet, gelegentlich zu Werkgerechtigkeit oder Fatalismus geführt. Besonders Hinduismus und Islam aber auch der Katholizismus haben sich dafür anfällig gezeigt. Das protestantische Christentum mit seiner relecture der paulinischen Rechtfertigungslehre und die vier edlen Wahrheiten des Buddhismus sind Ausdruck von Reformbewegungen die sich solchen Tendenzen widersetzt haben.

Trotz Verwandtschaft, wechselseitiger Beeinflussung und Gemeinsamkeiten haben wir es bei den lebenden Religionen mit distinkten Sinndeutungssystemen zu tun, die sich zum Teil auch widersprechen und gegenseitig ausschließen. Hans Küng knüpft mit seinem „Projekt Weltethos" an den allen Religionen gemeinsamen Grundbestand ethischer Normen an, die er aus christlicher Perspektive in der goldenen Regel und der zweiten Tafel des Dekalogs zusammenfasst. Letztendlich ist sein Manifest als ein Appell an die Religionsgemeinschaften zu lesen, diese auch durchzusetzen. Dazu fehlt ihnen allerdings heute sowohl die institutionelle Struktur als auch die zentrale Repräsentanz. Küng nimmt weder die Religionen in ihrer Differenz seriös, noch die ihnen inne wohnende Ambivalenz. Dies gilt auch für die pluralistische Theologie der Religionen, die einen gemeinsamen Grund hinter den distinkten Religionen annimmt (John Hick). Schließlich ist der hier praktizierte Vergleich nicht zu verwechseln mit der komparativen Theologie (Francis X. Clooney), die eine Form christlicher Apologetik darstellt. Trotz des von

Küng treffend umrissenen ethischen Grundkonsenses der Religionen divergieren sie sowohl im Hinblick auf den jeweiligen Begründungszusammenhang als auch die damit unauflöslich verbundenen Heilsvorstellungen und Menschenbilder. Umgekehrt genügt ein gesunder Menschenverstand, um den von Küng und anderen bemühten Grundregeln menschlichen Zusammenlebens zuzustimmen, religiöser Glauben welcher Art auch immer ist dazu in letzter Konsequenz nicht notwendig.

In Zeiten und Orten, wo eine Religion den Sinndeutungshorizont einer Gesellschaft absteckt, generiert sie Regeln des Zusammenlebens, die unter dem Strich dann auf den skizzierten Minimalkonsens rauslaufen, der intersubjektiv zugänglich ist und heute gelegentlich unter den Stichworten Menschenwürde oder Menschenrechte als begründungsoffen charakterisiert wird. Letzteres wird aber etwa seitens der islamischen Welt vehement bestritten und als westlicher Absolutheitsanspruch gebrandmarkt. Charles Taylor hat diesen Widerstreit zwischen universalen Rechten des Individuums und partikularen Gemeinschaftsrechten herausgearbeitet. Es gibt ethische Werte und Normen in den einzelnen Religionen, die nicht intersubjektiv zugänglich sind und in Widerstreit mit den individuellen Menschenrechten stehen. Religionen eignet eine gewisse Ambiguität, sie können im Extremfall in Gewalt und Fundamentalismus umschlagen. Unterschiede und Gemeinsamkeiten zwischen den Religionen und der Widerstreit zwischen Individual- und Gemeinschaftsrechten werden im Folgenden exemplarisch anhand der eingangs genannten generativen Themen durchgespielt.

Mann/Frau

Allen Religionen eignet ein patriarchaler, gelegentlich gar misogyner Grundzug. Dies gilt obwohl Frauen in der Regel die religiös Aktiveren sind und die religiöse Erziehung übernehmen. Dennoch ist das Heil für sie schwieriger zu erlangen als für den Mann. Weibliche Priesterinnen oder weise Frauen sind die Ausnahme und oft erst im Gefolge der Frauenbewegung im 20 Jh. bekannt bzw. anerkannt worden. Moderne feministische Diskurse haben sich gelegentlich auf die Religionsstifter berufen, denen sie dann eine positivere Haltung gegenüber Frauen zuschrieben. Jesus hatte Jüngerinnen, Maria Magdalena, Maria und Martha aber auch die Frauen, die bei der Kreuzigung als einzige von ferne standen, und die Frauen am Grab sind prominente Beispiele.

Mohammed bekam nicht nur ökonomischen Rückhalt von seiner ersten Frau Khadidja, um sich ganz auf seine Rolle als Gottsuchender konzentrieren zu können, sie bestärkte ihn auch als er die ersten Offenbarungen empfing und wurde seine erste Anhängerin. Es scheint eine Liebesbeziehung gewesen zu sein.

Solange sie lebte, nahm Mohammed jedenfalls keine weiteren Frauen. Nach ihrem Tod hat er eine Vielzahl von Frauen gehabt, von denen Aisha nach Überzeugung der Sunniten seine Lieblingsfrau war. Für die Schiiten spielt demgegenüber seine Tochter Fatima eine prominente Rolle, die spätere Frau des 4. Kalifen Ali und Mutter der Prophetenenkel Hasan und Husain. Das Kopftuch als identity marker emanzipierter Muslimas sollte nicht darüber hinwegtäuschen, dass die Verschleierung in den heiligen Texten (Sure 33,59) und selbst in den Hadithen wenig Anhalt hat. Mit dem Burkini hat die Kopftuch-Debatte im Sommer 2016 schließlich doch noch die Spaßkultur erreicht.

Dass sich der Buddha der Bitte seiner Tante Mahapajapati, die ihn nach dem frühen Tod seiner Mutter Maya aufgezogen hatte, einen Nonnenorden einrichten zu dürfen, nur widersetzt habe, weil er die Schwäche der Mönche nicht unnötig herausfordern wollte, erscheint demgegenüber als sehr wohlwollende Interpretation. Insgesamt ist wenig überliefert, was Frauen im Umfeld des Buddhas betrifft. Seine Ehefrau ließ er zurück, als er vom Haus in die Hauslosigkeit zog. Als Töchter Maras erscheinen sie ihm als Verführerinnen, denen er widersteht. Die Nonnenorden wurden den Mönchsorden unterstellt, ähnlich wie im Christentum. Zugleich ist aber festzuhalten, dass es diese beiden Religionen sind, die überhaupt Frauen den Zugang zu einem monastischen, gottgeweihten Leben ermöglichen.

Auch die Schöpfungs- und Göttermythen werden in diesem Zusammenhang erneut in den Blick genommen. In den abrahamitischen Religionen Judentum und Christentum sind die Menschen männlich und weiblich nach dem Bilde Gottes geschaffen (Gen 1,26–28), was ein egalitäres Verhältnis der Geschlechter hätte begründen können. Im Koran liegt der Akzent demgegenüber auf der Schaffung von Adam als „Nachfolger" (Sure 2,30). Im Hinduismus gibt es zwar einen prominenten Göttinnenkult (Shaktismus) und selbst die Hauptgötter haben eine weibliche Seite (Shakti) und können ikonographisch als Zwitterwesen dargestellt werden, auf die gesellschaftliche Stellung der Frau hat das aber keine positiven Auswirkungen gehabt. Auswüchse wie Witwenverbrennung, Mitgiftmord aber auch eine hohe Vergewaltigungsrate sind dafür symptomatisch. Die Frau ist erst dem Vater, dann dem Ehemann und im Falle der Verwitwung dem ältesten Sohn unterstellt. Die chinesischen Religionen ordnen die Frau ebenfalls dem Manne unter. Demgegenüber ist in vielen primalen Religionen der Gottesname nongendered. Das Göttliche wird als vollkommen gedacht und muss also männlich und weiblich zugleich sein.

In Ehe- und Sexualethik prallen religiös sanktionierte kulturelle Traditionen der jeweiligen Gemeinschaft und individuelle Freiheitsrechte aufeinander. Gelegentlich wird darauf verwiesen, dass Regelungen, die aus heutiger Sicht rückständig erscheinen, zur Zeit ihrer Kodifizierung schon eine Besserstellung der

Frau gegenüber einem früheren Zustand oder der Umwelt bedeuteten. In jüngster Zeit überlagert die Debatte über Homosexualität vielfach die binäre Geschlechterdebatte, ohne das in dieser bereits Konsens erzielt worden wäre.

Arm/Reich

Hier ist zunächst einmal grundsätzlich zu unterscheiden zwischen freiwillig gewählter „spiritueller" Armut von religiösen Asketen oder monastischer Gemeinschaften und ökonomischer Armut. Alle Religionen kennen Formen der Armenfürsorge, die vom „Almosen" geben bis zum Sabbatjahr im Judentum und zur Pflichtabgabe im Islam reichen. Nicht immer wird allerdings praktiziert was die häre Lehre fordert. Das hinduistische Kastenwesen zementiert soziale Unterschiede, dagegen hat sich der Buddha ausdrücklich gewandt. Der Prosperity gospel ist kaum im Sinne Jesu, zieht aber große Anhängerscharen gerade auch unter den Armen an, zur Verzweiflung etwa der Befreiungstheologen. Der Kompromiss, Eigentum grundsätzlich zu erlauben und zu schützen, aber zu verantwortlichem Umgang zu ermahnen, konnte in keinem der Kulturkreise den Siegeszug des globalen Kapitalismus verhindern, der die Schere zwischen Arm und Reich stets größer werden lässt.

Krieg/Frieden

Gewalt ist ebenso wie Gewaltlosigkeit bereits im Mythos angelegt. Die grundsätzliche Ambivalenz der Religionen zeigt sich auch hier. Im alten Israel führte Jahwe Krieg, Mohammed wurde in Medina zum militärischen Führer. Dass Jesus die Feindesliebe predigte, konnte weder die Kreuzzüge, noch die Religionskriege verhindern. Das Mahabarata ist ein groß angelegtes Kriegsepos. Die ethische Unterweisung von Arjuna durch Krishna in der Bhagavadgita findet auf dem Streitwagen statt. Primale Religionen kennen Kopfjagd und Blutrache, die sich bei genauerem Hinsehen als bereits religiös regulierte Gewalt entpuppen. Fundamentalismus und Terror lassen sich nicht einfach als Perversionen der Religionen schönreden, sie sind ihre dunkle Seite.

3 Die interkonfessionelle und die interkulturelle Dimension

Die Formulierung einer ökumenischen Sozialethik war von Anfang an umstritten. Von den drei Quellströmen des Ökumenischen Weltrats der Kirchen (ÖRK), den Bewegungen für Mission, Glauben und Kirchenverfassung sowie Praktisches Christentum hatte nur letztere eine klare ethische Ausrichtung. Der Internationale Missionsrat (IMR) trat erst 1961 bei der 3. Vollversammlung des ÖRK in Neu Delhi bei. Dieses lange Zögern war in der Befürchtung des evangelikalen Flügels der Missionsbewegung begründet, dass das Streben nach Einheit der Kirchen und das gesellschaftliche Engagement sein primäres Ziel der Mission überlagern würde. Die Evangelikalen sind dann nach der Vollversammlung in Uppsala (1968) mit ihrem Focus auf gesellschaftliche Veränderungen und der Weltmissionskonferenz in Bangkok (1973) unter Protest gegen die Aufnahme der generativen Themen der kontextuellen Theologien, Befreiung, Inkulturation und Dialog in die Lausanner Bewegung (1974) ausgezogen. Allerdings musste diese sich auf Druck ihrer Mitglieder aus der Dritten Welt entgegen dem erbitterten Widerstand westlicher Wortführer wie Peter Beyerhaus und Billy Graham schon bald auch mit eben jenen Themen auseinandersetzen. Derweil erhob sich im ÖRK erneuter Widerspruch gegen einen ethischen turn seitens der orthodoxen Kirchen, zumal diese durch den Zusammenbruch des Ostblocks erstarkten.

Aus interkultureller Perspektive sind in unserem Zusammenhang drei Initiativen des ÖRK von besonderem Interesse: das Dialogprogramm, der konziliare Prozess und das Studienprogramm „Das Evangelium und unsere Kultur". Die selbstverordnete Denkpause des 1971 auf Beschluss der Zentralausschusssitzung in Adis Abeba aufgelegten Dialogprogramms bezog sich vor allem auf den Dialog des Verstandes, die Verständigung über Lehrfragen und Heilsvorstellungen, der Dialog der Hände, die sozialethische Dimension wechselseitiger Hilfe und Unterstützung im Katastrophen- oder Konfliktfall war demgegenüber interreligiös konsensfähig. Der im Angesicht des Wettrüstens der 1980er Jahre und der Umweltkatastrophen von westlichen Kirchenvertretern und christlichen Intellektuellen angeregte konziliare Prozess wurde auf Druck der Kirchen der Dritten Welt thematisch erweitert zu „Gerechtigkeit, Frieden und Bewahrung der Schöpfung". Auf der Vollversammlung in Canberra 1991 löste die Performance der jungen koreanischen Theologin Chung Hyun-Kyung (*1956) zum Thema „Komm Heiliger Geist erneure die ganze Schöpfung" einen Sturm der Entrüstung sowohl unter den evangelikalen als auch orthodoxen Teilnehmern aus. Dies führte zum Studienprozess „Das Evangelium und unsere Kultur", dessen Analysen der pluralen Kontexte von Mitgliedskirchen aus mehr als 30 Ländern längst dem ökumenischen Kurzzeitgedächtnis an heim gefallen sind, obwohl das Recht auf kulturelle Identität weiterhin hoch auf der Tagesordnung steht. Der konziliare Prozess war sicherlich das Programm mit der größten Breitenwirkung in den Mitgliedskirchen. Gerade die ursprünglich von der Befreiungstheologie Lateinamerikas postulierte „Option für die Armen" ist heute in der christlichen Sozialethik Konsens.

Mann/Frau

Obwohl die Frauenordination in den protestantischen Kirchen des Westens in der zweiten Hälfte des 20. Jh. hart erkämpft werden musste und die gläserne Decke Frauen in kirchenleitenden Positionen und theologischen Fakultäten gleichermaßen noch stets entgegenkommt, üben ihre Repräsentanten heute gerne Kritik an der rückständigen Praxis der orthodoxen und römisch-katholischen Kirchen sowie der protestantischen Partnerkirchen weltweit. Die auf Grund der Freiräume, die ein insgesamt liberaleres gesellschaftliches Klima geschaffen hat, an die Öffentlichkeit gekommenen Fälle von sexuellem Missbrauch durch katholische Priester, wird dann gerne als ein Argument gegen die Perversionen einer zölibatären Männerkirche herangezogen. Insgesamt gilt jedoch, dass die Gleichstellung der Geschlechter im Christentum noch stets eine offene Wunde ist, während der feministische Aufbruch auf Grund einer Ausweitung auf den gender-Diskurs und der hitzig geführten Debatten über Homosexualität in den Hintergrund gedrängt wurde.

Arm/Reich

Hier zeichnet sich ein kirchlicher Nord-Süd-Konflikt ab, der im „Accra-Bekenntnis" der Vollversammlung des reformierten Weltbundes in Ghana 2004, seinen bisher prononciertesten Ausdruck gefunden hat. Aber er gärt auch im Lutherischen Weltbund, im ÖRK oder der Lausanner Bewegung. Die historischen Kirchen (mainline churches) im globalen Süden sehen sich zunehmend mit dem Wohlstandsevangelium (Prosperity gospel) der Pfingstkirchen und der charismatischen Erneuerung in den eigenen Reihen konfrontiert. Dabei werden inzwischen auch Fragen innerkirchlicher Korruption thematisiert. Prominentes Beispiel ist der inzwischen rechtskräftig verurteilte südkoreanische Pfarrer Chong-Gi Cho, dessen mitgliederstarke Full-Gospel Church auch die Herzen deutscher akademischer Theologen höher schlagen ließ.

Krieg/Frieden

Das Christentum kennt eine lange Geschichte konfessionell motivierter Gewalt, die von den Glaubenskriegen bis zum Bürgerkrieg in Nordirland reicht. In den Konflikten der Dritten Welt stehen Christen oft auf beiden Seiten. Die Thematisierung der Gewaltfrage in den Befreiungstheologien erschöpfte sich letztendlich in der Feststellung, dass im Kontext von Militärdiktaturen bewaffneter Widerstand gegen illegitime staatliche Gewalt unausweichlich erscheinen könnte. Die Diskussionen um das von der Vollversammlung in Uppsala 1968 beschlossene Anti-Rassismus-Programm stellten den ÖRK unterdessen vor eine Zerreißprobe. Auch die christliche Friedensbewegung der 1980er Jahre blieb in den Kirchen umstritten.

4 Handlungsfelder interkultureller Ethik

Die Genese interkultureller Theologie und Ethik ist eng verknüpft mit dem Aufbruch der kontextuellen Theologien in der Dritten Welt. Es geht nicht darum eine neue Meta-Theologie zu schaffen, sondern diese Entwicklungen zu begleiten und eine Gesprächsplattform bzw. einen Diskursraum zu kreieren, um diese Theologien miteinander und mit der westlichen akademischen Theologie ins Gespräch zu bringen. Heute wird in diesem Zusammenhang gerne von Intersektionalität gesprochen. Die beiden großen Schulen kontextueller Theologie Befreiungs- sowie Inkulturations- und Dialogtheologien sind immer noch identifizierbar. Durch die Zusammenarbeit in der bereits 1976 gegründeten Ökumenischen Vereinigung von Dritte-Welt-Theologinnen und Theologen (EATWOT), dem Kongress Asiatischer Theologen (CATS), dem an das Weltsozialforum angelehnten Weltforum für Theologie und Befreiung aber auch in den Gremien der klassischen ökumenischen Weltbünde, sowie vieler kleinerer Gesprächsforen haben ihre Repräsentantinnen und Repräsentanten die Analysen der Vielschichtigkeit ihrer Kontexte über die sozio-ökonomisch und politisch sowie kulturell-religiös Dimension in der zweiten und dritten Generation ausgeweitet auf gender, Ökologie und Ethnizität. Unter Aufnahme dieser glokal vernetzten Diskurse und generativen Themen identifiziere ich ohne Anspruch auf Vollständigkeit im Folgenden einige der sich daraus ergebenden Handlungsfelder interkultureller Ethik.
– **Globaler Kapitalismus:** Der Siegeszug des Kapitalismus nach dem Zusammenbruch „des Ostens" bzw. der „Zweiten Welt" stellt die Klassenfrage neu während die Schere zwischen Arm und Reich noch stets größer wird. Dass multinationale Konzerne und globale Finanzmärkte sich zunehmend nationalstaatlicher Kontrolle entziehen, war eine wichtige Erkenntnis ökumeni-

scher Sozialethik der 1980er Jahre, ohne dass inzwischen Kontrollmechanismen geschaffen worden wären, die die verheerenden Folgen globaler Krisen wenn nicht verhindern, dann zumindest regulieren könnten. Mit „Occupy Religion!" haben Kwok Pui-Lan und Jörg Rieger ein Manifest verfasst, das den neo-konservativen Mythos vom Ende der Befreiungstheologien dekonstruiert. Sie wollen die Religionen bei ihrem befreienden Potential behaften und aus ihrer neoliberalen Gefangenschaft befreien. Damit weisen sie den Weg zu einer interkulturell-religiösen Befreiungstheologie für das 21. Jh., die für Gerechtigkeit und ein friedliches Zusammenleben von Mensch und Natur in all ihrer Diversität eintritt und die Götzen des Marktes konfrontiert.

- **Gender:** Selbst im Westen kann von Gleichberechtigung im Blick auf Karrierechancen und Bezahlung noch stets nicht die Rede sein. In der Dritten Welt aber sind die Frauen die Ärmsten der Armen, die nicht nur durch die neokolonialen Strukturen des globalen Kapitalismus ausgebeutet werden, sondern auch durch Militarismus und kulturell-religiös sanktionierte patriarchale Strukturen.

- **Fundamentalismus/Terror:** Dass Dialog die Ausnahme ist und Konflikt zur Regel zu werden droht, war eine der schmerzhaftesten Lernerfahrungen der modernen Dialogbewegung. Friedliche Muslimgemeinschaften desintegrieren unter dem Einfluss des „Petro-Islam" und seiner wahabitischen bzw. salafitischen Missionare und Hassprediger. Der „Krieg gegen den Terror" verwüstet ganze Länder und treibt die Zivilbevölkerung in Armut und Flucht. Die Finanziers der Terror inc. in Saudi Arabien und anderswo in der arabischen Welt, die bestens ins kapitalistische System integriert sind, werden demgegenüber nicht zur Verantwortung gezogen. Die ökumenische Bewegung hat Erfahrung gesammelt mit dem friedlichen Mittel des ökonomischen Boykotts, der letztendlich das Apartheidsregime in Südafrika gestürzt hat. „Follow the money" bleibt ein wichtiges Instrument ethischen Handelns. Finanzen von muslimischen Moscheen, Zentren, Schulen und Universitäten müssen offengelegt werden. Religionsfreiheit ist keine Lizenz für Fundamentalismus und Terror. Wer Menschenrechte mit Füssen tritt und Hass und Gewalt sät, muss von der Staatengemeinschaft geächtet werden, ebenso wie der internationale Waffenhandel, der überhaupt erst das Handwerkszeug des Terrors liefert.

- **Migration:** Bei diesem Thema laufen die Fäden der im Vorangegangenen geschilderten Diskurse zusammen. Es ist geradezu ein Labor interkultureller Ethik. Neben Verfolgung, Terror und Krieg, sind die Folgen des globalen Kapitalismus für Mensch und Umwelt die häufigsten Fluchtursachen. Fragen kulturell-religiöser Identitäten und gender bestimmen die Debatten um Integration. Die viel strapazierte Metapher von der Gastfreundschaft ist dabei wenig hilfreich, zumal wenn das Haus in das eingeladen wird auf Kosten anderer gebaut wurde (Miguel de la Torre) und das Gastrecht sich traditionell auf wenige Tage beschränkt. Für den Gast der bleibt gelten andere Regeln. Das Herumdoktern an den Folgen behebt nicht die Ursachen. Flüchtlingsströme werden zudem durch politisches Kalkül und eine Milliarden schwere Schlepperindustrie gesteuert. Neben dem Recht des Individuums auf Asyl gilt es sowohl die Rechte derjenigen, die nicht in der Lage sind eine Flucht zu finanzieren oder bewusst in der Heimat ausharren wollen als auch die der aufnehmenden Gemeinschaft zu beachten. Nationales Recht der demokratischen Staaten und Internationales Recht ist reformoffen, darf aber nicht politisch ausgehebelt werden. Demokratie und Rechtstaatlichkeit sind ein hohes Gut, das weder dem Kapitalismus noch dem Populismus geopfert werden sollte. Der kritische theologische Diskurs hierüber kennt viele Gestalten, Befreiungstheologie, politische Theologie oder öffentliche Theologie, um nur einige zu nennen. Eine Unterdrückung kommt selten allein, Rasse, Klasse, Geschlecht, kulturell-religiöse Zugehörigkeit, Lebensalter und Körperlichkeit sind darin oft miteinander verwoben. Multiperspektivität, Interdisziplinarität und Methodenpluralismus gehören deswegen in die toolbox einer jeden sich interkulturell verstehenden Ethik.

Bibliographie

Antes, Peter [u. a.]. 1984. *Ethik in nichtchristlichen Kulturen.* Bd. 3, *Ethik.* Stuttgart [u.a.]: Kohlhammer.
Khoury, Adel T. [Hg.]. 1993. *Die Weltreligionen und die Ethik.* Freiburg i.Br.: Herder.
Klöcker, Michael und Tworuschka, Monika und Tworuschka, Udo. ²1996. *Wörterbuch Ethik der Religionen. Die wichtigsten Unterschiede und Gemeinsamkeiten.* Gütersloh: Gütersloher Verlagshaus.
Küster, Volker. 2010. *Einführung in die interkulturelle Theologie.* UTB 3465. Göttingen: Vandenhoeck & Ruprecht.
Ratschow, Carl Heinz [Hg.]. 1980. *Ethik der Religionen. Ein Handbuch.* Stuttgart: Kohlhammer.
Robra, Martin. 1994. *Ökumenische Sozialethik.* Gütersloh: Gütersloher Verlagshaus.

Gerhard Kruip
Ethik im Kontext von Theologie und Kirche aus katholischer Perspektive

1 Ursprünge des Faches „Moraltheologie" in der katholischen Kirche

Sicherlich spielten ethische Fragen über die gesamte Geschichte des Christentums hinweg eine wichtige Rolle. Immer wurden sie im Rückgriff auf die Bibel und die eigene Tradition, zugleich aber auch im Kontakt und im Dialog mit außerkirchlichen Geistesströmungen und insbesondere der jeweils zeitgenössischen Philosophie bearbeitet[1]. Eine für die katholische Moraltheologie und Sozialethik herausragende Figur ist zweifelsohne Thomas von Aquin (1225–1274), der sich vor allem im zweiten Teil seiner Summa theologiae mit ethischen Fragen befasste: mit der Freiheit und Vernunftbegabung des Menschen als Bild Gottes, dem natürlichen Sittengesetz, dem Gewissen, der Sünde, den Tugenden und Lastern usw. In der Folgezeit und im Zuge des Nominalismus verlagerte sich der Schwerpunkt hin zur Betrachtung konkreter einzelner Handlungen und ihrer moralischen Qualität. Ein Höhepunkt war sicherlich die spanische Spätscholastik im 16. Jahrhundert, die z. B. die Frage der moralischen Zulässigkeit der spanischen Kolonisierung des amerikanischen Kontinents kritisch reflektierte (z. B. Francisco de Vitoria, 1492– 1546). Auf die protestantische Reformation reagierte die katholische Kirche u. a. mit dem Konzil von Trient (1545–1563), das wichtige Reformen auch für die katholische Kirche beschloss, darunter eine Erneuerung der Beichte und eine neue Ordnung für die Ausbildung der Priester. In diesem Zusammenhang tauchte erstmals der Begriff der „Moraltheologie" auf. Beichte hörende Priester mussten dafür qualifiziert werden, die verschiedenen Sünden zu unterscheiden und zu bewerten. Handbücher der Moraltheologie, die in dieser Zeit erstmals geschrieben wurden, orientierten sich an den zehn Geboten und den Geboten und Verboten der Kirche. Eine große Rolle spielte die „Kasuistik", also eine möglichst genaue Betrachtung von Einzelfällen und deren moralische Bewertung mit Hilfe von Prinzipien, Güterabwägungen und der Anerkennung von Ausnahmen. Sogenannte „Laxisten", die viele Ausnahmen zuließen, standen „Tutioristen" gegenüber, die in Zweifelsfällen immer die strengere (buchstäblichere) Anwendung der Regel bevorzugten. Eine etwas gemäßigtere, stärker pastoral orientierte Zwi-

---

1 Zur Geschichte von Moraltheologie und Sozialethik siehe z. B. Virt, Moraltheologie, 522–535.

schenposition nahm Alphons Maria de Liguori ein (1696–1787) ein, der 1839 heiliggesprochen, 1871 zum Kirchenlehrer und 1950 zum Patron der Moraltheologen und Beichtväter erhoben wurde. Die Kritik seitens des Protestantismus und der Aufklärung richtete sich vor allem gegen die Sexualfeindlichkeit der Moraltheologie, die starke Betonung des Gehorsams gegenüber der kirchlichen Autorität, die oft sehr kleinlich und wenig lebensnah wirkende Kasuistik und die dahinterstehende Vorstellung, dass die Aufnahme ins Himmelreich von der peinlichen Erfüllung kirchlicher und göttlicher Gebote abhängen sollte. Jedoch auch innerhalb der katholischen Kirche gab es von der Aufklärung beeinflusste Reformbestrebungen, die sich beispielsweise in Österreich-Ungarn zwischen 1747 und 1787 in den theresianisch-josephinischen Studienreformen niederschlugen, durch die auch an die Moraltheologie stärker wissenschaftliche Ansprüche gerichtet wurden und übrigens auch die Pastoraltheologie als neues theologisches Fach entstand.

2 Neuthomismus und Katholische Soziallehre

Nach der französischen Revolution (1789) und der Säkularisierung der Kirchengüter in Deutschland (1803), im Kontext der Konflikte zwischen protestantischer und katholischer Kirche bzw. zwischen protestantisch dominiertem Staat (Vormachtstellung Preußens!) und katholischer Kirche in Deutschland und erst recht nach dem Verlust des Kirchenstaates 1870 geriet die katholische Kirche zunehmend in die gesellschaftliche Defensive. Sie lehnte moderne Errungenschaften wie die Menschenrechte, die Demokratie, die Presse- und Religionsfreiheit ab (Enzyklika Mirari vos 1832, Enzyklika Quanta cura mit dem Syllabus errorum 1864[2]) und versuchte, ihren in der Gesellschaft und im Staat verlorenen Einfluss durch das Unfehlbarkeitsdogma des Ersten Vatikanischen Konzils (1870) zu kompensieren. In diesem Kontext wollte man die Theologie und insbesondere die Moraltheologie auf eine möglichst sichere Grundlage stellen, weshalb man immer wieder auf Thomas von Aquin und seine Naturrechtslehre zurückgriff, diese allerdings sehr eng und rigoristisch auslegte und streng an der kirchlichen Autorität ausrichtete. Papst Leo XIII. (1878–1903) machte 1879 den Thomismus zur Grundlage der theologischen Ausbildung. Die dadurch sich entwickelnde Neuscholastik und der Neuthomismus lösten sich jedoch paradoxerweise immer mehr

---

[2] Lehramtliche Texte des Papstes oder der Kurie werden üblicherweise nach den beiden ersten Worten, mit denen sie beginnen, benannt. Sie können leicht und in mehreren Sprachen auf www.vatican.va oder www.kathpedia.com gefunden werden, weshalb sie hier nicht einzeln bibliographisch nachgewiesen werden.

von der ursprünglichen Debattenkultur der Scholastik und der hohen Qualität der Theologie des Thomas von Aquin.

Doch es gab auch Impulse zur Erneuerung. Im Zuge der Industrialisierung und der Auflösung der Ständegesellschaft kam es im 19. Jahrhundert vermehrt zur Migration von landlosen Bauern in die Städte, zur Arbeitslosigkeit unter Handwerkern und zu bislang unbekannten Formen von Massenelend, welche bald als „Arbeiterfrage" oder „Soziale Frage" bezeichnet wurden. Ähnlich wie in der Evangelischen Kirche gab es auch auf katholischer Seite Kirchenvertreter, die sich des Problems annahmen (z. B. der „Gesellenvater" Adolph Kolping, 1813–1865, oder Bischof Wilhelm Emmanuel von Ketteler, 1811–1877), die soziale Lage mit Hilfe der Sozialwissenschaften analysierten und die entstandenen Ungerechtigkeiten durch konkrete Hilfe, wie beispielsweise die Unterstützung der Organisationen von Handwerkern und Arbeitern und das Eintreten für eine stärkere Verantwortung des Staates im Bereich Arbeitsrecht, Fürsorge und soziale Sicherung mildern wollten. Dabei spielte die Angst vor dem aufkommenden Marxismus ebenso eine motivierende Rolle wie der Wettbewerb mit dem Protestantismus. Ketteler war es, der schon bei seinen Adventspredigten in Mainz 1848 eine wichtige Weichenstellung vornahm: Er griff auf Thomas von Aquin zurück, um beispielsweise dessen Lehre von der universellen Bestimmung der Güter und vom Privateigentum sowohl gegen den Marxismus, aber eben auch gegen den Liberalismus in Stellung zu bringen. Auch wenn das Privateigentum trotz der universellen Bestimmung der Güter aus Effizienzgründen eingeführt wird (privat zugeordnete Güter werden besser verwaltet, Verschwendung wird reduziert und es gibt weniger Konflikte), bleibt eine starke Sozialpflichtigkeit des Eigentums bestehen. Damit war der Grundstein dafür gelegt, auch für soziale Fragen mit Hilfe der Naturrechtslehre zu argumentieren. Einerseits griff die katholische Kirche damit sehr aktuelle, moderne Problematiken auf, tat dies aber mit Hilfe eines Instrumentariums, das sie immer wieder mit antimodernistischer Tendenz zur Gegenwartsgesellschaft auf Distanz brachte.[3] Entsprechende Überlegungen wurden sehr schnell auch auf weltkirchlicher Ebene rezipiert und fanden ihren Niederschlag in der ersten Sozialenzyklika Rerum novarum von 1891. Weil die neuen Themen des Verhältnisses von Kapital und Arbeit, der Eigentumsverteilung, der Rolle des Staates, der Rechte der Arbeiter und ihrer Organisationen von der Moraltheologie mit ihrem traditionellen Instrumentarium kaum bearbeitet werden konnten, entstand eine neue theologische Disziplin, die allmählich mit unterschiedlichen Bezeichnungen (Christliche Sozialwissenschaft, Katholische Soziallehre, später Christliche Sozialethik) ihren Platz an den meisten katholisch-

---

3 Vgl. Senft, Antimodernismus, 17–32.

theologischen Fakultäten (zumindest im deutschsprachigen Raum) fand. Der erste Inhaber eines Lehrstuhls für „Christliche Gesellschaftslehre" in Deutschland war der katholische Priester und Sozialpolitiker Franz Hitze (1851–1921). Während er sich sehr pragmatisch und detailliert mit aktuellen Einzelfragen der Sozialpolitik befasste (übrigens auch als Reichstagsabgeordneter), investierten andere Vertreter des Faches in ein möglichst klares neuscholastisches System einer statischen Ordnung, deren Ansatz in einer berühmten Definition des Jesuiten Gustav Gundlach gut zum Ausdruck kommt. Danach ist „[...] katholische Gesellschaftslehre [...] die einheitliche Zusammenfassung aller auf Grund der christlichen Heilsordnung möglichen Erkenntnisse von den Ordnungsstrukturen der diesseitigen menschlichen Gesellschaft im Ganzen und in ihren Einzelbereichen als Norm der dem innerlich gesellschaftlichen Menschen dauernd und im Wandel der Geschichte erwachsenden Ordnungsaufgabe."[4] Natürlich gab es auch damals eine Pluralität unterschiedlicher Auffassungen, meist jedoch wurde die Sozialethik auf der Grundlage naturrechtlich begründeter Sozialprinzipien aufgebaut, nämlich den Prinzipien der Personalität, der Solidarität und der Subsidiarität[5], des Öfteren eingeordnet in die Gemeinwohlorientierung und in jüngster Zeit ergänzt durch das Prinzip der Nachhaltigkeit.[6] Die Arbeitsteilung, die sich fortan zwischen Moraltheologie und Sozialethik einspielte, lässt sich am ehesten daran festmachen, dass die Moraltheologie die moralische Qualität des Einzelnen und seiner Handlungen, nicht zuletzt auch in Bezug auf sein Gottesverhältnis, in den Blick nimmt, während sich die Sozialethik mit Fragen gesellschaftlicher Verhältnisse, sozialer Strukturen und Institutionen sowie der Politik ihrer Gestaltung befasst. Ganz trennen kann man beide Bereiche natürlich nicht, denn auch individuelles Handeln geschieht in gesellschaftlichen Kontexten und soziale Strukturen und Institutionen brauchen engagierte und moralisch handelnde Individuen, um in Richtung von mehr Gerechtigkeit verändert werden zu können.

Die starke Bezugnahme auf das Naturrechtsdenken hatte sowohl in der Moraltheologie als auch in der Sozialethik eine wichtige Funktion für das Selbstverständnis der Katholiken, die Organisation des Sozialkatholizismus und seine Stellung in der Gesellschaft. „Die Naturrechtsdoktrin erwies sich in der Zeit politischer Ohnmacht des Papsttums als geeignetes Instrument zur Erhaltung des politischen Einflusses der Kirche auf die Gläubigen [...] und trug [...] zur Stabilisierung der Grenzen zwischen ‚Kirche' und ‚Gesellschaft' bei, indem sie die Entwicklung einer spezifischen Subkultur der Katholiken legitimierte, die als der

---

4 Gundlach, Ordnung, Bd. I, 24.
5 So in aktualisierter Form auch noch Anzenbacher, Sozialethik, 178–224.
6 Vogt, Nachhaltigkeit.

tragende Grund der gesellschaftlich-politischen Organisation der Katholiken anzusehen ist."[7] Die Stabilisierung des katholischen Milieus als Basis für gesellschaftlichen Einfluss war aber nur möglich, weil das Naturrecht einerseits als spezifisch „katholisch" galt, zugleich aber den Anspruch universeller Gültigkeit erhob, weil es eben nicht auf Offenbarungswahrheiten und die Bibel Bezug nahm. „Die kirchliche Hierarchie stand [...] vor der schwierigen Aufgabe, einerseits eine Distanzierung von den ‚modernistischen' Zeitströmungen gegenüber den Gläubigen zu legitimieren und sie gleichzeitig zur politischen Teilnahme an den Geschäften des den Modernismus tragenden oder doch zulassenden Staates zu motivieren. [...] Zur Lösung dieses Problems eignete sich das wiedererweckte Naturrechtsdenken [...] ausgezeichnet, und zwar so, daß es die Stabilisierung einer doppelten Grenzsetzung ermöglichte: Nach innen legitimierte es den Anspruch der Kirche auf Gestaltung nicht nur des kirchlichen, sondern auch des weltlichen, insbesondere staatlichen Bereichs [...]. Nach außen konnte die Kirche dagegen mit natürlichen, d.h. nicht aus der Offenbarung abgeleiteten Argumenten auftreten, in der Hoffnung, dadurch auch bei ‚Ungläubigen' Gehör zu finden."[8] Als dann im Zuge gesellschaftlicher Modernisierungsprozesse vor allem nach dem Zweiten Weltkrieg das katholische Milieu zu erodieren begann, wurde zugleich die zentrale Plausibilitätsstruktur des Naturrechtsdenkens porös – es wurde Zeit, Moraltheologie und Sozialethik auf neue Grundlagen zu stellen.

Diese historischen Hintergründe machen auch die nach wie vor beobachtbaren Unterschiede zwischen katholischer und evangelischer Ethik verständlich. Die ethische Reflexion in der evangelischen Kirche war von Anfang an weniger mit einem antiaufklärerischen bzw. antimodernen Affekt belastet und konnte wegen der größeren Offenheit und eines anderen Selbstverständnisses der Kirchenleitungen freier agieren, pluralistischer auftreten und unbefangener philosophische Positionen und sozialwissenschaftliche Erkenntnisse aufnehmen. Auch fehlt im evangelischen Bereich die relative Enge eines konservativen sozialen Milieus. Andererseits ist die starke Bearbeitung konkreter Einzelfragen in der katholischen Tradition (Kasuistik) in gewisser Weise auch eine Stärke. Und die zunehmend bewusste weltkirchliche Einbindung sowie die notwendige Auseinandersetzung mit einer zentralen lehramtlichen Institution erzwingen im katholischen Bereich eine ständige Befassung mit den jeweils anderen Kontexten anderer Ortskirchen und erzeugen einen Druck, die Einheit zu wahren, was auch dazu beitragen kann, die Rationalität der Argumentation zu schärfen, aber auch Kompromissfähigkeit zu lernen und innerkirchlich Toleranz zu üben – jedenfalls

---

7 Kaufmann, Wissenssoziologische Überlegungen, 159.
8 Ebd.

dann, wenn die zentrale Leitungsinstanz ihre Autorität nicht überzieht. Auch was den Stil der Argumentation, die wichtigsten Referenztexte und das Vertrauen in die Vernunft des Menschen angeht (das im katholischen Bereich meist größer ist), gibt es weiterhin Unterschiede. Dank der dynamischen Modernisierungsprozesse in beiden Kirchen entsteht heute aber insgesamt der Eindruck, dass die Unterschiede innerhalb der Konfessionen in inhaltlichen Positionen genauso groß sind wie zwischen ihnen.

3 Zweites Vatikanisches Konzil

Das Zweite Vatikanische Konzil (1962–1965) gab wichtige Impulse für eine weitgehende Erneuerung kirchlicher Praxis und kirchlicher Lehre. Auch wenn konservative Vertreter der Kirche das nicht gerne zugeben, in mancher Hinsicht führte es zu einem echten Traditionsbruch, der aber nur positiv zu bewerten ist. Bei der Lektüre kirchlicher Dokumente entsteht oft der Eindruck, dass gerade dann die Kontinuität mit der Tradition besonders hervorgehoben werden muss, wenn etwas Neues formuliert wird. So bezieht sich beispielsweise die Erklärung über die Religionsfreiheit, die bekanntlich in dieser Eindeutigkeit dort zum ersten Mal von der katholischen Kirche herausgestellt worden ist, auf „die heilige Tradition und die Lehre der Kirche, aus denen es immer Neues hervorholt, das mit dem Alten in Einklang steht" (DH 1). Wie in kaum einem anderen Bereich kirchlicher Lehren wird jedenfalls in der Sozialverkündigung ihr flexibler und zeitbedingter Charakter auch selbst explizit angesprochen, so beispielsweise in der sehr offenen Definition der kirchlichen Sozialverkündigung, wie sie in der Erklärung der Glaubenskongregation „Libertatis Conscientia" von 1986 (unter Joseph Kardinal Ratzinger, dem späteren Papst Benedikt XVI.) formuliert wurde – man beachte die deutlichen Unterschiede zur oben zitierten Definition von Gundlach: „Da diese Unterweisung wesentlich auf das Handeln ausgerichtet ist, entwickelt sie sich entsprechend den wechselnden Umständen der Geschichte. Darum enthält sie neben fortwährend geltenden Prinzipien auch veränderliche Beurteilungen. Sie bildet kein geschlossenes System, sondern bleibt stets offen für neue Fragen, die sich ständig stellen; sie erfordert den Beitrag jeglicher Begabungen, Erfahrungen und Kompetenzen" (Libertatis conscientia 72).

Für die Christliche Sozialethik ist es die Pastoralkonzilskonstitution Gaudium et spes über die „Kirche in der Welt von heute", die eine besondere Relevanz hat. Sie behandelt, was oft übersehen wird, klassische Themen der Sozialverkündigung wie das Gemeinwohl der gesamten „Menschheitsfamilie" (GS 26), die Gleichheit aller Menschen und die soziale Gerechtigkeit (GS 29), Ehe und Familie (GS 48 ff), die rechte Gestaltung des Wirtschaftslebens (GS 63 ff), Politik und

Staatsordnung (GS 73 ff), Krieg und Frieden (GS 77 ff) sowie den Aufbau einer gerechten internationalen Ordnung (GS 83 ff), ja sogar so moderne Themen wie Bildungs- und Beteiligungsgerechtigkeit (GS 60 – 61). Wichtiger aber als die Stellungnahmen zu diesen Einzelfragen ist ein im Vergleich zu früheren sozialethischen Texten des Lehramtes gänzlich neuer methodischer Ansatz.

Dass in GS in neuer Weise argumentiert wird, legt schon eine oberflächliche Textanalyse nahe. Denn Begriffe wie „Natur" oder „Naturrecht", in älteren Sozialenzykliken wichtigste Bezugspunkte zur Begründung von Aussagen, kommen nur an einer Stelle, in Nr. 74 – 75, vor und dienen hier der Widerlegung älterer Anschauungen. Aus der Textgeschichte geht hervor, dass die Konzilsväter[9] Argumentationen mit dem „Naturrecht" oder „natürlichen Ordnungen" aus früheren Textentwürfen entfernt haben und weitgehend vermeiden wollten.[10] Auch der Begriff der „Soziallehre" wurde bewusst nicht verwendet. Entscheidend sind aber inhaltliche Neuerungen in drei Punkten: Im Konzil nimmt die Kirche erstens eine *neue Haltung zur Welt* ein, daraus erwächst zweitens eine *neue Methode sozialethischer Urteilsbildung*, die dann auch drittens Auswirkungen haben muss auf *innerkirchliche Vorgehensweisen zur Positionsbestimmung*.

Bis zum Zweiten Vatikanischen Konzil sah sich die katholische Kirche eher im Gegenüber zur Welt, aber nicht als einen Teil von ihr. Pius XI. konnte in seiner Enzyklika in Quadragesimo anno (1931) noch behaupten, alle Lebensbereiche seien „vorbehaltlos Unserem höchstrichterlichen Urteil" unterworfen (QA 41) und noch 1961 begann Johannes XIII. seine erste Sozialenzyklika mit den Worten: „Mutter und Lehrmeisterin der Völker ist die katholische Kirche" (MM 1). Gaudium et spes schlägt einen ganz anderen Ton an: „Freude und Hoffnung, Trauer und Angst der Menschen von heute, besonders der Armen und Bedrängten aller Art, sind auch Freude und Hoffnung, Trauer und Angst der Jünger Christi" (GS 1). Deshalb sieht die Kirche ihre Aufgabe darin, mit der ganzen Menschheit in einen „Dialog" einzutreten, ihre „Mitarbeit" bei der Errichtung einer menschlicheren Gesellschaft anzubieten und unter Berufung auf ihr Vorbild Jesus Christus (Mk 10,45) keine Machtansprüche mehr zu erheben, sondern „zu retten, nicht zu richten; zu dienen, nicht sich bedienen zu lassen" (GS 2). Will die Kirche wirklich Kirche in der Welt „von heute" sein, muss sie zudem versuchen, ihre Gegenwart so gut wie möglich zu verstehen und hat so „allzeit die Pflicht, nach den Zeichen der Zeit zu forschen" (GS 4), ist also auf eine intensive interdisziplinäre Zusammenarbeit mit den Sozialwissenschaften angewiesen.[11] Den beschleunigten Verän-

---

9 Am Konzil nahmen nur sehr wenige Ordensfrauen und Ehefrauen als Hörerinnen teil. Sie hatten kein Rede- und Stimmrecht im Konzilsplenum.
10 Moeller, Pastoralkonstitution, 274.
11 Vgl. Höhn, Sozialethik.

derungen und der gestiegenen Komplexität kann man nicht mehr mit der Wiederholung traditioneller Positionen, auch nicht mit einer sozialmetaphysisch begründeten Ordnungsvorstellung oder einem universellen Naturrechtsdenken begegnen. Deshalb werden die Zeichen der Zeit nicht von statischen Prinzipien her, sondern „im Licht des Evangeliums" (GS 4) gedeutet. Wer mit der gesamten Menschheit in einen Dialog eintreten will, kann dies glaubwürdig nur tun, wenn er auch in den eigenen Reihen Dialog nicht nur zulässt, sondern ermöglicht, fördert und ernst nimmt: „Das aber verlangt von uns, daß wir vor allem in der Kirche selbst, bei Anerkennung aller rechtmäßigen Verschiedenheit, gegenseitige Hochachtung, Ehrfurcht und Eintracht pflegen, um ein immer fruchtbareres Gespräch zwischen allen in Gang zu bringen, die das eine Volk Gottes bilden, Geistliche und Laien" (GS 92). Die Zeit, in der in der katholischen Kirche „klerikal geprägte und doktrinär abgefaßte Befehle erteilt"[12] wurden, hätte damit eigentlich endgültig überwunden sein müssen.

Für die Moraltheologie waren die Auswirkungen nicht ganz so eindeutig. Die Öffnungen, die für die Sozialethik so wichtig waren, wurden auf die Moraltheologie kaum angewandt, und das Lehramt blieb in moraltheologischen Fragen sehr viel restriktiver als bei den sozialethischen Themen. Die römische Kurie hatte während des Konzils ein sehr traditionell argumentierendes Schema mit dem Titel „De ordine morali" vorgelegt, dessen Autoren „die Lehre Pius' XII. in ihren repressiven Aspekten zusammenfassen wollten". Es fand „nicht die Gnade der Konzilsväter"[13] und wurde abgelehnt, aber nicht durch einen neuen Text ersetzt. Freilich finden sich in Gaudium et Spes wichtige moraltheologische Themen, die im Geiste des Konzils behandelt werden, z. B. Aussagen zur Würde des Gewissens (GS 16), über die menschliche Freiheit (GS 17), die „Autonomie des Menschen, der Gesellschaften und der Wissenschaften" (GS 36) sowie relativ offene Formulierungen zum Thema Ehe und Familie (GS 47 ff) einschließlich der „verantworteten Elternschaft" (GS 50). Nach Meinung von Karl-Wilhelm Merks sind die konservativen Standpunkte von „De ordine morali" jedoch nicht verschwunden, sondern vielmehr nur „untergetaucht", „so daß sie ab und zu nach oben treiben oder zum Vorschein geholt werden können."[14] Dies geschah dann in einer für viele Katholiken sehr enttäuschenden Weise schon mit der Enzyklika Humanae vitae (1968), in der Papst Paul VI. gegen das Votum der den Text vorbereitenden Studienkommission künstliche Empfängnisverhütungsmittel strikt verbot. Das Argument war wieder ein typisch naturrechtliches: „Indem die Kirche die Menschen

---

12 Chenu, Soziallehre, 72.
13 Merks, Gott und die Moral, 70. 73–74.
14 Merks, Gott und die Moral, 76.

zur Beobachtung des von ihr in beständiger Lehre ausgelegten natürlichen Sittengesetzes anhält, lehrt sie nun, daß jeder eheliche Akt von sich aus auf die Erzeugung menschlichen Lebens hingeordnet bleiben muß" (HV 11).[15]

4 Autonome Moral

Als Reaktion auf den wachsenden „Modernisierungsdruck"[16], unter dem auch die Moraltheologie stand, entwickelten katholische Moraltheologen in Deutschland das Konzept der „Autonomen Moral"[17], wobei sie sich dezidiert auf Thomas von Aquin beriefen[18]. Entscheidend für diesen Ansatz war und ist es, die Moral von der Freiheit des Menschen her zu denken und seine Vernunftbegabung ernst zu nehmen.[19] Schon Thomas von Aquin setzte voraus, dass der Mensch Macht über sein Handeln hat. Wie Gott ist auch der Mensch Urheber seines Handelns und muss deshalb für sein Handeln Verantwortung übernehmen. Mit Hilfe seiner Vernunft kann er erkennen, was moralisch richtig oder falsch ist. Dies ist von Gott so gewollt. Deshalb „ist die Herrschaft Gottes nicht die Grenze menschlicher Aktivität, sondern gerade ihr Grund, Vorbild und Muster. In der Herrschaft über sein Tun ist der Mensch imago Dei. Wie Gott übt er selbst Vorsehung und Gesetzgebung aus."[20] Diese Einordnung der Autonomie des Menschen in die göttliche Schöpfungsordnung wird häufig als „theonome Autonomie" bezeichnet. Autonomie bedeutet dabei durchaus im Sinne Kants, dass der Mensch sich das moralische Gesetz zwar selbst gibt (und dabei nicht von Traditionen oder Autoritäten abhängt), dass er sich aber eben zugleich mit Hilfe seiner Vernunft das moralische Gesetz gibt, also nicht einfach willkürlich entscheidet, was er gut oder schlecht findet. Das, was die Vernunft dabei als moralisch richtig erkennt, wird dann in der katholischen Tradition „natürliches Sittengesetz" genannt, wobei wie bei Thomas von Aquin dabei nicht irgendwelche natürlichen Vorgaben oder Eigenschaften entscheidend sind, sondern die Art und Weise, wie die Vernunft sie

---

15 Weil weder Masturbation noch homosexuelle Akte auf die Zeugung von Leben ausgerichtet sind, werden auch diese konsequenterweise von der offiziellen Lehre der katholischen Kirche moralisch verurteilt.
16 Vgl. Goertz, Moraltheologie.
17 Grundlegend und die weitere Forschung bestimmend Auer, Autonome Moral. Wichtig waren auch Böckle, Fundamentalmoral; Schüller, Begründung; sowie kritisch zur Autonomen Moral Stoeckle, Grenzen.
18 Merks, Theologische Grundlegung.
19 Zum Folgenden siehe insbesondere Merks, Gott und die Moral, 22–45.
20 Merks, Gott und die Moral, 25.

bewertet und ihre Schlüsse aus ihnen zieht, beispielsweise durch eine Folgenabschätzung und -bewertung oder durch eine Universalisierbarkeitsprüfung. Das entscheidende Prinzip ist schon bei Thomas von Aquin nicht „secundum naturam" zu leben, sondern „secundum rationem". Nur so kann es auch gelingen, zu einer heute kommunikablen Moral zu kommen, in begründeter Weise universelle Geltungsansprüche zu erheben, sich zugleich aber auch der vernünftigen Kritik zu stellen. Über den in der Moderne ausgesprochen positiv konnotierten Begriff der Autonomie wird die Moraltheologie so auch anschlussfähig an die Moderne. Zugleich ermöglicht es diese Konzeption, nicht nur davon zu sprechen, dass der Mensch den von ihm als richtig erkannten Normen folgen muss, sondern auch davon, dass er bestehende Normen kritisieren kann, berechtigte Ausnahmen zu erkennen vermag und ggf. Verantwortung für eine Relativierung oder Modifizierung dieser Normen trägt (Epikie). „Der Mensch wird nicht mit Normen geboren, sondern mit dem Vermögen, eine normative Ordnung zu schaffen. Und wenn Menschen auf Normen treffen, sind es immer schon Normen, die durch Menschen gemacht sind und die wir aufgrund unseres moralischen Vermögens auf ihre Legitimität beurteilen können. Wir dürfen Normen daher nicht ansehen als ‚absolute', d.h. an sich seiende Entitäten, sondern müssen sie als Resultate menschlicher Ideen, Erfahrungen und menschlichen Nachdenkens über das wahre und gute Leben verstehen."[21]

5 Befreiungstheologie

Wichtige Erneuerungsimpulse für die katholische Sozialethik kamen auch noch aus einer ganz anderen Richtung, nämlich aus der Umsetzung des Zweiten Vatikanischen Konzils in den jungen, häufig noch armen Kirchen, insbesondere in Lateinamerika, angeregt auch durch die 1967 von Papst Paul VI. verfasste Enzyklika „Populorum progressio" („Die Entwicklung der Völker"). Sie hatte die Aufmerksamkeit auf die Ungerechtigkeiten zwischen Industrie- und Entwicklungsländern gelenkt und globale Solidarität eingefordert. Der peruanische Theologe Gustavo Gutiérrez (*1928) war im Juli 1968 in Chimbote/Peru um einen Vortrag zur „Theologie der Entwicklung" gebeten worden, aus der dann eine „Theologie der Befreiung" wurde.[22] Die entscheidende Erkenntnis dabei war, dass die Ursachen der Armut in Lateinamerika nicht in einer „Rückständigkeit" des Kontinents ge-

---

21 Merks, Gott und die Moral, 41.
22 Gutiérrez, Befreiung. Vgl. insgesamt zur Befreiungstheologie Kruip, Entwicklung oder Befreiung und Kern, Befreiung.

genüber den entwickelten Ländern zu suchen seien, sondern in einer über koloniale und postkoloniale Mechanismen vermittelten „Abhängigkeit". Überwunden werden könne diese Armut deshalb auch nicht durch eine nachholende „Entwicklung", sondern nur durch „Befreiung", d.h. durch einen Bruch der bestehenden Abhängigkeits- und Ausbeutungsstrukturen. Dieser Neuansatz kam zu einer Zeit auf, als sowohl die christlichen Kirchen als auch insgesamt die westlichen (einschließlich der lateinamerikanischen) Gesellschaften von einer optimistischen Reformoffenheit geprägt waren. Wichtig für das Verständnis des Kontextes ist auch, dass in den 1960er und 1970er Jahren in Lateinamerika fast überall Militärdiktaturen oder mindestens autoritäre Regime herrschten, und die massive Repression vielen Oppositionellen nur den Ausweg der revolutionären Gegengewalt ließ.

Angesichts ihrer tief zwischen Arm und Reich gespaltenen Gesellschaften trafen die lateinamerikanischen Ortskirchen eine „Option für die Armen".[23] Sie war das Ergebnis der Konfrontation der allgemeinen Gerechtigkeitsforderung mit einer Situation großer Ungerechtigkeit, in der es vordringlich erschien, zuerst den Armen zu helfen. Folgerichtig setzten sich viele Laien, Ordensleute, Priester und Bischöfe in ihren pastoralen Aktivitäten und politischen Stellungnahmen besonders für die Armen ein. Einige nahmen die Probleme der Armen so ernst, dass sie auch selbst in die „Peripherien" gingen, in Elendsvierteln mit ihnen zusammenlebten, sie dort begleiteten und von ihnen lernten. Besonders unter den Militärdiktaturen, die entsprechend ihrer „Ideologie der nationalen Sicherheit" und unterstützt durch die USA hinter jedem sozialen Engagement sofort den Kommunismus vermuteten und bekämpften, entwickelten sich große Teile der Kirche zu Verteidigern der Menschenrechte und zu Unterstützern der Widerstandsgruppen, während auf der anderen Seite manche Priester, z.B. auch in Argentinien, sogar bei Folterungen assistierten. Viele engagierte Christen, unter Ihnen Erzbischof Oscar Arnulfo Romero (El Salvador, 1917–1980), wurden ermordet. Weil die Liebe zum Mitmenschen ja auch „effektiv" werden muss und deshalb die Ursachen von Not, Leid und Ungerechtigkeit angepackt werden müssen, war die Option für die Armen auch mit der Forderung nach strukturellen und institutionellen Veränderungen verbunden, die zu Beginn aus einer marxistischen Analyse heraus häufig mit der Forderung nach Abschaffung des Kapitalismus und Errichtung des Systems eines demokratischen Sozialismus verbunden war. Die Zielperspektive des Sozialismus wurde nach dem Fall der Mauer von vielen Befreiungstheologen aufgegeben[24], Grundeinsichten wie die, dass der Glaube an

---

23 Vgl. etwa Collet, Bedürftigsten.
24 Kruip, Theologie der Befreiung.

einen menschenfreundlichen und gerechten Gott eine Praxis der Menschenfreundlichkeit und Gerechtigkeit verlangt und sich der Glaube deshalb in einer solchen Praxis verkörpern muss, dass deshalb der Glaube auch politisch werden muss und sich die Kirche in den Dienst einer solchen Praxis stellen muss, wurden jedoch beibehalten und sind nach wie vor aktuell.[25]

Vor allem, weil die katholische Soziallehre in ihrer klassischen Gestalt sowohl in Lateinamerika, als auch in den USA und Europa sehr konservativ und vor allem strikt antikommunistisch ausgerichtet war, sahen viele Vertreter der Befreiungstheologie in ihrem eigenen Ansatz ein Gegenmodell zur Soziallehre.[26] Auch für viele engagierte „progressive" Christen in Nordamerika und den USA war die Befreiungstheologie der wichtigere Referenzpunkt für ihr Handeln als Christen. Viele konservative Vertreter des Lehramts jedoch, unter ihnen Kardinal Joseph Höffner[27] (früher Professor für Christliche Gesellschaftslehre in Münster) und Papst Johannes Paul II.[28] versuchten umgekehrt, die Soziallehre gegen die Befreiungstheologie in Stellung zu bringen. Je mehr jedoch die durch das Konzil angestoßenen Reformen der Sozialethik auch in Lateinamerika rezipiert wurden, umso mehr versuchten auch lateinamerikanische Autoren, Sozialethik, Sozialverkündigung und Befreiungstheologie zusammenzubringen.[29] Auch Johannes Paul II. äußerte sich dann in seiner Sozialenzyklika Sollicitudo rei socialis (1987) bereits wieder versöhnlicher.[30]

6 Innerkirchliche Konflikte

Wie viele konservative Mitglieder der Kirche, vor allem in deren Hierarchie, so hatte auch Papst Johannes Paul II. (1978–2005) auf Grund seiner polnischen Erfahrungen und seiner traditionellen Auffassung von Moraltheologie große Vorbehalte gegen die Autonome Moral und gegen die Befreiungstheologie. In beiden Fällen unterstütze ihn Kardinal Joseph Ratzinger, den er 1982 mit der Leitung der Kongregation für die Glaubenslehre beauftragt hatte. Vor allem in den 1980er Jahren kam es deshalb zu heftigen innerkirchlichen Konflikten, die, weil

---

25 Zur Aktualität der Befreiungstheologie und derzeitigen Entwicklungen in ihr vgl. Silber, Christus.
26 So besonders prägnant Boff, Soziallehre.
27 Höffner, Soziallehre.
28 Vor allem im Eröffnungsreferat zur III. Lateinamerikanischen Bischofsversammlung in Puebla 1979.
29 So z.B. Antoncich/Munárritz, Soziallehre.
30 Kruip, Befreiung und Entwicklung.

sie nicht wirklich gelöst worden waren, unter Papst Benedikt XVI. und seit den Erschütterungen durch den Missbrauchsskandal (in Deutschland 2010) wieder verstärkt aufbrachen.

Die Gegner der Befreiungstheologie warfen ihr eine naive Übernahme der marxistischen Ideologie, die Verherrlichung revolutionärer Gewalt, die Ablehnung kirchlicher Autorität, einen Vorrang der Praxis vor der Glaubensoffenbarung und theologischen Horizontalismus vor. Auch Joseph Ratzinger stand ihr äußerst kritisch gegenüber, was mit fehlender Kenntnis der Situation, der Sprache und Mentalität der Lateinamerikaner zusammenhing. Im März 1983 machte er Gutiérrez schwere Vorwürfe, die aber dank der Intervention u. a. von Karl Rahner nicht zu einer Verurteilung führten. Im Jahr 1984 veröffentlichte die Glaubenskongregation eine gegenüber der Befreiungstheologie äußerst kritische Stellungnahme (Libertatis nuntius), die auf so viel Kritik auch seitens lateinamerikanischer Bischöfe stieß, dass ihr 1986 eine gemäßigtere Stellungnahme (Libertatis conscientia) folgte. Trotzdem wurde 1985 dem brasilianischen Theologen Leonardo Boff ein einjähriges Rede- und Lehrverbot auferlegt.[31] Auch 20 Jahre später kam es noch zur Lehrverurteilung eines Befreiungstheologen: Unter Kardinal William Levada veröffentlichte die Glaubenskongregation am 26.11.2006 eine Notificatio, in der der Jesuit Jon Sobrino wegen seiner befreiungstheologischen Christologie scharf verurteilt wurde. Kardinal Gerhard Ludwig Müller, von 2012 bis 2017 Präfekt der Glaubenskongregation, war zwar in dogmatischen und disziplinären Fragen ein Anhänger des konservativen Flügels, hat aber auf Grund einer Freundschaft mit Gustavo Gutiérrez viel Verständnis für die Befreiungstheologie.[32] Da auch der am 13.03.2013 zum Papst gewählte Argentinier Jorge Mario Bergoglio der Befreiungstheologie mit Sympathie gegenübersteht[33], ist an dieser Front derzeit nicht mit größeren Konflikten zu rechnen.

Heftiger noch als im Falle der Befreiungstheologie waren die Konflikte zwischen dem kirchlichen Lehramt und den Moraltheologinnen und -theologen. Wer die offiziellen Positionen zur Masturbation, vorehelichem Geschlechtsverkehr, Ehescheidung, künstlicher Empfängnisverhütung oder Homosexualität öffentlich in Frage stellte, musste mit Lehrbeanstandungsverfahren oder Nihil-obstat-Verweigerungen rechnen.[34] Dies erzeugte ein Klima der Angst auf Kosten der Freiheit

---

31 Auf Grund von dessen kirchenkritischem Buch Boff, Kirche. Zu den Konflikten insgesamt Greinacher, Konflikt.
32 Vgl. Gutierrez/Müller, An der Seite der Armen.
33 Kruip, Die Befreiung und die Förderung der Armen.
34 Selten berichteten die Betroffenen offen darüber, vgl. aber Merks, Freiheit und Böckle, theologische Lehrstühle. Auch der katholischen Ethikern Regina Ammicht-Quinn war noch 2004 das nihil obstat vom damaligen Trierer Bischof Reinhard Marx verweigert worden. Sie wäre die

der theologischen Wissenschaft. Besonders deutlich fiel die kirchenamtliche Kritik in der Enzyklika Papst Johannes Pauls II. „Veritatis splendor" (1993) aus. Nachdem dort eine Karikatur der „Autonomen Moral" gezeichnet wurde, heißt es schlicht: „Eine solche Auslegung der Autonomie der menschlichen Vernunft führt, wie jeder sieht, zu Thesen, die mit der katholischen Lehre unvereinbar sind" (VS 37). Der eigentliche Grund der kirchenamtlichen Abwehr gegenüber diesem Ansatz wird ebenfalls ausgesprochen: „Eine derart verstandene Autonomie führt natürlich auch dazu, daß eine spezifische Kompetenz der Kirche und ihres Lehramtes hinsichtlich bestimmter, das sogenannte „Humanum" betreffender sittlicher Normen geleugnet wird" (VS 37). Abgelehnt werden in dieser Enzyklika auch die Auffassungen, dass die Moralität einer Handlung auch von der Intention des Handelnden abhänge oder dass es zur Bewertung von Handlungen auf deren Folgen ankäme. Demgegenüber wird daran festgehalten, dass es „in sich schlechte" Handlungen gebe („intrinsice malum"). Als Beispiele werden unter anderem Mord, die Selbsttötung und die Verwendung künstlicher Empfängnisverhütungsmittel genannt. Es gibt hier auch erhebliche Schwächen der Argumentation. Selbstverständlich ist ein Mord immer moralisch zu verurteilen und insofern kann er als „in sich schlecht" bezeichnet werden. Die moralische Qualifizierung steckt hier jedoch schon im Begriff „Mord". Die eigentlich wichtige ethische Frage ist ja, wann eine Tötung ein Mord ist – und hierbei kommen dann sehr wohl Intentionen oder Umstände ins Spiel und müssen berücksichtigt werden (die Tötung durch einen von einem Menschen verursachten Verkehrsunfall ist genauso wenig ein Mord wie eine Tötung aus Notwehr zur Rettung des eigenen Lebens oder anderer Unschuldiger). Es ist deshalb kein Wunder, dass die meisten Moraltheologen sehr kritisch auf diese Enzyklika reagiert haben.[35] Noch 2012, als in verschiedenen Ländern als Reaktion auf den Missbrauchsskandal bereits intensiv über die Sexualmoral der Kirche diskutiert wurde und verschiedene Dialogprozesse in Gang gekommen waren, wurde eine US-amerikanische Ordensfrau und Moraltheologin auf Grund ihres Buches „Just love"[36], in dem sie in sexualethischen Fragen von der Autonomie und den Prinzipien der Fairness her argumentiert (und nicht von den umstrittenen Auffassungen der Kirche zur „Natur" des Sexuellen aus), von der Glaubenskongregation (noch unter Leitung von William Kardinal Levada) verurteilt und ihre Positionen für mit dem kirchlichen Lehramt unvereinbar erklärt. Dabei ist es ausgesprochen peinlich, dass die Ar-

---

erste Frau auf einem moraltheologischen Lehrstuhl gewesen. Immer wieder wurde Kritik an diesem Verfahren geübt: Vgl. Böttigheimer, Glaubwürdigkeit; Heimbach-Steins, Erfahrungen; Waldenfels, Theologen.

35 Vgl. die Beiträge in Mieth, Moraltheologie.
36 Farley, Just love.

gumentation der Glaubenskongregation nur auf einer simplen Gegenüberstellung der Aussagen Farleys mit Aussagen des Katechismus der Katholischen Kirche besteht.

Die Umfragen unter katholischen Gläubigen, die Papst Franziskus vor den beiden Römischen Bischofssynoden über Ehe und Familie 2014 und 2015 durchführen ließ, haben trotz ihrer für viele wenig verständlichen Fragen und unzureichenden Methodik deutlich werden lassen, welch große Diskrepanz zwischen der offiziellen Lehrmeinung der katholischen Kirche und den moralischen Überzeugungen der allermeisten Gläubigen besteht.[37] Letztere haben nämlich keine großen moralischen Bedenken gegen Masturbation, vorehelichen Geschlechtsverkehr, künstliche Empfängnisverhütung oder Homosexualität und sind im Falle von gescheiterten Ehen dafür, wieder verheiratete Geschiedene nicht von den Sakramenten auszuschließen. Inzwischen haben besonders deutsche Moraltheologen auch den Mut gefunden, gemeinsam in einem Sammelband diese „heißen Eisen" erneut anzusprechen und für eine Modifizierung der offiziellen Positionen argumentativ zu werben[38] – bisher auch ohne, dass es direkte Sanktionen gegen sie gegeben hätte.

7 Aktuelle Tendenzen in Moraltheologie und Sozialethik

Die jüngsten Entwicklungen in der Sozialethik lassen sich als Prozesse einer mehrdimensionalen Pluralisierung beschreiben. Nicht mehr nur Priester, sondern vor allem Laien, darunter auch viele Frauen, betreiben Sozialethik. Sie vertreten nicht mehr nur politische Überzeugungen, die den C-Parteien (CDU und CSU) nahestehen, sondern entdecken häufig auch Gemeinsamkeiten mit der Sozialdemokratie, den Grünen, manchmal auch dem Liberalismus oder den Linken. Den Diskurs prägen nicht mehr nur päpstliche Sozialenzykliken, sondern auch die Dokumente kontinentaler und nationaler Bischofskonferenzen, von Ordensgemeinschaften, Priesterzusammenschlüssen und mehr und mehr auch von Laienorganisationen. Die Vertreter des Faches sind neben der Theologie nicht mehr fast ausschließlich in Volkswirtschaftslehre ausgebildet, sondern häufig auch Philosophen, Soziologen, Politikwissenschaftler oder Kommunikationswissenschaftler etc. Zu den klassischen Themen (Arbeit und Kapital, Soziale Sicherheit, Soziale Marktwirtschaft, Staat) sind inzwischen viele weitere Themen

---
37 Vgl. z. B. Deutsche Bischofskonferenz, Herausforderungen.
38 Hilpert, Zukunftshorizonte.

hinzugekommen, von der globalen Gerechtigkeit und der Migration über die Umweltproblematik bis hin zu Fragen der Bildungsgerechtigkeit, der Gender-Gerechtigkeit, der neuen Medien und der bevorstehenden beschleunigten Digitalisierung.[39] Hinsichtlich der Methodik ist die klassische naturrechtliche Argumentation weitgehend zugunsten der Arbeit mit Hilfe anderer philosophischer Ansätze zurückgetreten, unter denen die Diskursethik vielleicht eine herausgehobene Stellung einnimmt[40], ohne jedoch andere Ansätze (John Rawls, Martha Nussbaum, Alan Gewirth, systemtheoretische oder kontraktualistische Ansätze) zu verdrängen.[41] Während also eigentlich die Aufgaben enorm gewachsen sind, hat die Anzahl der sozialethischen Lehrstühle an theologischen Fakultäten nicht zugenommen. Vielmehr sind diese Lehrstühle in Zukunft bedroht. Sollten nämlich auf Grund zurückgehender Studierendenzahlen Fakultäten geschlossen bzw. die Anzahl der Lehrstühle zurückgehen, sind besonders die sozialethischen Lehrstühle gefährdet, weil die Bischöfe im Zweifel die Moraltheologie für wichtiger halten als die Sozialethik bzw. dort die Auffassung vorherrscht, ein Moraltheologe könne leichter die Sozialethik mit vertreten als umgekehrt.

Neben den bekannten Grundlagenproblemen (Freiheit, Gewissen, Sündenbegriff, moralische Urteilsbildung) und den schon genannten sexualmoralischen Fragen, die neuerdings wieder offener diskutiert werden können, beschäftigt sich die Moraltheologie heute intensiv mit medizinethischen Fragen, die durch neue Medizintechniken und die Gentechnik virulent werden. Ethische Fragen am Lebensbeginn und am Lebensende spielen dabei eine wichtige Rolle. Die Gendergerechtigkeit und die in letzter Zeit in konservativen Kreisen und seitens Teilen der Hierarchie erhobenen, oft gar nicht gerechtfertigten Vorwürfe gegen eine vermeintliche „Gender-Ideologie" bieten auch viel Zündstoff für kontroverse Debatten.[42] Darüber hinaus gibt es nach wie vor ein Ringen um Grundlagenfragen[43] und Fragen der Ethikvermittlung bzw. des ethischen Lernens.[44] All diese Bemü-

---

39 Einen guten Einblick über die Arbeit an aktuellen Themen liefern Wiemeyer, Freiheit; sowie die wichtigsten sozialethischen Periodika: die Zeitschrift „Amosinternational" (http://www.amosinternational.de/), die (ökumenische) online-Zeitschrift „Ethik und Gesellschaft" (http://www.ethik-und-gesellschaft.de) und das traditionsreiche „Jahrbuch für christliche Sozialwissenschaften" (https://www.uni-muenster.de/Ejournals/index.php/jcsw).
40 Höhn, Naturrecht und Diskursethik; Kruip, Sozialethik.
41 Siehe auch meine Überblicksartikel Kruip, kein geschlossenes System; ders., Sprengkraft und ders., Fortschritte. Zur Vielfalt der Ansätze vgl. auch Emunds et al., Jenseits Katholischer Soziallehre; Heimbach-Steins et al., Brennpunkt Sozialethik; Höhn, Sozialethik; Gabriel, Gesellschaft begreifen. Ein immer noch aktuelles Lehrbuch ist Heimbach-Steins, Christliche Sozialethik.
42 Marschütz, Einfach Mann; Heimbach-Steins, Gender-Debatte.
43 Z. B. Ernst, Grundfragen; Marschütz, theologisch; Schockenhoff, Grundlegung.
44 Z. B. Hilpert, Zentrale Frage; Gisbertz et al., Ethisches Lernen.

hungen können jedoch nur dann erfolgreich sein, wenn die gerade begonnene innerkirchliche Öffnung für eine freie Debatte ohne Gefahr von Ausschlüssen und Sanktionierungen weiter vorangetrieben wird. Dafür gibt es zumindest einige ermutigende Signale.

Auf dem Rückflug von seiner apostolischen Reise nach Afrika im November 2015 war Papst Franziskus gefragt worden, ob die Kirche ihre Position zum Verbot von Kondomen nicht doch revidieren müsse. Er gab eine für ihn durchaus typische Antwort: „Die Frage scheint mir zu eng gefasst, und sie scheint mir auch voreingenommen. [...] Die Moral der Kirche ist – wie ich meine – in diesem Punkt in Verlegenheit: Geht es hier um das fünfte oder um das sechste Gebot: das Leben zu schützen oder [darauf zu beharren], dass der Geschlechtsverkehr für das Leben offen sein muss? Doch das ist gar nicht das Problem; das Problem ist viel größer. Diese Frage lässt mich an jene Frage denken, die Jesus einmal gestellt wurde: ‚Sag, mir, Meister, ist es erlaubt, am Sabbat zu heilen?' – Es ist eine Pflicht, zu heilen! [...] Aber die Unterernährung, die Ausbeutung von Menschen, die Sklavenarbeit, der Mangel an Trinkwasser – das sind die Probleme. Fragen wir uns nicht, ob man dieses oder jenes Pflaster für eine kleine Wunde benutzen darf! Die große Wunde ist die soziale Ungerechtigkeit, die Ungerechtigkeit der Umwelt, die Ungerechtigkeit – wie ich schon sagte – der Ausbeutung und der Unterernährung."[45] Natürlich kann man diese Antwort unterschiedlich interpretieren. Offenbar scheut er davor zurück, die kirchliche Position explizit zu korrigieren. Zugleich aber wird sie massiv relativiert. Erstens eröffnet er durch den Verweis auf das 5. Gebot die Möglichkeit einer Güterabwägung (gegen die Position von Veritatis splendor) und zweitens macht er deutlich, worauf es letztlich ankommt – und das ist nicht die Einhaltung von Normen der traditionellen Sexualmoral. Denn offenbar sieht er nicht nur in denen, die nach diesem Thema fragen, Pharisäer, die sich an eigentlich weniger wichtigen Fragen festbeißen, sondern auch in denen, die weiterhin großes Gewicht auf die Aufrechterhaltung der kirchlich verkündeten Norm legen. Das wirklich konsequent umzusetzen, täte der theologischen Ethik auch in der katholischen Kirche gut: So wie der Sabbat für den Menschen da ist, so ist auch die Ethik für den Menschen da, nicht umgekehrt.

---

45 http://w2.vatican.va/content/francesco/de/speeches/2015/november/documents/papa-francesco_20151130_repubblica-centrafricana-conferenza-stampa.html.

Bibliographie

Antoncich, Ricardo und Munárritz, José Miguel. 1988. *Die Soziallehre der Kirche*. BThB. Düsseldorf: Patmos-Verlag.
Anzenbacher, Arno. 1998. *Christliche Sozialethik. Einführung und Prinzipien*. UTB für Wissenschaft. Paderborn: Schöningh.
Auer, Alfons. 1971. *Autonome Moral und christlicher Glaube*. ppb. Düsseldorf: Patmos.
Böckle, Franz. ²1978. *Fundamentalmoral*. München: Kösel.
Böckle, Franz. 1988. „Wer entscheidet über theologische Lehrstühle? Die nihil obstat-Verweigerung für den Moraltheologen Karl-Wilhelm Merks." *HerKorr*. 42:489–490.
Boff, Clodovis. 1981. „Die kirchliche Soziallehre und die Theologie der Befreiung. Zwei entgegengesetzte Formen sozialer Praxis?" *Conc(D)* 17:775–780.
Boff, Leonardo. 1985. *Kirche: Charisma und Macht. Studien zu einer streitbaren Ekklesiologie*. Düsseldorf: Patmos-Verlag.
Böttigheimer, Christoph. 2003. „Kirchliche Glaubwürdigkeit. Ein offenes Wort zum römischen Nihil-obstat-Verfahren." *ThG* 46:184–192.
Chenu, Marie-Dominique. 1991. *Kirchliche Soziallehre im Wandel. Das Ringen der Kirche um das Verständnis der gesellschaftlichen Wirklichkeit*. ThAkt 13. Freiburg [u. a.]: Exodus.
Collet, Giancarlo. 1992. „"Den Bedürftigsten solidarisch verpflichtet". Implikationen einer authentischen Rede von der Option für die Armen." *JCSW* 33:67–84.
Deutsche Bischofskonferenz. 2014. *Die pastoralen Herausforderungen der Familie im Kontext der Evangelisierung*. Zusammenfassung der Antworten aus den deutschen (Erz-)Diözesen auf die Fragen im Vorbereitungsdokument für die III. Außerordentliche Vollversammlung der Bischofssynode 2014. Pressemitteilung vom 3.2.14. Bonn: DBK.
Emunds, Bernhard und Hengsbach, Friedhelm und Möhring-Hesse, Matthias, Hg. 1993. *Jenseits Katholischer Soziallehre. Neue Entwürfe christlicher Gesellschaftsethik*. Düsseldorf: Patmos-Verlag.
Ernst, Stephan. 2009. *Grundfragen theologischer Ethik. Eine Einführung*. München: Kösel.
Farley, Margaret A. 2006. *Just love. A Framework for Christian Sexual Ethics*. London: [u. a.] Continuum.
Gabriel, Karl [u. a.], Hg. 2002. *Gesellschaft begreifen – Gesellschaft gestalten. Konzeptionen christlicher Sozialethik im Dialog*. Institut für Christliche Sozialwissenschaften. JCSW 43. Münster: Regensberg.
Gisbertz, Helga und Kruip, Gerhard und Tolksdorf, Markus, Hg. 2010. *Ethisches Lernen in der allgemeinen Erwachsenenbildung*. Bielefeld: Bertelsmann.
Goertz, Stephan. 1999. *Moraltheologie unter Modernisierungsdruck. Interdisziplinarität und Modernisierung als Provokation theologischer Ethik – im Dialog mit der Soziologie Franz Xaver Kaufmanns*. Münster: LIT.
Greinacher, Norbert, Hg. 1985. *Konflikt um die Theologie der Befreiung. Diskussion und Dokumentation*. Zürich [u. a.]: Benziger.
Gundlach, Gustav. 1964. *Die Ordnung der menschlichen Gesellschaft*. 2 Bde. Köln: Bachem.
Gutiérrez, Gustavo. ¹⁰1992. *Theologie der Befreiung*. Welt der Theologie. Mainz: Matthias-Grünewald-Verlag.
Gutierrez, Gustavo und Müller, Gerhard L. 2004. *An der Seite der Armen. Theologie der Befreiung*. Augsburg: Sankt Ulrich.

Heimbach-Steins, Marianne und Lienkamp, Andreas und Wiemeyer, Joachim, Hg. 1995. *Brennpunkt Sozialethik. Theorien, Aufgaben, Methoden.* Freiburg i. Br. [u. a.]: Herder.

Heimbach-Steins, Marianne. 2001. „Erfahrungen mit dem Nihil Obstat-Verfahren aus der Sicht von Betroffenen." *BullET* 12:65–72.

Heimbach-Steins, Marianne [u. a.], Hg. 2004/2005. *Christliche Sozialethik. Ein Lehrbuch.* 2 Bde. Regensburg: Pustet.

Heimbach-Steins, Marianne. 2015. *Die Gender-Debatte – Herausforderungen für Theologie und Kirche.* KuG(K) 422, hg. v. d. Katholischen Sozialwissenschaftliche Zentralstelle. Köln: Bachem.

Hilpert, Konrad. 2009. *Zentrale Frage christlicher Ethik. Für Schule und Erwachsenenbildung.* Regensburg: Pustet.

Hilpert, Konrad, Hg. 2011. *Zukunftshorizonte katholischer Sexualethik.* QD 214. Freiburg im Breisgau: Herder.

Höffner, Joseph. 1984. *Soziallehre der Kirche oder Theologie der Befreiung?* Eröffnungsreferat bei der Herbstvollversammlung der DBK, Fulda, 24. 9. 1984. Bonn: Selbstverlag (Der Vorsitzende der Deutschen Bischofskonferenz 11).

Höhn, Hans-Joachim, Hg. 1997. *Christliche Sozialethik interdisziplinär.* Paderborn [u. a.]: Schöningh.

Höhn, Hans-Joachim. 1999. „Zwischen Naturrecht und Diskursethik. Überlegungen zur Begründungsproblematik der Christlichen Sozialethik." In *Christliche Soziallehre heute. Probleme, Aufgaben und Perspektiven,* hg. v. Anton Rauscher, 49–91. Köln: Bachem.

Kaufmann, Franz-Xaver. 1973. „Wissenssoziologische Überlegungen zu Renaissance und Niedergang des katholischen Naturrechtsdenkens im 19. u. 20. Jahrhunderts." In *Naturrecht in der Kritik,* hg. v. Ernst Wolfgang Böckenförde/Franz Böckle, 126–164. Mainz: Grünewald.

Kern, Bruno. 2013. *Theologie der Befreiung.* UTB 4027. Tübingen: Francke.

Kruip, Gerhard. 1988. „Befreiung und Entwicklung. Zum Verhältnis von Soziallehre und Theologie der Befreiung." In *Die gesellschaftliche Verantwortung der Kirche. Zur Enzyklika Sollicitudo rei socialis,* hg. v. Karl Gabriel/Wolfgang Klein/Werner Krämer, 137–153. RAK 9. Düsseldorf: Patmos-Verlag.

Kruip, Gerhard. 1988. *Entwicklung oder Befreiung? Elemente einer Ethik sozialer Strukturen am Beispiel ausgewählter Stellungnahmen aus der katholischen Kirche Mexikos (1982–1987).* Forschungen zu Lateinamerika 19. Saarbrücken [u. a.]: Breitenbach.

Kruip, Gerhard. 1996. „Die Theologie der Befreiung und der Zusammenbruch des real existierenden Sozialismus – eine unbewältigte Herausforderung." *ZMR* 80/1:3–25.

Kruip, Gerhard. 1997. „Sozialethik als Verfahrensethik." In *Christliche Sozialethik interdisziplinär,* hg. v. Hans-Joachim Höhn, 41–58. Paderborn [u. a.]: Schöningh.

Kruip, Gerhard. 1998. „Kein geschlossenes System. Wo steht die Christliche Gesellschaftsethik heute?" *HerKorr* 52:351–356.

Kruip, Gerhard. 2002. „Sprengkraft gelebter Hoffnung. Wie viel religiöses Profil braucht die christliche Sozialethik?" *HerKorr* 56:197–202.

Kruip, Gerhard. 2008. „Fortschritte im Selbstverständigungsprozess. Ansätze, Methode und Themen der Sozialethik." *HerKorr.Sp [Glauben denken]*:45–48.

Kruip, Gerhard. 2014. *„Die Befreiung und die Förderung der Armen" (EG 187).* Zum lateinamerikanischen Hintergrund von Papst Franziskus. KuG (K) 408, hg. v. d. Katholischen Sozialwissenschaftlichen Zentralstelle. Köln: Bachem.

Marschütz, Gerhard. 2009. *theologisch ethisch nachdenken*. Bd. 1, Grundlagen. Würzburg: Echter.
Marschütz, Gerhard. 2016. „Einfach Mann und Frau? Zur katholischen Kritik an der vermeintlichen Gender-"Ideologie"." *ThPQ* 164:23–31.
Merks, Karl-Wilhelm. 1978. *Theologische Grundlegung der sittlichen Autonomie. Strukturmomente eines ‚autonomen' Normbegründungsverständnisses im lex-Traktat der Summa theologiae des Thomas von Aquin*. MoThSt.S 5. Düsseldorf: Patmos-Verlag.
Merks, Karl-Wilhelm. 1998. *Gott und die Moral. Theologische Ethik heute*. SICSW 35. Münster: LIT.
Merks, Karl-Wilhelm. 2009. „Für die Freiheit verantwortlich." In *Theologische Ethik – autobiografisch*. Bd 2, hg. v. Konrad Hilpert, 61–96. Paderborn: Schöningh.
Mieth, Dietmar, Hg. 1994. *Moraltheologie im Abseits? Antwort auf die Enzyklika „Veritatis splendor"*. QD 153. Freiburg i. Br. [u. a.]: Herder.
Moeller, Charles. ²1968. Art. „Die Geschichte der Pastoralkonstitution." In *LThK*. Bd. 14, hg. v. Josef Höfer und Karl Rahner, 242–279. Freiburg i. Br. [u. a.]: Herder.
Schockenhoff, Eberhard. 2007. *Grundlegung der Ethik. Ein theologischer Entwurf*. Freiburg i. Br. [u.a]: Herder.
Schüller, Bruno. ²1980. *Die Begründung sittlicher Urteile. Typen ethischer Argumentation in der katholischen Moraltheologie*. Düsseldorf: Patmos-Verlag.
Senft, Josef. 1993. „Moderner Antimodernismus? Zur Entwicklung von Katholizismus und Katholischer Soziallehre." In *Jenseits Katholischer Soziallehre. Neue Entwürfe christlicher Gesellschaftsethik*, hg. v. Friedhelm Hengsbach/Bernhard Emunds/Matthias Möhring-Hesse, 17–32. Düsseldorf: Patmos-Verlag.
Silber, Stefan. 2012. „Christus im Antlitz der Armen. Entwicklung und Aktualität der lateinamerikanischen Theologie der Befreiung." In *Gott und Befreiung. Befreiungstheologische Konzepte in Islam und Christentum*, hg. v. Klaus von Stosch und Muna Tatari, 117–126. Beiträge zur Komparativen Theologie 5. Paderborn: Schöningh.
Stoeckle, Bernhard. 1974. *Grenzen der autonomen Moral*. München: Kösel.
Virt, Günter. 1990. Art. „Moraltheologie." In *Neues Lexikon der christlichen Moral*, hg. v. Hans Rotter/Günter Virt, 522–535. Innsbruck [u. a.]: Tyrolia.
Vogt, Markus. 2009. *Prinzip Nachhaltigkeit. Ein Entwurf aus theologisch-ethischer Perspektive*. Hochschulschriften zur Nachhaltigkeit 39. München: oekom.
Waldenfels, Hans. 2008. „Theologen unter römischem Verdacht. Anthony de Mello SJ – Jacques Dupuis SJ – Roger Haight SJ – Jon Sobrino SJ." *StZ* 226:219–231.
Wiemeyer, Joachim. 2015. *Keine Freiheit ohne Gerechtigkeit. Christliche Sozialethik angesichts globaler Herausforderungen*. Freiburg i. Br. [u. a.]: Herder.

Peter Fischer
Die Themen der ethischen Systematik aus philosophischer Sicht

Die Einladung, als Philosoph an einem Sammelband zur theologischen Ethik mitzuwirken, kann man annehmen, indem man sich entweder ausschließlich auf philosophische Fragen konzentriert oder indem man die Differenz von Theologie und Philosophie zumindest ansatzweise reflektiert. Ich habe mich für die zweite Alternative entschieden. Mit meinem Beitrag versuche ich aus *philosophischer* Perspektive, die Frage zu beantworten, womit sich eine Ethik beschäftigen sollte, um den Anspruch auf *thematische* Vollständigkeit im Hinblick auf ihren systematischen Aufbau erheben zu können.[1] Ob bzw. inwiefern ich damit zur *theologischen* Ethik beitrage, können letztlich nur Theologen entscheiden.

Den grundsätzlichen Unterschied zwischen Theologie und Philosophie sehe ich darin, dass die Theologie *Glaubenssachen* oder *Glaubensartikel*[2] zu ihren *Voraussetzungen* zählen muss oder zumindest darf,[3] während sich die Philosophie eines *methodischen* Atheismus befleißigen sollte. Der methodische Atheismus schließt freilich nicht aus, dass philosophische Überlegungen in ihren Schlussfolgerungen zu solchen Begriffen gelangen, welche Glaubenssachen sind bzw. Glaubensartikeln inhaltlich entsprechen, so z.B. wenn Kant meint, die Existenz Gottes und die Unsterblichkeit der Seele als Postulate der praktischen Vernunft ausweisen zu können, oder wenn Aristoteles aufgrund von ontologischen Überlegungen den Begriff des unbewegten Bewegers bildet. Die Rede von Glaubenssachen oder Glaubensartikeln als Voraussetzungen der Theologie meint selbstverständlich nicht nur, dass entsprechende Sätze als Prämissen in logischen Schlüssen fungieren, sondern z.B. ebenso, dass sie die Auswahl und die Bevorzugung bestimmter Texttraditionen, bestimmter Gemeinschaftsformen oder be-

---

1 Ein Blick in die Geschichte der Philosophie kann belegen, dass nicht alle der nachfolgend vorgestellten Themen in jeder ethischen Konzeption Berücksichtigung gefunden haben. Für eine exemplarische Darstellung dieser thematischen Vollständigkeit bietet vielleicht Kants Philosophie die besten Voraussetzungen. Vgl. dazu: Fischer, Moralität und Sinn.
2 Zur Unterscheidung von Glaubenssache und Glaubensartikel vgl. Kant, Kritik der Urteilskraft, 435 ff (§ 91; B 457 ff, A 452 ff).
3 Martin Luther hätte sich in dieser Frage wohl konsequent für das Müssen, nicht für das Dürfen entschieden: „Wer zugibt, daß der Evangelisten Schriften Gottes Wort seien, dem wollen wir mit Disputieren wohl begegnen; wer es aber verneint, mit dem will ich nicht ein Wort verhandeln. Denn mit dem soll man nicht disputieren, der da die ersten Gründe und das Hauptfundament verneint und verwirft." Luther, Tischreden, 26 (Nr. 44, entspricht Nr. 2844 der Weimarer Ausgabe).

stimmter Sichten auf das Wesen des Menschen vorentscheiden, die für Konzeptualisierungen, z. B. für eine Ethik, grundlegend sind.

Meines Erachtens wäre es sehr befremdlich, wenn es zwischen einer Theologie und dem Glauben der entsprechenden Religion bzw. Konfession keinen konstitutiven Zusammenhang gäbe: Welchen Sinn sollte z. B. die Charakterisierung einer Ethik als *theologische* denn sonst haben? Die wohl einzige denkbare Alternative könnte darin bestehen, dass das Wort „theologisch" so verwendet wird, wie dies manchmal in philosophischen Kontexten der Fall ist, etwa wenn nach der „Theologie" des Aristoteles gefragt wird, also wenn man wissen möchte, ob und inwiefern Aristoteles einen Gottesbegriff verwendet. Aber bei diesem Sprachgebrauch wird „Theologie" zu einem Teilgebiet oder Aspekt der Philosophie. Eine „theologische" Ethik in diesem Sinne wäre dann nichts anderes als eine solche philosophische Ethik, in welcher *irgendein* Gottesbegriff in *irgendeiner* Weise vorkommt. Ein solches Selbstverständnis kann die Theologie als eigenständige Disziplin, zumal sie sich selbst hinsichtlich von Konfessionen – protestantische Theologie, katholische Theologie – näher bestimmt, konsequenterweise nicht haben. Freilich wäre es möglich, wenn auch gewiss nicht wünschenswert, dass die Glaubensvoraussetzungen implizit bleiben, weil man sich ihrer entweder nicht (mehr) bewusst ist oder weil man sie bewusst nicht explizieren möchte. Voraussetzungen zu haben bzw. zu machen bedeutet eben nicht notwendig, eine axiomatische *Darstellungsweise* zu praktizieren, die mit diesen Voraussetzungen beginnt bzw. diese überhaupt expliziert.

Wenn die genannte Differenz tatsächlich den Hauptunterschied zwischen Theologie und Philosophie ausmacht, dann hat dies auch in thematischer Hinsicht Konsequenzen für die jeweiligen ethischen Konzeptionen: Einige Themen finden möglicherweise ausschließlich in der theologischen Ethik einen systematischen Ort, wie z. B. die Frage nach Pflichten gegenüber Gott. Aber auch dann, wenn die Themen dieselben sind, könnten sie von den Grundlagen her völlig verschieden behandelt und damit in unterschiedliche Richtungen entwickelt werden, was ich zum Ende dieser Überlegungen kurz andeuten werde.

1 Zur philosophischen Bestimmung der Begriffe *Ethik* und *Moral*

Welche Themen für den systematischen Aufbau einer Ethik konstitutiv sind, das hängt davon ab, was unter *Ethik* verstanden wird. Nach einem heute in der Philosophie üblichen Verständnis ist die Ethik *Reflexion der Moral*, also Moralphilosophie. Die philosophische Reflexion der Moral zielt zunächst darauf ab, ein

Moralkriterium zu begründen, das zur Prüfung von Handlungen bzw. von Handlungsregeln eingesetzt werden kann. Die Moralphilosophie begründet also einen normativen und zunächst kontrafaktischen Moralbegriff. Dies unterscheidet sie von solchen möglichen Thematisierungen der Moral, welche einen faktischen Ausgangspunkt wählen, also zunächst danach fragen, nach welchen Normen Menschen tatsächlich leben, inwieweit ihnen diese Normen bewusst sind, warum und unter welchen Bedingungen sie von den Normen manchmal abweichen und wie bzw. wodurch sich diese gelebte Moral verändert. Thematisierungen der gelebten Moral können z. B. in Form von Moralpsychologie, Moralsoziologie, Moralethnologie oder Geschichte der gelebten Moral betrieben werden. Außerdem finden sich neuerdings in Philosophie und Theologie wieder Ansätze,[4] die versuchen, metaethische Traditionen des Intuitionismus zu reanimieren, indem sie Konglomerate mit dem Emotivismus und mit neurowissenschaftlichen Verhaltenserklärungen eingehen und das Normative durch das Narrative ersetzen wollen. Die Kritik solcher Konzepte wäre ein eigenes Thema.[5] Deshalb nur soviel: Entweder handelt es sich bei den Narrationen um empirische Beschreibungen, aus denen für die Ethik als normative Disziplin gar nichts folgt, oder um vermeintlich paradigmatische Beispiele für moralisches Handeln. Wenn das Letztgenannte zutrifft, dann sind diese Narrationen normativ: Sie werden nach einem Kriterium ausgewählt und fungieren als Vorbilder für das moralisch Richtige. Was als Norm fungiert, das muss nicht notwendigerweise die sprachliche Form von Sollsätzen aufweisen. Der Schein, dass es keiner Begründung eines Moralkriteriums und keiner entsprechenden Prüfung von Handlungsregeln bedürfe, resultiert daraus, dass wir aufgrund unserer Sozialisation oder unserer Zuneigung zu Personen, die in bestimmte Situationen involviert sind, in vielen Alltagssituationen spontan und ohne Rechtfertigungsüberlegungen moralisch handeln oder zumindest wissen, was moralisch richtig ist. Das Bedürfnis nach expliziter Begründung und Normierung entsteht in jenen im Alltag eher seltenen Situationen, in welchen unsere Intuitionen und Emotionen zu keiner eindeutigen Situationsbewertung gelangen. Die Etablierung der Angewandten Ethik als relativ selbstständige Disziplin zeugt aber davon, dass in der Moderne des 20. Jahrhunderts Normierungsfragen aufgrund der Komplexität von Handlungsoptionen gehäuft in einer solcher Weise problematisch werden, welcher nicht mit der Berufung auf hausbackene Beispiele für die Selbstverständlichkeit moralisch richtigen Han-

---

4 Vgl. z. B.: Hofheinz/Mathwig/Zeindler, Ethik und Erzählung; McNaughton, Moralisches Sehen.
5 Vgl. z. B. Grewendorf/Meggle, Struktur, 7–31.

delns begegnet werden kann, wie etwa dem der alltäglich selbstverständlichen Hilfe für einen Bekannten, der sich verletzt hat.[6]

Nach diesem kleinen Exkurs nun zurück zur üblichen Auffassung von Ethik in der Philosophie: Das Ziel der ethischen Prüfung besteht darin, einer Handlungsregel eines der deontischen Prädikate zuzuschreiben, sodass diese entweder als freigestellt, als geboten oder als verboten gerechtfertigt ist. Handlungsregeln in Form von Geboten oder Verboten sind *Normen*. Ethik wird also im Kern als *Normenbegründung* verstanden. Diese Normen erheben einen *universellen Gültigkeitsanspruch*, d. h., sie sind für jedes moralfähige Subjekt verbindlich, also für jedes Subjekt, das diese Normen zumindest verstehen kann.

Aus diesem Verständnis der Ethik ergibt sich *scheinbar* problemlos die Bestimmung der Moral. *Moral* bedeutet danach zum einen ein Normensystem, zum anderen das den gerechtfertigten und universell gültigen Normen entsprechende Handeln, also eine qualifizierte Handlungsweise. Innerhalb der Moral als Handlungsweise ließe sich dann noch zwischen Legalität und Moralität unterscheiden: *Legalität* bedeutet, dass das Handeln den Normen entspricht, und zwar unabhängig von den Motiven für dieses Handeln und somit für die Einhaltung der Normen; *Moralität* bedeutet, dass die Normen um ihrer selbst willen, also um moralisch zu sein, eingehalten werden.[7]

Aber diese sich scheinbar problemlos ergebende Bestimmung der Moral erweist sich bei näherer Betrachtung als zu abstrakt. Sie ist zwar nicht falsch, aber auch nicht hinreichend spezifisch. Mit ihr wird Moral als normative Handlungsregulation verstanden. Unter diesen Begriff, dieses Genus proximum, fällt aber auch das positive Recht. Die Differentia specifica der Moral muss sich also zunächst durch ihre Unterscheidung vom positiven Recht ergeben.

Zwischen Moral und positivem Recht bestehen zumindest die folgenden Unterschiede. Erstens können prinzipiell alle Handlungen der ethischen Prüfung unterworfen werden, sowohl jene, welche sich auf andere Menschen beziehen, als auch jene, welche sich auf den Handenden selbst beziehen. Dies bedeutet nicht, dass alle Handlungen ethisch normiert werden, denn die Prüfung kann auch zu dem Resultat gelangen, dass bestimmte Handlungen freigestellt sind. Das positive

---

[6] Sogar in diesen Alltagssituationen kann es mit der vermeintlichen Selbstverständlichkeit schnell vorbei sein, wenn sich die Situation etwas verändert, z. B. wenn der Hilfsbedürftige ein Fremder ist und die Szene nachts an einem abgelegenen und unübersichtlichen Ort spielt. Intuitionen und Emotionen, welche für das Helfen sprechen, können dann leicht mit jenen in Konflikt geraten, welche für den Selbstschutz aufgrund einer vermuteten Falle sprechen.
[7] Nach dieser Begriffsbestimmung gilt für das logische Verhältnis der beiden Begriffe zueinander: Legalität ist eine notwendige Bedingung für Moralität; Moralität ist eine hinreichende Bedingung für Legalität. Also kurz: Moralität impliziert Legalität.

Recht dagegen normiert ausschließlich Handlungen, die sich auf andere Menschen beziehen, aber auch nicht alle diese Handlungen schlechthin: So ist z. B. das Lügen rechtlich nur dann verboten, wenn es den Straftatbestand des Betrugs erfüllt, also wenn dem Belogenen ein nachweislicher Schaden aus der Lüge entsteht. Der erste Unterschied betrifft also den *Anwendungsbereich* der ethischen und der rechtlichen Normierungen.

Zweitens ist das positive Recht im Unterschied zur Moral mit der Befugnis, seine Einhaltung zu erzwingen, untrennbar verbunden. Insofern beruht positives Recht auf Gewalt, nämlich auf dem Gewaltmonopol des Staates. Moral dagegen schließt gewaltsamen Zwang aus. Sie setzt auf die einsichtige Einhaltung ihrer Normen. Moralische Sanktionen – wie der Tadel, die Vermeidung der Kooperation mit wiederholt unmoralisch handelnden Personen oder gar deren Verachtung – sind dennoch nicht ausgeschlossen. Rechtliche Sanktionen zwingen und strafen. Moralische Sanktionen drücken Empörung aus und wollen dem von ihnen Betroffenen zu denken geben: Sie appellieren an seine Einsicht und an seine Selbstachtung. Der zweite Unterschied betrifft also die *Art der Sanktionen* und damit das jeweilige Verhältnis zur Gewalt.

Drittens verdankt das positive Recht seine Geltung der Gesetzgebungskompetenz. Faktisch gab und gibt es unterschiedliche Legitimitätsformen der Legislative. In Demokratien handelt es sich dabei um die Einhaltung von Verfahren, insbesondere von Verfahren der Abstimmung und der Anhörung, die selbst rechtlich geregelt sind (Legalismus). In jedem Fall aber ist die Gesetzgebung von politischen Kräfteverhältnissen abhängig. Die Gültigkeit der Moral ist von solchen Kräfteverhältnissen unabhängig. Ihr wahrheitsanaloger Anspruch auf die richtige und verbindliche Normierung gründet sich allein auf Vernunft, d. h. auf die argumentative Begründung des Moralkriteriums und eine dementsprechende Prüfung der Handlungsregeln. Der dritte Unterschied betrifft also die *Art der Normenkonstitution*.

Viertens zeitigt die Abhängigkeit der Legislative von politischen Kräfteverhältnissen bestimmte Konsequenzen für das positive Recht: Faktisch verfestigt es oft sozioökonomische Unterschiede und beruht fast immer auf Kompromissbildung. Dies hat zur Folge, dass das Bedürfnis entsteht, Rechtsordnungen oder einzelne Rechtsnormen einer moralischen Bewertung zu unterziehen, was zumeist in die Frage gekleidet wird, ob das jeweilige positive Recht denn gerecht sei. In dieser Beziehung zwischen Moral und positivem Recht kommt zum Ausdruck, dass solche Normen, welche von politischen Kräfteverhältnissen abhängig sind und daher durch Kompromissbildung zustande kommen, nicht als bestmögliche Lösungen angesehen werden, um auch im Praktischen vernünftig zu sein. Daher haben einige Rechtsphilosophen ihre Rechtslehre auf eine Spezifikation ihres Moralkriteriums für den Anwendungsbereich der Rechtsnormen gegründet und so ein Natur- oder Vernunftrecht begründet (Legitimismus). Ein prominentes Beispiel hierfür ist Kants *Rechtslehre* in seiner *Metaphysik der Sitten*. Für das Verhältnis von Moral und positivem Recht bedeutet dies, dass die Moral als normative Grundlage und als Maßstab der Beurteilung des positiven Rechts konzipiert wird: Moralischen Normen wird somit der Vorrang vor allen anderen Normen eingeräumt, sie sind in normativer Hinsicht sozusagen Trumpf. Aber was bedeutet es, dass ethisch begründete Moralnormen im Praktischen vernünftiger sind als positive Rechtsnormen?

Der erste, sozusagen der formale Aspekt wurde bereits genannt: Normen, die im Zuge der Kompromissbildung aus Kräfteverhältnissen hervorgehen, können keinen wahrheitsanalogen Geltungsanspruch erheben. Sie sind ein Ausdruck von Macht und des mehr oder weniger klugen Umgangs mit Macht; sie sind ein Resultat des Verhandelns, das durch einen Beschluss, z. B. eine Abstimmung, vorläufig beendet wird. Rein argumentativ begründete Normen können dagegen einen solchen Anspruch erheben, denn sie lassen die *Möglichkeit* einer argumentativen Widerlegung zu.

Unter einem zweiten Gesichtspunkt lässt sich die Differenz aber auch inhaltlich fassen. Wer meint, dass bestimmte Rechtsnormen nicht gerecht seien, ist offensichtlich der Auffassung, dass die Interessen einzelner Menschen oder Gruppen von Menschen nicht gebührend berücksichtigt sind. Die Interessen sind letztlich, wie indirekt auch immer, Ausdruck eines Strebens, das für alle Menschen vorauszusetzen ist, nämlich des Strebens nach Glückseligkeit, auch wenn die Menschen darunter Unterschiedliches verstehen mögen. Der inhaltliche Anspruch der moralischen Normierung zielt also auf eine solche Handlungsregulation, welche die Interessen der Menschen so miteinander vermittelt, dass das Glückseligkeitsstreben eines jeden Menschen als gleichberechtigt anerkannt wird.[8] Diese Überlegung ermöglicht es, eine Anforderung an Moralkriterien zu

---

[8] Gegen diese Bestimmung der Moral könnte sich der Einwand erheben, dass sie nicht auf alle Ansätze in der Ethik zuträfe. Sie würde nur interessenfundierte und die Abwägung von Interessen konzipierende Ansätze, wie etwa den Utilitarismus oder die Ethik des aufgeklärten Eigeninteresses, erfassen. Dies ist allerdings ein grobes Missverständnis des Gesagten. Dass es in der Ethik letztlich um eine in spezifischer Weise qualifizierte Interessenvermittlung geht, impliziert nicht, dass diese *Vermittlung* immer auf dem Wege der *Ermittlung* und der *Abwägung* der Interessen erfolgen muss. So begründet z. B. Kant mit dem kategorischen Imperativ, nur nach der Maxime zu handeln, die zugleich ein allgemeines Gesetz sein könne, ein formales Kriterium der Moral, welches nicht voraussetzt, dass die Interessen aller möglicherweise Betroffenen ermittelt und abgewogen werden müssen. Dennoch gilt: Wenn alle dem kategorischen Imperativ gemäß handeln, dann sind ihre Interessen in optimaler Weise miteinander vermittelt. Dagegen könnte gerade vom Utilitarismus gesagt werden, dass er vielleicht die größten Schwierigkeiten bereitet, wenn er unter die Bestimmung, dass es in der Ethik um die Vermittlung der Interessen aller geht,

formulieren, sozusagen ein Metakriterium für die Gültigkeit einer Moral: Eine Moral ist dann gültig, wenn unter der *kontrafaktischen* Annahme, dass alle Menschen alle Moralnormen einhalten, gewährleistet wäre, dass jeder Mensch das für ihn menschenmögliche Optimum an Glückseligkeit erfährt.[9]

Der vierte Unterschied betrifft also den *normativen Vorrang* der Moralnormen vor den Rechtsnormen. Aufgrund des spezifischen Anwendungsbereichs der Moral im Unterschied zum Recht bezieht sich die moralische Interessenvermittlung nicht nur auf Interessen, die die Menschen im Verhältnis zueinander haben, sondern auch auf die unterschiedlichen Interessen, die ein und derselbe Mensch hat: Ein jeder soll seine Interessen so miteinander vermitteln, dass er sich als moralfähiges Subjekt vervollkommnet und daher auf moralische Weise nach Glückseligkeit strebt (Tugend).

Die Unterscheidung der Moral vom positiven Recht erlaubt die zusammenfassende Bestimmung des philosophischen Moralbegriffs: *Moral* ist die rein argumentativ begründete, gewaltfreie Handlungsnormierung mit universellem Gültigkeitsanspruch, die die Interessen der Menschen so miteinander vermittelt, dass unter der kontrafaktischen Annahme ihrer allgemeinen Befolgung einem jeden Menschen das menschenmögliche Optimum an Glückseligkeit zuteilwerden würde.

Die Bestimmung der Begriffe *Ethik* und *Moral* ist selbst ein Thema der ethischen Systematik. Aus ihr lassen sich die weiteren systematisch notwendigen Themen ableiten.

---

subsumiert werden soll. Denn einige Spielarten des Utilitarismus sehen das Kriterium der Moral im maximalen Durchschnitts- oder Gesamtnutzen, womit in beiden Fällen nicht ausgeschlossen ist, dass der Nutzen sehr ungleich verteilt ist, was ein Indiz dafür ist, dass im Ergebnis keine wirkliche Vermittlung der Interessen aller vom utilitaristischen Kriterium geleistet wird. Immerhin könnte der Utilitarismus Gründe dafür anzuführen versuchen, dass eben dies die bestmögliche Interessenvermittlung sei. Insofern würde formell auch von ihm gelten, dass es in der Ethik letztlich um die optimale Vermittlung der Interessen aller geht.

9 Die Formulierung „jeder Mensch" beinhaltet bereits eine Begrenzung bzw. Limitierung des Strebens nach Glückseligkeit: Keiner soll auf Kosten anderer sein Glück machen. Die Formulierung „menschenmögliches Optimum" stellt in Rechnung, dass es nicht vollständig in der Macht der Menschen liegt, ihr Glückseligkeitsstreben zu erfüllen: Sogenannte Schicksalsschläge wie Naturkatastrophen, Krankheiten, unglückliche Liebe und Ähnliches können dies verhindern. Aber auch dann wäre der von ihnen betroffene Mensch in einer moralischen Welt noch glücklicher als in einer unmoralischen, würde also immer noch das *unter diesen Bedingungen* für ihn menschenmögliche Optimum an Glückseligkeit erreichen.

2 Themen der philosophischen Ethik

Wenn Moral eine spezifische Art der Handlungsnormierung ist, dann muss die Handlungstheorie ein erstes Thema beim systematischen Aufbau einer Ethik sein. Dazu gehört es z. B., den Handlungsbegriff von Begriffen wie *Verhalten* und *Widerfahrnis* abzugrenzen, die konstitutiven Momente einer Handlung zu bestimmen und Probleme des Handlungsverstehens zu erörtern. Es sind Handlungsarten zu unterscheiden, wie z. B. Handeln im Affekt, aus Leidenschaft oder nach Regeln. Ebenso könnte sich die Differenzierung von Handlungsregeln, etwa von Maximen, Ratschlägen oder technischen Regeln als sinnvoll und notwendig erweisen. Auch Begriffe wie *Fahrlässigkeit* oder *Inkaufnahme* und überhaupt das Problem der sogenannten *Handlungsfolgen* wäre in diesem Kontext abzuhandeln. Von großer Bedeutsamkeit, nicht zuletzt im Hinblick auf die deontische Logik, ist der Begriff *Unterlassung*. Bei seiner Bestimmung steht die Entscheidung an, ob Unterlassung die Negation der Handlung, also einfach Nichthandlung, bedeuten soll, oder ob Unterlassung und Ausführung als zwei einander ausschließende Modi einer Handlung konzipiert werden, ob also von einer Unterlassung nur unter Voraussetzung einer Entscheidungssituation gesprochen werden kann, in der sich jemand gegen die Ausführung der fraglichen Handlung entscheiden kann bzw. entschieden hat.

Ein zweites Thema, das sich aus den Begriffsbestimmungen von Ethik und Moral ergibt, ist die Begründung des Moralkriteriums. Weil dieses Kriterium dazu dienen soll, Handlungsregeln als Normen zu qualifizieren, muss es selbst einen normativen Charakter haben, wenn der naturalistische Fehlschluss, also die Ableitung von Normen aus Aussagen, vermieden werden soll. Das Moralkriterium stellt also eine *Grundnorm* dar. Seine Begründung kann daher keine *theoretische* Erkenntnis sein. Die Rechtfertigung des Moralkriteriums wird deshalb im Wesentlichen darin bestehen, auszuführen, was es heißt, im Praktischen vernünftig zu sein, wie dies möglich ist und was sich Menschen vergeben, wenn sie im Praktischen nicht vernünftig sind.

Es gab Philosophen, die der Meinung waren, dass das Moralprinzip seinem normativen Gehalt nach keiner Begründung bedürfe, weil es allgemein bekannt und intuitiv einsichtig sei. Diese Position vertrat z. B. Arthur Schopenhauer.[10] Er sah daher die Grundlage der Moral nicht in der Begründung des Moralkriteriums, sondern in jener Motivation, welche (einige) Menschen nach dem Moralprinzip handeln lässt. Damit ist, auch wenn Schopenhauers Position bezüglich des Begründungsproblems nicht übernommen wird, ein drittes Thema angesprochen,

---

10 Vgl. Schopenhauer, Preisschrift, 143–315.

nämlich das der Motivation zum moralischen Handeln. Die grundsätzliche Frage bei dieser Thematik lautet, ob die Vernünftigkeit des Moralprinzips selbst als genuine und hinreichende moralische Motivation taugt oder ob Motive möglich bzw. sogar notwendig sind, die aus sinnlichen Affektionen resultieren, wie z. B. das Mitleid, das Eigeninteresse, der Genuss des eigenen Ansehens bei anderen und ähnliche Motive mehr.

Die Entscheidung zugunsten der Motivation aus sinnlicher Affektion muss auf folgende Fragen überzeugende Antworten finden: Motiviert das jeweilige Motiv in jeder Situation zum moralischen Handeln, z. B. auch dann, wenn das Handeln im Verborgenen geschieht und geheim bleibt? Stimmen Motive dieser Art immer mit dem normativen Gehalt der Moral überein oder nur zufälligerweise bzw. nur mit einer statistischen Häufigkeit? Wird durch solche Motive die Einhaltung aller Arten von Pflichten motiviert, z. B. auch die von Pflichten gegenüber sich selbst? Ist die Motivation aus sinnlicher Affektion im Verhältnis zu allen Menschen gleich stark oder hängt ihre Stärke davon ab, wie nahe jemand dem Handelnden steht?

Alle diese Fragen verlieren ihren problematischen Charakter, wenn die Vernünftigkeit der Moral selbst als das genuine Motiv zum moralischen Handeln angenommen wird.[11] Wenn der Mensch sich als vernünftiges Wesen versteht, dann ist nämlich die Achtung vor der Vernünftigkeit des eigenen Handelns zugleich die Achtung vor sich selbst als einem vernünftigen Wesen. Diese Selbstachtung stimmt notwendigerweise mit dem normativen Gehalt der Moral überein, ist unabhängig von der Situation, von der Art der Pflicht, von der Individualität der Betroffenen und von dem persönlichen Verhältnis zu ihnen. Die Selbstachtung eines vernünftigen Wesens, die nur solange durchgängig aufrechterhalten werden kann, solange dieses Wesen auch im Praktischen konsequent vernünftig ist, schließt nicht aus, dass sie gelegentlich durch sinnliche Motivationen unterstützt wird. Solche – sozusagen moralkonforme – sinnliche Motive gilt es zu fördern: Insofern fungiert die Selbstachtung auch als Kriterium für die Kultivierung der Sinnlichkeit, die emotionale Bildung, also für die Ästhetik der Existenz.

---

11 Die Vernünftigkeit der Moral als genuin moralische Motivation findet sich keineswegs nur in der Form der Achtung vor dem Gesetz, die von Kant dargestellt wird. Wenn z. B. ein Utilitarist sagt, dass das größte Glück der größten Zahl das Kriterium der Moral sei, was sollte dann diejenigen zur Einhaltung entsprechender Normen motivieren, die nicht zu dieser größten Zahl gehören, wenn nicht die Einsicht in die Vernünftigkeit dieser Grundnorm? Oder ein anderes Beispiel: Nach Aristoteles sollen die Tugenden um ihrer selbst willen erworben werden: Die ethischen Tugenden stehen für die Vernünftigkeit, für das rechte Maß, im Verhältnis zu Gefühlen und sinnlichen Antrieben; die dianoetische Tugend *phrónesis* steht für die vernünftige Überlegung im Praktischen. Insofern ist es auch hier das Streben nach Vernünftigkeit, welches das moralische Handeln motiviert, eben jenes Handeln, in dem diese Tugenden zunehmend erworben werden.

Ein viertes Thema ist die bereits angesprochene Prüfung von Handlungsregeln. Innerhalb einer ethischen Systematik muss diese Prüfung zumindest exemplarisch vorgeführt werden, und zwar hinsichtlich aller *Arten* von Pflichten, die im jeweiligen Ansatz vorgesehen sind. Außerdem sollte versucht werden, das Prüfverfahren so weit wie möglich zu operationalisieren, also zu verdeutlichen, wie dabei methodisch vorzugehen ist, auf welche Aspekte besonders zu achten ist. In diesem Sinne hat z. B. Jeremy Bentham[12] als Vertreter des hedonistischen Utilitarismus Kriterien zur Gewichtung der Lust aufgestellt, indem er Arten von Freud und Leid unterschied, wie z. B. Sinnesfreuden und Freuden der Frömmigkeit oder Leiden der Entbehrung und Leiden der Feindschaft, sowie Gesichtspunkte der Bewertung von Freud und Leid benannte, wie z. B. Intensität, Dauer, Reinheit, Folgenträchtigkeit usw. Kant hat in der *Tugendlehre* seiner *Metaphysik der Sitten* kasuistische Fragen erörtert. Bei diesen geht es darum, ob ein bestimmter Fall tatsächlich unter eine normierte Handlungsregel zu subsumieren sei, z. B. ob eine Unaufrichtigkeit oder ein Verschweigen der eigenen Meinung aus Höflichkeit tatsächlich unter das moralische Verbot der Lüge falle. Hier zeigt sich, dass gerade im Hinblick auf Probleme der Prüfung das Handlungsverstehen von großer Bedeutsamkeit ist. Gleiches gilt hier von der Anwendung der deontischen Logik, also der Normenlogik, insbesondere hinsichtlich der Wahrung von Konsistenz und Kohärenz der Normen untereinander.

Die Thematik der Prüfung ist für eine ethische Systematik unverzichtbar. Über diese hinaus reichen allerdings solche Anwendungsprobleme, welche heutzutage unter dem Titel *Angewandte Ethik* diskutiert werden. Die Angewandte Ethik besitzt als eine integrative Disziplin eine gewisse Eigenständigkeit, auch wenn die Moralphilosophie zu ihren Grundlagen gehört. In der Angewandten Ethik geht es zumeist nicht nur um eine moralische Bewertung, sondern um die Möglichkeit einer Verrechtlichung. Die Normierung kann sich also dort nicht nur am moralisch Gebotenen orientieren, sondern muss unter den Gesichtspunkten des Machbaren und des gesamtgesellschaftlich Durchsetzbaren z. B. auch politische, soziale, ökonomische und weltanschauliche Gegebenheiten und Erfordernisse beachten. Insofern geht es also um Kompromisse, weshalb zu diskutieren ist, wie weit solche Kompromisse gehen dürfen und welchen Status und welche Funktion Moralnormen hinsichtlich der Kompromissbildung besitzen.[13]

Die Überlegungen zur Spezifik der Moral hatten u. a. zu dem Ergebnis geführt, dass Moral eine gewaltfreie, eine nicht gewaltbasierte, Form der Handlungsregulation ist. Moralische Sanktionen können moralisches Handeln nicht erzwin-

---

12 Vgl. Bentham, Introduction.
13 Vgl. dazu: Fischer, Politische Ethik.

gen. Das positive Recht ist zwar mit der Befugnis zu zwingen verbunden, aber es muss in seinen Normierungen nicht notwendigerweise den moralischen Normen entsprechen. Und selbst dann, wenn es ihnen entsprechen würde, setzt es – aufgrund seines Anwendungsbereiches – niemals alle Moralnormen als Rechtsnormen durch. Zugleich wendet sich die moralische Verpflichtung an jeden Einzelnen, unabhängig davon, wie die anderen handeln. Aus dieser Konstellation ergibt sich das Problem, dass moralisch handelnde Menschen von nicht moralisch handelnden Menschen ausgenutzt werden können, dass also am Ende der Gute der Dumme ist. Es handelt sich dabei um ein strukturelles Problem der Moral, das als die „Unmoral der anderen", als der „Lohn des Dummen" oder auch als „Trittbrettfahrerproblem" bezeichnet wird. Für die ethische Reflexion eröffnen sich damit weitere Themen.

Ein erstes Thema, das sich aus dieser Problematik ergibt, ist das der Hoffnung: Darf der moralisch Handelnde hoffen, dass die Unmoral der anderen abnimmt und vielleicht ganz verschwindet? Darf er hoffen, dass zumindest der Lohn des Dummen, also seine Einbuße an Glückseligkeit, die er aufgrund der Unmoral der anderen erleidet, geringer wird und vielleicht auf Null sinkt? Offensichtlich wird mit diesem Thema die Frage nach dem moralischen Fortschritt und nach seinen Ermöglichungsbedingungen gestellt. Worauf könnte sich diese Hoffnung gründen?

Im Rahmen der philosophischen Ethik lässt sich diese Hoffnung vor allem durch zwei einander ergänzende Gründe rechtfertigen. Zum einen wird sie genährt durch eine solche moralische Erziehung, welche in ihrer Art und Weise der Spezifik der Moral gerecht wird. Eine solche Erziehung hätte also besonderen Wert zu legen auf die Gewaltfreiheit, auf den argumentativen Charakter der Begründung, auf das exemplarische und problemorientierte Einüben des Prüfverfahrens und auf die Bildung genuin moralischer oder doch zumindest moralkonformer Motive, was die emotionale Bildung und Sensibilisierung einschließt. Zum anderen könnte die Hoffnung darauf gründen, dass es gelingen *kann*, gesellschaftliche Lebensverhältnisse zu schaffen, in denen die Versuchungen zum unmoralischen Handeln möglichst gering sind und die zumindest moralkonformes Verhalten (Legalität) stabilisieren. Diese Hoffnung kann erfüllt werden, indem ein positives Recht entwickelt wird, das fortschreitend am Moralprinzip orientiert ist; indem soziale Gegensätze möglichst ausgeglichen und indem Formen der Partizipation aller an politischen Entscheidungen etabliert werden. Ein wesentlicher Punkt dabei wäre die gerechte Teilhabe eines jeden am gesellschaftlich erzeugten Reichtum.

Alle Aspekte der Hoffnung auf moralischen Fortschritt und auf ihn begünstigende Bedingungen beziehen sich also auf Lebensformen, die das moralische Handeln erleichtern und an moralkonformes Verhalten gewöhnen. Mit solchen der Moral entgegenkommenden Lebensformen und den mit ihrer Schaffung verbundenen Lernprozessen ist die Schnittstelle der Ethik mit der Politischen Philosophie, also der Staats- und Rechtsphilosophie, aber auch mit der Geschichtsphilosophie angezeigt. Wenn die oft zu hörende These von der angeblichen Überforderung durch moralische Verpflichtungen einen wahren Kern hat, dann ist dieser nicht darin zu sehen, dass Menschen nicht nach Normen handeln oder nicht durch Normen motiviert werden könnten, auch nicht darin, dass die vermeintliche Natur des Menschen verderbt sei. Der wahre Kern liegt darin, dass es existenziell schwierig ist, „gut zu sein und doch zu leben"[14], wenn gilt: „Wir wären gut – anstatt so roh, doch die Verhältnisse, sie sind nicht so."[15]

Hoffnung bedeutet, dass Menschen mit einem bisherigen Zustand unzufrieden sind und deshalb von der Zukunft eine Besserung erwarten. Die Erfüllung der Hoffnung kann aber außerhalb der Lebenszeit des Einzelnen liegen. Deshalb stellt sich als ein zweites Thema dieser Problematik die Frage nach dem Trost: Was tröstet den moralisch Handelnden in der Gegenwart, wenn er unter der Unmoral anderer zu leiden hat? Was kann verhindern, dass er in dieser Situation resigniert?

Ansätze, die in der Achtung vor der Vernünftigkeit der Moral und damit in der Selbstachtung vernünftiger Wesen die moralische Motivation sehen, könnten in dem Bewusstsein, diese Selbstachtung gewahrt und das moralisch Richtige getan zu haben, einen gewissen Trost finden, eine Zufriedenheit eigener Art. Aber freilich ist der Mensch kein reines Vernunftwesen, weshalb sich dieser Trost angesichts der Einbußen an Glückseligkeit durch die Unmoral der anderen langfristig als zu schwach erweisen könnte, um die Resignation zu verhindern. Dieser entgegenwirken könnten Gefühle wie die Empörung und der Zorn, insofern sie durch die Unmoral anderer angestachelt werden.

Aber vielleicht ist das Thema des Trostes letztlich doch unter einem anderen Titel zu behandeln, womit allerdings nicht nur eine Änderung des Namens vorgenommen wird, sondern zugleich eine thematische Transformation. Wenn nämlich der Einzelne angesichts der Unmoral anderer keinen Trost findet, könnte er in seiner Resignation zu der Auffassung gelangen, dass moralisches Handeln sinnlos sei. Die Sinnfrage, als das dritte Thema der angesprochenen Problematik, kann in verschiedenen Formulierungen ausgesprochen werden: Ist das moralische Handeln des Einzelnen angesichts des überwiegend unmoralischen Handelns anderer nicht ohnehin belanglos? Ist es mehr als ein Tropfen auf den heißen Stein? Ist der Mensch, eben weil er kein reines Vernunftwesen ist, überhaupt dauerhaft fähig, nach einer auf Vernunft gegründeten Moral zu handeln? Ist eine

---

14 Brecht, Der gute Mensch von Sezuan, 291.
15 Brecht, Die Dreigroschenoper, 225.

solche Moral nicht eine eitle Illusion? Wird der Mensch durch die Ansprüche der Moral nicht völlig überfordert? Inwiefern gibt die Moral unserem Dasein einen Sinn?

In der Philosophie finden sich unterschiedliche Konzepte, die als Antworten auf derartige Fragen verstanden werden können. So ist Aristoteles der Auffassung, dass unser Leben dann sinnlos und leer wäre, wenn es kein Endziel hätte. Das in der Bestimmung des Menschen liegende Endziel sei die *eudaimonia*. Für deren Verwirklichung sei die Bildung der ethischen und dianoetischen Tugenden aber eine notwendige Bedingung oder, besser gesagt, die *eudaimonia* verwirklicht sich in dieser Bildung und dem ihr entsprechenden Leben. Der Präferenzutilitarist Peter Singer dagegen meint, dass Moral gerade deshalb geeignet sei, unserem Leben einen Sinn zu geben, weil wir ihren Forderungen nie entwachsen, weil sie eine bleibende Aufgabe sei.[16] In ähnlicher Weise fordern existenzialistische Ansätze dazu auf, der Unvernunft, dem Absurden, durch das Engagement einen Sinn zu geben. Kant verweist auf Erfahrungen außerhalb des Praktischen: Die kontemplative Betrachtung des Schönen und des Erhabenen belebe jene Vermögen und Haltungen in uns, die dem moralischen Urteil zugrunde liegen. So erfahre der Mensch seitens der Natur, der Sinnlichkeit, quasi den Zuspruch, dass er als vernünftiges und mithin moralfähiges Wesen in die Welt passe.

Diese Ansätze sind sehr unterschiedlich: Manche, wie Aristoteles, unterstellen einen der Bestimmtheit des Menschen *innewohnenden Sinn*; andere, wie die Existenzialisten, sprechen sich für eine entschiedene *Sinngebung* aus oder versuchen, wie Kant, eine *Sinnerfahrung* aufzuweisen. Was sie aber doch alle in gewisser Weise eint, ist das Bemühen, eine Verbindung zwischen der Conditio humana und der Moral darzustellen. In ethischen Konzeptionen findet also immer auch ein bestimmtes Menschenbild seinen Ausdruck. Ein wesentlicher Aspekt dieses Menschenbildes wird mit dem durch alle anderen Themen der Ethik durchlaufenden Thema der Freiheit angesprochen: Vom Praktischen – in welcher Hinsicht auch immer – könnte nicht sinnvoll die Rede sein, wenn der Mensch sich nicht als frei denken würde.

Die Nummerierung der Themen der ethischen Systematik wurde in dieser Darstellung immer mit dem unbestimmten Artikel versehen: *ein* erstes, *ein* zweites Thema usw. Damit sollte angezeigt werden, dass die systematische Abfolge der Themen beim Aufbau einer Ethik in Abhängigkeit vom jeweiligen Konzept unterschiedlich ausfallen kann.

---

16 Vgl. Singer, Praktische Ethik, 397–423.

3 Die Gretchenfrage an die theologische Ethik aus philosophischer Sicht

Wenn es denn stimmt, dass die theologische Ethik Glaubenssachen oder Glaubensartikel zu ihren Prämissen zählt, dann werden sich daraus spezifische Kontexte für die Behandlung der einzelnen Themen ergeben. Unter dieser Voraussetzung müsste die theologische Ethik die Moral im Hinblick auf ihre Zusammenstimmung mit diesen Glaubensvoraussetzungen reflektieren.

Hinsichtlich der Funktion der Moral könnte z. B. unterschieden werden zwischen der Handlungsregulation innerhalb einer religiösen Gemeinschaft und im Verhältnis zu anderen Menschen, ungläubigen oder andersgläubigen. Die Frage der Missionierung könnte hierbei durchaus eine Rolle spielen. Die Freiheit wäre wohl im Kontext von Begriffen wie *Kreatürlichkeit*, *Prädestination* und *Vorsehung* zu diskutieren. Für das Thema der Motivation könnte das Dogma der Erbsünde eine wesentliche Rolle spielen. Die Moralbegründung und die Prüfung von Handlungsregeln müssten wahrscheinlich Aussagen aus heiligen Schriften beachten bzw. dort vorhandene Normenkataloge in einer kasuistischen Besprechung aktualisieren. Die Themen der Hoffnung, des Trostes und des Sinns wären wohl nur unter Berücksichtigung von Begriffen wie *göttliche Gerechtigkeit*, *Jüngstes Gericht*, *Erlösung* bzw. *Verdammnis* abzuhandeln.

Es ist meines Erachtens eine verständliche und berechtigte Erwartung an die theologische Ethik, dass sie den Zusammenhang ihrer Moralkonzeption mit den Grundsätzen der jeweiligen Religion bzw. Konfession verdeutlichen sollte. Aus philosophischer Sicht ist dabei die theologische Stellungnahme zu einem bestimmten Problem von besonderem Interesse. Es handelt sich um das Thema des religiös motivierten moralischen Nihilismus.[17] Damit ist eine Position gemeint, die göttliche Gebote, die aus heiligen Schriften, aus Offenbarungserlebnissen oder von religiösen Autoritäten stammen, auch dann für verbindlich erklärt, wenn sie jeder argumentativ begründbaren menschlichen Einsicht in das moralisch Gebotene widerstreiten. Paradigmatisch hat diese Position dargestellt und vertreten der protestantische Theologe Søren Kierkegaard mit *seiner Interpretation* der alttestamentlichen Abraham-Isaak-Geschichte in seiner Schrift *Furcht und Zittern*. Aus philosophischer Sicht ist eine solche Position ein Ausdruck des religiösen Fundamentalismus. Die Frage nach der Stellungnahme zu dieser Art des moralischen Nihilismus kann daher als Gretchenfrage der Philosophie an die theologische Ethik gelten. Denn die Gretchenfrage lautet nicht: „Hast du's mit der Re-

---

17 Vgl. Schröder, Moralischer Nihilismus, 73–110.

ligion?", sondern: „*Wie* hast du's mit der Religion?" Und sollte jene andere Frage Gretchens an ihren Heinrich die eigentliche Gretchenfrage sein, welche da lautet: „Glaubst du an Gott?", dann würde die Umkehrung der Gretchenfrage hinsichtlich des Nihilismusthemas lauten: Vertraust du der menschlichen Vernunft? Insbesondere in Zeiten, da religiöse Fundamentalismen politische Ziele verfolgen, liegt es in der Verantwortung einer jeden theologischen Ethik, das Verhältnis ihrer Glaubensvoraussetzungen zur vernünftigen Argumentation explizit zu thematisieren.[18]

Bibliographie

Brecht, Bertold. 1997. *Der gute Mensch von Sezuan*. Bd. 2, *Ausgewählte Werke in sechs Bänden*. Frankfurt a.M.: Suhrkamp.
Brecht, Bertold. 1997. *Die Dreigroschenoper*. Bd. 1, *Ausgewählte Werke in sechs Bänden*. Frankfurt a.M.: Suhrkamp.
Bentham, Jeremy. 1962. *An Introduction to the Principles of Morals and Legislation*. Bd. I, *The Works of Jeremy Bentham*. New York: Russel & Russel.
Fischer, Peter. 2003. *Moralität und Sinn. Zur Systematik von Klugheit, Moral und symbolischer Erfahrung im Werk Kants*. München: Wilhelm Fink Verlag.
Fischer, Peter. 2006. *Politische Ethik. Eine Einführung*. München: Wilhelm Fink Verlag.
Grewendorf, Günther und Meggle, Georg. 1974. „Zur Struktur des metaethischen Diskurses." In *Seminar: Sprache und Ethik. Zur Entwicklung der Metaethik*, hg. v. Günther Grewendorf und Georg Meggele, 7–31. Stw 91. Frankfurt a.M.: Suhrkamp.
Hofheinz, Marco und Mathwig, Frank und Zeindler, Matthias, Hg. 2009. *Ethik und Erzählung. Theologische und philosophische Beiträge zur narrativen Ethik*. Zürich: Theologischer Verlag Zürich.
Kant, Immanuel. [8]1991. *Kritik der Urteilskraft*. Bd. X, *Werkausgabe in 12 Bänden*. hg. v. Wilhelm Weischedel. Stw 57. Frankfurt a.M.: Suhrkamp.
Luther, Martin. 2013. *Tischreden*, hg. v. Kurt Aland. Stuttgart: Reclam.
McNaughton, David. 2003. *Moralisches Sehen. Eine Einführung in die Ethik*. Deutsche Hochschulschriften 1225. Frankfurt a.M.: Hänsel-Hohenhausen.
Schopenhauer, Arthur. 1977 [1841]. „Preisschrift über die Grundlage der Moral." In *Kleine Schriften 2*. Bd. VI, *Zürcher Ausgabe. Werke in zehn Bänden*, S. 143–315. Diogenes Taschenbuch 20426. Zürich: Diogenes.
Schröder, Winfried. 2005. *Moralischer Nihilismus. Radikale Moralkritik von den Sophisten bis Nietzsche*. Stuttgart: Reclam.
Singer, Peter. [2]1994. *Praktische Ethik*. Stuttgart: Reclam.

---

[18] Herzlich bedanke ich mich bei den Mitgliedern der *Kulturhermeneutischen Sozietät*, die eine erste Fassung dieses Textes auf der Jahrestagung im April 2016 in Leipzig mit mir diskutiert haben. Dieses überaus anregende Gespräch hat zu dieser überarbeiteten und erweiterten Fassung geführt, die ich freilich selbst zu verantworten habe.

Dorothea Erbele-Küster
Biblische Anthropologie und Ethik

Die Frage nach dem guten und richtigen Leben ist in alttestamentlichen Texten verwoben mit der Bestimmung des Menschen durch seine Geschöpflichkeit. Dies heißt menschliches Leben verdankt sich des Gegebenseins und impliziert Körperlichkeit und Zeitlichkeit. Laut dem ersten Schöpfungsbericht in Gen 1 beinhaltet dies auch die Gottebenbildlichkeit der Menschen. Entsprechend sollen Menschen dafür Verantwortung übernehmen, im Vollzug des (guten) Lebens. Die Vollzugsgestalt der Körperlichkeit ist dabei auf die Sozialität des Menschen bezogen; in diesen Kontexten wird von Leiblichkeit gesprochen. Der Begriff „Körperlichkeit" betont die Materialität und ist auf die Geschlechtlichkeit bezogen. Demgegenüber drückt die Leiblichkeit eher ein synthetisches Konzept aus, das Handeln, Reflektieren und Wahrnehmen durch die Sinne zusammenzudenken versucht. Die leibliche Existenz ermöglicht und begrenzt das Weltverhältnis und die (ethische) Erkenntnis.

Ethik wird hier als Reflexion auf das menschliche Handeln und als diskursive Praxis auf das Gute und Böse verstanden. Ethik reagiert dabei auf die (konfliktreichen) Herausforderungen der Lebensgestaltung. Das Ziel ist das richtige Handeln oder anders gesagt das gute Leben. Ethik wird in einer solchen Konzeption also als eine Ethik der leiblichen Existenz verstanden. Es geht in dem Essay daher nicht primär um explizite ethische Aussagen in alttestamentlichen Texten wie Handlungsanweisungen, sondern auch um implizite Aussagen über das ethische Verhalten und die Reflexion darauf. Die Rechtstexte werden daher nicht auf ihre expliziten Handlungsanweisungen hin befragt, sondern darauf, wie in diesen, mit Rekurs auf anthropologische Grunderfahrungen der Zeit, Moral begründet wird.

Die Einblicke in die alttestamentlichen anthropologischen Aussagen können nicht zuletzt Impulse für das Nachdenken über Fragen der Leiblichkeit in gegenwärtigen ethischen Konfliktfeldern geben. Häufig wird in der Forschungsliteratur eine dichotome Gegenüberstellung zwischen einer Ethik des Alten Testaments und einer Ethik mit dem Alten Testament unternommen. Diese beiden Fragerichtungen sind in unterschiedlichen Anliegen begründet: Eine Ethik, die ein geschichtliches bzw. kulturgeschichtliches Interesse verfolgt (rekonstruktiv bzw. deskriptiv) und ethische Entwürfe, die auf konkrete Fragen der Gegenwart reagieren und sich dabei auf biblische Texte beziehen (konstruktiv bzw. normativ/ präskriptiv). Der Beitrag versteht sich nicht als Materiallieferung für eine materiale biblisch begründete Ethik. Er kann vielmehr Horizonte eröffnen, indem er u. a. die fremden Konzepte der biblischen Literatur rekonstruiert.

Der Beitrag widmet sich einem Thema, das bislang im Windschatten der neubelebten Diskussion um die (historische) Anthropologie des Alten Testaments blieb: der Bedeutung der Anthropologie für die Ethik des Alten Testaments. Dabei ist nicht zuletzt die virulent diskutierte Frage, ob der alttestamentliche Mensch Individualität kenne und zur Selbstreflexion d. h. freier Handlungsentscheidung fähig sei, von Relevanz für die Ethik. Denn dies ist die Voraussetzung für eine reflektierte Handlungsfähigkeit, sonst würde sich Ethik in einem unbedingten göttlich legitimierten Imperativ erschließen. Eine Ethik des Alten Testaments hat entsprechend zu untersuchen, wie Sinneswahrnehmung, Emotion, Erkenntnis, Reflexion und Handlung im ethischen Entscheidungsprozess in den unterschiedlichen Textsorten aufeinander bezogen sind. Die Grundfragen der Anthropologie nach dem Selbst- und Weltverhältnis und dem religiösen und kulturellen Symbolsystem, in dem dies verortet ist, werden damit auf die Ethik gewendet. Des Weiteren gehe ich davon aus, dass Sprache einen Raum für menschliches Handeln strukturiert. Die jeweiligen Konzepte einer Kultur- und Sprachgemeinschaft beeinflussen dann wiederum die Reflexion auf das moralische Handeln.

Menschliches Agieren in der Welt sowie das rechte Gottesverhältnis vollzieht sich körperlich in der Zeit. Dies bedingt die narrative Struktur menschlichen Daseins, von der die alttestamentlichen Texte ebenfalls zeugen. Die Bestimmung des menschlichen Seins und Handelns, in den literarischen Überlieferungen des Alten Testament, durch diese drei Aspekte, Körperlichkeit (1.), Zeitlichkeit (2.) und Narrativität (3.), soll hier entfaltet werden. Der Narrativität kommt eine spezifische Stellung zu, da sie nicht nur eine anthropologische Kategorie darstellt, sondern sich auch auf der textlichen d. h. literarischen Ebene abbildet. Dies wird in der Interpretation der biblischen Ursprungsnarration des Menschseins deutlich werden, in der die Körperlichkeit des Menschen sukzessiv entsteht.

Im Verlauf des Beitrags wird deutlich werden, dass die Rede von „dem" Menschen im Singular eine vereinfachende Abstraktion darstellt, die der Vielfältigkeit an Textsorten im Alten Testament und ihren Lebenswelten nicht gerecht wird. Dies spiegelt sich in der methodischen Herangehensweise im Folgenden. Die anthropologischen Aussagen werden aus der Analyse der unterschiedlichen Sprachformen der Texte und ihrer literaturgeschichtlichen Kontexte entwickelt.

1 Körperlichkeit

In der Körperlichkeit des Menschen manifestieren sich die grundlegenden Dimensionen menschliches Lebens: seine Endlichkeit und Geschlechtlichkeit. Dies wird in narrativer Dynamik in der weisheitlich geprägten Schöpfungserzählung in

Gen 2–3 entwickelt (1.1). Obgleich mit dieser Klassifizierung der Erzählung als weisheitlich keine explizite Datierung vorgenommen wird, zeigt sie eine Tendenz an Gen 2–3 als spätes literarisches Produkt zu verstehen, das möglicherweise neben der Priesterschrift entstand. Diese Schöpfungserzählung hält fest: Vom Ursprung des Menschen in seiner leiblichen Existenz kann nicht anders als in einer Narration erzählt werden. Die anthropologische Dimension der Narrativität bildet sich in der literarischen ab. Der Narrativität wird entsprechend bereits in diesem Abschnitt auf methodischer Ebene Rechnung getragen, indem die narrative Struktur des Textes beleuchtet wird. Als körperliches Wesen ist der Mensch auf die Welt bezogen. Menschliches Entscheiden und Handeln vollzieht sich in seiner Leiblichkeit. Die Sinneswahrnehmungen haben entsprechend eine maßgebliche Funktion im Erkenntnisprozess (1.2). In diesem Prozess sind ebenfalls Emotionen involviert. So kommt dem Herzen als ethisches Reflexions- und Handlungsorgan in alttestamentlichen Texten eine zentrale Rolle zu (1.3). Bereits die „anthropologische Sprachlehre" von Hans Walter Wolff betonte die Korrelation von Körperorgan und Lebensfunktion. Diese Dimensionen der Körperlichkeit gilt es auf die Implikationen für die Ethik zu entfalten.

1.1 Relationalität und Geschlechtlichkeit

Im Körper des Menschen bildet sich seine Geschöpflichkeit, Endlichkeit und Geschlechtlichkeit ab. Dies entwickelt der sogenannte nicht-priesterschriftliche Text Gen 2–3 in einer Narration über den Ursprung der Menschen und ihrer Lebensbedingungen. Ein Wortspiel hält im Begriff Mensch (hebräisch ādām) fest, dass dieser von der Erde (ādāmah) genommen ist, um diese zu bearbeiten. Er ist Erdwesen. Im weiteren Erzählverlauf wird die Bezeichnung ādām dann zum Eigennamen. Der Name ist dabei Ausdruck der Identität.

Die Lebensweise der Menschen, das Bebauen des Ackerbodens, ist durch die Kreatürlichkeit bestimmt (vgl. Gen 2,5; 3,16). Das Erdwesen ist von Gott aus Erde geformt und mit göttlichem Atem in den Nasenlöchern versehen und ist „lebendige Person", wie Gen 2,7 betont. Menschsein heißt, in der Kreatürlichkeit, auf Gott und auf die Erde verwiesen zu sein. Vor der Erschaffung des zweiten Menschen, eines Gegenübers, ist er allein und sein Geschlecht unbestimmt. Im Laufe der Erzählung entwickelt sich das Körperkonzept u. a. in der Interaktion der Charaktere. Als der erstgeschaffene Mensch auf den Menschen blickt, der aus seiner Seite geformt wurde, erkennt er seine Geschlechtlichkeit und seine Angewiesenheit auf diesen. Ein zweites Wortspiel hält dies fest, in der Übertragung von Luther: „Männin (iššāh) soll sie heißen, denn vom Mann (iš) ist sie genommen" (Gen 2,23).

Auf der Erzählebene ist es zuerst Gott, der über das Dasein des Erdwesens reflektiert und zum Urteil kommt: es ist nicht gut, dass der Mensch mit Bezug auf sich abgesondert ist (Gen 2,18). Das Erdgeschöpf ist auf Hilfe angewiesen. Menschen werden also als Beziehungswesen erschaffen. In der Wahrnehmung Gottes ist nur auf sich selbst bezogen zu sein nicht gut. Die Relationalität ist damit eine grundlegende ethische und anthropologische Bestimmung. Auch der erste Mensch sieht dies so: Als er aus dem Tiefschlaf erwacht und das aus seiner Seite gebaute Geschöpf sieht, hält er das Aufeinanderbezogensein in Differenz und Gleichheit fest (Gen 2,23–24). Erst nach der Erkenntnis von Gut und Böse bei der Vertreibung aus dem wohlgeordneten Garten entstehen Machtverhältnisse in der Relation zwischen den Geschlechtern. Die Geschlechterhierarchie der sogenannten Fluchsprüche spiegelt die gesellschaftliche Realität der Verfasser und keine Handlungsanweisungen (Gen 3,16–19).

Die in mehreren Etappen narrativ entfaltete Genese der Menschen, als Mann und Frau, mündet in der durch die Fremdwahrnehmung angeleiteten Selbstwahrnehmung nackt zu sein. Der Text schildert damit Selbstreflexivität als Phänomen nicht mit sich selbst und seinem Körper vor dem Anderen (dem anderen Geschlecht und vor Gott) klar zu kommen. Es heißt nachdem die beiden Menschen die attraktive Frucht des Wissens um Gut und Böse in sich aufgenommen haben: „Da wurden die Augen von beiden geöffnet und sie schämten sich voreinander" (Gen 3,7). Anfänglich waren beide nackt und schämten sich nicht, wie der Erzähler nach der Erschaffung der Frau festhält (Gen 2,25). Doch nach der Inkorporierung der Erkenntnis von Gut und Böse sind sich die beiden Menschen ihrer nackten und entblößten Existenz bewusst.

Ethische Handlungs- und Reflexionsprozesse vollziehen sich damit im spannungsvollen Verhältnis zum Gegenüber. In der Scham wird die Körperlichkeit zu einer negativ erfahrenen Selbstwahrnehmung, die zum Verbergen vor dem Andern führt. (Sexuelles) Verlangen nach Einheit seitens der Frau soll unerfüllt bleiben und wird mit Herrschaft des Mannes beantwortet werden. Biblische Ethik weiß um die kulturell und historisch bedingten Machtverhältnisse, ohne dass diese jedoch eine Schöpfungs- oder Naturethik begründen. Wo im Rahmen einer (Sexual-)Ethik auf den Mythos verwiesen wird, kann dies also nur geschehen unter Berücksichtigung der Sprachform des Textes: der narrativen Entfaltung der Ambivalenz menschlichen Daseins.

1.2 Die Rolle der Sinneswahrnehmungen im Erkenntnisprozess

Die Schöpfungserzählung in Gen 2–3 ist Reflex auf die Notwendigkeit der moralischen Urteilsbildung und ihrer Ambiguität. Der Text entfaltet reflektierend in Form einer Ursprungs-Narration wie und dass der Mensch zur selbständiger Urteilsbildung mithilfe der Sinneswahrnehmungen gekommen ist. Die Reflexion über den Ursprung von Gut und Böse ist in eine Narration gegossen. Die Sinneswahrnehmungen initiieren das Handeln und bilden ein zentrales Element in der Erzählung.

Die Schilderung des Gartens in Gen 2,9 setzt ein mit den verlockenden Bäumen, deren Früchte dem Verzehr dienen. Zugleich bildet sie den Konflikt vorab. Ausgenommen vom Verzehr ist der Baum der Erkenntnis von Gut und Böse, wie Gott in einem zweiten Anlauf befohlen hatte (Gen 2,16–17). Das Verbot verbietet den Zugang zur Erkenntnis. Es sei eine wohlgemeinte Grenze und soll vor dem Tod bewahren, so lesen wir in der Kommentarliteratur. Doch dies ist keine denkbare Grenze für die menschliche Existenz, sich jenseits von Erkenntnis zu befinden. Nach dem Dialog zwischen Schlange und Frau bleibt das Augenmerk auf die Wahrnehmungen und Handlungen der Frau gerichtet: „Da sah die Frau, dass der Baum gut und schön war zum Essen. Eine Augenweide, verlockend war der Baum, um Einsicht zu erlangen. Sie nahm von seiner Frucht und aß. Und gab auch ihrem Mann, der mit ihr war, davon. Und er aß" (Gen 3,6).

Die Frau, die später den Namen Eva erhält, wird als (erste) Handlungsträgerin beschrieben, denn bislang war es Gott, der die Handlung vorangetrieben hatte. Sie spricht, interpretiert, sieht, nimmt, berührt, isst und reicht das Genommene weiter. Unterschiedliche Sinne sind involviert: In erster Linie der optische – „sie sah" und „die Augen"- und der Geschmackssinn „gut zum Essen", eine Formulierung, die den Geruchssinn einschließen kann. Schließlich wird auch der Tastsinn beim Ergreifen der Frucht herangezogen. Gleichzeitig eröffnen die optische Wahrnehmung und der Geschmackssinn eine ästhetische Dimension, so dass das Gute und das Schöne verschmelzen.

In der Auslegungsgeschichte wurde jedoch der Verzehr der Frucht (bzw. das Verlangen danach) mit verbotener Lust gleichgesetzt, so dass die Rolle der Sinneswahrnehmungen für unser ethisches Agieren ausgeblendet wurde. Der Griff nach der Frucht im Mythos, der eine Verletzung des Gebotes darstellt, wird auf der Erzählebene nicht in negativer Eindeutigkeit gesehen. Genesis 3 ist keine Sündenfallgeschichte, sondern entwickelt erzählerisch die Ambivalenz menschlicher Handlungs- und Entscheidungsfreiheit und die Bedeutung der Sinneswahrnehmungen in diesem Prozess. Letztere sind notwendig wenn auch ambigue.

1.3 Das Herz als ethisches Reflexions- und Handlungsorgan

Neben den Sinneswahrnehmungen sind auch Emotionen entscheidend für das Handeln. Das Erlangen von Einsicht und die moralische Entwicklungsfähigkeit ist für die alttestamentlichen Schriften maßgeblich mit der Konzeption der Körperorgane und ihrer Funktion verbunden. Exemplarisch will ich dies am hebräischen Begriff für Herz (hebr. לב) verdeutlichen. Ich nehme dabei die neuere Diskussion auf, die in Weiterführung der anthropologischen Sprachlehre von Hans Walter Wolff davon ausgeht, dass sich in der Konzeption der Körperorgane die „Kommunikations- und Handlungsfähigkeit" des Menschen (Bernd Janowski) ausdrückt. Das Herz wird in unterschiedlichen Sprachformen alttestamentlicher Texte als Ort der ethischen Urteils- und Handlungsfähigkeit charakterisiert: in Gesetzestexten (etwa dem Liebesgebot im Deuteronomium), poetischen Texten, weisheitlichen Sprüchen und Erzählungen.

Das Proverbienbuch, das gegen Mitte des ersten Jahrtausends vor u.Z. kompiliert wurde, ist eine Sammlung von Sentenzen und erzählenden Gedichten, die der Unterweisung dienen. Weisheit wird über Körperpraktiken eingeübt: Die Unterweisung soll auf das Herz geschrieben werden (Prov 7,3). Das Ohr wende sich zur Weisheit und das Herz zur Klugheit (Prov 2,2). Wer über ein Herz verfügt – d.h. rechtes Verstehen im Herzen hat, kann Personalität ausbilden (Prov 10,13.21). Das Herz wird dabei als Ort der moralischen Entwicklung bzw. der Charakterbildung verstanden (Prov 15,14.28). Proverbien 7,7 beschreibt einen jungen Mann, der sich verführen lässt als einen ohne Herz d. h. ohne Sinn und Verstand. Der aufrechte Lebenswandel vor Gott wird mittels der Wendung „mit der Vollständigkeit des Herzens" ausgedrückt (Gen 20,6; I Kön 9,4; Ps 101,2). Es ließe sich damit von einer Gesinnungsethik sprechen, wobei für den Menschen im Alten Testament Gesinnung und Tat zusammengehören. Im Bild des tugendhaften Lebensweges sind das ethische Handeln und die aufrechte Gesinnung im Herzen miteinander verbunden (Ps 15,2). Laut I Kön 9,4 ist das Zentrum der moralischen Urteilsfähigkeit, das Herz, vollkommen, d. h. tugendhaft und entsprechend auch die Taten, die dort im Herzen geboren werden.

Die Entscheidungen im Herzen führen zu konkreten Taten. Wird die Anthropologie des Liebesgebots in Dtn 6 auf diesem Hintergrund verstanden, dann impliziert dies die Möglichkeit ethischer Bildung. Neben dem ganzen Herzen (Verstand, Willen) wird das Verlangen (der Lebensatem) und die (physische) Tatkraft genannt, mit der Israel Gott lieben soll. Das Eigentümliche ist, dass die Emotion Liebe drei körperliche Haftpunkte hat bzw. mit drei konstitutiven anthropologischen Begriffen verbunden wird.

Diese Konzeption des Herzens hat Konsequenzen für die Ethik: Der Ermöglichungsgrund der Handlung liegt im Herzen, da dort die verschiedenen Funktionen zusammenfließen (voluntativ, emotional, kognitiv). Im Herzen findet die Verbindung und der Austausch von Leib- und Sozialsphäre statt. Es ist mit zahlreichen anderen Sinnesorganen verbunden, die alle der Unterweisung dienen, wie die Beispiele aus dem Proverbienbuch zeigen (vgl. Prov 6,16–21). Die alttestamentliche Konzeption des Herzens spiegelt, dass wir uns in unserer körperlichen Existenz zur Welt verhalten, so dass keine Spaltung herrscht zwischen Denken, Ich, Welt (Handeln) und Körper. Zugleich ist das Herz Ort der Gottesbeziehung.

2 Zeitlichkeit

Dadurch, dass sich menschliches Leben und Handeln in der Zeit vollzieht, wird die Kategorie der Zeit zu einer grundlegenden für die Ethik. Anhand von exemplarischen Texten unterschiedlicher Genre soll dieser Zusammenhang beleuchtet werden. Zwei Themenkreise sind zentral: 1. Das Verhältnis von menschlicher und göttlicher Zeit, 2. das Verhältnis von individueller/biographischer und sozialer/kollektiver Zeit. Was diese beiden Aspekte für das menschliche Handeln bedeuten, soll im ersten Abschnitt beleuchtet werden (2.1). Des Weiteren ist die Rolle der drei Zeitdimensionen (Gegenwart-Vergangenheit-Zukunft) für die Reflexion auf Moral und Recht entscheidend. Es fällt auf, dass in den alttestamentlichen Rechtstexten die Zeitdimension zur Begründung der Handlungsaufforderung angeführt wird (2.2).

2.1 Handeln in der endlichen Zeit angesichts der Gotteszeit

Menschliches Handeln d.h. Ethik vollzieht sich in der Zeit und unter den Bedingungen der Zeitlich- und Endlichkeit. Nicht nur, dass Handeln und Zeit nicht voneinander zu trennen sind; Zeit ermöglicht überhaupt erst Handeln. Handlungen sind nicht reversibel. Zeit existiert daher nicht als Abstraktum und kann nicht verschwendet oder verkauft werden. Die „zeitlose" Einsicht bringt Kohelet folgendermaßen zum Ausdruck. Es gibt prinzipiell eine Zeit sowohl fürs Steine sammeln als auch fürs Steine werfen (Koh 3). Durch diese Konstatierung Kohelets für jedes Vorhaben gebe es eine Zeit, geschieht eine Neubewertung der endlichen Zeit.

Neben Essen, Trinken und sich Freuen ist eine weitere Tätigkeit zentral in der Anleitung des Skeptikers für das gute Leben: das Tun. Kohelet gibt dabei weniger eine Handlungsanweisung, was getan werden soll, sondern, dass etwas mit voller Kraft getan werden soll (Koh 9,10).

In den Genealogien, die die erzählenden Texte durchziehen (vgl. Gen 4,18–11; 5; 10; 11,10–32 u. ö.) ist die individuelle Lebenszeit aufgehoben im Generationenverband. Die Begrenztheit der eigenen Lebenszeit ist eingebettet in eine Struktur des Neubeginnens durch die Geburt. Das Leben und Handeln ist damit in einen größeren Zusammenhang gestellt als nur die eigene Lebensspanne. Entsprechend entfalten dann weisheitliche oder narrative Texte Tugenden wie Familiensolidarität und die Sorge für die anderen Generationen.

Das Alte Testament kennt einen eigenen Begriff für die Zeit Gottes, der häufig mit „Ewigkeit" übersetzt wird. Es ist eine Zeit, die über die menschlichen Zeiten hinweg reicht und daher am weitesten entfernt gedacht ist.

Die Wahrnehmung der Zeit durch Gott ist unterschieden von der durch die Menschen. In Gottes Augen sind 1000 Jahre wie der gestrige Tag, so Psalm 90,4. Die Zeit ist die verflossene Zeit, selbst dort, wo sie versucht wurde durch Wachen festzuhalten bzw. wahrzunehmen. „Gott von Ewigkeit zu Ewigkeit", so konstatiert der Psalm in einem Nominalsatz, der die zeitlose Anwesenheit betont. Gleichzeitig wird Gott in der menschlichen Zeit verortet: eine Wohnung bist Du uns gewesen von Generation zu Generation (Ps 90,1). Der Psalm spricht von beschwerlichen und flüchtigen Zeiten: das Leben eilt schnell und wir fliegen dahin (Ps 90,10) wobei Arbeit in der Zeit diese mühsam macht.

Doch die „Ewigkeit" als Gotteszeit kann menschlichen, nichtigen Tätigkeiten Bestand geben bzw. diese ethisch ausrichten, wie es in der Bitte in Psalm 90,12.17 zum Ausdruck kommt. Umgekehrt hat derjenige, der sein Geld nicht um Zins gibt und sich nicht bestechen lässt gegen den Unschuldigen (Ps 15,5) „ewig" Bestand. Ethisches Handeln vermag also die menschliche Zeitlichkeit bzw. Endlichkeit aufzuheben.

2.2 Begründungsstrukturen des Rechtsethos mithilfe der Erfahrungen in der Zeit

Mit Erfahrungen in der Zeit, sei es im Rückblick oder im Vorausblick auf diese, wird in alttestamentlichen Rechtssätzen moralische Signifikanz erzeugt. John Barton identifiziert in seiner Antwort auf die Frage „warum sollen wir moralisch gut handeln?" („Why should we be moral?") drei Begründungsmuster mithilfe von Zeitdimensionen. Es handelt sich um eine Begründung erstens mit der Zukunft, im Sinne eines Belohnungs- bzw. Bestrafungsmuster. Eine wiederkehrende Motivierung der Gebote gibt Aussicht auf Verlängerung der Tage (vgl. Dtn 4,40; 5,16.33; 11,19; 17,20; 25,15; 32,4). Zweitens findet sich der Verweis auf die Vergangenheit durch die Evozierung von geschichtlichen Erfahrungen und drittens wird mit der Gegenwart argumentiert, wobei sich im Vollzug das Gute verwirklicht.

Im Elterngebot in Dtn 5,16 finden sich alle drei Zeitdimensionen. Es heißt dort: „Respektiere und versorge deinen Vater und deine Mutter, damit deine Tage verlängert werden und es dir gut geht im Land, das JHWH, dein Gott, dir gibt." Die Zukunftsperspektive wird über die Vergangenheit, die Landgabe, eröffnet. Der Generationenvertrag wird also über eine präsentische Zukunftsperspektive gesichert. Gleichzeitig liegt der Fokus auf der Gegenwart, den aktuellen Vollzug der Fürsorge und Achtung der Eltern, in denen sich intrinsisch das Gute verwirklicht. Das gute Tun bedeutet Wohlergehen. Um die oben eingeführte Kategorie von Barton aufzunehmen: das Halten des Gesetzes ist ein Wert an sich. Der Generationenvertrag bzw. Nachhaltigkeit wird damit nicht als Restriktion in der Gegenwart verstanden, wie wir es in der gegenwärtigen Diskussion häufig erleben, sondern als Verlängerung der guten Gegenwart.

Im Sklavenfreilassungsgesetz in Dtn 15 wird die Freilassung der hebräischen Sklaven im siebten Jahr doppelt motiviert: zum einen mit der eigenen Erfahrung der Unterdrückung und zum anderen mit der Herausführung Gottes daraus: „Denk daran: Als du in Ägypten Sklave warst, hat JHWH, dein Gott, dich freigekauft. Darum verpflichte ich dich heute auf dieses Gebot" (V.15). Laut diesem Gebot ist Empathie mit dem Gegenüber, dem Unterdrückten, der Gegenpartei möglich. Die eigene Erfahrung, auch liegt sie weit zurück und scheint sie angesichts der jetzigen guten wirtschaftlichen Lage des Angesprochenen männlichen Du fern, kann aktualisiert werden und in ethisches Handeln umgemünzt werden. Diese Gegenidentifikation lässt sich nicht einfach als Mitleid mit den Anderen beschreiben. Die Identifikation mit dem Unfreien, dessen Arbeitskraft verkauft ist, verändert die Aufstellung der Gesellschaft: Die Stelle im Deuteronomium unterstellt, dass der ökonomisch Vermögende die Seite wechseln kann bzw. im früheren Leben ja bereits auf der Seite der ökonomischen und politisch Unfreien stand und daraus durch göttliches Eingreifen befreit wurde. Sklaven und Sklavinnen können dann nicht zu einer Größe außerhalb der eigenen Gruppe werden.

Ethisches Handeln wird damit motiviert über das Evozieren der Eigenerfahrung, die im kollektiven Erinnern, über die Selbsterfahrung hinausgeht, indem sie diese ausweitet auf frühere Generationen. Eine strikte Unterscheidung zwischen Vergangenheit und Gegenwart wird also in der Empathie aufgehoben. Des Weiteren imitiert die Freilassung der Sklaven und Sklavinnen im siebten Jahr das befreiende Handeln durch Gott. Moralisch richtiges Handeln hat seinen Ursprung und Maßstab im Handeln Gottes. Das Handeln Gottes in der Geschichte aktualisiert sich im Handeln der Menschen. Befreiendes Handeln bricht damit ein lineares Zeitverständnis auf. Das was sonst nur noch im Festritual möglich ist, die Aktualisierung des Vergangenen in der rhythmischen Wiederkehr der Erinnerung anlässlich des Festes wird ebenfalls in der Sozialgesetzgebung d. h. im sozialen

Ausgleich zwischen wirtschaftlich Starken und ökonomisch und politisch Unfreien realisiert.

Zusammenfassend für das Rechtsethos des Deuteronomiums lässt sich formulieren: Das Heute der gebotenen Handlung impliziert nicht das Heute einer Situationsethik, sondern ist eingebunden in eine Geschichtsethik, die der Freiheit verpflichtet ist und auf Nachhaltigkeit im Land zielt.

3 Narrativität

Eingangs wurde ausgeführt, dass Narrativität eine anthropologische Kategorie ist, die sich in literarischen Texten abbildet. Menschliches Verstehen vollzieht sich im Erzählen von Geschichten. Narrative, so die These, bieten uns Identifikationsmodelle, die ethische Handlungs- und Reflexionsmodelle entwerfen. Narrativität bezeichnet dabei das Phänomen, dass wir „in Geschichten verstrickt" (Wilhelm Schapp) sind. Dem Nach-Erzählen kommt eine anthropologische und ethische Funktion zu. Entsprechend wird von einer narrativen Identität gesprochen. Narrativität, das Phänomen, dass wir im Lesen Teil der Geschichte werden, ist Grundlage einer Ethik alttestamentlicher Texte, nicht nur der narrativen. Entsprechend kann von einer narrativen Ethik in doppelter Hinsicht gesprochen werden: sowohl mit Blick auf die Sprachform des Textes (implizite Ethik) als auch auf die Aneignung. In der Narration werden Handlungen in einen Zusammenhang gebracht.

Nicht zuletzt fordert das Gegenüber – der Andere uns heraus unsere Geschichte zu erzählen (vgl. Gen 16; Jon 1,8). Im Erzählen werden die Einzelhandlungen dabei erst Teil der Lebensgeschichte. Die narrative Verarbeitung und Versprachlichung von eingreifenden verstörenden Erfahrungen macht so erneut handlungsfähig. Diese Einsicht der Traumaforschung lässt sich an alttestamentlichen Texten spiegeln.

Von der Über-Lebensnotwendigkeit des Erzählens zeugen unterschiedliche biblische Texte. Die paränetischen Texte im Deuteronomium schärfen ein, dass die Geschichte der Befreiung durch Gott an die nachfolgende Generation weitergeben werden soll. Die Gabe der Weisung (Tora) ist in diesem Buch von Geschichtsrückblicken durchzogen (Dtn 1,16–18, 4,9–14; 9,7–10,11). Hagar wird auf der Flucht in der Wüste durch den Boten Gottes mit der Frage konfrontiert: „Woher kommst Du und wohin gehst Du?" (Gen 16,8). In äußerster Bedrohung durch den Sturm fordern die Seeleute von Jona Rechenschaft: „Erzähl!" (Jon 1,8). Der Bote, der Hiob erzählt, dass das Haus in dem seine Töchter und Söhne feierten über ihnen zusammenbrach und sie starben, ist der einzige Zeuge, der die Katastrophe überlebt hat und davon zeugen kann (Hi 1,19). Dem Erzählen von Geschichten kommt damit eine ethische Funktion zu.

Narrativität, das Phänomen, dass wir im Lesen Teil der Geschichte werden, ist Grundlage einer Ethik alttestamentlicher Texte, nicht nur der narrativen. Entsprechend kann von einer narrativen Ethik in doppelter Hinsicht gesprochen werden: sowohl mit Blick auf die Sprachform des Textes (implizite Ethik) als auch auf die Auslegung. In der Narration werden Handlungen in einen Zusammenhang gebracht. Lesende werden dazu implizit aufgefordert, ihre Versuche der Sinnbildung in einem offenen Prozess dialogisch miteinander zu vermitteln.

Biblische Geschichten werden in der Rezeption häufig zu Vorbildgeschichten reduziert. Dies geschieht, obgleich sie sich der direkten Applikation entziehen und vielfach keine fertige Moral enthalten. Vielmehr fordern sie zu einem prinzipiell offenen Leseakt auf, der auch die ambivalenten und ironischen Züge wahrnimmt. Die Aufforderung Gottes an Abraham in Gen 17, dass er vollkommen sein soll, ist auch auf dem Hintergrund seiner konkreten auch fehlerhaften Handlungen (Gen 12,10–20) und seines fehlenden Gottvertrauens zu verstehen. Biblische Erzählungen liefern also weder einen Tugendkatalog noch eine direkte Exemplifizierung von Vollkommenheit, vielmehr sind in der Narration die Verwicklungen und Normenkonflikte entfaltet.

Die Analyse der Charaktere und Erzählstrukturen, die die Unbestimmtheit der Bedeutung, die Wiederholungen und die Leerstellen in narrativen Texten aufzeigt, gehen dabei Hand in Hand. Erhellt wird bei dieser Herangehensweise der Prozess der Urteilsfindung. Teilweise hat er in der biblischen Erzählung selbst einen ersten Niederschlag gefunden wie etwa in der Reaktion Davids auf den Fall, den ihm Nathan vorlegt (I Sam 12). Aus diesen und anderen Erzählungen lassen sich nicht direkt Normen ableiten, vielmehr arbeitet die narrative Analyse die ethischen Konflikte heraus, in denen sich die Aktanten bewegen. Biblische Geschichten enthalten also ein Reservoir an Erfahrungen und Emotionen, die uns im Leseakt herausfordern und transformieren. Sie eröffnen Horizonte, in denen wir unsere ethischen Reflexionen und Entscheidungen fällen (können). In diesem Sinn werden Geschichten zu Wegbegleitern. Eine sog. biblisch motivierte Ethik bleibt so auf die Hermeneutik der Schriftauslegung und die Imagination verwiesen. Die moralische Aussage eines Textes lässt sich nicht destillieren, vielmehr ist sie wesentlich an seine rhetorische und sprachliche Gestalt gebunden. Entsprechend wurde der narrativen Struktur biblischer Texte besonderes Augenmerk geschenkt.

Abschließend lässt sich festhalten: In den biblischen Geschichten wird deutlich, dass die Geschichte der Menschen mit der Geschichte Gottes verstrickt ist. Psalm 90 bezog die flüchtige Zeit und die Zeit Gottes aufeinander. Laut der priesterlichen Schöpfungsgeschichte in Gen 1 ist Gott allerdings nicht der Zeit unterworfen. Gottes schöpferisches Handeln erschafft und strukturiert Zeit. Den siebten Tag, an dem Gott die Schöpfung in der Unterbrechung vollendet, heiligt er. Entsprechend wird in der Sabbatfeier für den Menschen die Möglichkeit der Unterbrechung der Zeit und der Tätigkeiten in dieser eröffnet.

Die Narrativität biblischer Texte verweist darauf, dass Zeit menschlich erfahrbar wird, wo sie in Geschichten d. h. Handlungsabläufen entfaltet wird. Erzählungen strukturieren und inszenieren menschliche Handlungen und ermöglichen damit auch die ethische Reflexion auf diese. Im Herausbilden der narrativen Identität (im Prozess des Lesens) vollzieht sich die (moralische) Urteilsbildung, die verwoben ist mit den durch die Textstrategien konstruierten Normen. Die Begründungsmuster von Rechtssätzen im Deuteronomium bedienen sich mit dem Verweis auf gemachte Erfahrungen dieses Musters.

Kehren wir noch einmal zurück zum Narrativ des Ursprungs in Gen 2–3. Der Schöpfungsmythos entwickelt in einer spannungsvollen Narration von göttlichen und menschlichen Handlungsträgern die Voraussetzungen für ethische Entscheidungs- und Handlungsfreiheit. Gott ist damit von Anfang an in die Geschichte des Menschen verstrickt. Ethik und Ästhetik werden in der Sinneswahrnehmung im Erkenntnisprozess zusammengehalten. Laut dieser Geschichte verfügen Menschen über Einsicht in Gut und Böse – auch wenn es zur Vertreibung aus dem geschützten Garten kam. Jesus Sirach 17,1–12 stellt eine späte Reflexion auf die Schöpfungsgeschichten in Gen 2–3 dar. Der Text „feiert" die Sinne dann überschwänglich: „Er bildete Zunge, Augen und Ohren, und ein Herz zum Denken gab er ihnen. Mit verständiger Einsicht erfüllte er sie, und er zeigte ihnen das Gute und das Böse" (Sir 17,6–7). Die Identität des Menschen und sein damit einhergehendes Körper- und Geschlechterbewusstsein wird in Gen 2–3 narrativ entfaltet. Identität ist damit kein statisches Konzept, sondern es entsteht in der Dynamik der Handlung, wobei der Begegnung mit dem Andern und den Dialogen eine entscheidende Rolle zukommt. Leib- und Sozialsphäre verschränken sich. Leben und Handeln ist in den alttestamentlichen Texten also von Beginn an auf den Andern bezogen und an die Körpererfahrung gebunden.

Bibliographie

Albertz, Rainer. 1992. „‚Ihr werdet sein wie Gott' (Gen 3,5)." In *Was ist der Mensch… ?. Beiträge zur Anthropologie des Alten Testaments*. FS Hans Walter Wolff zum 80. Geburtstag, hg. v. Frank Crüsemann [u. a.], 11–27. München: Kaiser.
Barton, John. 1978. „Understanding Old Testament Ethics." *JSOT* 9: 44–64.
Barton, John. 1998. *Ethics and the Old Testament*. London: SCM Press.
Barton, John. 2014. *Ethics in Ancient Israel*. Oxford: Oxford University Press.

Erbele-Küster, Dorothea, „Art. Ethik (AT)." In Wibilex, http://www.bibelwissenschaft.de/stichwort/17880, zuletzt abgerufen am 1.3.2017.
Erbele-Küster, Dorothea. 2017. „Zur Anthropologie der Ethik der Liebesgebote." In *Individualität und Selbstreflexion in den Literaturen des Alten Testaments*, hg. v. Andreas Wagner und Jürgen van Oorschot, 341–354. VWGTh 48. Leipzig: Evangelische Verlagsanstalt.
Frevel, Christian. 2009. „Gottebenbildlichkeit und Menschenwürde." In *Anthropologische Aufbrüche. Alttestamentliche und interdisziplinäre Zugänge zur historischen Anthropologie*, hg. v. Wagner, Andreas, 255–274. FRLANT 232. Göttingen: Vandenhoeck & Ruprecht.
Hedwig-Jahnow-Forschungsprojekt, Hg. 2010. *Zeit wahrnehmen. Feministisch-theologische Perspektiven auf das Erste Testament*. SBS 222. Stuttgart: KBW-Verlag.
Janowski, Bernd. 2015. „Das Herz – ein Beziehungsorgan. Zum Personverständnis des Alten Testaments." In *Dimensionen der Leiblichkeit. Theologische Zugänge*, hg. v. Christoph Schwöbel/Bernd Janowski, 1–45. Neukirchen-Vluyn: Neukirchener Verlag.
Krüger, Thomas. 2008. „Sündenfall? Überlegungen zur theologischen Bedeutung der Paradiesgeschichte." In *Beyond Eden. The Biblical Story of Paradise (Genesis 2–3) and Its Reception History*, hg. von Konrad Schmid/Christoph Riedweg, 95–109. FAT 2. Reihe 34. Tübingen: Mohr Siebeck.
Oorschot, Jürgen van und Wagner, Andreas, Hg. 2015. *Anthropologie(n) des Alten Testaments*. Veröffentlichungen der Gesellschaft für Wissenschaftliche Theologie 42. Leipzig: Evangelische Verlagsanstalt.
Otto, Eckart. 1996. „Die Paradieserzählung Genesis 2–3: Eine nachpriesterliche Lehrerzählung in ihrem religionshistorischen Kontext." In *„Jedes Ding hat seine Zeit" Studien zur israelitischen und altorientalischen Weisheit*, hg. v. Anja A. Diesel [u. a.], 167–192. BZAW 241. Berlin [u. a.]: De Gruyter.
Schmidt, Uta. 2003. „Als das Leben anfing. Körperkonzepte in Gen 3." In *Körperkonzepte im Ersten Testament. Aspekte einer feministischen Anthropologie*, hg. v. Hedwig-Jahnow-Forschungsprojekt, 44–63. Stuttgart: Kohlhammer.
Stewart, Anne E. 2016. *Poetic Ethics in Proverbs. Wisdom Literature and the Shaping of the Moral Self*. Cambridge: Cambridge University Press.

III. Schluss

Michael Roth
Steckt die Ethik in der Krise?

Abschließende Überlegungen zur Frage, wie die Theologische Ethik relevant werden kann

1 Die Frage: Was hat die Ethik mit dem Leben zu tun?

Vor über 100 Jahren schrieb der Moralphilosoph Harold Arthur Prichard, dass für die meisten Ethiker eine Zeit kommt, in der sie ein Gefühl der Unzufriedenheit mit dem Unternehmen „Ethik" verspüren: „Dies liegt nicht so sehr daran, daß die Positionen oder gar die Argumente einzelner Denker nicht überzeugend erscheinen – obwohl dies sicher stimmt – sondern vielmehr daran, daß das Ziel der ganzen Sache zunehmend unklar wird"[1]. Was – fragt Prichard – lernen wir denn wirklich durch die Ethik? Ethiken – so Prichard weiter – sind wenig überzeugend und haben etwas Künstliches an sich. Ich weiß nicht, ob Prichard recht damit hat, dass dieses Gefühl der Unzufriedenheit tatsächlich auf die meisten Ethiker zutrifft, aber offenkundig trifft es auf ihn zu und wahrscheinlich auf einige andere auch. Das Unternehmen der Ethik wirkt unklar – es ist nicht recht deutlich, wofür Ethik eigentlich gut ist. Man hat irgendwie das Gefühl, dass die eigenen Fragen und Probleme in der Ethik nicht vorkommen und umgekehrt, dass die Art und Weise, wie die Ethik Fragen und Probleme behandelt, sich im eigenen Leben nicht findet. Unsere lebensweltlichen Orientierungen scheinen nicht recht zu den ethischen Überlegungen zu passen, zumindest scheinen letztere nicht aus ersteren organisch zu erwachsen, sondern als fremd empfunden zu werden. Daher überrascht es nicht, dass Menschen, die in ihrem Leben von existentiellen Fragen umgetrieben werden, in der Regel nicht nach einem Ethiker verlangen, sondern eher einen Psychologen konsultieren. Man erkennt die eigenen Fragen in der Art, wie die Ethik sie behandelt, nicht wieder, die Art und Weise, der in der Ethik angestellten Reflexionen, scheint mit den eigenen Überlegungen wenig zu tun zu haben. Von daher – so Ferdinand Fellmann – wird die Ethik nicht selten als

---

1 Prichard, Beruht Moralphilosophie auf einem Irrtum?, 61.

überflüssiges Unternehmen angesehen, da es „den Anschein folgenlosen Geredes über unerfüllbare Normen und weltfremde Gebote erweckt"[2].

Im Folgenden soll der Frage nachgegangen werden, worin das Problem der Ethik besteht und wie diesem Problem entgegengewirkt werden kann.

2 Von welcher Krise sprechen wir?

Wir haben festgestellt, dass das Unternehmen „Ethik" unklar ist. Nun könnte man vermuten, dass die Ethik aus dem Grund vor Problemen steht, weil der Gegenstand, den sie reflektiert, die Moral, erodiert ist. In der Tat ist die moralische Kommunikation – besonders im Blick auf die Moral der jüngeren Generation – von einer Krisensemantik geprägt. Offenkundig ist das schon immer der Fall gewesen, wie eine babylonische Stele aus dem Jahr 1000 vor Christus zeigt: „Diese heutige Jugend ist von Grund auf verdorben, sie ist böse, gottlos und faul. Sie wird nie wieder so sein wie die Jugend vorher, und es wird ihr niemals gelingen, unsere Kultur zu erhalten". Vor fast 50 Jahren hat Gerhard Ebeling die gegenwärtige Lage durch eine „ethische Krise größten Ausmaßes"[3] gekennzeichnet gesehen. Mit ethischer Krise meint Ebeling nicht die Emanzipation des Sittlichen vom christlichen Glauben, sondern eine „Emanzipation vom Sittlichen selbst"[4]. Worin die ethische Krise genauer besteht, erfahren wir von Ebeling leider nicht. Offenbar bedarf die Klage über eine moralische Krise keines größeren Nachweises, vielmehr scheint die Klage über die Moral seit Beginn der moralischen Kommunikation deren fester Bestandteil zu sein.

Innerhalb dieser Krisensemantik hat auch der beliebte Begriff „Werteverlust" seinen Ort, mit Hilfe dessen in den letzten Jahren immer wieder die moralische Krise der Gegenwart zur Sprache gebracht wird. Anders als der selbstverständliche Gebrauch des Begriffs „Werteverlust" suggeriert, ist gar nicht so eindeutig, auf welches Phänomen der Begriff eigentlich verweist. Besonders misstrauisch wird man, wenn – wie beispielsweise bei Wolfhart Pannenberg – ausschließlich auf den „Bereich des Sexualverhaltens"[5] verwiesen wird, um die These vom Verfall des allgemeinen Normenbewusstseins zu illustrieren. Gerade in diesem Bereich wird allzu gerne eine allgemeine (meist konservativ kleinbürgerliche) Konvention für eine ethische Norm ausgegeben und eine Wandlung als Verfall diagnostiziert. Ist es tatsächlich so, dass – im Vergleich etwa zu den 50er Jahren – das moralische

---

2 Fellmann, Die Angst des Ethiklehrers, 10.
3 Ebeling, Die Evidenz des Ethischen, 6.
4 A.a.O., 7.
5 Pannenberg, Grundlagen der Ethik, 15.

Bewusstsein im Verfall begriffen ist? Damit stellt sich grundsätzlich die Frage, ob jeder Wertewandel bereits als Verfall zu bewerten ist oder ob hinter ihm nicht auch ein ethischer Fortschritt erkennbar sein kann. Vieles – man denke nur an das Ziel der Gleichstellung der Frauen und die Toleranz gegenüber gleichgeschlechtlichen Lebensgemeinschaften – scheint sich nicht bruchlos in eine Diagnose vom Werteverfall zu fügen. Auch im Blick auf die jüngere Generation wird man keineswegs davon sprechen können, dass diese „ohne Werte" lebt, zu denken ist etwa an die große Zahl der Vegetarier unter den Jugendlichen und jungen Erwachsenen, ihr Interesse an fair gehandelten Produkten und ihr ausgeprägtes ökologisches Bewusstsein. Sie haben eventuell andere Werte als die vorangegangene Generation, aber – wie die Shellstudien immer wieder belegen – sie leben keinesfalls ohne Werte.

Alasdair MacIntyre will in seiner Diagnose der moralischen Krise tiefer ansetzen als bloß von einem Verlust von Werten zu reden. In seinem Klassiker „After Virtue", 1981 veröffentlicht und 1987 unter dem Titel „Der Verlust der Tugend" mit dem bezeichnenden Untertitel „Die moralische Krise der Gegenwart" auf Deutsch erschienen, geht MacIntyre von der Einschätzung aus, dass „in der Welt, in der wir leben, die Sprache der Moral [...] verwahrlost"[6] ist. Sie ist nach MacIntyre verwahrlost, weil wir nur noch moralische Begriffe besitzen, aber nicht mehr den Bezug zu jenem Kontext, der diesen einmal Bedeutung verliehen hat. Zwar – so MacIntyre – gebrauchen wir viele Schlüsselbegriffe der Moral, aber ihre ursprüngliche Bedeutung sei uns verloren gegangen. MacIntyre verdeutlicht diese These durch den Vergleich mit einer Welt, in der die Naturwissenschaften ausgelöscht wurden und nur noch naturwissenschaftliche Begriffe existieren, die aber – gerade weil ihre Bezugsgröße verloren gegangen ist – nicht mehr sinnvoll Anwendung finden können. Im Sinne MacIntyres könnte formuliert werden: Insofern der Hintergrund, vor dem die moralische Rede verständlich war, verloren gegangen ist, ist die moralische Rede entartet. Auffälligstes Zeichen der Entartung ist, dass es in ethischen Diskussionen zu keiner Einigung kommen kann. Wohlgemerkt: MacInytre beklagt nicht einfach einen Evidenzverlust bestimmter moralischer Normen und Werte, sondern diagnostiziert, dass unser gesamter moralischer Diskurs eine Verfallserscheinung darstellt, weil uns der Hintergrund nicht mehr präsent ist, vor dem allein die moralische Rede sinnvoll Anwendung finden konnte. Jeden Versuch, die Moral in das moderne Weltbild zu integrieren, betrachtet MacIntyre als gescheitert.

MacIntyres Diagnose von einer grundsätzlichen Verwahrlosung der Sprache der Moral überzeugt nicht. Wieso soll – wie MacIntyre behauptet – die moralische

---

6 MacIntyre, Der Verlust der Tugend, 15.

Rede keinen Sinn ergeben? Menschen wissen sehr wohl, was sie tun, wenn sie etwas als moralisch vorzugswürdig bezeichnen oder etwas als moralisch tadelnswert beklagen. Und Menschen haben auch eine deutliche Auffassung von dem, was als moralisch richtig oder moralisch falsch gilt und sie können auch Auskunft über ihre Auffassung geben, Dinge begründen und auf Phänomene hinweisen. Daher passt auch das von MacIntyre gewählte Bild einer Gesellschaft, in der die Kenntnisse der Wissenschaft verlorengegangen sind und nur noch Reste von wissenschaftlichen Begriffen existieren, nicht. Es ist doch ein erheblicher Unterschied, ob jemand den Begriff „Relativitätstheorie" verwendet, aber gar keine Ahnung hat, was mit diesem Begriff gemeint ist und welchen Sachverhalt der Begriff zur Sprache bringt, oder ob jemand einen Menschen beobachtet, der eine Katze quält, und dies als grausam und damit moralisch tadelnswert bezeichnet. Im letzten Fall ist der Sachverhalt, auf den sich das Urteil bezieht, klar und es ist demjenigen, der den Sachverhalt als grausam bezeichnet, ebenfalls klar, was er damit tut. Nun macht MacIntyres Buch über den Verlust der Tugend deutlich, dass seine Diagnose interessengeleitet ist: MacIntyre will das aristotelische Weltbild wiederherstellen.[7] Daher bemüht er sich zu zeigen, dass ausschließlich innerhalb eines teleologischen Weltbildes die moralische Sprache sinnvoll angewendet werden kann. Die Tatsache, dass die moralische Sprache faktisch aber viel besser funktioniert und auch viel verständlicher ist, als sie es nach MacIntyre sein dürfte, verdeutlicht, dass die moralische Sprache doch unabhängiger von dem jeweiligen Weltbild ist, das die moralische Sprache mehr oder weniger gut zu klären beansprucht. Überzeugender hingegen ist MacIntyres Beobachtung, dass Meinungsunterschiede hinsichtlich der Moral nicht durch den ethischen Diskurs zu einer Klärung kommen. Dies verweist aber auf etwas anderes als eine Verwahrlosung der moralischen Sprache. Eher stellt sich die Frage, ob sich der ethische Diskurs nicht spröde zur moralisch lebensweltlichen Orientierung verhält, daher für letztere auch keine klärende Funktion besitzen kann und sie folglich auch nicht zu steuern in der Lage ist.

Von einer grundsätzlichen „moralischen Desorientierung"[8] spricht auch Ernst Tugendhat: „Obwohl die meisten durchaus bestimmte moralische Überzeugungen haben, können sie doch gewöhnlich nicht sagen, worauf sie beruhen. Diese Desorientierung gründet darin, daß die Moral früher, in unserer wie in anderen Kulturen, stets religiös oder durch das Herkommen begründet war und eine solche Begründung heute nicht mehr überzeugt. Frühere Moralen waren in einer Autorität begründet, an die geglaubt werden musste, die Autorität eines

---

[7] Vgl. a.a.O., 149 ff.
[8] Tugendhat, Das Problem einer autonomen Moral, 13.

Gottes oder des Herkommens oder in beidem. Sie waren also heteronom, nicht autonom. Sie gründeten in einem Glauben und im Gehorsam an das Geglaubte, nicht in eigenem Einsehen oder Wollen. Die heutige Desorientierung ergibt sich dadurch, daß auf der einen Seite eine heteronome Moral nicht mehr überzeugen kann und man sich auf der anderen auf eine autonome Moralbegründung nicht geeinigt hat"[9]. Nach Tugendhat ist nicht die moralische Sprache verwirrt, Menschen wissen sehr wohl, was sie tun, wenn sie etwas als moralisch bezeichnen oder als unmoralisch kritisieren. Sie haben feste moralische Überzeugungen, allerdings können sie nicht sagen, worauf diese beruhen, wie sie zustande kommen und wodurch sie ihre Berechtigung haben. Man könnte sagen: Sie haben moralische Überzeugungen, ohne diese theoretisch fundieren zu können.

Nun ist die Diagnose von Tugendhat nicht ganz nachvollziehbar. Dass man von einer moralischen Desorientierung sprechen kann, bezweifelt der Münchner Philosoph Julian Nida-Rümelin und ebenso stellt er infrage, dass Menschen der modernen, säkularen Gesellschaft tatsächlich eine moralische Krise erleben. „Unterziehen sie" – so fragt Nida-Rümelin – „das Gesamt ihrer moralischen Überzeugungen einem radikalen Zweifel? Glauben sie sich auf keine einzige ihrer moralischen Überzeugungen mehr verlassen zu können? Suchen sie wie Descartes verzweifelt nach einem Fundament, von dem aus sich das System ihrer moralischen Überzeugungen neu entwickeln ließe? Nein, nichts davon trifft zu. Menschen haben wie eh und je moralische Überzeugungen, sie sind davon überzeugt, dass sie Verpflichtungen in ihren jeweiligen sozialen Rollen, als Eltern, Lehrer, Vorgesetzte, Mitarbeiter, Kinder und Schüler haben, daß sie gegebene Versprechen einhalten sollten, daß Verträge zu erfüllen sind, auch wenn keine Sanktionen drohen, daß Hilfsbedürftigen geholfen werden sollte, daß niemand mutwillig beschädigt werden sollte, daß man respektvoll miteinander umgehen sollte... Die Liste ließe sich endlos fortsetzen. Gegenwärtig erregen sich viele Menschen heftig darüber, daß bestimmte Kürzungen von Sozialleistungen ungerecht seien, Initiativen auf der gesamten Welt engagieren sich gegen Völkermord und Folter, fast alle Menschen sind davon überzeugt, daß es eine Verantwortung gegenüber zukünftigen Generationen gibt und daß sich diese in einer nachhaltigen Umweltpolitik realisieren sollte. Dies alles scheint für eine bemerkenswerte moralische Vitalität und nicht für eine umfassende moralische Krise zu sprechen."[10] So urteilt Nida-Rümelin, dass die moralische Krise eine „Chimäre einiger zeitgenössischer Moralphilosophen" ist. Nach Nida-Rümelin ist nicht die Moral in der Krise, sondern die Ethik. Und sie ist deshalb in der Krise, weil sie glaube, die

---

9 Ebd.
10 Nida-Rümelin, Gibt es ein Problem ethischer Begründung?, 40 f.

Moral rational begründen zu müssen; dies aber sei nichts anderes als ein rationalistisches Missverständnis. Daher sieht Nida-Rümelin das Grundproblem der Ethik darin, dass sich in der Ethik „das rationalistische Ideal einer vom sicheren Fundament ausgehenden deduktiven Begründung fast unbeschädigt überdauert hat"[11].

Im Blick auf die Überlegungen dieses Kapitels könnte man formulieren: Die Krise der Ethik besteht darin, dass sie die moralische Kommunikation nicht zu erfassen in der Lage ist. Unsere moralisch lebensweltliche Orientierung und der ethische Diskurs scheinen unterschiedlich zu „funktionieren". Unsere lebensweltliche Orientierung scheint sich spröde zu einer Wissenschaft zu verhalten, die von bestimmten Punkten aus Deduktionen anstellt. Von daher empfiehlt es sich im Folgenden der Frage nachzugehen, wie wir uns tatsächlich im Leben orientieren.

3 Wie werden Gründe zu Gründen?

Der Mensch – so macht vor allem der Jurist und Philosoph Wilhelm Schapp deutlich[12] – existiert in seinem Selbsterleben nicht als Fall, als Allgemeines, sondern in seiner besonderen Geschichte und daher beurteilt er sein Handeln auch von der gelebten Geschichte her. Hier erwachsen ihm Herausforderungen und Aufgaben. Wir leben immer in Geschichten mit konkreten Anforderungen, in Geschichten, in denen es um dieses oder jenes geht, in denen diese und jene Dinge und Menschen im Vordergrund stehen. Menschliche Handlungen sind eingebettet in Geschichten, sie sind Reaktionen auf in Geschichten eingebettete Situationen. Und weil das so ist, können Handlungen auch nur von hier aus verstanden werden: Wenn wir beschreiben wollen, was geschehen ist, müssen wir die Geschichte darin zeigen.[13] Wir beschreiben, indem wir erzählen. Dabei beschreiben wir, welches Handeln worauf eine Reaktion ist: Er hat den Mülleimer heruntergetragen, weil der Mülleimer voll war; sie hat einem Fußgänger über die Straße geholfen, weil er verletzt war. Das Heruntertragen des Mülleimers ist die Reaktion auf sein Überfülltsein, das Helfen auf das Verletztsein des Menschen. Wenn wir gefragt werden, warum wir dieses oder jenes getan haben, verweisen wir auf situationale Faktoren, wir schildern Züge und Anforderungen einer in unserer

---

11 A.a.O., 41.
12 Vgl. Schapp, In Geschichten verstrickt. Schapp, Philosophie der Geschichte.
13 Vgl. Bittner, Aus Gründen handeln, 80 ff.

Geschichte auftauchenden Situation, auf die wir reagiert haben.[14] Ein Grund, aus dem jemand etwas tut, ist so viel wie etwas, auf das die betreffende Handlung die Reaktion ist.[15]

Natürlich beschreiben wir, was geschieht, nicht, indem wir einzelne Vorkommnisse zusammenhanglos aufzählen. „Wir beschreiben es, indem wir Beziehungslinien zwischen Zuständen und Ereignissen, insbesondere Handlungen herausheben. [...] Der Unterschied [...] zwischen dem, worauf eine Handlung eine Reaktion ist, und etwas, das für diese Handlung belanglos ist, gehört zu dem, was wir über die Geschichten wissen, die die Welt bilden".[16] Wir lernen auf das, was geschehen ist, zu reagieren und Reaktionen darauf als solche zu erkennen.[17] Daher erkennen wir, dass das Heruntertragen des Mülleimers seinen Grund in der Tatsache hat, dass er voll war und nicht in der Tatsache, dass er gelb ist.

Nun ist mit diesem Verständnis des Handelns und der Handlungsgründe nicht bestritten, dass es auch komplexe Probleme und strittige Situationen gibt, die Überlegungen erfordern, ein „Mit-sich-zu-Rate-Gehen"[18]. In diesem „Mit-sich-zu-Rate-gehen" setzen wir uns selbst dem aus, „von relevanten Zügen der Situation beeindruckt zu werden, die sonst unbemerkt oder weniger hätten hervortreten können [...]. Wir lassen uns für etwas einnehmen, was wir betrachten."[19] Wir lassen vor unserem inneren Auge Facetten und Aspekte von Situationen szenisch hervortreten, imaginieren uns Szenarien, die die Konsequenzen und Folgen von möglichem Handeln zum Inhalt haben und lassen uns so beeindrucken und bewegen.

Gehen wir einen Schritt zurück: Wir haben Handeln beschrieben als Reaktion auf Züge einer Situation. Wie wäre demgegenüber ein Handeln nach Prinzipien zu verstehen, ein Handeln also, dessen *Intention* darin besteht, ein bestimmtes Prinzip zu verwirklichen bzw. eine Norm oder einen Wert zu realisieren? Die gängige Vorstellung einer Handlung aus Prinzip ist doch in etwa folgende: Ich habe mir irgendeine Regel aus irgendeinem Grund zueigen gemacht. Nun treten die Umstände ein, für die meine Maxime eine bestimmte Handlung vorsieht. Ich ziehe also einen Schluss aus Maxime plus Aufgabe aus der betreffenden Situa-

---

14 Von daher kann es nicht überraschen, dass die Psychologen R. E. Nisbett und E. E. Jones in ihren Studien zur actor-oberserver-Diskrepanz feststellen, dass – im Unterschied zu einem Beobachter – der Handelnde selbst, sein Handeln erklärt, indem er auf situationale Faktoren verweist (vgl. Jones/Nisbett, The actor and the observer)
15 Bittner, Aus Gründen handeln, 81.
16 A.a.O., 83.
17 A.a.O., 84f.
18 Spaemann, Personen, 227.
19 Bittner, Aus Gründen handeln, 201.

tion; und mein Ziehen des Schlusses ist mein Herbeiführen einer Handlung – die dann den Beispielfall der Maxime bildet.

Nun ist diese gängige Vorstellung einer Handlung aus Prinzipien in der Ethik zwar weit verbreitet, aber sie ist, wie Rüdiger Bittner zeigt, doch mit erheblichen Schwierigkeiten belastet[20]. Zum einen stellt sich die Frage, wie der Schluss eines praktischen Syllogismus eine Handlung sein kann. Der praktische Syllogismus vermag das Handeln nach einem Prinzip nicht verständlich zu machen; denn der Schlusssatz eines Syllogismus ist ein Aussagesatz oder vielleicht ein Befehl, aber keine Handlung. Zwischen der Handlung und dem Schlusssatz eines Syllogismus bleibt ein Hiat.

Ein zweiter Einwand Bittners ist m. E. noch gravierender: Im Unterschied zu Ursachen, die angeben, was geschehen macht, dass eine Person etwas tut, gibt der Grund an, weswegen eine Person etwas tut, also die Intention der Person[21]. Dass der Besitz eines Prinzips der Grund ist, weswegen wir etwas tun, ist jedoch schwer *vorstellbar*. Wir tun Dinge – so Bittner – wegen des Geschehens oder wegen der aktuellen Situation und ihrer Herausforderung, doch – zumindest in der Regel – nicht, um ein Prinzip zu verwirklichen. „Was wir […] betrachten und erwägen, das haben wir typischerweise vor uns, uns gegenüber"[22] – „unser Prinzip" haben wir aber in der Regel nicht „uns gegenüber". In der Tat: Wenn wir einem verletzten Menschen auf der Straße helfen, dann tun wir es, weil er verletzt ist, doch nicht deshalb, weil wir das Prinzip haben, verletzten Menschen zu helfen. Und auf die Frage „Warum hast du diesem Menschen geholfen?", antworten wir in der Regel: „Weil er verletzt war". Es ist doch nicht so, dass wir antworten: „Ich habe das Prinzip, verletzten Menschen zu helfen und als ich diesen Menschen gesehen habe und mir klar war, dass er verletzt ist und mir dann noch klar war, dass hier ein Anwendungsfall meines Prinzips vorliegt, habe ich aus meinem Prinzip gefolgert, dass ich ihm helfen muss!" Ich halte diese Vorstellung für absurd. Der verletzte Mensch und nicht das Prinzip ist der Grund unseres Handelns, den verletzten Menschen haben wir, wie Bittner sagt – „vor uns" (s. o.), er ist der *Grund* unseres Handelns. Was würden wir auch von einem Menschen halten, der angesichts des verletzten Menschen auf ein Prinzip und nicht den Menschen als Handlungsgrund verweist? Müssten wir nicht annehmen, dass es dem betreffenden Menschen gar nicht um den verletzten Menschen ging? „Erachten wir" – so fragt Johannes Fischer – „nicht einen solchen Menschen als moralisch rigide, wenn nicht gar als psychisch gestört, weil ihm offensichtlich der Sinn dafür ab-

---

20 A.a.O., 73 ff.
21 A.a.O., 94.
22 A.a.O., 95.

geht, worauf es in solchen Interaktionen ankommt und er somit das Wesentliche mit dem Unwesentlichen verwechselt?"[23] In diese Richtung hat bereits Hannah Arendt argumentiert und den Gedanken geäußert, dass wir wohl kaum einem Menschen trauen würden, der erst nach Gründen und Prinzipien suchen muss, um sich uns gegenüber halbwegs anständig zu verhalten[24]. Wir haben das Gefühl, dass das Verhalten in der Sache selbst begründet sein muss.

Ich möchte einmal eine Gegenprobe machen und fragen, was eigentlich passieren würde, wenn wir versuchen würden, nach Prinzipien zu handeln und Normen und Werte zu Handlungsgründen zu machen. In einem höchst instruktiven Aufsatz vertritt Michael Stocker die These, dass wir ethische Werte wie Freundschaft, Liebe, Mitgefühl gar nicht erreichen könnten, wenn wir sie zu Handlungsgründen machen.[25] Wenn wir sie zu Handlungsgründen machen, verfehlen wir sie – nach Stocker – mit Sicherheit.[26] Besonders deutlich wird dies m. E. bei der Liebe: Bei der Liebe ist der geliebte Mensch selbst bzw. sein Wohlergehen und seine Interessen Grund meines Handelns. Die Liebe hat also ihren Grund im Dasein des oder der anderen. Ich kann nicht lieben, um zu lieben. Derjenige, dem es um die Liebe selbst geht, wird die Liebe nicht erreichen. Wer liebt, hat den geliebten Menschen „vor sich", nicht die Liebe, und wer daher einfach nur Liebe schätzt und hierauf zielt, verfehlt den geliebten anderen Menschen – und damit die Liebe. Wer liebt, handelt also nicht wegen der Liebe, sondern aus Liebe. Liebe ist kein Handlungsgrund, sondern lässt Gründe zu Gründen werden, sie ist daher auch nicht etwas, das direkt intendiert werden kann. Zur Liebe muss man befähigt und befreit sein.

4 Gründe und Begründungen

Unsere bisherigen Überlegungen haben gezeigt, dass Normen keine Gründe für unser Handeln sind.[27] Unsere Geschichten lassen uns *andere* Aufgaben zuwachsen als das Verwirklichen von Normen und Werten. Wir handeln nicht, *um* diese oder jene Normen zu verwirklichen. Wenn wir versuchen würden, dies zu tun, würden wir uns zwingen, uns selbst und unsere Mitmenschen als abstrakten Fall einer Norm zu betrachten und uns und unseren Mitmenschen damit zur Norm zu degradieren. Und wir würden uns dazu verurteilen, uns aus unseren konkreten

---

23 Fischer, Verstehen statt Begründen, 13.
24 Vgl. Arendt, Über das Böse, 129.
25 Vgl. Stocker, Schizophrenie.
26 Vgl. A.a.O., 28.
27 Vgl. Roth, Warum wir Moralapostel nicht mögen, 89 ff.

Geschichten und der mit anderen gemeinsamen Lebenswelt und ihren Anforderungen herauszulösen, kurz aus dem, um was es uns *eigentlich* geht. Das, um was es eigentlich geht, liegt in der – in unsere Geschichte eingebetteten – Situation. Unsere Gründe sind nicht jenseits der Situationen zu finden, sondern sie liegen in den Situationen, insofern sind sie – wie Harold Arthur Prichard formuliert – „unmittelbar und direkt"[28]. Die Merkmale der Welt, die Gründe liefern, sind – so betont Thomas Nagel – „gewöhnliche Tatsachen über die Erfahrungen der Menschen, ihre Beziehungen untereinander und die Auswirkungen, die verschieden mögliche Handlungsweise auf das Leben von Menschen und anderen Lebewesen haben. Ein Handlungsgrund ist eine gewöhnliche Tatsache, wie beispielsweise die Tatsache, dass Aspirin bei Kopfschmerzen Abhilfe schafft, und ein Grund ist sie, weil sie eben dafür spricht, dass du bei Kopfschmerzen Aspirin nimmst, oder dafür, dass ich dir Aspirin gebe."[29] Insofern sind unsere Gründe narrativ: sie liegen in dem Verweis auf – in unseren Geschichten eingebetteten – Situationen.

Von hier aus bemisst sich dann auch das Feld der ethischen Argumentation: Wenn Handeln zu verstehen ist als Reaktion auf bestimmte Züge der Wirklichkeit und Menschen daher bei ihren Gründen einen Verweis auf die Situation liefern, dann kann die Aufgabe der Ethik in erster Linie nur darin bestehen, diesen lebenspraktischen, narrativen Gründen nach-zudenken. Es geht darum, Situationen vor Augen zu führen und die in der Situation steckende Nötigung wahrzunehmen, der wir uns nicht entziehen können.[30] Narrative Gründe verlangen eine narrative Begründung. Wenn der Grund dafür, etwas zu tun, in dem Erfassen der Situation liegt, dann besteht die Begründung darin, die Situation vor Augen zu stellen. Diese Aufgabe bedeutet nicht, dass eine narrative Ethik weniger reflektierend, prüfend, erklärend, analysierend und argumentierend ist. Der Verweis auf die Situation bestreitet nicht, dass es Gründe gibt, aber diese werden nicht jenseits, sondern in den betreffenden Tatsachen verortet. Und diese Gründe lassen sich natürlich auch explizit machen und analysieren, sodass die narrative Ethik – reflektierend, analysierend und argumentierend – einen Beitrag zu dem Erfassen von Situationen und Geschichten liefert.

Allerdings stellt sich bei der Rede von dem Erfassen von Situationen und Geschichten sofort die Frage, ob wir es uns nicht zu leicht machen. Wenn wir Handlungen verstehen als Reaktionen auf Zustände und Ereignisse, dann kann ja nicht übersehen werden, dass wir jeweils von unterschiedlichen Ereignissen auf je unterschiedliche Weise angesprochen werden, sodass das, was für den einen ein

---

[28] Prichard, Beruht die Moralphilosophie auf einem Irrtum, 69.
[29] Nagel, Geist und Kosmos, 162.
[30] Vgl. Fischer, Verstehen statt Begründen, 28.

Grund ist, etwas zu tun, für einen anderen keinen Grund darstellt. Wir unterscheiden uns hinsichtlich der Gründe die wir haben. Verstehen wir Handlungen als Reaktionen auf Zustände und Ereignisse, dann stellt sich die Frage, wie Zustände und Ereignisse für uns zu einem Handlungsgrund werden können, sie ihren Charakter des Grundseins gewinnen. Wenn wir bei der Beantwortung der Frage nicht einfach hinter die Humesche Einsicht zurückfallen wollen, dass aus einem Sein kein Sollen folgt und dass daher aus deskriptiven Aussagen über Zustände und Ereignisse keine bewertenden Aussagen abgeleitet werden können, stellt sich die Frage, woher die Bewertung der Situation erfolgt. Bedarf es neben der Situation noch zusätzlich einer Regel, die den richtigen Umgang mit der jeweiligen Situation angibt?

Ganz offenkundig ist dies in unserem Alltag nicht der Fall; denn in unserer alltäglichen Wahrnehmung stellt sich das Problem des Hiatus zwischen Sein und Sollen gar nicht. Hier gibt es keine Trennung zwischen einem Sein und einem Sollen, vielmehr nehmen wir im Sein unmittelbar das Sollen war – Wahrnehmung und Bewertung fallen zusammen. Im Normalfall gibt es keine rein distanzierte Wahrnehmung von Tatsachen und im zweiten Schritt eine – wo auch immer herkommende – Wertung, in unseren lebensweltlichen Erfahrungen sind Tatsachen und Wertungen ineinander verwoben, sodass es sich sogar als äußerst schwierig gestaltet, die ursprüngliche Erfahrung so zu zergliedern, dass deskriptive und normative Aspekte fein säuberlich zu trennen sind. Gerade die empirische Emotionsforschung hat verdeutlicht, dass wertende Emotionen nicht bloß Reaktionen auf etwas, was wahrgenommen wird, sind, sondern dass sie unsere Wahrnehmung erschließen und uns so allererst befähigen zu verstehen. Das rationale Vermögen des Verstandes könnte die unendliche Komplexität der Welt gar nicht auf das für unser Leben Wesentliche reduzieren.[31]

Weil wir in unserer lebensweltlichen Erfahrung nicht streng zwischen Tatsachen und Bewertungen unterscheiden können, kann es nicht überraschen, dass auch in unserer Sprache Tatsachenbeschreibungen und Wertungen nicht streng zu trennen sind. Neben rein bewertenden Begriffen wie „gut" und rein beschreibenden Begriffen wie „grün", gibt es – wie vor allem Bernhard Williams betont hat[32] – auch sog. „dichte Begriffe" („thick concepts") wie grausam, geizig,

---

31 Vgl. hierzu: Rizzolatti/Sinigaglia, Empathie und Spiegelneurone; Damasio, Descartes' Irrtum, 178–226. Damasio untersucht die Auswirkung von Hirnschädigungen auf die moralische Kompetenz und stellt dabei fest, dass ein Verlust emotionaler Fähigkeiten signifikante Verhaltensänderungen zur Folge hat. Zur Bedeutung der Emotionsforschung für die Ethik vergleiche Ammann, Emotionen – Seismographen der Bedeutung.
32 Vgl. Williams, Ethics and the Limits of Philosophy, 139 ff.

großzügig, bei denen Beschreibung und Bewertung eng miteinander verknüpft sind und die daher gleichermaßen deskriptive und wertende Aspekte enthalten.

Eine Beschreibung, die sich davon löst, wie uns Situationen in unserer Wahrnehmung gegeben sind und eine rein neutrale Beschreibungsweise anstrebt, entspricht – um eine Wendung von Alfred North Whitehead aufzugreifen – einem „Irrtum deplazierter Konkretheit" [fallacy of misplaced concreteness"][33]. Dies verdeutlicht Johannes Fischer an dem Unterschied zwischen einer deskriptiven Charakterisierung einer Situation und einer narrativen Vergegenwärtigung. Während die deskriptive Charakterisierung versucht von unserem emotionalen Bewegtsein durch die Situation zu abstrahieren, bringt die narrative Vergegenwärtigung unser emotionales Bewegtsein durch die Situation zum Ausdruck. Die rein deskriptive Charakterisierung büßt, indem sie sich von unseren lebensweltlichen Erfahrungen ablöst und unserem emotionalen Betroffensein keinen Ausdruck verleiht, ihre normative Wirkung auf uns ein. Wird die Situation in ihrer deskriptiven Charakterisierung aufgefasst, dann – so Fischer – bedarf es zusätzlich einer moralischen Regel oder Norm, die angibt, welche Handlungsweise in Situationen dieser Art richtig oder geboten ist. In der narrativen Vergegenwärtigung als einer emotional engagierten Darstellung einer Situation, in der Situationen und Handlungen in ihrer Erlebnisqualität vor Augen gestellt werden, hingegen wird zugleich die Richtigkeit des Handelns vor Augen gestellt. Insofern geht es bei ihr um eine Anschauung einer Situation, die diese in ihrer moralischen Signifikanz erfasst, welche ein bestimmtes Handeln dringlich macht.[34]

Weil sich die moralische Signifikanz in der jeweiligen Situation zeigt, kann die ethisch-moralische Begründung für ein bestimmtes Verhalten nicht darin bestehen, jenseits der betreffenden Situation nach Begründungen zu suchen, sondern die Begründung besteht darin, diese Situation in ihrer Erlebnisqualität vor Augen zu führen, sodass sie kognitiv und affektiv erfasst werden kann. Eine ethisch-moralische Urteilsbildung besteht in dem Bemühen, Facetten von Situationen aufzuzeigen, Differenzen verständlich zu machen, mögliche Konsequenzen für alle Beteiligten auszuloten, neue Horizonte zu eröffnen, das Verstehen von Geschichten um bisher unbedachte Aspekte zu bereichern. Ethisch-moralische Argumente sind der Versuch, andere zu bewegen, die Dinge anders zu sehen, sie sind ein Appell an Imagination und Sensibilität. Durch Entschleunigung und Verlangsamung kommt es zum Aufmerksamwerden auf Details einer Situation, zum Raum, diese auf uns wirken zu lassen. Bei einer ethisch-moralischen Urteilsbildung geht es nicht um Beweisen, sondern um Überzeugen, es ist kein

---

33 Whitehead, Science and the Modern World, 56 ff.
34 Fischer, Verstehen statt Begründen, 34.

wissenschaftliches Haben und Wissen, sondern ein weisheitliches Streben und Tun.

5 Ethik in theologischer Perspektive

Die Betonung der narrativen Vergegenwärtigung einer Situation kann natürlich nicht überspielen, dass auch bei genauestem Hinsehen ganz offensichtlich nicht jeder dasselbe sieht, es unterschiedliche Weisen gibt, die Welt zu beschreiben, die zu unterschiedlichen Bewertungen führen bzw. diese implizieren. Eine Narration ist keine mystische Darstellung einer Situation und auch keine an Bewertungsausdrücken besonders reiche Darstellung, sondern eine Darstellung von Situationen im Hinblick auf diejenigen Tatsachen, die uns zum Handeln verleitet haben. In der Narration bringen wir unsere handlungsleitende Perzeption der Situation zum Ausdruck, wir machen auf diejenigen Züge einer Situation aufmerksam, die für uns relevant sind und von denen wir denken, dass sie auch für andere relevant sein sollten. Auch eine Narration ist Aufmerksam-Machen auf Sachverhalte und zwar auf diejenigen Sachverhalte einer Situation eben, die für unsere Emotionen und unsere Wertung *relevant* sind, weil es auf sie eben ankommt. Daher besteht ein ethischer Streit in der Regel darin, dass unterschiedliche – als relevant empfundene – Züge einer Situation einander vorgetragen werden, er gestaltet sich weniger als Streit über Wertungen, sondern über Tatsachen, die wir für relevant halten. Dies hat bereits Charles Leslie Stevenson in seiner Unterscheidung zwischen Faktenerkenntnis und Wertungen betont[35]. Unsere Wertungen bestimmen, welche Tatsachen in einem Streit diskussionsrelevant werden. Im Streit verweisen wir auf je unterschiedliche Züge der Wirklichkeit. Unsere Wertungen – so Stevenson – bestimmen, welche Sachverhalte jeweils relevant werden, welche Züge der Wirklichkeit uns bewegen und auf welche Aspekte einer Situation wir verweisen. So verläuft beispielsweise ein Streit zwischen Kernkraftgegnern und Befürwortern der Kernkraft nicht so, dass sie sich über die relevanten Tatsachen einig sind und nur unterschiedliche Wertungen haben, sondern so, dass jeweils unterschiedliche Tatsachen ins Spiel gebracht werden, auf unterschiedliche Aspekte der Wirklichkeit verwiesen wird. Wir können nicht mehr tun als anderen unsere Anschauungen von Situationen vorzutragen, in der Hoffnung, dass sie sehen, was wir gesehen haben.

---

35 Vgl. Stevenson, Facts and Values, 4 ff.

Dieses gilt auch dann, wenn man bedenkt, dass unsere Wahrnehmung von Welt *grundsätzlich* nicht voraussetzungslos ist[36], sondern bestimmt ist durch in der Person liegende Voraussetzungen, nennt man diese nun Weltanschauung, biographische Perspektive oder – wie Wilhelm Schapp – „Vorgeschichten"[37], die für das Verstehen unserer Geschichten maßgeblich sind. Diese weltanschauliche Voraussetzungshaftigkeit bestimmt die grundsätzliche Art, wie wir der Welt begegnen, weil sie bestimmen, worauf wir aus sind, was wir wissen und was wir erwarten, was wir befürchten und hoffen. Aus der weltanschaulichen Voraussetzungshaftigkeit des Erkennens, Wahrnehmens und Urteilens folgt aber nicht, dass Menschen aus ihrer jeweiligen Weltanschauung ihr konkretes Erkennen, Wahrnehmen und Urteilen *ableiten*. Unsere bisherigen Überlegungen machen deutlich, dass wir bei unserem Erkennen, Wahrnehmen und Urteilen die jeweilige Situation vor Augen haben, nicht unsere Perspektive, die zwar unser Wahrnehmen, Denken und Urteilen bestimmt, die wir aber nicht vor uns haben. Wir schließen nicht aus unserer Perspektive, wie wir die Dinge sehen oder sehen müssten, sondern unsere jeweilige Perspektive lässt uns die Dinge so und so sehen. Unsere Weltanschauung ist daher kein Grund, sondern etwas, das Gründe zu Gründen werden lässt, ihnen also den Charakter des Grundseins verleiht. Daher begründen wir unser Handeln auch nicht mit unserer weltanschaulichen Perspektive. In dieser Weise verfährt allerdings der Ideologe: Der Ideologe macht nicht seine Wahrnehmung, sondern seine Weltanschauung zum *Grund* seines Urteilens, indem er von einem bestimmten Verständnis der Wirklichkeit im Ganzen intentional ausgeht und von hier aus deduziert, wie – dem für wahr gehaltenen Verständnis der Wirklichkeit im Ganzen angemessen – Einzelsachverhalte der Wirklichkeit beurteilt werden müssen. Wohlgemerkt: Kennzeichen des Ideologen ist nicht, dass er die Welt von einem bestimmten Standort aus versteht – dies tut jeder. Keiner kann seinen Standort hintergehen. Es macht aber einen erheblichen Unterschied, ob man davon ausgeht, dass jedes menschliche Erkennen und Verstehen von Einzelsachverhalten der Erfahrungswirklichkeit perspektivisch ist oder ob man behauptet, dass jeweils aus einer bestimmten Perspektive abgeleitet wird, wie die Einzelsachverhalte der Erfahrungswelt zu verstehen sind.[38] Der Ideologe wirkt deshalb so starr und unlebendig, weil das, was er für wahr halten will (weil es ihm als konsequente und angemessene Deduktion aus der Perspektive erscheint, die er sich vorgenommen hat, für wahr zu halten) sich gegen sein eigenes differen-

---

36 So etwa Härle, Die weltanschaulichen Voraussetzungen jeder normativen Ethik; Herms, Theologie und Politik, kritisch hierzu: Roth, Rezension zu Eilert Herms; Fischer, Sittlichkeit und Rationalität, 208 ff.
37 Schapp, In Geschichten verstrickt, 88.
38 Vgl. hierzu Roth, Vernunft des Glaubens – Vernunft des Glaubenden, 664 ff.

ziertes Sehen sperrt. Er ist gezwungen, sein tatsächliches Sehen zu Gunsten der Einsicht in das, was man (auf Grund der für wahr gehaltenen Weltanschauung) sehen müsste, in den Hintergrund zu drängen. Und daher muss sich ein Ideologe immer gegen ein unmittelbares Erleben schützen.

Noch einmal, weil es sehr entscheidend ist: die Dinge, nicht die Perspektive haben wir vor uns. Unsere Perspektive ist daher kein Handlungsgrund, sondern eine Weise, die Welt anzuschauen, in der wir – aufgrund unserer Perspektive – bestimmte Züge der Wirklichkeit wahrnehmen und von ihnen angesprochen sind (und von anderen nicht). Unsere Perspektive ist kein Grund, sondern lässt Gründe zu Gründen werden.[39] Wir begründen unser Handeln daher nicht mit unserer weltanschaulichen Perspektive, also mit dem, was uns sehen lässt, was wir sehen, sondern mit dem, was wir tatsächlich sehen. Und daher können wir anderen nur vortragen, was wir tatsächlich sehen – in der Hoffnung, dass (von welchem Standort sie auch immer blicken) sie auch entdecken, was wir wahrgenommen haben. Etwas anderes bleibt uns nicht übrig: aus unserer Perspektive entdecken lassen.

Auch die Theologische Ethik ist perspektivisch. Sie ist es deshalb, weil der christliche Glaube eine bestimmte Weise ist, die Welt anzuschauen. Wohlgemerkt: Der Glaube ist nicht etwas, aus dem heraus Wahrnehmungen und Urteile gefolgert werden können im Sinne von „aus dem Glaubensinhalt A folgt für die Situation B die angemessene Handlung C". Daher erscheint es auch unangemessen, die Ethik – wie dies bei Wilfried Härle der Fall ist – auf vier Glaubensüberzeugungen aufzubauen, aus denen heraus dann deduziert wird.[40] Ein solches Verständnis des Glaubens würde unserer Einsicht in das Grundsein von Gründen widersprechen: Es zeigt sich nämlich, dass aus der Perspektivität unseres Erkennens, Wahrnehmens und Urteilens nicht folgt, dass Menschen aus ihrer jeweiligen Perspektive ihr konkretes Erkennen, Wahrnehmen und Urteilen *ableiten*, vielmehr, dass die Perspektive uns erkennen, wahrnehmen und urteilen lässt. Auch der Glaube als eine bestimmte Weise, die Welt anzuschauen, ist keine Perspektive, aus der etwas abgeleitet werden kann (es sei denn man wolle die Theologische Ethik als Ideologie betreiben), sondern eine Perspektive, die uns Dinge wahrnehmen und daher in einer bestimmten Weise urteilen lässt. Daher ist auch der Glaube nicht als Grund für unser Handeln zur Sprache zu bringen, sondern als etwas, das Gründe zu Gründen werden lässt und ihnen damit den Charakter des Grundseins verleiht.

Das Verständnis des Glaubens als Größe, aus der heraus deduziert werden kann, würde aber nicht nur unseren Überlegungen zu dem Grundsein von

---

39 Gegen Härle, Ethik; Herms, Theologie und Politik.
40 Vgl. Härle, Ethik, 134 ff.

Gründen widersprechen, sondern auch den Glauben zu einem Für-wahr-Halten von Aussagesätzen verkehren, aus denen Ableitungen vorgenommen werden können.[41] Im Anschluss an Ludwig Wittgenstein, der den Glauben als einen bestimmten „Lebensvollzug", eine bestimmte Art und Weise zu leben zur Sprache gebracht hat[42], könnte man formulieren: Glaube ist nicht ein bestimmtes Für-wahr-Halten von *Aussagen* über die Welt, sondern eine *bestimmte Wahrnehmung der Welt*. Daher kann sich die Theologische Ethik nicht gestalten als Ableitung von Aussagen über die Welt, sondern ihre Aufgabe ist es, die Wahrnehmung der Welt in Form disziplinierten Nachdenkens darzulegen. Sie macht so auf Züge der Wirklichkeit aufmerksam, die sich im Glauben zeigen.

In der Situation des weltanschaulichen Pluralismus sind am gemeinsamen Gestaltungsprozess der Gesellschaft Subjekte mit ganz unterschiedlichen Weltanschauungen und Lebensorientierungen beteiligt.[43] Diesen Dissens kann auch das hier vorgetragene Verständnis der Theologischen Ethik nicht aus der Welt schaffen. Unterschiedliche Menschen stehen natürlich immer auch in unterschiedlichen Orientierungszusammenhängen praktischer Lebensführung und haben daher *unterschiedliche* Weisen, die Welt anzuschauen. Mit dieser Differenz kann die Theologische Ethik *dann* produktiv umgehen, wenn sie ihre Überzeugungen nicht mit einem Verweis auf christliche Glaubensaussagen und korrekten Ableitungen aus denselben begründet, sondern durch einen Verweis auf die Züge der Wirklichkeit, die sich *im Glauben zeigen*. Sie beschreibt dann nicht, wie man die Welt *sehen müsste*, wenn man sich auf bestimmte Glaubensaussagen verpflichtet hat, sondern wie man im Glauben die Welt *tatsächlich sieht*.[44] Hierüber kann – z. B. in Ethikkommissionen – produktiv gestritten werden, können unterschiedliche Züge der Wirklichkeit einander vorgetragen und divergierende Gründe analysiert werden. Wir schauen dann auf die *Gründe* der anderen, nicht auf ihre Perspektive. Es besteht die doch nicht ganz unberechtigte Hoffnung, dass jemand sieht, auf was ihn ein anderer – aus welcher Perspektive auch immer – aufmerksam gemacht hat. So nimmt die Theologische Ethik – aus innerer Überzeugung – voll und ganz teil am *allgemeinen* ethischen Diskurs, ohne dabei aufzuhören, durch und durch *theologische* Ethik zu sein.

---

41 Vgl. Roth, Zum Glück, 190 ff.
42 Vgl. Wittgenstein, Vorlesungen über den religiösen Glauben.
43 Vgl. Roth, Normative Ethik und weltanschaulicher Pluralismus.
44 Vgl. Roth, Narrative Ethik.

Bibliographie

Ammann, Christoph. 2007. *Emotionen – Seismographen der Bedeutung. Ihre Relevanz für eine christliche Ethik.* Forum Systematik 26. Stuttgart: Kohlhammer.
Arendt, Hannah. 2003. *Über das Böse. Eine Vorlesung zu Fragen der Ethik.* München: Piper.
Bittner, Rüdiger. 2005. *Aus Gründen handeln. Ideen & Argumente.* Berlin [u. a.]: De Gruyter.
Damasio, Antonio R. ^{6}2010. *Descartes' Irrtum. Fühlen, Denken und das menschliche Gehirn.* München: List.
Ebeling, Gerhard. 1969. „Die Evidenz des Ethischen und die Theologie." In: *Beiträge zur Fundamentaltheologie und der Lehre von Gott.* Bd. 2, *Wort und Glaube*, hg. v. Gerhard Ebeling, 1–41. Tübingen: Mohr.
Fellmann, Ferdinand. 2000. *Die Angst des Ethiklehrers vor der Klasse. Ist Moral lehrbar?.* Universal-Bibliothek 18033. Stuttgart: Reclam.
Fischer, Johannes. 2010. *Sittlichkeit und Rationalität. Zur Kritik der desengagierten Vernunft.* Forum Systematik 38. Stuttgart: Kohlhammer.
Fischer, Johannes. 2012. *Verstehen statt Begründen. Warum es in der Ethik um mehr als nur um Handlungen geht.* Stuttgart: Kohlhammer.
Härle, Wilfried. 2001. „Die weltanschaulichen Voraussetzungen jeder normativen Ethik." In: *Woran orientiert sich Ethik?*, hg. v. Wilfried Härle und Reiner Preul, 15–38. MThSt 13. Marburg: Elwert.
Härle, Wilfried. 2011. *Ethik.* De Gruyter Studium. Berlin [u. a.]: De Gruyter.
Herms, Eilert. 1991. „Theologie und Politik. Die Zwei-Reiche-Lehre Luthers als theologisches Programm einer Politik des weltanschaulichen Pluralismus." In: *Gesellschaft gestalten. Beiträge zu einer evangelischen Sozialethik*, hg. v. Eilert Herms, 95–124. Tübingen: Mohr.
Jones, Edward E. und Nisbett, Richard E. 1971. *The actor and the observer: Divergent perceptions of the causes of behavior*, Morristown/NY: General Learning Press.
MacIntyre, Alasdair. ^{2}1997. *Der Verlust der Tugend. Zur moralischen Krise der Gegenwart.* Stw 1193. Frankfurt a.M.: Suhrkamp.
Nagel, Thomas. ^{5}2014. *Geist und Kosmos. Warum die materialistische neodarwinistische Konzeption der Natur so gut wie sicher falsch ist.* Berlin: Suhrkamp.
Nida-Rümelin, Julian. 2006. „Gibt es ein Problem ethischer Begründung?" In: *Ernst Tugendhats Ethik. Einwände und Erwiderungen*, hg. v. Nico Scarano und Mauricio Suárez, 31–59. München: C.H. Beck.
Pannenberg, Wolfhart. 1996. *Grundlagen der Ethik. Philosophisch-theologische Perspektiven.* Kleine Vandenhoeck-Reihe 1577. Göttingen: Vandenhoeck & Ruprecht.
Prichard, Harold A. 1974. „Beruht Moralphilosophie auf einem Irrtum?" In: *Seminar: Sprache und Ethik. Zur Entwicklung der Metaethik*, hg. v. Günther Grewendorf und Georg Meggle, 61–83. Stw 91. Frankfurt a.M.: Suhrkamp.
Rizzolatti, Giacomo und Sinigaglia, Corrado. 2008. *Empathie und Spiegelneurone. Die biologische Basis des Mitgefühls.* Edition Unseld 11. Frankfurt a.M.: Suhrkamp.
Roth, Michael. 2004. „Normative Ethik und weltanschaulicher Pluralismus – Bemerkungen zur ethischen Urteilsbildung in der offenen Gesellschaft im Anschluß an Gerhard Ebeling und Martin Honecker." *Berliner Theologische Zeitschrift* 21:172–191.
Roth, Michael. 2008. Rezension zu Eilert Herms, Phänomene des Glaubens. Beiträge zur Fundamentaltheologie. *ThLZ* 133:858–862.

Roth, Michael. 2009. „Vernunft des Glaubens – Vernunft des Glaubenden. Überlegungen zur Gefahr einer unangefochtenen Theologie für den angefochtenen Glauben." In: *Kommunikation über Grenzen. Kongressband des XIII. Europäischen Kongresses für Theologie*, hg. v. Friedrich Schweitzer, 657–675. Veröffentlichungen der Wissenschaftlichen Gesellschaft für Theologie 33. Gütersloh: Gütersloher Verlagshaus.

Roth, Michael. 2011. *Zum Glück. Glaube und gelingendes Leben*. Gütersloh: Gütersloher Verlagshaus.

Roth, Michael. 2016. „Narrative Ethik. Überlegungen zu einer lebensnahen Disziplin." In *Metapher – Narratio – Mimesis – Doxologie. Begründungsformen frühchristlicher und antiker Ethik*, hg. v. Ulrich Volp / Friedrich Wilhelm Horn / Ruben Zimmermann, 123–139. Kontexte und Normen neutestamentlicher Ethik 7. WUNT 356. Tübingen: Mohr Siebeck.

Roth, Michael, 2017. *Warum wir Moralapostel nicht mögen und das Moralisieren verabscheuen. Zur Lebensferne der Ethik*. Stuttgart: Kohlhammer.

Schapp, Wilhelm. ²1981. *Philosophie der Geschichte*. Frankfurt a.M.: Klostermann.

Schapp, Wilhelm. ⁴2004. *In Geschichten verstrickt. Zum Sein von Mensch und Ding*. Frankfurt a. M.: Klostermann.

Spaemann, Robert. ²1998. *Personen. Versuche über den Unterschied zwischen „etwas" und „jemand"*. Stuttgart: Klett-Cotta.

Stevenson, Charles L. 1963. *Facts and Values*. New Haven/Conn. [u. a.]: Yale University Press.

Stocker, Michael. 1998. „Die Schizophrenie moderner ethischer Theorien." In: *Tugendethik*, hg. v. Klaus Peter Rippe und Peter Schaber, 19–41. Universal-Bibliothek 9740. Stuttgart: Reclam.

Tugendhat, Ernst. 2006. „Das Problem einer autonomen Moral." In: *Ernst Tugendhats Ethik. Einwände und Erwiderungen*, hg. v. Nico Scarano und Mauricio Suárez, 13–30. München: C.H. Beck.

Williams, Bernhard. 1985. Ethics and the Limits of Philosophy. Cambridge/Mass.: Cambridge University Press.

Whitehead, Alfred North. 1925/1948. Science and the Modern World. Lowell Lectures. New York: Macmillan.

Wittgenstein, Ludwig. ³2005. „Vorlesungen über den religiösen Glauben." In *Ludwig Wittgenstein. Vorlesungen und Gespräche über die Ästhetik, Psychoanalyse und religiösen Glauben*, hg. aus Notizen von Yorick Smythies, Rush Rees und James Taylor von Cyril Barrett. Deutsche Übersetzung von Ralf Funke, 75–98. Frankfurt a.M.: Fischer.

Bibelstellenregister

Altes Testament

Genesis

Gen 1–11	219
Gen 1,26	264
Gen 1,26–28	219, 226, 295
Gen 1,27	26
Gen 1,28	167
Gen 2–3	341, 343, 350
Gen 2,5	341
Gen 2,7	341
Gen 2,9	343
Gen 2,16–17	343
Gen 2,18	342
Gen 2,23	341
Gen 2,23–24	342
Gen 2,25	342
Gen 3	89
Gen 3,6	343
Gen 3,7	342
Gen 3,8	99
Gen 3,16	341
Gen 3,16–19	342
Gen 4	89
Gen 4,1–16	88
Gen 4,7	89, 90
Gen 4,9	99
Gen 4,18–11	346
Gen 5	346
Gen 6,13	220
Gen 8,21f	220
Gen 10	346
Gen 11,10–32	346
Gen 12	230
Gen 12,10–20	349
Gen 16	348
Gen 16,8	348
Gen 20,6	344
Gen 49,24	283

Exodus

Ex 19	221f.
Ex 20	221
Ex 20,1	222
Ex 20,2	221
Ex 20,13	245
Ex 20,14	245
Ex 20,18	222
Ex 20,24–23,12	222
Ex 21	223
Ex 21,12	223, 245
Ex 21,23	223
Ex 21,23–25	222f.
Ex 33,11	99
Ex 33,19	88

Leviticus

Lev 17–26	224
Lev 19,2	224
Lev 19,18	225, 245, 258
Lev 24,18–19	224
Lev 27,14	283

Numeri

Num 6,25f	99
Num 10	221

Deuteronomium

Dtn 1,16–18	348
Dtn 4,9–14	348
Dtn 4,40	346
Dtn 5	221, 224
Dtn 5,6	224
Dtn 5,16	347
Dtn 5,16.33	346
Dtn 6,5	224, 258
Dtn 8,14	224
Dtn 9,7–10,11	348
Dtn 11,19	346
Dtn 13,6.11	224
Dtn 15	347
Dtn 17,20	346

Dtn 19,19b	224
Dtn 19,20f	224
Dtn 23,4	230f.
Dtn 24,1	245
Dtn 25,15	346
Dtn 30	230
Dtn 31,16	292
Dtn 32,4	346
Dtn 34,10	99

Rut

Ruth 2,11f	231

1. Samuel

I Sam 12	349

2. Samuel

II Sam 7	228

1. Könige

I Kön 9,4	344
I Kön 22,17	283

2. Könige

II Kön 6,8ff	228
II Kön 18–20	228
II Kön 22	229
II Kön 22,14ff	228

Hiob

Hi 1,19	349

Psalmen

Ps 15,2	344
Ps 15,5	346
Ps 23,1	283
Ps 51,13	99
Ps 80,2	283
Ps 85,11	126
Ps 88	227
Ps 90,1	346
Ps 90,10	346
Ps 90,12	346
Ps 90,17	346
Ps 94	180
Ps 101,2	344
Ps 126,5f	283

Proverbia

Prov 1,4	70
Prov 1,7	228
Prov 1,29	228
Prov 2,2	344
Prov 2,5	228
Prov 3,29	70
Prov 5,3	70
Prov 6,16–21	345
Prov 7,3	344
Prov 7,7	344
Prov 10,13	344
Prov 10,21	344
Prov 15,14	344
Prov 15,28	344
Prov 22,17–23,11	226
Prov 22,22f	227f.
Prov 26,27	227

Kohelet

Koh 3	345
Koh 3,15–17	227
Koh 3,17	228
Koh 9,10	345

Jesaja

Jes 1–12	229
Jes 7	228
Jes 11, 6–9	126
Jes 36–38	228
Jes 40,11	283
Jes 42,6	283
Jes 45,7	180
Jes 49,6	283
Jes 51,4	283
Jes 54,8	99

Jeremia

Jer 23	283
Jer 28	228
Jer 29,2	22

Ezekiel

Ez 34	283

Daniel

Dan 12,1	232
Dan 12,2	232, 292

Amos

Am 4,1–2	229
Am 4,1f	229
Am 4,2	229
Am 5,7	229
Am 5,14	230
Am 5,24	230
Am 5f	229

Jona

Jon 1,8	348
Jon 4,10f	232

Sacharja

Sach 11	283

Maleachi

Mal 3,20	283

Apokryphen und Pseudepigraphen des Alten Testaments

2. Makkabäer

II Makk 7	232

Tobit

Tob 4,15	245

Jesus Sirach

Sir 17,1–12	350
Sir 17,6–7	350
Sir 31,15	245

Neues Testament

Matthäus

Mt 4,25	248
Mt 5,1	248
Mt 5,1–2	246
Mt 5,1–12	243
Mt 5,3	245
Mt 5,6	245
Mt 5,7	245
Mt 5–7	242
Mt 5,9	245
Mt 5,10–11	245
Mt 5,11	244
Mt 5,13	244
Mt 5,13–16	244, 247
Mt 5,17	245
Mt 5,17–20	246
Mt 5,17–48	245
Mt 5,19	244
Mt 5,20	245 f.
Mt 5,21	245
Mt 5,21–48	243
Mt 5,24	245
Mt 5,25	243, 247
Mt 5,25–26	244
Mt 5,27	245
Mt 5,29	244
Mt 5,29–30	243
Mt 5,29f	247
Mt 5,31	245
Mt 5,31–32	245
Mt 5,32	249
Mt 5,33	245
Mt 5,34	243
Mt 5,36	243
Mt 5,38–42	245
Mt 5,39	243, 258
Mt 5,43–44	245
Mt 5,45	248
Mt 5,46	247

Mt 6,1	245
Mt 6,1–4	244
Mt 6,2	248
Mt 6,2–4	245
Mt 6,3	244
Mt 6,4	247
Mt 6,5–8	244
Mt 6,9–13	244
Mt 6,12	245, 248
Mt 6,14	248
Mt 6,14–15	244
Mt 6,16	248
Mt 6,16–18	244
Mt 6,18	247
Mt 6,19	243, 246
Mt 6,19–34	246
Mt 6,22–23	244
Mt 6,24	244, 246
Mt 6,25	245
Mt 6,25–34	244
Mt 6,26–30	244
Mt 6,33	246
Mt 7,1–2	247
Mt 7,1–6	244
Mt 7,3–5	244
Mt 7,6	244
Mt 7,7–8	247
Mt 7,9–11	244, 247
Mt 7,12	244 f.
Mt 7,13–14	244
Mt 7,16–20	244
Mt 7,17–19	246
Mt 7,23	248
Mt 7,24–26	246
Mt 7,24–27	244
Mt 7,28	248
Mt 8,1	248
Mt 10,34	239
Mt 12,11f	120
Mt 13,24–30	248
Mt 18	248
Mt 18,10	99
Mt 18,21–34	248
Mt 19,9	249
Mt 20,4	245
Mt 25,14–30	99
Mt 25,40	167

Markus

Mk 1,14	167
Mk 3,4	120
Mk 7,24–30	239
Mk 10,1–12	249

Lukas

Lk 2,32	283
Lk 5,18–26	263
Lk 5,36–38	263
Lk 6,27–31	263
Lk 10	108
Lk 10,9	263
Lk 10,25–37	108
Lk 10,27	258
Lk 10,30–35	235
Lk 10,33	235
Lk 12,56 f.	69
Lk 16,18	249
Lk 19,11–27	99

Johannes

Joh 1,14	283
Joh 2,11	283
Joh 10	283
Joh 15,13	250
Joh 17,20 f	284
Joh 19,5	63
Joh 21,18	95

Römerbrief

Röm 5,5	213
Röm 5,18	264
Röm 5 f	264
Röm 6,23	264
Röm 8,4–11	72
Röm 8,15	66
Röm 10,17	96
Röm 12,2	68, 71–73
Röm 12,14	73
Röm 12–15	71
Röm 12,17–21	73
Röm 13,1–7.8	73
Röm 14	69
Röm 14,12	76

1. Korintherbrief

I Kor 3,11	75
I Kor 7,10f	249
I Kor 8–10	69, 250
I Kor 12,1–13	74
I Kor 12,10	74
I Kor 13	275
I Kor 14,28	77
I Kor 14,29	74
I Kor 15,13f	265

2. Korintherbrief

II Kor 4,6	99
II Kor 5,17	67, 101, 103

Galaterbrief

Gal 5,1	103, 105

Epheserbrief

Eph 5,14	262, 283
Eph 6,10–17	284

Philipperbrief

Phil 1,9	70f.
Phil 1,9f.	70
Phil 1,10	69, 71
Phil 2,5	67
Phil 3,12	68
Phil 4,8	69, 72f., 242

Kolosserbrief

Kol 3,3	67, 76, 135

1. Thessalonicherbrief

I Thess 5,21	68f.

1. Timotheusbrief

I Tim 6,19	126

1. Petrusbrief

I Petr 2,25	283
I Petr 3,15	22

1. Johannesbrief

I Joh 3,2	64
I Joh 4,16	108

Hebräerbrief

Hebr 13,20	283

Jakobusbrief

Jak 1,22	96

Apokalypse

Apk 4,11	284
Apk 5,12	284
Apk 7,12	284
Apk 19,1	284
Apk 22,4	99

Personenregister

Abel 87f.
Abraham 49, 336, 349
Albert, Hans 22f.
Albrecht, Christian 36f.
Apel, Hans-Otto 22, 42
Arendt, Hannah 76, 363
Aristoteles 43, 69f., 131, 187, 236, 255f., 323f., 331, 335
Audi, Robert 136
Augustinus 120, 208, 264, 266
Austin, John 182

Barth, Karl 7, 13f., 29, 66–68, 81, 132, 136f., 143, 155, 173, 201
Beck, Ulrich 9, 102, 289
Becker, Gary 125, 260
Bedford-Strohm, Heinrich 36
Benjamin, Walter 86
Bentham, Jeremy 332
Bergoglio, Jorge Mario 315, 317, 319
Beutel, Albrecht 181f.
Bittner, Rüdiger 360–362
Boff, Leonardo 104, 314f.
Bonhoeffer, Dietrich 6f., 13, 35, 53, 95, 100f., 116–121, 165f., 172
Bourdieu, Pierre 147f.
Bultmann, Rudolf 109, 240, 255
Buruma, Ian 290

Calvin, Johannes 105, 116f., 119
Cho, Chong-Gi 298
Chung, Hyun-Kyung 297
Clemens von Alexandrien 258f., 261, 264
Clooney, Francis X. 293
Cyprian 258

Dabrock, Peter 19f., 25, 27–31, 33, 84, 185f., 188
Dewey, John 158, 163, 168, 201, 213

Ebeling, Gerhard 6, 99, 104, 166, 182f., 356
Evers, Dirk 184

Fellmann, Ferdinand 355f.
Fischer, Johannes 16, 95, 98, 102, 107f., 185f., 189–191, 237, 323, 332, 362–364, 366, 368
Foucault, Michel 30
Frey, Christofer 64f., 67, 235

Geertz, Clifford 147, 290
Gewirth, Alan 22, 42, 318
Gollwitzer, Helmut 95
Gundlach, Gustav 306, 308
Gutiérrez, Gustavo 312, 315

Habermas, Jürgen 22, 42, 136, 153
Härle, Wilfried 5, 90, 186, 188, 235f., 368f.
Herrmann, Wilhelm 116
Hick, John 293
Hiob 227, 348
Hippolyt von Rom 264
Hitze, Franz 220, 306
Höffner, Joseph 314
Homann, Karl 125
Honecker, Martin 5f., 185, 187
Honneth, Axel 12
Huber, Wolfgang 36, 105–107, 167
Hunsinger, George 67

Irenäus von Lyon 264

Janowski, Bernd 344
Jaspers, Karl 291
Jesus Christus 6, 52, 55, 132–135, 145, 258, 262, 292, 309
Joas, Hans 13f., 170
Johann Gottfried Herder 44
Johannes Chrysostomus 258
Johannes Paul II. 120, 314, 316
Johannes XIII. 309
Jüngel, Eberhard 28, 61, 63, 155
Justin 258, 260

Kain 87–90

Kant, Immanuel 9f., 43, 97, 114f., 118, 122, 158, 170, 210f., 274, 311, 323, 328, 331f., 335
Ketteler, Wilhelm Emmanuel von 305
Kierkegaard, Søren 44, 46, 49–51, 56, 59, 108, 336
Koch, Klaus 292
Koch, Traugott 192
Kolping, Adolph 305
Kreß, Hartmut 98, 185f., 188
Küng, Hans 290, 293f.
Kwok, Pui-Lan 300

Lange, Dietz 183f., 187
Lauster, Jörg 177, 183
Leo XIII. 304
Levada, William 315f.
Levinas, Emmanuel 278
Liguori, Alphons Maria de 304
Luhmann, Niklas 34f., 140, 148, 173
Luther, Henning 192
Luther, Martin 10, 20, 43, 46–48, 51, 55f., 59, 66, 99, 101, 104–106, 115–117, 119f., 122, 140, 166f., 173, 181–184, 191f., 206, 220f., 228, 323, 341

MacIntyre, Alasdair 237, 357f.
Majer, René 85
Margalit, Avishai 290
Margull, Hans Jochen 289
Markion 262–264
McNaughton, David 1, 325
Melanchthon, Philipp 7, 105, 255
Merks, Karl-Wilhelm 310–312, 315
Mohammed 291f., 294–296
Moore, George Edward 42
Mose 220f., 223, 229, 258
Müller, Ludwig 98, 140, 315

Nida-Rümelin, Julian 42, 359f.
Niebuhr, Richard 167, 257
Nietzsche, Friedrich 30, 49
Nussbaum, Martha C. 70, 81, 136, 237, 318

Pannenberg, Wolfhart 159, 356
Paul VI. 310, 312

Paulus 66–76, 101, 105f., 208, 240f., 255, 275
Pius XII. 310
Platon 44, 256
Prichard, Harold Arthur 355, 364

Ratzinger, Joseph 120, 308, 314f.
Rawls, John 10, 82, 117, 136, 318
Rendtorff, Trutz 5, 10, 57, 94f., 101f., 106, 155, 165f., 185f.
Reuter, Hans-Richard 84, 140f.
Rieger, Jörg 300
Riethmüller, Otto 281–283
Ritschl, Albrecht 47, 140f.
Ritschl, Dietrich 64, 65, 75
Romero, Oscar Arnulfo 313

Said, Edward 290
Sauter, Gerhard 67, 77f.
Schapp, Wilhelm 348, 360, 368
Scheliha, Arnulf von 10, 186, 188
Schleiermacher, Friedrich 9f., 47f., 50, 55, 59, 118f., 123, 126, 137, 149, 153, 173, 183, 199, 213
Schmitt, Carl 127
Schmitz, Hermann 81–83, 85–87
Schneider-Flume, Gunda 192
Schopenhauer, Arthur 330
Sobrino, Jon 315
Stevenson, Charles Leslie 367
Stocker, Michael 363

Taylor, Charles 16, 65, 246, 294
Tertullian 258f., 262, 264
Theunissen, Michael 105
Thomas von Aquin 43, 120, 303–305, 311f.
Tillich, Paul 107, 171, 207
Tomasello, Michael 156f.
Torre, Miguel de la 301
Trillhaas, Wolfgang 93, 155
Troeltsch, Ernst 5, 7, 10, 116f., 119, 160, 291
Tugendhat, Ernst 41–43, 87, 358f.

Ustorf, Werner 289

Vitoria, Francisco de 303

Waldenfels, Bernhard 25, 30, 83f., 316
Weber, Max 99, 115, 117, 119, 123f., 127
Whitehead, Alfred North 366
Williams, Bernard 42, 84f., 261, 365
Wolf, Ernst 63, 107, 126
Wolterstorff, Nicholas 136

Sachregister

Affekt   123, 179, 307, 330
Aktivität   27, 47f., 53, 55, 142, 187, 193, 272, 286, 311, 313
Altes Testament   219f., 222, 228, 230, 233f., 237, 263, 292, 339f., 344, 346
Ambiguität   25, 29, 33, 171, 289, 294, 343
Ambivalenz   33, 60, 100, 248, 269, 271, 293, 296, 342f.
Analogie   13, 97, 123, 240f.
Anspruch   1, 19, 25f., 29, 38, 43–46, 48, 51, 54, 56, 70, 72, 82, 99, 149, 164, 170, 178, 180, 185, 198f., 202, 214, 224f., 236f., 274f., 299, 307, 323, 327f.
Anthropologie   25, 28, 43f., 63, 81f., 84, 90, 93, 95, 114, 125, 155, 158, 178f., 187, 193f., 240, 260f., 293, 339f., 344
Autonomie   12, 48, 58, 94, 97f., 105, 170, 193, 310–312, 316
Autorität   42, 47, 81, 83, 85, 246, 249, 263, 291, 304, 308, 311, 315, 336, 358

Barmherzigkeit   20, 106, 144, 245, 263
Befreiung   53, 58, 103–105, 224, 233, 284, 297, 299, 312–315, 348
Begründung   9f., 22f., 32, 41–43, 45f., 50f., 60, 70, 77, 87, 99, 101, 107, 119, 131f., 160f., 179, 236f., 241, 247f., 256, 291, 309, 311, 325, 327, 330, 333, 345f., 358–360, 363f., 366
Bergpredigt   115–117, 242–249, 263, 265
Bibel   19f., 25, 36, 38, 65, 82, 88, 100, 135, 158–161, 180, 219, 227f., 250f., 255, 263, 283–285, 303, 307
Bildung   7, 39, 86, 142, 200, 214, 233, 250, 309, 331, 333, 335, 344
Bund   29, 224, 230

Christus   20, 63, 65–73, 75f., 101, 106, 134, 137, 141, 235, 262–264, 283–285, 314, 356
concursus divinus   82, 90f.
conditio humana   48, 158, 269, 335

Dekalog   s. Zehn Gebote
Determinismus   104
Dialektik   22f., 26, 39, 68, 95, 105, 149, 213
Do ut des   88

Ebenbild/Ebenbildlichkeit/Gottesebenbildlichkeit   20, 26, 28f., 39, 61, 65, 167, 172
EKD   12, 119, 188
Empathie   156, 347, 365
Empirie/empirisch   6, 10, 28, 45, 56, 59, 114, 117, 121–124, 134f., 141, 144, 147f., 153, 170, 183–185, 193, 209, 214, 251, 325, 365
Erfahrung   9, 20, 25, 27, 31, 36, 46f., 50–52, 55–58, 82, 88f., 91, 95, 104, 107, 121f., 147, 170f., 177, 179, 181–184, 187, 192–194, 202f., 205–208, 212f., 228, 237, 269–272, 277, 300, 308, 312, 314, 316, 335, 346–350, 364–366
Erlöser/Erlösung   5, 7f., 34, 64, 91, 143, 172, 193, 263f., 336
Ethos   19, 70, 75f., 107, 153f., 158–160, 162, 164, 169–171, 189, 200, 221, 223, 225, 229, 232f., 236, 238, 248, 251, 255–258, 277, 279, 283, 290f.
Evangelium   28f., 31, 51f., 66, 77, 96f., 102, 105, 171, 173, 182f., 241, 248, 255, 263, 279, 284f., 287, 297, 310

Fehlbarkeit   138, 145, 171
Freiheit   5, 7–14, 16, 21f., 32, 39, 44–56, 58–61, 73, 82f., 87f., 91, 93, 96f., 100f., 103–108, 155, 165, 167, 169, 207, 214, 221f., 226, 250, 282, 287, 303, 310f., 315, 318, 335f., 348
Frieden   22, 68, 77, 114, 126, 146, 245, 290, 296f., 299, 309
Fundamentaltheologie   2, 187

Gebet   1, 244, 270, 284–286, 312
Gebot   14, 51, 98, 102, 107f., 115, 120f., 131f., 155, 158, 161, 174, 201, 220f.,

384 — Sachregister

229f., 243, 245f., 249, 251, 258, 270, 278, 303f., 319, 326, 336, 343, 346f., 356, 366
Gegenwart 2, 8, 13, 31, 104, 121, 138, 159f., 172, 174, 177, 186, 188, 193, 197, 229, 239, 250, 279, 286, 309, 334, 339, 345–347, 356f.
Geist 44, 65–67, 70, 72, 74, 81, 97, 104, 134, 137, 142, 157, 161, 172, 174, 181, 297, 310, 364
Gelassenheit 34
Gemeinde 69, 71–73, 76–78, 140–142, 164, 182, 238, 248f., 251, 257–259, 262f., 265, 284
Gemeindeethik 63, 77, 259, 264
Gemeinschaft 7f., 11, 20f., 31, 73, 76, 121, 125–129, 134, 141f., 161, 163, 213, 225f., 231, 233, 248, 250, 252, 289, 291f., 295f., 301, 336
Gerechtigkeit 10, 20, 32, 54, 103, 106, 126, 128, 142, 173, 227, 229f., 232f., 245f., 258, 263, 281, 283, 285, 297, 300, 306, 308, 314, 318, 336
Geschöpflichkeit 7, 93, 101, 233, 339, 341
Gesetz 9, 28, 31, 51f., 97, 107, 115, 120–122, 171, 173, 219–221, 223, 225f., 241, 245, 255, 257, 263, 279, 287, 311, 328, 331, 347
Gewalt 77, 82, 84–86, 88, 115f., 119, 122, 138, 229, 294, 296, 299f., 315, 327
Gewissen 13, 26, 33, 54, 107, 115, 138, 201, 257, 303, 310, 318, 334
Glaube 6, 8, 12, 19, 26, 29f., 45f., 48–50, 56f., 64, 75, 94f., 97, 100f., 105, 109, 131–137, 139, 141f., 149, 153, 164, 170–172, 174, 177–179, 181, 183f., 188–190, 193, 203, 235, 241, 262, 272, 274, 284, 294, 297, 313f., 324, 356, 359, 369f.
Gleichheit 10, 214, 308, 342
Glück 120, 213, 251, 329, 331, 370
Gnade 65, 68, 94, 96f., 101, 105, 141, 292, 310
Goldene Regel 244–246, 249, 291, 293
Gottesdienst 138, 141f., 171, 258–260, 265, 270, 292
Grund/Gründe 11, 19, 26, 28f., 33f., 41, 44, 46f., 53, 87, 93, 97, 101, 105, 107, 127,
137f., 142f., 153, 156, 160, 163, 168f., 171, 180, 190f., 204, 207, 210, 213f., 226, 235, 252, 259, 261, 269, 277f., 283–285, 293, 298, 306f., 311, 314–316, 318, 323, 329, 333, 356, 360–365, 368–370
Gut/Güter 2, 8, 10–16, 24f., 29, 31, 33, 42, 47, 52–54, 59, 64, 66, 71–73, 90, 94, 100, 113–129, 131–133, 136–139, 143–145, 147f., 153, 158, 161, 170, 173, 183, 186, 188, 193, 205, 213, 219, 226, 230, 232, 238, 244–246, 248, 259–261, 271, 275, 278, 281, 283, 292, 301, 305f., 309, 311f., 318f., 333f., 339, 342f., 345–347, 350, 355, 358, 365

Handeln 5, 7, 10–16, 34, 38, 42f., 46, 48, 50–58, 63, 65f., 70, 73, 75, 82, 90, 93–96, 98, 100–103, 106–108, 113, 117f., 123f., 127, 129, 131–133, 135–144, 153f., 157, 162, 164f., 168, 170–174, 190, 198–202, 209f., 212f., 220, 222, 226–229, 232f., 235f., 238, 240, 255, 261, 274, 287, 300, 306, 308, 311, 314, 325f., 328, 330–334, 339–341, 343–347, 350, 360–364, 366–369
Hoffnung 22, 64, 105, 132, 134, 138, 172, 179, 193, 213f., 228, 280, 307, 309, 333f., 336, 367, 369f.
homo oeconomicus 125

Identität 11, 19–21, 34, 38, 63–67, 157, 161, 171, 174, 199, 241, 250, 252, 255, 287, 298, 300, 341, 348, 350
Imperativ 48, 66, 84, 97, 209, 235, 238, 240f., 243, 247, 255f., 263, 285, 328, 340
Indikativ 66, 235, 240f., 255, 279
Individualismus 102
Individuum 15, 35, 76, 158, 172, 247, 274f., 280, 292–294, 301

Kanon 134, 219, 228–230, 236, 250, 252, 262f., 284
Kirche 1, 7, 15, 21, 29–34, 36, 65, 73, 75, 77f., 104, 106, 132–136, 140–146,

148 f., 159 – 161, 164, 170, 174, 179, 281, 285, 297 – 299, 303 – 317, 319
Kohärenz   23, 193, 236, 332
Kollektiv   9, 20, 23 f., 73, 137, 157, 162, 168 f., 173, 188, 248, 345, 347
Konsequenz   5, 14, 42, 44, 51 f., 55, 58, 88, 93, 101, 148, 163, 165, 213, 226 f., 229, 232, 247, 260, 265, 292, 294, 324, 327, 344, 361, 366
Kontinuität   171, 293, 308
Kultur   7, 11 f., 14 f., 23, 38, 44, 143, 159, 162, 271, 289 f., 295, 297, 340, 356, 358

Lebensdienlichkeit   33, 87, 91, 124
Lebenswirklichkeit   5 – 7, 11, 14, 93, 124 f., 166
Legalität   326, 333
Liebe   20 f., 53 f., 70 f., 93 f., 97, 102, 106 – 108, 121, 128, 170, 172 f., 181, 224 f., 228, 238, 241 f., 244, 247, 250 f., 258, 263 – 265, 270 – 275, 285, 313, 329, 344, 363
Liebesgebot   344
Lüge   48, 118, 327, 332
Lust   210 f., 332, 343

Maxime   9, 23 f., 68, 97, 215, 220, 244, 328, 330, 361 f.
Mensch   6 – 9, 19 f., 22 f., 26 – 34, 38 f., 43 – 45, 47 – 52, 55 f., 59 – 61, 63 – 67, 75, 82, 85 f., 88, 90 f., 93 – 97, 99 – 108, 113 – 117, 120, 122, 125 f., 129, 132, 134 f., 137, 139, 142, 144 – 147, 155 – 158, 161 – 168, 171 – 175, 178, 180, 183 f., 191 f., 198, 206, 212, 219 f., 224, 226 f., 232 f., 235 f., 240, 244, 246, 248 f., 258 – 264, 269, 272 – 274, 276 f., 279, 281 f., 285 – 287, 290 f., 293, 295, 300, 303, 306, 308 – 312, 316, 319, 324 – 331, 333 – 336, 339 – 344, 346 f., 349 f., 355, 358 – 360, 362 – 364, 368 – 370
Menschenrecht   22 – 24, 26 – 28, 32, 294, 300, 304, 313
Menschenwürde   22 – 24, 26 – 30, 32, 37, 39, 132, 143, 188, 294
Metaphorik   279
Metaphysik   43, 51, 55, 210, 328, 332

Mitgefühl   156, 363
Moderne/modern   9, 21 f., 24, 29, 36, 38, 41, 52 f., 60, 95, 98, 135, 143, 147, 158, 162, 169 f., 186, 236 f., 261, 271 f., 282, 289, 294, 300, 304 f., 309, 312, 325, 357, 359, 366
Moral   1, 19, 23 – 25, 34 f., 55, 68, 70, 75, 82, 85, 87, 93, 101, 103, 108, 120, 124, 144, 153 – 158, 164, 169 – 172, 190, 236 f., 243, 250, 256, 270, 272, 274 f., 280, 282, 285 – 287, 290, 310 – 312, 314, 316, 319, 324 – 336, 339, 345 f., 349, 356 – 360
Moralität   52 f., 316, 323, 326
Moraltheologie   33, 303 – 307, 310 – 312, 314, 316 – 318
Motivation   11, 28, 33, 58, 123, 170, 220, 256, 285, 330 f., 334, 336

Nachhaltigkeit   22, 81, 235, 306, 347 f.
Nächstenliebe   131 f., 144, 245, 258, 285
Narration   61, 82, 87, 181, 325, 341, 343, 348 – 350, 367
Narrativität   194, 340 f., 348 – 350
Natur   6 f., 9 f., 13, 44 f., 60, 76, 101, 114, 122, 125, 129, 156, 158, 200 f., 300, 309, 316, 328, 334 f.
Naturalistischer Fehlschluss   241
Naturrecht   43, 156, 307, 309, 318
Neid   88 f.
Neues Testament   220, 235 f., 238 – 240, 242, 250 – 252, 255, 283
Normativität   12, 41 – 46, 48 f., 58 f.
Notlüge   122

Öffentliche Theologie   36 f.
Öffentlichkeit   31 – 33, 133, 141, 143, 146, 154, 163, 168 f., 298
Ohnmacht   14, 192 f., 306
Ökonomie   108, 123 – 125, 192
Ökumene   194, 290

Partikularität   30, 249
Passivität   27, 47, 53 – 55, 82, 84, 89, 272
Pflicht   12, 43, 54, 97, 113, 115, 118 f., 121, 127, 158, 224, 309, 319, 324, 331 f.

Pluralismus 34, 38 f., 113 f., 117, 133, 186, 290, 370
Polyvalenz 178–181, 194
Prävention/Präventiv- 81 f., 91
Prinzip/Prinzipien 5–7, 25, 36 f., 68, 70, 97, 116 f., 122, 127, 131–133, 135, 145, 174, 183, 197, 205, 211, 225, 227, 230, 235, 244, 247, 250–252, 263, 283–285, 303, 306, 308, 310, 312, 316, 361–363
Privat-/privat 114, 120, 154, 168 f., 174, 305
Psychologie 122, 144, 149, 192, 194, 266

Radikalismus 33
Ratio (Vernunft) 50, 59
Realismus 67, 139
Realität 42 f., 45 f., 50 f., 59, 93, 102, 127, 138 f., 167, 212 f., 342
Rechenschaft 22 f., 30 f., 46, 76 f., 85, 99, 102, 167, 348
Recht 7, 12, 14, 21–26, 30, 37, 47, 50, 53, 58, 67 f., 74, 77, 85 f., 89, 99, 101 f., 106, 115, 127, 140, 143, 154 f., 161, 165, 169 f., 179 f., 203, 221–223, 226–230, 232 f., 235 f., 244, 247, 249, 256, 263, 271, 294, 298, 301, 304 f., 308, 326–329, 331, 333, 340, 344 f., 355
Rechtfertigung/Rechtfertigungslehre 20, 23, 29, 32 f., 45, 51–55, 58–60, 90, 93–97, 99, 101–103, 105 f., 137, 143, 166, 200, 278, 280, 282, 284 f., 287, 293, 330
Reich Gottes (Himmelreich) 105, 115, 126, 132, 137, 141, 213 f., 246, 272, 274 f., 280 f., 285, 287, 304
Relation/Relationalität 27, 48, 58, 60, 74, 86, 99, 133, 139, 166, 181, 240, 341 f.
Resonanz 84, 90
Responsivität 34, 181

Scham 81–91, 342
Schöpfer/Schöpfung 5, 7 f., 11, 29, 34, 55 f., 61, 67, 91, 96 f., 99–101, 125, 138, 143, 167, 172, 181, 219 f., 231–233, 261, 264, 295, 297, 342, 350
Schuld 52, 61, 81 f., 84–86, 88–91, 98, 102, 158, 172, 175, 187
Seelsorge 149, 182, 191–194, 270

Selbstbestimmung 23, 37, 98, 171, 274–276
Selbstlosigkeit 102
Selbstverwirklichung 163, 214
Sexualethik 295
Sittlichkeit 8, 10 f., 13–16, 190, 368
Solidarität 22, 73, 142, 227, 230, 306, 312
Sozialethik 63, 78, 97 f., 102, 106–108, 115, 168 f., 187, 297 f., 300, 303, 305–310, 312, 314, 317 f.
Sozialität 8, 134, 136, 163, 166, 186, 339
Status 10, 34, 213, 332
Subjekt 15, 55, 58, 63–66, 68, 73, 75, 93, 95–99, 101–103, 140, 144, 165, 181, 213, 237, 248, 251, 265, 272, 274, 280, 286 f., 326, 329, 370
Subjektivität 58, 103, 282
Sünde 26, 29, 48, 52, 66, 82, 88–91, 93, 103–105, 114–116, 138, 158, 167, 172, 239, 265, 275, 303
Symbol 27, 136, 160, 213 f.

Talionsprinzip 222–225
Theodizeefrage 187
Transzendenz 57, 59, 87, 133, 148
Trinität 65, 284
Tugend 54, 68, 88, 113, 118 f., 127, 158, 213, 237, 241 f., 265, 303, 329, 331, 335, 346, 357 f.
Tun-Ergehen-Zusammenhang 227, 229

Umkehr 20, 167
Universalität 29, 32, 141, 249, 289
Unmündigkeit 104
Unrecht 47, 50, 85, 108
Urteil/urteilen 22 f., 25, 50, 55, 58, 60, 63, 65, 68 f., 73–78, 98, 120, 129, 131 f., 154, 190, 238, 252, 309, 335, 342, 344, 358, 368 f.

Verantwortung/-sethik 22, 32, 38, 44, 46–50, 52 f., 55 f., 60, 86, 93, 96–103, 105 f., 108, 117, 119, 122, 127, 164–169, 171–174, 187, 220, 224, 233, 274 f., 277, 300, 305, 311 f., 337, 339, 359
Verbot 118, 122, 221 f., 243 f., 247, 249, 262, 303, 310, 319, 326 f., 332, 343

Vergeltung   222f., 227, 245, 263
Vernunft   9f., 27–30, 43, 46, 48, 50, 55, 60, 85, 119, 149, 170, 251, 262, 308, 311, 316, 323, 327, 334, 337, 368
Versöhner/Versöhnung   5, 7f., 11, 13, 55f., 91, 119, 132, 138, 143, 212, 245, 292
Versprechen   220, 359
Vertrauen   20–22, 26, 34, 48f., 52, 56, 97, 133f., 179, 193, 213, 228, 257, 308

Wahrheit   42, 48, 56, 65, 104, 190, 271, 293
Wahrnehmung   6, 12, 50, 69–71, 75f., 91, 97, 108, 117, 134, 138, 144, 160, 181, 185, 189, 191, 240f., 246, 280, 284, 287, 342f., 346, 365f., 368–370

Weisheit   82, 91, 226–228, 230, 250, 344
Werkgerechtigkeit   51–53, 293
Wert   21, 41, 70f., 108, 113, 124, 126–129, 155, 157, 160f., 163f., 170, 199, 202, 223, 244–246, 252, 256f., 278, 291, 294, 333, 347, 357, 361, 363
Wiedergutmachung   85
Wirklichkeit   5f., 8, 33, 41–43, 46, 55f., 67, 70f., 73, 93, 101, 107, 114–116, 118, 125, 128f., 156, 168, 182–184, 189, 191, 276, 286, 364, 367–370

Zehn Gebote (Dekalog)   220–222, 224 226, 228, 257f., 291, 293, 303
Zuspruch   26, 102, 335

www.ingramcontent.com/pod-product-compliance
Lightning Source LLC
Chambersburg PA
CBHW070258240426
43661CB00057B/2582